한무제 강의

한무제 강의
漢武帝 講義

왕리췬 | 홍순도·홍광훈 옮김

由于栗姬的不理智，反而给王美人的脏出制造了空档。

难封，是不是机遇未到?   作战方略的转折点。

智勇神射之才。   她的存在转移了窦太后的注意力。

阻止汉景帝废立太子。

阻止汉景帝封匈奴降将。   阻止汉景帝封王信为侯。

김영사

한무제 강의

지은이_ 왕리췬
옮긴이_ 홍순도, 홍광훈

1판 1쇄 발행_ 2011. 5. 18.
1판 2쇄 발행_ 2014. 1. 27.

발행처_ 김영사
발행인_ 박은주

등록번호_ 제406-2003-036호
등록일자_ 1979. 5. 17.

경기도 파주시 문발로 197(문발동) 우편번호 413-120
마케팅부 031) 955-3100, 편집부 031) 955-3250, 팩시밀리 031) 955-3111

값은 뒤표지에 있습니다.
ISBN 978-89-349-5082-0 03150

독자 의견 전화_ 031) 955-3200
홈페이지_ www.gimmyoung.com
이메일_ bestbook@gimmyoung.com

좋은 독자가 좋은 책을 만듭니다.
김영사는 독자 여러분의 의견에 항상 귀 기울이고 있습니다.

사마천과 『사기』, 사서史書의 절창絶唱

2,000여 년 전에 청운의 꿈을 품은 한 문인이 있었습니다. 그는 어느 날 인간으로서는 도저히 견디기 어려운, 죽음보다 더한 치욕을 당했습니다. 하지만 그는 그런 시련에도 불구하고 어릴 때부터 품은 꿈을 꺾지 않았습니다. 그 결과 피를 먹으로, 정신을 종이로 삼아 감히 '사서의 절창이자 운율 없는 이소離騷(춘추전국시대 초나라 굴원의 유명한 부賦)'로 불릴 만한 불후의 역사 대작을 완성했습니다. 그 사람이 바로 사마천이며, 그의 대작 또한 그 유명한 『사기』입니다.

　그렇다면 '사서의 절창'이라는 말은 과연 『사기』가 '공전절후空前絶後' 하다거나 '전무후무' 하다는 사실을 칭찬하는 것일까요, 아니면 사마천의 마지막 작품이라는 사실을 말하는 것일까요? 또 '운율 없는 이소'라는 말은 『사기』의 뛰어난 문채文彩를 말하는 것일까요, 아니면 불의의 횡액을 당한 사마천의 가슴속 응어리를 말하는 것일까요? 의문은 이뿐만이 아닙니다. 도대체 무엇이 지극히 평범한 사관史官과 불후의 명작을 그렇게 하나가 되도록 엮어주었을까요? 『사기』를 천추에 길이 빛나도록 만든 사람은 누구일까요? 누가 사마천의 일생을 바꿔놓았을까요?

주지하다시피 『사기』는 황제에서 한무제에 이르기까지의 2,000여 년의 역사를 기록한 책입니다. 때문에 중국 사전史傳(역사와 전기) 문학의 효시가 되었다고 할 수 있습니다. 물론 그 이전에 사서가 없었던 것은 아닙니다. 두 종류나 있었는데, 우선 편년체編年體, 즉 연대순으로 기술한 사서입니다. 가장 중요한 책으로 『춘추春秋』와 『좌전左傳』이 있습니다. 다른 하나는 국별체國別體입니다. 말 그대로 국가별로 기술하는 겁니다. 대표적으로 『국어國語』와 『전국책戰國策』이 있습니다.

『사기』는 이 두 종류의 사서와는 확연하게 다른 것으로서 이른바 기전체紀傳體 역사서입니다. 다시 말해 인물을 중심으로 기술한 역사서로서, 중국 최초의 기전체 통사라고 보면 됩니다. 이후 중국의 모든 정사, 즉 우리가 흔히 말하는 24사(중국 역대 왕조의 정사. 『청사고淸史稿』를 합치면 25사)는 바로 이 기전체로 만들어졌습니다. 물론 『사기』와 24사는 부분적으로 차이가 있습니다. 『사기』는 기전체 통사인 데 반해 다른 모든 왕조의 사서는 각 왕조의 독립적인 역사를 기술한 기전체 단대사斷代史이기 때문입니다.

비교 대상이 없는 역사서

『사기』는 누가 뭐래도 24사 중의 으뜸입니다. 다른 각 왕조의 사서와는 비교할 수 없을 정도로 군계일학이라 해도 과언이 아닙니다. 다른 사서와의 중요한 차이점은 아마 다음의 세 가지 정도가 아닌가 합니다.

첫째, 다른 사서와 달리 애증의 감정을 많이 내포하고 있습니다.

역사적 사실을 정확하게 기록하는 것은 어렵습니다. 하지만 애증의 감정을 많이 내포한 채 정확하게 쓰는 것은 더욱 어렵습니다. 역사학자가 역사를 기록할 때는 객관적이고 공정해야 합니다. 절대로 감정을 드러내서는 안 됩니다. 그러나 『사기』는 그렇지 않습니다. 종종 글 가운데 사마천의 강렬한 애증의 감정이 드러나는데, 특히 일단의 비극적 인물에 대해서는 분명하게 감정을 드러냈습니다. 예컨대 「항우본기項羽本紀」의 항우, 「이장군열전李將軍列傳」의 이광李廣에 대해 기술할 때에 사마천은 몹시 비분강개했습니다. 그야말로 심금을 울립니다. 그러나 자신이 증오하는 인물에 대해서는 먹물을 아끼지 않고 신나게 써가면서 대놓고 공격했습니다. 공격을 받은 대표적인 인물은 「평진후주부열전平津侯主父列傳」의 공손홍公孫弘입니다.

이와 관련해서 꼭 짚고 넘어갈 문제가 있습니다. 사마천이 가장 혹독하게 비판한 인물이 두 명이라는 사실입니다. 한 사람은 한 왕조를 세운 개국황제 유방劉邦입니다. 또 다른 한 사람은 자신과 같은 시대의 황제인 한무제입니다.

그는 유방에 대해서 현명한 인재를 다양하게 기용해서 대업을 이뤘다고 정치적으로는 긍정적으로 평가했지만, 다른 부분에 대한 평가는 혹독했습니다. 속이 좁다거나 공신을 깡그리 죽인 행위에 대해서는 특히 그러했습니다. 입이 거칠고 행동이 불량한 것 등 세세한 부분에 대해서도 여지없이 비판의 칼날을 세웠습니다. 한무제에 대해서는 더더욱 온정을 두지 않고 갖가지 비밀을 폭로했습니다. 개국 황제를 비판하는 것도 모자라 자기 생존 당시의 황제를 혹독하게 비판한 것은 대단한 용기를 필요로 하는 일이었습니다. 그 이전 1,000년의 역사를 돌아보아도 거의 전무후무한 일이라고 감히 말할 수 있습니다.

둘째, 문채도 뛰어났습니다.

『사기』에는 이른바 '홍문연(鴻門宴, 항우가 유방을 척살하기 위해 베푼 연회에 대한 기술. 이하 「홍문연」)'이 있습니다. 중국의 고등학교 고문 교과서에 거의 반세기 동안 실릴 정도의 명문이며, 지금까지도 수많은 사람들이 흥미진진해 하는 글이기도 합니다. 도대체 왜 그럴까요? 그건 그 글이 지닌 문학적 매력 때문입니다. 이 글은 항우가 '대로大怒했다'라는 짧은 문장에서 시작합니다. 그건 항우가, 진秦나라가 망한 후 자신과 유방의 관계가 어깨를 나란히 하고 전쟁을 했던 전우에서 천하를 두고 다퉈야 할 라이벌로 변했다는 사실을 분명하게 간파하지 못했음을 뜻합니다. 더불어 그가 정치의식이 낮아 흥분했다는 의미이기도 합니다.

이처럼 「홍문연」은 당시 상황을 아주 미세한 부분까지 거의 완벽하게 묘사했습니다. 게다가 문장이 살아 움직이는 것처럼 생생합니다. 소설이 그럴까 싶을 정도라서 적지 않은 독자들이 그 글의 역사적 진실성에 대해 의심하는 것은 다 그런 사실과 무관하지 않습니다. 하지만 그건 분명한 역사적 사실입니다. 『사기』는 총 53만 자에 이르는 방대한 사서입니다. 놀랍게도 전편을 관통해 흐르는 묘사는 전부 이 「홍문연」과 비슷합니다. 한마디로 사마천은 인물에 대한 품평, 상황의 묘사, 사건의 기술 등에서 탁월한 능력과 다양한 문학적 재능을 발휘했습니다.

셋째, 일반인의 시각으로 역사를 보았습니다.

『예기禮記』의 「곡례曲禮」 편에는 '형벌은 대부大夫에게까지 올라가지 않고 예의는 백성에게까지 내려가지 않는다'라는 말이 있습니다. 지금과는 달리 일반 백성은 당시에 사람 취급을 받지 못했다는 얘기일 것입니다. 그랬으니 일반 백성이 역사 기록의 주체가 되는 것은 있을 수 없는 일이었습니다. 또 그것이 『사기』가 출현하기 이전의 관례이기도 했습니다. 그러나 사마천에 이르러서는 달라졌습니다. '계명구도(鷄鳴狗盜, 닭의 울음소리를 내는 것과 개처럼 도둑질하는 재주. 「맹상군열전孟嘗君列傳」에 나옴)'의 재주를 지닌 시정잡배도 주인공으로 한 자리를 차지할 수 있었습니다. 이를테면 「자객열전刺客列傳」을 비롯해 「유협열전游俠列傳」, 「골계열전滑稽列傳」, 「화식열전貨殖列傳」 등은 바로 이들 사회 기층 민중에 대해 기술한 것으로서, 그들의 충의나 지혜 등을 다양하고 기묘하게 표현했습니다. 그러니 대부분의 학자들이 그것들을 중국 통속문학의 비조라고 부를 수밖에요.

사마천은 대부분의 사학자가 소홀히 하기 쉬우나 일반인은 굉장히 알고 싶어 하는 민간의 인물을 찾아내는 데에도 뛰어난 능력을 가지고 있었습니다. 전혀 격식에 구애되지 않고 이들에 대한 기록을 남김으로써 중국 고대 인물사의 수많은 공백을 메운 겁니다.

두 가지 사례를 들어보겠습니다. '만세사표萬歲師表'로 불리는 공자가 대표적입니다. 당시에 그의 언행을 기록으로 남긴 『논어』가 있기는 했으나 사마천은 굳이 그의 생애를 전적으로 조명한 「공자세가孔子世家」를 정리했습니다. 공자의 일생을 완벽하게 정리한 이 기록은 지금까지 내려오는 그에 대한 유일하고 가장 권위 있는 전기가 되고 있습니다. 중국인은 일반적으로 "그 사람을 알려면 그 사람이 산 시대 배경을 먼저 알아야 한다"고 말합니다. 따라서 오늘날에도 『논어』를 읽으려면 우선 「공자세가」를 읽어야 한다는 단정적 결론이 가능해집니다. 그래야 공자의 생애와 『논어』를 정확하게 이해할 수 있습니다.

굴원도 사례로 들 수 있습니다. 그는 중국 역사상 가장 위대한 시인입니다. 그러나 『사기』 이전, 즉 한나라 이전의 모든 경전이나 사서에는 하나같이 그에 대한 기록이 없습니다. 그래서 일부 사람들은 이를 굴원의 존재를 부인하는 근거로 삼기도 합니다. 그러나 다행히도 『사기』는 「굴원가생열전屈原賈生列傳」을 통해 그에 대한 기록을 남겼습니다. 중국 역사상 가장 충직하고도 애국적이었던 굴원은 바로 이렇게 그 존재를 증명할 수 있었습니다.

선비의 굴욕, 불후의 저작으로 승화하다

사마천은 대단히 자부심이 강한 사람이었습니다. 스스로 "하늘과 인간의 관계를 탐구하고 고금의 변화를 통찰해내 스스로의 독특한 애기를 완성하고자 한다"라고 밝히면서『사기』를 쓰는 목적을 분명히 하고 있습니다. 그렇다면 무엇이 평범하고 문약한 사마천에게 그토록 강한 자신감을 주었을까요? 나아가 불후의 저작을 완성하게 했을까요? 운명의 보살핌 탓이었을까요, 아니면 다른 원인이 있었을까요.

사마천은 평범한 사관 가정에서 태어났습니다. 아버지 사마담司馬談은 일찍이 통사를 쓰겠다는 열망을 가슴에 품은 사관이었습니다. 그가『사기』를 쓰기 위해 충분한 준비를 한 것은 아버지의 뜻을 계승하려 한 것이 아니었나 싶습니다. 아무튼 그는 이 준비 과정에서 당대의 저명인사를 스승으로 모시는 등의 노력을 경주했습니다. 또 구만 리가 멀다하지 않고 여행을 다녔습니다. 궁정의 수많은 장서들을 읽는 것은 기본이었지요. 그러나 이런 경험은 봉건사회였던 당시의 무수한 사관에게는 특별한 일이 아니었습니다.

그러다 그의 일생을 바꾸는 사건이 갑작스럽게 발생합니다. 그것은 어떻게 해야 죽었다가 다시 살아나는지를 분명히 깨닫게 해주는 대사건이었습니다. 나아가 그를 평범한 사관에서 위대한 사관으로 변모시키는 근본적인 전기이기도 했습니다.

천한天漢 2년(기원전 99년) 한무제는 이광리李廣利에게 3만 병력을 이끌고 나가 흉노를 정벌케 했습니다. 동시에 이릉李陵을 이광리 부대의 후방 보급을 담당할 장군으로 임명했습니다. 그러나 이릉은 자신의 보직에 불만이 많았습니다. 그래서 직접 5,000의 보병을 이끌고 단독 출병하여 흉노 병력을 분산시키겠다는 입장을 밝힙니다.

그는 왜 직접 출병하기를 원했을까? 이유는 두 가지였습니다. 우선 출신 성분과 능력의 극명한 차이가 촉발시킨 이릉의 자존심이었습니다. 이릉은 한나라의 유명한 명장인 이광의 손자였습니다. 이미 흉노 정벌에 나서기 전에 수차례 전공을 세웠을 뿐 아니라 무제의 신뢰도 두터웠습니다. 그에 반해 이광리는 무제가 총애한 비빈妃嬪 중 한 명인 이부인李夫人의 오빠였습니다. 그저 외척 신분이라는 이유 하나로 원정군의 사령관이 된 인물인 것입니다.

이해를 보다 쉽게 하기 위해 소설 『서유기』를 인용해보겠습니다. 이 소설에는 주인공들이 "누가 짐을 지고 누가 말을 끌 것인가?" 하는 문제를 논의하는 부분이 나옵니다. 결론은 사오정과 저팔계는 보급에 해당하는 치중輜重을 책임지고, 손오공은 길을 뚫는 선봉대의 역할을 담당하게 됩니다. 이릉은 바로 이것에 기분이 나빴던 겁니다. 한무제의 명령으로 평범하기 이를 데 없는 장군 이광리 부대의 보급을 담당하게 되면 손오공의 명령을 받는 저팔계 꼴이 될 거라고 생각한 겁니다. 그래서 흉노의 병력을 분산시키겠다는 핑계를 대고 당당하게 전투에 나서는 장군이 되려고 했습니다.

이릉의 지나친 자신감도 이유가 될 수 있겠습니다. 이릉은 비록 휘하에 거느린 병사가 5,000 보병뿐이었으나 병사 하나하나의 전력은 화려하기 그지없었습니다. 대부분이 형초(荊楚, 지금의 후베이성 일대)에서 엄선한 뛰어난 병사들로 일당백의 용기를 가지고 있었으니, 당연히 이릉은 자신감을 가질 수밖에 없었습니다.

무제는 이광리의 후방에서 보급부대의 장군을 사양하겠다는 이릉의 의지를 확인하자 그에게 다음과 같이 말합니다.

"짐은 그러나 그대에게 많은 기병을 줄 수 없다!"

이 말은 무슨 뜻일까요? 출정을 허락할 테니 그저 보병 5,000명만 인솔해 가라는 얘기였습니다. 그러나 이릉은 무제의 말에 전혀 지체하지 않았습니다.

"소장의 병사 5,000 보병만 이끌고 출정하겠습니다!"

무제는 이릉의 넘치는 자신감에도 마음이 놓이지 않았습니다. 고심 끝에 그는 노박덕路博德에게 이릉을 지원해주라고 명령합니다. 그렇다면 노박덕은 이릉과 달리 저팔계가 되려고 했을까요? 아니었습니다. 그는 즉각 한무제에게 보고를 올립니다.

"지금은 가을입니다. 흉노의 병사들과 말들의 힘이 가장 왕성한 계절입니다. 흉노족과 전쟁을 하기에는 결코 적합한 계절이 아닙니다. 폐하께서 내년 봄에 출정하시겠다면 소장은 이릉과 함께 각각 병력 5,000명을 이끌고 흉노를 공격하겠습니다!"

단독 출정을 원하는 장군이 또 한 명 나왔군요! 어쨌거나 한무제는 노박덕이 올린 주장(奏章, 신하가 황제에게 올리는 글)을 본 다음 엉뚱한 오해를 하게 됩니다. 노박덕이 후방 보급을 담당할 장군이 되지 않으려 한다는 생각은 전혀 하지 않고, 오히려 이릉이 단단히 큰 소리를 쳐놓고는 후회한다고만 판단한 겁니다. 즉 이릉이 자신에게 출정을 미루자는 보고를 직접 하지 않고 노박덕에게 대신 해줄 것을 부탁했다고 생각한 것이지요. 대로한 무제는 이릉에게 즉각 출정하라는 명령을 내립니다. 이릉은 바로 이런 복잡한 출정 배경을 뒤로한 채 전선으로 향했습니다.

출병 초창기 이릉의 전황은 아주 순조로웠습니다. 흉노의 주력부대도 마주치지 않은 채 그야말로 파죽지세로 진군했습니다. 전령을 한나라 조정에 보내 무제에게 승전보를 올릴 정도였습니다. 그것도 출전 지도까지 자세하게 그려가면서 말이지요.

그러나 전세는 곧 급전직하로 변합니다. 이릉이 지휘하는 5,000 보병이 흉노 선우(單于, 흉노의 왕)의 3만 명 기병과 정면으로 조우하게 된 겁니다. 하지만 3만의 기병과 대치하면서도 이릉은 전혀 겁먹지 않고 침착하게 대응했습니다. 그 결과 수많은 적을 물리치기도 했습니다.

흉노는 고작 수천여 병력을 지휘하는 이릉이 그처럼 잘 싸울 줄은 상상도 못했습니다. 선우는 도리 없이 좌우 현왕(賢王, 선우의 바로 아래 계급. 우현왕은 동부 지구, 좌현왕은 서부 지구를 관할함)의 8만 기병까지 불러들여 이릉을 포위 공격했습니다. 이릉은 자신의 병력보다 열 몇 배에 이르는 흉노의 병력이 들이닥치자 중과부적을 느끼지 않을 수 없었습니다. 결국 그는 전투하면서 후퇴하는 전략으로 한나라 국경까지 안전하게 철수했습니다. 이때 흉노의 선우는 수차례의 전투를 치러본 경험에 근거하여 도저히 이릉을 패퇴시킬 수 없다는 판단을 내렸습니다. 철수를 하기로 한 겁니다.

바로 이 순간 의외의 일이 발생합니다. 이릉의 부하 한 명이 직속상관에게 수모를 당한 것에 앙심을 품고 흉노 진영으로 달아난 겁니다. 그는 선우에게 이릉 부대의 군사 비밀을 깡그리 폭로했습니다.

"이릉의 병력은 후방 부대의 지원을 전혀 받지 못하고 있습니다. 지금 체력에 의지해 버티고 있어 대왕께서 공략하지 못하고 있으나 절대로 오래가지는 못합니다."

그의 제보는 하나도 틀림이 없었습니다. 이릉의 보병 부대는 당시 화살도 완전히 다 써버린 상태였습니다. 그들이 그 직전까지 흉노의 대군에 맞서 일당십으로 버틴 것은 오로지 한 단계 업그레이드된 신형 무기인 화살 연발 발사기인 노기弩機 덕분이었습니다. 따라서 그들이 화살을 다 써버렸다는 말은 맹호가 날카로운 발톱을 잃어버린 것과 다를 바가 없었습니다. 대세는 완전히 기울었다고 할 수 있었습니다.

선우는 상황이 당초 희망하던 것보다 훨씬 좋다는 이릉 부하의 말에 크게 기뻐했습니다. 즉각 총공격의 명령을 내린 것은 당연합니다. 이때 이릉의 부대는 산 계곡에 숨어 있었고, 흉노 병사들은 양쪽의 산 위에서 아래로 바위를 집어던지면서 공격해 들어갔습니다. 이릉의 잔병 3,000명은 당연히 전사하거나 부상을 당하면서 치명적인 타격을 입고 말았습니다. 더 이상 후퇴하는 것이 불가능하여 결국 이릉은 투항할 수밖에 없었습니다. 그 와중에도 400여 명의 병사들은 무사히 도망쳤다고 합니다.

한나라 조정의 문무백관들은 이릉의 투항 소식에 난리가 났습니다. 이릉이 누굽니까? 다른 사람도 아닌 대제국 한나라를 상징하는 명장 이광의 손자였습니다. 싸우다 장렬하게 최후를 마쳐야 하는 상징적인 존재였습니다. 문무백관들의 놀라움은 당연했습니다.

이때 만면에 수치심과 분노를 지우지 못하고 있던 무제가 바로 옆의 사관인 사마천에게 묻습니다. "이 일을 도대체 어떻게 봐야 하는 거요?"

사마천은 결코 조정의 고관이라고 할 수는 없었습니다. 녹봉이라고 해봐야 고작 600석(石, 석은 고대의 중량 단위로, 600석을 계산하면 120근, 즉 약 60킬로그램)에 불과한 태사령太史令 신분이었습니다. 그렇지만 그는 "이릉은 우리나라에서 제일가는 인재인 국사國士입니다. 그가 항상 생각하는 것은 나라에 보답하는 겁니다. 그뿐 아니라 이릉이 인솔해간 5,000명의 보병 병력은 흉노의 심장부까지 전진하여 수만의 흉노군과 며칠간이나 용맹하게 싸웠습니다. 졌으나 그가 세운 전공은 대단한 것이었습니다. 더구나 이릉의 이번 항복은 형세가 급박해 어쩔 수 없이 결행한 '거짓 항복'일 수 있습니다. 일단 생명을 건진 다음 훗날 기회를 봐서 충성할 수 있는 길을 모색하도록 하는 게 어떻겠습니까?"라면서 직간했습니다.

사마천의 말이 채 끝나지 않았을 때였습니다. 무제는 그의 말이 귀에 몹시 거슬렸는지 바로 분노를 터뜨렸습니다. 이어서 사마천을 투옥, 사형시키라고 명했습니다.

원래 이때 조정의 회의는 이릉의 일을 상의하기 위해 마련된 것이었습니다. 그런데 왜 무제는 분노를 사마천에게 터뜨렸을까요. 그건 무제의 개인적인 속셈을 살펴봐야 알 수 있습니다. 무제가 이광리를 흉노 정벌 장군에 임명한 것은 그가 공을 세우면 후侯로 봉해줘야겠다는 생각과 연결돼 있습니다. 자신이 총애하는 이부인을 배려하고 싶었던 것이지요.

그러나 이광리는 3만 명의 병력을 인솔해 출병했는데도 전공이 신통치 못했습니다. 적 1만 명을 죽이는 전과를 거두었으나 잃은 병력은 거의 2만 명에 가까웠습니다. 이 전과로는 그를 후로 봉할 수가 없었습니다. 사마천은 바로 이때 이릉을 극찬한 겁니다. 무제의 입장에서는 이릉의 공에 빗대 이광리의 무능을 질책한 것이라고 볼 수도 있습니다. 결론적으로 무제가 이광리를 잘못 썼다고 풍자했다고 본 것이 아닐까요.

투옥된 사마천은 '황제를 무고했다'는 기록에서 보듯 엉뚱한 죄명을 뒤집어썼습니다. 당시 황제를 무고했다는 것은 보통 심각한 죄가 아니었습니다. 사형이 기본이었습니다. 사마천의 강직한 성격이 이릉을 변호하게 만들어 결국 화를 불렀다고 말할 수 있습니다.

무제의 시대에 사형수는 대체로 세 가지 선택을 할 수 있었습니다. 첫째는 말 그대로 '법에 따라 죽임을 당하는 것'이었습니다. 다음이 돈을 내고 죽음을 면하는 방법이었습니다. 자청해서 '궁형(宮刑, 남자의 성기를 거세하는 것)'을 받는 것은 마지막 선택이었습니다. 사마천은 이중 두 번째 방법은 선택할 수 없었습니다. 그렇게 하려면 50만 전(고대의 1전은 지금의 30위안, 즉 1,500만 위안. 현재 시세로 22억 5,000만 원)을 내야 했지만, 그의 집은 무지하게 가난했습니다. 때문에 남은 선택은 두 가지뿐이었습니다. 하나는 사형을 당하는 것, 다른 하나는 궁형을 당하는 것이었습니다. 사형을 선택한다면 이미 집필을 시작한 『사기』도 포기해야 합니다. 반면 목숨을 건지기 위해 궁형을 선택한다면 "형여지인(刑餘之人, 거세의 형벌을 받은 자)"이라는 소리를 들으면서 천하의 조롱거리가 되고 맙니다. 게다가 죽음이 두려워 목숨을 탐했다는 손가락질을 받을 수도 있었습니다.

사마천은 고심 끝에 궁형을 선택했습니다. 그것은 대단히 어려운 선택이었습니다. 서한西漢 시기에는 많은 사형수들이 차라리 죽음을 택할지언정 궁형은 원치 않았으니까요. 사마천도 그 사실을 모르지 않았습니다. 아니 굴욕적인 삶이 참혹한 죽음보다도 더 비참하다는 사실을 너무나 잘 알고 있었습니다. 그렇다면 굴욕적인 삶이 왜 그렇게까지 비참할 수밖에 없는지 이유를 말해보겠습니다.

무엇보다 신분이 다르다는 사실은 죽을 때까지의 치욕이기 때문입니다. 궁형을 받은 다음 최고의 태감(太監, 환관)이 되지 못하거나 사대부의 반열에 다시 진입하지 못하면 그건 인생 최고의 치욕이었습니다. 더군다나 혈기왕성한 남자나 독서를 많이 한 문인에게는 말할 것도 없었습니다.

사마천이 존경스러운 점은 바로 이 부분입니다. 오로지 『사기』를 편찬하기 위해 결연히 궁형을 선택하고 인생 최고의 굴욕을 참아냈으니까요. 사실 '자궁(自宮, 스스로 궁형을 자청함)'은 몸에만 참혹한 상흔을 남기는 것이 아니라, 정신적으로도 영원히 씻지 못할 더욱 큰 상처를 줍니다. 실제로도 치욕과 괴로움이라는 상처는 그의 평생을 따라다녔습니다. 그 자신의 말로도 그 내용은 확인됩니다. "선조를 욕되게 하는 것만큼 추한 행동은 없고 궁형만큼 치욕적인 굴욕은 없다"라는 말이 바로 그겁니다. 자궁 이후의 행적을 보면 더욱 자세히 알 수 있습니다. 그가 「보임안시(報任安書, 사마천이 친구인 임안에게 보낸 편지)」에 남긴 기록을 보겠습니다.

'내 간장은 아침저녁으로 아홉 구비로 꼬입니다. 집에 있으면 정신이 멍합니다. 밖에 나가면 어디로 가야 할지 막막합니다. 제가 당한 자궁의 수치를 생각할 때마다 등에 식은땀이 흥건하게 흘러내려 옷을 적시곤 합니다.'

얼마나 그가 치욕에 몸부림쳤는지 짐작할 수 있지 않습니까?

재주와 운명이 극단적으로 엇갈려 모든 것이 그의 허물이 되었다는 사실도 그에게는 참기 어려운 비참한 일일 수밖에 없었습니다.

사마천은 자부심이 대단히 강한 사람이었습니다. 포부도 컸습니다. 그러나 자궁 이후는 달라졌습니다. 아무리 보석처럼 뛰어난 재능이 있고 성현의 품행을 가지고 있다 한들 무엇하겠습니까? 죄를 뒤집어쓰고 궁형을 당한 처지라 그것이 더 이상 영광스럽지 않았습니다. 그의 재주와 운명은 이처럼 극단적으로 상반된 상황으로 치달았습니다. 그로서는 고통스러울 수밖에요. 심지어는 모든 게 "걸핏하면 욕을 먹고 잘하려고 해도 일을 그르치게 되었다"는 그의 말처럼 되었습니다. 이런 내용을 보면 궁형을 당한 이후 사마천의 후반생이 얼마나 쓸쓸하고 당혹스러웠을지는 더 이상의 설명이 필요하지 않습니다.

역사에 길이 남은 위대한 영혼

자궁 이후 남자로서의 사마천은 죽었습니다. 사대부로서의 사마천 역시 죽었습니다. 대신 필봉을 휘날릴 태사공으로 새로 태어났습니다. 새로 태어난 태사공은 갑작스레 전에는 없던 새로운 인식도 가지게 됩니다. 그게 바로 사회의 가장 밑바닥 시선으로 모든 사물과 인생, 역사를 대하는 것이었습니다. 그러니 그가 역사 속 인물들의 시비와 성패, 행복과 불행 및 강약, 해와 달이 차고 지는 현상 등에 대해 지극히 인간적인 견지에서 하늘을 우러러 통탄하면서 분석하는 지혜를 내놓을 수 있었던 것은 어쩌면 당연한 일인지도 모릅니다.

결론적으로 그는 이때부터 모든 역사적 인물들을 자신의 시각으로 살을 입히고 피를 돌게 한 다음 한없이 날카로워진 붓을 휘둘렀습니다. 로맨티스트 항우를 비롯해 권모술수에 능했던 유방, 서역 개척의 주인공 장건張騫, 흉노와의 전쟁에서 공을 세웠던 위청衛靑, 계략에 뛰어난 왕미인(王美人, 무제의 어머니. 황태자가 아니었던 아들을 황제가 되게 하는 데 공을 세웠음), 포커페이스로 유명했던 한 경제(景帝, 무제의 아버지) 등 그 누구도 가리지 않았습니다. 이것을 우리는 "내 스스로의 독특한 얘기를 완성하고자 한다"는 그의 언급에서 읽을 수 있습니다.

그가 완전히 다른 사람으로 변신한 다음의 "내 스스로의 독특한 얘기"는 여러 측면에서 살펴볼 수 있습니다.

우선 생사관에 의해 바라보겠습니다.

'사람은 언젠가는 한 번 죽습니다. 태산보다 무거운 죽음도 있고 새털보다 가벼운 죽음도 있습니다'라는 희대의 명언은 사마천의 「보임안서」에 나오는 내용입니다. 그러나 그에게는 『사기』의 무거움 또는 중요함이 태산보다 무거웠습니다. 그래서 굴욕과 생사를 돌아보지 않고 사서 중에서도 단연 빛나는 최고의 작품을 편찬할 수 있었습니다. 특히 '태산보다 무거운' 인생도 선택할 수 있었습니다. 특히 『사기』 중 「계포열전季布列傳」을 보면 다음과 같은 내용이 나옵니다.

'계포는 원래 항우의 용맹한 부하 장수 중 한 명으로, 수차례 유방의 군대를 격파했다. 유방은 그에 대한 한이 골수에 맺힐 수밖에 없었다. 때문에 유방은 항우가 자신과의 전쟁에서 패해 자살한 다음 계포를 체포하는 자에게는 천금의 현상금을 주겠다는 포고령을 내리게 된다. 더불어 그를 숨겨주는 자는 삼족三族을 멸한다는 엄벌의 원칙도 선포했다. 계포는 이때 대협객인 주가朱家의 집 노예로 들어가 몸을 숨겼다. 주가는 그가 계포라는 사실을 모르지 않았다. 주가는 그를 구하기 위해 직접 수도 장안長安으로 달려가 유방이 가장 신뢰하는 태복 하후영太僕 夏侯嬰을 만났다. 주가가 하후영에게 말했다. "두 주군이 싸우면 신하들도 주군을 위해 싸워야 합니다. 계포는 항우의 부하였고 그를 위해 전심전력을 다했습니다. 그게 그의 본분이었습니다. 설마 황제께서는 항우의 부하였던 자들을 모두 죽이려 하시는 것은 아니겠지요. 지금 황제께서는 천하를 얻었습니다. 그런데도 사사로운 복수를 하시려 한다면 어찌 황제로서의 넓은 아량을 보여줄 수 있겠습니까. 진실로 계포를 핍박하시면 그는 북쪽의 흉노나 남쪽 월인越人이 있는 곳으로 달아날 겁니다. 이건 우리의 훌륭한 인재를 적이 쓰도록 만드는 게 아니고 무엇이겠습니까?" 유방은 하후영이 전달한 주가의 말을 듣고 바로 계포에 대한 사면령을 내렸다. 이어 그를 낭중(郎中, 황제의 시종)에 임명했다. 그는 혜제惠帝 때에는 중랑장이 돼 여후呂后가 흉노족을 토벌하려는 계획을 저지했다. 또 문제文帝 때에는 하동태수河東太守를 맡아 한 왕조의 명신이 되었다.'

사마천은 또 『계포열전』의 말미에서 이렇게 말했습니다.

'항우처럼 용맹한 명장 앞에서도 계포는 자신의 용감함으로 명성을 쌓을 수 있었다. 천하의 장사라고 부를 만했다. 그러나 그는 목숨을 부지하기 위해 주가의 집에 노예로 숨어들었다. 이것은 대단한 치욕이 아닐 수 없었다. 그는 왜 죽음을 선택하지 않았을까? 자신이 뛰어난 재주가 있다는 사실을 알았기 때문이다. 즉 그는 잠시의 굴욕을 치욕으로 여기지 않았다. 뒤에 자신의 재주를 펼칠 기회가 오기를 희망했던 것이다.'

위의 글에서 계포에 대한 그의 인식을 잘 알 수 있습니다. 자신의 신체적인 체험에 기초하여 계포를 평가했다는 사실도 알 수 있지요.

'하늘이 어떤 사람에게 중책을 맡기려고 할 때에는 먼저 그 사람의 심기를 괴롭히고 육체를 피곤하게 만든다'는 『맹자』에 나오는 말이 있습니다. 죽을 때까지 이런 정신을 추구하면 굴욕이 뭐가 두렵겠습니까. 무릇 큰일을 이룬 사람들은 예외가 없었습니다.

둘째로, 금전관에서도 사마천을 조명해볼 수 있습니다.

그는 사실 궁형을 당하기 직전 다른 하나의 선택이 있었습니다. 돈을 내고 면죄부를 받는 것이었습니다. 무제 시대에는 더구나 흉노와의 전투에 참전했다 죽어야 할 죄를 지은 수많은 장군과 병사가 그런 식으로 사면을 받기도 했습니다. 그러나 그는 50만 전을 마련하지 못했고 결국 궁형이라는 횡액을 당했습니다. 이 횡액으로 그는 새로운 금전관을 가지게 됩니다. 한마디로 말하면 순자荀子의 사상을 계승하여, 인간이 물질적인 이익을 추구하는 것의 정당성을 인정했습니다.

더불어 대단히 실질적인 관점을 제기했습니다. 『사기』 중 「화식열전」을 보면 잘 알 수 있는데, 여기에서 부의 추구가 인간의 본성이라고 주장하고 있습니다. '천하가 평안하면 모두 이익을 위해 오고, 천하가 어지러우면 모두 이익 때문에 떠난다. 수레가 1,000량이나 있는 왕이나 식읍食邑이 1만 호인 제후, 100호인 군君도 자신이 충분히 부유하지 않다고 생각하는데 일반 백성은 오죽하겠는가?'라고 설파합니다.

물론 중국인들은 전통적으로 의리를 중시하고 이익을 가볍게 여깁니다. 특히 유가는 안빈낙도安貧樂道 사상을 제창했습니다. 이익을 입에 올리는 사람은 인간 취급도 받지 못했습니다. 공자는 『논어』의 「옹야雍也」 편에서 유명한 명언을 남긴 바 있습니다.

"어질구나, 회(回, 공자의 제자 안회顔回)야! 밥 한 그릇과 물 한 사발을 가지고 누추한 곳에 살면 대부분의 사람들이 그 근심을 견디지 못하는데, 너는 그 즐거움을 변함없이 즐기는구나."

공자는 안회가 즐기는 안빈낙도를 칭찬했습니다. 동시에 물욕과 금전은 배척했습니다. 그러나 입지 않고 먹지 않으면 어떻게 예의와 염치를 논할 수 있겠습니까. 결론적으로 사마천은 이 사실을 완전히 간파했습니다. 그러니 그를 중국 역사상 가장 먼저 물질적인 이익을 추구하는 것에 대해 정당성을 부여한 인물이라고 해도 좋지 않을까 싶습니다. 물론 그 물질적인 이익은 '도에 맞게' 구해야 했지요.

셋째로, 예리하고 혹독한 문장에서도 사마천의 특징을 엿보는 것이 가능합니다.

사마천은 역사적 인물들을 묘사할 때 대단히 강력한 필봉을 휘둘렀습니다. 자신의 경험을 통해 수많은 역사적 인물들을 읽고 이해했기 때문인 듯합니다. 또 과거에 진지하게 인식하지 못했던 수많은 것들을 이해했기 때문이라고 할 수도 있겠습니다.

사실 대개 사관은 당대의 황제에 대해서 상당한 경외감을 가지고 있었습니다. 그러나 사마천은 예외였지요. 고조高祖 10년(기원전 197년) 진희陳豨가 모반을 하게 됩니다. 유방은 대군을 이끌고 가서 난을 평정했습니다. 또 유방의 부인 여후呂后는 한신韓信을 진희 사건에 연루시켜 죽였습니다. 유방은 한신이 모반죄로 죽었다는 사실을 알고는 승상인 소하蕭何를 상국相國으로 승진시킨 다음 5,000호의 제후로 봉했습니다. 그뿐 아니라 사병 500명도 경호원으로 보냈습니다.

당시 조정의 문무백관은 소하가 제후로 봉함을 받았다는 사실을 알고 앞다퉈 축전을 보냈습니다. 그러나 진나라 때 동릉후東陵侯를 지낸 소평召平은 오히려 문상을 왔습니다. 소하는 놀라서 이유를 물었습니다. 소평은 즉각 "상국의 대난大難은 지금부터 시작되었다고 봐야 합니다. 생각해보십시오. 황상께서는 밖에서 풍찬노숙을 하면서 반란을 진압했습니다. 그러나 상국께서는 명을 받들어 관중關中을 지켰지요. 전쟁에 나서는 고생을 전혀 하지 않았습니다. 그런데도 오히려 제후로 봉함을 받았습니다. 왜 그랬을까요? 한신이 모반했기 때문에 황상께서는 상국도 모반을 꾸미고 있는 게 아닌가 의심하고 있습니다. 그래서 상국을 제후로 봉한 겁니다. 저는 제후로 봉함을 받거나 상을 받으면 절대 안 된다고 봅니다. 그보다는 상국의 모든 재산을 출연해 군비로 쓰는 것이 좋을 겁니다. 그러면 황상께서는 크게 기뻐하실 겁니다"라고 말했습니다. 소하는 서둘러 소평이 말한 대로 했습니다. 유방은 소하의 이 행동에 대해 어떤 반응을 보였을까요?『사기』의「소상국세가」에는 이렇게 쓰여 있습니다.

'황제가 비로소 크게 기뻐했다.'

소하라는 사람이 어떤 사람입니까? 유방이 젊은 시절 패현沛縣에 있을 때의 상사였습니다. 게다가 줄곧 그를 총애했습니다. 그러다 유방이 병사를 이끌고 반란을 일으키자 전 가족을 이끌고 그를 따랐습니다. 유방이 황제가 된 다음 공신들이 상을 다투게 되었습니다. 이때 대신들은 하나같이 조참曹參의 공로가 최고라고 했습니다. 그러나 유독 유방만은 소하의 공이 최고라는 입장을 견지했습니다. 유방은 이때 "사냥은 개가 한다. 그러나 사냥감을 잡으라고 하는 것은 사람이다. 지금 그대들은 사냥감을 잡는 사냥개일 뿐이다. 그러나 소하는 사냥감을 잡으라고 지시하는 사냥꾼이다"라고 말했습니다. 유방이 소하를 얼마나 신임했는지 알 수 있지요.

그러나 한신 사건 이후 유방은 소하의 존재를 부담스러워하게 됩니다. '황제가 비로소 크게 기뻐했다'는 말은 유방이 개국공신들을 얼마나 시기했는지를 보여주었다고 하겠습니다. 개국 황제의 마음을 이처럼 혹독하게 분석한 사서가『사기』말고 또 있을까요. 오로지『사기』만이 가능했습니다.

『사통史通』을 지은 당나라 사학자 유지기劉知幾는, 사관이 되려면 이른바 '삼재三才'가 있어야 한다고 주장했습니다. 즉 사재(史才, 역사를 할 수 있는 재능)와 사학(史學, 역사 지식), 사식(史識, 역사 인식)이 바로 그것입니다. 이중 가장 중요한 것이 사식입니다. 사식은 사서의 영혼이며, 이것이 없는 사서는 그저 역사학 재료만 잔뜩 쌓아놓은 책에 불과합니다.『사기』는 사마천의 아버지 사마담이 먼저 저술을 시작했습니다. 이 공을 인정하지 않으면 안 됩니다. 또 사마천의 엄청난 독서와 여행, 견문, 상식 등이 망라된 결과물이기도 합니다. 그러나 이 모든 것도 『사기』를 편찬한 사마천의 위대한 영혼을 만들었다고 하기는 어렵습니다. 다른 역사가와 사마천을 구별하게 만드는 것, 『사기』를 다른 모든 사서와 구별하게 만드는 키포인트는 다름 아닌 궁형을 당한 사마천의 불행이었습니다. 바로 이 불행이 있었기 때문에 사마천의 사식은 완성되었습니다. 그의 위대함도 마찬가지입니다.

물론 궁형을 당하기 전 사마천은 황제의 충신, 총애 받는 신하가 되고자 노력했습니다. 이는 "친구와의 왕래도 끊고 집안일도 잊었다. 오로지 밤을 낮 삼아 내 자신의 그다지 대단하지 않은 능력을 다 발휘하고자 했다. 또 전심전력으로 맡은 바 직분에 충실하고자 했다. 그러면 황제를 기쁘게 할 수 있을 것으로 생각했다"는 그의 말에서 분명하게 드러납니다. 그러나 비참한 궁형을 당한 후부터 그는 환관과 다를 바 없는 곤란한 입장에 처합니다. 사회의 정통적인 위치에서 완전히 제외되어, 이후 그는 다시는 서생과 같은 고리타분한 생각을 접습니다. 주관이 없는 글도 더 이상 쓰지 않습니다. 대신 비판과 회의, 개인적인 의지가 충만한 식견과 담략贍略의 필봉을 휘두릅니다. 불후의 명저 『사기』는 바로 이렇게 태어났습니다.

한무제가 사마천에게 가한 잔인한 형벌은 사마천 일생의 운명을 바꿔놓았습니다. 또 위대한 사학자와 탁월한 사서의 탄생을 가져왔습니다. 그렇다면 사마천을 살아도 산 것 같지 않게 만들었다가, 나중에는 죽었다 다시 살아나게 만든 무제는 어떤 사람이었을까요. 사람 목숨을 파리처럼 생각한 폭군일까요, 아니면 세상 물정을 모르는 머저리였을까요. 게다가 복잡한 권력투쟁을 통해 권력의 최고봉인 황제의 자리에는 과연 어떻게 오를 수 있었던 것일까요.

차례

서문 | 사마천과 『사기』, 사서史書의 절창絶唱 • 5

1부 한무제, 황제 자리를 잇다

1강 천하를 평정할 영웅의 탄생
운명의 가호를 받은 열째 아들 • 33 | 총애를 잃은 후 울려 펴진 극단적 이중 변주곡 • 36 | 치마폭으로 황제를 주무르다 • 43

2강 권력을 향한 구중궁궐의 각축
태자의 킹메이커를 자처한 유포 • 50 | 황후의 중임을 맡지 못할 운명에서 • 55 | 태후 신드롬의 주인공, 두태후 • 62

3강 태자 책봉의 마지막 승부수
가짜를 진짜로 여기나 시종일관 가짜라 • 65 | 앉아서 좋은 기회를 놓치고 함정에 빠지다 • 73 | 나랏일을 집안일처럼 처리하지 마라 • 79

4강 태자 자리의 진정한 주인, 유체
우매한 수법이 패국으로 이끌다 • 84 | 열째 아들 유체의 승리 • 88

5강 왕위를 가로막는 자, 누구인가
새 사람이 웃으면 옛사람이 운다 • 99 | 기괴한 살인사건 • 102 | 막후의 흉수 • 108

6강 왕위 계승의 발판을 마련하다
경제의 블랙리스트, 주아부 • 114 | 장군은 죽은 뒤에도 영웅으로 남는다 • 118 | 한낱 수레를 끄는 기사에서 황태자의 스승으로 • 127

2부 새로운 정치의 시작

7강 자신의 능력으로 세상을 구한 동중서
천인삼책天人三策으로 무제를 놀라게 하다 • 135 | 영원한 선비, 조정을 평정하다 • 136 | 오로지 유가에서만 생명의 물이 나오다 • 144

8강 파격적 인사의 첫 인물, 승상 두영

얼떨결에 승상 자리에 오르다 • 151 | 까칠한 성격으로 부침을 거듭하다 • 157

9강 두태후는 누구를 위해 칼날을 휘둘렀는가

새 정권은 옛 정권의 주인공들을 범하지 못한다 • 164 | 황제와 대신들을 구조조정하다 • 169 | 오래된 나무는 흔들리지 않는다 • 176

10강 함부로 쏜 화살이 운명을 가르다

어려움을 겪어야 진정한 정을 느낄 수 있다 • 181 | 원한이 점점 쌓이다 • 187 | 음모가 폭로되다 • 191

11강 새로운 정치의 시대가 확정되다

자신도 모르게 불을 댕기다 • 196 | 막수유의 죄 • 207

3부 천하를 얻기 위한 무제의 군사적 위용

12강 한나라와 흉노의 전쟁

평화롭지 않은 화친 • 216 | 코앞으로 다가온 전쟁 • 223 | 교착에 이른 화전和戰 논쟁 • 228

13강 리스크 제로의 대 흉노 작전

리스크 제로의 전략 • 233 | 수포로 돌아간 마읍의 계략 • 239

14강 연전연승의 주인공, 위청

벼락출세의 주인공 • 249 | 용성을 공격해 최고의 신하가 되다 • 255 | 지혜와 행운을 모두 안은 사람 • 258

15강 비애의 장군, 이광

자살로 끝난 평생의 꿈 • 264 | 하늘도 이기지 못한 장군의 의지 • 266 | 혈기왕성한 의기로 천고에 이름을 남기다 • 275

16강 서역으로 가는 길을 뚫다

영토 확장에 집중한 무제 • 281 | 광대한 사막에 내딛은 첫걸음 • 285 | 서역에서 반평생을 바치다 • 293

4부 사람을 얻는 자가 세상을 호령하다

17강 위기를 신뢰로 바꾼, 공손홍

급락을 거듭하며 큰 그릇이 되다 • 299 | 진퇴를 거듭해도 패함이 없다 • 302 | 결코 잊어서는 안 될 문무의 공적 • 310

18강 바람을 만들어 불을 붙이다

승상 가문의 잦은 멸족 • 314 | 한 마디 말로 나라를 망하게 했으니 • 316 | 노련함을 이기지 못하는 경거망동 • 322

19강 남의 칼로 사람을 죽이다

뭇사람들로부터 난타를 당하다 • 328 | 호랑이 입으로 들어간 양 • 331 | 도저히 피할 수 없는 죽음의 액운 • 334

20강 죽음으로 다른 사람을 죽이다

목숨 하나로 네 명의 목숨을 앗다 • 343 | 원한을 쌓아 억울한 사건을 초래하다 • 346 | 혹리능신酷吏能臣 • 351

21강 어린아이의 말은 거리낌이 없다

황제는 범하나 법은 범하지 않는다 • 361 | 현명한 군주는 직언하는 신하를 원한다 • 369

5부 제후의 반란을 평정하다

22강 회남에 비밀스런 일이 있다

아들의 분노가 아비의 땅을 잃게 하다 • 379 | 마음은 굴뚝 같으나 판세를 흔들 힘이 없다 • 383 | 끝내 실패한 서생의 반란 • 391

23강 무시무시한 원한의 씨앗

풀뿌리 같은 아이 • 396 | 원수를 갚기 위한 모반 • 400 | 무시무시한 '황제의 은혜' • 404

24강 드디어 반란의 막이 내리다

사심은 많으나 야심은 적다 • 415 | 천하태평의 전제 조건 • 418 | 거사의 실패, 황천길로 이어지다 • 427

6부 두 명의 엔터테이너 신하

25강 허풍쟁이인가, 아웃사이더인가, 동방삭

쥐꼬리 같은 공명功名 • 433 | 지식을 총동원해 부를 얻다 • 440 | 속세를 피해 조정에서 즐기다 • 444

26강 동방삭의 진면목

동방삭의 또 다른 면모 • 450 | 그의 난처함을 누가 알 것인가 • 464

27강 거문고로 사랑을 훔치다

임공에서 한바탕 사기를 치다 • 471 | 거문고로 미인을 사로잡다 • 475 | 순수한 사랑인가, 정략적 흉계인가 • 481

28강 깨어진 사랑의 미스터리

분명하게 보이는 허실 • 487 │ 득실을 세밀하게 계산하다 • 490 │ 밀고 당기기에도 원칙이 있다 • 494

7부 무제, 그리고 사람들

29강 맹목적으로 신뢰한 강충

한 번의 밀고로 이름을 날리다 • 504 │ 총애를 얻게 한 기이한 복장 • 510 │ 억지로 공을 세우다 • 511

30강 금옥장교

어찌 총애에 교만해질 수 있으랴 • 521 │ 신데렐라의 운명 • 525 │ 독점 불가한 군왕의 정 • 530

31강 일세를 풍미한 장군별

겸겸군자 • 534 │ 우울한 신하 • 537 │ 관대한 남편 • 547

32강 부왕의 총애를 잃은 태자

못난 아들, 불만인 아버지 • 551 │ 진지한 태자, 의연한 척하는 무제 • 553 │ 모함을 당하고 강적도 만나다 • 560

33강 치세의 어두운 그림자, 무고의 화

무고, 무제의 아킬레스건 • 568 │ 참언의 독이 부자를 싸우게 하다 • 574 │ 생사가 엇갈려 바둑을 두지 못하다 • 582

34강 생애 최후의 사명

꿈에서 비로소 깨어나다 • 586 │ 온힘을 다해 개혁에 나서다 • 591 │ 주변을 정리해 탁고 할 사람을 얻다 • 594

8부 중국 시스템의 완성자, 한무제

35강 천추의 공과

영원히 남을 무공 • 607 │ 천고의 문치 • 610 │ 칭송이 반, 비난이 반 • 616

역자의 말│『사기』의 기록을 통해 보는 최초의 한무제 일대기 • 622

고조 유방에서 무제에 이르는 가계도

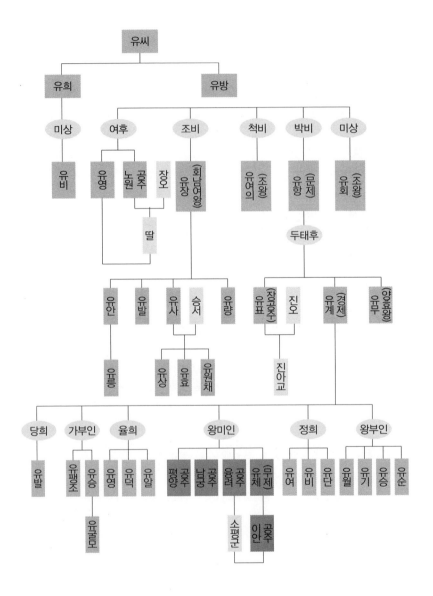

무제 시대 후궁과 외척

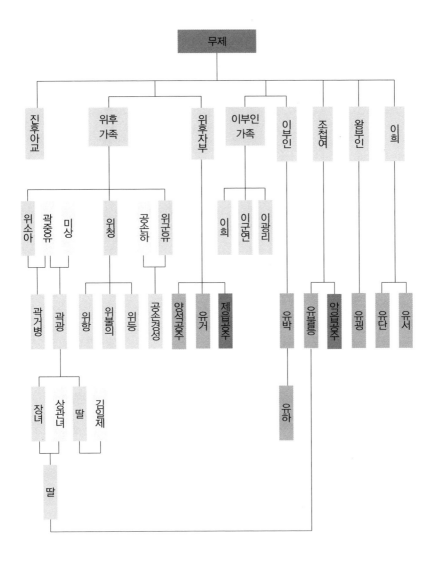

경제 및 무제 시대 백관공경(百官公卿)

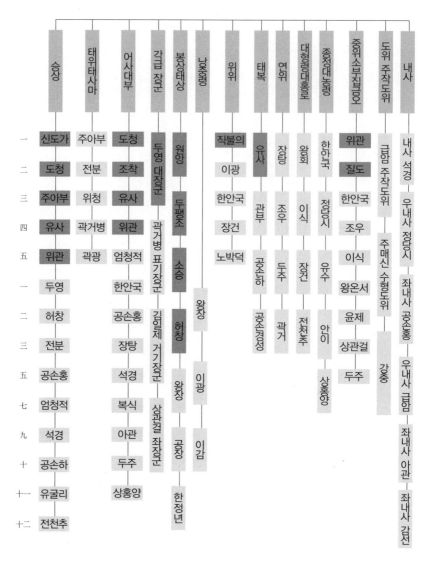

이 표는 『한서』 「백관공경표(百官公卿表)」를 참고해 만들었음. 인물은 이 책에 등장하는 사람들이 주이며, ■ 무제, ■ 경제 때의 인물들임. 배열은 직위에 취임했을 때의 시간을 기준으로 했음. 승상의 왼쪽 숫자는 임기 순서임.

천하를 평정할 영웅의 탄생

전원前元 원년(기원전 156년)은 경제가 즉위한 해입니다. 바로 이 해에 그의 열째 아들이 출생했습니다. 그의 이름은 체彘였습니다. 아들이 많았던 유씨 황족은 이 아이의 탄생에 그다지 큰 의미를 두지 않았습니다. 봉건제도 아래에서는 적자이자 장자를 황제로 세운다는 입적입장立嫡立長의 원칙이 있었으니 말입니다. 게다가 경제의 후궁은 3,000명이었습니다. 민간 용어로 첩이라고 해야 할 미인이 낳은 열째 아들은 한마디로 권력의 중심에서 10만 8,000리는 떨어져 있다고 해도 과언이 아니었습니다.

그러나 유씨 황족의 안중에도 없었던 이 '체'라는 아이는 훗날 중국 역사상 가장 막강한 권력을 휘두르면서 일세를 풍미한 군주, 한무제가 됩니다. 후세인들은 그의 시비와 공과를 대단히 흥미진진하게 생각합니다. 더구나 그가 즉위하게 된 과정도 미스터리로 가득합니다. 열째 아들인 그는 도대체 어떻게 황제 자리에 오를 수 있었을까요? 황제가 되기까지의 과정에는 얼마나 많은 궁정의 권력투쟁이 숨겨져 있었을까요?

운명의 가호를 받은 열째 아들

무제의 일생은 그야말로 질풍노도였습니다. 막강한 권력을 휘두르면서 일세를 풍미했지요. 중국 역사에서도 최초의 기록을 여섯 가지나 창조한 인물로 기록되고 있습니다.

첫째, 유가학설을 통한 중국의 사상과 문화를 통일시켰습니다.

둘째, 태학太學 설립으로 인재를 양성했습니다.

셋째, 중국의 국경을 크게 넓혔습니다.

넷째, 서역과의 교통로를 열었습니다.

다섯째, 황제의 연호와 기원을 사용했습니다.

여섯째, 죄기조(罪己詔, 황제가 자신의 잘못을 기록한 조서)로 자아비판을 했습니다.

이 여섯 가지의 최초 기록 가운데에서도 특히 제자백가諸子百家의 이론을 배척하고, 유가사상을 국가의 통치사상으로 삼은 조치는 후세에 엄청난 영향을 주었습니다.

동시에 이름을 만고에 드날린 무제는 재위 기간도 엄청나게 길었습니다. 16세에 즉위해 70세에 세상을 떠났으므로 무려 54년 동안이나 집권했다는 계산이 나옵니다. 무려 2,000년 후 청나라의 강희康熙 황제가 1661년부터 1722년까지 61년 동안 황제 자리에 있음으로써 비로소 그의 재위 기록을 깼을 정도입니다. 한 국가의 기록이 2,000여 년 이상 간다는 것은 결코 쉬운 일이 아닙니다.

그러나 후세의 그에 대한 평가는 반반입니다. 어떤 사람은 그가 뛰어난 지략과 영웅적인 풍모가 있었다고 칭찬합니다. 그에 반해 어떤 사람은 함부로 병력을 일으켜 외국을 침략했다고 주장합니다. 또 어떤 사람은 그가 후세에 길이 남을 업적을 남겼다고 찬양합니다. 당연히 그가 독재를 했다고 주장하는 이들도 있습니다. 2,000여 년이 넘는 기간 동안 사람들이 그에 대한 평가를 마치지 못할 정도였던 무제라는 사람은 도대체 어떤 사람이었을까요? 또 사마천은 『사기』에서 자신의 생사여탈권을 쥐었던 그를 어떻게 기록하고 평가했을까요?

위에서 말한 것처럼 한무제는 황제의 연호와 기원을 가장 먼저 사용한 황제였습니다. 따라서 무제 이전에 중국 황제들에게는 연호가 없었습니다. 이 사실은 『사기』의 기록으로도 확인됩니다. 경제 시대에는 시기를 말할 때 앞의 몇 년, 중간의 몇 년, 나중의 몇 년 이런 식으로 말했습니다. 다시 말해 전, 중, 후반기로 구분한 겁니다. 무제는 경제 전원 원년(기원전 156년)에 그의 열째 아들로 태어났습니다. 이름은 유체였습니다. 정사에는 무제의 이름이 왜 '체'가 됐는지에 관한 기록이 없습니다만 『한무고사(漢武故事, 야사로 저자가 한나라의 반고班固라는 설과 진晉나라의 갈홍葛洪이라는 여러 설이 있음)』에는 아래와 같은 간략한 기록이 있습니다.

'경제도 꿈을 꿨다. 꿈에서 고조 유방이 그에게 '왕미인이 아들을 낳으면 이름을 체라고 하라'고 말했다. 고조의 말대로 왕미인은 아들을 낳았다. 이름을 체라 지었다. 이 사람이 바로 무제이다.'

경제는 자손을 많이 낳은 황제로 유명했습니다. 아들만 열네 명이었으니 이는 유방보다 여덟 명이나 많은 것입니다. 이들은 모두 여섯 명의 비빈에게서 태어났습니다. 그중 무제는 이름이 왕지王娡인 왕미인이 낳았습니다. 당희唐姬도 하나를 낳았습니다. 이외에 가賈 부인이 둘을 낳았습니다. 이중 한 명이 중산정왕中山靖王입니다. 여러분도 귀에 익을 텐데 아마 『삼국지三國志』를 읽어본 분이면 다 아실 겁니다. 유비가 '유황숙(劉皇叔, 황제의 삼촌)'을 자칭했으니까요. 그는 아마도 자신이 황실 혈통이라는 사실을 들먹이기를 좋아한 듯합니다. 그러나 어떻게 경제의 아들인 중산정왕까지 거슬러 올라갈 수 있을까요? 경제는 이미 '영웅적인 아버지'였습니다. 중산정왕은 그보다 훨씬 더해, 아들이 무려 120여 명이었습니다. 물론 유비가 중산정왕이 엄청나게 남긴 아들의 후예일 수는 있습니다. 어쨌든 한나라 황실과는 친척관계로 엮이는 것이 충분히 가능합니다. 그러나 촉한蜀漢 정권이 자신들의 정통성을 강조하기 위해 그 사실을 적극적으로 주장한 것이 아닌가 하는 생각도 해볼 필요가 있습니다.

다시 경제의 얘기로 돌아갑시다. 무제가 태어날 때 경제에게는 다른 두 명의 비빈이 더 있었습니다. 율희栗姬와 정희程姬입니다. 이들은 각각 세 아들을 낳았는데, 그중 마지막으로 무제의 이모이자 왕미인의 동생인 왕아후王兒姁가 있었습니다. 그녀는 경제가 태자일 때 궁중에 들어간 여자로 경제의 아들 넷을 낳았습니다.

모두 열네 아들 중에서 무제는 평범한 비빈의 아들로 적자가 아니었습니다. 항렬도 높지 않았지요. 겨우 열 번째였을 뿐입니다. 앞서 이야기했듯 중국의 봉건시대에 황제의 계승 제도에는 두 가지 원칙이 있었습니다. 하나는 적자를 세우는 것, 다시 말해 황후의 아들에게 황제 자리를 물려주는 겁니다. 다른 하나는 장자를 세우는 것, 즉 큰아들을 세우는 겁니다. 이 정도에서 더욱 분명해지듯이 유체는 절대로 황제가 될 수 없었습니다. 아홉이나 되는 형들이 태자의 자리를 순순히 포기하겠습니까. 그런데 왜 운명은 그의 손을 들어주었을까요?

'어떤 물건이 자기의 것이면 어떻게든 자기 것이 되고, 그렇지 않으면 잠시 가지게 되더라도 언젠가는 잃어버린다'라는 속담이 있습니다. 모든 것은 자연의 순리에 맡겨야 한다는 얘기입니다. 다시 말해 그는 무척 운이 좋았고 하늘의 도움을 받았다는 얘기가 되겠습니다. 더구나 후궁을 비롯해 경제를 둘러싸고 있던 다섯 여자의 지위가 각자 달랐던 것도 큰 도움이 되었습니다. 성격이 각각 다른 이들이 오랫동안 각축을 벌인 결과가 그에게 절대적으로 유리하게 작용했다는 결론입니다.

그러면 이들 다섯은 어떤 여자들일까요? 그들은 도대체 뭘 믿고 태자의 자리를 좌지우지하려 했을까요? 『사기』 중 「외척세가外戚世家」는 구중궁궐 깊숙한 곳에서 일어난 이 권력투쟁에 대해 과연 어떻게 서술하고 있는지 봅시다.

총애를 잃은 후 울려 퍼진 극단적 이중 변주곡

본격적으로 권력투쟁에 대해 알아보기 전에 먼저 무제의 운명에 결정적 영향을 미친 여자들에 대해 알아보는 게 순서인 듯합니다. 권력투쟁에는 여자의 존재가 언제나 필수적이니까요. 우선 박薄황후라는 여자입니다. 그녀는 그야말로 경제의 유일무이한 황후였습니다. 경제가 태자였던 시절, 그의 할머니가 골라준 황후이기도 했습니다.

그러면 경제의 조모는 누구였을까요? 그녀도 박씨였습니다. 다시 말해 젊었을 때는 박희薄姬로 불린 박태후였습니다. 박희는 일찍이 위왕魏王 위표魏豹의 비빈이었습니다. 그러다 뒤에 위표가 형양에서 유방에게 패해 살해당하면서 그녀 또한 군중의 전리품이 됩니다. 그녀는 패장의 처첩이었으므로 유방의 군중에서 그저 보통의 여공 노릇을 했습니다.

그러던 어느 날이었습니다. 우연히 그녀의 아름다운 얼굴을 보게 된 유방이 즉각 후궁으로 불러들였습니다. 당시에는 이른바 초한楚漢 전쟁이 한창이었습니다. 시간도 만만치 않게 걸렸지요. 게다가 유방의 조강지처 여후가 항우의 진영에 인질로 가 있었던 탓에 그의 주위에는 수많은 여자들이 줄을 서 있었습니다. 조신하기 이를 데 없던 그녀로서는 그의 관심을 끄는 것이 기본적으로 불가능했습니다. 당시 유방의 비빈 중에는 박희의 절친한 친구 두 사람이 있었습니다. 어느 날 두 여자는 농담을 주고받으면서 박희를 비웃었습니다.

"우리는 일찍이 약속을 했어. 장차 누가 황제한테 총애를 받더라도 다른 두 친구가 더 있다는 사실을 잊지 말자고 말이야. 하지만 지금 우리는 황제의 총애를 받고 있으나 박희는 그렇지 못해. 그건 운이 좋지 않고 매력도 없기 때문이지. 그 친구는 후궁에서 계속 멍청하게 기다려야 할 거야!"

대충 이런 내용이었습니다. 이때 유방은 이 말을 듣고 불현듯 연민의 정이 생겼습니다. 결국 그는 바로 박희를 불러들여 동침하게 됩니다. 그때까지 박희는 아무 말도 없이 침묵만 지키고 있던 '국외자'였습니다. 그러나 유방과 함께 잠을 잔 날 저녁, 그녀의 입은 불현듯 열렸습니다. 그녀가 유방에게 "소첩은 어제 저녁에 푸른 용이 배를 감싸는 꿈을 꿨습니다. 오늘은 또 대왕의 성은을 입게 되었습니다"라고 말한 겁니다. 이건 정말 대단히 귀한 조짐 아닙니까! 그녀의 말은 유방이 조만간 '진정한 천자'가 된다는 사실을 뜻했습니다. 아무튼 당시는 그녀처럼 착실한 여자도 기회를 놓치지 않고 자신에 대한 세일즈를 할 정도였습니다. 구중궁궐의 경쟁이 얼마나 극심했는지를 잘 알 수 있지요. 이 말이 진짜인지 거짓인지 굳이 따질 필요는 없습니다. 유방이 그 말을 듣고 크게 기뻐한 것은 사실이니까요. 정말로 행운이 넝쿨째 굴러오려고 그랬는지 그녀는 이 단 한 번의 동침으로 임신을 했습니다. 이 아이가 바로 유방의 여덟 아들 중 넷째인 유항劉恒입니다. 이게 그녀에게는 첫 번째 행운이었습니다.

박희의 두 번째 행운은 무엇이었을까요? 그것은 그녀가 유방의 총애를 받지 못했다는 사실이었습니다. 유방은 살아 있을 때 그녀와 딱 한 차례 정을 나눈 다음 다시는 찾지 않았습니다. 후궁의 수많은 비빈 중에서 가장 괄시를 받았다고 말해도 무방합니다. 하지만 바로 그 때문에 여후가 권력을 장악했을 때 유방의 비빈은 전부 궁중에 갇혔으나 오로지 그녀만은 풀려날 수 있었습니다. 왜 그랬을까요? 여후가 그녀만큼은 전혀 안중에 둘 필요가 없다고 생각했기 때문입니다. 그녀가 어디로 가든 아무 일도 일어나지 않을 거라고 생각한 겁니다.

박희는 어디로 갔을까요? 그녀는 대(代, 지금의 허베이와 산시 일원)로 갔습니다. 그곳에서 아들인 대왕代王 유항과 함께 생활했습니다. 그래서 그녀는 척부인(戚夫人, 유방의 애비. 여후에게 죽임을 당함)을 비롯한 유방의 수많은 비빈이 여후에게 박해를 당할 때 아주 가볍게 화를 피하는 게 가능했습니다.

여후의 권력을 향한 노력은 아직 끝나지 않았습니다. 그녀는 이른바 '청군측(淸君側, 황제의 측근을 숙청한다는 의미)'의 명분하에 두 번째 행보를 옮깁니다. 바로 황자皇子들을 제거하는 것이었습니다. 그녀는 이를 위해 셋이나 되는 황자들을 차례로 조(趙, 지금의 허베이성 서부, 남부와 산시성陝西省 북부 일원)의 왕으로 봉한 다음 살해했습니다. 그게 끝이 아니었습니다. 그녀는 박희의 아들 유항마저 조왕趙王에 임명하려 했으나, 유항은 의붓어머니 여후를 위해 변방을 지키겠다는 그럴듯한 핑계로 완곡하게 거절했습니다. 그렇게 하고서야 그는 비로소 여후가 유방의 아들들에 대해 전개한 유혈 낭자한 도살을 피할 수 있었습니다. 유항이 순조롭게 살육을 피하는 데 박희가 어떤 역할을 했는지는 우리가 알 길이 없습니다. 어쨌든 유항은 여후의 살수를 피했습니다. 박희도 피했습니다. 이게 그녀의 세 번째 행운이었습니다.

박희의 태도는 어떻게 보면 수졸(守拙, 어리석음을 벗어나지 못하고 우직한 태도를 고집함)이라는 말로 설명하는 게 가장 적합할 것 같습니다. 그건 또 『장자莊子』의 「소요유逍遙游」편에 나오는 '취춘수臭椿樹'와도 같다고 하겠습니다. 구체적으로 좀 살펴보면 "그 나무의 줄기는 혹투성이어서 먹줄을 댈 수도 없다. 가지는 뒤틀려 있어 자를 댈 수도 없다. 늘 길가에 있으나 그 어떤 목수도 고개를 돌려 쳐다보려 하지 않는다"라는 내용입니다. 취춘수가 아무 짝에도 쓸모가 없어 오히려 생명을 보존했다는 말입니다.

이제 그녀의 네 번째 행운에 대해 얘기하겠습니다. 고후高后 8년(기원전 180년) 제왕齊王 유양劉襄이 주발周勃, 진평陳平, 유장劉章 등의 내응에 힘입어 쿠데타에 성공했습니다. 이어 일거에 여후가 조정의 곳곳에 심어놓은 자신의 친정 인사들인 여씨 일족을 일망타진했습니다. 이들을 소탕하는 데 가장 큰 공헌을 한 자는 누구였을까요? 제왕 유양과 동생인 유장이었습니다. 그건 쿠데타를 일으킨 공신들과 조정 대신들도 인정하는 바였습니다. 그러나 황제 자리를 누구에게 맡길 것인가 하는 문제에 대해서는 의견이 분분했습니다. 모두들 속셈이 있었던 겁니다. 결과적으로 유양과 유장은 옹립하지 말자는 쪽으로 기울었습니다. 왜 그랬는지는 굳이 설명이 필요 없습니다. 그들이 나이는 어려도 대단히 유능했기 때문입니다. 그들 형제 중 한 명이 황제 자리에 오르면 나중에 자신들이 조정을 통제하기 어렵다고 단정했던 겁니다.

그에 반해 유항은 겉으로 보기에는 대단히 우둔했습니다. 괴뢰 황제로 앉아 있기에는 그 이상의 적임자가 없었습니다. 게다가 그의 어머니 박희는 아주 겸손하고 경건한 여자로 알려졌습니다. 친정도 멸사봉공을 신봉하고 법을 잘 지키는 사람들이라 외척이 전권을 휘두르는 상황을 불러올 가능성이 거의 없었습니다. 사실 바로 직전에는 이와 관련한 뼈아픈 교훈이 있었지요. 여후가 직접 전면에 나서 황제를 폐위시키는 전권까지 마구 휘둘렀으니까요. 따라서 황제가 될 사람의 외가나 처가의 수준과 상황 등은 그를 황제로 옹립할지 말지를 판가름하는 중요한 기준이었습니다.

문제는 바로 이런 과정을 거쳐 황제 자리에 올랐습니다. 그는 그러나 황제 자리에 오르자마자 바로 진면목을 드러냈습니다. 이에 대해서는 뒤에 얘기하겠습니다. 우리가 말해야 하는 것은 박희의 네 번째 행운입니다. 다시 한 번 정리하겠습니다. 그녀의 아들 유항은 다른 사람들이 손에 피를 묻혀가면서 여씨 일족과의 일전을 준비할 때 대 지방에서 여유 있게 휴식을 취하고 있었습니다. 여씨 일족을 다 처리하고 나서는 그야말로 손 하나 까닥 하지 않고 가볍게 황제가 되었고, 박희도 순조롭게 황태후가 되었습니다.

우리는 이 대목에서 하늘이 보살핀 박희의 기가 막힌 운명에 대해 감탄하지 않을 수 없습니다. 그녀는 그 누구의 도움도 받지 못했습니다. 누구와도 다투지 않았습니다. 친구도 적도 없었습니다. 한마디로 시종일관 정치투쟁의 사각지대에 있었습니다. 그렇다고 창과 화살이 난무하는 속에서 상처를 입은 것도 아니었습니다.

그러나 사람의 마음은 환경의 변화에 따라 변한다는 사실이 문제입니다. 아들이 황제, 자신이 황태후가 되자 그녀는 베틀에 앉아 베를 짜던 당시의 여공 이미지를 완전히 벗어던졌습니다. 또 황제의 사랑을 받지 못하던 평범한 비빈에서도 벗어났습니다. 그런 그녀가 황태후가 된 다음에 밤낮으로 생각한 것은 무엇일까요? 어떻게 하면 제국의 영광을 자신의 친정으로 끌어오느냐 하는 것이었습니다. 친정 식구들이 부귀영화를 누리도록 만들어주는 것이었습니다.

하지만 아들은 이미 자신의 손아귀에서 벗어나 있었습니다. 늦기 전에 어떻게든 손자에게 손을 써야 한다는 결론을 내렸지요. 그녀의 손자는 당시 태자였고, 곧 훗날의 경제입니다. 그녀는 이 손자에게 자신의 친정 손녀를 태자비로 짝지어주기 위해 온힘을 다했습니다. 그렇다면 이 태자비에게는 과연 어떤 앞날이 기다리고 있을까요? 간단합니다. 태자가 황제로 즉위하면 가볍게 황후가 됩니다. 솔직히 여후도 자신의 집권 기간 중에 유씨 성을 가진 황자들에게 친정인 여씨의 여자들을 맺어주지 않았던가요. 박태후도 마찬가지였습니다. 강제로 정략결혼을 성사시켰으니까요. 그러나 태자가 과연 할머니가 골라준 이 태자비를 사랑할 수 있었을까요? 불가능했을 겁니다. 하지만 방법이 없었습니다. 그건 박태후가 직접 결정한 일이었으니까요. 그런 환경에서 복종하지 않으면 태자 자리가 위태해졌을지도 모릅니다.

경제가 즉위한 후 박태후의 생각대로 태자비는 황후가 되었습니다. 성은 같은 박씨였지만 운명은 극단적으로 엇갈렸습니다. 박태후의 운명은 너무나 좋았지만 박황후는 가시밭길이었습니다. 다음의 기록을 보면 잘 알 수 있습니다.

'경제가 태자일 때 박태후는 박씨 집안의 여자를 태자비로 삼았다. 그녀는 경제가 즉위한 다음 박황후가 되었다. 그러나 자식이 없었다. 황제의 총애도 받지 못했다. 박태후가 세상을 떠난 후 그녀는 폐위되었다.'

위의 기록대로 박황후는 평생 아이를 낳지 못했습니다. 이는 '아들로 인해 어머니가 고귀하게 된다'라는 원칙을 내세우는 제왕의 집안에서는 치명적이었습니다. 경제는 모두 열네 아들을 여섯 비빈에게서 낳았습니다. 그러므로 유독 정실부인에게서 자식을 보지 못했다는 것은 상상도 할 수 없는 일이었습니다. 경제의 생산 능력에 문제가 없다는 사실은 그의 열네 아들이 무엇보다 잘 보여줍니다. 그렇다면 박황후에게 문제가 있었을까요?

또 다른 가능성도 있습니다. 경제가 박태후를 너무 싫어해서 자식을 낳지 못했다는 설정입니다. 사례도 있습니다. 여후가 기세등등하게 살아 있을 때입니다. 그녀가 아들 혜제를 위해 친정 조카를 황후로 점지했던 겁니다. 혜제도 다른 후궁들과의 사이에서 아들 여섯을 낳았습니다. 그러나 장張황후는 그렇지 않았습니다. 단 한 명도 낳지 못했습니다. 아무래도 그 이면에는 '좋아하거나 싫어하는 감정'의 문제가 개입돼 있지 않나 싶습니다.

때문에 황후가 아들을 낳지 못하는 데는 두 가지 이유 외에는 없습니다. 낳지 못했거나 황제로부터 총애를 받지 못한 겁니다. 문제는 이 일로 인해 경제의 구중궁궐에 상당히 복잡한 상황이 빚어졌다는 사실입니다. 경제가 즉위한 다음에는 태자를 책봉해야 했으니까요. 그러나 적자를 세우는 것은 기본적으로 불가능했습니다. 황후의 위치가 불안할 수밖에 없는 것은 너무나도 당연합니다. 결론적으로 구중궁궐의 권력투쟁은 박황후가 아들을 낳지 못하고 총애를 잃었기 때문이라고 보아도 무방할 겁니다.

'총애와 행운'이라는 것은 정말로 기묘한 것 같습니다. 박태후는 '총애를 잃음'으로 인해 '행운'을 얻었습니다. 반면 박황후는 '총애를 잃음'으로 인해 '불행'해졌습니다. 여기에서 『장자』의 「소요유」에 나오는 고사를 하나 보고 넘어갑시다. "어떤 농가에 기러기가 두 마리 있었다. 한 마리는 울 줄 알았고 다른 한 마리는 울 줄 몰랐다. 주인은 울지 않는 기러기를 잡아 손님에게 대접했다"라는 고사입니다. 너무나 극단적으로 엇갈리는 이 두 박씨 여인의 운명은 '아무 소용이 없어' 목숨을 보전한 취춘수와 '아무 소용이 없어' 생명을 잃은 기러기와 거의 똑같다고 해도 과언이 아닙니다. 고사의 황당함은 코미디에 그치고 말지만 인생의 황당함은 그렇지 못하여 결국 비극으로 끝나는 경우가 많습니다.

경제의 열네 아들은 황후가 자식이 없었으므로 모두 태자가 될 가능성이 있었습니다. 유체는 이렇게 해서 '적자를 세우는 원칙'이라는 관문을 하나 돌파할 수 있었습니다. 그러나 우리는 잊지 말아야 합니다. 두 번째의 관문인 '장자를 세우는 원칙'이 남아 있다는 사실 말입니다. 열 번째 항렬인 유체의 입장에서는 그래도 태자 자리가 너무 멀어 보였습니다. 바로 이때 유체의 인생에서 두 번째로 중요한 영향을 미친 여자가 등장합니다.

치마폭으로 황제를 주무르다

두 번째 여자는 앞서 언급했던 한무제의 생모인 왕지입니다. 그녀를 언급할 때는 그녀의 어머니 장아臧兒부터 시작하지 않으면 안 됩니다. 이 여자는 어떤 사람일까요? 얘기를 풀어가 봅시다.

항우는 진나라를 완전히 뒤집어엎은 후 유방을 비롯한 공신들을 이른바 18로路 제후왕으로 봉합니다. 그중 한 명이 바로 연왕燕王 장도臧荼였습니다. 장아는 바로 이 장도의 손녀였습니다. 장도는 시간이 흐르면서 유방의 세력이 강대해지자 한나라에 투항합니다. 그러나 한나라 5년(기원전 202년)에 다시 군대를 일으켜 반란을 도모합니다. 유방은 기다렸다는 듯 장도를 토벌했고, 장씨 가족은 당연히 멸문지화를 당했습니다.

장아는 이때 다행히 생명은 건졌으나 '미인박명'이라는 불후의 진리를 곱씹을 수밖에 없었습니다. 결혼 경력이 만만치 않았던 거지요. 그녀의 첫 남편은 왕중王仲이라는 사람입니다. 장아는 그와의 사이에서 자식 셋을 낳았습니다. 사내아이 왕신王信, 계집아이 왕지와 왕아후 등이 그들이었습니다. 그녀는 아들딸 모두 잘 낳아 기르며 생활도 점차 좋아졌습니다.

그러나 좋은 시절은 오래가지 않았습니다. 남편이 병으로 세상을 떠나는 횡액을 당하거든요. 기댈 언덕을 잃은 그녀는 과감하게 재가를 결심합니다. 결국 장릉長陵의 전田씨 집안으로 개가하게 됩니다. 여기에서 그녀는 또 전분田蚡과 전승田勝이라는 두 아들을 낳았습니다. 이중 전분은 무제 시대에 막강한 권력을 틀어쥔 승상이 됩니다. 이렇게 장아는 두 번의 결혼을 통해 자식 다섯을 낳았습니다. 여기에서 한 번 짚고 넘어가야 할 점은, 한나라 때는 여자의 재혼이 비교적 자유로웠다는 사실입니다. 특히 남편을 잃거나 이혼한 경우에는 재가할 수 있었습니다. 그러나 재가하는 것은 그다지 좋은 신세라고 할 수 없지요. 장아는 그런 자신의 처지를 너무도 잘 알았기 때문에 재가 후에 굳게 결심했습니다. 두 딸을 통해 장씨 가족의 과거 영광을 재현해보겠다고 말이지요. 다시 말하면 '청춘을 이용한 도박' 내지는 '결혼을 통한 신분상승'을 필생의 목표로 삼았다고나 할까요.

그녀는 큰딸 왕지를 어느 지방의 꽤 알려진 토호인 김왕손金王孫에게 출가시켰습니다. 왕지는 그와의 사이에서 딸 하나를 낳았고 그 딸은 나중에 좋은 집안으로 출가했습니다. 장아로서는 일단 목표를 이뤘다고 할 수 있었습니다. 그러나 어느 날 우연히 만난 점술가가 그녀의 마음에 다시 불을 지르고 맙니다. "당신의 두 딸은 고귀하게 될 관상이다"라고 말한 겁니다. 사실 그 점괘는 크게 신경을 쓸 필요가 없는 것이었습니다. 왕지가 이미 괜찮은 곳으로 시집갔다고 할 수 있었으니까요. 하지만 장아는 달랐습니다. 점괘에 대해 듣지 않았다면 모를까, 들은 이상은 사위가 만족스럽지 않았던 겁니다. 더구나 그녀의 눈에 김왕손의 재산은 갈수록 줄어드는 것 같았습니다. 앞으로 자신의 보배 같은 딸을 부양하지 못할 거라는 생각이 자연스럽게 들었지요.

그래서 그녀는 다시 한 번 용단을 내렸습니다. 왕지를 김왕손의 집에서 데려와 다시 시집보내기로 결정한 겁니다. 정말 대단한 결정이지요! 한 번 계산해봅시다. 왕지는 딸까지 출산했던 만큼 최소한 2년의 시간은 필요했을 겁니다. 사실 사람에게는 일종의 관성이 있습니다. 특히 여자는 더 그렇습니다. 아내로 어머니로 2년을 살았다면 그 생활에 적응하게 됩니다. 때문에 과감하게 그 환경을 벗어나 새로운 보금자리를 찾는다는 것은 오늘날의 시각으로 보아도 미친 사람이나 하는 도박과 같았지요. 그러나 모험가 기질이 다분했던 장아는 의연하게 자신이 추진한 일을 성사시키고 맙니다. 그 과정에 왕지도 적극적으로 동조했습니다.

결혼생활의 속박에서 벗어난 왕지는 어머니 장아의 손에 이끌려 동생

왕아후와 함께 태자의 궁으로 보내졌습니다. 장아가 생각한 부귀영화는 확실히 천하에 군림하는 황제의 위엄이었던 것 같습니다! 솔직히 결혼까지 하고 딸도 있는 여자를 태자의 궁에 보낸다는 것은 아무리 한나라 때가 개방적인 시대라 해도 오늘의 관점에서 보면 정말 불가사의한 일입니다. 태자가 그런 여자를 비빈으로 받아들일 가능성은 전무하므로 왕지가 결혼 사실을 숨겼을 것이라는 단정이 가능합니다. 이로 볼 때 왕지는 확실히 보통 사람은 아니었습니다. 실제로 각종 기록을 통해 그녀의 성격을 분석해볼 수 있습니다.

우선 그녀는 냉혹했습니다. 그녀는 첫 남편 김왕손과도 아주 잘 지냈고, 그와의 사이에 딸도 하나 낳았습니다. 결혼생활은 상당히 괜찮았다고 보아도 됩니다. 그러나 어머니 장아의 한 마디에 그녀는 얼굴을 싹 바꿔버렸습니다. 그녀가 김왕손의 곁을 떠난 유일한 목표는 분명했습니다. 고귀한 생활을 원했기 때문입니다. 과거의 정을 과감하게 끊은 채 남편과 자식을 버리고 의연하게 재가한 것을 보면 그 냉혹함을 충분히 짐작할 수 있지요.

결단력도 빼놓을 수 없는 성격입니다. 왕지는 자신의 모든 것을 버리고 비장한 심정으로 김왕손의 곁을 떠났다고 해도 좋습니다. 황제의 후궁이 되는 데 인생을 걸었다는 말이지요. 사실 상황을 보면 그렇습니다. 무엇보다 태자의 궁으로 들어간다는 확실한 보장이 있었을까요? 게다가 점술가의 점괘가 진짜 신통한 것인지 아닌지 어떻게 압니까? 모든 것이 미지수였습니다. 설사 태자의 궁으로 보내진다 해도 태자의 총애를 얻을 거라는 보장은 없습니다. 그러나 좌고우면하면 원래 좋은 기회를 놓치는 법입니다. 그래서 왕지는 결단력을 보인 것이 아닌가 싶군요.

야심도 있었습니다. 그녀는 어머니의 뜻을 따라 평범하고 행복한 생활을 버린 채 태자궁으로 들어가고자 애썼습니다. 뒤도 돌아보지 않고 앞으로 나아가게 만든 이런 태도의 원동력은 현실에 안주하지 않는 독불장군식 사고였습니다. 즉 야심만만한 성격을 반영하는 것이지요.

남다른 그녀의 모험 정신도 반드시 거론해야 합니다. 그녀는 과연 얼마나 많은 모험을 했을까요? 다른 것은 거론할 필요도 없습니다. 그녀가 결혼을 했다는 사실을 누군가가 제보했다면 어땠을까요? 태자궁에서 머무는 것은 고사하고 김왕손에게 돌아갈 수도 없었을 겁니다. 왕지는 이렇듯 자신의 퇴로까지 완전히 끊어놓았습니다!

아무튼 이렇게 왕지 자매는 태자궁에 들어갔습니다. 당연히 태자를 모셨지요. 그가 바로 훗날의 경제였습니다. 장아로서는 이중의 보험을 들었다고 할 상황입니다. 둘 중 하나만 총애를 받아도 그녀는 승자가 됩니다. 그렇다면 둘 다 총애를 받으면 어떻게 될까요? 천하를 다 얻은 승리자가 되겠지요.

그렇다면 장아가 띄운 이 승부수는 성공했을까요?

왕지는 태자궁에 들어가 아들 하나와 딸 셋을 낳았습니다. 여동생 왕아후는 더욱 대단하여 아들만 넷을 낳았습니다. 경제의 열네 아들 중 무려 다섯을 장아의 딸들이 낳은 것이지요. 장아는 드디어 의기양양할 수 있게 되었습니다!『사기』에는 기록이 없습니다만 제 생각으로는 이 모든 것이 물 흐르듯 이뤄진 것은 아무래도 딸 둘이 모두 뛰어난 미모를 소유했기 때문이 아닌가 합니다. 한번 생각해보세요. 각각 재혼과 초혼인 왕지 자매가 약속이나 한 듯 태자에게 각각 네 아이씩을 안겼습니다. 그건 용모가 빼어나거나 하해와 같은 은혜를 입지 않으면 불가능합니다. 옛말에 "능력이 없으면 안 될 일은 하지도 말라" 하였습니다. 그러나 장아는 저력이 있었기에 도박을 했습니다. 어디에다 크게 걸었을까요? 바로 딸들의 미모였습니다. 결과적으로 그녀는 대성공을 했습니다.『한서漢書』가운데「외척세가」에는 이에 대한 기록이 나옵니다.

'처음에는 황후가 태자의 궁으로 들어갔다. 이어 여동생 왕아후가 다시 들어갔다. 네 아들을 낳았다.'

먹고 살기 위해 재혼한 어머니에다 아버지를 여읜 자매를 합치면 누가 보아도 위태위태한 모습입니다. 그러나 이들 연약한 세 모녀는 드디어 자신들의 운명을 바꾸는 역사적인 상황을 연출해냈습니다. 따라서 한 사람의 성공 여부는 뛰어난 외모가 아니라 강한 의지에 달려 있는 것 같습니다.

왕지는 태자궁에 들어간 이후 먼저 세 딸을 낳았습니다. 그런 다음 바로 다시 임신을 하게 됐는데, 어느 날 태자에게 말했습니다.

"어제 꿈을 꿨는데 태양이 제 배로 들어왔습니다."

중국인은 수많은 세계 여러 민족과 마찬가지로 일찍부터 태양을 숭배했습니다. 오늘날에도 마찬가지여서 태양을 제왕에 비유하고 있습니다. 때문에 "태양이 배로 들어왔다"라는 말은 대단히 상서로운 조짐입니다. '왕지가 해몽을 통해 총애를 더욱 돈독하게 얻었다'고 평가되는 이 말이 퍼진 것과 관련해서는 대략 세 가지 가능성이 있습니다. 우선 왕지가 곧 태어날 자신의 아이에게 신비감을 갖게 만들려고 의도적으로 말했다는 겁니다. 솔직히 꿈에서 태양이 배 안으로 들어오는 것을 보는 임산부가 과연 얼마나 존재하겠습니까. 아주 드물 것입니다. 또 '낮에 간절하게 생각하면 밤의 꿈에 나타난다'라는 말이 있기는 합니다만 황제와 관련한 말을 할 때가 아니면 태양을 꿈꿨다는 말을 하지 않습니다. 따라서 왕지의 그런 해몽은 자신의 아들에게 황제가 될 발판을 만들어주기 위해 미리부터 신격화하려는 의도와 관련이 있을 수 있다는 겁니다.

두 번째 가능성은 후세 사람들이 유체를 신격화한 것이 아닌가 하는 겁니다. 왕지의 아들은 나중에 정말 황제가 되었습니다. 그래서 나중 사람들이 아부하기 위해 "태양이 배로 들어왔다"라는 말을 왕지가 했다고 기록했다는 말입니다. 세 번째 가능성은 둘 다입니다. 왕지가 아들을 신격화했을 뿐만 아니라 더불어 후세 사람들도 신격화한 겁니다.

이쯤에서 한무제와 관련한 야사 두 가지를 살펴봐야겠습니다. 하나는 앞서 언급한 『한무고사』, 다른 하나는 『한무제내전漢武帝內傳』입니다. 이 중 훨씬 더 내용이 신비한 것은 후자입니다. 이에 따르면 무제는 꿈에 신녀神女를 만나게 되는데, 그녀는 왕지의 입에 태양을 넣어주었습니다. 왕지는 그걸 삼켰고, 그런 뒤 얼마 후 왕지는 무려 14개월이나 임신하게 됩니다. 이어 아들인 무제를 낳았습니다. 이 전설 같은 내용은 믿기가 어렵습니다. 오히려 "태양이 배로 들어왔다"라는 내용은 『사기』와 『한서』의 「외척전」에 다 기록돼 있습니다. 그러나 설들의 진실은 상대적입니다. 아무도 왕지의 꿈에 들어가 그걸 본 적이 없으니까요.

아무려나 이런 길조가 팽배한 가운데 유체는 태어났습니다. 묘하게도 이 해에 경제는 순조롭게 즉위도 했습니다. 이로 보면 유체가 기쁨을 가져다준 아이라는 얘기는 크게 무리한 얘기는 아닙니다. 그러나 열째 아들로서의 유체의 지위는 별로 높지 않았습니다. 부친의 총애가 남다르기는 했지만 말입니다. 그는 네 살 때인 경제 전원 4년(기원전 153년)에 아버지에 의해 교동왕膠東王에 봉해집니다. 같은 해 경제는 자신과 율희栗姬의 장자인 유영劉榮을 황태자로 책봉했습니다. 조상이 정한 원칙에 따라 적자를 세우지는 못했으나 장자를 황태자로 책봉한 겁니다.

왕지는 남편과 딸을 버리고 태자궁으로 들어갔습니다. 이어서 황자를 낳고 그 아들이 왕으로 봉해지고 봉지를 받았습니다. 처음의 전투는 거의 완벽한 승리라고 해도 좋았습니다. 그러나 그녀의 야심은 이 정도에서 그치지 않았습니다. 아들인 교동왕의 위치가 황태자의 자리와 멀어도 아직 전투를 독려하는 깃발을 내릴 때가 아니었던 겁니다.

이제 우리는 무제의 정치적 운명에 지대한 영향을 미친 다섯 여자 가운데 두 사람에 대해 얘기했습니다. 아시는 바와 같이 한 사람은 아들을 낳지 못했을 뿐 아니라 총애까지 잃어 폐위되는 운명에 처하는 박황후입니다. 또 한 여자는 입궁 후에 총애를 받아 아들까지 낳고 그 아들의 황태자 자리를 호시탐탐 노리는 왕지입니다.

구중궁궐의 권력투쟁은 이미 정식으로 시작되었다고 해도 좋습니다. 하지만 조금 천천히 가도록 하려 합니다. 아직 세 여자가 나오지 않았으니까요. 그녀들은 누구일까요? 도대체 무얼 믿고 포연도 없는 이 전쟁에 뛰어들었을까요? 또 소년 유체가 황태자의 자리로 가는 과정에서 그녀들은 과연 어떤 영향을 미쳤을까요?

권력을 향한 구중궁궐의 각축

경제 전원 4년(기원전 153년), 네 살에 불과했던 유체는 이복형 유영과 함께 황제의 은혜를 입어 각각 왕과 황태자에 봉해졌습니다. 유체를 황태자로 앉히려는 왕미인의 꿈은 이로써 거의 종말을 맞았습니다. 그러나 무제의 정치 생명에 영향을 미친 다섯 여자 가운데 아직 세 사람은 출현하지 않았습니다. 그들은 누구일까요? 구중궁궐의 권력을 둘러싼 새로운 전쟁은 어떻게 시작될까요? 킹메이커를 자처하는 인물들은 어떻게 이미 확정된 권력의 밑그림을 완전히 뒤흔들어버리게 될까요?

태자의 킹메이커를 자처한 유표

소년 유체의 운명에 지대한 영향을 미친 세 번째 여자는 장공주長公主 유표劉嫖였습니다. 그녀는 두태후竇太后의 딸로 관도공주館陶公主, 두태주竇太

土로도 불립니다. 그의 이름 앞에 붙은 장이라는 접두어는 특별한 경칭으로, 황제의 누나와 여동생을 그렇게 불렀습니다. 또 황제의 고모는 '대장공주大長公主'로 불렸습니다. 그녀는 어머니인 두태후의 지극한 사랑을 받은 것으로 유명했습니다. 두태후가 '동궁東宮의 모든 금전과 재물을 장공주 표에게 준다는 유조를 내렸다'는 기록에서 보듯 세상을 떠날 때 자신의 모든 재산을 딸에게 물려주었습니다. 확실히 눈에 넣어도 아프지 않은 딸이었던 모양입니다.

장공주는 경제의 누나였습니다. 신분이 대단히 높았습니다. 그러나 그녀는 그 신분에 만족하지 않고, 자신의 딸도 똑같은 영광을 누리기를 바랐습니다. 이 점에서 그는 여후나 박태후와 거의 똑같은 여자였습니다. 우리는 흔히 후대를 번창시키는 것이 인간에게 주어진 사명이라고 말합니다. 그렇다면 일구월심 권력과 부를 지향한 이 슈퍼우먼들의 행태 역시 일종의 천성이 아닌가 싶네요. 자기 당대의 부귀영화도 모자라 자손만대까지 누리도록 애썼으니까요.

장공주는 원칙대로라면 황태자 책봉에 참견해서는 안 되는 사람이었습니다. 그러나 그녀는 자식을 사랑하는 정성이 지극했어요. 눈에 넣어도 아프지 않은 딸의 미래를 도저히 포기할 수 없었지요! 그녀의 딸 이름은 저 유명한 아교阿嬌였습니다. '금옥장교(金屋藏嬌, 뛰어난 미인을 좋은 집에 숨겨둔다는 의미)'와 '장문쇄장교(長門鎖藏嬌, 문을 잠가 미인을 감춘다는 의미)'라는 고사성어를 낳은 바로 그 아교인 겁니다. 사실 '남자는 잘못된 직업을 선택할까 두려워하고 여자는 시집을 잘못 갈까 두려워한다'라는 말이 있듯 세상의 모든 어머니는 딸의 결혼에 대해 원래 노심초사하는 법입니다. 장공주도 이 평범한 어머니의 범주에서 벗어나지 못했습니다. 그러나 그녀의 눈은 엄청나게 높아 "반드시 황제의 후계자에게 시집을 보내리라"는 말을 신념처럼 생각했을 정도입니다. 실제로 태자 정도는 되어야 자신의 딸과 어울린다고 생각했습니다.

경제 전원 4년에 유영이 황태자로 책봉되자 유표는 평소 생각을 바로 행동으로 옮깁니다. 뒤도 돌아보지 않고 재빨리 새로 책봉된 그에게 알아들을 만한 신호를 보낸 겁니다.

"황제의 누나인 나와 너는 가까운 친척이다. 쉽게 구할 수 있는 인연이 아니다."

그러나 다 된 밥처럼 보였던 그녀의 혼례 계획은 실패로 끝났습니다. 태자 유영의 어머니인 율희가 거절한 겁니다. 그것도 일언지하에 거절해 버렸습니다. 아주 머쓱하게 됐지요. 원문에는 이렇게 쓰여져 있습니다.

'장공주에게는 딸이 있어 태자비로 삼고 싶어 했다. 그러나 율희는 장공주를 질투했다. 당시 경제의 여러 미인들은 하나같이 장공주를 통해 경제를 만나고 있었다. 또 존중과 총애를 받는 정도가 모두 율희를 뛰어넘었다. 율희의 원한은 날로 깊어졌다. 급기야 장공주의 제의를 거절하고 혼사에 응하지 않겠다고 했다.'

이때 장공주의 기분은 어땠을까요? "내가 이렇게 큰 호의를 베푸는데 어떻게 네가 이걸 거절하느냐!"라는 말로 표현할 수 있습니다. 바로 이 결정적인 순간에 왕지가 그녀 앞에 모습을 드러냅니다.

왕지가 장공주 편에 붙은 것은 엄청난 효과가 있었습니다! 한번 생각해 보세요. 장공주는 딸의 청혼을 제의했다 거절을 당했습니다. 심리적으로 엄청나게 가라앉을 수밖에 없습니다. 이런 상황에서 왕미인이 친근감을 표시했으니 그녀를 감격시키기에는 부족함이 없었지요. 이건 어떤 국면을 형성했을까요? 장공주와 왕지가 제휴를 통해 후궁을 완전히 장악한 것입니다.

당나라 때의 시인인 왕건王建은 '시어머니의 식성을 모르면 시누이에게 먼저 맛을 보게 한다'라는 구절을 담은 「신가낭新嫁娘」이라는 시를 남겼습니다. 이건 무슨 뜻일까요. 시누이와의 관계를 개선하는 것이 며느리가 시집에서 죽지 않고 살아남는 가장 좋은 방법이라는 의미입니다. 더구나 그 사람이 큰시누이면 더 말할 필요도 없습니다. 이 사실은 고금을 막론하고 또 평민 집안이든 황제 집안이든 똑같은 진리입니다.

우리는 이미 몇 번이나 황태자는 적자와 장자를 세워야 한다는 원칙에 대해 말했습니다. 태자 유영은 장자였으나 적자는 아니었습니다. 더구나 총애를 받지 못하고 아이도 낳지 못한 박황후는 멀쩡히 눈 뜬 채 살아 있었습니다. 물론 모든 게 간단하게 해결될 수 있었습니다. 경제가 박황후를 폐하고 율희를 황후로 세우면 되지 않았을까요? 하지만 경제는 그때까지는 그렇게 하지 않았습니다. 이는 무슨 의미일까요? 태자를 시험하고 율희의 야심을 떠보기 위해서일까요? 아니면 박황후의 저항이 있었을까요? 어찌 됐든 왕미인은 야심을 포기하지 않았습니다. 그녀가 장공주와 의기투합한 내용은 아마 다음과 같은 것이 아니었을까 싶습니다.

'우선 장공주의 딸 아교를 왕미인의 아들 유체에게 시집을 보낸다. 이어 그를 태자로 옹립한다. 그러면 이후는 모든 것이 순조로워진다.'

지금 생각해보면 틀림없이 맞는 것 같습니다.

이 권력 재편을 위해 이들이 보여주는 모습은 대단히 미묘합니다. 그래서 후세에 부단히 각색이 돼 각종 버전으로 세간에 나타났습니다. 대표적인 것이 절찬리에 방영되었던 TV 드라마 〈한무대제〉입니다. 이 드라마는 위의 얘기를 어떻게 그리고 있을까요? 드라마에서 장공주는 오파吳婆라는 중매쟁이를 보내 태자 유영의 어머니 율희에게 청혼합니다. 율희는 그 청혼을 과감하게 거절합니다. 게다가 중매쟁이에게 한바탕 욕까지 퍼부었습니다. 그러나 이건 소설에 불과합니다. 오파라는 이 여자와 중매쟁이를 중간에 넣었다는 사실 모두 허구입니다. 『사기』에는 직접 찾아가 청혼을 했다 바로 거절당하는 것으로 나옵니다. 또 드라마는 드라마틱한 분위기를 띄우기 위해 왕미인이 먼저 장공주를 찾아가 아교와 유체의 결혼을 요구한 것으로 그렸습니다. 그렇게 그린 것은 왕미인이 간교에 능하다는 사실을 과장하기 위해 그랬을 뿐입니다. 역사적으로는 장공주가 자신의 계획이 벽에 부딪치자 빨리 시선을 돌려 왕미인에게 사돈을 맺자고 제의하는 것으로 돼 있습니다. 왕미인도 그걸 마다하지 않았고요. 기록을 봅시다.

'장공주는 딸을 왕미인에게 주고 싶어 했고, 왕미인도 이를 허락했다.'

이 얘기와 관련해서도 아주 낭만적인 설 한 가지가 요즘도 그럴 듯하게 떠돕니다. 유체가 아주 어렸을 때였습니다. 어느 날 고모인 장공주는 조카 유체를 무릎에 앉히고 "너, 결혼하고 싶지 않니?" 하고 물었습니다. 이어 그녀는 자신 주변의 백여 명 궁녀들이 어떻겠느냐면서 일일이 가리켰습니다. 유체는 고개를 흔들면서 모두 싫다고 말했습니다. 장공주는 급기야 자신의 딸까지 뇌리에 떠올리고 입에 올렸습니다. 유체는 "아교를 부인으로 얻는다면 좋은 집에 감춰놓듯 하겠습니다"라고 지체 없이 대답했습니다. 이것이 바로 앞에서 말한 바 있듯 역사적으로 유명한 '금옥장교'라는 말을 탄생시킨 배경입니다.

머리에 피도 안 마른 어린아이의 천진난만한 이 말은 정말로 오랫동안 전해져 내려왔습니다. 심지어 사람들이 그 진실성에 대한 의구심마저 가지지 못할 정도로 말이지요. 물론 『사기』와 『한서』에는 모두 '금옥장교'와 관련한 기록이 남아 있지 않습니다. 그러면 '금옥장교' 관련 내용은 어디에서 나온 걸까요? 『한무고사』입니다. 이 책의 저자는 동한東漢의 반고로 알려져 있습니다. 반고는 『한서』를 썼습니다. 그건 확실합니다. 그러나 『한무고사』도 그가 썼다는 것은 역사적으로 고증할 방법이 없어 왠지 의심스럽습니다. 그저 후세 사람이 그의 이름을 빌려서 썼다고 보면 되지 않을까요. 그렇다면 '금옥장교'의 내용은 믿을 만한 것일까요? 야사이니 대충 들어두기로 합시다.

당연한 말이지만 두 여자가 사돈의 동맹을 맺은 데는 각자 속셈이 다 있었습니다. 우선 왕미인은 장공주를 자신의 신분상승을 위한 비밀 무기로 보았습니다. 그래서 적극적으로 영입한 거지요. 장공주는 왕미인을 후대들의 자손만대에 걸친 영광을 보증해줄 잠재적인 후원자로 봤습니다. 당연히 적극적으로 제휴의 손길을 내밀었겠지요. 이제 그녀들의 목표는 더욱 분명해졌습니다. 그건 '도율정왕倒栗挺王 폐영입체廢榮立彘', 즉 율희를 쓰러뜨리고 왕미인을 옹립한 다음 유영을 폐하고 유체를 황제로 세운다는 것이었습니다.

지금까지 소년 유체의 정치적 운명에 영향을 미칠 여자 다섯 중 세 사람이 나왔습니다. 다시 기억을 더듬어보면 박황후, 왕미인, 장공주 등입니다. 이 중 왕미인과 장공주는 한통속으로 결탁하여 잠시 정국을 리드해가고 있습니다. 그렇다면 '왕장王長' 연맹은 어떻게 이런 전략을 실현시킬 수 있었을까요? 이 행동에 대한 경제의 반응은 어땠을까요? 다섯 여자의 각축은 유체의 운명에 어떤 전기를 마련해주었을까요?

황후의 중임을 맡지 못할 운명에서

유체의 운명에 영향을 준 네 번째 여자는 율희였습니다. 경제의 장자 유영의 생모입니다. 지금의 산둥성 일대를 의미하는 제齊나라 출신인 그녀는 비교적 일찍 경제 곁으로 온 여자였습니다. 그를 위해 아들 셋을 낳았지요. 경제 4년(기원전 153년) 그녀의 큰아들 유영은 태자로 책봉되었습니다. 그런데 의외로 그녀는 황후로 책봉을 받지 못했습니다. 경제가 태자만 책봉하고 황후는 책봉하지 않기로 결정한 것에는 다 속셈이 있었습니다. 생각해보세요. 경제의 입장도 곤란했습니다. 태자는 한 명만 세워야 하는데 아들이 이토록 많은 상황에서 도대체 누구를 세워야 합니까. 결국 그는 적자가 아닌 장자를 세우기로 한 것입니다. 자신의 정실인 박황후는 자식이 없었던 탓에 태자 자리를 두고 다툴 자격, 다시 말해 기본적인 입장권조차 얻지 못하고 있었으니까요. 설사 그렇더라도 태자만 책봉하고 그녀를 황후로 세우지 않았다는 것은 이상합니다. 이 이면에 무슨 변수를 더 만들게 되는 것은 아닐까요? 당연히 여러 가지가 있을 수 있습니다.

우선 율희가 나중에라도 황후가 될 가능성은 있는 것일까요? 가능성이 있다면 그 시기는 언제일까요? 아니면 계속 보통 비빈의 신분으로 후궁 깊숙한 곳에 웅크리고 있어야 하는 것은 아닐까요? 이게 무엇보다 문제라고 할 수 있습니다. 하나는 황후의 문제였습니다. 다른 하나는 태자의 문제였고요. 황후와 태자는 원래 모자관계여야 합니다. 그러나 지금 이게 둘로 나뉘어졌습니다. 이 국면은 얼마나 오래 유지될 것이며, 또 언제 변화가 있을까요? 모릅니다. 다음으로 아들만 태자로 봉해지고 자신은 오랫동안 황후로 봉해지지 않으면 그 아들의 태자 지위는 영향을 받지 않을까요? 예측하기 어렵습니다.

박황후는 황후였습니다. 율희의 아들 유영은 태자였습니다. 이처럼 황후 자리와 태자 자리가 분리돼 있으면 다른 비빈들에게 일종의 착각을 불러오지 않을까요? 나중에 혹시 기회가 있는 게 아닐까 생각하게 만들지는 않을까요? 그것이 진정한 위험 신호는 아니었을까요?

그러나 율희는 완전히 이 위험 신호를 무시했습니다. 아들 유영이 태자로 책봉된 다음 그녀가 맞이한 첫 번째 사건은 장공주의 청혼이었습니다. 원래 황실 가족과 관계를 돈독히 하는 것은 비빈들이 황제의 총애를 더욱 굳히는 후궁의 비방이었습니다. 그러나 율희는 과감하게 거절했습니다. 상당히 냉정했지요. 그녀의 거절은 일반인에게는 이해가 쉽지 않습니다.

저는 그 원인을 두 가지로 봅니다.

우선 질투심입니다. 비빈이 황제의 누나를 질투한다는 것은 거의 말도 안 되는 얘기입니다. 원래 이렇게 된 데에는 기막힌 사연이 있습니다. 장공주가 계속 동생인 경제를 위해 후궁에서 뚜쟁이 역할을 자처했기 때문입니다. 실제로 그녀는 끊임없이 동생에게 미녀들을 추천했습니다. 게다가 그녀의 눈은 대단히 예리했습니다. 경제가 누나의 추천을 받은 미녀들을 거의 대부분 차례로 총애한 다음 후궁으로 책봉했으니까요. 장공주의 그런 행위는 그저 동생에게 환심을 사기 위한 것이었지만, 율희에게는 엄청난 자극이었습니다. 율희는 자신이 냉대를 받고 있는 것이 모두 여우 같은 여자들을 동원해 황제를 미혹시키는 장공주의 농간 때문이라고 생각했거든요. 그런데 당신의 딸을 내 며느리로 들이라고? 말도 안 되는 소리! 그녀의 생각은 아마 그랬을 겁니다.

유치했다는 점도 거론해야겠습니다. 율희는 질투심이 대단했습니다. 여자로서, 남편이 있는 아내로서 누군가가 자신의 남편에게 끊임없이 여자를 소개해주는 것을 보는 심정은 말로 표현하기 어렵습니다. 그래서 그녀는 기분이 나빴고 질투했습니다. 이건 정상입니다. 그러나 질투는 질투로 끝나야 하는 것이지, 이를 직접 표현하지 말아야 합니다. 특히나 황제의 누나와 사돈관계가 되는 절호의 기회는 놓치지 말아야 했어요. 그래서 율희의 최대 약점은 유치함이라고 결론 내리게 됩니다. 그녀는 궁정 내의 권력투쟁이라는 것이 순식간에 변화하고 무슨 일이든 일어날 수 있다는 사실을 정말 몰랐던 모양입니다.

율희를 대신해서 생각해 봐야겠습니다. 그녀는 이때 온 마음을 다 기울여 어느 곳을 바라보고 있었을까요? 아들은 이미 태자가 됐고 자신은 조만간 황후가 될 가능성이 높은 상황에서 바라볼 곳은 분명합니다. 아마도 아들을 낳지도 못한 채 황후의 자리를 지키고 있는 박황후가 아니었을까요. 그녀는 언제, 무슨 방법으로 이 박황후를 자리에서 내쫓을 것인가 하고 생각하지 않았을까요.

그녀는 그런 생각을 하면서도 뒤에서 또 한 쌍의 눈동자가 자신을 바라보고 있다는 사실은 상상조차 못했습니다. 누굴까요? 왕미인입니다. 왕미인은 율희를 계속 쳐다보고 있었을 뿐 아니라, 율희가 하찮게 생각하는 일도 가능한 한 최선을 다해 임했습니다. 율희가 좋아하지 않는 사람들에게는 모든 열정을 다 기울여 결국 자기 사람으로 만들었습니다. 그녀의 행동이 지향하는 바는 분명했습니다. 율희의 자리를 자기가 차지하는 것이 가까운 장래의 목표였습니다.

사실 사돈을 맺자는 장공주의 제의를 거절한 것은 율희에게는 대단한 재난이었습니다. 그러나 그녀는 이 재난에 대해 전혀 깨닫지 못하고 있었습니다. 말할 것도 없이 '도율정왕, 폐영입체'를 위한 장공주의 제 일보는 경제와의 오누이 관계를 이용하여 율희를 과감하게 공격하는 것이었습니다. '장공주가 분노해 어느 날 경제에게 율희의 단점에 대해 말했다. '그녀는 후궁들을 만날 때마다 내시를 시켜 뒤에서 침을 뱉게 하고 이상한 주문을 외우고 있답니다.' 경제는 이 말을 듣고 율희를 원망했다'라는 기록을 보면 알 수 있습니다.

원래 경제는 무척 과묵한 성격이었습니다. 속마음을 잘 드러내지 않는 것으로 유명했어요. 당시에는 그의 그런 성질이 아직 본격적으로 나타나기 전이었지만 그럼에도 그의 율희에 대한 호감지수는 훗날 벌어진 일로 인해 바닥으로 떨어졌습니다. 이로 볼 때 장공주, 율희, 경제 등 세 사람은 그 문제에 대해 서로 얼굴을 마주한 채 대질신문을 벌여 시시비비를 가리지 않은 것이 분명합니다. 아무려나 장공주는 틈만 나면 율희를 죽어라 헐뜯었고, 율희는 귀와 눈을 다 막은 채 오만하게 요지부동했습니다. 사태는 장공주가 획책하는 전략대로 착착 진행될 수밖에 없었습니다.

율희는 이 정도에서 그치지 않았습니다. 도저히 만회하기 어려운 결정적인 잘못도 저질렀습니다.

첫째로 그녀는 황제 비빈의 지위에 대한 충분한 인식을 가지고 있지 못했습니다. 자고로 황제는 정이 없다는 말이 있습니다. 하기야 당당한 황제의 입장에서 한 사람에게만 정을 주고 마르고 닳도록 사랑하는 게 가능하겠습니까! 이 점에서 보면 바로 앞 장에서 언급한 박태후의 경우는 그런 상황을 아주 잘 이해한 대표적인 경우입니다. 하룻밤 사랑이었잖습니까. 뒤에 다시 얼굴을 본 적이 있었던가요? 좋아, 그녀는 그렇게 인정했습니다. 그 다음은 더 무서운 말이 나옵니다. '하지만 나는 황제의 아들을 임신했어.' 바로 이 독백입니다. 실제로도 그렇게 되었습니다. 한치 앞을 보기 어려운 상황들은 시간이 지나면서 분명해졌고, 그것이 그녀에게는 모두 행운으로 다가왔습니다.

그러나 율희에게는 이런 자각이 없었고 그저 모든 것이 억울했습니다. 이를테면 이런 식입니다.

"나는 너를 위해 큰아들을 낳아주었다. 그러나 너는 다른 여자들하고만 놀아나고, 나는 쳐다보지도 않는구나!"

그녀의 저주의 말은 실제 원기를 가득 품은 채 장공주를 향해 날아가기도 했습니다. 돌이켜 생각해보면 율희는 경제의 첫 여자가 아니었습니다. 운 좋게 큰아들을 낳아주었을 뿐입니다. 그 큰아들이 태자가 되었으니 그녀가 크게 기뻐해야 할 이유가 분명합니다. 그러나 그녀는 조금도 기쁘지 않았습니다. 가슴속에는 얻지 못한 것에 대한 분노만 있었고 소유한 것에 대한 감사의 마음이 없었습니다. 더구나 황제에게 조심스럽게 행동하는 법, 복을 기꺼워하고 화를 피하는 법을 몰랐습니다.

둘째, 그녀는 장공주의 능력을 너무 저평가했습니다. 장공주는 동생 경제를 위해 거의 매일이다시피 아침부터 저녁까지 여자를 찾아 바쳤습니다. 율희의 마음은 아마 이랬을 것 같습니다.

"나는 너를 좋게 볼 수가 없어. 그런데 딸까지 시집을 보내겠다고? 나는 허락할 수 없어."

그러면 장공주는 어떤 여자였을까요? 황제의 누나라는 존귀한 신분이었고 오랫동안 궁중의 뚜쟁이로도 일했습니다. 경제가 과연 그녀의 그림자에서 벗어날 수 있었을까요? 더구나 율희가 장공주와 힘겨루기를 하면 할수록 장공주는 경제 앞에서 그녀에 대해 나쁜 말을 할 수밖에 없었습니다. 경제도 한쪽 얘기만 일방적으로 듣고 믿어버렸을 가능성이 높습니다. 율희는 장공주가 지닌 거대한 파괴성을 기본적으로 저평가했습니다. 그에 반해 왕미인은 장공주를 이용했습니다. 장공주에게 결과적으로 죄를 지은 율희와는 기본적으로 가는 길이 달랐지요.

셋째, 그녀는 태자 자리의 안정성을 너무 과대평가했습니다. 옛말에 '천자를 끼고 제후를 호령한다'라는 말이 있습니다. 율희가 딱 그 모양이었습니다. 하지만 그녀가 끼고 있었던 것은 '천자'가 아니라 '태자'였습니다. 그럼에도 그녀는 '태자는 미래의 천자야. 내가 낳은 친아들이지. 이 아이가 있으면 누구도 나한테 감히 말을 못해. 너 장공주가 감히 나를 어떻게 하겠어?' 하고 생각했습니다. 어떻게 보면 확실히 그럴 수 있습니다. '태자'와 '천자'는 딱 한 글자만 차이가 나니까요. 그러나 그 결정적 차이는 '미래'라는 글자에 있습니다. 태자에서 황제가 되려면 상당히 오랜 시간을 기다려야 합니다. 게다가 그 사이에 많은 변수가 발생할 가능성이 있지요. 그녀는 유영이 태자로 책봉된 날부터 이미 황제가 된 것으로 착각하고 교만하게 온갖 폼을 다 잡고 다닌 모양입니다.

마지막으로 그녀는 자신이 조만간 황후 자리에 오를 거라고 지나치게 낙관했습니다. 아들은 이미 태자가 되었으니 자신이 황후가 되는 것은 그리 먼 일이 아니지 않겠습니까. 그래서 이 황후와 진배없는 율희는 하늘도 땅도 두렵지 않은 듯 행동했습니다. 상대가 누구든 좋았습니다. 황실의 종친과 황제의 인척, 권신, 총비를 막론하고 자신과 부딪치기만 하면 그녀는 정면돌파를 시도했습니다. "장공주가 뭐 그리 대수인가. 앞으로 내 아들이 황제가 되면 나는 황태후가 되는 거야!" 아마 이런 생각을 했겠지요.

율희가 맞이한 비극의 원인은 자신이 처한 전체 상황에 대한 과대평가에 있었지만 장공주를 저평가하는 실책도 있었습니다. 결론적으로 말하면 황권에 대한 인식이 부족했던 거지요.

황권은 무엇인가요? 황권은 극단의 독재를 의미합니다. 변화를 측량하기가 불가능합니다. 황제가 된다고 하면 되는 겁니다. 안 돼도 되는 겁니다. 물론 안 된다고 하면 안 됩니다. 돼도 안 되는 겁니다. 마지막으로 복종하지 않아도 안 됩니다. 또 황제가 오늘 "네가 황후다"라고 하면 바로 천하를 호령하게 됩니다. 반면 내일 냉궁冷宮에 가두면 바로 사면초가가 됩니다. 마찬가지로 아침에 태자를 세우면 당당한 후계자가 되지만, 저녁에 변방으로 내치면 천민이 됩니다. 2,000여 년 동안 이어진 봉건제도 아래서 황권은 수없이 교체돼 왔습니다. 그러나 그 본질은 그대로였습니다. 바로 인치人治, 제도나 원칙이 아닌 사람에 의한 통치라는 겁니다.

예컨대 황제의 희로애락은 모두 국책으로 연결됐고 애정과 원한은 오로지 황제 본인에게만 중요했습니다. 이는 칭제稱帝 하기 전에도 황제와 다름없는 절대 권력을 구가했던 여후의 경우만 보아도 쉽게 이해할 수 있습니다. 그녀는 도대체 어떻게 직접 칭제한 다음 황제의 직권을 행사할 수 있었을까요? 그녀 한 사람이 말한 대로 됐기 때문입니다. 그녀는 '세상에 전례가 없어도 나는 예외가 될 수 있어. 이전에는 아무도 이런 사람이 없었지만 나부터 시작하면 돼'라고 생각하지 않았을까요? 율희는 그런 상황인데도 황제의 총애를 잃는 것에 대비한 대책을 강구하거나 황친과 혼인으로 맺어지는 끈끈한 관계를 위해 노력하지 않았습니다. 대신 '천자를 끼고 제후를 호령한다'는 생각만 더욱 굳혀갔습니다. 당연히 사방에서 적이 생길 수밖에요. 그녀가 어떻게 하면 어려움을 극복하고 승기를 잡을 수 있을까요? 또 어떻게 하면 기가 막힌 좋은 운과 맺어질 수 있을까요?

뒤돌아가서 다시 한 번 살펴봅시다. 이제 모두 네 여자가 등장했습니다. 그들은 각각 박황후, 왕미인, 장공주, 율희입니다. 각 진영의 역량을 대비하면 1:2:1 정도가 됩니다. 물론 유체가 태자가 되기 위한 실질적인 진전은 아직 나타나지 않고 있습니다. 누가 과연 교동왕 유체라는 에이스 카드를 들고 최후의 승리를 거둘까요? 과연 누가 황태자 유영의 마지막 남은 한줄기 뿌리를 완전히 들어낼까요? 황태자를 폐위시키는 문제는 얼마나 더 기다려야 할까요?

태후 신드롬의 주인공, 두태후

이제 마지막 여자 하나만 남았습니다. 바로 두태후입니다. 이 여자도 보통 여자가 아니었습니다. 처음 입궁할 때 그녀의 이름은 두의방寶猗房으로 여후의 일개 시녀였을 뿐입니다. 따라서 여후 역시 자신 옆에 있던 이 신데렐라가 나중에 자신을 대신해 또 하나의 위풍당당한 제국의 황태후가 될 줄은 꿈에도 생각지 못했을 겁니다.

어느 날 여태후는 갑자기 주변의 궁녀들에게 출궁을 명했습니다. 모두 유씨 성을 가진 제후왕에게 하사하기 위해서였습니다. 실제로 그들에게는 이후 공평하게 다섯 궁녀들이 배분되었습니다. 두의방도 이때 제후왕에게 보내질 운명이었지만, 그녀는 머리가 좋았습니다. 이왕이면 이 일을 가족들과 다시 합치는 기회로 삼고자 했던 것입니다.

그녀는 당시 조나라의 청하淸河 사람입니다. 지금의 허베이성 칭허이지요. 그녀는 자신이 조나라로 보내지기를 갈망하는 데에서 그치지 않았고, 기회를 봐서 궁녀들의 분배 담당을 책임 진 환관과 안면을 트고 관계를 맺었습니다.

"나중에 나를 보낼 때 반드시 조나라로 보내달라."

이런 의미를 담고 있는 뒷거래였겠지요. 말은 그렇게 됐지만 정작 궁녀들이 분배될 때 그녀는 황당하게도 대나라로 보내졌습니다. 담당자가 막상 작업에 들어가자 모든 것을 잊고 엉뚱하게 명단을 발표한 겁니다. 떠날 때 그녀는 울고불고 난리가 납니다. 그녀는 그때만 해도 함께 가는 다섯 궁녀 가운데 자신이 대왕의 가장 많은 총애를 받을 줄 몰랐습니다. 이게 그녀에게는 최초의 행운이었습니다. 대왕의 총애를 얻은 것 말이지요.

총애를 확실히 얻은 두의방은 대왕을 위해 딸 하나 아들 둘을 낳아주었습니다. 딸이 바로 나중의 장공주 유표였습니다. 또 장자 유계劉啓는 나중에 경제가 되었습니다. 작은아들 유무劉武는 나중에 양효왕梁孝王이 됐고요. 아들을 낳은 것, 이것이 그녀에게는 두 번째 행운이었습니다.

훗날 대왕 유항은 여후가 일으킨 7년에 걸친 대학살의 광풍을 피했습니다. 또 여씨 일족이 박멸된 다음에는 전혀 예기치 않게 황제로 추대되었습니다. 훗날의 문제이지만 이게 그녀에게는 세 번째 행운이었습니다. 남편이 귀하게 된 것이지요.

두의방이 비록 유항의 총애를 받고 있었으나 그에게는 적실이 있었습니다. 그 적실은 그에게 네 아들을 낳아주었습니다. 『사기』에는 세 아들만 기록돼 있지만 말이지요. 그런데 이상하게 유항이 황제가 되기 전에 황후가 되어야 했을 이 적실이 갑자기 사망했습니다. 그뿐 아닙니다. 그가 황제가 된 다음에는 네 아들마저 잇따라 세상을 떠나게 됩니다.

두의방은 황후의 자리를 빼앗지 않았고, 이로 인해 다른 사람들에게 해를 입히지도 않았습니다. 세상만사의 연관 관계라는 것은 어떨 때는 그렇게 잔혹할 수 있는지 모르겠습니다. 그렇게 하나씩 세상을 등진 적실 일가의 액운이 그녀에게는 네 번째의 행운이었으니 말이지요. 그렇게 그녀는 총애를 독차지하게 되었습니다.

두의방의 지위는 결과적으로 욱일승천의 길을 달리게 되었습니다. 우선 그녀는 문제에 의해 황후로 봉해지고, 경제 때에는 태후가 되었습니다. 우리는 중국 황실의 역사에 '태후 신드롬'이라는 게 존재한다는 사실을 잘 압니다. 이건 절대 소홀히 생각해서는 안 됩니다. 조정에서는 황제가 황제일 수 있으나, 조정에서 나가면 황제는 아들이 되는 것입니다. 황제에게 국사國事가 곧 가사家事였듯, 가사 또한 국사였습니다. 바로 그 때문에 태후가 된 두의방이 황자들의 계승권에 관해 당당하게 발언할 수 있는 권리가 있었을 것입니다.

그렇다면 태자를 폐하고 다시 세우는 문제에서 두태후는 자신의 대단히 중요한 한 표를 과연 누구에게 던졌을까요?

태자 책봉의 마지막 승부수

구중궁궐의 각축전에 뛰어들 다섯 여자들이 속속 등장합니다. 또 태자 자리를 놓고 경쟁을 벌일 선수들―경제의 열네 아들들―역시 하나씩 모습을 드러냅니다. 당장의 형세는 열넷 가운데 둘이 유력해 보입니다. 황태자 유영과 교동왕 유체 둘입니다. 그러나 승부는 예측하기 어려워 보이는군요. 그럼에도 승부는 이미 막바지를 향해 달려가고 있는 것 같습니다. 경제 시대에 최고의 발언권을 지닌 여자 두태후의 마음속 태자는 과연 누구일까요?

가짜를 진짜로 여기나 시종일관 가짜라

평생 행운이 따라다니던 두태후는 간섭하기를 좋아하는 여성 가장이었습니다. 그러면 황태자 유영과 교동왕 유체 둘 중 누가 과연 그녀의 마음에

흡족한 황위 계승자였을까요? 정답은 둘 다 아니라는 겁니다.

우리는 선입견에 따른 착각에 빠져 있었습니다. 시선을 오로지 경제의 아들들에게만 폐쇄적으로 고정시켰던 겁니다. 당연히 그녀가 가장 총애한 황태자 후보자가 경제의 동생이자 그녀의 작은아들인 양효왕 무武라는 사실을 알 수가 없었습니다.

두태후는 왜 굳이 그의 작은아들을 황제의 후계자로 삼고자 했을까요? 이유는 많습니다. 우선 태후가 아들인 그를 너무나도 사랑했다는 점입니다. 양효왕은 두태후의 가장 어린 아들이었습니다. 우리는 흔히 "어머니는 어린 아들을 사랑한다"라고 말합니다. 사실 그것은 인지상정이기도 합니다.

여기서 잠깐 허난河南성 융청永城의 망아이芒碣 산으로 잠시 돌아가 봅시다. 그곳은 유방이 끈이 떨어져 고생할 때 도적질을 하던 곳입니다. 또 양효왕과 그의 비의 무덤이 있는 곳이기도 합니다. 잠깐 무덤의 규모를 보겠습니다. 단번에 당시 양梁나라가 얼마나 부유했는지 충분히 짐작할 정도입니다. 그러나 사실상 이런 상황은 두태후의 각종 상과 은사恩賜, 편애 등과 결코 분리해서는 안 됩니다.

다시 본론으로 돌아오겠습니다. 두태후가 아무리 양효왕을 사랑했다 하더라도, 어쨌거나 그는 황족 중에서는 높은 항렬에 속했습니다. 일을 처리하는 것은 족보에 따라야 할 터인데, 어째서 두태후는 갑자기 작은아들이 큰아들의 황제 자리를 이었으면 좋겠다고 생각한 것일까요?

경제가 두태후로 하여금 착각하게 만들었다는 것이 중요한 이유였습니다. 경제는 자신의 입으로 "짐의 사후에는 제위를 양효왕에게 물려주겠다"라고 일찍이 말한 바 있습니다. 이게 도대체 무슨 말입니까? 설마 경제의 머리가 이상해지기라도 한 것은 아니겠지요.

원래 경제가 태자를 책봉하기 전에 두태후는 황궁에서 작은 가족 연회를 열었습니다. 이 연회에는 경제를 비롯해 그의 동생 양효왕 유무, 두태후의 조카 두영竇嬰 등이 참석했습니다. 참석자 대부분이 술에 취해 귀가 벌겋게 달아올랐을 때입니다. 갑자기 경제가 진심인 듯도 하고 아닌 듯도 한 말을 불쑥 입에 올렸습니다. "짐의 사후에는 제위를 양효왕에게 물려주겠다." 그 말이 튀어나오자 태후는 기뻐했습니다(太后歡). 그러나 그때 두태후의 조카 두영은 분위기 파악을 못하고 경제에게 잔을 돌리면서 정색하고 말했습니다. "아버지가 아들에게 제위를 물려주는 게 우리 한나라의 황제 계승 원칙입니다. 황상께서 어떻게 독단적으로 제위를 양효왕에게 물려줄 수 있겠습니까?"

사마천은 이 연회와 관련해 딱 세 글자를 더 할애하고 있습니다. '태후증(太后憎, 태후가 한스러워했다)'이 그겁니다. '기뻐했다'와 '한스러워했다'는 딱 한 글자 차이입니다. 그러나 두태후의 진실한 마음을 보여주기에는 전혀 부족함이 없습니다. 두태후가 기뻐한 것은 자신의 막내아들에게 황제 자리를 물려주겠다는 말이었습니다. 한스러워한 것은 친조카 두영의 말을 저지하지 못한 것이었지요. 그러나 두영은 이 몇 마디 말로 인해 벌을 받았습니다. 두태후에 의해 황궁을 자유자재로 출입하는 권리를 박탈당한 겁니다. 두태후가 자신의 어린 아들이 황제 자리를 물려받을 수 있을지 없을지를 얼마나 심각하게 고민하고 대응했는지를 보여주는 대목입니다.

두태후는 진짜 둘째 아들 양효왕 유무를 사랑했기 때문에 아버지가 아들에게 황제 자리를 계승하는 나라의 원칙조차 돌아보지 않았습니다. 다만 경제가 죽은 후에 황제 자리를 양효왕에게 물려주기를 진심으로 바랐습니다. 그녀의 생각이 전혀 전례가 없었던 것은 아닙니다. 중국 고대인 은상殷商시대에는 확실히 형이 죽으면 동생이 자리를 잇는 또 다른 황위 계승제도가 있었으니까요. 말하자면 당시에는 '형종제급(兄終弟及, 형이 죽으면 동생이 자리를 이음)'과 '부자상전(父子相傳, 아버지가 아들에게 자리를 물려줌)'이 병용되는 이른바 쌍궤제雙軌制가 실시되었다고 하겠습니다. 문제는 경제가 왜 집안의 연회를 선택해 제위를 동생에게 물려준다는 말을 했는가 하는 겁니다. 술에 취해 농담을 한 걸까요, 아니면 취중진담이었을까요? 동생에게 황제 자리를 물려줄 생각이 있기는 했던 걸까요?

사실은 훨씬 더 진실에 가깝습니다. 다음해인 경제 4년, 경제는 태자 유영을 태자로 책봉했습니다. 이로써 그가 양효왕에게 황제 자리를 물려줄 생각이 없다는 사실은 분명해졌습니다. 그러면 그는 왜 이전에 그런 무책임한 말을 했을까요? 여기에는 두 가지 해석이 있습니다.

첫째, 어머니의 환심을 사기 위한 필요성과 관련돼 있습니다. 우리는 이미 앞에서 황제와 태후의 관계는 아주 미묘하다고 말한 바 있습니다. 아무리 아들이 정치를 좌지우지하더라도 어머니의 발언권이 적지 않았으니까요. 더구나 한나라 때는 효의 정신으로 천하를 다스리던 시대였습니다. 경제도 마찬가지로 두태후에게 굉장히 순종적이었습니다. 어떤 경우에는 명령만 내리면 복종할 정도였습니다. 그래서 늙은 어머니의 환심을 사기 위해 지키지도 못할 말을 입에 올린 게 아닌가 싶습니다.

다음으로는 동생 양효왕을 위로하기 위한 목적입니다. 『사기』의 「양효왕세가」에는 위에 대한 기록 외에도 다음과 같은 기록이 있습니다.

25년에 다시 조정으로 들어갔다. 이때 태자의 자리는 아직 미정이었다. 황제는 양효왕과 술을 마시면서 "내가 죽은 다음에는 자리를 왕에게 물려주겠다"라고 말했다. 양효왕은 정중하게 거절의 입장을 표시했다. 그는 황제가 진심을 말하지 않았다고 생각했으나 내심 무척 기뻤다. 태후도 기뻐했다. 그해 봄에 오초제조吳楚齊趙를 비롯한 7국이 반란을 일으켰다.

양효왕은 당시 경제의 말이 진심이 아닐 수도 있다는 사실을 잘 알았습니다. 그러나 그는 그걸 은근히 즐겼습니다. 그게 귀에 듣기에는 좋은 말이었으니까요.

진실이야 어쨌든 경제의 이 말은 두 사람을 확실히 착각하게 만들었습니다. 그러나 그가 왜 그렇게 말했는지는 생각해보면 아주 간단합니다. '나 경제에게는 아들 열넷이 있어. 그런데 왜 내가 너에게 황제 자리를 물려줘? 그건 농담이었어!'라고 경제가 생각했다는 겁니다. 하지만 두 모자는 경제의 말을 믿어 의심치 않았습니다. 이후 두태후의 양효왕에 대한 사랑은 더욱 깊어지고 그의 야심도 더 깊어졌습니다.

집안의 연회가 열린 그해 봄 오초칠국의 난(유방의 치세 아래서 봉국이 된 오나라 유씨들은 다른 씨족들과 달리 세력을 점차 확대해갔다. 경제는 이에 위협을 느끼고 오, 초, 조 등의 영토 삭감을 도모했다. 이에 이들이 반란을 일으켰다)이 일어났습니다. 경제는 이 난을 완벽하게 평정하겠다고 결심했습니다. 그래서 선황제인 문제가 죽으면서 뒤를 부탁한 대신 주아부周亞夫를 태위太尉로 임명, 군사를 지휘하게 했습니다. 여씨 일족을 일망타진하는 데 혁혁한 공훈을 세운 주발의 아들인 그는 이로써 반란의 수괴인 오와 초를 상대하게 되었습니다. 또 대장군 두영은 형양滎陽에 주둔, 제와 조를 평정하게 되었습니다. 주아부는 출정하기 전에 아래와 같은 요지의 반란 평정 계획을 경제에게 올렸습니다.

"지금 초국 병사들은 사기가 충천해 있습니다. 함부로 정면충돌해서는 안 되니, 차라리 양나라를 그들에게 넘겨주는 척해서 군량미가 오는 길을 끊어야 합니다. 그러면 충분히 승리할 수 있으니 허락해주십시오."

주아부가 언급한 양나라는 사실 반란군들이 침을 삼킬 만한 비옥한 땅이었습니다. 그러면 양나라는 어디에 위치해 있었을까요? 지금의 산둥성 서남에서 시작해 남으로 내려가 허난성의 동부에 이르는 지역을 대부분

차지하고 있었습니다. 이어 다시 허난성 남부로 내려가는 지역도 양나라에 속했다고 볼 수 있습니다. 한마디로 산둥성과 허난성을 세로로 가로질렀다고 보면 됩니다. 초한 전쟁 당시 양왕이었던 팽월彭越은 바로 이 지역에서 힘 한번 들이지 않고 항우를 '해하의 위기'로 몰아넣은 바 있습니다. 수차례에 걸쳐 초나라 병사들의 군량미 수송로를 차단, 그들을 궤멸로 몰아넣는 수훈을 세운 겁니다.

경제 당시에도 상황은 크게 다르지 않았습니다. 오초칠국의 반란군은 서쪽으로 진군할 것이 거의 100퍼센트 분명했습니다. 이를테면 함곡관函谷關으로 진군, 한나라의 심장부를 공격해야 했습니다. 그러려면 반드시 양나라를 함락시켜야 했습니다. 반군들이 양나라 공격에 실패하면 양효왕은 다시 역사를 되풀이할 가능성이 있었습니다. 다시 반란군의 군량미 수송로를 완벽하게 끊을 수 있다는 말입니다.

당연히 양나라를 반란군에게 미끼로 주자는 주아부의 전략은 대단한 모험이었습니다. 한 마디로 말하면 '나라를 위한 일이긴 하지만 분명 개인을 생각하지 않은 것'이라고 해도 좋겠습니다. 당시 양나라의 주군은 누구였을까요? 두태후의 눈에 넣어도 아프지 않을 경제의 친동생 양효왕 유무 아닙니까! 양나라를 미끼로 던져주다 오초의 군대가 진짜 그곳을 함락시키면 어떻게 합니까? 양효왕의 경우 포로가 되거나 피살됩니다. 그렇다면 그의 어머니인 두태후가 과연 그 전략을 받아들일까요?

그러나 그 전략은 받아들일 만한 상당히 괜찮은 전략이었습니다. 그것은 부분을 희생해 전체를 얻는 전략이었습니다. 그러나 만약 양나라가 함락되지 않는다면 어떻게 될까요? 당연히 오초의 군대가 서진을 결행하지 못하게 됩니다. 그러면 주아부는 중앙군의 주력을 모으고 조련할 충분한 시간을 가지게 되고 오초 군대의 군량미 수송로를 차단하게 됩니다. 이게 바로 주아부의 '대를 위해 소를 희생'하는 전략, 다시 말해 전국의 반란을 일거에 해결하는 승부수였습니다.

이 전략이 제출된 이후 『사기』는 이와 관련해 딱 세 자의 기록을 남기고 있습니다. '上許之상허지', 즉 '황제가 허락했다'입니다. 제 생각으로는 경제가 이 전략을 비준한 이유는 두 가지입니다. 우선은 어떻게든 반란을 평정해야 했고, 전체 전쟁의 판도도 가늠해야 했습니다. 그래서 양효왕 혼자에게 나라를 죽음으로 지키는 만만치 않은 임무를 맡긴 겁니다.

다음으로 다른 사람들에게 털어놓기 좀 뭣한 나름의 속셈이 있는 것은 아니었을까요? 가설을 하나 떠올려봅시다. 양나라가 진짜 함락되면 양효왕은 죽임을 당할 수밖에 없습니다. 이게 혹시 경제의 진정한 속셈은 아니었을까요? 물론 많은 분들은 경제가 그렇게 말한 것은 아니지 않느냐면서 의혹을 제기할 수 있습니다. 그러나 그건 아무래도 관계없습니다. 잠시 논쟁을 접어두기로 하지요. 뒤에서도 계속 경제 얘기가 나올 테니까요. 중국 역사에서 '문경지치(文景之治, 문제와 경제 시기의 태평성대를 의미함)'의 시대를 장식한 개명開明 군주인 그의 속마음이 과연 어땠는지는 사건 하나하나를 통해 분석해볼 수 있다는 얘기입니다.

'대를 위해 소를 희생'하는 주아부의 전략에 따라 양나라는 반란군을 막는 최전선에 서야 했습니다. 양나라 군대는 오초칠국 군대의 맹렬한 진군을 저지하는 역할을 자처해야 했습니다. 결국 수차례의 전투에서 수만 명의 병사가 전사하고 말았습니다. 심지어 전쟁이 절정에 달했을 때는 양효왕이 한안국韓安國을 중심으로 하는 여섯 대장에게 무릎을 꿇고 일일이 출정을 요청했을 정도였습니다. 원문을 보겠습니다.

'양효왕이 땅에 엎드려 여섯 장군에게 오초의 군대를 공격하기를 간청했다. 오초의 군대는 이로 인해 서진에 나서지 못했고 곧 전멸했다. 모두 양효왕의 공이었다.'

당시 양나라의 위험 정도가 어느 지경에 이르렀는지 잘 알 수 있습니다. 양효왕은 이외에도 매일 사자를 주아부에게 파견해 구원병까지 요청했습니다. 그러나 주아부는 단 한 명의 병사도 파견하지 않았습니다! 양효왕도 고집이 대단한 사람이었습니다. 모든 상황을 형인 경제에게 보고했으니까요. 경제는 동생의 글을 보고 주아부에게 병력을 보내 양나라를 구하도록 하라고 바로 조서를 내렸습니다. 이에 대한 결과는 『사기』에 분명히 나옵니다. '태위가 조서를 받들지 않았다'라고 말이지요.

주아부는 왜 조서를 받들지 않았을까요? 이것은 황제의 명령에 대한 항명 아닙니까! 그렇다면 그 죄는 죽어 마땅합니다. 경제 또한 그를 처벌할 수 있었습니다. 그러나 결과는 어땠나요? 3개월 동안에 걸친 반란 진압이 끝난 다음 경제는 주아부를 처벌하지 않았을 뿐 아니라 오히려 더욱 중용했습니다. 곧 국상으로까지 중용합니다. 이것은 경제가 기본적으로 주아부가 자신의 조서를 받들지 않은 일에 전혀 개의치 않았다는 얘기입니다. 그의 이런 태도에서 우리는 두 사람이 반란 진압 작전 개시 때부터 양나라를 오초의 병사들에게 넘긴다는 약속을 한 것이 아닌가, 생각하게 됩니다. 양나라가 함락되면 그건 부분적인 희생을 통해 전체를 돌보는 것이 됩니다. 반면 근근이 버티면서 함락이 되지 않아도 경제의 기본적인 기대는 충족시키게 됩니다. 각설하고 이후에 양효왕은 자신의 형 경제에게 도전장을 내밀 능력을 잃게 됩니다.

사마천의 판단에 의하면 이 반란의 진압에서 전공은 양나라와 중앙정부의 군대가 똑같이 세웠습니다. 특히 양효왕은 일개 제후국의 인력, 물력을 총동원해 큰 공을 세웠습니다. 그 공은 절대 가볍게 볼 수 없습니다.

그러나 양효왕의 전공이 혁혁해지고 태자가 될 경쟁력을 분명히 갖추면 갖출수록 경제의 눈에는 동생이 들어오지 않았습니다. 과연 반란을 평정한 다음 해에 경제는 갑자기 율희의 아들인 큰아들 유영을 태자로 책봉했습니다. 이때 박황후는 여전히 황후의 자리에 있었지요. 당연히 율희는 아들로 인해 고귀한 자리까지 이르지 못했습니다. 황후의 자리에 오르지 못한 거죠.

이 태자 책봉은 좋게 보면 경제가 조정 중신들의 요구를 받아들인 겁니다. 그들 입장에서도 벌써 즉위한 지 4년이나 된 황제가 황태자 자리를 비워두고 있었으니 나라의 기본이 흔들린다고 생각할 법합니다. 그러나 어쨌든 태자를 책봉했으니 중신들은 안심해도 좋았습니다. 물론 나쁘게도 볼 수 있습니다. 양효왕의 생각을 완벽하게 틀어막으려는 생각이 있었다는 것이 그겁니다. 다시 말해 그는 "짐은 이미 결심을 내렸다. 제위는 역시 아들에게 물려주는 것이 원칙이다. 비교적 안전하다. 동생은 앞으로 제위를 노리려는 엉뚱한 생각을 하지 말기 바란다"라고 양효왕에게 경고했다고 하겠습니다.

이렇게 두태후의 최초의 실력 발휘, 즉 양효왕을 태자로 책봉하기 위한 노력은 모두 실패로 돌아갔습니다. 제가 볼 때 경제가 유영을 태자로 책봉한 것은 심모원려深謀遠慮의 결과였습니다. 또 그럴 가능성이 오래전부터 있었던 겁니다. 그것은 결코 우리가 당초 생각했던 것만큼 충격적인 조치가 아니었습니다.

그렇다면 계속 암암리에 능력을 키워왔던 왕미인은 목전에 있는 양대 강적을 따돌리고 언제 기염을 토하게 될까요? 또 언제 유영의 자리를 흔들게 될까요?

앉아서 좋은 기회를 놓치고 함정에 빠지다

바로 앞장에서 이른바 '도율정왕'과 '폐영입체'에 대해 거론한 바 있습니다. 이 말대로 열째 아들인 유체를 즉위시키려면 반드시 태자 유영을 먼저 폐해야 합니다. 또 태자를 폐하려면 먼저 그의 어머니 율희를 끌어내려야 합니다. 이를 위해 호시탐탐 기회를 노리던 양가의 '왕장' 결혼 동맹은 율희에게 치명타를 주지 못했습니다. 그러나 이어진 갑작스런 사건은 철저하게 황후가 되겠다는 율희의 꿈을 짓밟고야 맙니다.

경제의 병이 위중해진 어느 해였습니다. 세상을 떠날 날이 멀지 않았다는 사실을 예감한 그는 마음이 계속 꼬여 있던 율희를 병상 앞으로 불렀습니다. 이어 가슴속 청을 털어놨습니다. 이른바 '탁고(托孤, 자식들의 뒤를 부탁한다는 의미)'를 한 겁니다. 사람이 죽을 때가 되면 그 말도 선해지는 법입니다. 아무튼 경제는 "내가 죽은 다음에 이미 왕으로 봉한 아들들을 그대에게 부탁할 테니 잘 보살펴주시오"라고 탁고했습니다.

여러분, 말을 더 이어가기 전에 그의 이 '탁고'에 대해 주의해서 살펴봅시다. 이 단어 속에는 대단히 중요한 두 가지 정보가 있습니다. 하나는 그가 태자를 폐할 생각이 없었다는 사실입니다. 다른 하나는 율희를 황후로 세우겠다는 생각이 있었다는 사실입니다. 경제는 왜 그렇게 말했을까요? 생각해보세요. 율희는 평범한 비빈에 불과했습니다. 경제가 뭘 믿고 열네 황자를 돌봐달라고 그녀에게 탁고를 했겠습니까. 그녀가 태자의 어머니였기 때문입니다! 경제는 태자를 폐할 수가 없었던 겁니다.

다시 한 번 '탁고'의 시간에 대해 추론해봅시다. 그때 박황후가 아직 폐위되지 않았거나 당초부터 폐위시킬 생각이 없었다면 경제는 그녀에게 "아들들을 잘 보살펴달라"고 부탁했을 겁니다. 그러나 율희에게 부탁을 한 것으로 보아 박황후가 이미 폐위되었다는 설명이 가능하겠습니다! 사서에는 박황후가 경제 전원 6년(기원전 151년) 9월에 폐위되었다고 기록돼 있습니다. 따라서 경제의 '탁고'는 박황후가 폐위된 후인 경제 전원 7년을 전후한 때에 이뤄진 것으로 보입니다. 다시 한 번 부언하면 탁고를 단행한 경제의 행보에는 율희에게 하고 싶은 다음과 같은 말이 숨어 있습니다.

'짐이 언제 너희 모자를 잊은 적이 있는가? 적절한 때를 기다리라! 나는 태자를 폐하지도 않을 뿐더러 곧 그대를 황후로 봉할 것을 고려하고 있노라!'

제가 보기에 경제는 자신의 병세를 낙관하지 못했던 모양입니다. 더구나 그는 여후가 남편이 죽은 다음 황자들을 도륙한 참극에서 나름의 교훈도 느꼈던 것이 분명합니다. 황자들에게 미리 안전조치를 마련해줘야 한다고 생각했던 겁니다. 여후는 정권을 휘두른 7년 동안 유방의 여덟 아들 중 정확하게 반인 네 명의 목숨을 거둬들였습니다. 또 손자 한 명의 목숨도 빼앗았습니다. 경제는 아들이 열넷이었으니 반만 죽어도 최소한 일곱입니다! 황제는 대개 지존이자 냉혈한입니다. 그러나 아버지이기도 합니다. 아들을 사랑하는 마음이 있습니다. 늙은 황제가 골골한 상태라고 칩시다. 또 나중에 황후가 그 늙은 황제의 아들들을 하나씩 죽인다고 생각해봅시다. 황제가 어떻게 안심하고 눈을 감겠습니까?

경제가 병석에 누웠을 때 율희에게 한 탁고는 분명히 선량하고 진지한 마음의 표출이었습니다. 계속 앙앙불락하고 있던 율희로서는 드디어 신분상승을 기할 날을 맞으려던 참이었습니다. 그녀가 세상의 이치를 조금이라도 깨달았다면 임종에 임박한 것 같았던 경제의 유일한 '소원'을 들어주었을 겁니다. 또 대범하고 화끈하게 말해야 했습니다. 그러면 유영의 태자 지위는 더욱 공고해질 것이 분명했을 것이고, 그녀 자신의 황후 책봉 또한 시간문제였을 겁니다.

그러나 놀랍게도 율희는 거부하였습니다. '분노했다. 대답하지 않았을 뿐 아니라 언사가 불손했다'라고 원문에는 적혀 있습니다. 그녀의 마음은 아마 이랬을 겁니다.

'너 한참 신나게 다른 여자들하고 놀아날 때 왜 나를 기억조차 하지 않았어? 여전히 지금도 또 다른 년들은 손에서 놓지도 않고 보모 같은 여자

가 필요할 때만 나를 떠올려? 말도 안 되는 소리!'

그러나 이런 추론은 약과입니다. 『한무고사』는 그녀의 당시 반응이 더욱 악랄했던 것으로 묘사합니다. '율희는 분노했다. 대답을 하지 않았고 늙은 개라는 욕까지 했다'라고 말입니다. 황제에게 늙은 개라고 욕했다! 율희의 언사가 불손했을 수는 있습니다. 그러나 과연 늙은 개라고까지 욕했을까요? 저는 그럴 가능성은 없다고 봅니다. 어쨌든 율희는 용서할 수 없는 잘못을 저질렀습니다. 충동은 마귀입니다. 질투는 독약이고요. 율희는 마지막 황후가 될 기회를 확실하게 잃고 말았습니다.

그때 경제의 반응은 어땠을까요? 원문에는 '분노했다. 그러나 그걸 가슴에 품고 내색을 하지 않았다'라고 돼 있습니다.

우리는 경제가 분노한 이유를 충분히 알 수 있습니다. 그는 다음과 같이 생각했겠지요.

'네 아들은 태자로 책봉된 지 이미 2년이나 되었다. 그러나 나는 너를 계속 황후로 봉하지 않았다. 왜냐? 나는 너를 그동안 계속 관찰했다. 관찰의 결과는 불합격이다!'

경제는 왜 분노했으면서도 내색하지 않았을까요? 두 가지 가능성이 있습니다. 하나는 경제가 속을 잘 드러내지 않는 음흉한 성격이라는 점입니다. 당연히 내색하기를 원하지 않았겠지요. 그러나 그는 '이 계산은 반드시 기억하겠다. 내가 언제든 너를 처치하지 못하겠느냐? 하필이면 지금 내색할 필요가 있겠는가?' 하고 생각했을 겁니다. 다음으로 경제가 병중에 있었다는 사실도 감안해야겠습니다. 다시 한 번 화를 내면 병이 더욱 깊어질 수도 있으니까요. 그래서 그는 화를 꾹 눌렀습니다. 희한하게도 얼마 지나지 않아 경제의 병은 깨끗하게 나았습니다. 율희의 죽음은 이제 카운트다운에 들어간 것이나 다름없었습니다.

그렇다면 율희의 마지막 남은 풀 한 포기 생명까지 완전히 짓밟아버린 사람은 누구였을까요? 경제 7년(기원전 150년) 외조(外朝, 황제가 수반인 내조內朝와 구별되는 조직. 승상이 수반이 됨. 권력이 내조에 비해 약함)에서 의전을 관할하는 관리인 대행大行이 경제에게 주장을 올려 다음과 같이 말했습니다.

'율희의 아들을 태자로 책봉한 지가 이미 3년이 되었습니다. 중국은 역대로 아들로 인해 어머니가 귀하게 되거나 어머니로 인해 아들이 귀하게 되었습니다. 이제 율희를 황후로 봉해야 합니다.'

경제는 주장의 내용을 다 읽자마자 책상을 치면서 일어났습니다. 그러고는 바로 태자를 폐했습니다. 그 다음은 더욱 일사천리였지요. 내친 김에 조정에 들어와 있는 율희의 친척을 모두 사형시켜버린 것입니다.

경제가 대로한 데에는 다 이유가 있습니다. 사실 외조의 일개 대신이 황후의 책봉 문제에 대해 가타부타할 자격이 있나요? 그건 누군가가 뒤에서 사주를 한 게 분명합니다. 여러분이 황제라면 우선 떠올릴 수 있는 사람이 누구겠습니까? 당연히 최대 혜택을 볼 율희가 되겠지요. 경제의 분노는 진짜 머리 꼭대기까지 솟구쳤습니다. 그는 틀림없이 이렇게 생각했습니다.

'틀림없이 율희야! 그 여자가 아니면 대행 그자를 시켜 나를 위협하는 이런 개떡 같은 글을 어떻게 쓸 수 있다는 말인가! 그 여자는 내가 늙어도 죽지 않으니 기다리기가 지겨워진 거야! 아들이 3년 동안 태자를 했어도 황후로 봉해지지 않으니까 참다못해 외조의 대신들을 동원해 자기 말을 하게 만든 거지!'

이렇게 경제는 자신이 앓아누웠던 작년에 당한 계산에다 금년의 새로운 것까지 추가해 한꺼번에 계산을 했습니다. 와병 중에 탁고를 했던 것이 원인遠因, 황후를 봉하라는 주장을 본 것이 근인近因이었습니다. 과거의 계산은 별문제가 없었으나 새로운 계산은 확실히 문제가 되었습니다.

새 계산이 왜 잘못되었다고 하는지 궁금하신가요? 경제는 모든 것을 율희가 꾸민 음모라고 생각한 겁니다. 배후에서 사주를 한 인물이 왕미인 이라는 사실은 아예 생각조차 못했던 거지요. 왕미인은 왜 그랬을까요? 그녀는 경제가 충언을 그대로 받아들여 율희를 바로 황후로 봉할 가능성 에 대해 조금도 우려하지 않았던 걸까요? 그렇습니다.

우선 그녀는 이때 경제가 절대로 율희를 황후로 봉하지 않을 것임을 정 확하게 짚었습니다. 다음으로 그녀는 그 글이 그를 격노케 해 사태를 신 속하게 자신에게 이로운 방향으로 이끌고 갈 거라고 생각했습니다.

솔직히 일개 외조의 대신이 경제 주변의 다섯 여인이 벌이는 이전투구 의 상황을 어떻게 이해할 수 있었겠습니까. 대행은 그저 왕미인의 계략에 넘어가 무심코 율희의 종말을 알리는 조종을 울리는 역할을 했을 뿐입니 다. 경제는 전원 7년 겨울, 태자 유영의 신분을 임강왕臨江王으로 격하시 켰습니다. 이때 태자는 물론 아무런 잘못이 없었습니다. 그저 권력투쟁의 소용돌이에 휘말려 들어 침몰했을 뿐입니다. 또 상황을 좌지우지할 힘도 없었습니다. 그저 다섯 여자가 펼친 구중궁궐의 각축전에서 희생양이 됐 을 뿐입니다.

사실 양효왕과 율희를 앞에서 들먹인 것은 모두 경제의 성격을 더 확실 하게 파악하기 위한 것이었습니다. 그는 처음에는 은인자중하다가 결심 을 내리면 신속하게 일을 진행시킨 다음 사람을 제압하는 기술이 뛰어난 사람이었습니다. 행동이 민첩하고 전혀 후환을 남기지 않았습니다.

경제 7년의 황태자 폐출廢黜과 6년의 중병에 따른 탁고라는 두 돌발적 사건은 일맥상통하는 밀접한 관련이 있습니다. 또 어떻게 보면 '도율정 왕, 폐영입체'라는 전략을 가능하게 하여 율희에게 치명타를 안긴 사람은 왕미인도 장공주도 아니었습니다. 그건 바로 율희 자신이었습니다. "하 늘이 내리는 재난은 피할 수 있으나 자신이 만드는 재난은 피할 수 없다"

는 말을 실감할 수 있지요. 실제로 그녀는 투기, 원한 등을 숨김없이 일찌감치 보여주었고 경제는 그녀에 대해 부정적인 인상을 갖게 되었습니다. 그녀가 자신을 철저하게 파멸시켰다고 해도 무방합니다.

태자의 자리는 다시 공석이 되었습니다. 안타까운 것은 왕미인이 본격적인 행동에 돌입하지 않았는데도 두태후가 다시 작은아들 양효왕을 태자로 책봉하기 위해 애쓰기 시작했다는 사실입니다. 그러나 세상에는 무슨 문제이든 다 대책이 있는 법입니다. 경제는 이 상황에서 어떻게 대응했을까요?

나랏일을 집안일처럼 처리하지 마라

두태후는 앞에서 말한 대로 다시 아들을 위해 본격적으로 나섰습니다. 이번 태자 책봉 문제에서는 다시 주인공들이 바뀌었습니다. 한쪽은 두태후, 다른 한쪽은 왕미인이었습니다. 각각 작은아들 양효왕과 독자인 교동왕 유체를 위해 뛰기 시작했습니다.

그러나 두 사람의 이 대결은 글러브를 끼고 공개적으로 싸우는 본격적인 대결이 아니었습니다. 두태후는 보이는 곳에 있었던 데 반해, 왕미인은 계속 어두운 곳에서 은인자중하고 있었습니다. 특히 왕미인은 조금씩 창고를 세워가면서 집요하게 자본을 축적하고 있었습니다. 그래서 태자의 자리가 다시 공석이 됐을 때 그녀는 두태후에 의해 갑자기 뒤로 밀려나는 처지가 되었습니다.

두태후의 권토중래는 다시 경제에게 어려운 문제를 던졌습니다. 지난번에 그는 그 어려움을 어떻게 해결했을까요? 말을 들을 필요조차 없다는 듯 신속하게 장자를 황태자로 책봉해 양효왕의 길을 원천봉쇄했습니다. 이번에는 경제가 과연 어떤 강력한 무기를 가지고 있을까요?

경제는 두 방향으로 작업해나갔습니다. 첫째 방향은 일단 어머니인 두 태후에게 동의를 표하는 것이었습니다. 다른 방향은 사안이 중대한 만큼 조정 대신들과 의논해야겠다는 입장을 피력하는 것이었습니다. 말하자면 '조의朝議'를 통해 조정 대신들과 이 문제를 어떻게 처리할지를 토론하는 것이었습니다. 조의의 결과는 아주 자연스러웠습니다. 두태후의 제안은 여지없이 각하되어 대신들이 약속이나 한 듯 모두 반대했습니다.

특히 그중 한 명은 자신이 주역을 자처하고 나섰습니다. 한때 경제의 총애를 받던 조조鼂錯를 죽일 것을 주장했던 원앙袁盎이었습니다. 사실 이 일에 가장 잘 어울리는 인물은 직언을 서슴지 않는 조조였습니다. 그러나 그는 오초칠국의 난 당시 잘못된 제후정책으로 인해 난을 일으키게 만들 었다는 원앙의 모함으로 살해되어 이미 세상에 존재하지 않았습니다. 그 렇지 않았다면 원앙이 어떻게 대신들의 입을 이용해 태후의 생각을 막자 는 경제의 의중을 대변하는 역할을 자임할 수 있었겠습니까.

곧이어 원앙을 필두로 하는 일단의 대신들은 궁중으로 두태후를 찾아 갔습니다. 그녀는 대신들 앞에서 자신의 생각을 하나도 숨기지 않고 다 말해버렸습니다. 양효왕을 태자로 책봉하는 문제도 정식으로 건의했습니 다. 원앙은 은근하게 두태후를 설득하기 시작합니다. 우선 그녀의 생각이 어떤지를 묻는 것으로 시작했습니다. 그가 물었습니다.

"태후께서는 양효왕을 태자로 책봉하시고 싶어 합니다. 태후께서는 양 효왕이 세상을 떠나면 다음에는 제위를 다시 누구에게 물려줘야 한다고 생각하십니까?"

두태후는 별생각 없이 즉각 대답했습니다.

"그럼 그의 형의 아들에게 물려주면 되겠네!"

형이 죽은 다음에는 황제 자리를 동생에게 물려주고 동생이 죽으면 다시 그의 형의 아들에게 물려준다는 얘기였습니다. 결국 경제의 아들에게 다시 물려준다는 말이 되겠습니다. 원앙은 서두르지 않고 두태후에게 일반적인 가정 얘기를 다시 화제로 올리기 시작했습니다.

"좋습니다! 태후의 말씀대로 되어야지요! 그러나 태후께서는 이런 비참한 가족 얘기를 들어보셨는지요?"

노인들에게는 원래 자녀들이 가장 중요한 법입니다. 비참한 가족의 얘기가 나오자 그녀는 바로 귀를 기울였습니다. 원앙이 다음과 같이 말을 이었습니다.

"춘추시대에 송宋이라는 나라가 있었습니다. 주군인 송 선공宣公은 죽음에 이르렀을 때 왕위를 그의 동생에게 물려주었습니다. 동생은 몇 년 동안 왕으로 재임한 다음 죽게 되었습니다. 그는 그때 형의 은혜에 감격해 왕위를 다시 형의 동생에게 물려준다는 유조를 내렸습니다. 이어 자신의 아들은 정鄭나라로 가서 살게 했습니다. 그러나 왕위를 계승할 혈통이 둘이나 존재하게 되는 바람에 송나라의 권신들은 부단히 두 형제의 후세들 속에서 한쪽을 옹립하고 다른 한쪽은 압박하는 행태를 지속했습니다. 결과적으로 송나라는 누대에 걸친 피비린내 나는 갈등을 맞이했습니다. 평안이라고는 찾아보기가 어려웠지요."

원앙의 말이 끝나자 두태후는 바로 멍해졌습니다. 우리는 두태후의 학문이 높지 못하고 출신이 비천하다는 사실을 너무나 잘 압니다. 그녀는 춘추시대의 송 선공 얘기도 들어본 적이 없었습니다. 원앙의 말을 듣고서 처음 알게 된 거죠. 게다가 원앙의 메시지 또한 분명하게 알아들었습니다. 당신은 황제 자리를 양효왕에게 물려주고 싶어 한다, 그건 좋다, 그러나 양효왕이 죽으면 어떻게 하느냐? 다시 경제의 아들에게 물려줘야 하는 것 아닌가? 그렇게 되면 양효왕의 아들이 동의하지 않을 것이다, 당연히 경제의 아들과 양효왕 아들 사이에 서로를 죽이려는 끔찍한 일이 일어나지 않겠느냐…… 그런 얘기였습니다. 그래서 그 말을 들은 이후로 두태후는 양효왕을 태자로 책봉하자는 말을 다시는 입에 올리지 않았습니다.

두태후는 작은아들을 황태자로 옹립하려는 계획을 거둬들였다고 할 수 있습니다. 그러나 양효왕이 순순히 따랐을까요? 또 이 형제 간의 공방은 과연 어떤 새로운 국면을 가져올까요? 그리고 미래의 한무대제 유체는 언제나 꿈에 그리던 태자의 자리에 오르게 될까요?

태자 자리의 진정한 주인, 유체

경제의 태자 자리를 둘러싼 구중궁궐의 한바탕 각축은 도저히 예측 불가능한 변화 한가운데에 있었습니다. 경제의 큰아들, 즉 태자인 유영은 아무런 잘못도 저지르지 않았으나 권력투쟁의 희생양이 되었습니다. 경제는 왜 그렇게 자신의 아들을 야박하게 대했을까요?

또 경제의 친동생 양효왕 유무의 제위를 쟁취하기 위한 노력은 그야말로 대단했습니다. 그럼에도 경제는 심하게 다그치지 않았습니다. 무엇이 그를 은인자중하게 했을까요? 경제의 열째 아들 교동왕 유체는 처음에는 그다지 우위를 점하지 못했습니다. 그렇다면 도대체 어떻게 두각을 나타냈고 결국 경제의 진정한 태자가 됐을까요?

우매한 수법이 패국으로 이끌다

두태후는 형제 간의 불화가 내란을 불러일으킬 것을 우려해 결국 양효왕을 태자로 책봉하라는 주장을 포기했습니다. 전 과정에서 경제가 보여준 태도는 명확하지는 않았어도 나름의 메시지는 충분히 있었습니다. 그것은 '나는 분명하게 동의했다. 그러나 대신들이 원하지 않았다. 어떻게 하라는 말이냐?' 하는 입장입니다. 물론 그런 음흉한 계획을 총괄해 진행한 사람은 다름 아닌 경제 본인이었지요.

효자로 유명한 경제가 왜 태자 책봉 문제에서만큼은 어머니의 명령을 따르지 않고 양효왕을 배제하려고 했을까요? 무엇보다 직계에 대한, 친혈육에 대한 사랑이 원인이었습니다. 두태후가 자신의 아들을 태자로 책봉하고 싶었던 만큼 그도 자신의 아들을 책봉하고 싶었을 게 당연합니다. 수족의 정은 아무래도 부자지간의 정보다는 못한 법이니까요.

두 번째 원인은 조상들이 확립한 원칙에 있었습니다. 한 고조에서 문제에 이르기까지 황제 자리 계승은 부자 계승이 아닌 적이 없었습니다. 형이 죽어서 동생이 계승한 적은 들어본 적도, 있었던 적도 없었습니다.

세 번째는 양효왕이 평소 교만하고 전횡이 지나치다는 사실 때문입니다. '왕궁을 출입하고 노닐 때에 천자를 참칭했다. 천자가 이를 듣고 몹시 불쾌해했다'는 기록은 이런 현실을 무엇보다 잘 말해줍니다. 실제로도 양효왕은 어머니의 지나친 사랑만 믿고 아주 유난스럽게 굴었습니다. 정말 천자와 자신을 거의 동일시했습니다. 경제로서는 반감을 가지는 게 당연했고 조정의 반응도 만만치 않았습니다. 거의 들끓었지요. 심지어는 가장 믿을 만한 방어막인 두태후마저도 크게 노해 양나라의 사신이 조정에 왔을 때 무례하게 조정을 범하고 있다고 크게 꾸짖었습니다.

이때 꾸짖음을 당한 한안국(자는 장유長孺. 양梁현 성안成安 사람. 어사대부에 오름)은 장공주를 찾아가 울면서 호소했습니다.

"양효왕은 아들로서 효성을 다하고 있습니다. 신하로서도 충성을 다하고 있고요. 양효왕이 언제 태후의 총애를 얻기 시작했습니까? 오초칠국의 난이 일어났을 때 아닙니까? 함곡관 이동의 제후국들이 하나같이 무기를 들었을 때였습니다. 그때도 양효왕만은 조정과 밀접한 관계를 유지했습니다. 출정에 나설 때에도 양효왕은 직접 우리 여섯 장군에게 무릎을 꿇은 채 독려하면서 병사들을 전쟁터로 보내어 결과적으로 오초칠국의 난을 평정했습니다. 지금 태후께서 이 예절을 문제로 삼아 양나라의 사신을 문책하신다면 그건 정말 저희에게는 괴로운 일입니다."

한안국의 전략은 분명했습니다. 가능하면 무거운 주제는 피하고 가볍고 감성에 호소하는 내용을 거론하기로 전략을 짠 겁니다. 그러면 경제의 양효왕에 대한 신뢰의 위기는 충분히 극복할 수 있다고 본 거지요. 그러나 결국 신뢰를 주지도 못했고 공손하지 못하다고 결론이 났습니다. 양효왕은 조정을 밥 먹듯 기만했고 교만하기 이를 데 없는 인물이 되었습니다. 여우의 꼬리가 한 번 드러나면 두 번째도 반드시 나타나기 마련입니다. 경제가 양효왕을 용서해주고 싶어도 내심으로는 신임하기가 쉽지 않은 상황이었습니다. 결국 이때부터 경제의 양효왕에 대한 경계는 더욱 심해졌습니다.

태자가 되고자 한 2차 시도의 실패는 기본적으로 양효왕이 태자 후보로서 완전히 탈락했다는 사실을 의미했습니다. 그렇다면 양효왕은 순순히 물러섰을까요?

그렇지 않았습니다. 양효왕은 엄청나게 분노했습니다. 그는 사람을 사방으로 풀어 탐문을 하기 시작했습니다. 도대체 어떤 간덩이 부은 인간들이 자신의 일에 고춧가루를 뿌렸는지 알고 싶었던 것이겠지요. 며칠이 지나지 않아 비밀 첩보가 그에게 날아들었습니다. 대략 다음과 같은 내용이었습니다.

'원앙이 일단의 조정 대신들을 이끌고 태후에게 달려갔다. 춘추 당시의 진부하기 이를 데 없는 얘기를 꺼내 태후를 깜짝 놀라게 만들었다. 마지막에는 양효왕을 태자로 책봉하는 문제까지 포기하게 만들었다!'

양효왕은 날아든 첩보에 이를 갈았습니다.

"이 죽지도 않는 늙은이들을 보았나. 옛날 얘기나 조상들의 원칙이 다 뭐란 말이냐. 좋다. 내가 너희에게 누구보다도 빨리 돌아가신 황제를 뵙도록 해주마!"

양효왕은 이런 자신의 생각을 바로 행동으로 옮겼습니다. 장안으로 자객을 잠입시켜 원앙과 함께 '조의'에 참석한 대신들 열 몇 명을 일거에 살해한 겁니다. 한 사람도 남겨두지 않았습니다. 그 참상이 전국을 떠들썩하게 만들 정도였습니다.

열 몇 명에 이르는 덕망 높은 노 대신들의 잇따른 횡액으로 경제는 진노했습니다. 그는 즉각 명령을 내려 자객들을 잡아들이라고 다그쳤습니다. 그러나 무슨 수를 써도 잡을 수 없었습니다.

경제가 대학살을 자행한 자객들의 막후 실세가 자신의 동생인 양효왕일지 모른다고 생각하게 되기까지는 오랜 시간이 필요하지 않았습니다. 그는 즉각 전담 조사단을 양나라로 파견했습니다. 아니나 다를까, 조사 결과는 바로 나왔습니다. 주요 범죄 혐의자들은 양효왕의 부하들이 분명했습니다. 그러나 그들은 당당하게도 양효왕의 왕궁으로 숨어들어 체포를 가볍게 피했습니다. 전문 조사단은 당연히 양효왕의 왕궁으로 들어가 범인들을 체포할 수가 없었습니다. 결국 경제는 조서를 발표, 자객들을 모두 잡아들여 혹독하게 심문하라고 명령했습니다.

이번에도 역시 한안국이 경색된 국면을 타개하기 위해 나섰습니다. 그는 오초칠국의 난 당시 무릎을 꿇고 빌면서 여섯 장군을 전쟁터로 보낸 양효왕처럼 행동했습니다. 양효왕 앞에 무릎을 꿇은 겁니다. 이어 눈물을 흩뿌리면서 말했습니다.

"대왕께서는 한번 생각해보십시오. 대왕과 천자의 관계가 천자와 태자에서 폐위된 아들과의 관계를 비교할 때 누가 더 가깝겠습니까?"

양효왕은 이렇게 답했습니다.

"그들은 부자관계요. 아무래도 우리 형제관계보다는 더 가깝겠지."

한안국이 다시 아래와 같이 아뢰었습니다.

"그렇습니다. 그들 부자는 뼈와 살을 서로 나눈 사이입니다. 그러나 유영의 어머니가 말 한마디 잘못한 탓에 유영은 바로 태자에서 폐위되었습니다. 왜 그랬을까요? 조정에서 일을 논할 때는 사사로운 문제가 공적인 걸 눌러서는 안 되기 때문이지요. 지금 대왕께서는 성질대로 일을 처리했으나 아직 벌을 받지 않고 계십니다. 그것은 태후께서 아직 뒤에서 열심히 대왕을 보살펴주시는 것과 밀접한 관계가 있습니다. 태후께서 세상을 떠나면 대왕은 그 다음부터 누구를 믿고 의지하겠습니까?"

양효왕은 한안국의 말에 대경실색을 하고 말았습니다. 그러고는 즉각 자객들을 내놓는 데 동의했습니다. 곧이어 양효왕의 생각을 알아차린 자객들은 자살했습니다. 양효왕은 그길로 장안으로 올라가 스스로 죄를 청했고요. 경제는 더 이상 일을 복잡하게 만들고 싶지 않았습니다. 바로 양효왕을 사면합니다. 양효왕의 태자를 향한 한바탕 투쟁은 이로써 완전히 종지부를 찍었습니다. 이후 양효왕은 모후와 황제인 형의 옆을 지키면서 참회했습니다. 그러나 황제를 알현하는 기간은 아주 빨리 지나갔습니다. 그러자 양효왕은 바로 장안에 계속 머물게 해달라는 청원을 냅니다. 하지만 경제는 더 이상 배려를 해주지 않고 과감하게 동생의 요구를 거절했습니다. 양효왕은 도리 없이 봉국인 양나라로 돌아가 앙앙불락하다 얼마 지나지 않아 열병으로 숨졌습니다.

작은아들 양효왕에 대한 두태후의 넘치는 사랑은 여자의 천성입니다. 그러나 이성과 지혜가 결핍되었다는 점에서는 문제가 많았습니다. 결국 세간 어머니들의 사랑인 '잘못된 사랑'의 전형적 사례가 되고 말았습니다.

양효왕은 대신들을 척살하는 음모를 일으킨 탓에 좋지 않은 모습으로 태자 경쟁 무대에서 완전히 퇴출되었습니다. 이렇게 되자 그동안 치열하게 전개되던 태자 자리를 둘러싼 각축에서 살아남은 사람은 왕미인의 아들이자 열 번째 황자인 유체만이 유일했습니다. 그는 손에 피 한 방울 묻히지 않은 채 승리를 거두었습니다.

기원전 150년, 경제는 왕미인을 황후로 봉한 다음, 아들 유체의 이름을 유철劉徹로 고치고 태자로 책봉했습니다.

열째 아들 유체의 승리

유철은 네 살 때 교동왕으로 봉해진 다음 일곱 살 때 태자로 책봉되었습니다. 이런 어린아이는 근본적으로 자신의 운명을 책임질 수가 없습니다. 그렇다면 그는 무엇을 통해 태자 자리를 둘러싼 투쟁에서 승리를 거머쥐었을까요? 앞에서 언급한, 구중궁궐의 권력투쟁을 전개한 다섯 여자의 신상에서 답을 찾을 수밖에 없습니다. 일일이 분석해볼까요?

우선 박황후를 봅시다. 이 여자는 경제의 할머니 박태후의 지명 결혼을 통해 태자비가 된 여자였습니다. 나중에는 자연적으로 황후가 됐지요. 지금 보면 그녀는 어쩔 수 없는 비극적인 인물이었습니다. 경제를 좌지우지할 객관적인 조건과 주관적인 능력을 전혀 갖추지 못했으니까요. 그에 반해 왕미인은 김왕손의 집으로 시집가서 딸 하나를 낳고 이혼을 강행한 다음 태자궁으로 들어갔습니다. 어떻게 보면 뻔뻔하고 어떻게 보면 수완이 보통이 아니었지요. 게다가 그녀는 경쟁심도 만만치 않아 바로 딸 셋과 아들 하나를 낳았습니다. 그 정도에서 그치지 않았습니다. 이쯤 되면 당당한 황후의 신분인 박황후보다도 열 배나 더 강력한 위치를 차지한 게 아닐까요?

다시 박황후의 상황을 봅시다. 그녀는 비록 당당한 집안에 정통성도 있었지만 애석하게도 자식이 없었습니다. 황제의 총애도 받지 못했습니다. 주관적인 능력이 약했고 객관적 조건도 좋지 않았습니다. 그것들이 서로 부정적 시너지 효과를 내기도 합니다. 아무리 생각해도 그녀에게는 좋은 할머니 한 분이 있었다는 것 말고는 내세울 것이 별로 없었습니다. 물론 그 처지가 그녀를 황후로 만들기도 했지만요.

그러나 그녀의 막강한 백그라운드였던 할머니도 완벽하지는 못했습니다. 이 노태후는 언제까지 버텼을까요? 경제 전원 2년(기원전 155년)까지 살았습니다. 막강한 후견인의 죽음으로 그녀의 위상은 졸지에 나락으로 떨어졌습니다. 경제에게 있어 그저 눈길 한 번 줘도 그만인 '꽃병'으로 전락했습니다.

그래도 그녀를 우습게 봐서는 안 됩니다. 열 번째 황자 유철이 태자로 책봉되는 데도 나름 큰 역할을 했거든요. 우선 그녀는 유영이 태자로 책봉됐을 때 율희가 동시에 황후가 되는 것을 저지했습니다. 유영이 태자가 된 것은 경제 전원 4년(기원전 153년)이었습니다. 반면 박황후가 폐위되는 것은 경제 전원 6년(기원전 151년)이었습니다. 경제가 유영을 태자로 책봉하고서도 율희를 황후로 책봉하지 못한 것은 확실히 박황후가 자리에서 물러나지 않았기 때문이 분명합니다.

사실 박황후가 조만간 폐위되리라는 것은 거의 기정사실이었습니다. 하지만 그녀가 하루라도 빨리 물러나지 않는다고 다른 사람이 뭐라고 할 수는 없었지요. 왕미인은 박황후 덕에 2년의 시간을 번 것이 분명합니다. 이 2년 동안 그녀는 장공주와 한통속이 되어 어우러졌습니다. 또 경제와 율희를 이간하는 것도 가능했습니다. 물론 율희가 황후가 되었다고 해도 왕미인은 율희 모자를 동시에 폐위시키려고 노력했을 겁니다. 그러나 황후와 황태자를 폐한다는 것은 태자 한 명을 폐하는 것과는 질적으로 다릅니다.

두 번째 여자는 왕미인입니다. 그녀는 정말 보통 여자가 아니었습니다. 아들인 유철이 태자 자리를 잇도록 하기 위해 조심스런 행보를 이어갔으니까요. 결국 그녀는 선두로 치고 나가게 되는데, 그런 그녀의 행보를 우리는 이른바 사보기(四步棋, 권력을 지향하는 그녀의 행보를, 네 걸음 옮기면서 두는 바둑에 비유한 것)라는 말로 표현해도 좋을 듯합니다.

사보기의 제1보는 어머니의 명령에 복종한 겁니다. 왕미인의 어머니는 주지하다시피 장아입니다. 그녀는 어머니가 자신을 김왕손과 이혼을 시키려고 했을 때 결연히 이혼했습니다. 남편도, 딸도 전혀 신경 쓰지 않았습니다. 미래가 어떻게 될지 전혀 모르면서도 그녀는 엄청난 모험에 몸을 맡겼습니다. 태자궁으로 들어간 겁니다. 그녀의 첫 걸음은 이렇게 대단했습니다. 천하를 단 한 방에 평정하려 했는지도 모릅니다.

제2보는 총애를 광범위하게 얻은 겁니다. 황궁에는 너무나도 많은 여자들이 있습니다. 모두 어리고 예쁜 여자들입니다. 그런 상황에서 왕미인은 어떻게 총애를 얻을 수 있었을까요? '어머니로 인해 아들이 고귀하게 된다'라는 원칙이 불문율인 후궁에서 총애의 획득 유무는 비빈의 아이들을 보면 너무나 잘 알 수 있습니다. 아들이 없으면 총애를 얻지 못하는 것은 기본이었습니다. 대표적으로 자식을 낳지 못한 박황후를 보아도 그렇습니다. 반면 왕미인은 태자궁에 들어가 딸 셋과 아들 하나를 낳았습니다. 그녀의 동생은 더욱 대단하여 모두 아들 넷을 낳았습니다. 비빈을 총애하는 경제의 성향은 애증이 확연했습니다. 이미 결혼했으나 결혼 사실을 숨긴 왕미인은 수많은 여자들 중에서 일단 승리를 거두었습니다. 게다가 그 과정에서 적지 않은 계략을 사용했습니다. 어떤 전략을 사용했는지에 대해서는 사서들이 전혀 기록을 남기지 않아 후세인들은 아무것도 모르고 있기는 하지만요.

제3보는 교묘하게 막강한 배경을 움켜쥔 행보입니다. 왕미인은 예민한 통찰력으로 장공주라는 맹우盟友를 발굴했습니다. 그걸로 황실 가족의 방어선은 완전히 갈가리 찢기고 말았습니다. 그녀가 가볍게 장공주를 장악할 수 있었던 데에는 여러 이유가 있습니다. 우선은 안목입니다. 누가 나중에 자신을 위해 가장 큰 힘이 돼 줄지 너무나도 잘 알고 있었던 겁니다. 다음은 뛰어난 머리입니다. 그래서 자신을 위해 전심전력을 다해줄 사람에게 착 달라붙은 거지요.

마지막은 자신을 위해 대대적인 홍보를 한 사실입니다. 왕미인은 유철을 낳을 때 스스로 "태양이 배로 들어왔다"라는 신기한 얘기를 만들어냈습니다. 이게 뭐겠습니까? 스스로를 포장한 거지요! 자기를 싼 포장지는 다름 아닌 '군권신수(君權神授, 황제는 신이 낸다는 의미)' 이론이었습니다. 거기에 그녀는 신령神靈이라는 외피까지 입혔습니다. 그 누구도 감히 그 포장을 침범할 수는 없었습니다. 그걸 또 요즘의 홍보와 비교해서는 절대로 안 됩니다. 지금은 스타를 만들어내려면 당사자를 비롯해 프로젝트 매니저 등 많은 사람들이 필요하지만, 왕미인은 그걸 놀랍게도 혼자 해냈습니다. 즉 편집, 감독, 연기 등을 모두 그녀 혼자서 해낸 겁니다.

그렇다면 그 쇼의 유일한 관객인 경제는 그걸 어떻게 봤을까요? "이건 대단히 귀중한 상징이다" 바로 이 말로 요약이 됩니다. 결과적으로 경제의 마음에는 당연히 새로운 황후로 여겨졌던 율희가 계속 사고를 일으켜 마음이 심란할 때마다 "태양이 배로 들어왔다"라고 말했던 왕미인이 더 자주 눈에 들어올 수밖에 없었습니다.

어쨌거나 왕미인은 이 사보기를 얼마나 오랫동안이나 견지했을까요? 유철이 출생한 경제 전원 원년부터 따져보면 유철이 태자가 되는 경제 전원 7년까지 정확하게 7년이 걸렸습니다! 솔직히 말해 다섯 여자 중에서 왕미인이 성공으로 이끌어낸 모험이 가장 엄청난 것이었습니다. 굳이 결혼한 사실을 숨기고 황제를 속인 죄의 엄중함은 거론할 필요도 없습니다. 그저 그녀가 유철의 태자 자리 승계를 위해 기울인 합종연횡의 노력, 은연중에 전개한 비밀스런 음모만 거론해도 충분합니다. 그것들은 하나같이 공공연하게 공개하기 어려운 것들이었습니다. 여차하면 실패로 돌아갈 일들이었지요. 그러나 그녀는 해냈습니다. 유철을 낳았을 뿐 아니라 직접 전쟁터에 나서서 무제가 패업을 일굴 수 있도록 무대를 마련했습니다.

경제의 태자 자리를 쟁취하기 위한 과정에서 보여준 박황후와 왕미인의 태도는 확연히 달랐습니다. 박황후는 아무 생각이 없었습니다. 반면 왕미인은 아들을 태자로 앉혀야겠다는 확고한 목표가 있었습니다. 물론 그럼에도 이 둘은 약속이나 한 듯 율희와 태자 유영을 약화시키는 역할을 했고 나아가 유철을 태자 자리로 떠밀었습니다. 그렇다면 율희와 장공주, 두태후 등은 최종적으로 유철을 태자로 책봉하는 과정에서 어떤 역할을 했을까요?

다시 율희에 대해 얘기해봅시다. 이 여자는 결코 나쁜 여자는 아니었습니다. 그저 인성과 지혜가 조금 부족했을 뿐입니다. 경제는 그녀에게 탁고를 했었습니다. 원래 죽음이 임박한 사람의 말은 착하게 나오는 법입니다. 따라서 그녀로서는 우선 몇 마디 말로 따뜻하게 경제를 위로하는 게 먼저였고, 후에 경제가 세상을 떠난 다음 모든 것을 계산해도 늦지 않았습니다. 그러나 그녀는 성질을 이기지 못했습니다. 황제는 뭐고 탁고는 또 뭐냐, 나는 그런 것에 전혀 개의치 않는다, 너는 평소에는 이 여자 저 여자 총애하더니 상황이 나빠져 목숨이 경각에 달리게 되니까 네 아들들을 책임져 달라고? 나는 그렇게는 못한다! 율희의 생각은 틀림없이 이랬을 겁니다. 그녀는 복잡한 궁정의 권력투쟁에 대응하는 전략이 확실히 없었습니다.

그러나 그녀는 유철이 태자 자리를 계승하는 데에는 긍정적인 역할을 합니다. 첫째, 그녀의 존재는 두태후의 집중력을 다른 곳으로 옮기게 했습니다. 두태후도 바로 눈앞의 것밖에 보지 못하는 사마귀에 지나지 않았는데, 이는 오로지 자신의 어린 둘째 아들을 태자로 책봉시키기 위해 전력을 다 기울이는 모습에서 확인할 수 있습니다. 또 율희와 태자인 유영의 일거수일투족에만 눈길을 두었습니다. 배후의 참새에게는 눈길을 전혀 주지 않았던 거죠. 당연히 그건 왕미인이었습니다.

둘째, 율희의 이지적이지 못한 태도는 왕미인이 권력투쟁에서 이길 수 있도록 빈틈을 만들어주었습니다. 율희가 경제와의 사이에서 아들을 몇이나 낳았는지 여러분은 기억하실 겁니다. 세 명입니다. 그중 한 명이 태자였습니다! 이 점만 놓고 보아도 그녀는 승산이라는 최대 자본을 가지고 있었습니다. 그에 반해 박황후는 후사가 없었습니다. 그녀를 박황후와 동일선상에 두고 언급할 수는 없습니다. 그러나 애석하게도 그녀는 적과 아군을 구분하지 못했습니다. 또 장공주가 고개를 숙이면서 기가 막힌 에이스 카드인 결혼 동맹을 요청했을 때에도 만족스러워하지 않았습니다. 왕미인이 뒤에서 음험한 수를 휘두르려 할 때 속으로 그녀에게 고맙다고 했을지도 모릅니다.

네 번째 여자는 장공주 유표였습니다. 그녀의 성격을 한마디로 표현한다면 적절한 한 글자가 있습니다. 바로 '탐貪'이라는 글자입니다. 우선 그녀는 총애를 탐했고, 또 부귀를 탐했습니다. 총애를 탐했다는 것은 무슨 말입니까? 그것은 그녀가 경제에게 부단히 자신이 뽑은 미인들을 추천한 것에서 잘 나타납니다. 당연히 동생의 환심을 사기 위해 그런 행동을 취한 것입니다. 황제의 총애를 얻기 위해, 즉 총애를 탐했다는 말입니다.

부귀함을 탐한 것도 마찬가지입니다. 당당한 황제의 누나로서 그녀는 왜 지저분한 구중궁궐의 권력투쟁 한복판으로 들어갔을까요? 황실이 추구하는 최고의 가치가 명예를 금전적인 이익에 두는 것이 아니라 다름 아닌 긍지에 두고 있는데도 말입니다. 어쨌든 애석하게도 장공주는 그걸 간과했습니다. 그녀가 율희와 갈등을 일으키거나 왕미인과 연합 전선을 구축했던 것은 모두 하나의 목적이 있었기 때문입니다. 자신의 딸 아교를 확실하게 장래의 황후로 만들고 싶었던 바람과 밀접한 관련이 있습니다.

지금까지만 보아도 이 장공주는 열째 황자인 유철의 성공과 실패의 운명을 손에 쥐고 있었습니다. 그녀는 이외에도 몇 가지 원인을 그 속에 집어넣은 것은 아닐까요?

그렇습니다. 우선 그녀는 경제의 마음속에 율희에 대한 원망의 씨앗을 심어놓았습니다. 어떻게 말하면 좋을까요? 그녀는 경제 앞에서 율희의 단점을 수없이 들먹였습니다. 경제가 액면 그대로 다 받아들이지 않아도 멈추지 않았지요. 그러나 그 절반이라도 경제의 귓속에서 남으면 율희가 죽음에 이르게 되는 것은 일도 아니었습니다! 더구나 경제는 더 이상 율희를 필요로 하지 않는 상황이었습니다. 갈수록 늙어가는데다 아름다움도 쇠퇴하니 더 이상 무슨 말이 필요하겠습니까! 성질이 좋기라도 하면 또 모르겠습니다.

그러나 경제는 누나를 멀리할 수는 없었습니다. 한번 생각해보세요. 천자가 직접 사방을 돌아다니면서 아름다운 여자를 물색한다면…… 체통이 서겠습니까? 다행히 경제에게는 지금 상황이 가장 좋았습니다. 직접 나서지 않아도 되었으니까요. 누나가 알아서 끊임없이 여자를 공급해주지 않습니까. 겉으로는 그럴듯해 보이고 주변에는 미녀들이 끊이지 않으니 어찌 즐겁지 않겠습니까. 그러니 장공주가 율희를 헐뜯는 일은 경제의 마음속에 율희에 대한 원한의 씨앗을 심는 것이나 다름없었습니다. 그렇다면 이 씨앗은 언제 꽃을 활짝 피웠을까요? 외조의 대신이 즉각 율희를 황후로 세우라는 주장을 올렸을 때였습니다. 이 씨앗은 순간적으로 꽃을 피우게 되어, 결국 태자를 폐하고 율희의 신분을 격하시키는 조치로 나타났습니다. 율희의 일족도 몰살을 면치 못했습니다.

이외에 장공주는 유철을 열심히 지지했습니다. 태자 책봉을 둘러싼 전쟁에서 왕미인에게 적지 않은 힘을 보탰습니다. 왕미인과 유철은 지위가 비천하고 말에 권위가 없었습니다. 태자 자리를 넘보기에도 너무 힘이 약해져, 마침내 외부의 조력자를 반드시 필요로 하게 되었습니다. 누구였을까요? 그렇습니다. 장공주입니다.

그녀는 정말 좋은 상황에 처해 있었습니다. 사실 율희에게 마구 비난을 퍼붓는 것은 그녀에게는 대단한 일이 아니었습니다. 같은 어머니 밑에서 태어난 동생과 누나, 큰 시누이인 만큼 아무리 틀린 말을 해도 경제는 이상하게 생각하지 않았을 테니까요. 반면 왕미인이 그렇게 행동한다면 그건 적절치 못한 행동이었습니다. 경제는 원래 의심이 많은 사람이었습니다. 그 경우라면 그는 "네가 그렇게 그녀를 헐뜯는 것을 보니 네가 그 여자를 대신하려는 것이 아니냐?"라고 바로 말했을 겁니다. 왕미인이 마지막에 승리하고 유철이 태자가 된 것은 확실히 장공주가 그녀의 충실한 대변자를 자임한 데 힘입은 바가 큽니다.

이렇게 볼 때 경제가 태자를 책봉하는 과정에는 박황후, 왕미인, 율희, 장공주 이 네 여자가 알게 모르게 나름의 힘을 보탰다고 할 수 있겠지요. 유철을 위해 승리할 조건을 잇달아 만들어준 거지요. 그렇다면 경제 집권기 최고의 파워 우먼인 두태후는 어떤 처지였을까요. 모든 것을 작은아들 양효왕을 위해 걸었던 그녀는 유철의 승산을 약화시키는 데 적극 나서지 않았을까요?

이제 다섯 번째 여자인 두태후에 대해 언급해봅시다. 우선 그녀를 평가해야겠습니다. 저는 조금 전에 유표에 대한 평가에서 '탐'이라는 글자를 썼습니다. 이 두태후에게는 그러면 무슨 자를 써야 할까요. 탐에다 '패(霸, 패권을 의미함)'라는 글자를 더해야겠습니다. 큰아들이 이미 황제가 돼 있는데도 작은아들까지 황제로 만들려 했으니 그렇게 말해도 무방하지요! 그나마 다행인 것은 그녀에게 아들이 달랑 둘뿐이었다는 사실입니다. 아들이 열 명 가깝게 있었다면 어땠을까요? 어머니가 이쯤 되면 탐욕스럽다는 말이 무색합니다. 이 점에서 보면 그녀는 딸인 장공주에게 부끄럽지 않은 어머니였습니다. 모전여전이 따로 없지요.

이제 패에 대해 말해봅시다. 그녀는 정말 그랬습니다. 두 번이나 조상들이 지켜왔던 원칙인 부자계승 제도를 폐지하는 것이 어떻겠느냐는 입장을 공개적으로 내놓았습니다. 자신의 작은아들인 양효왕을 태자로 책봉하라는 입장을 두 번이나 천명했다는 말입니다. 당연히 그녀가 지향한 '패'는 그녀의 지위와 무관하지 않습니다. 작은아들이 황제가 되면 계속 자신은 황태후가 됩니다. 더구나 한나라 때의 태후는 거의 정치에 간여하는 전통이 있었지요. 여후에서 시작해 박태후, 두태후를 거쳐 무제의 어머니 왕태후에 이르기까지 예외가 없었습니다.

탐과 패라는 글자를 제하고도 두태후의 특징을 보여주는 글자를 하나 더 찾을 수 있습니다. 그게 바로 준蠢, 즉 우둔함입니다. 두태후의 어떤 부분이 우둔하다고 해야 할까요? 아들인 양효왕이 전혀 황제가 될 인물이 아닐 뿐더러 될 수도 없다는 사실을 모르고 있었다는 점입니다. 양효왕은 일개 제후국의 군주로서 중앙 조정의 대신을 모살한 죄를 저질렀습니다. 어떻게 황제가 되겠습니까? 또 두태후는 작은아들이 황제가 되어야 한다고 자기 생각만 했습니다. 역지사지의 입장에서 전혀 생각을 하지 못했어요. 경제는 동생이 아닌 자기 아들이 황제가 되어야 한다고 생각하지 않았겠습니까? 황제와 힘을 겨룬다는 것은 계란으로 바위 치기보다 더 어리석은 짓이지요.

그렇다면 탐과 패, 준이라는 글자로 대표되는 이 두태후는 유철의 태자 직 계승에서 어떤 작용을 할까요? 답은 바로 나옵니다. 연기延期입니다. 경제는 솔직히 태자를 책봉하는 문제에서 시종일관 대단히 느긋한 행보를 보였습니다. 경제 전원 원년(기원전 156년)에 황제 자리를 이은 다음 양효왕의 야심을 봉쇄하기 위해 무려 4년 후에야 태자를 책봉했을 정도입니다. 경제는 양효왕이 두 번째 태자 자리를 차지하려고 애썼을 때에도 적지 않게 신경을 썼습니다. 우선 태자를 폐위시킨 다음 왕미인을 황후로 봉하고 마지막에 유철을 태자로 책봉하는 데 정확하게 4개월 이상을 질질 끌었습니다. 왜 4개월이었을까요? 경제가 두태후를 확실하게 이해시키는 방법을 모색해야 했기 때문으로 보입니다.

각설하고 두태후는 율희가 감정을 제대로 다스리지 못해 폐위되기 직전, 즉 양효왕이 중앙의 조정 대신들을 모살한 직후에 사랑해 마지않던 딸 장공주의 능수능란한 거중 조정 솜씨에 의해 드디어 결정적인 한 표를 왕미인에게 행사했습니다. 유철로서는 순조롭게 다수결에서도 우위를 점하는 행운을 거머쥐게 된 거지요. 바로 이 때문에 두태후는 왕미인이 황후, 유철이 태자로 책봉되는 시간을 연기했을 뿐이라고 말한 겁니다. 그러나 근본적으로는 그 과정을 전혀 저지하지 못했습니다.

다섯 여자는 각각 성격이 다 달랐습니다. 각자의 속셈도 다 다르고 가야 할 길도 달리 선택했습니다. 그래서 누구는 중도에 사라져야 했고 누구는 지름길을 찾았습니다. 결국 태자 자리는 유철이 차지하게 되지만 말입니다. 제 생각에 한바탕의 이전투구는 자연계의 약육강식과 비슷하다고 해도 과언이 아닙니다. 우선 율희는 박황후를 몰아내려고 했습니다.

두태후 역시 율희를 요절내려고 했지요. 또 왕미인은 장공주가 같은 길을 걷는 동맹군이라는 전제 아래 두태후 문제를 해결해야 했습니다. 한마디로 다섯 사람이 서로 돕고 물리쳐야 하는, 의미심장한 상황이었습니다. 그러나 우리가 아무리 말을 많이 해봐야 소용없습니다. 다섯 여자를 한 남자와 비교할 수 없었으니까요. 그 남자는 경제였습니다. 중재권이 누가 뭐래도 그에게 있었다는 얘기입니다. 모든 영화와 부귀는 반드시 그를 거쳐야 했습니다.

그러면 경제는 도저히 태자가 될 수 없었던 유철을 일찍이 확실하게 점 찍었던 것일까요? 그리고서도 후회하지 않았을까요? 그는 과연 자신의 태자가 평온하게 황제 자리를 물려받을 수 있도록 어떤 조치를 취하게 될 까요?

왕위를 가로막는 자, 누구인가

다섯 여자가 다투다 열째 아들이 승리를 쟁취하는 과정을 보면 기묘한 인간의 운명에 대해 감탄하지 않을 수 없습니다. 그러나 한 왕조라는 이 가족 대기업의 진정한 최고 영도자 경제는 여전히 자신의 길을 열심히 가고 있었습니다. 당연히 각 당사자들도 그가 무슨 생각을 하는지 몰랐습니다. 방관자라고 할 수도 없습니다. 그들도 경제가 무슨 조치를 취하려 하는지 전혀 모르고 있었습니다. 물론 시간이 지나면 나중에 결과야 나오겠지요.

어쨌거나 경제는 누구 편에 서려는 것일까요? 폐태자 유영을 위로하려는 것일까요, 아니면 새로운 태자 유철을 한껏 띄어주려는 것일까요?

새 사람이 웃으면 옛사람이 운다

옛말에 "새 사람이 웃으면 옛사람은 운다"라는 말이 있습니다. 행운을 몰고 다니는 사람의 뒤에는 종종 재수 나쁜 사람이 있다는 얘기입니다. 태자를 폐위시킨 사건에서 유철의 행운은 더 얘기할 필요조차 없습니다. 그렇다면 가장 불행한 사람은 누구일까요? 말할 것도 없이 폐태자 유영입니다. 솔직히 그의 잘못은 하나도 없었습니다. 그저 어머니가 말을 잘못한 탓에 한나라라는 다 잡은 고기를 놓쳐버린 것입니다. 그러나 이 때문에 재수 없는 운명이 다시 그를 덮칩니다. 총구 앞에 그대로 노출되는 운명에 처하게 되는 겁니다.

임강왕으로 격하된 다음 다시 2년이 지났을 때였습니다. 경제 중원 2년(기원전 148년)이지요. 원칙대로라면 그는 모든 작위를 스스로 박탈하고 죄를 청해야 했습니다. 하지만 유영은 이미 가장 존엄한 태자의 자리를 잃었습니다. 목숨을 내놓는 게 아니면 무엇으로 속죄할 수 있겠습니까? 그렇다면 '딴짓하기에 관한 한 천하의 고수'인 그의 아버지 경제는 아들의 생명이 경각에 달린 순간에 어떤 태도를 보였을까요?

폐태자 유영이 저지른 잘못은 다른 게 아니었습니다. 바로 유제(逾制, 황제를 비롯한 왕, 제후 등에게 복식과 예의 등과 관련해 제한을 엄격하게 규정해준 제도. 이를 넘으면 유제의 죄를 범하게 됨)를 범한 죄였습니다. 우리는 이미 앞에서 경제의 동생 양효왕 역시 유제의 죄를 저질렀다는 사실을 살펴본 바 있습니다. 경제는 이로 인해 엄청나게 화를 내기도 했고요. 그렇다면 폐태자 유영은 어떻게 유제의 죄를 저질렀을까요?

원래 그는 임강왕으로 격하된 다음 자신의 궁전을 조묘(祖廟, 조상을 제사하는 사당)의 땅까지 확장했습니다. 조묘는 조상에게 제사를 지내는 곳으로 조심스럽게 다루지 않으면 여간 골치가 아프지 않았지요. 한나라 때에는 각 제후국과 각 군의 수도에 두 가지 조묘가 있었습니다. 하나는 고조 유방, 다른 하나는 문제의 사당이었습니다. 이들은 하나같이 주위를 낮은 담장으로 두른 것이 특징이었지요. 유영은 유제의 죄를 저질렀을 때 조묘의 내원까지 침범하지는 않았습니다. 그저 조묘에 속하는 외부 담장의 땅 일부를 침범했을 뿐입니다. 그러나 이 때문에 그는 치밀하게 준비한 후에 "머리를 써서 고압선을 밟았다"라는 말을 듣게 되었습니다. "아무리 교활한 여우라 해도 뛰어난 사냥꾼에게는 적수가 되지 못한다!"라는 말도 있습니다. 그의 행동을 비난하고 처분을 내려야 한다는 주장이 바로 황제에게까지 올라갔습니다.

경제는 지체하지 않고 그를 장안으로 불러들이라고 명했습니다. 일설에 의하면 유영이 장안으로 들어가려던 날, 그는 타고 가던 수레바퀴가 부서지는 사고를 당했습니다. 이 소식은 임강국의 거의 모든 백성에게 전해졌습니다. 이번에 가면 돌아오지 못할 것이라는 우려가 팽배해질 수밖에요.

장안에 도착한 다음 유영은 직접 중위부中衛府로 달려갔습니다. 하지만 중위부는 친구의 집이 아닙니다. 중위는 무엇을 담당하는 관리였을까요? 수도의 사회 치안을 담당하는 기관의 수장이었습니다. 오늘날에 견주면 베이징공안국 국장쯤 될 테죠. 그래도 유영은 마음속에 '조정에는 내가 아는 사람이 있다'라는 생각을 했던 것 같습니다. 요행을 바라는 마음이 분명히 있었지요. 그것도 그냥 아는 사람이 아니라 자신의 친아버지인 현 황제가 바로 그 사람이었으니까요.

그러나 누가 알았겠습니까. 중위는 얼굴과 목소리를 조금도 바꾸지 않았습니다. 얼굴에 완전히 철판을 깔고, 아예 유영을 깡그리 무시했습니다. 이 중위는 바로 『사기』의 「혹리열전酷吏列傳」에 나오는 혹리인 질도郅都라는 사람입니다. 유영은 폐태자가 된 이후 위상이 추락할 대로 추락해 있었습니다. 그런 상황에서 감옥에 갇히자마자 질도의 싸늘한 대우에 직면했으니 그의 심정이 어땠는지는 충분히 짐작할 수 있습니다. 수치심과 분노가 교차했지요.

두 사람은 먹과 붓을 주는 문제에 대해서도 한참 실랑이를 벌였습니다. 태자는 계속 그걸 요구했습니다. 아버지인 황제에게 편지를 써서 상황을 설명하고 사죄하고 싶었던 겁니다. 하지만 질도는 시종일관 강경했습니다. 절대로 주지 않겠다는 입장을 고수했으니 정말 예상치도 못한 일이었지요. 질도의 당시 심정은 아마 다음과 같은 것이 아니었을까요?

'누가 호랑이의 엉덩이를 건드리면 안 된다고 했는가? 나는 오늘 기어코 만지고 말겠다! 하물며 너는 이제 이빨 빠진 호랑이가 아닌가?'

그렇다면 누가 이 어려운 문제를 해결했을까요? 우리가 앞에서 언급한 바 있는 두태후의 조카 두영입니다. 그는 유영의 태자 시절 때 스승인 태부太傅를 맡은 적이 있거든요. 사제지간의 정을 잊지 못해 은밀히 도필(刀筆, 종이가 발명되기 전에 대나무에 글을 새기는 용도로 썼던 칼)을 보내지 않았나 싶습니다. 유영은 예전 스승이 보낸 필기구를 들고 부황에게 편지를 썼습니다. 그러고는 바로 자살하고 맙니다.

일개 중위가 결과적으로 황제의 큰아들을 핍박해 죽음에 이르게 했습니다. 이 일은 바로 외부로 퍼져나갔습니다. 조야가 진동하는 것은 너무나 당연한 일이었습니다. 유영의 유제는 분명 잘못이었습니다만 죽어야 할 정도의 죄는 아니었습니다.

유영이 범법을 자행하지 않았거나 자살하지 않았다면 어땠을까요? 그래도 나중에 피살됐을까요? 이 문제는 두 가지 방향으로 나누어 살펴보겠습니다.

기괴한 살인사건

유영의 운명에 대해 각론으로 들어가 살펴보겠습니다.

그는 왜 자살해야 했을까요? 우리는 감옥 속에서의 그의 처지를 요약 해볼 수 있습니다. 그는 의지할 곳 없이 외로웠습니다. 당시 겨우 열 몇 살밖에 안 된 어린아이였으니까요. 게다가 태자 자리에서 방금 퇴출되었 습니다. 감옥에도 들어갔습니다. 그런 절망적인 상황에서 무엇이 필요했 을까요? 아버지와 어머니 아니겠습니까. 그러나 어머니 율희는 이미 울 분을 가득 품은 채 세상을 떠났고, 조정에 있던 어머니의 친정 사람들도 모두 죽임을 당했습니다. 그런 어려운 상황이었던 탓에 그에게는 아버지 에게 편지를 쓰는 것 말고는 다른 대안이 없었습니다.

그러나 그의 하찮은 요구는 거부되었습니다. 한때는 수만 명이 우러러 보던 대한제국의 태자가 이제는 붓 하나 구하지 못하는 신세가 된 겁니 다. 어릴 때부터 오냐오냐 하고 받들어지면서 자란 그였지만, 감옥 안에 서는 하늘도 땅도 그를 돌아보지 않았습니다. 고립무원과 공포만이 그를 붙들고 있을 뿐입니다. 유영은 그걸 받아들이기가 어려웠을 것이며, 그 결과 막다른 골목으로 걸어 들어가고 맙니다.

누가 사건의 주모자였을까요? 유영은 자살했습니다. 우연한 일이기는 했으나 그의 죽음은 각 방면의 적지 않은 반향을 불러일으켰습니다. 결론 은 역시 이상하다는 것이었습니다.

가장 강력한 반응은 그의 할머니 두태후가 보여줍니다. 그녀는 큰손자 가 자살했다는 소식을 듣자 바로 대로했습니다. 이어 자살을 방조한 일등 공신 질도를 처형하라고 요구했습니다. 앞에서도 말한 바 있듯이, 두태후 는 대단한 권력을 가진 여자입니다. 또 '탐, 패, 준'이라는 글자로 대표되 는 인물이라는 결론도 내렸지요. 다 틀린 말은 아닙니다. 그러나 그녀의 그런 인성의 약점은 모두 자연스러운 모성본능에서 비롯된 겁니다.

솔직히 어머니로서 자식들에 대한 생각은 일반 다른 사람들의 가치판 단과는 다를 수밖에 없지 않겠습니까? 또 그런 내용에서 보듯 그녀들이 돈 많고 권력 많은 사람을 좋아하는 것은 당연합니다. 물론 그녀들은 가끔씩은 가장 안쓰러운 아이를 지극히 사랑하기도 합니다. 두태후는 여후가 아니었습니다. 우리는 이 사람을 이해해야 합니다. 우선 그녀를 한 사람의 어머니로 봐야 합니다. 그 다음에야 절대 권력을 가진 여자로 볼 수 있습니다. 옛말에 "어린 아들과 장손은 마음속에 언제나 간직하는 사랑하는 사람"이라고 했습니다. 이 말처럼 대를 뛰어넘는 인류의 사랑 중에서 가장 두드러지는 것이 바로 할머니와 장손의 사랑입니다.

바로 이 장손이 태자 자리에서 쫓겨났습니다. 이어서 작은 잘못으로 핍박을 받아 자살에까지 이르고 말았습니다! 두태후로서는 질도를 즉각 사형에 처하라고 요구하는 게 당연하지 않겠습니까. 그녀는 이 일에 대해서만큼은 질도가 얼마나 책임이 있는지 알아볼 생각조차 하지 않았습니다.

두 번째로 충격을 받은 사람은 누구였을까요? 상식적으로 생각해볼 때 인생 일대에 가장 슬픈 일에는 어떤 것이 있을까요? 바로 백발의 아버지가 검은 머리의 아들을 먼저 저세상으로 보내는 것 아닐까요. 더구나 그는 일국의 황제로서 아들의 목숨도 보존해주지 못했습니다. 아버지로서, 한때는 도움을 요청하는 편지였으나 나중에는 절명서絕命書가 돼 버린 편지를 쥔 채 가슴을 쥐어뜯는 슬픔을 보여줘야 하지 않았을까요.

그러나 경제는 슬퍼하지도 놀라지도 않았습니다. 마치 다른 사람의 아들이 죽은 것처럼 행동했습니다. 그의 사후 조치는 더욱 소극적이었습니다. 우선 아들을 죽음에 이르게 한 질도를 마지못해 면직시켰습니다. 이어서 다른 사람을 대신 죽이는 형벌을 내렸습니다. 사실 이 정도로도 충분하다고 하기 어렵습니다. 그런데도 경제는 몇 개월 후 질도의 집에 사람을 보내 큰 선물까지 하사했는데, 선물의 내용인즉 그를 안문군雁門郡의 태수로 임명한 겁니다. 그뿐이 아닙니다. 그에게 특권까지 주었습니다. 태수로 있으면서 마음대로 일을 처리할 수 있는 특권이었습니다. 이 특권은 유사시에 질도가 어떤 사람에게도 보고하지 않고 자기 마음대로 일을 처리하는 것을 의미했습니다. 세상에 이토록 품성 깊고 좋은 아버지가 어디에 또 있겠습니까! 기가 막힐 따름입니다.

이에 대해 원문은 당시의 상황을 어떻게 평가하고 있을까요? 한번 봐야겠습니다.

'경제가 '모두 충신입니다'라고 말했다. 이에 두태후는 '그렇다면 임강왕은 충신이 아니라는 말입니까?'라고 말했다.'

이렇게 나와 있습니다. 어쨌든 나중에 벌어질 일이기는 하나, 두태후는 질도에게 죄를 뒤집어씌워 마침내 그를 죽이고 맙니다.

이처럼 '원수' 질도를 대하는 모자의 반응은 하늘과 땅 차이였습니다. 물론 '질도를 죽여 고기를 먹고 가죽은 깔고 자겠다'는 두태후의 생각이 정상입니다. 반면 경제의 의연한 태도에 사람들은 모두 의아하지 않을 수가 없었습니다. 우리는 그의 생각 속에서 무엇을 찾아낼 수 있을까요?

경제는 절대 남에게 휘둘리는 사람이 아니었습니다. 여러 사람들이 그렇게 하려 했지만 성공하지 못했습니다. 오히려 그보다는 주위의 다른 사람들이 그가 짜놓은 바둑판의 바둑알이 아닌가 싶습니다. 그렇다면 그토록 주도면밀한 그가 혹리 질도에게 태자 유영을 심문하게 한 것은 어떤 까닭일까요?

우리는 결론을 내기에 앞서 『사기』 중 「혹리열전」 기록을 볼 필요가 있습니다. 그가 어떤 사람인지 기록을 통해 분명하게 느낄 수 있습니다.

질도는 원래 경제의 측근 시종이었는데, 어느 날 경제가 황궁 밖으로 사냥을 나갔을 때였습니다. 경제를 따라 나선 측근은 질도 외에도 후궁인 가희賈姬가 더 있었습니다. 사냥을 가는 도중에 소변을 보고 싶었던 그녀는 바로 황제의 사냥터 화장실에 들어갔습니다. 바로 그때 어디에서 나타났는지 모를 큰 멧돼지가 그녀를 따라 들어갔습니다. 경제는 가희와 멧돼지가 차례로 화장실로 들어가자 그만 대경실색을 하고 말았습니다.

경제는 진짜 야박한 사람이었습니다. 그런 사람이 어떻게 갑자기 사람이 귀한 줄 알았을까요? 주지하다시피 경제는 아들 열넷이 있었고 가희는 그중 셋을 낳았습니다. 아들을 낳은 숫자로만 따지면 왕미인의 동생왕아후에 이어 두 번째입니다. 사실 후궁이 아들이 없으면 총애를 받기어렵습니다. 반면 아들이 있으면 총애를 받는 것이 그다지 어렵지 않습니다. 이런 관점에서 보면 가희가 차지하는 경제 마음속의 위치는 결코 간단한 것이 아닙니다.

다시 본론으로 돌아갑시다. 경제는 급한 나머지 질도에게 눈짓을 보냈습니다. 빨리 화장실로 들어가 가희를 구하라고요. 그러나 질도는 꼼짝도하지 않았습니다. 화장실도 쳐다보지 않았습니다. 경제는 더 이상 참지못하고 검을 빼어들고 안으로 들어가려 했습니다. 그때 질도는 황급히 경제를 막아선 다음 '꽉' 소리와 함께 땅에 꿇어 엎드렸습니다. 이어서 다음과 같이 말했습니다.

"황상, 황상께서는 자신의 생명을 애석하게 생각하지 않으실 수 있습니다. 그러나 태후와 한나라의 천하는 생각하셔야 합니다! 일개 여자 때문에 이렇게 모험을 해서는 안 됩니다."

질도는 혹리였습니다. 한나라 때의 혹리들에게는 공통점이 있습니다. 오로지 황제 한 사람에게만 충성하는 겁니다. 당연하게도 다른 사람의 생사 여부는 자신과 무관한 일일 뿐이지요. 얼마 후 멧돼지는 화장실에서한바탕 난리를 피운 다음 밖으로 나왔습니다. 이어 얼굴이 누렇게 뜬 가희가 나왔습니다. 이 사냥터에서 벌어진 한바탕 소란은 바로 두태후에게전해졌고, 그녀는 얘기를 듣자마자 말했습니다. "정말 훌륭한 충신이구나! 아들을 구하는 공을 세웠어!"라고 말입니다. 그녀는 말로만 그치지않고 질도에게 큰 상을 내린 다음 파격적인 신뢰도 보였습니다. 이게 바로 사냥터에서 벌어진 사건입니다.

멧돼지 사건이 있은 지 얼마 지나지 않아 제나라 제남군에 한䦷이라는 성을 쓰는 사람이 종족의 세력이 큰 것을 기화로 온갖 악행을 일삼고 있었습니다. 태수도 속수무책이었던 터라 경제는 지체하지 않고 질도를 그곳으로 파견했습니다. 그는 부임하자마자 한이라는 건달 보스를 바로 붙잡아 처형해버렸습니다. 순간 전 제남 땅의 사람들은 소름 끼치는 충격을 받았습니다. 하기야 인근 임성을 비롯한 지역의 태수들도 질도를 보면 말과 행동을 공손하게 하고 고개를 한없이 낮추는 등 자신의 직속상관 대하듯 했으니 충격이 어느 정도였는지 헤아릴 수 있습니다. 이게 바로 질도의 성격을 보여주는 두 번째 사건, 즉 조폭을 일거에 진압한 사건입니다.

세 번째 사건을 언급하면 질도의 성격은 더욱 분명하게 드러납니다. 경제가 태자를 폐하고 율희의 신분까지 격하시켰을 때입니다. 이미 앞서 수차례 언급한 것처럼 그는 이때 조정에 있던 율희의 친정 식구까지 모조리 도륙했습니다. 이때 칼을 휘두른 사형집행인이 바로 질도였습니다.

이 얘기에는 또 숨겨진 우여곡절이 하나 있습니다. 당시 율희의 친정 식구들을 심문하는 책임을 맡았던 중위는 원래 질도가 아니었습니다. 위관(衛綰, 대대나라 대릉 사람으로 중랑장中郞長, 하간왕河間王 태부, 태자태부, 여사대부를 거쳐 3년 동안 승상을 역임함)으로 불리는 사람이었는데, 경제는 그가 착실하지만 박력은 없다는 사실을 알았습니다. 수많은 사람을 도륙하는 일을 책임지기에는 적합하지 않은 사람이었습니다. 경제는 결국 그를 불러 "위 대인은 하루에도 수많은 일을 처리하고 있소. 매우 힘들 거요! 상황이 그러니 짐이 그대에게 몇 개월의 휴가를 주겠소. 그대의 일은 질도가 알아서 할 것이오. 어떻소?"라고 물었습니다. 위관이 휴가를 간 다음에 질도는 바로 맡은 일에 착수했습니다. 율희의 친족을 깡그리 죽여버린 겁니다.

이쯤 되면 우리는 유영이 질도의 수중에 빠진 다음 왜 바로 나락으로 떨어지는 횡액을 당했는지 쉽게 알 수 있지요. 외갓집의 친척들이 모두 이 '마왕'의 손에 살해됐듯 그도 명이 길지 못했던 겁니다.

지금까지 언급한 세 가지 사건으로 미뤄보면 경제가 질도에 대해서만큼은 '그 사람의 됨됨이를 잘 알고 적절하게 이용했다'라는 말을 써도 과하지 않을 것 같습니다. 한마디로 경제는 언제 어느 상황에서 어떻게 그를 부려먹어야 하는지를 너무나 잘 알았던 것입니다.

경제가 정말 유영을 살려줄 마음이 있었다면 방법은 간단했을 겁니다. 그저 질도의 역할을 다른 사람으로 바꾸면 그만이었지요. 그러나 그는 그러지 않았습니다. 자신의 아들을 살리고 싶은 생각이 없었던 것은 아닐까요? 혹시 유영의 죽음의 배후에는 다른 사람들이 알아서는 안 되는 비밀이 있었던 것은 아닐까요?

우리는 일단 두 가지 일을 연결해봅시다. 첫째는 유영이 자살한 이후에 보인 두태후와 경제의 완전히 다른 반응입니다. 한쪽은 비통해 마지않고 다른 한쪽은 무덤덤한 반응을 보였습니다. 다른 하나는 율희의 친정 식구를 도륙해버린 질도를 유영이 범한 유제 사건의 주 재판관으로 임명한 사실입니다. 이 경우 하나의 결론을 이끌어낼 수 있습니다. 유영은 우선 자살을 강요당했습니다. 이와 관련해 경제는 책임을 회피할 수 없습니다. 아니 경제는 심지어 미리부터 그런 예상 시나리오를 준비했는지도 모릅니다. 태자를 폐위시킨 그날부터 이 살인 계획은 이미 의사일정에 포함돼 있었다는 얘기입니다.

막후의 흉수

당연한 말이지만 역사학계에서 이렇게 말하는 사람은 없습니다. 제 개인의 생각일 뿐입니다. 아무튼 제 견해로는 큰아들 유영의 사망 사건에서 경제는 주모자 역할을 했습니다. 이게 바로 '아버지가 아들을 죽인' 사건이 아니고 무엇입니까! 물론 이해되지 않는 부분도 있습니다. 그건 아버지로서, 특히 최고 권력을 지닌 황제가 왜 자신의 아들을 자살로 몰아갔는가 하는 사실입니다. 게다가 그 아들은 이미 태자도 아니었고 다른 사람들에게 위협적인 존재도 아니었습니다. 왜 그토록 잔인하게 죽음으로 몰아넣었을까요?

두 가지 이유 말고는 없을 것 같습니다.

한 가지 이유는, 폐태자가 현재 태자에게 위협이 될지도 모른다는 생각입니다. 중국 역대 왕조에서 폐태자의 최후는 모두 비참했습니다. 태자는 황위의 계승자에 미래의 황제였으니까요. 그런 태자의 주변에 수많은 대신들이 꼬이는 이유는 딱 하나입니다. 바로 미래를 위한 투자입니다. 일단 태자가 등극하게 되면 그를 옹립하는 데 공을 세운 대신은 엄청난 지분을 소유하게 되는 것 아니겠습니까! 또 투자한 데 대한 배당을 되돌려 받을 수 있을 뿐 아니라 높은 자리와 많은 봉록도 따라오게 됩니다.

그러나 그 어떤 투자도 사실은 벤처 투자와 다를 게 없었습니다. 황제 자리에 오르지 못한 채 중간에서 꺾여 폐태자가 된다면 그 중간에서 얽히고 설킨 복잡한 문제들은 새로 등극한 황제나 곧 물러날 황제에게 우환이 될 수밖에 없습니다. 그런 사람들은 자신이 투자한 자본을 만회하려고 수시로 폐태자를 전면에 다시 내세우려 할 가능성이 많으니까요. 그러면 새로운 태자와의 권력투쟁은 불가피해집니다. 정국도 혼란해지겠지요. 이게 바로 유영이 반드시 죽어야만 했던 이유입니다. 폐태자였던 그는 언제든지 황제가 될 가능성이 있었습니다. 새 태자와 정적이 되는 것은 더 말할 나위가 없고요. 한마디로 그의 존재는 잠재적인 우환일 수밖에 없었습니다.

유영은 임강왕으로 격하된 다음 자신의 분수를 알아야 했습니다. 즉

'나는 폐태자이다. 내 어머니는 이미 세상을 떠났고 외갓집 사람들도 모두 죽임을 당했다. 이런 상황에서는 언제나 전전긍긍하고 얇은 얼음 위를 걷듯 조심을 해야 한다'고 생각해야 했습니다. 그러나 그는 그러지 않았습니다. 스스로 총명한 척 얄팍한 꾀를 짜내 궁전을 확장하고 조묘를 침범했습니다. 이게 바로 '막수유(莫須有, 아마도 있었을 것이라는 의미. 송나라 때의 간신 진회秦檜가 악비岳飛를 모함하면서 한 말. 죄를 뒤집어씌운다는 의미로 쓰임)'의 죄를 지은 것이 아니고 뭐겠습니까. 또 위법한 일을 했다는 사실을 적나라하게 드러내는 것이 아니고 뭐겠습니까.

이렇게 보면 유영의 유전자에는 그의 어머니 율희와 같은 치명적 약점이 있습니다. 자신을 분명하게 모른다는 점입니다. 그는 자신이 처한 위험을 전혀 모르고 있었습니다. 과거 그는 '일선'의 태자였습니다. 그러나 이제는 운이 다해 그저 황자, 제후왕일 뿐이었습니다. 물론 '이선'으로 물러나도 특권을 유지하는 것은 가능했겠지요. 그러나 그는 폐태자가 되면 다른 '이선'의 제후왕과는 한참 다르다는 사실을 몰랐습니다. 제후왕이라는 사람들은 기본적으로 태자가 돼 본 적이 없었습니다. 그들은 새로운 태자에게 절대로 위협적인 존재가 될 수 없습니다. 하지만 폐태자는 다릅니다. 그의 존재는 새로운 태자에게는 눈엣가시, 고기 속의 뼈, 바로 그것이었습니다. 빨리 제거해 뒤를 깨끗하게 치우지 못하면 한이 될 수 있었지요. 그런데도 감히 유제의 죄를 범했으니 매를 자청한 게 아니고 뭐겠습니까.

또 하나의 이유는 '폐태자 당'을 아예 격멸시키고자 하는 의지가 아닌가 합니다. 이것과 관련해서는 참고할 만한 사례를 들어보겠습니다. 주인공은 개국 군주 유방입니다. 황제가 된 그에게는 유난히도 사랑한 후궁과 어린 아들이 있었습니다. 척戚부인과 조왕 유여의였습니다. 그는 이 척부인과 어린 아들을 너무나 사랑한 나머지 자신의 자리를 유여의에게 물려주려고 했습니다. 그럴 경우 자신과 여후와의 사이에서 태어난 아들 혜제 유영劉盈으로부터 태자 지위를 박탈하지 않으면 안 되었습니다. 그는 그렇게 하려고 적지 않게 노력하기도 했으나 소득은 없었습니다. 왜 그랬을까요? 유방이 이때만 해도 민주주의를 부르짖고 모든 중요한 일을 대신들과 상의해 중론을 모으려 했기 때문입니다. 문제는 그때 대신들 대부분이 그의 생각에 반대했다는 사실입니다. 유방은 자신의 생각을 접지 않을 수 없었습니다.

경제는 그의 할아버지와는 완전히 딴판이었습니다. 묘하게도 그는 태자를 폐위시키는 데 있어서만큼은 모든 힘을 경주했습니다. 대단한 기세였지요. 대부분 신하들이 거의 손쓸 수 없을 정도였습니다. 그러나 그 와중에도 강력한 반대에 부딪힌 적도 있습니다. '집안일' 아닌 것 같은 이 '집안일'에 '죽음을 두려워하지 않고' 시비를 건 사람들이 분명 있었습니다. 한 사람은 오초칠국의 난을 평정한 주아부였습니다. 다른 한 사람은 누구일까요? 역시 오초칠국의 난 평정에 적지 않은 공을 세웠던 두영입니다.

이 두 사람은 중신이자 공신이었습니다. 굳이 ABC로 등급을 구분하자면 A+급에 해당하는 인물들이었습니다. 특히 두 사람은 반란을 평정한 공이 있어서 각각 조후條侯와 위기후魏其侯에 봉해지기도 했습니다. 피로 물든 전쟁터를 무시로 드나들었던 이들 황금 콤비는 쉽게 볼 수 있는 사람들이 아니었습니다. 더구나 조정에서 이들은 의기투합해 서로를 아끼고 존경했습니다. 그러니 조정의 대사와 관련한 의사 결정을 할 때 가장 결정적인 이들의 두 표는 항상 같은 투표함으로 향했습니다. 경제가 태자 유영을 폐위시키려는 의견을 냈을 때도 마찬가지였습니다. 이들은 약속이나 한 듯 같은 입장을 유지했습니다. 반대한 거지요. 그러나 반대해도 소용없었습니다. 일단 결정을 내리자 경제의 입장은 흔들림이 없었습니다. 그 누구도 그를 흔들지 못했습니다.

황제가 막무가내로 나오면 원래 신하된 사람들은 어려움을 알고 물러나야 합니다. 그러나 두 사람은 예외여서 오히려 더욱 완강하게 버텼습니다. 주아부는 원래 경제와 관계가 대단히 좋았던 사람입니다. 오초칠국의 반란을 평정하고 양효왕에게 타격을 입힐 때에도 그랬습니다. 두 사람은 매일 밤마다 무릎을 맞대고 전략을 논의했습니다. 하긴 그렇게 의기투합하지 않았으면 어떻게 경제가 자기 속마음을 주아부에게 속속들이 털어놓았겠습니까. 그러나 주아부가 유영을 적극적으로 옹호하기 시작하면서 두 사람의 관계는 금이 가기 시작했습니다.

주아부와 같은 길을 걸은 두영은 원래 태자의 태부, 즉 태자를 가르치는 스승이었습니다. 미래를 보증할 제자를 손에 올려놓고 있었다고 해도 좋습니다. 그런데 그 제자가 작은 새처럼 꽁꽁 묶여 고립무원의 처지에 내몰린 다음 온몸이 갈기갈기 찢길 위기에 내몰렸습니다. 그로서는 마음이 아플 수밖에요. 행위도 파격적이었습니다. 그는 결국 병을 핑계로 조정에도 안 나갔습니다. 이를테면 파업을 한 겁니다.

경제의 입장에서 이 사건을 보세요. 조정의 가장 덕망 있는 양대 권신이 태자를 폐위시키는 문제에 대해 쌍지팡이를 든 채 완전히 반대하고 나섰습니다. 경제가 대응하지 않고 수수방관만 해야 했을까요? 이뿐이 아닙니다. 그들의 평소 스타일, 실력으로 보면 일단 경제가 세상을 떠날 경우 다시 폐태자 유영을 옹립하는 깃발을 들고 나오는 것도 충분히 가능했습니다. 그 경우 새로운 태자 유철이 그들에게 저항할 힘이 있을까요? 더구나 누가 폐태자 유영이 '어육(魚肉, 그다지 대단하지 않다는 의미)'과 진배없다고 말했나요? 조정에서의 막강한 결정권을 지닌 강경한 두 사람이 그를 계속 지지하고 있지 않습니까.

결론적으로 경제는 그 두 사람이 계속 유영을 옹호할수록 더더욱 유영을 가만히 둘 수가 없었습니다. 그들의 태도가 강경할수록 경제의 대처 역시 더욱 민첩하고 악랄할 수밖에 없었습니다. 유제가 바로 그 도화선이었습니다. 나아가 '폐태자 당'과 경제가 침묵으로 보여준 줄다리기는 진정한 화약통이었습니다. 바로 그 때문에 '폐태자 당'을 완전히 분쇄해 다시 폐태자를 옹립하려는 군신들의 꿈을 깨야겠다는 생각이 바로 경제가 유영을 모살한 근본 원인이었습니다.

경제의 '장애물 제거'는 과연 누구를 위한 것이었을까요? 또 무엇을 제거했을까요? 한참 얘기했지만 진정한 수혜자는 아직 등장하지 않았군요. 바로 새 태자 유철입니다. 그가 바로 모든 은원을 만들어낸 근원이었습니다. 경제는 새로운 태자 유철을 위해, 그가 등극할 길을 방해하는 가장 중요한 장애물인 폐태자 유영을 제거하기 위해 유영이 자살하도록 핍박할 수밖에 없었던 겁니다. 그 외의 다른 훌륭한 대책은 없었습니다.

그렇다면 경제는 유독 열째 아들 유철만 사랑했을까요? 아닙니다. 설사 둘째 아들, 셋째 아들이 그 자리에 앉았더라도 그는 그를 위해 장애물을 제거했을 것이 분명합니다. 경제는 아버지였지만, 실은 황제로서의 역할에 더 신경을 썼던 것입니다. 이것이 바로 자신의 보호막을 새로운 태자에게만 주고 폐태자에게 주지 않기로 결정한 원인입니다.

인생을 막바지까지 살다보면 누구라도 경제와 같은 양자택일의 어려운 지경에 처할 수 있습니다. 그러나 누가 또 그처럼 흔쾌하게 냉정한 결정을 내릴 수 있겠습니까.

유영은 이미 자살했습니다. 경제는 평온함을 찾았을까요? 주아부는 경제의 입장에 복종하지 않습니다. 또 두영은 원한을 품고 있습니다. 그들은 앞으로 어떤 행보를 취하게 될까요? 유철이 새로운 태자에서 한무제로 등극하는 데에는 9년이 걸렸습니다. 그는 또 어떤 험난한 급류를 만나게 될까요?

왕위 계승의 발판을 마련하다

태자는 고귀한 신분이었습니다. 그러나 나이가 어렸습니다. 거의 권력이라는 풍파 속에 들어가기 일보직전이었고, 누구 하나 지켜주는 사람도 없었습니다. 자신이 자신을 보호하지 않으면 안 됐지요. 태자에서 무제에 이르기까지 장장 9년(일곱 살에서 열여섯 살까지)간 예비역으로 있는 동안 유철은 풍운의 성장기를 어떻게 헤쳐 나갔을까요? 또 경제는 아들이 평탄하게 권력에 이를 수 있도록 얼마나 피눈물 나는 노력을 했을까요?

경제의 블랙리스트, 주아부

경제의 큰아들 유영은 정말 불행했습니다. 태자로 책봉된 후 4년 만에 태자의 자리에서 쫓겨났고 2년 후에는 다시 자살을 강요당했습니다. 당연히 경제는 이런 비극이 새로운 태자에게 재연되기를 원치 않았습니다. 경제는 도대체 어떤 수단을 동원해 한나라 정권의 평온한 과도기를 보장하려 했을까요?

우선 그는 폐태자 유영을 제거했습니다. 새로운 태자 유철을 위해 권토중래를 노리는 정치적 라이벌을 미리 제거해준 겁니다. 동시에 여러 황자들에게 무서운 경고 메시지를 던졌습니다. 태자 자리를 넘보려는 마음을 아예 원천봉쇄한 것이지요. 그러면 그 다음 행보는 무엇일까요? 도대체 어떤 수단으로 정권의 안정을 도모했을까요?

다음 타깃은 경제를 늘 노심초사하게 만든 주아부가 아니었던가 싶습니다. 오초칠국의 난을 평정한 천하의 공신인 그 주아부 말입니다. 그는 과연 어떤 사람이길래 경제의 블랙리스트에 들어가게 된 걸까요?

주아부는 태위 주발의 아들입니다. 죄를 범해 집안에서 내쫓긴 큰형인 주승周勝을 대신해 아버지의 작위를 이은 사람이지요. 그는 통이 크고 대범하기로 당대에 비할 자가 없었습니다. 그건 그와 문제와의 사이에서 있었던 낭만적인 '세류영(細柳營, 문제 때 주아부의 군영을 의미함)의 만남'을 보면 확실히 알 수 있습니다. 지금까지 전해 내려오는 아름다운 미담이니까요.

때는 문제 후後 6년(기원전 158년)이었습니다. 흉노가 대거 한나라를 침략했습니다. 전황은 장안의 안전까지 위협할 정도로 좋지 않았습니다. 이때 문제는 군대를 세 갈래로 나누어 각각 패상(霸上, 지금의 시안西安 동쪽)과 극문(棘門, 지금의 셴양咸陽 동쪽), 세류(지금의 셴양 서남 웨이허渭河 북쪽) 기슭 일대에 주둔케 했습니다. 장안을 확실하게 지키기 위해서였지요. 어느 날 문제는 군사들을 친히 위로하기 위해 3대 군영을 순시하는 행렬에 올랐습니다. 우선 패상과 극문을 방문했습니다. 그때 각 군영의 사령관은 열렬히 황제를 환영했고, 사병들도 황제의 모습에 환호했습니다. 문제도 군량미가 충실히 갖춰진 군영의 모습과 한껏 고조된 병사들의 사기에 고

무돼 우려를 날릴 수 있었습니다.

마지막으로 황제의 위문단은 주아부의 세류영에 이르렀습니다. 사건은 바로 이곳에서 일어났습니다. 선발대는 군영에 가까이 다가가 전체 모습을 살피려 했습니다. 그러나 그들의 눈앞에 보인 것은 병사들이 하나같이 화살을 활에 올려놓거나 칼을 칼집에서 뽑아 철통같이 수비하는 모습이었습니다. 섬광이 번뜩였다고나 할까요. 당연히 황제의 선발 부대는 군영 안으로의 진입이 허락되지 않았습니다. 문제는 할 수 없이 시종을 파견해 황제가 병사들을 위문하기 위해 친히 왔다는 말을 전했습니다. 그러나 누가 감히 짐작이나 했을까요. 병사들은 여전히 황제에 대해서는 신경조차 쓰지 않았습니다. 그저 차가운 한마디만 던질 뿐이었습니다.

"우리 군영은 오로지 장군의 명령만 듣습니다. 황상의 명령에 대해서는 아무것도 모릅니다!"

말이 끝나자마자 군영의 문은 다시 굳게 닫혔습니다. 황제는 도리 없이 최후의 카드를 썼습니다. 사람을 보내 황제를 상징하는 신물信物인 절신節信을 보여주는 것이었습니다. 이로써 황제가 친히 어가를 몰고 병사들을 위문하러 왔다는 사실은 확실하게 증명이 가능했습니다. 병사들은 장군의 명령에 따라 군영의 문을 활짝 열었습니다. 황제는 비로소 군영 안으로 들어갈 수 있었습니다. 군영 안으로 들어가서도 문제의 수난은 계속되었습니다. 군영의 문을 수비하는 병사들이 황제 일행은 군영 내에서 말을 탄 채 빨리 갈 수 없다고 경고한 겁니다. 문제는 도리 없이 수행원을 데리고 말고삐를 잡은 채 천천히 걸어서 앞으로 나아갔습니다.

한 막사에 이르러 황제는 마침내 한 입으로 두 말 하지 않는 것으로 유명한 장군 주아부를 만날 수 있었습니다. 황제의 눈에 비친 그는 이른바 융장(戎裝, 군장을 의미함)을 하고 있었는데, 첫눈에 보기에도 영웅적인 풍모가 넘쳤습니다. 당시의 융장은 오늘날의 방탄복과 거의 유사합니다. 재질이 견고해서 그 자체로도 각종 병장기의 침투를 막을 수 있었습니다. 다른 점이 있다면 당시의 융장은 온몸을 빽빽하게 감쌌다는 정도입니다. 목표를 응시하는 두 눈과 적을 공격하는 두 손을 제외한 다른 부분, 예컨대 머리, 어깨, 겨드랑이, 사지 등을 딱딱한 철갑으로 둘러싸는 것이 보통이었습니다. 때문에 주아부는 황제를 배알하면서도 예의를 갖추지 못하는 점에 대해 변명을 해야 했습니다.

"신은 지금 융장을 하고 있습니다. 꿇어 엎드려 폐하께 예를 차리지 못합니다."

문제는 3대 군영에 대한 사열을 다 마친 다음 기분이 너무 좋아졌습니다. 그러나 궁으로 돌아오는 길에 누군가가 "주아부가 뭐 그렇게 대단한 사람이야? 그렇게 오만방자할 수가 있나!"라면서 불만을 터뜨렸습니다. 하지만 문제의 생각은 달랐습니다. "자네들은 주장군의 고충을 몰라! 그는 진정한 장군이라네. 패상영과 극문영을 세류영과 비교하면 둘은 마치 어린아이가 지키는 집과 같네. 언제든지 함락돼 병사나 백성이 포로가 될 수 있지. 그러나 세류영은 튼튼하기가 그 어느 것과도 비할 데가 없어, 누가 감히 주장군의 군영을 깨부수겠나!"라면서 찬탄을 터뜨렸습니다.

세류영의 만남은 이후 영웅적인 낭만주의 색채가 덧입혀진 문화 코드가 되었습니다. 나아가 세류영은 그 누구도 격파하지 못할 철옹성의 대명사가 되었습니다. 중국 문학사만 펼쳐보아도 세류영을 제목으로 내건 시들이 대단히 많은데, 대표적인 것으로 당나라 때 호증胡曾의 〈세류영〉이 있습니다.

문제가 어가를 몰고 북정北征에 나선 군사들을 위로하니,
조후가 그 땅의 병사들을 정예롭게 훈련해 배치했도다.
군문에서의 장군의 명령을 혹독하게 하지 않았다면,

어떻게 지금 누가 세류영에 대해 알려고 서로 다투겠는가.

때문에 문제가 임종 때에 비밀리에 경제에게 다음과 같이 말한 것은 전혀 이상한 일이 아니었습니다.

"국가가 위급한 사태에 처하면 주아부를 기용하라. 군신이 서로 믿음이 있으면 무슨 일이든지 잘 보이는 법이다."

경제 전원 3년(기원전 154년)에 오초칠국의 난이 일어났습니다. 주아부는 이 반란을 평정하는 데 적지 않은 공을 세웠습니다. 이어 경제 7년(기원전 150년), 주아부의 관직은 승상에까지 이르게 됩니다.

장군은 죽은 뒤에도 영웅으로 남는다

『사기』 중 「강후주발세가絳侯周勃世家」의 기록을 보면 주아부는 풍모가 대단히 고매했습니다. 원칙에 따라 일을 처리하고 모르는 것은 말하지 않았습니다. 하지만 일단 말할 때는 시원스럽게 구사하곤 했습니다. 확실히 얼굴 표정이나 목소리에 자신의 심중을 잘 드러내지 않을 뿐 아니라 음흉하기까지 한 경제와는 아주 많이 비교되었습니다. 두 사람의 교류는 늘 장애가 있을 수밖에 없었습니다. 요즘 말로 하면 소통에 문제가 있었던 것이지요. 과연 주아부는 경제 시대의 3대 중요인사 안건에 대한 황명을 열심히 저지하려 했습니다. 불협화음이 이제 너무나 명백하게 드러났습니다.

주아부는 왜 앞뒤 돌아보지도 않고 반대 정견을 가진 까칠한 대신을 자처했을까요? 또 경제는 이런 민감한 군신관계를 어떻게 처리했을까요? 주아부가 사사건건 반대한 세 가지 인사 안건을 하나씩 살펴봅시다.

우선 그는 태자를 폐하고 새 태자를 책봉하려는 경제의 행보를 적극 저지합니다. 그렇게 한 동기는 아주 단순했습니다. 태자를 폐하고 새로운 태자를 세우기 위한 기본 원칙을 지키고 싶어서 그랬던 거지요. 실제 그의 입장에서 보면 태자는 아무 잘못이 없는 사람으로, 황위를 충분히 계승할 수 있었습니다. 그런데도 폐태자로 논의되었습니다. 물론 주아부는 두영도 아니었고, 태자 유영의 선생이 됐던 적도 없습니다. 평생을 전쟁터에서 살아 시시비비의 소용돌이에 말려들어갈 사람도 아니었습니다. 당연히 유영과의 개인적인 친교는 더더욱 없었습니다. 그는 사안을 볼 때 사건 자체의 득실에 주목했습니다. 배후의 인간과 인간과의 미묘한 관계에 대해서는 전혀 개의치 않았어요. 자질구레하고 복잡한 일들에 대해서는 기본적인 생각조차 하지 않았습니다.

주아부가 오초칠국의 난을 평정할 당시에 대해 말할 때 저는 여러분께 중요한 얘기를 했습니다. 그가 나라만 돌아볼 뿐 개인의 안위는 돌아보지 않는다고요. 어쨌거나 경제 7년(기원전 150년), 경제는 폐태자를 공식화하기 위해 '나라만 돌아볼 뿐 개인의 안위는 돌아보지 않는' 주아부에게 드디어 불을 붙입니다. 이와 관련한 원문을 보면 더욱 이해가 쉽습니다.

'주아부는 승상으로 자리를 옮겼다. 경제는 중용을 지켰다. 경제가 태자를 폐하려고 했을 때 주아부는 절대로 안 된다고 완강하게 반대했다. 경제는 이때부터 그를 멀리했다.'

그는 왕신을 후로 봉하는 것도 적극 말립니다. 왕신은 새로운 황후이자 새 태자 유철의 어머니 왕지의 오빠였습니다. 유철의 외삼촌이었지요. 왕지는 '며느리'의 도를 너무나도 잘 아는 여자였습니다. 그래서 흔들리지 않고 큰고모 전략을 계속 썼습니다. 결국 그녀는 '아이들의 혼약'을 통해 큰고모 장공주를 완전히 자기 사람으로 만들었습니다. 게다가 시어머니 두태후 앞에서는 귀여운 며느리의 모습을 적극적으로 보여주었습니다.

시어머니로서는 알아서 기는 며느리가 좋지 않을 까닭이 없지요. 두태후가 자신이 먼저 황후 왕지의 오빠 왕신을 후로 봉하자고 제의한 것도 바로 그 때문이 아닌가 싶습니다.

주아부는 이때 다시 한 번 벌떡 일어났습니다. 나는 반대한다, 라고 말한 겁니다. 왜 반대한다고 했을까요? 유방이 백마를 죽인 다음 피를 마시면서 맹세한 일 때문입니다. 원문을 보지요.

"선제께서는 '지금부터 유씨가 아니면 왕이 될 수 없다. 또 공이 없으면 후가될 수 없다. 이 약속을 어기면 천하가 함께 공격을 할 것이다'라고 말했습니다. 지금 왕신은 아무 공도 없습니다. 그런데도 황제께서는 후로 봉하려 하고 있습니다. 이는 약속을 어기는 겁니다." 경제는 주아부의 말에 아무런 반응도 하지못했다.

그렇습니다. 주아부는 황후의 오빠인 왕신이 아무 공도 세우지 못했으므로 후에 봉해져서는 안 된다는 원칙론을 견지했습니다. 그리고 경제는 아무 반응도 보이지 못했습니다. 우리는 경제가 대단한 포커페이스이자 음흉한 술수에 능한 황제라는 사실을 잘 압니다. 따라서 처남을 후로 봉하는 이 문제가 그에게 부담으로 작용했을 개연성은 대단히 높습니다. 그러나 그로서는 어머니인 두태후의 뜻을 어긴다는 것도 쉬운 일은 아닙니다. 나아가 그는 조정에서 회의를 열면 누군가가 자연스럽게 나서서 처남의 부끄러운 이름을 입에 올릴 것이라는 사실도 너무나 잘 알았습니다.

아니나 다를까, 주아부는 너무나도 위풍당당하게 그 사안을 입에 올렸습니다. 아마 기억하실 겁니다. 원앙이 양효왕을 후로 봉하려 계획했던 두태후를 어떻게 설득했나요? 옛날 얘기와 원칙을 동원해 그녀의 가장 아픈 부분을 건드렸습니다. 무인 주아부의 행동은 그 당시와는 비교가 되지 않았습니다. 그는 단도직입적으로 공격했습니다. 어조가 딱딱하고 싸늘하기까지 했지요. 경제는 도리 없이 두태후의 제안을 거절했습니다. 그는 이미 주아부의 원칙성을 높이 평가해 이용한 바 있지만, 시간이 지나면서 점차 주아부의 생경한 태도에 불만을 가질 수밖에 없었지요.

주아부는 흉노의 항장降將을 후로 봉하려는 경제의 시도 또한 저지합니다. 경제 때에 나라를 떠들썩하게 만드는 대사건이 하나 터집니다. 흉노의 다섯 장군이 한나라에 투항한 겁니다. 그 일은 한나라 입장에서는 체면을 꽤 세울 수 있는 일이었습니다. 경제도 무척 득의만만해 했지요. 그는 내친김에 항장들을 받아들이는 한나라 군주의 대범함을 보여주기 위해 다섯 사람을 후로 봉하기로 결정했습니다.

주아부는 이때에도 시비를 겁니다. 나는 반대합니다! 다시 이 말을 아무렇지도 않게 했습니다. 그로서는 세 번째로 반대 입장을 밝힌 셈이지요. 경제와 주아부 두 사람은 이번만큼은 극단으로 치달았습니다. 경제는 강력하게 봉하려 했고 주아부는 같은 강도로 반대했습니다. 솔직히 우리가 지금 볼 때도 이 일은 누가 잘했고 누가 잘못했다고 말하기가 어렵습니다. 경제의 입장에서 보면 이 분위기 조성은 결코 허풍만 떨기 위한 것이 아닙니다. 전략적인 고려도 있었습니다. 당시 흉노 장군들 중에서 투항해오는 이들은 굉장히 적었거든요. 그런데 갑자기 서로徐盧를 비롯한 다섯 사람이 한꺼번에 투항한 겁니다. 그들을 후로 봉하면 더 많은 장군들의 투항을 유도할 수 있는 분위기가 형성될 가능성이 높았습니다. 그래서 흉노 장군들을 후로 봉하려는 경제의 생각은 나름대로 합리적이었습니다.

그렇다면 주아부가 흉노 장군들을 후로 봉하는 것을 저지하려던 이유는 무엇일까요? 주아부가 한 말을 들어보지요.

"그들 다섯 사람은 원래 흉노의 장군이었습니다. 지금 우리 한 조정에 투항했으니 흉노 선우에게는 배신자일 뿐입니다. 그런데도 그런 배신한 신하들을 우리 한나라가 무슨 보물처럼 생각하면 어떻게 되겠습니까? 그건 모든 사람들을 변절케 만들어 한간(漢奸, 한나라를 배반하는 역적)이 되도록 독려하는 것과 뭐가 다르겠습니까?"

보십시오. 주아부의 반대도 이유가 있었습니다. 그는 도덕적인 입장에서 판단했습니다. 이에 대한 경제의 반응은 어땠을까요? 원문은 다음과 같이 적고 있습니다.

'경제는 승상의 생각은 더 이상 받아들이지 않겠다고 말했다. 이어 서로 등을 열후列侯로 봉했다. 주아부는 이로 인해 병을 핑계 삼아 조정에 나가지 않았다. 경제 중中 3년에 그의 승상 직위는 면직되었다.'

물은 위에서 아래로 흐르는 법입니다. 마지막 결정권은 물론 경제의 손에 있었습니다. 결국 경제는 흉노 장군들을 후로 봉했고, 주아부는 자신의 생각대로 파업에 나섰습니다. 그것도 병을 핑계로 장기전에 대비했습니다. 그의 반발에 경제 역시 성질이 났습니다.

"좋아, 병을 핑계로 파업을 한다고. 내 허락하지! 당신 나머지 인생은 그대로 쭉 쉬어야 할 거야!"

결국 그의 말 한마디에 주아부의 승상 자리는 바로 날아갔습니다. 바로 이런 과정을 거쳐 일세를 풍미한 명장이자 경제의 최대 공신인 주아부는 꼼짝없이 집에서 장기간 소일해야 하는 병자가 되었습니다.

그러나 그는 두 시기의 조정에서 일한 원로입니다. 그의 조정에 대한 정치적 영향력과 능력은 결코 과소평가할 수 없었지요. 더구나 충언은 귀에 거슬리기 마련입니다. 그래서 경제는 다시 한 번 그에게 재기할 기회를 주려고 기회를 엿보았습니다. 주아부는 경제의 호의를 어떻게 받아들였을까요?

어느 날입니다. 경제는 주아부를 식사에 초대합니다. 주아부는 기쁜 마음으로 주연酒宴을 찾아갔지요. 그는 자리에 앉자마자 상을 쳐다보았는데, 그곳에는 큰 고깃덩어리가 덩그러니 하나 놓여 있었습니다. 네모반듯하게 평평한 모양의 고깃덩어리로, 얼핏 보면 서양식 스테이크처럼 보였습니다. 하긴 덩어리째 고기를 먹고 큰 사발로 술을 마셔야 천하대장부 아니겠습니까! 그러나 그 '스테이크'는 잘라져 있지 않았습니다. 게다가 아무런 식사 도구도 보이지 않았습니다. 첫눈에 딱 보아도 먹을 방법이 없었습니다. 주아부는 초조해졌습니다. '이건 나를 놀리려고 그러는 것이 아닌가?' 하는 생각이 들었던 거지요. 초조해진 그는 주연을 책임진 관리인 상석尙席에게 "식사 도구를 좀 가져다주게"라고 부탁했습니다.

경제는 그 말에 은근히 부아가 났습니다. 그래서 한마디를 던졌습니다. "그대는 아직도 만족할 줄을 모르오?"

그 말뜻은 분명했습니다. '당신은 큰 잘못을 범했어. 사람을 짜증나게 만드는 고집쟁이 영감 같으니. 나는 당신을 초청해서 이렇게 큰 고깃덩어리를 주었는데 아직도 만족할 줄을 모르는가?' 하는 뜻이었지요. 주아부도 속으로 '이 고기는 그저 보기만 하는 거구나. 먹을 수가 없구나!' 하고 생각했습니다. 게다가 그는 경제가 단단히 화가 난 모습도 보았습니다.

그는 변명할 생각조차 못한 채 황망히 일어나 모자를 벗고 죄를 청했지만 경제는 그를 쳐다보지도 않았습니다. 그도 기분 나쁜 기색을 굳이 숨기지 않고 일어났습니다. 그가 경제의 앞을 지나갈 때였습니다. 경제는 뒤에서 그의 뒷모습을 가리키면서 "저 사람은 결코 앞으로 젊은 군주를 모실 사람이 아니야!"라며 크게 비난했습니다.

이 결론은 대단히 무서운 말입니다. 주아부의 상황이 난신적자亂臣賊子라는 말과 하나 다를 바가 없으니까요. 행간을 읽으면 자신의 가슴과 조정에 깊이 박힌 주아부라는 가시를 빼내겠다는 경제의 의지를 보여줍니다.

잠시 뒤로 돌아가 경제가 시나리오를 쓴 이 '스테이크의 미스터리'에 대해 한번 해석해볼 필요가 있습니다.

경제가 그를 초청해 고깃덩어리를 상에 올려준 다음 잘라주지도 않고 식사 도구도 주지 않은 것은 무슨 의도였을까요? 전형적인 독불장군인 주아부가 그 오묘한 뜻을 알아챌 수 있었을까요? 원래 경제는 주아부에게 자신의 도움이 없으면 아무리 좋은 고기가 그의 입가에 와도 먹을 수 없다는 사실을 암시하려 했던 것 같습니다. 다시 말해 경제는 고깃덩어리를 먹는 문제를 통해 그가 세운 공이 누구 때문에 세운 것인데 그렇게 오만하게 구느냐는 말을 하려던 게 아니었을까요? 더 직설적으로 말하면 내가 없으면 네가 어떻게 공을 세웠겠느냐는 얘기겠지요.

결론을 내봅시다. 너의 승상 자리는 황제인 내가 준 것이다, 너의 대군도 황제인 내가 파견한 것이고, 네가 피를 뿌리며 전쟁에서 싸워 이겼고 가는 곳마다 위력을 발휘한 것 또한 황제인 나의 권위에서 비롯된 것이라고 경제는 말하고 싶었던 겁니다.

때문에 주아부는 이때 주연 자리에서 바로 일어나 황제에게 사죄한 다음 '신은 무능합니다. 반면 황상은 뛰어난 혜안을 가지고 계십니다. 신이 졌습니다!'라고 말해야 했습니다. 아마 이렇게 했다면 경제는 그를 용서했을지도 모릅니다. 그러나 주아부는 적을 무수히 격파했을지는 모르나 사람의 마음을 읽는 데는 서툴렀습니다. 특히 그 속의 오묘함을 끄집어내 갈무리하는 능력은 더욱 부족했지요. 그의 야성은 길들여지지 않는 매력을 보여주긴 하지만, 그가 황제의 환심을 사는 것은 원천적으로 불가능했습니다.

고금의 역사를 한번 봅시다. 어느 시대에나 세상사는 잘 아는데 사람에 대해서는 잘 모르는 인간이 있습니다. 주아부가 그런 인간이었습니다. 솔직히 그가 전투할 때의 머리를 조금만 사용해서 경제를 이해하려 했더라면 그렇게 엄청난 피해는 입지 않았을 겁니다. 그러나 세상은 그렇게 단순하지 않습니다. 반대로 하는 사람들이 더 잘나가는 경우가 많으니까요. 그들은 평생 자기가 생각했던 일은 이루지 못할 수도 있습니다. 하지만 뛰어난 처세술과 화술을 이용해 관직의 길에서는 순풍에 돛 단 배처럼 순항하는 경우도 많습니다.

경제는 행동으로 보여주기만 했을 뿐 말을 하지는 않았습니다. 주아부도 세상사에는 밝았지만 사람에 대해서는 잘 몰랐습니다. 결국 두 군신 사이에서는 '스테이크의 미스터리'라는 치명적인 오해가 생길 수밖에 없었습니다.

이때 주아부의 아들은 죽음의 시간이 거의 눈앞에 닥쳤다는 사실을 감지하고 관계 요로에 줄을 댑니다. 또 평소의 인맥을 활용하기 시작합니다. 갑옷과 방패 각각 500개를 사들이기 위해서였습니다. 그건 다른 용도가 아니었습니다. 아버지가 여생을 잘 마친 다음 훗날의 순장에 꼭 필요한 부장품이었습니다.

한나라 때에는 개인적으로 갑옷이나 방패를 사들이는 것은 불법이었습니다. 그런데 그게 국가의 창고에 해당하는 상방尙方을 직접 통한다면 어떻게 되겠습니까? 주아부의 아들은 아버지에 대한 관심이나 보살핌이 극진했습니다. 하지만 아래에서 일하는 사람들에게는 가혹했지요. 원래 갑옷과 방패는 워낙 무거운 물건이라 운반하는 데 적지 않은 시간이 듭니다. 더구나 그는 노임도 넉넉하게 주지 않아 급기야 일꾼들이 이 사실을 조정에 고발하고 말았습니다. 주아부의 아들이 무기를 사들여 모반을 도모한다고 말이지요. 그건 진짜 대역죄에 해당하는 죄였습니다.

사건은 초스피드로 경제에게까지 보고되었는데, 사건의 주인공이 다름 아닌 주아부의 아들이었던 것입니다. 그러니 당연하게도 다시 주아부가 연루될 수밖에 없었고, 즉각 조사를 하라는 황제의 지시가 떨어졌습니다. 지시가 전달된 곳은 정위부(廷尉府, 구경九卿의 하나로 전국의 형사 사건을 전담하는 기관. 오늘날의 법무부에 해당)였습니다. 정위부의 문서관은 황제의 지시를 적은 문서와 법률 조문을 들고 주아부의 집으로 달려가 일일이 심문했습니다. 주아부는 이때 어떻게 했을까요? 그는 잘 변명해서 관대한 처분을 받아야 했을 텐데도 절대로 그러지 않았습니다. 그는 한 마디도 대답하지 않았습니다.

문서관은 완전히 한 방 먹은 듯했습니다. 무안하기도 한 그는 즉각 황제에게 보고를 올렸습니다. 경제의 반응은 "나는 더 이상 그의 변명을 들을 필요가 없다"고 말한 원문을 보면 잘 알 수 있습니다. 그건 그가 심하게 화를 냈다는 『사기』의 유일한 기록이기도 했습니다. 결국 그것은 "시원스럽게 자백을 하지 않으니 지옥으로나 가라!"는 욕과 다를 바 없었습니다.

경제는 다시 주아부에게 정위부에서 심문을 받으라고 명했습니다. 이때 정위부의 관리가 주아부를 준열하게 꾸짖었습니다.

"조후께서는 반란을 일으키려고 하지 않았습니까?"

주아부가 바로 맞받아쳤습니다.

"내가 구입을 한 것은 다 순장에 쓸 물건들뿐이었소. 어떻게 반란을 일으키려 했다는 말을 하시오?"

"조후께서 설사 땅 위에서 반란을 일으키려 하지 않았더라도 지하에서 반란을 일으키려 생각한 것이 아닙니까?"

주아부는 더욱 이치에 맞게 열심히 변명했습니다. 그러나 그럴수록 정위부의 관리는 그에게 심한 모욕을 가했고, 결국 천하의 명장인 주아부는 감옥에 갇히고 말았습니다. 이어 닷새 동안 단식한 다음 피를 토하고 세상을 떠났습니다.

경제는 나중에 황제로 등극할 어린 태자를 위해 중신인 주아부에게 자살을 강요했습니다. 물론 주아부는 태자 유철에게 위협적인 인물이 될 가능성이 전혀 없었고, 더구나 그는 경제가 추진하려던 세 가지 일을 저지함으로써 신하로서의 도리를 다 보여주었습니다. 설사 자리에 앉아 있어도 결코 태자에게 위협이 될 수가 없었습니다. 그뿐이 아닙니다. 그는 경제 치세 말기에는 이미 집에서 한가하게 세월을 보내고 있었던 터라 조정의 대사에 간섭할 입장도 아니었습니다. 어찌 보면 그가 죽음을 맞이한 근본적 원인이 독재적인 황권과 이에 맞선 상권(相權, 승상의 권력) 사이의 첨예한 충돌이 아니었나 생각됩니다.

경제는 중국 역사에서는 꽤 괜찮은 황제로 통합니다. 그러나 오초칠국의 난 때는 조조에게 억울한 누명을 씌워 죽인 바 있었고, 난을 평정한 다음에는 다시 주아부를 죽였습니다. 대개 좋은 황제는 국가의 통치에 공헌한 황제를 지칭하거나, 혹은 역사 발전에 공헌한 황제도 좋은 황제라고 부릅니다. 그러나 저는 개인적으로 좋은 황제는 패도에 집착하는 잔인한 독재자일 수도 있다고 봅니다.

한낱 수레를 끄는 기사에서 황태자의 스승으로

경제는 사랑하는 아들 유철이 자신의 집권 기간 동안 태자로서 편안하게 지낸 다음 황제 자리를 계승하도록 만들기 위해 할 수 있는 모든 일은 다 했습니다. 무엇보다도 아들의 나아갈 길을 위해 모든 장애물을 깨끗하게 제거했습니다. 폐태자 유영을 죽음으로 내몰았을 뿐 아니라, 노 승상 주아부까지 제거했습니다.

당연히 뺄셈을 했으면 덧셈을 해야 합니다. 경제는 태자를 잘 이끌고 나갈 후견인을 찾는 데도 신경을 썼습니다. 그가 누구일까요? 그는 어떤 사람이기에 도대체 무슨 방법으로 온갖 의심을 지니고 수많은 대책을 마런하려고 노력하는 경제를 안심시켰을까요? 또 경제가 그 덕분에 편안히 쉴 수 있었을까요? 나아가 경제가 그에게 미래의 황제를 부탁하게 되었을까요?

이 사람에 대해서는 우리가 이미 앞에서 언급한 바 있습니다. 질도에 의해 대체된 착실하기 이를 데 없는 바로 그 사람, 위관입니다. 경제는 그를 유철의 스승인 태자태부로 임명했습니다. 사실 태자의 스승 정도가 되려면 엄청난 독서를 한 지식인이어야 했는데, 그가 과연 그 정도의 인물이었을까요? 또 출신 성분은 어땠을까요? 『사기』에 의하면 그는 어가를 모는 기술이 대단해 문제의 시종이 된 사람이었습니다. 바꿔 말해 운전기사 출신인 것입니다. 굳이 비교하자면 신분이 거의 세 등급이나 건너뛰어 나중에 태자를 가르치는 교육 담당 총책임자가 된 겁니다.

사실 출신 성분은 그다지 중요한 게 아닙니다. 결정적인 것은 아무래도 황제의 맘에 드는가이지요. 우선 독불장군은 몸이 너무 무겁고 다루기가 힘듭니다. 반면 비굴한 '예스맨' 스타일 또한 너무 가볍거나 왠지 불안합니다. 둘을 합친 강약을 겸비한 사람이면 어떨까요? 딱 좋습니다. 가장 쓸모 있는 사람이겠지요.

위관이 바로 그런 사람이었습니다. 무엇보다 과묵해서 사람들이 그의 존재를 잘 알지 못했습니다. 비굴하거나 교만하지도 않아 문제 때에 이미 중용됐던 사람입니다. 당시 태자였던 경제는 그런 그에게 좋은 인상을 받았을 거라 예상되는데, 구체적으로 살펴볼까요.

경제는 태자 시절에 부황인 문제 주변의 일부 관리를 태자부太子府에 불러 모은 적이 있습니다. 성대한 연회를 베풀어주기 위해서였지요. 당연히 초청받은 모든 사람들은 하나도 빠짐없이 제 시간에 연회에 참석했습니다. 그러나 단 한 사람만 병을 핑계로 오지 않았습니다. 이 사람이 바로 위관입니다. 사실 그는 병이 난 게 아니었습니다. 그렇다면 그는 왜 참석하지 않았을까요? 아마 이랬을 겁니다.

"문제 측근의 시종인 내가 태자부로 쏜살같이 달려가 술을 마시면 황제는 틀림없이 '네가 약삭빠르게 미래의 황제와 미리 어울려? 내가 조만간 세상을 떠날 거라고 생각하는 게냐? 내가 이용 가치가 없다고 생각하는 건가? 그러니까 그렇게 부리나케 새롭게 기댈 언덕을 찾은 게 아닌가. 말을 갈아타겠다, 이런 말이 아닌가?' 하고 생각할 거야."

언행을 통해 남의 마음을 헤아리는 탁월한 능력을 가진 위관은 그래서 경제가 주최한 연회에 참석하지 않았던 겁니다.

그렇다면 나중의 상황은 어떻게 됐을까요? 경제는 연회에 참석한 사람들에 대한 인상은 그다지 남아 있지 않았지만 오지 않은 사람은 확실히 기억할 수 있었습니다. 그래서인지는 몰라도 그는 즉위 후 자기 곁에서 이전과 다름없이 시봉에 열심이던 위관을 쳐다보지도 않고 아주 냉담하게 대했습니다. 옛날 일을 기억하고 있다는 표시였지요. 그때 위관은 어떻게 대응했을까요? 그저 옛날처럼 꾸준히 일했습니다. 노고를 마다하지 않았고 경제의 원망에도 싫은 기색을 보이지 않았습니다.

얼마 후 경제는 궁 밖으로 사냥을 나가게 됩니다. 이때 경제는 이전과는 완전히 다른 지극히 온화한 모습을 보입니다. 위관을 자신과 함께 수레에 타도록 배려한 겁니다. 경제는 위관이 자리를 잡자마자 그에게 묻습니다.

"짐이 오늘 그대를 내 수레에 왜 태웠는지 알겠소?"

위관은 이렇게 대답합니다.

"잘 모르겠습니다. 신은 그저 일개 차부車夫에 지나지 않습니다. 황상께서 신을 불러 수레에 앉았을 뿐입니다."

위관의 말에 경제는 딱히 다른 설명을 하지 않고 그저 의미심장하게 웃으면서 "그때 짐은 연회를 열어 부황의 신하들을 초청했소. 대부분 다 왔으나 그대만은 오지 않았더군. 왜 그랬소?"라고 물었습니다.

경제는 지능이 높은 사람이었습니다. 위관이 당시 연회에 참석하지 않은 진정한 이유를 왜 몰랐겠습니까.

"당신은 전 황제에게 충성하고 싶었던 게 아니오? 그렇다면 지금은 나에게 충성하고 싶지 않소?"

그는 그저 완곡하게 물어보고 싶었던 겁니다. 그렇다면 위관은 어떻게 대답했을까요?

"이미 말한 것은 후회해서는 안 되는 법입니다. 용서하십시오, 황상. 신은 그때 정말 몸이 아팠습니다"라고 말했습니다.

경제는 수레에서 내린 다음 그래도 뭔가 미진했는지 "짐이 그대에게 보검 한 자루를 주겠다"고 말했습니다. 위관이 대답했습니다.

"보검은 정말 귀중한 선물입니다. 저는 감히 바라지도 않습니다. 신에게는 선황께서 하사하신 보검도 여섯 자루나 있습니다. 그걸 소신은 감히 쓰지도 않고 집에 걸어놓고 있습니다."

경제는 위관의 말을 믿을 수가 없어서 다시 이렇게 물었습니다.

"경은 그렇게 웃으면서 말하지만 일반인은 검을 가지고 있으면 차고 다니거나 선물로 주곤 하오. 어떻게 집에다 걸어놓는다는 말이오?"

경제는 나중에 정말 의심이 심해져서 사람을 보내 위관의 집을 살펴보았습니다. 과연 위관의 말대로 검 여섯 자루가 찬란한 빛을 뿜어내면서 집에 걸려 있었습니다. 전혀 사용한 흔적이 없었습니다. 경제는 보고를 듣고 위관을 더 중용하게 되었습니다. 그건 위관이 황제가 하사한 물건을 무척 중시했다는 의미니까요.

위관은 자신을 멍청하게 보이도록 위장하는 기술이 뛰어났습니다. 그럼에도 자신의 흉중을 보여주는 데에도 나름의 능력을 보여주었습니다. 그래서 어가를 끄는 기사에서 승상과 맞먹는 지위인 태자태부에까지 오른 거지요. 반면 주아부는 어떨까요. 그는 독불장군이었습니다. 좀처럼 타협이라는 것을 몰랐습니다. 그 때문에 승상에서 굴러 떨어져 귀거래사를 읊조리지 않으면 안 되는 처지가 되었고, 나중에는 감옥에서 비참하게 사망했습니다. 한 사람은 어가를 끄는 기사였습니다. 다른 한 사람은 대군을 지휘하던 대장군이었습니다. 지능지수의 고하를 따지면 누가 높은지 바로 알 수 있습니다. 그렇다면 감성지수 수준은 어땠을까요? 그 또한 분명합니다. 세상사란 것은 바로 이런 겁니다.

경제의 절묘한 장애물 제거 노력으로 인해 태자 유철은 9년 동안에 걸친 과도기를 무사히 넘기고 열여섯 살에 즉위합니다. 천자가 바뀌면 아래의 신하도 모두 바뀌는 법입니다. 소년 천자 유철은 어떻게 격식을 따지지 않고 인재를 등용했을까요? 더불어 새로 임용된 관리들은 어떻게 자신들의 능력을 발휘했을까요?

关于窦婴伪造诏书，从逻辑上看决无可能。

力地粮食充足。

汲黯批评汉武帝对匈

促进了汉朝和西域相互了解。

汲黯

汉武帝看到汲黯的鲠直

汉武帝看到汲黯的鲠直和忠诚。

汉武帝看到了汲黯的原则性。

作为从军近半个世纪的宿将，李广有没有封侯的主观条件？

"独尊儒术"导致文化专制。

政治才干。

王美人想借此

2부

새로운 정치의 시작

关于窦婴伪造诏书，从逻辑上看决无可能。

以儒饰法。

关于不存档，从逻辑上讲，我认为也不

汉匈关系的转折点。

窦婴伪造诏书，

由于栗姬的不理智，反而给王美人的胜出制造了空档。

李广难封，是不是机遇未到？

作战方略的转折点。

智勇神射之才。

她的存在转移了窦太后的注意力。

阻止汉景帝封匈奴降将。

阻止汉景帝封王信为侯。

阻止汉景帝废立太子。

，从逻辑上讲，我认为也不可能。

这是第二个幸运，得子。

迅速明朗化。

阻止汉景帝封匈奴降将。

자신의 능력으로 세상을 구한 동중서

"생활이 빈곤할 때는 아무도 신경을 쓰지 않으나 일거에 이름을 날리면 세상이 다 안다"라는 말이 있습니다. 한나라 때에 바로 이런 유형의 고독한 선비가 출현했습니다. 그의 출현은 한나라 왕조나 2,000여 년 이상에 걸친 중국의 봉건사회에 하나의 분명한 정치 기조를 형성케 하는 기초가 되기도 했습니다. 그가 부르짖은 것은 "제자백가諸子百家를 모두 물리치고 오로지 유교만 숭상한다"는 이른바 유교중심주의였습니다.

　위로는 공자를 잇고 아래로는 주희를 낳게 만든 이정표를 만든 그는 동중서입니다. 그는 무엇으로 세상 사람들을 깜짝 놀라게 만들었을까요? 또 무제는 어떻게 그런 보배를 얻었을까요? 이름을 날리기 시작한 그는 과연 '자신의 능력으로 세상을 두루 구제한다'라는 선비의 꿈을 실현했을까요?

천인삼책天人三策으로 무제를 놀라게 하다

중국의 역사에서 가장 유명한 책벌레는 누가 뭐래도 동중서라는 사람을 거론하지 않으면 안 됩니다. 지독하게 공부에 열중한다는 의미로 쓰이는 이른바 목불규원(目不窺園, 정원을 바라보지도 않는다)이라는 유명한 고사를 남긴 사람이 바로 그이기 때문입니다.

세상의 명예와 이익을 우습게 알고 오로지 학문에 전념하라는 의미를 담은 목불규원이라는 말은 『한서』의 「동중서전」에 처음 나옵니다. 기록에 의하면 그는 경제 때에 이미 '박사'가 된 사람입니다. 그러나 당시의 박사는 현재의 박사와는 다릅니다. 지금의 박사는 학위의 개념으로 쓰이는 반면 당시의 박사는 일종의 관직이었습니다. 더 자세하게 말하면 황제의 학술 고문 정도입니다.

대단한 학자였던 그 동 박사에게는 당시 정원이 딸린 일종의 타운하우스가 있었습니다. 그러나 그는 다른 일은 하지 않고 하루 종일 서재에서 유학만 공부하였습니다. 봄에 온갖 꽃들이 만발해도 절대로 쳐다보지 않았고, 여름에 온갖 짐승과 새들이 노래를 불러도 마찬가지였습니다. 겨울과 여름이 몇 번씩 바뀌어도 크게 달라진 것은 없었습니다. 무려 3년 동안 뒷마당의 정원을 단 한 번도 밟지 않는 고행을 계속했습니다. 이로 인해 그의 주변 사람들은 그에게 "3년 동안이나 정원을 쳐다보지 않은 사람"이라고 칭찬했습니다. 이 말은 나중에 자연스럽게 목불규원이라는 말로 정착되었습니다. 온 열정을 다 기울여 열심히 공부하고 다른 것은 돌아보지 않는다는 의미가 된 겁니다.

무제는 등극하자마자 바로 조정을 새 신하들로 바꿨습니다. 목불규원이라는 고사성어를 만든 선비 동중서는 과연 어떤 전기를 맞이한 걸까요?

무제 건원建元 원년(기원전 140년) 10월은 주지하다시피 그가 즉위한 해입니다. 또 이른바 '해선海選'이라는 정책을 하조(下詔, 조서를 내린다는 의미)한 해이기도 합니다. 해선이란 문턱을 없애 인재를 선발하는 정책입니다. 결론적으로 말해 품성이 어질고 행동이 방정한 인재, 과감하게 직언할 줄 아는 인재를 등용하는 시험이라고 보면 됩니다. 이때 동중서는 1등으로 붙었습니다.

해선은 황제가 질문을 던지고 응시생이 대답하는 형식으로 진행되는 것인데, 이때의 과정을 '대책對策'으로 불렀다고 합니다. 무제는 일반적으로 연달아 세 차례나 질문하는 경우가 많았습니다. 이를 책문策問이라 하는데, 놀랍게도 동중서는 이때 하나도 빼놓지 않고 연달아 대답했습니다. 역사적으로 찬사와 비난이 엇갈리는 「천인삼책」이었지요.

「천인삼책」은 도대체 무엇일까요? 무제는 왜 책벌레인 동중서를 그토록 좋게 봤을까요? 「천인삼책」은 한마디로 말해 하늘과 인간 관계에 대한 세 편의 책문입니다. 원래 '하늘'은 우리 머리 위의 하늘을 가리켰습니다. 아주 대단히 추상적인 개념이었지요. 물론 그건 우리가 바라보는 '하늘', 즉 지구의 대기권이 아니었습니다. 그렇다고 우리가 알고 있는 '하늘', 다시 말해 망망한 대우주도 아니었습니다. 그것은 인력으로는 어쩔 수 없는 자연 관계나 자연 규칙을 의미했고, 그것들 전부의 종합이기도 했습니다. 바로 그 때문에 고대 중국에서는 '하늘'을 항상 '천도天道'라 불렀던 것이지요. 사람의 경우는 바로 너와 나 그리고 그를 뜻했습니다. 사회생활에서의 인간 군상들을 말했다고 보면 됩니다.

영원한 선비, 조정을 평정하다

동 박사는 과연 이런 심오한 이론을 어떻게 팔았을까요? '흥미가 제일 좋은 스승'이라는 말을 우선 상기해봅시다. 열여섯 살에 불과한 황제의 흥분을 촉발하기 위한 최고의 방법은 새로 임용된 관리의 능력이나 실적 등에 대해 거론하는 거라는 얘기입니다. 실제 동중서의「천인삼책」에는 그런 부분이 적지 않습니다.

「천인삼책」의 첫 번째 포인트는 무엇보다도 '새로운 황제가 제도와 의식을 개혁(新王改制)'해야 한다는 주장입니다. 새 조정이 건립되면서 등극하는 황제는 새 황제가 됩니다. 또 제도와 의식을 개혁하는 것이 일반적입니다. 동중서도 그렇게 하고 싶어 했습니다. 특히 제도와 의식의 개혁을 의미하는 이른바 '개제改制'는 외재적인 '의식'에서 시작해야 한다고 보았습니다. 이 의식 개혁은 두 가지를 포함했는데, 첫째가 이른바 '개정삭改正朔'이고, 다음이 '역복색易服色'입니다.「천인삼책」의 원문에는 '개정삭과 역복색은 천명에 따를 뿐이다'라는 기록으로 나타나고 있습니다.

우선 '개정삭'에 대해 살펴보겠습니다. '정正'이라는 단어의 의미는 간단합니다. 정월, 다시 말해 1년의 첫 달을 뜻합니다. 그렇다면 '삭朔'은 뭘 의미할까요? 1월의 첫째 날을 뜻합니다. 그러므로 개정삭은 간단하게 말해서 역법을 개혁하는 것이었습니다.

'역복색'은 뭘까요? '역易' 또한 개혁의 의미를 담고 있고, 또 '복服'은 왕조의 복식뿐 아니라 제사를 지낼 때의 가축 제물, 거마車馬 등을 의미했습니다. 따라서 바로 이것들의 색을 모두 바꿔야 한다는 얘기가 됩니다. 사실 중국은 매 왕조마다 숭상하는 색이 있었습니다. 하夏 왕조는 검은색이었습니다. 또 상商은 백색, 주周는 붉은색입니다. 각 왕조가 숭상하는 색이 이처럼 달랐던 이유는 분명합니다. 새로운 왕조가 수립되고 나면 구 왕조의 색을 모조리 버렸기 때문입니다. 대신 새 왕조의 대신들은 머리를 쥐어짜내 새로운 색을 선택했습니다. 그걸 새 황제는 새 왕조를 상징하는 색으로 결정했습니다.

이 주장은 어떻게 보면 피상적인 수준에서 이해하던 것만 나열한 것이 아니었을까요? 나아가 이 의식들이 무제의 눈을 끌어당길 만한 매력을 갖고 있었던 걸까요? 그랬습니다. 어린 무제는 순간적으로 완전히 혹하고 말았습니다.

바로 이 때문에 이 의식은 이론적으로 새 정권에 합법성을 부여하게 되었습니다. 생각해보세요. 유방은 요즘 말로 하면 백수에 지나지 않습니다. 어떻게 황제가 될 수 있겠습니까. 사실 한나라가 진나라를 대체한 것은 다른 성을 쓰는 왕조가 전 왕조를 뒤집어엎은 중대한 사건입니다. 보통 백성의 눈으로 보면 엄청난 투쟁의 결과가 아니었을까요? "왕후장상王侯將相의 씨가 따로 있는가?"라는 유명한 말은 그래서 나왔는지도 모릅니다. 그렇습니다. 백성은 누구라도 따를 수 있는 것 아니겠습니까? 그렇게 몇 년을 하다 마음에 들지 않으면 그를 내치고 자기가 황제가 될 수도 있는 것이지요. 당신이 진나라의 천하를 빼앗았는데 우리라고 다시 당신들 유씨의 나라를 빼앗지 못하겠는가, 하는 논리인 겁니다.

이런 관점에 관해 동중서는 딱 네 자로 설명했습니다. '순응천명順應天命', 즉 천명에 순응한다는 논리를 편 겁니다. 여기에는 저 깊숙한 곳에 또 어떤 의미가 숨어 있을까요? 바로 군권신수의 이론입니다. 황제의 권력은 신이 내린 것이라는 의미이지요. 이는 다시 말해 새로운 왕조가 과거의 왕조를 대체하는 것은 하늘의 뜻이라는 말이기도 합니다. 그 누군가의 무력이나 계략에 의해 할 수 있는 일이 아니라는 얘기입니다. 이렇게 되면 새 정권은 자연스럽게 합법성을 부여받을 수 있습니다.

동중서가 추진한 일련의 가설과 개념에 대한 역발상을 통해 신성한 빛줄기가 즉각 역대 황제의 머리 위에 들씌워졌습니다. 이를 통해 서한 정권의 합법성은 확실하게 증명되었습니다. 나아가 군주는 '진정으로 하늘의 명을 받은 천자', '하늘의 아들', '거꾸로 매달리는 고통'에서 허덕이는 백성을 구제할 운명의 영웅으로도 그려졌습니다. 여기에서 한 걸음 더 나아가 분석하면 군권신수라는 이론은 사실 양날의 칼이라고 해야 옳습니다. 우선 이 이론은 군권을 확실하게 인정하고 있습니다. 그러나 제한도 하고 있습니다. 이걸 말로 해보면 이 정도가 되겠지요.

'당신은 황제가 될 수 있다. 그건 하늘이 당신에게 준 것이다. 그러나 당신이 진시황처럼 자기 멋대로 굴면 하늘은 당신에게 경고할 것이다. 몇 번 경고한 다음에는 당신을 지지하지 않을 것이다. 그러면 당신은 권리를 박탈당할 것이다.'

동중서는 그 이후의 각종 글이나 저서에서 이 관념을 계속 확대해나가며 자신의 이론을 더욱 세련되게 만들어간 겁니다. 예컨대 부단히 지진과 일식 등의 자연 현상을 이용해 황제에게 경고를 보냈습니다. 일단 그런 현상이 일어나면 문을 걸어 잠그고 자신의 행동이 왜 하늘과 백성으로부터 원성을 듣게 되는지를 반성하게 했습니다. 이것이 바로 선비의 의기로 충만한 동중서가 완곡하게 자신의 정치사상을 표현하는 방법이었습니다. 그는 진실로 자신의 이론이 조정에서 굳건하게 추진되기를 바라 마지않았습니다. 나아가 무도한 군주를 순화시키는 채찍이 되고자 했습니다.

앞서 말했듯 동중서 박사의 「천인삼책」의 첫 번째 포인트는 '신왕개제新王改制'입니다. 그건 서한 왕조의 합법성을 지켜주었습니다. 더불어 젊은 새 황제에게는 신경안정제를 한 알 먹는 효과까지 부여했습니다. 소년 황제로서는 그게 싫을 까닭이 없었지요.

「천인삼책」의 두 번째 포인트는 '대일통大一統'이라는 개념입니다. 이른바 '대일통'은 무슨 특별한 것이 아니라, 그저 천하통일을 극도로 중시하는 개념으로 보면 좋겠습니다. 이 관점은 동중서가 3년 동안 정원을 쳐다보지 않고 『춘추공양전春秋公羊傳』을 공부하면서 확립한 것이라고 할 수 있습니다. 이는 『춘추공양전』에 '대일통이라는 것은 하늘과 땅의 이치이

자 고금의 어떤 시대에도 적합한 도리이다'라는 글귀가 있다는 사실에서 잘 알 수 있습니다. 대일통의 관점은 무제의 정치 이상과 완전히 일치했습니다. 그러나 당당했던 한나라는 경제 때 일어난 오초칠국의 난 때 잠시 화친에 의지해 평화를 구걸하는 형국을 보인 적이 있습니다. 무제에게 그것은 통탄스러운 일이었지요. 목에 걸린 가시가 따로 없었습니다. 따라서 중앙집권, 전 대륙의 통일은 무제 일생의 최대 비원이 되었습니다.

「천인삼책」의 세 번째 포인트는 '태학을 세우고 현명하고 어진 이들을 천거'하는 조치입니다. 어떤 시대든 인재는 항상 부족한 자원이었습니다. 그래서 옛날에는 백락(伯樂, 전국시대 최고의 말 감정가)이 있고, 오늘날에는 헤드헌터가 있는 게 아닐까요. 그렇다면 인재는 어떻게 발굴했을까요? 우연히? 그건 바다에서 바늘 찾기와 마찬가지입니다. 세습? 그러면 반드시 좋은 사람만 있다는 보장이 없습니다. 쭉정이도 있기 마련이지요.

대안은 인재 선발의 제도화, 규범화였습니다. 그것만이 인재를 광범위하게 조달할 수 있는 장기적이고 유효한 방법이었습니다. 동중서는 그걸 '거현량擧賢良'이라는 뛰어난 제도를 통해 실시합니다. '거현량'이라는 것은 앞 사람들의 경험을 뭉뚱그린 다음 한 걸음 더 나가게 한 제도로 서서히 정기적인 인재 선발 제도로 굳어졌습니다. 내용은 크게 복잡하지 않았습니다. 매년 천하의 모든 유생을 대상으로 해선을 실시한 후 폭넓게 인재를 뽑는 겁니다. 원문인 「거현량대책」의 다음 내용을 보면 더욱 분명해집니다.

'신은 우둔하나 다음과 같은 생각이 있습니다. 열후와 군수, 녹봉 연 2,000석 이상을 받는 대신들로 하여금 아래 관리나 일반 서민 중에서 도덕이 고상하거나 능력이 뛰어난 자를 매년 두 명씩 추천하게 합니다. 또 이들을 조정에 머물게 하면서 일을 맡아보게 합니다. 그럼으로써 대신들의 사람을 알아보고 임용하는 능력을 관찰할 수 있습니다.'

옛말에 "물고기를 주는 것보다 물고기 잡는 법을 가르쳐주는 것이 더

낫다"라는 말이 있습니다. 거현량은 의심할 바 없이 동중서가 무제에게 어떻게 물고기를 잡는지를 가르친 사례입니다. 하지만 그 외에도 그는 무제에게 말해줄 뛰어난 묘책이 있었습니다. 그것은 '고기를 기르는 법'으로, '흥태학興太學' 즉 수도 장안에 국가 최고학부인 태학을 건립해 인재를 배양한다는 구상입니다. 관련 원문을 잠깐 살펴보겠습니다.

'옛날의 군주들은 모두 이를 잘 알았습니다. 그런 탓에 남쪽으로 자리를 잡고 천하를 통치할 때에도 교화를 무엇보다 큰 일로 여겼습니다. 태학을 설립해 나라를 가르치고 상서(庠序, 고대의 학교)를 세워 마음을 교화해야 합니다.'

동중서가 설립을 제안한 태학은 내용으로 볼 때 중국 역사상 최초의 국립중앙대학이라고 할 수 있습니다. 수隋나라 때에는 이의 영향을 받아 최고학부이자 더불어 최고학부의 관리 기관인 국자감國子監이 세워지기도 했습니다. 물론 태학이 현대적 의미의 대학과 완전히 같다고는 하기 어렵고, 그저 수도에 세워진 최고학부를 의미한다고 봐야 합니다. 또 '상서를 세워 마을을 교화해야 한다'라는 말을 보면 당시에 수도 장안 외의 지방에서도 매우 많은 학교가 세워졌다는 사실을 알 수 있습니다.

동중서는 제후나 군수들의 고관들에게 매년 두 명의 인재를 국가에 추천해야 한다는 의무만 지운 것이 아닙니다. 무엇보다 추천하는 인재들을 통해 인재를 알아보는 그들의 능력을 판단했습니다. 나아가 추천한 인재가 뛰어나면 추천한 사람에게 상을 주었고, 반대로 추천한 인재가 형편없는 인물이면 추천한 사람에게 가차 없이 벌을 가하기도 했습니다. 동중서가 거현량을 제도화한 것은 사실 혁명적 조치였습니다. 인재 발탁 조치를 제도화해야 인재 배출이 순조롭게 이뤄지니까요.

사실 이런 거현량 제도는 실제를 보면 얼마 후에 실시된 찰거제(察擧制, 검증을 거쳐 관직을 수여하는 제도)나 징벽제(徵辟制, 초야에 묻힌 인재를 불러

벼슬을 주는 제도)의 전신 성격이 강합니다.

　말이 나왔으니 중국 고대의 인재 선발 제도를 대강 살펴보겠습니다. 대체로 여섯 단계로 나뉜다고 하면 틀리지 않을 듯합니다. 우선 고대사회에는 현명한 사람을 선발하고 능력 있는 사람을 임용한다는 '선현임능選賢任能'제가 있습니다. 이어 주周나라 때는 관직 세습 제도인 '세경세록世卿世祿'제, 춘추전국시대와 한나라 초기에는 '군공작록(軍功爵祿, 공을 세워 작위와 관직을 얻는 제도)'제가 있습니다. 또 앞서 언급한 찰거제와 징벽제는 한나라 후기에 나타났고 위진남북조魏晉南北朝시대에는 이른바 구품중정제九品中正制가 맹위를 떨칩니다. 수나라 이후부터는 주지하다시피 무려 1,300년 이상이나 유지된 과거제가 나타납니다.

　「천인삼책」의 네 번째 포인트는 이른바 유교숭상입니다. 지금 우리는 동중서 얘기가 나오면 '제자백가를 모두 물리치고 유교만 숭상한다'라는 말을 떠올리지만 사실 이 말은 동중서가 한 말이 아닙니다. 「천인삼책」과 『한서』 중 「동중서전」에 원래 나오는 정확한 말은 이렇습니다.

　"지금 스승들이 제자들에게 전수하는 도는 같지 않습니다. 사람들이 각자 입에 올리는 주장 역시 다릅니다. 그러니 각 제자백가는 각각 다른 방향을 견지할 수밖에 없습니다. 목적도 다릅니다. 당연히 이런 탓에 황상께서는 통일을 기하기 어렵습니다. 예의와 법제도 수시로 변하는 탓에 밑의 백성은 어떻게 준수해야 할지 모릅니다. 소신은 고로 육예(六藝, 시詩, 서書, 역易, 예禮, 악樂, 춘추春秋 등의 육경六經을 일컬음), 다시 말해 공자의 사상에 속하지 않는 것들은 모두 그 도를 끊어 발전하지 못하도록 해야 합니다. 이렇게 하면 사악한 학설은 모두 자취를 감추게 됩니다. 그런 다음에야 기강과 법도가 통일되고 명확해질 수 있으며, 백성도 어떻게 따라야 할지 알게 됩니다."

　이 말이 무엇을 의미하는지는 분명합니다. 오로지 『시』, 『서』, 『예』,

『악』, 『역』, 『춘추』 등의 '육경'만 읽으면 된다는 의미이자, 다른 경전은 읽을 필요가 없다는 말입니다. 물론 '육경'은 실질적으로는 오경이기는 합니다. 『악』은 춘추전국시대에 실전됐으니까요. 그러나 그래도 좋습니다. 유교가 모든 사람들의 식량 쿠폰이 될 수밖에 없는 상황이니까요. 한마디로 관리나 사람이 되는 데에는 그것만으로도 부족함이 없다고 할 수 있었습니다.

'사람의 입을 막는 것은 하천의 범람을 막는 것보다 어렵다'라는 말이 있습니다. 사실이 그렇습니다. 당시 실제로도 가장 단속하기 어려운 것은 행위가 아니라 사상이었습니다. 그래서 진시황과 무제는 각각의 싱크탱크를 가동해서 자신만의 독특한 다른 '문화 카드'를 썼는지도 모릅니다. 진시황의 분서갱유焚書坑儒와 오로지 유가의 책만 볼 수 있도록 허락한 무제의 조치 등이 바로 그것이었습니다.

「천인삼책」의 다섯 번째 포인트는 '경화更化'입니다. 동중서가 주장한 '경화'는 '개혁'을 뜻했습니다. 왜 진 왕조는 그토록 단명했는가? 또 왜 한 왕조의 발전은 이토록 느린가? 등에 대한 의문을 가졌다고 할 수 있지요. 그는 그런 물음에 대해 '한나라는 천하를 통일한 다음 줄기차게 초강대국을 지향했다. 그러나 생각대로 되지 않았다. 문제는 개혁할 시점에서 개혁을 못한 데에 있었다'라는 식으로 확실하게 결론 내렸습니다.

전체적으로 보면 동중서의 「천인삼책」은 아주 명쾌했습니다. 의식 혁신에서 행정 혁파에 이르기까지 비교 연구가 철저했습니다. 또 일차적인 참고자료도 풍부하였습니다. 그래서 들으면 듣기 좋고 이용하려면 쉽게 쓸 수 있었습니다. 무제가 그의 주장에 감탄한 것은 당연한 일이었지요.

오로지 유가에서만 생명의 물이 나오다

「천인삼책」은 선비가 내놓은 나라를 다스리는 처방전이었습니다. 한 왕조가 직면한, 다섯 가지 병의 근원에 대한 다섯 가지 근본적인 처방이었습니다. 맥도 정확하게 짚어 구구절절이 핵심을 찌르고 있습니다. '제자백가를 모두 물리치고 오로지 유교만 숭상한다'는 말은 더욱 놀라웠습니다.

한나라는 개국 이후 두태후를 대표로 하는 전통적인 지도 시스템이 있었습니다. 그것은 바로 일관되게 '황로지학(黃老之學, 황제와 노자의 학문)', 즉 도교를 숭상하는 것이었습니다. 달리 말해 무위無爲의 정치를 숭상했다는 얘기입니다. 그런 상태에서 동중서는 '존유'라는 전혀 어울리지 않는 정책을 세련되지 못하게 함부로 들이댔습니다. 그렇다면 왜 무제는 '독존유술'이라는 정책을 높이 들어 못된 손자가 되려고 했을까요? 유교가 과연 천하를 다스릴 수 있는 둘도 없는 진리였을까요? 정확하게 이해하려면 제자백가의 사상을 통해 일일이 분석해보는 것이 좋겠지요.

우선 법가法家의 사상을 봅시다. 법가의 학설은 봉건시대의 제왕들이 가장 숭배하는 학설이었습니다. 왜 그랬을까요? 법가의 핵심 정신이 국가의 이익을 극도로 중시하는 반면 개인의 이익은 경시했기 때문입니다. 또 인치人治보다는 법치法治를 강조했습니다. '국가의 이익'이라는 것도 그렇습니다. 겉으로 보면 대단하게 보일지 모르지만, 실제로 국가는 황제의 국가였습니다. 국가의 이익도 황제 일가족의 이익에 지나지 않았으니까요. 그럼에도 황제는 혹독하고 준엄한 형법을 적용했으니 결국 나라는 필연적으로 망하는 수밖에 없었습니다. 진나라가 대표적으로 그랬습니다. 이러한 진나라의 멸망은 나중에 세워진 나라들에게 경종을 울렸습니다. '군중은 우매하지 않다. 군중의 바람을 완전히 무시하면 그들은 반란을 일으킨다'라는 경고입니다.

그렇다면 군주는 이에 대응해야 합니다. 적극적으로 대응하면 안 되겠지만 그렇다고 가만히 있는 것은 더욱 안 됩니다. 온정이라는 겉옷을 입어야 합니다. 이 겉옷이 바로 동중서가 개조한 새로운 유학이었습니다.

자신의 54년 재위 기간 동안 무제는 흉노와 44년 동안 전쟁을 벌였습니다. 모든 병력을 총동원해 흉노를 비롯한 주변의 이민족과 상대했습니다. 이 과정에서 그는 백성을 피곤하게 만들었을 뿐 아니라 국고도 적잖이 탕진했습니다. 그것은 오로지 중앙집권을 제창하는 법가를 통해서만 가능했습니다. 그렇다면 법가가 제창하는 정치적인 모험을 피하고 고도의 중앙집권을 기하려면 어떻게 해야 했을까 하는 의문이 도출됩니다. 동중서의 새로운 유학을 시험해보는 것이 정답이었습니다. 이 유학 속에는 '인의仁義'와 '대일통'이라는 전혀 부딪히지 않는 오류의 개념들이 들어 있었으니까요.

다음으로 도가를 살펴봅시다. 도가의 핵심 사상은 뭘까요? 바로 무위입니다. 자연의 규율을 따를 것을 강조하는 사상이지요. 당연히 관리나 통제를 필요로 하지 않습니다. 이 경우 '일이 성공하거나 일이 다 되는 것을 백성은 다 자신이 그런 것이라고 말한다'거나 혹은 '하지 못함으로 못할 일이 없다'와 같은 말들을 보면 노자의 『도덕경』에 나오는 말들이 정곡을 찌르고 있음을 느끼게 합니다. 이는 달리 말하면 '약함으로 강함을 이긴다'라는 기본 명제를 떠오르게 하는 관리법이기도 합니다.

개국 초창기에 한나라의 국력은 형편없었습니다. 백성 모두가 가난하고 능력이 미약했으며, 민생은 거의 도탄의 지경에 빠졌지요. 때문에 백성들의 힘을 길러주고 인구를 늘리기 위해 무위의 정치를 실시했습니다. 나라의 생산성이 번성하도록 백성을 쉽게 해주면서 보양토록 한 겁니다. 그러자 문경지치 후에 상황이 달라지기 시작했습니다. 국민총생산이 완만하기는 했으나 본격적으로 상승하기 시작했습니다. 심지어 소년 천자 유철이 나라를 물려받았을 때에는 한나라라는 대제국이 형성될 조짐을 보이기까지 했습니다. 성격이 활발할 뿐 아니라 늘 의기양양했던 그는 그에 고무되어 욱일승천의 기세를 보여주고 싶어 했습니다. 도가가 그 자신의 발목을 잡기는 했지만요.

그러나 유교는 달랐습니다. 기본적으로 세상을 구제해야 한다는 적극적인 생각이 있었고, 게다가 동중서는 말에도 조리가 있었습니다. 자신의 생각을 또 다섯 가지 대책으로 행동에 옮기려 했습니다. 무제가 마음이 기울지 않는다면 그것이 이상할 정도지요. 그는 급기야 그걸 실행에 옮겨야겠다고 결심하게 됩니다.

유철이 아직 태자였을 때 아버지 경제는 그에게 위관이라는 유생을 스승으로 붙여주었습니다. 또 할머니 두태후도 도교를 믿는 인물인 급암汲黯을 스승으로 소개했습니다. 무제는 이 유교와 도교의 신봉자들이 자신에게 전해준 엑기스를 모두 흡수해 발전의 자양분으로 삼았습니다. 때문에 어렸을 때는 문무를 겸전하고 천하를 경략하는 황제라는 말이 부끄럽지 않았습니다. 유가의 진취적인 기상 탓이었습니다. 하지만 그는 말년에는 도교에 많이 기울어졌습니다. 특별히 도가의 무위 사상에 많이 경도됐지요. 결론적으로 말하면 그에게 있어 도교는 간식이나 반찬, 유교는 주식이었습니다. 굳이 식사 메뉴에 비하면 그렇다는 얘기입니다. 이 메뉴는 영양을 고르게 줄 뿐 아니라 각종 정책의 수단과 방법까지 유효하게 만들어주므로 뒤에 후대인들이 많이 채택하기도 했습니다.

영웅적인 재능과 책략의 소유자였던 무제는 제자백가를 두루 섭렵한 다음 동중서를 통해 유학의 매력을 확실하게 체득했습니다. 이로써 원래 민간에 유행하던 하나의 사상에 불과했던 유학은 확실한 관방官方 사상으로 발전하게 되었습니다. 머리에는 왕관을 쓴 채 권력을 쥐게 되었고, 이후 2,000여 년 동안 중국에 영향을 미쳤습니다. 또 일찍이 정원을 쳐다보지도 않은 채 공부에 매진했던 선비는 유학과 황권을 확실하게 연결하는 자신의 정치 이상을 실현시켰습니다.

그렇다면 '제자백가를 모두 물리치고 오로지 유교만 숭상한다'는 슬로건은 우리에게 도대체 어떤 결과를 가져왔을까요?

우선 긍정적인 차원에서 한번 바라볼 필요가 있습니다. 무엇보다 주류 문화로 정착돼 국가의 응집력을 높여 주었다는 사실을 꼽아야 합니다. 중국은 2,000여 년 동안 역사적으로 큰 분열이 없었습니다. 그러나 한족을 포함해 무려 56개 민족이 나눠져 있는 상황에서, 이들을 하나의 단일체로 유지시켜준 원동력은 아무래도 중국의 문화 사상을 장기적으로 통일한 유교 덕이 아닌가 합니다. 특히 중화 민족의 생사와 존망이 걸렸을 때 유교는 힘을 발휘했습니다. 모든 사람들이 '천하의 흥망은 필부에게도 책임이 있다'는 유교의 가치와 신념을 가지고 국난에 적극적으로 대처했던 겁니다. 따라서 유교 사상을 핵심으로 하는 문화가 중국에 끼친 공은 아무리 강조해도 지나치지 않습니다.

유생들이 관리가 되어 정국의 안정을 도모하게 된 것도 간과하지 말아야 합니다. 동중서의 「천인삼책」이 제안한 인재 배양, 선발제도는 조리가 정연하고 빈틈이 하나도 없는 정책이었습니다. 이렇게 해서 중앙의 태학에서 지방의 학교에 이르기까지 전 백성이 유학에 총동원되는 현상이 벌어졌습니다. 더불어 중국 역사상 처음으로 유가 사상을 신앙으로 삼는 대량의 문인들도 양산되었습니다. 이들은 다시 '거현량'과 과거제도를 통해 대대적으로 관계에 문관으로 진출하기도 했습니다. 정말 대단한 일 아닙니까.

왜 대단하다고 할 수 있을까요? 중국 고대의 정계를 일별해보면 됩니다. 당시 정계에는 총 네 종류의 사람들이 있었습니다. 이들이 각각 네 가지 직종의 역량을 대표한다고 할 수 있지요. 이중 가장 첫 번째로 꼽히는 그룹이 바로 문관이었습니다. 다음으로는 차례대로 무장과 외척, 환관을 들어야 합니다. 그렇다면 그들 각자의 정치적 업적은 어땠을까요?

전체적으로 보면 어떤 황제의 시대든지 문관 그룹이 정권을 장악하고 있으면 정치는 비교적 깨끗했습니다. 지속 시간도 비교적 길었습니다. 이에 반해 무장이 정권을 장악하면 종종 번진(藩鎭, 절도사를 최고 권력자로 하는 지방 지배체제)의 할거 상황이 초래되었는데, 특히 당나라 중후기가 대표적입니다. 환관이나 외척 세력이 정권을 장악하면 어떻게 될까요? 기본적으로 이런 시대가 가장 암흑의 시대가 됩니다.

왜 그럴까요? 문관은 어릴 때부터 유가의 경서를 열심히 읽었습니다. 충효와 인의를 항상 듣고 입에 올렸습니다. 당연히 아주 자연스럽게 유가적 가치 시스템을 가지게 되었습니다. 사실 가치 관념을 가지고 있는 관리와 전혀 가치 관념이 없는 관리는 결코 같을 수가 없습니다. 예컨대 가치 관념을 가지고 있는 문인은 관리가 된 다음 상사의 명령에 복종하면서도 자신의 가슴에 일정한 잣대를 가지고 있습니다. 이 잣대가 다름 아닌 유가의 가치 체계였습니다. 우리가 이미 앞에서 언급했던 주아부나 위관 등은 다 이런 부류에 속했습니다. 그들은 그 가치 체계에 의해 황제에게 죄를 지어도 어쩔 수가 없었습니다. '나는 내심의 부름, 즉 내재적인 가치에 따라 일을 할 뿐이다' 그런 생각이 보통이었습니다.

하지만 가치 관념이 없는 관리들은 전혀 그렇지 않았습니다. 그들은 상사에게는 그저 복종했을 뿐이고, 한편 이익이 있으면 그걸 따 먹으려고만 했습니다. 시비의 관념이라고는 전혀 갖고 있지 않아 어떤 나쁜 일이라도 과감하게 행했습니다. 왜 그랬을까요? 가치 시스템이 없었기 때문입니다. 최소한 양심의 마지노선이 없었다는 얘기입니다. 가치 시스템을 가지지 못하면 신앙에 따른 고통이나 도덕의 견책을 받지 않을 수 있으니까요. 이런 관점에서 보면 독존유술, 태학 설립, 대대로 유가 사상을 신앙으로 하는 문관 그룹의 배양을 주장한 동중서의 주장은 중국 고대 봉건정치에 절대적인 영향을 미쳤다고 해도 과언이 아닙니다.

이번에는 부정적인 측면에서 보겠습니다.

'독존유술'이 문화 독재를 초래한 점이 바로 그렇습니다. 관리가 되거나 제대로 된 인간이 되려면 공자의 말을 들어야 했습니다. 한마디로 유학은 제사상에 바치는 공물供物일 뿐 아니라 안신입명(安身立命, 마음을 편안히 하고 천명을 좇음)의 기본이 되었습니다. 사실 오랫동안 이렇게 되면 비장과 위장이 허약해지는 것은 당연하고 아울러 식욕도 감퇴합니다. 그 다음에는 편식이 따라오겠지요. 어떻게 강한 사람이 되는 것을 바랄 수 있겠습니까? 정신 영역이든 사상 영역이든 유치하고 지나치게 이상화된 상태가 되는 것을 면하기 어렵습니다. 유교의 지위는 업그레이드 되었습니다. 반면 다른 제자백가는 거의 용도 폐기되었습니다. 그러나 유학은 후기에 가서 지나치게 정체되고 경직될 뿐 아니라 사상을 억압하고 개성을 압살했습니다.

지금까지 「천인삼책」에 대한 시시비비를 논했습니다. 그러면 이 재기 발랄한 동중서는 나중에 어디로 갔을까요? 답은 간단합니다. 무제가 그를 처음부터 정치적으로 중용한 것은 아니니까요. 대신 무제는 그를 자신의 형인 강도왕江都王에게 보내 국상國相으로 삼게 합니다. 강도는 지금의 장쑤성江蘇省 양저우揚州입니다.

이 상황을 보면 우리는 세상에 하나 쓸모없는 것이 선비가 아닌가 생각하게 됩니다. 물론 그건 대부분의 지식인이 직면하는 공통의 비애이기는 합니다.

동중서는 비록 중앙정부에서 멀리 떨어져 있었으나 그의 '존유' 사상은 기본 국책으로 높이 받들어졌습니다. 그러면 이후 누가 또 그 존유 정신을 제대로 이해하고 철저하게 관철시키기 위해 노력했을까요? 나아가 무제는 어떤 파격적인 인사를 단행해서 세상을 깜짝 놀라게 했을까요?

파격적 인사의 첫 인물, 승상 두영

하늘을 뚫을 청운의 꿈, 미래에 대한 청사진을 펼칠 생각을 항상 뇌리에
서 지우지 않던 무제는 즉위하자마자 바로 두 명의 중량급 인사를 기용합
니다. 두 사람은 승상으로 기용한 두영과 태위에 앉힌 전분입니다. 두영
은 어떤 사람이었을까요? 두태후의 친정 조카였습니다. 게다가 폐태자
유영의 태부였습니다. 일찍이 무제에게 반대하는 당에 줄을 섰던 그 사람
입니다. 원래 고대 중국의 관리는 자신의 정치적 견해가 황제와 맞지 않
으면 뒤도 돌아보지 않고 안녕을 고하는 법입니다. 그런데 이미 경제 때
에 '문제 많은 공신'이었던 그가 어떻게 신하로서는 최고의 자리인 승상
자리에 오를 수 있었을까요? 두영이 승상이 된 배후의 저 깊숙한 곳에는
어떤 말 못할 사연이 있을까요?

얼떨결에 승상 자리에 오르다

건원 원년(기원전 140년) 여름 6월 승상 위관이 병으로 자리에서 물러났습니다. 이에 따라 위기후 두영을 승상으로 하고 무안후 전분을 태위로 하는 절묘한 노소老少의 조합이 생겨났습니다.

두영은 전 정권에서는 솔직히 눈엣가시나 다름없었는데 다음 정권에서는 승상이 되었습니다. 도대체 어떻게 그의 운명이 이렇게 대역전되었을까요?

무엇보다 전분이 나름대로 머리를 굴렸다는 사실을 꼽을 수 있습니다. 지긋한 나이의 두영에게 갑자기 전기가 찾아온 것은 아이러니하게도 그의 경쟁 상대인 전분에게서 찾아야 합니다. 그러니 그는 전분에게 감사해야 마땅할 것입니다. 두영과 전분은 2대에 걸친 외척으로, 두영은 무제의 할머니인 두태후의 친정 조카입니다. 반면 전분은 무제의 어머니 왕지의 동생입니다. 둘 중 승상의 자리에 더 눈독을 들인 사람은 전분입니다. 누나가 왕태후가 된 다음부터 줄곧 그래 왔는데, 더구나 그런 상황에서 위관까지 자리에서 물러났으니 더욱 그럴 수밖에요.

그에게는 평소 먹여주고 입혀주던 식객이 한 명 있었습니다. 어느 날 그 식객은 전분에게 이렇게 충고합니다.

"두영은 항렬로 봐서도 후侯보다 훨씬 높습니다. 경력은 더 말할 것이 없고, 관리가 된 것도 훨씬 먼저이고, 전공 또한 혁혁합니다. 덕은 또 어떤가요? 소프트웨어나 하드웨어 모두가 후보다 월등합니다. 아마도 황상께서는 후를 승상으로 봉하려 할지 모릅니다. 그러나 그때 제일 좋은 것은 역시 적극적으로 사양하시는 겁니다. 그래서 두영이 승상이 되면 후께서는 아마도 태위가 될 겁니다. 하지만 두 자리는 거의 비슷합니다. 그렇게 되면 후께서는 손해를 보지 않고 어진 이에게 자리를 양보했다는 칭송을 들을 수 있습니다. 왜 즐거운 마음으로 그렇게 하지 않으십니까?"

전분은 몇 번이나 고민했다가 결국 이성이 감정을 이겼습니다. 식객의 건의를 받아들이기로 결정한 거지요. 전분은 결론을 내리자 바로 누나인 왕태후에게 달려가 자신의 입장을 확실하게 밝혔습니다. 그 누구보다도 총명했던 왕태후도 즉각 동생 전분의 생각이 자신의 개인적 의견인 것처럼 아들인 무제에게 말했습니다. 이렇게 해서 평소 크고 대범하게 놀기를 좋아했던 두영은 드디어 조정의 '에이스 카드'가 됩니다.

두영이 동중서처럼 '존유'에 적극적이었던 것도 원인입니다. 우리는 무제가 황제 자리를 물려받은 다음 바로 기본 국책을 확정했다는 사실을 너무나 잘 알고 있습니다. 그게 바로 '독존유술'이지요. 두영은 이 국책에 딱 맞는 사람이었습니다. 그 역시 유교에 대단한 호감을 가진 사람입니다. 바로 그 이유 때문에 웅지가 하늘보다 높았던 젊은 군주 무제와 성격이 까칠하기로 유명한 늙은 신하 두영은 같은 길을 걷게 됩니다. 나아가 거친 파도를 헤치면서 거대한 제국의 바퀴를 함께 굴리게 됩니다. 모두가 공동의 신앙을 가졌던 덕분이 아닐까요.

『사기』를 펼쳐보면 분명한 사실 하나가 나옵니다. 한나라의 개국 초기부터 문경지치의 시대에 이르기까지 조정을 드나들던 공신과 맹장이 하나같이 피하고 싶어 했던 사람이 외척이었다는 점입니다. 불행히도 무제 때는 승상과 태위가 모두 다 외척이었습니다. 그렇다면 독단적이기로 유명한 무제가 두영을 완전히 신임했을까요? 조정에는 승상이 될 만한 다른 적임자는 전혀 없었을까요?

진짜 승상이 될 정도의 인재가 없었다는 사실에도 주목해야 합니다. 누가 감히 제국의 팔다리가 되어 천하의 명승상이 될 수 있었을까요? 그런 사람은 찾기 쉽지 않습니다! 무제의 머리가 지끈지끈 아플 정도였습니다. 사실 인재를 그리 간단하게 구할 수 없다는 사실은 한나라 조정에서 그전부터 절실히 느끼던 바였습니다. 유방이 임종을 맞았을 때, 여후가 유방에게 몇 번이나 되물었습니다.

"폐하가 세상을 떠난 다음 소하 상국이 죽게 되면 누가 그 자리를 대신해야 합니까?"

그러자 유방이 "조참이 대신할 수 있소"라고 대답했습니다. 이어 여후가 "조참의 다음에는 누구를 기용하지요?"라고 묻자 유방은 "왕릉王陵이 조참을 뒤이어 자리를 맡을 수 있소. 그러나 왕릉은 지모가 부족해서 진평이 보좌해야 하오. 반면 진평은 지모는 있으나 결단력이 없소. 그에 비해 주발은 말은 어눌하나 아주 충실한 사람이오. 나중에 우리의 유씨 천하를 위해 공을 세울 사람도 틀림없이 그 사람일 거요. 그를 태위로 쓰시오"라고 대답했습니다.

죽음을 앞두고 내뱉은 유방의 말은 분명했습니다. 자신이 입에 올린 대신들이 모두 이후 그대로 승상 후보자 인명록에 올려도 된다는 얘기였습니다. 실제 유방이 지목한 이들 유능한 대신들은 이후 모두 예외도 없이 줄줄이 승상 자리에 올랐습니다. 이들을 제외하고 승상이 된 인물도 물론 있습니다. 한 사람은 관영灌嬰으로, 그는 원래 유방 부대의 동자군(童子軍, 어린 소년병을 일컬음) 출신이었기 때문에 그 어린 인물이 당시 유방의 눈에 들어올 까닭이 없었겠지요. 또 한 사람이 있습니다. 주인공은 심이기審食其라는 인물로 여후가 각별하게 총애하던 신하였습니다. 이에 대해서는 나중에 따로 설명하겠습니다.

따라서 전체적으로 말해 서한 개국에서 문제의 시대에 이르기까지 거의 모든 개국 공신은 승상 자리에 올랐다고 할 수 있습니다. 왜 동일 시기의 공신들이 이처럼 3~4대를 거쳐 임용되었을까요? 결정적인 이유는 공신들의 어쩔 수 없는 나이 차이에서 찾아야 합니다. 어떤 사람은 늙었고 어떤 사람은 젊으니, 결국 늙은 공신이 죽으면 젊은 공신이 그 자리를 대신해야 했던 겁니다.

 그러면 공신이 승상이 되는 관례는 누구에 이르러 비로소 멈췄을까요? 그들이 세상을 떠난 해를 살펴보면 잘 알 수 있습니다. 우선 소하는 혜제 2년에 세상을 떠났습니다. 조참은 혜제 6년, 왕릉은 문제 2년에 고인이 되었습니다. 진평 역시 문제 2년에 세상을 떠나고 주발은 문제 11년에 저세상으로 갔습니다. 관영은 그보다 빠른 문제 4년에 고인이 되었습니다. 이들을 이은 승상은 두 사람입니다. 한 사람은 장창張蒼, 다른 한 사람은 신도가申屠嘉입니다. 그렇게 귀에 익은 이름이 아니지요? 이중 신도가가 승상이 된 과정은 『한서』에 '고제(高帝, 유방을 일컬음) 때의 대신들은 대부분 세상을 떠났다. 짐(문제를 의미함)이 보기에는 임명할 사람이 없다. 문제는 그 말을 한 다음 어사대부 신도가를 승상으로 임명했다'라는 기록으로 남아 있습니다.

 이런 승상의 재위 기록을 보면 뭔가가 분명히 보이지 않습니까? 갈수록 승상의 중량감과 능력이 떨어지고 있다는 말입니다.

 이 상황은 경제 시대가 되면 더욱 황당해집니다. 경제는 총 네 명의 승상을 임명했습니다. 첫 번째 승상은 도청陶靑이었고, 마지막은 주지하다시피 위관입니다. 하나같이 진나라에 대한 투쟁 경험이 없었습니다. 그렇다고 항우를 패퇴시키는 전투에 참여한 것도 아니었습니다. 한마디로 아무 공도 없는 사람들이었지요. 평범하다는 표현이 딱 어울릴 터인데, 실제로도 그렇습니다.

 위관은 어떻게 승상이 됐습니까? 어가를 모는 기술이 좋은데다 평소 일하는 태도가 너무나 성실한 것이 눈에 띄어 스카우트되었습니다. 다른 두 사람은 어떻습니까? 한 사람은 주발의 아들 주아부, 다른 한 사람은 공신 유양劉襄의 아들 유사劉舍입니다. 유사는 공신인 아버지의 후광까지 입었습니다. 바로 이 때문에 두영이 승상이 될 때 승상 발탁에 참고할 서한 정부의 인재 데이터베이스의 내용은 완전히 고갈돼 있었다고 해도 좋습니다.

다시 뒤로 돌아가서 얘기해봅시다. 고조 유방은 사람을 잘 파악한 다음에 인재를 유효적절하게 활용해 천하를 얻었습니다. 문제와 경제는 휴양생식休養生息, 즉 나라의 생산성이 번성하도록 백성을 쉬면서 보양토록 한 덕분에 제국의 부흥을 일궈냈습니다. 따라서 눈을 크게 뜬 채 조정의 문무백관을 바라보면 해답이 나올 수도 있었습니다. 왜 굳이 공신이나 공신의 자제를 기용했을까요? 물론 공신이 승상이 되는 것은 나쁘지 않습니다. 그들은 모든 상황을 폭넓게 파악할 줄 아는 인재니까요. 기용하게 되면 안심할 수 있는 장점이 있었습니다. 그러나 공신이라는 것은 대부분 특별한 시대의 산물입니다. 평화적인 환경에서는 전쟁을 하고 싶어도 하기 어렵습니다. 어디에서 전공을 쌓을 수 있겠습니까.

무제가 즉위했을 때는 한나라가 개국한 지 60여 년이 흘러 있었습니다. 환경이 어떻게 변화했을까요? 왜 인재의 위기를 피할 수 없었을까요?

유방은 55세에 황제가 되었고 62세에 세상을 떠났습니다. 그는 황제 자리에 있던 8년 동안 두 가지 일로 무지하게 바빴습니다. 한 가지 일은 반란을 끊임없이 평정하는 것이었습니다. 심지어 회남왕淮南王 영포英布를 토벌하기 위해 고조 11년 당시까지 피를 봤을 정도입니다. 다른 한 가지는 자신의 주변 문제를 해결하기 위한 끝없는 조정입니다. 그에게는 조강지처 여후 외에도 너무나도 사랑한 후궁 척부인이 있습니다. 둘은 당연히 남편의 총애를 독차지하기 위해 서로 질투하는 등 계속 갈등을 일으켰습니다. 더구나 둘의 아들인 태자 유영과 조왕 유여의는 태자 자리와 적통성을 둘러싼 경쟁을 벌이는 등 집안일이든 나랏일이든 사사건건 일이 생겼습니다. 그는 어떻게 인재 배양 계획을 세우게 되었을까요? 어쨌거나 그는 그렇게 8년의 세월을 허송한 다음 저세상으로 갔습니다.

그의 자리를 이은 후계자는 혜제 유영이었습니다. 그러나 그는 즉위한 해부터 충격적인 일을 당했습니다. 광적인 질투에 거의 눈이 먼 어머니 여후가 이른바 인체(人彘, 여후가 라이벌인 척부인을 옥에 가둬 팔, 다리를 다 자르고 돼지처럼 지내게 한 것을 뜻함) 사건을 일으킨 겁니다. 그는 이후 그 충격으로 미친 사람처럼 행동하면서 정사를 돌보지 않았습니다. 어떻게 인재 배양에 눈을 돌릴 수 있겠습니까.

7년 후 혜제는 세상을 떠났습니다. 모든 권력은 그의 어머니인 여후에게 돌아갔습니다. 여후는 남편 못지않게 바빴습니다. 아니 더 바빴습니다. 그녀는 유씨 왕들을 모조리 주살해야 했을 뿐 아니라 더불어 여씨 왕들을 봉해야 했습니다. 그뿐만이 아닙니다. 공신파와 황족파들을 견제해 권력을 완벽하게 탈취해야 했습니다. 이 작업들은 모든 분야에 걸쳐 일어났지요. 그녀 역시 인재 양성 같은 문제를 돌아볼 여유가 있을 리 없습니다. 다시 8년이 흘렀습니다. 피비린내가 몰아치는 소용돌이에서 벗어나 있던 문제가 황제 자리를 거의 공짜로 주웠습니다. 그래서 그는 그저 백성과 편안하게 살고자 했지, 야심적인 인재 선발제도 따위는 만들 생각조차 못했습니다.

그에 반해 경제의 포부는 대단히 컸으나 그 역시 오초칠국의 난으로 고생하느라 인재를 키우려는 여유를 가지지 못했습니다. 결국 무제에게 남겨진 상황은 간단했습니다. "인재를 선발할 환경이 돼 있지 않았을 뿐 아니라 인재를 이용할 제도 역시 없었다"라는 말을 가슴에 새기면 됩니다. 당연히 동중서가 제창한 「천인삼책」이 있기는 했습니다. '홍태학'이나 '거현량' 등 일련의 조치를 통한 인재 선발 계획이 전혀 없지는 않았습니다. 그러나 '나무를 기르려면 10년이 걸리고 사람을 기르려면 100년이 걸린다'는 말이 있듯 그 계획들은 단기간에 성과를 거둘 수 없었습니다.

무제는 어쩔 수 없이 난쟁이들 사이에서 승상이라는 장신을 뽑지 않으면 안 되게 된 겁니다. 이러한 흐름을 타고 마침내 두영은 자신의 일생에서 최고의 권력을 맛보게 됩니다. 하늘의 뜻과 주어진 조건, 자신의 노력이 다 맞아떨어진 결과였습니다.

까칠한 성격으로 부침을 거듭하다

두영은 사실 문제와 경제, 무제 3대를 거치는 동안 인생의 굴곡이 참 많았습니다. 부침을 거듭했다고 해야겠지요. 그건 그가 진정한 능력과 뛰어난 학문이 없었다는 사실을 의미하는 것은 아니었을까요? 그저 두태후라는 배경을 바탕으로 관직을 유지한 것은 아니었을까요? 무제는 노 승상 위관을 해임한 다음에 아무 생각 없이 서둘러 두영을 승상으로 임명한 것이 아닐까요? 그는 어떤 사람이었을까요?

우선 그는 지조가 굳고 곧았습니다. 앞에서도 언급한 것처럼 두영은 큰고모 두태후가 마련한 화기애애한 집안 잔치를 엉망으로 만든 전력이 있습니다. 그건 경제가 자신의 사후 자리를 동생인 양효왕에게 물려주겠다고 얘기한 사실과 직접적인 관계가 있습니다. 이때 그는 즉각 나서서 경제의 말을 바로잡았습니다.

"천하는 고조의 천하입니다. 아버지가 아들에게 황제 자리를 물려주는 것은 우리 한나라의 오래된 약속입니다. 그런데 황제께서는 어찌 양효왕에게 물려준다는 말을 하실 수 있습니까?"

경제는 이때 전혀 빈틈없는 그의 기세에 놀라 술이 확 깼습니다. 그러나 맞는 말이었기에 반대 의견을 말하지 못했습니다. 두태후도 처음에는 기분이 좋았지만 전혀 예상치 못한 조카의 말에 얼굴이 굳어지고 말았습니다. 두영이 얼마나 원리원칙을 따지고 강직한 사람인지를 알 수 있게 해주는 에피소드입니다.

또한 그는 권모술수를 몰랐습니다. 두영은 경제가 실언을 했다고 즉석에서 다그쳤습니다. 그러나 솔직히 황제가 어떻게 실언이나 농담을 할 수 있겠습니까. 경제는 그저 일반적인 원칙에 대한 파격적 입장을 보여주고 싶을 따름이었습니다. 그가 누구입니까. 유명한 포커페이스 황제 아닙니까. 말은 그렇게 하면서도 행동은 이렇게 하는 사람이 바로 그였습니다. 어디 그뿐인가요. 그는 누구를 달랠 때는 달래고, 사기 칠 때는 사기 치고, 뭘 해야 할 때는 꼭 하는 사람이었습니다. 두영은 바로 그런 경제를 이해하지 못했습니다. 권모술수를 몰랐기 때문입니다. 경제의 말이 떨어지자마자 쌍지팡이를 들고 나서서 절대 안 된다고 말렸지만 그것은 너무 지나친 반응이었습니다.

그는 까칠한 사람이기도 했습니다. 『사기』는 두영의 성격을 '사나이답고 대범하면서도 스스로 기뻐한다'라고 묘사하고 있습니다. 『한서』 역시 비슷합니다. '사나이답고 늘 기뻐하는 사람'이라고 기록하고 있습니다. 한마디로 귀공자 두영이 시원스럽게 자기 멋대로 하는 기질이 있다고 평가한 겁니다. 그렇다면 두태후가 열었던 가족연회 이후에 이 귀공자가 어떤 행보를 걸었는지 살펴야 할 필요가 있습니다.

오초칠국의 난 초기에 경제는 심사숙고했습니다. 침착하게 대응책을 모색하다가 급한 김에 원앙의 말을 잘못 믿어 조조를 죽이는 우를 범했습니다. 그랬는데도 오초칠국의 난은 진정되지 않았습니다. 아니 오히려 전투 기간이 길어지면 길어질수록 오초칠국의 병사들은 용감해져 그들이 물러난다는 것은 상상하기 어려웠습니다. 이때에야 경제는 비로소 환상을 버리고 무력으로 평정해야겠다고 결정했습니다.

이 위태로운 순간에 경제는 능력이 뛰어난 대신과 전쟁 수행 능력이 뛰어난 장군을 어디에서 찾았을까요? 원래 궁하면 통하는 법입니다. 경제는 두 사람을 기용하고자 했습니다. 한 사람은 부친인 문제가 자신에게 "무슨 일이 있으면 주아부를 찾아서 해결하라"고 은밀히 말했던 조후 주아부입니다. 그에게는 왼팔이지요. 그러나 한 사람은 여전히 찾지 못했습니다. 자신의 친인척 중에서 찾기로 합니다. 그래야 마음이 편안할 수 있겠지요. 급기야 경제는 종실인 유씨와 외척인 두씨 집안에 주목합니다. 경제는 고민을 거듭하다 두영만큼 합당한 사람이 없다는 결론에 이르렀고, 즉각 두영을 불러 자신의 오른팔이 되라고 요구했습니다.

상황은 다급했습니다. 게다가 천자가 그에게 대임을 맡겼습니다. 일단 전투가 벌어져 공을 세우면 개선할 때 전공을 주장하는 것은 당연합니다. 관료로서의 명예를 다 가질 수 있는 기회였습니다. 경제는 두영에게 정중히 출정을 부탁했습니다. 영광과 고난의 임무를 그에게 맡기기로 한 겁니다. 그러나 이게 웬일입니까? 두영은 몸이 불편하다는 이유로 고사했습니다. 경제가 선의를 품고 적극적으로 권했으나 거절당한 겁니다.

당시 소규모의 고품격 집안 잔치가 벌어진 다음, 두영은 기분이 그다지 나쁘지 않았습니다. 그는 진짜 '문신은 황제의 부당함을 간諫하다 죽고 무관은 전투에서 죽는다'라는 가치관을 확고하게 가지고 있었던 사람입니다. 그랬으니 간언한 자신의 행동으로 칭찬을 받을 거라고 생각한 것이 당연합니다.

그러나 일은 그의 생각과는 다르게 흘러갔습니다. 무엇보다 황제가 그렇게 생각하지 않았고, 큰고모 두태후의 태도도 이상했습니다. 지난날 그녀는 그와 얼굴만 마주쳐도 친절하게 대했으며 근황까지 꼬치꼬치 물을 정도였습니다. 그러나 이후에 그녀는 돌변하여 아예 그를 쳐다보지도 않았습니다. 차갑기가 얼음 같았습니다. 성질이 난 두영도 바로 사임을 청하지 않으면 안 되었습니다. 두태후는 성질이 대단했습니다. 한 번 성질이 나자 얼마 후에는 황궁을 자유롭게 출입할 권리까지 완전히 취소해버렸지요. 고모와 조카의 관계는 갑자기 살벌하게 변해버렸습니다. 경제가 그를 대장군으로 봉하려 한 것은 바로 이때입니다. 두영은 주지하다시피 병을 핑계로 거절하고 말았지요. 경제로서는 아주 난감한 상황이었습니다.

두영은 생전에 파란만장한 삶을 산 사람입니다. 칭송과 비난을 정확하게 반씩 들었습니다. 죽은 후 몇 년 동안에도 그의 행적에 대한 평가는 끊이지 않았습니다. 일부 사람들은 그를 "대단히 총명했으나 충성하지는 않았다"고 표현하고 있지만 사실 그렇지는 않습니다. 총명했지만 권모술수를 몰랐을 뿐입니다. 다음에 어떤 일이 일어날지 생각하지 않은 거지요. 따라서 충성하지 않았다기보다는 귀공자의 우월감이 대단히 강했다고 하는 편이 맞겠습니다. 어쨌든 그는 경제가 자신에게 부탁한 일을 제대로 깔끔하게 처리하지 못했습니다.

물론 마지막에는 이런저런 말로 얼러댄 경제의 말에 도리 없이 출정하기는 했습니다. 가서 공을 세우고 후로 봉함을 받았지요. "싸우다 죽는다"라는 말을 좋아하기는 했지만 죽지 않고 승리를 거둔 다음 조정으로 돌아왔습니다.

그를 거론할 때 청렴했다는 사실도 간과하면 안 됩니다. 오초칠국의 난을 평정하던 시기는 나중 두영의 일생에서 가장 휘황찬란한 한 페이지가 됩니다. 경제는 전투 과정에서 보여준 두 장군의 능력에 완전히 탄복했습니다. 천금의 상금을 내린 것도 다 그 때문입니다. 몇 년 후 무제 역시 위청衛靑에게 천금의 상금을 내립니다. 위청은 그걸 어떻게 했을까요? 그중 500금은 무제의 총비寵妃인 왕미인 부모의 무병장수를 축원하는 데 씁니다. 대단히 빛나는 일은 아니었지만 그렇다고 체면을 크게 잃는 일도 아닙니다. 솔직히 사람의 운명은 어떻게 될지 아무도 모르는 법인데 아마도 위청은 그 이치를 염두에 두고 있었나 봅니다. 그의 공손함은 닭살이 돋을 정도였으니까요. 그는 원래 외척이었습니다. 출신은 빈궁하지만 복 많은 장군이었습니다. 그가 항상 스스로 조심하면서 황제나 황후를 불편하지 않게 하려고 신경 쓴 것에는 다 이유가 있습니다.

그러나 두영은 원래가 그렇게 많은 생각을 할 수 있는 사람이 아닙니다. 그는 어떻게 천금을 처리했을까요? 단 한 푼도 개인적으로 쓰지 않았습니다. 모두 다 창고에 쌓아놓은 채 반란을 진압하는 데 필요한 군사비로 썼습니다. 이에 대해서는 『사기』도 '돈은 집으로 단 한 푼도 가져가지 않았다'라고 기록합니다. 당나라의 위대한 시인 이백은 자신의 작품 「장진주將進酒」를 통해 '귀한 오색 말과 천금의 모피 옷을 아이 시켜 좋은 술과 바꿔오게 해 그대들과 더불어 만고 시름 녹이리'라고 호기를 부렸습니다. 이 작품은 그의 천성적인 자유분방함과 소탈한 호기가 두드러지는 시입니다. 그러나 이미 800여 년 전에 한나라의 외척인 두영은 이백과 마찬가지로 호방하고 격식에 얽매이지 않는 성격을 보여줍니다. 까칠하고 대범한 성격이라고 하지 않을 수 없습니다.

두영은 까칠한 성격이었지만 때에 따라 자신을 다소 변화시킬 줄은 알았습니다. 반면 경제는 달랐습니다. 포커페이스답게 얼굴색이나 목소리조차 변화시키지 않고 지독한 수를 쓰는 사람이었습니다. 이런 군주와 신하가 어떻게 오랫동안 서로를 용납할 수 있었을까요.

두영은 반란을 평정하고 공을 세웠습니다. 주위에서 문무겸전의 대신이라는 평가도 받았습니다. 이 때문에 경제는 과거의 앙금을 따지지 않고 그를 태자의 스승으로 임명합니다. 그러나 예상치 못한 상황이 벌어집니다. 다섯 여자가 각축을 벌인 결과 유영이 폐태자가 될 상황으로 내몰렸으니까요. 당연히 두영은 급해졌습니다. 다시 뛰쳐나와 반대를 외친 것은 그로서는 당연한 대응이었습니다. 하지만 반대해도 소용이 없자 그는 급기야 장안 부근의 남산南山이라는 곳으로 들어가 병을 핑계로 몇 개월을 칩거했습니다. 누구도 그를 조정으로 보낼 수 없었습니다.

상황의 반전은 그의 식객이 만들었습니다. 그는 어느 날 그 식객과 얘기를 나누었는데, 식객은 이때 대놓고 그에게 다음과 같이 충고합니다.

"장군을 출세하게 만든 사람이 도대체 누구입니까? 황상입니다. 장군과 가장 친한 사람은 누구입니까? 태후입니다. 그분은 장군의 고모입니다. 지금 황상의 어머니이시기도 하고요. 그런데도 장군은 우선 태후에게 죄를 지었습니다. 지금은 상황이 더합니다. 폐태자를 위한답시고 황상과의 관계가 아주 경직돼 있습니다. 태후와 황상이 모두 장군을 증오하게 된다면 어떻게 되겠습니까? 장군은 권력과 세력도 없어져 결국에는 골치 아픈 상황을 맞이하게 되지 않겠습니까?"

두영은 식객의 말에 크게 깨달았습니다. 더 이상 고집을 부리지 않고 정신을 차렸습니다. 다시 조정에 나가게 된 거지요. 그가 돌아온 것을 알게 된 경제는 포커페이스답게 아무 말도 하지 않았습니다. 그러나 하늘에는 이미 먹구름이 가득 퍼져 있었습니다. 두영의 불운은 이때부터 싹이 텄다고 해도 좋습니다.

그것은 어떻게 보면 일식日蝕이었습니다. 옛날 사람들은 태양이 황제를 상징한다고 생각하여 일식이 나타나면 그게 하늘의 황제에 대한 경고라고 판단했습니다. 그건 또 황제가 자기 자신을 한번 돌아봐야 한다는 뜻으로 사용되었습니다. 물론 현대 과학기술은 일식이라는 것이 달이 지구와 태양 사이를 막아 일어나는 자연현상이라고 우리에게 설명합니다. 같은 지역에서도 몇 년에 한 번 부분일식, 몇백 년에 한 번 개기일식이 일어난다는 사실도 알려줍니다.

그러나 과거에는 달랐습니다. 황제는 일식이 일어날 때마다 자아비판을 해야 했습니다. 기분이 좋은 일은 아니었지요. 그래서 이럴 때에는 적당한 방법을 찾아내 상황을 반전시켜야 했습니다. 소위 속죄양을 찾아야 하는 것이지요. 그렇다면 무슨 방법이 있을까요? 승상을 파면하는 것이 최고의 방법이었습니다. 왜 죄를 승상에게 덮어씌웠을까요? 황제를 보좌했기 때문일까요? 하늘이 황제를 혼내려 한다면 승상이 죄를 뒤집어써야 한다는 논리였습니다. 경제는 '재수 나쁜' 일식을 대하자 실제로 그렇게 했습니다. 승상 유사를 속죄양으로 만들어 파면시켜버린 것이었습니다.

승상의 자리는 이렇게 공석이 되었습니다. 누가 그 자리를 물려받았을까요? 조정의 문무 대신의 경력과 정치적 업적을 따져보면 두영에 필적할 사람은 없었습니다. 이때 과거에 사이가 좋지 못했던 그의 고모 두태후도 그를 적극 지지했습니다. 그녀 역시 나라의 운명이 걸린 결정적인 순간이라고 생각한 모양입니다.

경제 또한 속으로 '두영으로는 안 된다'고 생각한 것 같습니다. 아무래도 믿음직하지 못하다고 판단한 듯한데, 어찌 됐건 그 결과로 어가 운전사 출신인 위관이 승상이 되었습니다. 경제로서는 마지막 순간에 결정적인 계산을 한 겁니다. "네가 병을 핑계로 조정에 나오지 않았을 때 나는 개의치 않았다. 네가 조정에 다시 돌아왔을 때도 나는 환영했다. 그러나 감히 승상이 되겠다고? 그건 안 된다." 뭐 이런 생각이 아니었을까요. 경제는 시시비비와 일 하나하나를 철저하게 기억하는 사람이었습니다.

성격은 운명을 결정한다고 합니다. 경제의 시대에 활동한 가장 유능한 두 공신을 봅시다. 주아부는 억울하게 자살을 강요당했고, 두영은 결국 중용되지 못했습니다. 모두가 성격이 까칠했기 때문으로 보입니다.

행운인지 불행인지 무제가 집권한 다음 그는 드디어 오랫동안 쓰지 않았던 날카로운 보검을 씁니다. 그 검은 번쩍번쩍 빛이 나는 것으로 무쇠를 진흙처럼 자르는 보검이었습니다. 그러면 그가 기용한 승상 두영은 어떤 정치를 폈을까요? 하해와 같은 은혜를 입기는 했으나 정치적 견해는 다른, 도교를 숭상하는 고모 두태후에게는 어떻게 대응했을까요?

두태후는 누구를 위해 칼날을 휘둘렀는가

서한 중기에 천하의 대유학자 동중서는, 제자백가를 모두 물리치고 오로지 유교만 숭상한다는 슬로건을 내걸고 조정으로 들어갔습니다. 이어 공개적으로 선배들의 정치사상인 도교와 본격적으로 경쟁했습니다. 이로인해 한나라 궁정에서 가장 막강한 권력을 지녔던 두 사람인 무제와 두태후도 나란히 유교와 도교의 경쟁에 뛰어들었습니다. 두태후는 왜 유학에 대해 그렇게 뼈에 사무치는 원한을 가진 것일까요? 예사롭지 않은 궁정의 투쟁에서 과연 누가 웃고 누가 울게 될까요?

새 정권은 옛 정권의 주인공들을 범하지 못한다

노 승상과 소년 천자였던 두영과 무제는 꿈에도 그리던 강력한 제국을 건설하기 위해 온힘을 다해 부지런히 일했습니다. 그래서 사학자들은 이 시기를 일컬어 건원신정建元新政이라 부르기도 했습니다. 그러나 두영의 득의양양한 행보는 다시 그의 고모 두태후의 분노를 촉발시켜 배은망덕하다는 욕까지 먹었습니다. 건원신정이라고 불리던 그때, 무제와 그의 신하들은 무슨 일을 했을까요? 막강한 권력을 가졌던 두태후가 무엇 때문에 그렇게 이를 악물었을까요?

먼저 유학을 부흥시키려던 조치를 살펴봐야 합니다. 이에 대해서는 이미 앞에서 언급했으니 재론하지 않겠습니다.

다음은 폐정弊政을 일소한 조치를 들먹여야겠습니다. '동중서의 대책' 편에서 우리는 동중서가 무제에게 환영받은 다섯 가지 원인을 말한 바 있습니다. 그중 하나가 '경화'였습니다. 그건 변화를 뜻하는 말로, 모든 폐정을 일소한다는 얘기입니다. 그러면 무제와 군신들의 눈에는 어떤 것이 개혁하지 않으면 안 되는 폐정이었을까요?

첫 번째 폐정은 열후가 자신의 봉지로 가는 것을 의미하는, 이른바 열후취국列侯就國의 원칙이 제대로 지켜지지 않은 현실입니다. 열후라는 것은 어떤 땅에 봉해진 제후를 말합니다. 또 취국은 자신의 봉지로 돌아가는 것을 뜻합니다. 하기야 제후가 자신의 봉국封國으로 돌아가지 않으면 어디로 가겠습니까. 원래 한나라 때의 봉후封侯라는 것은 하나의 현을 어떤 사람에게 봉하면 그 현의 이름을 따라 무슨 후로 불렸습니다. 예컨대 황제가 누군가를 창평현昌平縣에 봉하면 그 사람은 창평후가 되는 겁니다. 또 순의현順義縣에 봉한다고 합시다. 그 사람은 순의후가 됩니다. 이것이 바로 부모관(父母官, 지방 수령의 의미)입니다. 따라서 그들은 일률적으로 현지에 있으면서 백성을 교화하고 조정을 위해 영토를 지키는 책임을 졌습니다.

자기 마음대로 해도 좋은 땅을 받았으니 그 혜택을 받은 사람들은 당연히 웃으면서 황제의 은혜에 감사하며 좋아라 하고 현지에 부임했습니다.

그러나 부임 순서가 다 마무리되면 임지는 돌아보지도 않은 채 장안에 눌러 앉았습니다. 왜 그랬을까요?

무엇보다 대우 문제입니다. 관직과 작위를 올려주는 것은 사실 누구도 거절하지 않을 일입니다. 그러나 그렇다고 누가 감히 장안의 번화함이 주는 매력적인 삶을 포기한 채 이름도 모르는 작은 현으로 달려가겠습니까? 작은 사찰의 부유한 방장이 되고 싶어 할 까닭이 없는 거지요. 이것은 노는 물이 중요하다는 사실과 같습니다. 오죽했으면 '닭 머리가 될지언정 봉황의 꼬리가 되기는 싫다'라는 말이 있겠습니까? 자기가 보기에 좋은 곳에 있고자 하는 것은 인지상정인 만큼 더 이상의 설명이 필요하지 않습니다.

결혼 문제도 이유가 됩니다. 유씨가 아닌 한나라 때의 수많은 제후왕들은 다른 신분도 하나 더 소유하고 있었는데 그게 바로 상주尚主였습니다. 상주라는 것은 무엇일까요? 공주를 부인으로 맞아들인 남자들을 뜻했습니다. 공주는 대단한 신분이었습니다. 그러나 황제의 딸들인 그녀들에게도 고민은 있었습니다. 시집을 잘 가야 한다는 스트레스가 바로 그것입니다. 자신의 신분과 비교해서 어울리는 남자를 만나야 한다는 부담이 있었던 겁니다. 공주는 누가 뭐래도 금지옥엽이었습니다. 사족인지는 모르겠으나 당연히 상당한 수준의 남자를 찾아야 했습니다. 젊고 걸출해야 할 뿐 아니라 조상들이 대대로 높은 관직에 있던 귀한 집안의 남자여야 했습니다.

현실이 그러니 문제가 생기지 않을 수 없습니다. 더구나 황제의 딸들은 이리도 많은데 도대체 어디에서 그렇게 많은 10대와 20대의 젊은 청년들을 남편감으로 찾겠습니까. 하여 공주들은 우선적으로 자기 남편감을 지방의 제후왕 집안에서 찾았습니다. 너도 나도 후부인侯夫人이 된 거지요. 원래 여자들한테는 옛날부터 시집간 집안의 풍습을 따르라는 말이 있습니다. 그러나 공주들은 너나 할 것 없이 황궁의 생활에 길든 여자들이었는데, 하물며 작은 정원에 귀한 봉황을 키우는 것이 가능하겠습니까? 상주 제후왕들로서는 장안에 머물면서 사랑하는 부인들의 벗이 되지 않으면 안 됐던 겁니다.

장래 문제도 거론하지 않으면 안 됩니다. 지금도 그렇지만 솔직히 수도에 와보지 않으면 자기의 위치가 얼마나 초라한지 알지 못합니다. 때문에 관계에서 부단히 승진을 계속하려면 무슨 일이 있어도 수도에 달라붙어 있어야 하며, 상류 사회와 끊임없이 교류해야만 성공지수도 몇 배 커질 수 있었습니다.

한나라 때는 성공 공식이라는 불문율이 있었습니다. 그게 바로 우선 제후로 봉해진 다음 승상이 되는 것이었는데, 이를테면 후로 봉해지는 것이 승상으로 임명될 수 있는 자격증이었습니다. 하지만 운이 좋지 못해 저 멀리 변방의 현으로 발령이 나면 권력의 중심에서 멀어지는 것은 당연했습니다. 자격증은 써보지도 못한 채 말이지요. 옛말에 "재상 댁의 노비는 7급의 관원에 해당한다"는 말이 있는데, 이는 장래 문제를 위해서는 수도에 머무르는 것이 보험과 같은 효과를 가지고 있다는 말입니다.

개혁해야 하는 첫 번째 폐정은 분명해지는 것 같습니다. 제후들을 모두 자신들의 봉지로 보내는 것이었습니다. 물론 이것은 기득권층의 이익을 건드리는 조치였습니다.

두 번째 폐정은 함곡관의 통행금지입니다. 무제는 금관(禁關, 함곡관에 대한 통행금지)이 좋은 제도가 아니라고 생각했습니다. 그래서 즉위한 지 얼마 안 되어 바로 제관(除關, 함곡관에 대한 통행금지 해제)을 실시했습니다. 금관은 원래 진나라 때부터 실시된 제도로서, 형법이 엄격했던 진나라가 수도 함양의 안전을 확보하기 위해 정식 통행증이 없으면 함곡관을 출입할 수 없도록 했던 겁니다. 그러나 한나라 때에 이르러서는 정치를 잘한 탓에 백성이 비교적 평화로운 나날을 보냈습니다. 도적이나 반란이 없는 것은 아니었지만 그게 사회적으로 큰 문제는 아니었습니다. 무제는 급기야 태평성대를 더욱 선전하기 위해 함곡관에 대한 통행금지를 해제했습니다.

세 번째 폐정은 최고위층에 대한 불문율인 불체포 특권입니다. 다시 말해 유씨 종실과 외척인 두씨 중에서 법을 어긴 이들을 처벌하는 원칙을 확정할 필요가 있었습니다. 사실 양대 세력의 인물들 중에서 법을 어기는 사람들을 체포, 처벌하는 것은 국가를 위해서도 반드시 필요했습니다. 그 경우 사회 안정을 확보하고 중앙집권을 공고하게 할 수가 있었으니까요.

건원신정 때 신속하게 마무리한 이들 세 가지 폐정의 혁파 중 한 가지는 백성에게 혜택이 돌아가는 조치였습니다. 하지만 나머지 둘은 예봉이 최고위급 권력층을 향했습니다. 그 때문에 한나라의 내로라하는 권문세가들은 부정적인 반응을 보였습니다. 일부는 상소를 올리고 다른 일부는 부당하다는 논리를 적극적으로 폈습니다. 하지만 각종 조치들을 결정한 무제가 그들이 찾아가야 할 대상은 아니었습니다. 그건 호랑이 입에서 이빨을 빼는 것과 하나도 다를 게 없었지요. 고심에 고심을 거듭한 결과 그들은 자신들의 불만을 터뜨릴 대상을 결정했습니다. 그게 바로 두태후였습니다.

두태후는 평생 도교를 믿은 돈독한 신도였습니다. 그랬으니 일련의 폐정의 혁파와 '독존유술'의 슬로건은 손자가 할머니의 개인적인 신앙과 정치사상에 공개적으로 도전하는 것이라고도 볼 수 있었습니다. 조정 권문세족들이 튕기는 주판알도 마찬가지입니다. 무제가 조정의 고위 기득권층을 흔들어 완전히 판을 바꾸겠다는 생각을 하고 있다고 판단한 거지요.

이후 두씨 일족 사람들과 유씨 종실 사람들, 후로 봉해진 제후, 상주의 부인들인 공주들은 침실 문턱이 닳도록 두태후의 궁전에 드나들었습니다. 이어 약속이나 한 듯 이렇게 꼬드겼습니다.

"종실과 외척 사람들을 벌주면 어디에 황실의 존엄이 있겠습니까. 또 공주의 고귀한 몸으로 어떻게 바깥세상의 어려움을 참아내겠습니까. 태후는 자비를 베푸십시오. 어찌 아들, 손자들의 피눈물을 그저 보고만 계시려 합니까."

황제와 대신들을 구조조정하다

두태후는 꼼꼼한 손자의 건원신정을 당연히 좋게 보지 않았습니다. 그러나 처음에는 꾹꾹 눌러 참으려고 했습니다. 눈을 질끈 감고 젊은 사람이 의욕을 가지고 해볼 수 있도록 내버려두려고 했습니다. 하지만 전혀 뜻하지 않은 일이 벌어집니다. 성실하기로 유명한 어사대부 조관趙綰이 새로 임명되자마자 지나친 충성심을 발휘한 탓입니다. 내용은 간단했습니다. 그가 "앞으로는 조정의 대사를 동궁東宮에 보고할 필요가 없지 않겠습니까?"라는 말을 무제에게 한 겁니다. 동궁이 어딥니까? 두태후의 침궁 아니겠습니까!

어쨌거나 조관의 이 발언은 두태후라는 화약고를 건드리고 말았습니다. 인내의 한계에 도달한 두태후는 당연히 분노했습니다. "모두 다시 정돈해야 한다! 새로운 조치들은 다 없애버리겠다!"라면서 과격한 반응을 보였습니다. 건원신정은 급기야 위기에 봉착하지 않으면 안 되었습니다.

할머니와 손자의 갈등이 왜 이렇게 심해진 것일까요?

무엇보다 통치사상을 둘러싼 충돌이 원인입니다. 넓은 의미에서 보면 도교를 뜻하는 이른바 황로지학은 원래 전국시대에 붐을 이뤘습니다. 황제와 노자를 배운다는 기치를 내걸고 도가와 법가 두 가지의 사상을 종합한 것이었습니다. 그러나 실제적으로는 노자의 말씀과 도가의 학설, 법가의 이론에다 이들의 뛰어난 내용까지 합쳐 일궈낸 사상이었습니다. 두태후는 바로 이 황로지학에 완전히 빠진 나머지 이 사상을 황실 자제들의 필수 과목으로 확정한 다음 다른 것은 배울 필요도 없다고 했습니다. 그래서 언제나 황실 주변의 사람들 손에는 『노자』가 들려 있었습니다. 황제도 읽고 태자도 읽어야 했으며 모든 두씨 일족의 사람들도 당연히 읽어야 했습니다.

그러나 그녀의 손자 무제는 태자 때부터 아예 대놓고 『노자』를 진지하게 공부하지 않았습니다. 이어 황제 자리를 물려받은 다음에는 개혁을 한다는 평계로 '독존유술'이라는 정치노선으로 달려갔습니다. 할머니로서는 당연히 용납할 수 없었지요. 때문에 도교와 유교의 충돌 조짐은 무제재위 초창기에 이미 절정에 올랐습니다.

물론 경제 때에도 갈등의 조짐이 전혀 없었던 것은 아닙니다. 당시에는 『시경詩經』의 대가, 즉 박사였던 원고생轅固生이 갈등의 중심에 섰습니다. 그는 『시경』을 강의하면서 조정을 장악하려는 시도를 하고 있었습니다. 반면 도교에서는 황생黃生이라는 학자가 도가 이론의 권위를 부르짖었습니다. 원수는 외나무다리에서 만난다는 속담처럼 조정에서 두 사람의 갈등은 첨예했습니다. 치열한 논쟁도 펼쳐졌습니다. 언제나 주제는 상商의 탕왕湯王과 주周의 무왕이 전 왕조를 타도하고 대체한 것이 과연 정당한가 하는 것이었습니다. 한쪽에서는 하늘의 뜻을 겸허히 따른 것이라고 한 반면, 다른 쪽에서는 대역부도大逆不道한 것으로 보았습니다.

주지하다시피 유교의 일관된 주장은 "탕왕과 주왕의 혁명은 하늘을 따르고 백성에 응해서 일어난 것이다"라는 것이었습니다. 우리가 아는 '혁명'이라는 단어도 바로 이 말에서 유래했습니다. '혁명'이라는 것은 다른 게 아니라 전 왕조의 명과 폭군의 명을 과감히 바꾸는 것이었습니다. 때문에 원고생은 솔선수범해서 "백성들은 하夏의 걸왕桀王과 상의 주왕紂王을 위해 힘을 쏟을 생각을 하지 않았다. 오히려 상의 탕왕과 주의 무왕에게 마음이 기울었다. 상의 탕왕과 주의 무왕은 부득이하게 천자가 되었다. 이것이 바로 하늘로부터 받은 명이 아니고 무엇인가?"라고 공공연하게 말하고 다녔습니다. 황로지학의 독실한 신자였던 황생은 아래와 같이 더욱 강력하게 토로했습니다.

"상의 탕왕과 주의 무왕이 하의 걸왕과 상의 주왕을 대체한 것은 신하가 군주를 시해한 것이다. 신하의 신분으로 군주를 죽이면 정의는 도대체 어디에서 나올 것인가?"

황생은 그 정도에서 그치지 않고 다음과 같은 생생한 비유를 들었습니다.

"관은 설사 낡았더라도 머리에 써야 한다. 신발 역시 설사 새것이라도 발에 신어야 한다. 이것은 무슨 말인가? 군주가 설사 잘못을 했더라도 관일 수밖에 없다. 또 신하가 아무리 재능이 있어도 신발일 수밖에 없다는 말이다. 관과 신발은 위아래라는 순서가 있다. 군주와 신하 역시 위치가 바뀌면 안 된다."

하나라의 걸왕과 상나라의 주왕은 비록 무도한 군주이지만 위에 존재하는 군왕이라는 얘기가 됩니다. 또 상의 탕왕과 주의 무왕이 비록 성인이기는 했으나 아래에 있는 신하라는 말도 됩니다. 따라서 최종 결론은 "무릇 신하 되는 사람은 군왕의 과실을 고치도록 만들면서 천자를 받들어야 한다. 그렇지 않고 과실이 있다고 살해한 다음에 자신이 남쪽을 바라보면서 군왕을 칭한다면 그것은 신하가 군왕을 시해한 것이 아닌가?"라는 말이 됩니다.

황생의 주장은 조리가 대단히 분명했습니다. 얼핏 들으면 말문이 꽉 막힐 정도였습니다. 논리의 출발점도 좋아 신하가 군주를 시해한다는 말을 들먹이게 됩니다. 이건 서한 정권이 절대로 허용할 수 없는 일이었습니다. 그러나 그는 말을 지나치게 확실하게 했습니다.

하지만 그 또한 한 가지 문제를 소홀히 하게 됐는데, 다름 아닌 유방이 어떻게 황제가 됐는지 생각하지 않았던 겁니다. 이에 원고생은 핵심을 확실히 잡았습니다. 갑자기 따지고 비난하기 시작한 그는 대개 다음과 같은 내용으로 공격하였습니다.

"고조 유방은 도대체 관인가 신발인가? 그는 진나라 말기에 거병했다. 당시 관에 해당하는 사람은 진나라 2세(진시황의 아들인 호해胡亥)와 진왕秦王 자영子嬰이었다. 유방은 그저 신발일 뿐이었다. 그는 3년 동안 진나라와 투쟁한 다음 4년 동안 항우를 멸망시키는 전쟁을 벌였다. 이어 용상에 올라 황제가 되었다. 그게 신발이 머리로 올라간 게 아닌가? 당신은 이에 대해 어떻게 설명할 것인가?"

황생은 유구무언이었습니다. 자신의 학설을 시원스럽게 납득시킬 방법이 없었습니다. 경제는 그 광경을 보고 안 되겠다고 판단한 모양입니다. 너무 민감한 화제라 논쟁거리로는 어울리지 않았으니까요. 결국 그는 자신 앞에서 그에 대해서는 논쟁하지 말라고 결정했습니다. 이때부터 신하가 군주를 시해하는 문제와 관련한 화제는 갑자기 수면 아래로 내려갔습니다. 아무도 감히 거론하는 사람이 없었습니다.

사마천은 『사기』의 「유림열전」에서 이 우스운 교묘한 말들과 논쟁을 기록했습니다. 여기에서 꼭 주목해야 할 점은 경제가 결정적인 순간에 고함을 지르면서 논쟁을 멈추게 했다는 사실입니다. 학술 분쟁이 일단 정치적 영역으로 들어가면 이상스레 민감해지고 첨예해진다는 점도 마찬가지입니다. 자칫 잘못 건드리면 사람의 생명도 잃게 만듭니다. 사실 역사에는 이런 일들이 끊이지 않고 이어졌습니다.

아니나 다를까 원고생은 자신 주변의 유학자들에게 논쟁과 관련한 사실을 퍼뜨렸습니다. 그 사실을 들은 사람은 하나에서 열, 열에서 백으로 늘어나 나중에는 두태후의 귀에까지 들어갔습니다. 그녀는 처음에는 전혀 얼굴에 변화를 일으키지 않았습니다. 그녀는 그저 이 전투적인 유학의 투사를 보고자 했을 뿐입니다.

두태후는 원고생이 눈앞에 나타나자 한 손에 『노자』를 든 채 "선생의 학문은 고매하다고 들었소. 이게 무슨 책입니까?"라고 물었습니다. 원고생은 책을 힐끗 한번 쳐다보더니 "시정잡배나 읽는 책입니다"라고 대답했습니다. 할아버지, 할머니 같은 평범한 백성이 좋아하는 통속적인 읽을거리라는 얘기였습니다. 그 한 마디는 두태후를 분노케 하기에 충분했습니다. 또 도교의 학설에 대한 가차 없는 풍자였을 뿐 아니라 두태후의 개인적인 신앙을 욕되게 하는 말이기도 했으니까요. '시정잡배'라는 단어도 그랬습니다. 두태후의 아픈 곳을 정면으로 찌른 것인데, 그도 그럴 것이 그녀는 원래 빈궁한 집안 출신이었거든요. 동생인 두소군竇少君을 집에서 양육할 수가 없어 다른 집에 팔았을 정도입니다. 두소군은 수십여 군데로 계속 팔려 다니다 수십 년 후 누나인 두태후를 우여곡절 끝에 만납니다. 지금 생각해도 슬프기 그지없는 얘기입니다.

그런데도 그는 주제넘게도 계속 '시정잡배'니 '통속적인 읽을거리'니 하고 운운했습니다. 두태후는 그의 말을 들으면서 자신의 치부가 다 드러난 느낌이었는지도 모릅니다. 한껏 분노한 두태후는 원고생을 바로 돼지 우리에 던져 넣은 다음 멧돼지를 때려잡으라고 명했습니다. 검투사는 원래 맹수와 싸울 때는 장검이나 단도를 지니는 법입니다. 그러나 원고생은 일개 서생인데다가 적수공권이었습니다. 생명을 잃지 않은 것이 이상하지 않습니까?

다행히 이때 경제가 나타나 그에게 검을 던져주었습니다. 원고생은 심기일전, 그 검으로 멧돼지의 심장을 찔러 겨우 목숨을 부지합니다. 그 후 경제는 쏜살같이 인사를 단행했습니다. 그를 제후국의 국상으로 보내버린 겁니다. 두태후는 도교를 수호하기 위해 있는 힘을 다했고 심지어 살인까지 감행하려 했습니다. 그것도 멧돼지의 힘을 이용해서 말이지요.

통치 지위를 둘러싼 충돌도 간과해서는 안 됩니다. 두태후는 원래 상당히 품위 있는 사람이었습니다. 손자인 무제에게 새로운 정치와 관련한 '업적'에 대해서도 성급하게 물어보지 않았습니다. 그러나 그녀는 "앞으로는 조정의 대사를 동궁에 보고할 필요가 없지 않겠습니까?"라고 한 조관의 말에는 분노와 더불어 경각심도 생겼습니다. 그녀에게 권력을 내놓으라고 요구하는 것과 다를 바 없었으니까요!

그녀는 문제의 황후, 경제의 황태후, 무제의 태황태후 자리를 모두 겸은 노태후였습니다. 한나라의 천자들은 하나같이 그녀 자신이 사랑해 마지않는 가족이었습니다. 한나라의 황궁은 바로 그녀의 집이었지요. 조관의 말을 들었을 때 그녀의 마음이 과연 어땠을까요. '너 무제는 내 손자에 불과해. 나는 아직 죽지 않았어. 그런데 나를 몰아내려고 해? 나는 그것만큼은 참을 수가 없어!'라고 생각한 것은 아닐까요.

두태후는 평민인 원고생을 멧돼지 우리에 던져 넣었습니다. 살든가 죽든가 알아서 하게 한 겁니다. 그러면 황제인 자신의 친손자 무제에게는 어떻게 본때를 보여주었을까요?

처음에는 꼬투리를 잡습니다. 두태후는 자신을 2선으로 물러나게 하려는 대신들의 움직임을 보고 '나에게 권력을 내놓으라고? 그렇게 말하는 걸 보니 너희는 창피한 일들을 많이 한 게로구나'라고 생각한 모양입니다. 그녀는 자신의 생각을 즉각 행동으로 옮겼습니다. 은밀하게 사람을 풀어 대신들의 뒷조사를 한 겁니다. 그녀의 목표는 분명했습니다. 황제에게 좋지 않은 의견을 낸 대신들이 타깃이었습니다. 그중 어사대부 조관과 낭중령郎中令 왕장王臧은 핵심 중의 핵심인물이었습니다. 그들은 그녀를 실망시키지 않았는데, 바로 조사를 통해 문제가 있다는 사실이 드러났지요. 잠시의 거리낌도 없는 그녀는 바로 두 사람을 투옥시켰습니다.

그 다음 행보는 정적들을 구별하여 대합니다. 원래 사람들을 혼내줄 때는 각각 다른 방법을 써야 하는 법입니다. 두태후도 그랬습니다. 건원지정을 추진한 세력을 3등급으로 구분한 거지요. 1등급은 친손자 무제였습니다. 눈에 넣어도 아프지 않을 만큼 사랑했을 뿐더러 교육도 확실하게 해야 했습니다. 그래서 그에 대해서만큼은 털끝도 손대지 않았습니다. 그러나 다른 사람은 달랐지요. 무제의 오른팔과 왼팔은 특히 더 그랬습니다. 그녀의 입장에서는 그들이 더 이상 날뛰지 못하게 해야 했습니다. 무제의 오른팔과 왼팔은 다름 아닌 승상 두영과 태위 전분입니다. 그녀는 이 장애물을 2등급으로 분류해 파직시킴으로써 돌파의 방법을 찾습니다. 그러나 이는 비교적 관대한 처벌이었습니다. 두 사람 모두 외척이었으니까요. 3등급은 어사대부 조관과 낭중령 왕장입니다. 이 두 사람은 용서받지 못하여 결국 새 황제를 미혹시킨 신하라는 죄명을 뒤집어씌워 자살하도록 강요합니다.

마지막 행보는 조정의 관료들을 확 바꾸는 인사입니다. 두태후는 "범 무서운 줄 모르는 하룻강아지"인 손자 무제가 아무래도 안심이 되지 않았습니다. 결국 그녀는 부처님을 외치는 마음씨 좋은 할머니로 남지 않기로 했습니다. 본격적으로 정치에 간섭하기로 한 겁니다. 게다가 과감하게 칼까지 휘둘렀습니다. 파면시킬 대신은 파면시키고 등용할 이들은 등용했습니다.

이 조치로 인해 백지후柏至侯 허창許昌은 승상, 무강후武强侯 장청적莊青翟은 어사대부로 발탁될 수 있었습니다. 이 두 사람은 어떤 사람일까요? 그저 제후일 뿐입니다. 그러나 도교를 믿었던 탓에 일거에 하늘로 올라가 한나라 정권 제1선 정치인이 되었습니다.

오래된 나무는 흔들리지 않는다

건원신정은 겨우 추진 2년 만에 두태후가 마구 휘두른 도끼에 완전히 망가졌습니다. 원문에는 '잘나가는 사람들이 모두 일거에 쫓겨났다'고 기록되어 있습니다. 나이 든 사람들이 일은 더 잘한다는 말로 표현해도 좋을 상황이 아니었나 싶습니다. 그러면 건원신정은 왜 그렇게 빨리 요절했을까요? 그녀가 손에 쥐고 있던 정치적인 자원 탓일까요? 사마천이 혹『사기』에서 사람들이 소홀하기 쉬운 역사적 사실을 감춘 것은 아닐까요?

서한의 궁정에서 유교와 도교가 대치할 경우 상황은 언제나 분명했습니다. 유가 일파들이 늘 밀리는 형국이었지요. 숙손통叔孫通만 보아도 그렇습니다. 진나라와 한나라 두 왕조를 다 겪은 그는 주군을 여섯이나 섬긴 유생입니다. 그런 그를 전형적인 사례로 삼아 분석해보겠습니다.

숙손통이 제일 처음 섬긴 주군은 진시황입니다. 직위는 대조박사待詔博士로서, 그가 천하를 두루 다스리기 위해 지혜를 처음 쏟아낸 겁니다.

진시황이 세상을 떠난 다음 그는 두 번째로 2세를 주군으로 섬겼습니다. 그때 진승陳勝과 오광吳廣의 난이 일어났습니다. 미래에 대한 경고등이 켜진 겁니다. 실제로 조정의 신하들은 하루라도 편할 날이 없었지만 2세만큼은 그걸 인정하지 않았습니다. 주위의 신하들에게 "진짜 수많은 백성이 반란을 일으킨 것인가?"라고 물었을 정도니까요. 그럴 때마다 대신들은 침통한 얼굴로 고개를 끄덕였습니다.

하지만 숙손통에게 물었을 때만큼은 달랐습니다. 그는 전혀 개의치 않고 "어디에 반란이 일어났다고 그러십니까? 그저 작은 도적떼일 뿐입니다!"라고 말했습니다. 2세는 당연히 크게 기뻐했습니다. 진실을 말한 사람들은 바로 목이 달아났습니다. 거짓말을 한 숙손통은 당연히 전전긍긍해야 했습니다. 그는 급기야 2세가 내린 최후의 상인 비단 20필과 옷 한

벌을 받은 다음 세 번째 주군을 찾으러 나섰습니다.

숙손통의 세 번째 주군은 누구였을까요? 그는 본격적으로 주군 찾기에 나섰으나 함부로 찾을 수도 없었습니다. 적어도 호흡이 맞아야 하니까요. 그는 그래서 우선 천하 호걸들의 운명과 팔자를 살폈습니다. 그런 다음 마지막에 항량項梁에게 판돈을 크게 걸었습니다. 항량이 죽은 다음에는 초나라 회왕懷王 웅심熊心에게 기대를 걸었습니다. 그러나 웅심이 죽자 다음에는 항우를 따랐습니다.

한나라 2년(기원전 205년) 4월이었습니다. 이 해는 항우와 유방의 팽성彭城 전투가 벌어졌던 해입니다. 유방도 56만 대군을 지휘해 항우에 대적했습니다. 숙손통은 바로 이때 미리 보고도 하지 않고 다시 재빨리 직장을 바꿨습니다. 유방에게 투항한 겁니다. 유방은 그의 여섯 번째 주군이 된 것인데, 혹자는 그가 무척이나 성실해서 불활성 기체처럼 밑바닥에 납작 엎드려 있었다면 아마도 역사에 이름을 남기지 않았을지도 모른다고 주장합니다. 그러나 그는 그렇게 하지 않았습니다. 주마등처럼 빠른 속도로 주군을 쉴 새 없이 바꿨습니다. 그때마다 큰 수확을 얻지 못한 채 헛발질만 계속했지만요. 아무려나 그가 유방의 수하에 들어간 다음 56만 대군은 항우 군에게 패하고 말았습니다. 그러나 그는 이번에는 제대로 본 모양입니다. 패했는데도 유방을 계속 따랐거든요.

숙손통은 바람결에 나부끼는 돛단배 같은 모습을 보이기는 했어도 대단한 유학자였습니다. 이름도 널리 알려졌으니 당연히 후학을 가르치는 임무도 져야 했습니다. 실제로 그는 수하에 100여 명 이상의 제자를 양성하고 있었습니다. 제자들은 그에게 적지 않은 기대를 했는데, 훌륭한 스승을 따르고 있으니 자신들의 앞날은 밝다고 생각한 겁니다. 그러나 누가 짐작이나 했겠습니까. 4년에 걸친 초한 전쟁 기간 동안 그는 유방에게 전쟁에 바로 투입될 건장한 장사들만 추천했을 뿐 자기 제자의 이름은 한

자도 입에 올리지 않았습니다. 제자들의 불만이 폭발한 것도 당연합니다.

"사부님은 너무 매정하시다. 자신의 체면만 생각하고 우리의 앞길은 신경도 쓰지 않으신다."

대충 그런 얘기였을 겁니다. 숙손통 역시 그 제자들에게 "전쟁 기간에는 지식인들은 중용되지 않는다. 너희는 대왕을 위해 바위덩어리를 헤치고 나갈 수 있겠느냐? 그도 아니면 날이 번득이는 칼을 맞을 수 있겠는가? 병사들을 이끌고 싸울 수 있겠는가? 그렇지 못하면 마음을 편히 먹고 자신이 할 일을 잘 하고 있어야 한다. 때가 오면 이 사부가 너희를 잊지 않을 것이다"라고 말하면서 위로하지 않으면 안 되었습니다.

초한 전쟁이 끝난 다음인 한왕 5년(기원전 202년) 2월이었습니다. 유방은 지금의 산둥에서 황제로 즉위했습니다. 숙손통은 그때 자신이 말한 시기가 도래했다는 사실을 깨달았습니다. 그는 기회를 놓치지 않았습니다. 자신이 직접 나서서 주도면밀하게 황제 즉위 행사 시나리오를 만들어 고조 유방에게 조심스럽게 올린 겁니다. 그러나 유방은 가방 끈이 짧은 사람이라 번잡하고 격식을 차리는 것을 싫어하고 대신 간단할수록 좋아했지요. 사례도 있습니다. 그가 진나라를 공격해 함양을 함락시킬 때입니다. 그는 그때 진나라 백성을 위해 어떤 위무책을 내놓았을까요? 달랑 열 글자에 불과한 「약법삼장約法三章」이었습니다.

'살인자는 죽이고 사람을 해치는 자나 강도는 죄로 다스린다'라는 내용으로 일종의 구호에 지나지 않습니다. 때문에 숙손통이 행사 시나리오를 올리자 유방은 쳐다보지도 않고 그저 사의만 표했을 뿐입니다. 행사는 자연스럽게 열리지 않았습니다. 즉위식이 열린 이날 대신들은 예정에도 없는 한바탕 난리를 쳤습니다. 공을 다투면서 상을 요구했던 겁니다. 처음에는 소란만 피웠지만 상황이 급박해지자 그들은 검으로 기둥을 내려치기도 했습니다. 현장은 졸지에 통제 불능이 되었습니다. 유방은 이를 악물었으나 어떻게 할 방법이 없었습니다.

숙손통과 그의 100여 명 이상 되는 제자들은 드디어 기용될 기회를 잡았습니다. 게다가 산동에서 불러 모은 30여 명의 유생도 일거리를 얻었습니다. 매일 예의바르고 공경스런 태도로 조근(朝覲, 황제를 배알하는 행사) 대례를 연습한 겁니다. 고조 7년(기원전 200년) 장락궁長樂宮이 준공되었습니다. 숙손통은 이때 조근대례의 총감독을 맡았습니다. 그는 이 행사를 위해 문무백관을 총동원해 무릎을 꿇고 앉고 시립하고 하는 전 과정의 의식을 수개월 동안이나 준비했습니다.

행사가 열린 당일 문무백관은 처음 해보는 행사라 그야말로 전전긍긍했습니다. 그들은 그러나 숙손통이 준비시킨 대로 무릎을 꿇으면서 "만세! 만세! 만만세!"를 크게 잘 외쳤습니다. 유방은 거의 반평생을 말 위에서 보낸 사람이었던지라 일찍이 그런 장엄한 광경을 본 적이 없었습니다. 그는 바로 입을 열어 "나는 오늘에야 비로소 황제가 얼마나 존귀한지를 알겠다"라는 천고의 명언을 토해냈습니다. 숙손통의 전문적인 연구와 수많은 수정을 통해 완성된 행사는 대단히 성공적이었습니다. 당연히 그는 유방으로부터 적지 않은 상을 받았습니다. 우선 태상太常의 벼슬을 받았고, 이어 500금을 받았습니다. 그는 그것을 실업 상태에 있던 자신의 일부 제자들에게 골고루 나누어주었습니다.

사마천은 이런 숙손통을 '쭉 곧은 큰 나무와 같다. 모든 나무들이 굽어서 잘릴 때도 그 나무는 곧게 뻗어 있다. 그러나 너무 곧은 것은 또 위험하다. 쉽게 꺾인다. 그러므로 그는 비록 곧게 뻗어 있더라도 항상 유연하다'라는 말로 설명했습니다. 아무리 그랬다고 해도 저는 그가 얻은 것보다 잃은 것이 더 많았다고 생각합니다. 또 그가 자신을 굽히고 다른 사람들의 비위를 맞춘 것은 당시의 유생들이 얼마나 생존하기 어려웠는가를 여실히 보여줍니다.

북송 초창기에 왕우칭王禹偁이라는 시인이 있었습니다. 그는 일찍이 〈사호묘四皓廟〉라는 작품을 쓴 바 있는데, 사호는 '상산사호商山四皓'를 일컫는 것으로 이와 관련한 유명한 일화가 있습니다. 진나라 말기와 한나라 초기에 각각 동원공東園公, 각리선생角里先生, 기리계綺里季, 하황공夏黃公으로 불리는 유명한 학자 네 사람이 있었습니다. 그들은 진나라가 망한 다음 유방 밑에서 관리를 하는 것을 원하지 않았습니다. 그래서 오랫동안 지금의 산시성 단펑현丹鳳縣 일대인 상산에 숨어 살았습니다. 그러다 나중 유방의 꾀주머니인 장량張良이 계략을 잘 써서 여후가 그들을 초청해 태자 유영을 보좌하게 되었습니다. 산을 내려왔을 그때 그들의 나이는 하나같이 80세 이상으로 눈썹과 머리가 하얗게 셌습니다. 상산사호는 바로 이런 일화를 가지고 있습니다.

각설하고 왕우칭은 자신의 시에서 '진황분구전秦皇焚舊典'과 '한조익유관漢祖溺儒冠'이라고 읊었습니다. 진시황이 전 왕조의 모든 전적을 불태우는 분서갱유를 일으키고 유방이 유생들의 관에 오줌을 쌌다는 말입니다. 유생들의 지위가 얼마나 열악했는지를 잘 증명해줍니다.

바로 그렇기 때문에 우리는 이렇게 말할 수 있습니다. 두태후가 '독존유술'을 슬로건으로 내건 건원신정을 일거에 박살낼 수 있었던 것은 그녀의 막강한 권력에도 있지만 그보다는 한나라 개국 당시부터 궁정 내외에 축적된 '억유(抑儒, 유교 억압)'의 정치적 분위기에 힘입은 바가 컸습니다.

건원신정의 파국으로 승상 두영과 태위 전분은 권력의 정점에서 그대로 추락했습니다. 외척능신外戚能臣, 즉 외척이자 유능한 대신인 두 사람은 서로를 안타깝게 여겼을까요? 노부와 청년인 두 사람의 운명의 궤적은 도대체 어떻게 중첩되고 엇갈린 것일까요?

함부로 쏜 화살이 운명을 가르다

건원 6년(기원전 135년) 두태후가 세상을 떠났습니다. 무제는 드디어 자신의 의지를 자유롭게 펼칠 수 있는 기회를 맞게 되었습니다. 그러나 그가일찍이 임명했던 두영과 전분은 같은 외척이자 유능한 대신이었으나 운명이 극단적으로 엇갈렸습니다. 한 사람은 집에서 유유자적하는 신분에만족해야 했고 한 사람은 승상이 되었습니다. 왜 그들의 운명은 그렇게갈렸을까요? 왜 일찍이 같은 참호의 전우로 정을 나누다 한쪽은 강호에서 노닐고 한쪽은 조정에서 일하게 됐을까요? 아무리 박정하게 급변하는것이 인지상정이라 해도 어떻게 그처럼 극단으로 치달았던 것일까요?

어려움을 겪어야 진정한 정을 느낄 수 있다

건원 2년(기원전 139년) 두태후는 그저 손으로 하늘을 가림으로써 철저하게 건원신정을 분쇄했습니다. 이로 인해 호기가 하늘을 뚫던 소년 천자는 갑작스레 큰 상처를 입었습니다. 어디로 방향을 틀어야 했을까요? 이때 그의 선택은 아주 간단했습니다. 침묵으로 광풍에 대응하는 것이었습니다. 긴 안목으로 전체를 바라보면서 하루 이틀의 좋고 나쁨을 다투지 않는다는 것이었지요.

사실 그때 당시에는 누구도 건드릴 수 없는 태후의 권력은 거대한 정치 자본에서 기인한 것이었습니다. 무제는 아직 그렇게 할 방법이 없었습니다. 그러나 미래에는 어떨까요? 문제, 경제, 무제까지 3대에 이르는 황제의 치세를 경험한 노인이 살면 언제까지 살겠습니까? 반면 나이 겨우 열일곱 살에 불과한 무제의 미래는 무궁무진했습니다. 그에게는 시간도 충분했습니다.

기다림의 시간은 결코 헛되게 흘려보낸 시간이 아니었습니다. 무제는 할머니가 권력을 휘두르는 동안 비밀리에 미래를 계획하려고 나섰습니다. 건원 5년(기원전 136년) 두태후의 목숨이 카운트다운에 들어갔을 때입니다. 무제는 오경박사五經博士 제도의 입안에 본격적으로 나섰습니다. '오경'이라는 것은 『시경』, 『상서尙書』, 『의례儀禮』, 『주역周易』, 『춘추春秋』 등을 말합니다. 문제 시대에는 이중 『상서』와 『시경』을 관학官學으로 정하고 박사 제도를 두었습니다. 이어 경제 때에는 『춘추』에도 박사 제도를 두었고, 무제 때에는 『주역』과 『의례』까지 합쳐 박사 제도를 마련해 오경박사라고 불렀던 것이지요. 당시 오경이라는 것은 결코 유가의 전유물이 아니었고, 오경박사 또한 중앙의 인사개혁과 무관했습니다. 그러나 오경은 유학과는 혈육이 상통하는 관계였습니다. 무제의 조치는 실제로 '독존유술'을 위한 첫걸음이라고 할 수 있었지요.

건원 6년(기원전 135년) 두태후가 세상을 떠났습니다. 무제는 드디어 정권을 손아귀에 완전히 틀어쥐고 자기 마음대로 각종 조치를 취할 수 있게 됐습니다. 그는 우선 두태후 장례위원회의 주요 멤버에 대한 처벌에 나섰습니다. 승상 허창, 어사대부 장청적이 주인공이었는데, 그들의 죄명은 간단했습니다. 장례에 힘을 기울이지 않았다는 명목이었습니다. 그들은 두태후가 직접 임명한 사람들일 텐데, 어떻게 장례에 전력을 기울이지 않을 수 있겠습니까? 세상이 변했다는 사실은 말하지 않아도 바로 알 수 있었습니다.

무제는 얼마 후 무안후 전분과 한안국을 각각 승상과 어사대부로 임명했습니다. 무제가 임명한 이 인사를 가만히 살펴보면 한 사람이 빠져 있다는 사실을 알 수 있습니다. 두영입니다. 최고 권력자였던 두영과 전분은 건원 2년(기원전 139년), 졸지에 아웃사이더로 밀려났습니다. 그렇다면 전분은 지금도 여전히 굳건한데 두영은 어찌하여 그림자조차 보이지 않는 걸까요?

답은 아주 간단합니다. 외척능신은 원래 배후에 영원히 거대한 패밀리가 존재하지 않으면 안 됩니다. 또 조정에 막강한 권력을 가진 사람이 있어야 합니다. 그러면 모두에게 좋은 바가 되어, 이른바 원-원이 됩니다. 그러나 조정에 그런 사람이 없으면 패밀리의 배경은 그저 '흔들지 못하는 거대한 꼬리'가 되고 맙니다. 위험해지는거죠. 두영이 직면했던 상황은 바로 무제 시대 최초의 이런 경우입니다. 한참 후에는 위 황후와 대장군 위청이 그랬습니다. 함께 영화를 누리던 누나와 동생은 동시에 횡액을 당한 것이지요.

두태후가 세상을 떠나자 자연스레 두영의 정치 생명은 안녕을 고했습니다. 같은 외척이면서도 한쪽은 노년에 권력을 잃었고, 또 한쪽은 젊은 나이에 뜻을 펼치게 되었습니다. 이 옛 전우에 대한 새로운 상황 전개는 정말이지 사람들의 한숨을 자아내게 합니다. 그러나 두영이 강호에 머물고 전분이 조정의 최고 권좌에 앉아 있더라도 서로 못 본 척하면 아무 문제가 없었겠지요. 가는 길이 달랐으니까요. 그런데 왜 원수지간까지 이르 렀을까요?

우리는 앞에서 두영의 성격을 분석한 적이 있습니다. 까칠하다는 결론 을 냈었지요. 달리 말하면 의협심이 무척 강하다는 얘기입니다. 하지만 영웅도 나이가 들면 사람이 바뀌는 법일 텐데, 그럼에도 그가 그 성질을 버리지 않고 자신을 돌아보지 못한 것은 다 무장인 관부灌夫 때문이었다 고 봐도 좋을 듯합니다.

두영은 춘추전국시대 '사공자四公子' 중의 한 명인 신릉군信陵君을 존경 했습니다. 자기 재산으로 인재들을 길러 식객이 3,000명에 이르렀다는 인물이지요. 당시 식객들의 생존 방식은 간단했습니다. 각 분야 호걸의 상황을 고려, 가장 권력 있는 이를 택해 주군으로 삼는 것이었습니다. 그 런 다음 주군의 집에서 숙식을 해결하면서 각종 아이디어를 냈습니다. 두 영이 한참 잘나갈 때도 그래서 그야말로 식객들이 문전성시를 이뤘습 니다. 하지만 일단 끈이 떨어져 집으로 돌아오자 식객들은 뿔뿔이 사방으 로 흩어졌습니다. 이때 두영의 마음이 어땠는지는 미뤄 짐작하기 어렵지 않습니다.

그러나 유독 관부만은 그렇지 않았습니다. 이전과 똑같이 매일 두영을 찾아왔습니다. 하나는 끈 떨어진 승상, 하나는 마찬가지로 자리를 잃은 장군입니다. 동병상련이었지요. 그러면 관부는 왜 분위기 파악을 못하고 두영에게 미련을 버리지 못했을까요? 관부의 눈에는 이미 한물간 두영이 여전히 빛나 보였던 모양입니다. 무엇보다도 외척인데다 여전히 제후였 으니까요. 두영은 나이를 먹을 만큼 먹었습니다. 그에 반해 관부는 여전 히 젊었습니다. 중간에 거대한 갭이 있는 게 사실이지만 정신적인 의기투 합으로 연령의 차이를 극복했습니다. 두 사람은 뒤늦게 만났다는 사실을 통탄하면서 평생 못 잊을 생사의 우정을 나눴습니다.

어려울 때 벗을 버리지 않은 이 관부는 도대체 어떤 사람일까요?

관부의 성은 원래 장張입니다. 아버지는 장맹張孟이라는 사람으로 일찍이 유방 부대의 기병 사령관인 관영灌嬰의 식객입니다. 당연히 주군으로부터 높은 평가를 받았지요. 그래서 장맹은 나중에는 관영의 성을 따르기로 결정하고 이름마저 관맹으로 바꿨습니다. 오초칠국의 난이 일어났을 때 관맹과 아들 관부는 전쟁터의 부자 장교였습니다. 관맹은 이때 나이도 잊고 용맹하게 싸웠습니다. 물불을 가리지 않다가 결국 전사했지만요. 한나라 때의 법률 규정에는 부자가 동시에 전쟁에 참전해 한 명이 전사하면 다른 한 사람이 영구를 집으로 호송할 수 있었습니다. 관맹이 전사했으므로 관부는 당당하게 집으로 돌아가 상을 치를 권리가 있었습니다. 그러나 관부의 DNA는 아버지처럼 대단했습니다. "오왕 유비劉濞의 목을 베지 못하면 나는 관맹의 아들이 아니다!"라고 말하면서 귀향을 거부한 겁니다.

그는 집안 노비 열 몇 사람에 장정 수십 명을 더 불러 모아 직접 오국 진영에 쳐들어가기로 했습니다. 문제는 군문을 나설 때 장정들의 다리가 모두 풀렸다는 사실입니다. 고작 두 명만 죽기를 두려워하지 않고 싸우려 했을 뿐 나머지는 모두 놀라 도망쳐버립니다.

관부는 "산에 호랑이가 있는 줄 알기 때문에 산으로 간다"라는 옛말이 무색하지 않게 용감했습니다. 그의 지휘 아래 있던 집안 노비들도 열심히 싸워서 오국의 진영을 과감하게 공격해 들어간 겁니다. 하지만 중과부적이었습니다. 집안 노비들은 전원이 전사하고 말았고, 살아남은 사람은 그와 장정 한 명뿐이었습니다. 결국 그 장정이 그를 엄호하면서 철군할 수 있었습니다. 관부는 온몸에 십여 군데 부상을 입는 등 목숨이 경각에 달렸지요. 다행히 군중에게 좋은 상비약이 있었고, 게다가 그는 나이가 어려 겨우 목숨은 건질 수 있었습니다.

관부는 이 일로 인해 일거에 군중에 명성을 날렸고, 따르는 자들도 부지기수로 늘어났습니다. 일거에 명성을 드날린 관부는 즉각 조정의 주목도 받게 되어 마침내 중랑장中郞將에 임명되었습니다. 그러나 예로부터 싸움터에서는 용맹해도 관리를 시키면 잘 못하는 그런 이상한 사람이 꼭 있기 마련입니다. 관부가 그랬습니다. 자제력이 너무 모자라서 그랬는지 며칠 동안 중랑장 역할을 잘 하는가 싶더니 무슨 규정인가를 어긴 탓에 자리를 내놔야 했던 겁니다. 그게 경제 때의 일이었습니다.

무제는 즉위한 다음 바로 이 관부를 회양(淮陽, 지금의 허난성 화이양) 태수로 기용했습니다. 회양은 당시만 해도 교통의 요지여서 용감하고 능력을 제대로 발휘할 책임자가 맡아야 하는 곳이었습니다. 관부는 과연 기대를 저버리지 않았습니다. 무제는 두려움 없이 용감하게 전진하는 장점을 가진 그를 더욱 아끼게 되었습니다.

건원 원년(기원전 140년) 무제는 관부의 짐을 덜어주기 위해 그를 자기 옆으로 불렀습니다. 태복太僕으로 임명한 겁니다. 태복은 어떤 자리일까요? 황제의 어가 부대를 책임지는 관리자였습니다. 경제 때 위관이 어가의 운전기사에서 일거에 승상이 된 사실을 기억하면 어느 정도의 자리인지 알 수 있습니다. 따라서 무제가 그를 태복으로 임명한 것은 상당히 의미심장한 조치였습니다. 그를 키우겠다는 얘기와 다를 바 없었지요. 그러나 그는 큰 인물이기는 했어도 세련된 사람은 아니었습니다. 과연 그가 무제의 그런 살뜰한 마음을 이해했을까요?

관부는 정말 아무것도 두려워하지 않고 전진하는 사람이었습니다. 자신이 맡은 일을 제대로 해내지 못할 것을 두려워하는 사람이었습니다. 때문에 한가해지면 오히려 불안해하곤 했습니다. 또 그는 유난히도 술을 좋아하는 사람이었습니다. 취하지 않으면 집으로 돌아가지 않을 정도였으니까요. 태복이 된 지 2년째 되는 해였습니다. 관부는 술을 마신 다음 큰 싸움을 벌였습니다. 두태후의 친정 형제인 두보竇甫가 그 대상이었습니다. 원래 두 사람은 사이가 매우 좋았는데, 술이 거나해지고 서로 주사가 나오자 밀고 당기는 실랑이가 벌어졌습니다. 이 과정에서 오초칠국의 난 때 홀로 오국 진영으로 쳐들어간 천하의 영웅 관부가 두보를 때리는 불상 사가 발생했습니다.

이건 엄청난 화를 부를 일이었습니다. 두태후의 친정 형제에다 그녀의 경호대 대장, 장락궁의 수비 책임자 위위衛尉를 때렸으니 간단히 넘어갈 일이 아니었습니다. 더구나 두태후가 그를 용서할까요? 무제는 그래서 서둘러 그를 연燕나라의 상국으로 보내버렸습니다. 관부는 크게 나대지 는 않았으나 다시 법을 어겨 자리를 잃고 말았습니다. 크게 실망한 무제 도 그의 관직을 박탈할 수밖에 없었습니다.

관부는 참으로 독특하고도 괴팍한 사람이었습니다. 말하자면 강자에게 강한 사람이었고, 무시당하는 것을 참는 사람이 아니었습니다. 예컨대 자 신보다 지위가 높은 사람을 보아도 결코 예의 있게 대하는 법이 없었는 데, 심지어 대중 앞에서 그들에게 모욕을 주는 일도 있었습니다. 반면 자 신보다 지위가 낮은 사람들에게는 겸손하고 깍듯하게 대했습니다.

관부는 오로지 권력이 있는 사람한테만 시비를 걸었습니다. 그것도 주 변 사람들이 두 눈 멀쩡히 뜨고 있을 때 더욱 그랬습니다. 이런 행동은 일 반인에게는 정말 이해되지 않는 일이었지요. 권세를 추구하지 않는다는 허명을 얻기 위해 일부러 취한 행동이 아니었을까요?

원한이 점점 쌓이다

평생 못 잊을 생사의 우정을 나눈 두 사람의 사귐에 대해 다시 돌아보지 요. 두영은 우선 까칠했습니다. 그에 반해 관부는 용기는 있었지만 무모했습니다. 두 사람은 물론 나쁜 습관도 가지고 있었는데, 한 사람은 너무나 대범해서 크게 놀기를 좋아했다는 점, 또 한 사람은 술을 너무 좋아해 종종 사고를 쳤다는 점이 그렇습니다. 한마디로 '한 쌍의 늙고 어린 악동'이라고 할 수 있겠네요. 두 사람은 날이 갈수록 친해졌습니다. 그러다 마지막에 결국 큰 사고 하나를 쳤는데, 그게 바로 일련의 비극을 일으키게 됩니다.

도대체 어떤 사고였기에 그런 큰 영향을 미친 걸까요?

어느 날 관부의 누나가 세상을 떠났습니다. 상복을 입고 있는 동안 그는 당시의 승상인 전분을 찾아가 인사를 올렸습니다. 전분은 관부가 상복을 입고 나타나는 것을 보자 "원래 나는 그대와 함께 위기후 두영의 댁에 가서 술을 한잔 마시려 했소. 그러나 일이 안 되려고 그랬는지 그대가 아직도 상복을 입고 있구려. 그만두는 수밖에 없겠소"라고 농담을 던졌습니다. 전분의 말이 틀린 말은 아니었습니다. 한나라 때의 예법에 상복을 입고 있으면 술을 마셔서는 안 된다는 규정이 있었으니까요. 하지만 전분은 이미 끈이 떨어진 위기후를 정말 찾아가 만날 생각은 없었습니다.

그러나 관부는 다르게 생각했습니다. 웬일로 승상 전분과 잘 사귈 좋은 기회가 왔다고 생각했지요. 그는 바로 "승상께서 두영 장군을 만나고 싶어 하시는데 제가 어찌 상복을 입은 몸이라고 고사하겠습니까? 내일 일찍 두영 장군의 집에 함께 가시지요"라고 대답을 했습니다. 전분은 관부의 말을 듣고 울 수도 웃을 수도 없었습니다. 그는 인사말을 건넸을 뿐인데 관부는 그걸 너무 믿어버린 겁니다. 그저 적당하게 얼버무리는 수밖에 없었지요.

하지만 관부는 기쁨을 이기지 못한 채 부리나케 두영에게 달려가 그 사실을 알렸습니다. 두영도 전분이 자신의 집에 오고 싶다고 말했다는 얘기를 듣고 매우 기뻐했습니다. 그는 그 정도에서 그치지 않았습니다. 아랫

사람들에게 밤새도록 집 청소를 하게 지시한 다음 한밤중에 술상까지 준비했습니다. 새벽이 밝아올 때쯤 모든 준비는 마무리되었습니다. 기다리기만 하면 되었습니다.

그러나 오경(五更. 새벽 4시 전후부터 정오)까지 기다렸는데도 전분의 모습은 보이지 않았습니다. 두영은 기다릴수록 마음이 싸늘해지는 것을 느꼈습니다. "승상이 혹시 약속을 잊은 게 아니오?"라고 관부에게 묻기도 했지만, 관부도 얼굴이 점점 굳어져만 가는 것이었습니다. 그는 즉각 전분의 집으로 달려가지 않으면 안 되었습니다.

전분은 아니나 다를까 아직 잠에서 깨지도 않았습니다. 아니, 관부가 그의 집에 도착했을 때는 겨우 일어날 차비를 하고 있었습니다. 그는 관부에게 "어젯밤에 술을 많이 했소. 내 두 분에게 한 말을 깜빡 잊었구려. 그대가 왔으니 함께 가도록 하지요"라고 변명을 했습니다. 그는 두영의 집으로 가는 길에서도 흐느적거렸습니다. 두영의 집에 가는 일을 전혀 비중 있게 생각하지 않았던 것이지요. 관부는 속에서 천불이 났습니다.

드디어 조촐한 연회가 시작되었습니다. 성질 괄괄한 관부는 더 이상 참지 못하고 술의 힘을 빌려 아주 대놓고 냉소적으로 전분을 비웃었습니다. 초조해진 것은 두영이었습니다. 관부가 술에 취해 전분을 두들겨 패기라도 할까봐 가슴을 졸인 겁니다. 결국 그는 관부를 부축해 황급히 밖으로 데리고 나간 뒤, 곧바로 다시 돌아와 전분을 대접했습니다. 그래도 다행인 것이, 전분 역시 대취해 기분 좋게 집으로 돌아갔다는 점입니다.

지금까지의 광경만 놓고 보면 두영과 관부 두 악동은 결코 천진난만하다고는 이야기할 수 없을 것 같습니다. 그들은 있는 역량을 총동원해 전분을 초청해 대접했습니다. 왜 그랬을까요? 두 가지 이유가 있었습니다. 다시 한 번 재기해보겠다는 생각을 가진 것이 하나이고, 새로운 권력층과 관계를 맺어보자는 생각도 또 하나의 이유입니다.

그러나 두영이 다시 재기할 가능성이 있었을까요? 앞에서 우리는 이미 두태후가 세상을 떠난 다음 두영의 정치 생명은 거의 끝났다고 말한 바 있습니다. 그런데 전분이 그런 두영을 과연 안중에 두려고 했을까요? 아니었을 겁니다. 그는 아마도 '당신은 하나도 이용가치가 없는 인물이야. 그때 당신이 앉았던 승상의 자리도 내가 당신한테 양보한 것이지'라고 생각했을 겁니다. 따라서 두영이 집에서 베푼 연회는 현명하지 못한 판단의 결과로 보입니다. 어쨌든 그는 외척능신 출신에 덕망이 높은 사람이었고, 당시에도 어느 정도 권위를 갖고 있던 자였지요. 그 정도 위치에서 존중을 받으려면 자중했어야 합니다. 그가 자중했다면 진정한 군자들은 절대로 그가 자신을 낮추도록 하지 않았을 겁니다. 또 미치광이처럼 날뛰는 소인배들은 아예 그의 굴신에 신경조차 쓰지 않았을 겁니다.

전분은 재기를 위해 몸부림치는 두영의 안쓰러운 모습을 보고 엉뚱한 머리를 굴렸습니다. 얼마 지나지 않아 식객 중 한 명을 뽑아 두영의 집으로 보낸 겁니다. 두영은 이때 승상 전분이 자신을 여전히 잊지 않고 있다고 생각했습니다. 그러나 누가 알았겠습니까. 전분이 잊지 않고 있었던 것은 그의 땅이었습니다. 식객을 보낸 것은 장안의 남쪽에 있는 두영의 땅을 원한다는 얘기를 전하기 위해서였습니다. 두영은 치를 떨었습니다. 바로 "나는 이미 늙어 더 이상 기용되지 못한다. 그런데도 이렇게 하는 것은 불난 집에 들어와 강도짓을 하겠다는 것 아닌가?"라고 하면서 불만을 쏟아냈습니다.

관부는 더욱 기세를 올리며 이름까지 거명하면서 전분을 마구 욕했습니다. 두영의 집을 방문한 식객은 사실 전분의 부탁을 받고 왔을 뿐이지, 배후의 권력을 이용해 두영을 욕보이고 싶을 까닭은 없습니다. 그래서 그는 조용히 돌아가 전분에게 "두영은 거의 다 죽어가는 사람입니다. 승상께서는 몇 년이 지나면 원하는 것은 다 가질 수 있을 텐데 뭐 그리 바빠

서두르십니까?"라고 말했습니다. 사실 그랬습니다. 전분은 땅이 아쉬운 사람이 아니었습니다. 그는 곧바로 식객의 조언을 듣고 모든 것을 그만두었습니다.

이 일은 그렇게 지나갔습니다. 하지만 거짓말을 언제까지나 덮어둘 수는 없는 법. 곧 진상이 밝혀졌습니다. 전분과 두영, 관부는 급기야 불구대천의 원수가 되었지요. 전체 상황을 종합해보면 전분은 악랄했습니다. 두영도 반성해야 할 부분이 없는 것은 아니어서, 처음부터 출세한 소인배한테 환상을 품지 말아야 했지요. 더구나 권문세족과 사귀려면 반드시 대가를 지불해야 했습니다. 몇 푼 안 되는 땅을 아껴서야 되겠습니까.

아마도 전분은 자연스럽게 두영에 대해 이를 악물었을 겁니다.

"당신 두영의 아들은 살인을 한 범법자였다. 그걸 내가 손을 써서 구했다. 그렇지 않았다면 오늘까지 살아 있었겠는가? 얼마나 많은 이들이 나한테 경쟁적으로 아부를 하는지 아는가! 당신의 땅을 원한 것은 기회를 준 거나 다름없다. 그런데 오히려 원한을 사!"

뭐, 이런 욕이 아니었을까요?

음모가 폭로되다

두영은 집에서 괜히 연회를 베푸는 꾀를 냈다가 오히려 일을 망쳐버렸습니다. 돌을 옮겨 자신의 발을 찧은 것이나 다름없습니다. 전분 역시 무모했습니다. 남의 땅을 원하면서 안하무인으로 행동했습니다. 재미를 못 본 것이 남 탓할 일이 아니었습니다. 원래 우물물은 강물을 범하지 않는 법입니다. 결국 서서히 원한만 쌓일 밖에요. 그러면 길길이 날뛰던 전분은 어떻게 체면을 차렸을까요? 또 두영과 관부는 무슨 생각을 하고 있었을까요?

전분은 악이 받칠 대로 받쳤습니다. 무슨 수를 써서라도 두영과 관부를 확실하게 손봐주려고 했습니다. 그러나 누구에게 우선 칼을 휘둘러야 할까요? 그는 한 번 입을 벌리는 순간 바로 관부의 사혈死穴을 물었습니다. 그건 관부의 가족 배경이라는 약점이었습니다. 전분이 너무 침소봉대해 대대적으로 떠벌리기는 했지만요.

전분이 조사한 바에 의하면 관씨 가족은 줄곧 나쁜 일만 일삼는 집안이었습니다. 고향인 영음(潁陰, 지금의 허난성 쉬창許昌시)을 거의 주름잡는다고 해도 과언이 아니었습니다. 당연히 백성의 한은 골수에 맺힐 정도였는데, 영음의 골목마다 "영수潁水가 맑으면 관씨는 태평하고 영수가 혼탁하면 관씨는 멸망한다"라는 민요가 있었을 정도입니다. 사실 민요는 일반 백성의 마음을 반영하는 것으로 종종 참언讖言으로 연결되기도 합니다. 동한 말년에는 그걸 증명해주는 사례도 있습니다. 동탁董卓이 그 주인공인데, 그는 죽기 직전에 계략에 빠져 황제 자리를 물려받기 위해 장안으로 갔습니다. 그런데 도중에 수레의 바퀴가 깨지고 말고삐가 부러졌습니다. 이를 보고 아이들이 "천리초는 어찌 그리 푸르더냐, 열흘이 지나면 살 수가 없네千里草 下靑靑 十日卜 不得生"라는 노래를 불렀습니다. '동탁이 살 수 없다'는 노랫말의 뜻처럼 과연 동탁은 주살되고 말았습니다.

철없는 어린아이들의 장난기 어린 말이 내포하는 불운한 조짐이 다시 관부에게도 그대로 적용되려는 걸까요?

사실 관부의 출신 성분은 요즘 말로 하면 조폭과 크게 다를 바 없습니다. 그건 그의 약점이었습니다. 더구나 한나라의 일관된 민생 정책은 조폭 같은 사회악의 씨를 말리는 것이었습니다. 무제 때는 더욱 그랬습니다. 심지어 혹리들을 동원해 쉴 새 없이 사회악을 일소하기까지 했습니다.

바로 그 때문에 전분은 관부를 치기 전에 그의 가족부터 요절을 내려고 했습니다. 드디어 원광元光 4년(기원전 131년) 봄, 전분은 각종 자료를 수집해 관부 집안의 추악함을 무제 앞에서 완전히 까발렸습니다. 사실 법률에 의하면 그런 안건은 황제에게까지 보고할 필요는 없었고 그저 승상 자신이 알아서 처리하면 되었습니다. 그런데도 전분은 왜 그렇게 조심스럽게 일을 처리했을까요? 왜 굳이 무제의 지시를 받으려 했을까요?

전분의 살기는 이미 걷잡을 수 없었습니다. 관부의 생사는 완전히 전분의 생각에 달려 있다고 해도 무방합니다. 그러나 그의 최종 목표는 두영을 쓰러뜨리는 것이었습니다. 이건 그렇게 간단한 일이 아니었지요. 반드시 황제의 재가를 받아야 했습니다. 또 앞에서는 조심스럽게 일을 처리하면서 점점 마비시킨 다음 천천히 황제를 자신이 두영과 관부를 잡기 위해 만들어놓은 덫으로 끌어들여야 했습니다. 더구나 막강한 권력을 가진 자신이 이미 끈 떨어진 두영과 관부를 처리하기 위해서는 여론의 압력도 고려해야 했습니다. 살인을 하기는 해도 피를 보지 않으려면 사실 다른 사람의 손을 빌릴 필요도 있었지요. 누구의 손을 빌려야 할까요? 그게 바로 무제였습니다.

무제는 전분이 기대했던 답을 했습니다. "이건 승상이 처리할 문제요. 알아서 전권을 갖고 처리하시오"라고 말한 겁니다. 황제의 뜻을 손아귀에 쥐었으니 이제 칼만 휘두르면 되었습니다.

그러나 관부라는 사람이 누군가요? 불꽃만 보아도 마구 폭탄을 터뜨리는 화약통 같은 사람입니다. 아니나 다를까, 그는 사방으로 돌아다니면서 "전분이 손을 쓰면 치명적인 약점을 세상에 다 공표하겠다"라고 위협하고 다녔습니다. 전분은 관부의 사혈을 완전히 누르고 있었습니다. 관부도 전분의 약점을 손아귀에 쥐고 있었고요. 두 사람은 이제 물과 불처럼 도저히 화합하기 어려운 상황으로 치달았습니다.

그렇다면 전분의 약점은 무엇일까요? 무제가 황제 자리를 물려받은 지

2년째가 되던 건원 2년(기원전 139년) 회남왕(淮南王, 유방의 손자 유안劉安)이 자신의 봉국에서 장안으로 잠깐 다니러 왔습니다. 이때 전분은 웬일인지 그와 대단히 친하게 지냈습니다. 그럴 만도 했습니다. 그가 비록 태위 신분이기는 하나 나이도 어리고 경험도 일천해 열심히 인맥을 넓히려고 했으니까요. 어느 날 전분은 무슨 생각이 들었는지 회남왕의 손을 꽉 쥔 채 "왕께서는 고조 유방의 손자입니다. 지금 황제가 무슨 변고가 생기면 아무래도 왕께서 가장 적합한 후계자가 되지 않을까요"라고 말했습니다.

'별로 교분이 없는데 의미 있는 말을 하는 것'은 사람을 대할 때의 최고 금기입니다. 전분은 그 후에도 관부와 두영에게 엉겁결에 엉뚱한 공수표를 날린 적이 있습니다. 그는 그 버릇을 버리지 못하고 다시 회남왕에게도 미혼약을 먹였습니다. 그가 얼마나 경망스러운 사람인지 잘 알 수 있는 사건이지요.

말하는 사람은 아무 뜻이 없을 수 있습니다. 하지만 듣는 사람은 귀를 기울여 듣는 법입니다. 회남왕은 마침 찬탈에 대한 야심이 전혀 없지 않았던 터라, 그런 상황에서 듣게 된 전분의 말은 그의 기분을 충분히 좋게 해주었습니다. 그는 즉각 전분에게 금은보화를 답례로 하사했습니다. 이건 정말로 엄청난 일이 아닐까요?

경제는 일찍이 자신의 사후 제위를 동생 양효왕에게 물려준다는 말을 한 바 있습니다. 경제의 말은 농담이었습니다. 반면 전분은 아랫사람으로서 진지하게 말했습니다. 물론 전부 진담이라고 하기는 어렵습니다만 황제가 그렇게 말한다고 대신까지 그렇게 말해도 될까요? 또 그가 그 말을 입에 올린 것은 은밀하고 사적인 것이었습니다. 소년 천자의 앞날이 어떻게 될지 모른다는 사실을 전제로 하고 한 말은 아니었을까요? 더구나 그는 회남왕에게 좋은 말로 은근하게 권하기까지 했습니다. 사정이 백일하에 밝혀지면 그는 도대체 어떻게 변명하려는 걸까요? 이것은 모반죄에 해당했습니다. 그러므로 관부는 전분을 마음대로 부릴 수 있는 카드를 손아귀에 쥐고 있는 것이나 다름없었습니다.

전분은 함부로 움직이지 못했습니다. 관부가 손바닥 안에 있다고 해도 자신의 언행 역시 모반죄에 해당했으니까요. 이렇게 해서 두 사람의 묵계는 자연스럽게 이루어졌습니다. 서로 견제하고 대치하는 것으로 말입니다. "네가 나를 건드리지 않으면 나도 네 비밀을 폭로하지 않겠다"라고 생각한 겁니다. 그러나 전분의 입장에서 보면 관부에 대한 모살 계획은 이미 시작되었다고 해도 좋았습니다. 그전에 관부를 죽이려고 했던 것이 일시적인 화 때문이라면 이번은 생사와 관련된 것이었습니다. 반드시 실행에 옮겨야 했습니다. 하기야 전분처럼 지위가 높고 권세가 있는 사람이 어떻게 자신을 파멸로 몰아넣을 비밀을 쥔 사람을 용납하겠습니까.

전분과 관부의 일시적 묵계는 그저 외견적인 현상이었을 뿐입니다. 잔혹한 살육은 일촉즉발의 현실로 다가오고 있었습니다. 그러면 이 살육은 언제 시작될까요? 도대체 누가 이기고 누가 질까요? 또 두영은 어떻게 이 상황 속에 연루될까요?

새로운 정치의 시대가 확정되다

'함께 깎아지른 절벽으로 떨어진 사람들'인 두영과 관부는 어설픈 꾀를 짜냈다 일을 더 망쳐버렸습니다. 게다가 계속 실수를 되풀이하여 급기야 전분과는 불구대천의 원수가 되었습니다. 그럼에도 관부는 손 안에 '핵 탄두'를 꽉 쥔 채 승상 전분과 죽기 살기로 용감하게 싸웠습니다. 전분이 과연 관부를 그냥 내버려둘까요? 세 조정에서 대신을 지낸 원로인 두영 은 생사가 목전에서 어른거리는 그 순간 다른 비밀병기를 가지고 있는 것 은 아닐까요? 충신과 간신의 한바탕 싸움은 어떻게 급전직하로 내달려 급기야 두영의 죽음을 불러왔을까요?

자신도 모르게 불을 댕기다

원광 4년(기원전 131년) 12월 29일 두영은 죽음에 처해집니다. 1,000여 년 이후인 소흥紹興 11년(1141년) 12월 29일에도 비슷한 상황이 벌어졌습니다. 천하의 명장 악비가 임안臨安의 풍파정風波亭에서 독살을 당한 겁니다. 악비와 두영은 비슷한 점이 많은 것 같습니다. 우선 두 사람 모두 1년 중 제일 마지막 날에 세상을 떠났고, 모두 막수유의 죄명을 뒤집어쓰고 죽어 간 것도 비슷합니다. 한 명은 우둔한 군주의 경솔한 믿음으로 인해, 다른 한 명은 뛰어난 군주도 어떻게 할 방법이 없어서 죽었다는 사실은 확연하게 다릅니다. 한 명은 비장하게, 다른 한 명은 어정쩡하게 죽어간 점도 차이가 나는 부분입니다.

두영의 죽음과 관련한 중요한 사실 하나도 지금 말할 수 있습니다. 그것은 그의 죽음이 무제 대의 불길한 조짐을 예시한 점입니다. 열세 명의 승상이 있었으나 끝이 좋은 승상은 매우 드물었으니까요.

각설하고 과연 무엇 때문에 두영은 불귀의 객이 되고 말았을까요?

우선 정치적으로 성숙하지 못했습니다. 바로 앞의 10강에서 우리는 이미 두영이 전분과 관부 두 후배를 각각 다르게 대했다고 말한 바 있습니다. 전분에 대해서는 어느 때는 의연하게 대했는가 하면 어느 때는 철저하게 영합했습니다. 또 한 발 물러나면 자존심을 지켰고, 앞으로 나아가면 철저하게 실리를 따졌습니다. 한마디로 중간적인 입장을 견지했다고 봐야지요. 선배인 척도 그렇다고 아랫사람인 척도 하지 않았습니다. 그건 아주 곤란한 관계였습니다.

하지만 관부에 대해서는 생사를 나누는 사이처럼 막역하게 대했습니다. 지나치게 뭘 따지지 않았습니다. 그러나 두영은 호방하고 의기가 있었고 관부는 충동적이었습니다. 아주 위험했지요. 그렇다면 왜 사태가 이렇게 수습 못할 지경으로 흘러간 것일까요?

제일 첫 번째 사건은 전분의 결혼식에서 벌어졌습니다. 원광 4년(기원전 131년) 여름 왕태후는 전분을 위해 성대한 혼례식을 거행하니 장안에 있는 모든 제후, 대신들은 필히 참석하라고 하조했습니다. 두영은 이때 관부와 함께 가려고 했었지만 관부는 가지 않겠다고 고집을 부렸습니다. "저는 이미 몇 차례나 술로 인해 그 사람한테 죄를 지었습니다. 이번 그 사람의 결혼식 술은 무슨 일이 있어도 마시지 않겠습니다"라는 말을 덧붙였습니다. 두영은 위기후로 봉해진 제후였기 때문에 결혼식 참석은 정치적으로 필요한 임무였습니다. 하지만 관부는 끈 떨어진 장군에 불과했기에 가지 않아도 관계가 없었습니다.

두영은 이번 기회에 두 사람을 화해시키는 역할을 맡기로 한 것 같았습니다. "당신 두 사람은 이미 평화협정을 맺지 않았는가? 왜 가지 않겠다는 것인가?"라고 하면서 억지로 잡아끌고 갔습니다.

결혼식은 곧 시작되었습니다. 신랑인 전분이 우선 여러 사람들에게 자축의 잔을 돌리기 시작했습니다. 사람들은 서둘러 피석(避席, 경사스런 술잔을 받을 때 자신의 자리에서 조금 피하는 것을 의미)하여 그에게 예의를 표했습니다. 전분이 태후의 동생, 황제의 외삼촌, 조정의 재상으로 잘나가는 신랑이었으니 그건 어찌 보면 당연했습니다. 이어 두영이 축하의 잔을 돌릴 때가 되었습니다. 당연히 그와 옛날에 잘 알고 지내던 조정의 원로들은 피석을 했습니다. 하지만 다른 사람들은 모두 그저 슬석(膝席, 술을 받을 때 그저 고개만 숙임)을 했습니다.

생각해봅시다. '슬석'은 엉덩이를 땅에 댄 채 앉은 채로 고개를 숙이는 것을 의미합니다. 일어나지 않고 앉아 있는 것 아닙니까. 따라서 '피석'과 비교하면 예의를 차리는 것이라고 하기 어려웠습니다. 두영은 끈이 떨어진 상태였던지라 염량세태는 당연한 일이었습니다. 술자리에서 따뜻한 눈길을 기대하는 것이 잘못이었지요. 그래서 두영은 주어진 상황에 초연하게 대처했습니다. 그러나 관부는 그걸 견디질 못했습니다. 화가 치민 첫 번째 상황입니다.

얼마 후 관부가 술잔을 돌릴 때가 되었습니다. 우선 그는 신랑인 전분에게 인사를 했지만 전분은 아예 피석을 하지 않았을 뿐 아니라 건배도 하지 않았습니다. 그의 그런 태도는 옛날의 섭섭한 감정을 다 털어버리지 않았다는 사실을 의미했습니다. 관부의 가슴에는 다시 한 번 불이 붙었습니다.

관부는 잔을 계속 따르다 드디어 그의 집안 형제인 임여후臨汝侯 관현灌賢의 앞에 섰습니다. 그로서는 화약통을 터뜨릴 기회를 찾은 셈입니다. 그때 관현은 마침 장군인 정불식程不識과 대화를 나누고 있던 중이라 관부에 대해서는 전혀 신경 쓰지 않았습니다. 관부의 화는 머리 꼭대기를 훌쩍 넘어갈 정도가 되었습니다. 세 번째 불이 붙은 겁니다. 더구나 앞에 두 번의 화가 합쳐져 있던 상태라 더 큰 불이 만들어질 수밖에 없었습니다. 이게 바로 『사기』에서도 대단히 유명한 대목인 사주매좌使酒罵坐, 즉 '술의 힘을 빌려 동석한 사람들을 욕한다'는 장면의 시작입니다.

관부는 기세등등하게 관현의 코를 손가락으로 가리켰습니다. 이어 "자네는 평소에 정불식에 대해서 별 볼일 없는 자라고 말하지 않았는가. 아예 신경도 쓰지 않는다고 했지. 그런데 왜 내가 술을 따르려고 하니까 가식을 부리는 겐가. 계집애들처럼 속삭대고 있구먼!" 하면서 쏘아붙였습니다. 사실 관부의 서열은 관현보다는 높았지만 그럼에도 두 사람은 피석을 하지 않았습니다. 그들은 물론 그게 옳지 않다는 사실은 알았으나 꿋꿋하게 그렇게 했습니다. 관부는 어떻게든 꼬투리를 잡아야 한다고 생각했습니다. 그러나 그는 다른 사람이 그 상황에 끼어들어 꼬투리를 잡을 줄은 전혀 상상하지 못했습니다. 더구나 그 사람의 반응은 너무나도 신속하고 날카로웠으며 말도 대단히 지독했습니다. 주변사람들까지 놀랄 정도였으니까요. 그 사람은 전분이었습니다.

전분은 서두르지도 그렇다고 느리지도 않게 정색을 하고 말했습니다.

"정불식 장군과 이광 장군 두 사람은 각각 황제의 동궁 수비를 책임지는 위위衛尉와 태후의 서궁 수비를 책임지는 위위일세. 그런데 그대는 오늘 여러 사람들 앞에서 정불식 장군을 모욕하는 말을 했네. 그렇다면 자네는 도대체 이광 장군에 대해서는 어떻게 생각하는가?"

전분은 관현에게 던진 관부의 말을 꼬투리 삼아 정불식의 얘기를 한 다음 다시 이광까지 화제로 올렸습니다. 정불식과 이광은 다른 사람이 아닌 황실의 경호대 대장이었습니다. 중국 옛말에 "주인을 봐가면서 개를 때려라"라고 합니다. 두 사람은 함부로 욕할 사람이 아니라는 얘기입니다. 이때 관부는 입을 다물어야 했습니다. 그러나 그는 이미 술이 거나하게 취해 있던 터라 잔뜩 술기운을 빌린 채 다음과 같이 말을 이었습니다.

"오늘 당신이 설사 내 목을 치더라도 나는 이 세상에 이광이라는 사람과 정불식이라는 사람이 있다는 사실을 모를 것이오!"

전분은 한참 동안 그가 말하게 내버려두었습니다. 술주정을 마음껏 하도록 기다린 겁니다. 관부가 바보 같은 짓을 하면 아주 쉽게 치도곤을 낼 수 있게 될 테니까요.

기쁨이 넘쳐야 할 결혼식장은 완전히 홍문연이 무색하게 되어버렸습니다. 칼을 휘두르고 활시위를 당기는 것은 그야말로 시간문제였습니다. 급기야 하객들은 너도 나도 핑계를 대고 자리를 떴습니다. 두영 역시 황당한 광경이 보기에 딱했는지 관부를 끌고 밖으로 나갔습니다. 이때 전분의 입에서 또다시 치명적인 저주의 말이 터져 나왔습니다.

"오늘의 결혼식은 왕태후께서 하조해 마련된 자리다. 그런데도 관부는 술의 힘을 빌려 동석한 사람들을 욕했다. 이건 태후에게 아주 불경한 짓을 한 것이며, 목을 바쳐야 할 짓을 한 것이다!"

그는 말로만 그런 것이 아닙니다. 바로 수하의 기병 경호대에 관부를 체포하라고 명령했습니다. 이때 지난번 두영에게 가서 전분이 장안 남쪽의 땅을 요구한다는 사실을 전한 사람이 평화의 중재자로 등장합니다. 관부의 목을 힘껏 조르는 모습을 연출하면서 전분에게 다음과 같이 말한 겁니다.

"처마 밑에 있으면 승상께서도 고개를 숙이고 지나가는 것 아니겠습니까? 그러나 승상께서 계속 관부의 목을 아래로 내리누르면 예기치 않은 일이 일어날 수도 있습니다. 그가 그럴수록 고개를 더 쳐들 것이라는 사실입니다. 그는 절대로 고개를 숙이지 않으려고 할 겁니다."

하지만 전분은 그렇게 너그러운 사람이 아니었습니다. 바로 자신의 승상부 장사長史를 불러 명했습니다.

"관부는 큰 불경을 저질렀다. 이 모두가 내가 평소에 그자를 그냥 놔두었기 때문에 그런 화가 일어난 것이다. 이번에는 내가 결코 그자를 용서하지 않을 것이다! 관부 그자뿐 아니라 그자의 일족을 모두 체포하라. 한 명도 남겨서는 안 된다!"

술을 마신 다음 한바탕 주사를 부린 관부의 행동에 비하면 전분의 조치는 상당히 지독한 것이었습니다. 그러면 그는 왜 구족九族을 모두 연루시켜 죽이려 했을까요? 관부의 가족 중 단 한 사람이라도 빠져나가면 나중에 자신에게 치명상을 입힐 수 있다고 생각했기 때문일 겁니다. 이때 두영은 늙은 얼굴을 축 늘어뜨린 채 사방을 돌아다니면서 도움을 요청했습니다. 그로서는 관부의 실수를 슬그머니 넘어갔으면 하는 소박한 바람이 없지 않았던 겁니다. 그러나 전분이 땅을 요구했을 때 두영은 아까워서 내주지 않았습니다. 그런 상황에서 그가 두영의 입장을 이해하려고 했을까요? 해결에는 거의 도움이 되지 않았다고 보아도 무방합니다.

두영은 상황이 급박해지자 목숨을 건 모험을 하는 외에는 방법이 없었습니다. 그게 바로 집안사람에게 부탁하는 것이었습니다. 황제인 무제에게 구해달라고 부탁한 것이지요. 사실 관부가 한 일은 황당했습니다. 하지만 술을 마신 다음의 실언이었지, 절대로 죽어야 할 죄는 아니었습니다. 『사기』도 당시의 상황에 대해 '황제가 동의했다'는 내용으로 기록을 남기고 있습니다. 무제는 이어 두영에게 식사를 대접한 다음 해결안을 내놓았습니다. 그 아이디어가 바로 '동조정변東朝廷辯'입니다. 즉 태후인 왕태후의 침궁으로 달려가 당사자들이 직접 변론하라는 얘기였습니다. 크나큰 불경의 대상이 왕태후였으므로 당연히 그녀의 양해를 구해야 한다는 얘기입니다. 그러나 그 상황에서 홈그라운드의 이점을 누릴 사람은 뻔했습니다. 왕태후는 전분의 누나였으니까요. 그 변론에서 주도권을 쥘 사람은 전분일 수밖에 없었습니다.

두 번째 사건은 자연스레 '동조정변'이 되겠습니다. 이때 전분과 두영은 각각 변론을 하기 위해 태후의 침궁으로 들어갔습니다. 게다가 문무백관도 거의 다 모여들었습니다. 그들이 공동으로 관부의 운명을 결정하게 된 셈입니다. 두영은 관부의 대리인답게 다음과 같이 적극적으로 관부를 변호합니다.

"관부는 오초칠국의 난 때 큰 공을 세웠습니다. 그에 비한다면 이번의 잘못은 아주 사소한 겁니다. 절대로 사소한 것으로 인해 대국을 그르쳐서는 안 됩니다. 그러면 큰 공신을 죽이게 됩니다."

두영에 비하면 전분은 그야말로 성동격서(聲東擊西, 동쪽을 치는 척하면서 서쪽을 치는 것을 의미) 전략을 썼다고 하겠습니다. 관씨 일족의 치명적인 약점을 죽어라 물고 놓지 않았는데, 바로 조폭을 박멸하는 것이 나라의 기본 정책이라고 얘기한 겁니다. 관부는 조용히 죽어도 애석하지 않을 사람이 되고 말았습니다.

두영은 말이 궁해지고 말았습니다. 결국 전분의 아픈 부분인 약점을 까발리기 시작했습니다. 그러나 왕태후의 입장을 생각해 그랬는지 성격이 선량해 그랬는지 그 결정적인 순간에 전분을 사지로 몰아넣을 수 있는 결정적 카드는 쓰지 않았습니다. 그저 전분의 품위에 별로 상처를 주지 못할 자질구레한 작은 일들에 대해서만 얘기하고 말았습니다. 다시 말해 기세를 잃고 분위기를 장악하지 못한 겁니다. 반면 처음부터 피를 보려 한 전분은 악랄하게 나왔습니다.

"소신은 땅과 금은보화, 여자, 집 등을 좋아하는 사람입니다. 이게 무슨 큰 잘못입니까? 그러나 소신은 위기후나 관부 같지는 않습니다. 둘은 암암리에 조정을 비방하고 매일 집에서 천문을 관찰한다고 합니다. 매일 지리를 살피기도 하고요. 그건 황상과 태후 두 분께 무슨 일이 일어나라고 기원하는 게 아니고 뭐겠습니까?"

두영은 모반을 입에 올린 전분의 비리에 대해 채 입에 올리지도 못한 상황에서 도리어 모반이라는 누명을 뒤집어쓰게 생겼습니다. 급기야 무제는 두 사람의 언쟁을 제지하고 나섰습니다. 그는 이어 대신들에게 의견을 물었고, 대신들은 서로 미루면서 말을 아꼈습니다. 다만 강직하기로 유명했던 두 대신인 급암과 정당시鄭當時는 두영의 말이 맞다고 했지만, 두 사람도 얼마 후 자신들의 의견을 견지하지 못했습니다.

어사대부 한안국도 재삼 다음과 같은 입장을 견지했습니다.

"관부는 큰 공을 세웠습니다. 술을 마신 다음 실언했으나 큰 잘못이라고 보기는 어렵습니다. 죽여서는 안 됩니다. 위기후의 말이 맞습니다."

그러나 그는 다음과 같이 애매한 태도를 취하기도 합니다.

"관씨 가족은 조폭으로 흉악하게 활동하고 있습니다. 어찌 보면 황실의 종친들보다 더 심한 패악을 저지르고 있습니다. 제거하지 않으면 안 됩니다. 그런 면에서 보면 전 승상의 말도 틀리다고 하기는 어렵습니다. 역시 황상께서 현명한 판단으로 결정을 내려야 합니다."

솔직히 말해 무제는 관부와 두영을 동정하는 입장이었습니다. 그러나 그는 건원신정을 박살낸 할머니 두태후로부터 이미 충분한 교훈을 얻은 상태였습니다. 무엇보다 날개를 감추는 법을 배웠습니다. 또 자신의 능력을 감춘 채 참고 기다리는 법도 알게 되었습니다. 당연히 어머니인 왕태후의 분노를 촉발시켜서는 안 된다는 사실을 너무나 잘 알고 있었습니다. '동조정변'이라는 방법을 생각해낸 것도 그의 그런 상황 인식과 무관하지 않았습니다. 대신들에게 아예 공을 넘기려고 한 겁니다. 하지만 결과적으로 공을 받는 대신이 거의 없었습니다. 한안국이 위험을 무릅쓰고 받았으나 헛발질에 지나지 않았고, 결국 공은 다시 그의 발아래 놓이게 되었습니다.

아무려나 전분은 불을 일으키는 역할을 톡톡히 했습니다. 그것도 왕태후를 향한 불이었습니다. 전체 사건의 성질은 갑작스레 변하지 않으면 안되었습니다. 술을 먹은 후의 사소한 논쟁이 급기야 태후에 대한 불경죄로까지 격상된 겁니다. 사람들은 끝내 모두 함구했고, '동조정변'은 결과적으로 흐지부지 끝나고 말았습니다.

두영과 전분의 관계는 이로써 급격하게 악화되었습니다. 이제는 두영의 몸에도 불이 붙었습니다. 원래 두 사람은 오래전부터 감정이 좋지 않았지만 그때까지는 정면충돌을 하지는 않았습니다. 하지만 한바탕 변론을 벌이게 되면서 두 사람의 관계는 처절한 파국으로 치닫게 됩니다.

두영은 화해를 이끌어내려 했으나 실패했습니다. 온통 얼굴에 흙먼지를 잔뜩 뒤집어쓴 몰골로 집으로 돌아오지 않으면 안 되었습니다. 그렇다고 가만히 있을 그가 아닙니다. 돌아오자마자 바로 다시 무제에게 글을 올릴 준비에 착수했습니다. 그의 부인은 울면서 말렸습니다.

"관부는 태후 일가에게 죽을죄를 지었습니다. 누가 어떻게 구할 수 있겠습니까? 자칫 잘못하면 같이 연루됩니다."

두영은 그러나 이때 의기가 하늘을 찌를 듯했습니다.

"위기후라는 작위는 내가 공을 세워 얻은 것이오. 설사 이걸 잃은들 내게 무슨 한이 있겠소!"

정말 뼈에 사무치도록 절절한 두영의 의협심을 볼 수 있지요. 그의 최악의 시나리오는 후라는 작위를 잃는 것이었습니다. 그런데, 이게 진짜 최악의 시나리오였을까요? 칼을 갈고 있던 상대방이 그것에 동의할까요? 아닙니다. 전분은 기본적으로 후라는 작위는 안중에도 두지 않았습니다. 그가 필요로 하는 것은 두영의 목숨이었습니다. 상황이 이런데 두영이 아무리 치밀한 대책을 세운다 한들 그가 죽음에 이르지 않을 수 있었을까요?

마지막은 유조(遺詔, 황제의 유서를 의미) 사건이었습니다. 원래 두영은 경제의 '유조'를 가지고 있었습니다. 결정적인 순간에 상급심에 상고할 권리를 주는 일종의 면죄부입니다. 그러나 죽음을 면하게 해줘야 할 골드 카드가 나중에 그를 죽음으로 몰아넣는 판결문이 될 줄 누가 알았겠습니까.

무제는 동조정변 후에 두영과 관부를 구해주려다 잘 안 되자 마음이 심란했습니다. 급기야 그는 문안을 드린다는 핑계로 왕태후의 궁으로 가서 눈치를 살폈습니다. 상황은 그가 예상했던 것보다 훨씬 심각했습니다. 그녀가 의연하게 단식을 시작했으니까요. 심지어 눈물까지 보였습니다. 전혀 용서해줄 마음이 없는 듯했습니다. 그녀는 황제를 이렇게 다그쳤습니다.

"지금 내가 살아 있는데도 사람들이 감히 내 동생을 괄시하다니요. 그러다 내가 죽기라도 한다면 우리 집안은 도마 위의 생선 신세가 되지 않겠습니까? 황제께서 설마 지각이 없는 돌부처는 아니겠지요? 왜 그때 한마디도 하지 않았습니까! 그저 대신들만 우물쭈물하는데 신의라고는 눈곱만큼도 찾아볼 수 없더군요!"

무제는 어머니의 구구절절한 말에 유구무언이었습니다. 이제 큰일이 났습니다. 원래 사소한 일이었던 사건이 어쩌다 두 사람의 외척이 관계되는 일이 되고 말았습니다. 엄청난 일이 되어버린 것입니다. 누구라도 한 대 맞으면 황제 자신이 아픔을 느끼지 않으면 안 될 상황입니다. 원래 그가 변론의 장을 가지려 한 것은 여러 사람의 의사를 모아 모두가 좋은 방향으로 해결을 모색하기 위한 것이었습니다. 그러나 결과는 엉뚱해져 이제는 태후까지 더욱 강력한 불만을 터뜨리게 되었으니까요. 그로서는 정말 상상도 못한 일이었지요.

무제는 좋은 말로 일단 어머니를 위로했습니다. 그러나 태후는 듣지 않았고 단식을 계속했습니다. 무제는 태후의 압력으로 도리 없이 두영을 감옥에 가두지 않으면 안 되었습니다. 두영은 졸지에 감옥에 갇히는 신세가 되었습니다. 그는 곰곰이 생각했습니다. 그런 다음 최후의 히든카드를 쓰기로 결정했습니다. 경제의 유조가 그것이었지요. 유조는 아주 간단했습니다.

"그대가 아주 어려운 일을 만나면 유조를 보이고 황상에게 직접 얘기를 하라."

유조는 '죽을죄를 면해준다'라는 말을 대놓고 하지는 않았습니다. 그러나 위기가 바로 코앞에 있는 상황에서 이 카드를 이용해서 황제를 만날 수 있다면 극적인 전기는 마련될 가능성이 높았습니다. 더구나 그와 무제는 일찍이 무릎을 맞대고 정사를 논한 사이입니다. 그는 무제의 마음이 자신한테 많이 기울어져 있다는 사실을 너무나 잘 알고 있었습니다. 그렇다면 무엇을 더 기다리겠습니까? 두영은 최후의 풀뿌리를 확실하게 잡았습니다. 이어 자기가 유조를 받은 사실을 황제에게 보고하도록 조카에게 부탁했습니다.

무제는 그 말을 듣자 당연히 기분이 좋았습니다. 유조가 있다면 만사는 다 풀린다, 그렇게 생각했겠지요. 그는 즉각 사람을 두영의 집에 보내 유조를 가져오게 했습니다. 당연히 두영의 집에서는 아침 일찍부터 도장을 꾹 눌러 찍어 소중히 간직해온 유조를 준비해놓고 있었습니다. 하지만 그것으로는 충분치 않았습니다. 황궁에 보관되어 있는지도 알아봐야 했습니다. 다시 말해 다른 한 장의 부본副本을 찾아야 했습니다. 그러나 웬일인지 아무리 찾아보아도 부본은 없었습니다! 정말 골치 아픈 일이 일어난 것이었습니다. 부본이 없는 유조라면 가짜라고 해도 할 말이 없는 것 아닙니까?

마침내 왕태후에게 죄를 지은 두영은 이렇게 해서 유조 위조죄까지 덮어쓰게 되었습니다. 여러 가지 죄로 처벌받을 운명이기는 했지만 마지막에 그에게 죽음을 선사한 것은 아무래도 그 위조죄가 아닌가 싶습니다.

막수유의 죄

두영이 불귀의 객이 된 것은 주변 사람들이 냉혹했다는 사실과도 큰 관계가 있습니다.

두영은 냉혹한 인심으로 인해 죽었습니다. 우선 전분이 그랬습니다. 그는 마음 씀씀이가 악랄했습니다. 믿는 바가 있어서 그랬는지 눈에 보이는 것도 없었습니다. 두영의 집에서 열린 연회에서 두영의 땅을 요구한 사건을 거쳐 '주사매좌', '동조정변'에 이르기까지 그러지 않은 적이 없었습니다. 관부의 실수를 꼬투리 삼고 태후를 든든한 배경으로 삼아 자신의 장기인 모함을 일삼았습니다. 결국 두영과 관부라는 눈엣가시를 죽음으로 몰아넣는 데 성공했습니다.

반면 무제는 유조 위조죄가 공론화된 이후에도 두영을 죽여야겠다는 결심을 내리지 않았습니다. 그러나 나무는 가만히 있고 싶어도 바람이 멎지 않는 법입니다. 이상한 유언비어가 온 장안에 퍼져나가기 시작한 겁니다. 무제는 도대체 무슨 소리를 들었을까요? 또 유언비어는 누가 퍼뜨린 것일까요? 아직은 모릅니다.

그러면 도대체 왜 경제의 유조는 황궁에 보관돼 있지 않았을까요? 사람들로 하여금 탄식을 터뜨리게 한 두영의 죽음을 뒤에서 사주한 검은 손은 과연 누구일까요? 역사의 궤적을 아무리 살펴보아도 이 사건의 경우 가장 혐의가 많이 가는 사람은 전분입니다. 또 대신들도 책임에서 자유롭지 않습니다. 그들은 마치 울지 않는 가을매미처럼 침묵을 지켰습니다. 한안국이 공을 다시 황제에게 넘긴 것을 제외하고는 누구도 소신껏 말한 사람이 없습니다. 심지어 조정에서 가장 거리낌 없이 직언을 서슴지 않는 급암과 정당시조차 자신들의 입장을 끝까지 견지하지 못했습니다.

그건 무제가 치밀하게 구상한 구조계획과는 전혀 일치하지 않는 황당하고 싸늘한 광경이었습니다. 전분이 누나 왕태후의 후광을 등에 업고 버티고 서 있는 모습을 봐서 그런지 어느 누구도 두영을 위해 구원의 손길을 내밀려하지 않았던 겁니다. 오죽했으면 무제가 기가 막혀 퇴청할 때 내사內史 정당시에게 이렇게 질책했겠습니까.

"그대들은 평소에는 사람들을 평하기를 좋아하지 않았소? 어떨 때는 두영이 어떻다고 하고 어떨 때는 전분이 어떻다고 했소. 그런데 오늘은 왜 그렇게 침묵을 지키는 거요. 짐은 그대들을 몽땅 죽여버리고 싶소!"

그는 그렇게 직설적으로 말했습니다.

그러나 누가 감히 태후에게 죄를 지으려고 할까요. 아무리 무제가 대신들의 변론을 이끌어서 모든 것을 개인 간의 사사로운 호불호의 문제로 치부하려고 계획을 짜놓으면 뭐합니까. 그 누구도 적극적으로 나서지 않으려고 하면 방법이 없지요.

왕태후 역시 두영의 죽음에 직접적인 영향을 미쳤습니다. 그녀는 관부의 사건을 끈질기게 물고 늘어져 더욱 큰 평지풍파를 일으켰습니다. 결코 경시해서는 안 됩니다. 더구나 그녀는 결혼식에 참석하라고 하조까지 했습니다. 전분은 그걸 믿고 관부를 감히 체포했습니다. 또 대신들은 어쩔 수 없이 결혼식에 참석해 관부의 실수를 보게 되었습니다. 그밖에도 그녀는 단식을 통해 무제에게 관부를 처벌하라고 시위했습니다. 죽음으로 무제를 협박한 겁니다. 결론적으로 말해 전분은 그녀의 비호와 종용에 힘입어 두영을 단두대 앞으로 한 걸음씩 가까이 끌고 간 겁니다.

무제도 책임에서 자유롭기는 어렵습니다. 아무리 왕태후가 영향력을 행사했다 해도 그렇지, 그는 최후의 중재자였습니다. 대신들의 힘을 빌리지 않고 그 자신이 사건을 처리해야 했습니다. 물론 그때 그는 스무 살에 불과했으므로 정치적으로는 아직 풋내기였습니다. 그러나 이미 두영에 대해 애석하게 생각하고 있었다면 동조정변이라는 쓸데없는 이벤트를 마련하지 말았어야 합니다. 동궁은 왕태후의 영역권이었으므로 그가 갑작스레 판을 흔들어 바꾼다는 생각 자체가 무리한 일입니다.

다시 한 번 정리하면 동조정변에서 두영은 그저 승상 전분에게만 '불경'스럽게 대했을 뿐입니다. 어떻게 체포되는 횡액까지 감수해야 했을까요? 내친김에 경제의 유조가 부본이 없었다는 사실에도 눈을 돌려봅시다. 과연 두영이 유조를 위조했을까요? 두영은 삼대에 걸쳐 조정에 봉사한 원로였습니다. 유조 위조죄가 사형에 해당된다는 사실을 모를 리가 있을까요? 도대체 유조는 부본이 없었던 걸까요, 아니면 훼손된 것일까요? 부본이 있었다면 그걸 훼손할 수 있는 사람은 누구일까요?

두영을 죽음으로 몰아넣은 마지막 요인은 경제의 유조입니다. 이 사건은 무제 대의 최대 미스터리 사건입니다. 훗날에도 논쟁이 끊이지 않았던 이 사건을 놓고 세 가지 가능성이 줄기차게 제기되었습니다.

우선 두영이 위조했을 것이라는 개연성입니다. 다음은 부본을 보관하지 않았을 가능성이고, 마지막으로 보관한 부본이 훼손되었다는 결론입니다. 보관되지 않았을 가능성의 경우도 두 가지 이유가 있습니다. 우선 경제가 부본을 보관하는 것을 잊었을 개연성입니다. 경제가 의도적으로 보관하지 않았을 가능성도 있습니다. 훼손된 경우도 두 가지 가능성이 있습니다. 왕태후와 전분이 훼손했을 가능성을 우선 생각할 수 있습니다. 무제가 훼손했을 가능성도 전혀 없지는 않습니다. 하나씩 따져봅시다.

첫째, 두영이 유조를 위조했을 가능성은 이론적으로 거의 불가능해 보입니다.

우선 사서의 기록이 그렇습니다. 두영이 때때로 감정적인 모습을 잘 드러내는 사람이기는 했지만 그가 어떤 사람입니까. 경제 때의 충직한 신하, 중신이었습니다. 어떻게 선제의 유조를 위조할 수 있겠습니까. 그건 간신들이나 하는 짓입니다. 다음으로 그가 유조로 자신의 생명을 구해보자고 생각한 사실입니다. 위조된 유조를 보이면 죽음이 기다립니다. 어떻게 그렇게 할 수 있겠습니까?

둘째, 보관하지 않았을 가능성도 이론적으로 불가능합니다.

황제의 조서는 대대로 정본과 부본이 각각 한 장씩 있는 법이므로 반드시 한 장을 따로 보관해야 했습니다. 이런 중대한 조서가 보관되지 않았다면 사람들이 믿지 못했을 겁니다. 따라서 경제가 의도적으로 보관하지 않았을 것이라는 가설은 절대 불가능합니다. 두영은 경제 때에 세 가지 큰 사건과 관계가 있습니다. 첫 번째 사건이 경제가 동생인 양효왕에게 제위를 물려준다는 '실언'을 바로잡아준 사건입니다. 다음이 오초칠국의 난을 평정한 것이고, 마지막이 태자를 폐하고 다시 세우는 조치에 대해 강력하게 간한 일입니다.

첫 번째 사건의 경우 두영은 적절한 때에 경제를 깨우쳐주었습니다. 그로 인해 경제는 양효왕에게 제위를 물려주지 않아도 되었고, 또 어머니 두태후에게도 큰 죄를 짓지 않았습니다. 당시 경제는 두영에게 매우 감격했을지도 모릅니다.

두 번째 사건인 오초칠국의 난 평정과 관련해서 두영은 적극적인 모습을 보이진 않았습니다. 진압군의 수장으로 출병하라는 경제의 명령을 처음에는 듣지 않았지만 나중에 큰 공을 세우게 되고, 그 덕분에 위기후로 봉해지기도 합니다. 공이 과보다 훨씬 많았기에 경제가 그런 두영에게 불만을 가질 이유는 없습니다.

경제와 두영은 세 번째 사건에서 의견이 극도로 엇갈렸습니다. 그러나 두영은 황태자 유영의 태자태부였습니다. 유영을 보호할 의무가 있었지요. 경제와 의견이 맞지 않았던 것은 큰 잘못이 아니었습니다. 그의 유일한 잘못은 폐태자 조치를 막지 못했으면서도 산에 들어가 칭병을 하고 조정에 나오지 않은 것이었습니다. 하지만 그것도 경제가 유조를 의도적으로 보관하지 않음으로써 일개 대신을 곤란에 몰아넣을 이유가 될 수는 없습니다.

세 번째 가능성은 보관한 부본이 훼손됐을 것이라는 점이지만 이 또한 불가능합니다. 누가 감히 대담하게 선제의 유조를 훼손할 수 있을까요. 왕태후와 전분의 기세가 하늘을 찌를 듯했으므로 그랬을지도 모릅니다. 그러나 두영의 집에 있던 유조는 전분을 위협할 정도는 아닙니다. 또 유조의 훼손은 그렇게 쉬운 일이 아니기에 훼손했을 가능성이 없다고 보아야 합니다.

넷째, 무제가 훼손했을 가능성은 더더욱 없구요. 우선 두영이 가지고 있던 유조가 무제에게 무슨 특별한 요구를 하는 것이 아니라는 사실에서 그렇게 생각할 수 있습니다. 무제는 아버지 경제가 두영에게 하사한 유조를 가장 먼저 본 사람이었을 겁니다. 내용은 진짜 특별한 것이 아니었습니다. 앞에서도 말한 것처럼 '그대가 아주 어려운 일을 만나면 유조를 보이고 황상에게 직접 얘기하라'는 내용이었습니다. 아무리 무제가 어머니 왕태후를 무서워하는 사람이라도 죄를 지은 신하를 만날 용기조차 없는 것은 아니겠지요. 무제가 이처럼 두영을 아무렇지도 않게 만날 수 있었다면 굳이 유조를 훼손할 필요가 있었을까요?

무제가 줄곧 두영을 동정했다는 사실도 마찬가지입니다. 관부를 위한 변명에 대해 황제가 동의했다거나 식사를 대접했다는 것은 무엇보다 그런 상황을 잘 말해줍니다. 유조를 훼손해 두영에게 해를 입힐 이유가 없었습니다. 무제가 두영을 하옥시킨 것도 그렇습니다. 순전히 어머니인 왕태후의 강력한 압력에 밀려 어쩔 수 없이 취한 조치였습니다.

무제가 중앙집권을 강화하고 외척을 격멸하기 위해 두영을 사지로 몰아넣을 필요가 전혀 없었다는 사실도 간과해서는 안 됩니다. 그렇습니다. 무제는 기본적으로 외척 척결을 황권 강화를 위한 방법으로 보지 않았습니다. 위청이나 곽거병霍去病, 이광리 등을 중용한 것만 보아도 잘 알 수 있습니다. 모두 외척 출신입니다. 그뿐이 아닙니다. 임종하기 전에 탁고를 한 사람인 곽광霍光도 외척입니다. 때문에 두영의 죽음은 그 자신의 외척 신분과는 아무 관계가 없기 때문에 무제가 굳이 유조를 훼손할 이유는 없습니다.

무제가 두영을 하옥시킨 다음 계속 그를 죽이려 하지 않았다는 점은 그의 유조 훼손설이 말도 안 되는 주장임을 잘 말해줍니다. 『사기』 중 「위기무후열전」을 보면 확실해집니다. '무제는 관부를 죽인 다음 두영은 죽이지 않기로 이미 상의해서 결정했다'라는 기록이 있으니까요. 하지만 무제는 유조와 관련한 유언비어가 자꾸 퍼져나가자 비로소 두영을 죽일 결심을 합니다.

마지막은 전분 사후에 보인 무제의 반응입니다. 전분의 사후, 그가 회남왕 유안을 은근하게 부추겼던 일종의 모반 사건이 수면 위로 드러났습니다. 이 또한 「위기무후열전」을 보면 잘 알 수 있습니다. 이에 따르면 무제는 전분과 두영이 악연을 맺기 시작했을 때부터 누구에게 특별하게 기울어지지 않았습니다. 팔이 안으로 굽는다고 무안후 전분에게 특별히 신경을 쓴 것은 아니었다는 말입니다. 그러나 왕태후의 은근한 압력도 있었던 탓에 전력을 다해 두영을 보호할 수는 없었습니다. 그러다 한참 후 회남왕이 전분의 말이 너무 고마워 적지 않은 금은보화를 보낸 일을 알게 되었습니다. 이때 그는 "무안후가 지금까지 살아 있다면 구족을 멸했을 것이다"라고 하면서 전분에게 이를 갈았다고 합니다.

위에 언급한 유조와 관련한 세 가지 가능성은 솔직히 설득력이 너무나 약합니다. 그래서 한 가지 가능성이 그 속에 포함되지 않았다는 사실을 말하고 싶습니다. 그것은 국가의 문서를 관리하는 관원이 왕태후와 전분의 압력 탓에 무제에게 유조의 보관 상황을 있는 그대로 보고하지 않았을 가능성입니다. 청나라 사람인 심흠한沈欽韓은 이 가능성에 대해 "당나라의 사례를 보면 중서성中書省의 사인舍人은 황제의 조고詔誥를 관장했다. 모두 두 장을 써서 한 장은 보관하고 한 장은 대외적으로 선포했다……선제의 유조가 어찌 부본이 없이 일반 민간인의 집에 보관돼 있겠는가? 이는 전분이 주도한 일로 죄를 뒤집어씌웠다"라며 거의 단정적인 주장을 폅니다.

이게 진짜 가능했을까요? 말하기 어렵습니다. 의문점이 많으니까요. 우선 국가의 문서를 관리하는 관원이 그렇게 대담했을까요? 황제에게 사기를 치는 것은 군주를 속이는 죄입니다. 또 왕태후와 전분의 권력이 그렇게 막강했을까요?

결론적으로 경제의 유조와 관련한 진실은 첩첩산중입니다. 캐면 캘수록 의문이 생겨날 뿐이므로 도저히 고증할 방법이 없습니다.

그러나 분명한 역사적 사실은 있습니다. 그것이 바로 54년 동안 황제의 자리에 있었던 무제가 처음 임명한 승상이 바로 두영이라는 사실입니다.

동시에 두영이 억울하게 죽어간 최초의 승상이라는 사실도 움직이기 어려운 진실입니다.

군주가 신하를 죽이려고 하면 방법이 없습니다. 죽어야 합니다. 무제는 나이가 어렸습니다. 두태후와 왕태후라는 양대 산맥이 그를 가로막고 있었고, 두태후가 세상을 떠난 후에는 왕태후 배후의 전씨 가족이 기승을 부렸습니다. 그들은 일찍이 두씨 가족에게 서릿발 같은 칼날을 겨눈 채 핍박했습니다. 두영이 죽자 결국 두씨 가족은 철저하게 망가졌습니다. 그의 죽음으로 인해 무제나 왕태후가 한숨을 돌렸는지는 잘 모르겠지만 어쨌든 그의 죽음은 그 자신 집안의 철저한 몰락과 함께한 죽음이라 하겠습니다.

원광 4년(기원전 131년) 10월, 관부는 불경죄로 사형에 처해졌습니다. 12월 29일, 두영은 유조를 위조했다는 죄로 마찬가지로 사형에 처해졌습니다.

원광 4년 3월, 전분은 이상한 괴질에 걸렸습니다. 그는 시름시름 앓다 "죄를 인정한다! 죄를 인정한다!"라는 소리를 크게 내지르면서 기이한 모습으로 죽었습니다. 여기에서 잠시 한나라 때의 역법을 살펴봐야겠습니다. 그때까지만 해도 진나라의 역법을 그대로 사용했으니까요. 이에 따르면 매년 첫째 달은 10월입니다. 때문에 10월 이전의 달은 11월, 12월, 1월, 2월 등의 순이 됩니다. 10월이 먼저고 4월이 나중이라는 말입니다. 전분이 두영보다 나중에 세상을 떠났다는 얘기입니다.

이렇게 해서 양대 외척의 생사를 건 경쟁은 막을 내립니다.

무제도 수시로 들어오는 왕태후의 견제를 완전히 막지는 못했지만 자신의 뜻을 관철시킬 수 있는 기본적인 토대를 확실하게 마련했습니다. 더불어 자신의 역사적 사명도 완성하게 되었습니다. 새로운 정치의 시작은 이미 확정되었고, 외척은 와해되었습니다. 그의 눈은 다시 어디로 향했을까요?

한나라와 흉노의 전쟁

무제의 일생에서 가장 논쟁적인 부분은 바로 흉노와 줄기차게 전쟁을 벌였다는 사실입니다. 무려 54년의 재위 기간 중에서 44년 동안이나 흉노와 전쟁을 했으니까요. 도대체 무엇이 무제로 하여금 흉노족을 그토록 원수 대하듯 만들었을까요? 왜 그는 아버지 경제의 화친 정책을 따르지 않았을까요?

평화롭지 않은 화친

유방이 중국을 통일한 다음부터 서한 왕조는 계속 화친 정책을 통해 평화를 얻었습니다. 그건 다른 게 아니었습니다. 옹주(翁主, 한나라 당시 제후왕의 딸)들을 공주로 신분을 격상시킨 다음 흉노의 선우에게 시집보내 평화를 도모하는 것이었습니다.

한나라는 매번 공주(사실은 옹주)를 보내 화친을 맺을 때 그녀들만 보낸 것이 아닙니다. 기능공, 노비 등과 당대에 제작한 대규모 각종 기물을 함께 보냈습니다. 이뿐만이 아닙니다. 매년 일정한 양의 명주, 쌀을 비롯한 곡물도 보냈습니다. 흉노가 전쟁을 통해 얻을 수 있는 양을 매년 그렇게 보장했으니 당연히 흉노가 한나라를 침범할 평계를 어느 정도는 막을 수 있었지요.

문제가 즉위한 다음, 그는 유방과 여후 시기의 흉노에 대한 화친 정책을 답습했습니다. 그러나 문제 전 3년(기원전 177년) 5월, 흉노의 우현왕은 하투(河套, 지금의 네이멍구內蒙古 지역에 있는 평원 이남의 땅)까지 쳐들어와 살육과 약탈을 자행했습니다. 문제는 즉각 승상 관영에게 8만 5,000명의 전차병과 기병을 거느리고 우현왕을 공격하라고 명했습니다. 우현왕은 이 공격에 대패하여 새외(塞外, 북방의 만리장성 바깥)까지 도주했습니다. 이 일이 있고 나서 흉노의 반응은 기가 막혔습니다. 선우가 직접 편지를 보내 한나라가 전쟁을 도발했다고 억지를 부린 겁니다. 문제는 흉노가 사실을 왜곡한다는 것을 분명하게 알았지만 사신을 우대하면서 그들이 요청한 화친 요구를 들어주었습니다.

얼마 후 모돈冒頓 선우가 세상을 떠나자 그 아들 계육稽粥이 아버지의 자리를 이었습니다. 호를 '노상老上' 선우라고 했습니다. 노상 선우가 자리를 이은 다음, 문제는 황실의 옹주를 보내 흉노와 화친을 맺기로 결정합니다. 그러나 그 결정으로 그는 골치를 썩게 됩니다.

이때 문제는 과거와 마찬가지로 환관을 공주의 수행원으로 함께 보내려고 했습니다. 선발된 환관은 연나라 출신인 중항열中行說이었습니다. 그러나 중항열은 고집을 부렸습니다. "당신들이 나를 보내면 나는 반드시 한나라의 화근덩어리가 되고 말 것이오"라고 엄포를 놓으면서 흉노 땅에는 가지 않겠다는 의지를 굽히지 않았습니다. 과연 그는 흉노에 도착하자마자 바로 선우에게 투항해버립니다.

중항열은 복수심이 대단히 강한 사람이었습니다. 환관이 되었다는 사실만으로도 그의 일생은 이미 충분히 불행했습니다만, 한편으로 그는 환관이 된 덕에 중원에서 살 수가 있었습니다. 대한 왕조의 땅에서 생활하는 것이 가능했던 겁니다. 물론 하루아침에 흉노 땅에 가서 영원히 돌아오지 못하게 되었지만요.

사실 흉노의 땅에는 그보다 더 고통스러운 사람도 있었습니다. 화친을 도모한다는 미명 하에 보내진 공주들이었습니다. 그녀들은 고향과 가족을 떠나 멀리 시집갔습니다. 개인의 힘으로 민족 간의 화목 도모라는 중대한 책임을 짊어져야 했으니 그들이 겪는 고통은 중항열과는 비교조차 되지 못했습니다.

하지만 그녀들은 민족 화해의 사명을 자신들이 짊어져야 한다는 사실을 분명히 알았습니다. 개인의 은원이 민족의 이익을 능가하지 못한다는 자각을 가지고 있었지요. 그러나 불행히도 중항열은 그렇지 못했습니다. 그에게는 개인의 고통이 민족의 이익보다 훨씬 컸습니다. 바로 그 때문에 그는 자기민족에게 보복하기로 결심하게 되는데, 바로 자신을 떠나게 만든 한나라 조정에 보복을 한 겁니다.

중항열은 어떻게 한 왕조의 골치를 썩였을까요?

우선 흉노가 한나라에 대한 각종 의존에서 벗어나도록 조종했다는 사실입니다. 중항열은 흉노에 도착한 다음 그들이 한나라에서 보낸 명주를 대단히 좋아한다는 사실을 알았습니다. 명주는 흉노족이 쓰던 가죽과 비교하면 굉장히 가볍고 따뜻해서 기후가 차가운 몽고고원에서 생활하는 그들로서는 좋아하지 않을 수 없었습니다. 물론 대초원이 제공하는 가죽으로 보온할 수는 있었지만 가죽은 보온성은 뛰어나지만 명주와 비교하면 무겁다는 결함이 있었습니다. 그에 반해 명주의 가벼움은 가죽과는 비교가 되지 않았지요. 중원의 명주가 갈수록 흉노족의 사랑을 받은 것은 어쩌면 당연한 일인지도 모릅니다. 그러나 명주는 몽고고원에서는 나지 않았습니다. 그들은 한나라가 보내주는 명주에 대한 의존에서 벗어날 수 없었지요.

중항열은 이때 이렇게 생각했습니다.

'흉노족이 만약 한족의 물건에 빠지면 한족에게 의존할 수밖에 없다. 궁극적으로 초원민족으로서의 정체성을 상실하고 만다.'

그는 생각에만 그치지 않고 곳곳으로 돌아다니면서 흉노족이 한나라가 보내주는 공물에 기대는 습관에서 벗어나야 한다고 주장합니다. 그는 심지어 노상 선우에게도 이렇게 겁을 줍니다.

"흉노족은 인구가 한나라의 일개 군에 불과합니다. 그러나 한나라에 비하면 강합니다. 흉노의 옷과 먹을거리가 한나라와 다르기 때문입니다. 한나라에 의지할 필요가 없으니까요. 그러나 흉노족이 자신들의 풍속을 바꾸어 한나라가 보내주는 물건들을 좋아하게 되면 곤란해집니다. 한나라는 자신들의 전체 산물의 10분의 2만 내놓아도 흉노족이 필요로 하는 물질적 수요를 충족시킬 수 있습니다. 그렇게 되면 흉노족은 자주성을 잃고 한나라에 귀속될 수밖에 없는데, 이런 상황은 흉노족으로 볼 때는 대단히 위험합니다. 독립과 생존의 여부와도 관계됩니다."

그러면 그는 어떻게 흉노족의 명주에 대한 탐닉을 깨뜨려버렸을까요?

중항열의 입장에서 보면 그건 아주 간단했습니다. 한나라에서 보내준 명주로 옷과 바지를 만들어 잡초와 가시가 우거진 대초원을 말 타고 질주하게 한 겁니다. 옷이 헤지는 것이 당연합니다. 명주로 만든 옷이 가죽보다 튼튼하지 않다는 사실뿐만 아니라, 흉노족에게도 그다지 맞지 않다는 사실도 증명되었습니다.

한나라의 음식물과 관련해서도 중항열은 "이것들이 어떻게 흉노족의 동물의 젖과 유제품보다 좋을 수 있겠습니까? 전부 버려야 합니다!"라고 건의했습니다.

민족 간의 상호 원만한 소통 여부는 원래 쌍방이 윈-윈하는 대전제 하에 이뤄집니다. 그럼에도 중항열은 두 민족을 이간하고 대립시키는 데에만 전력을 기울였습니다. 양 민족이 장기적으로 전쟁 상태에 빠져드는 것은 어쩔 수 없는 현실이 되고 말았습니다.

그 다음으로 한나라에 대한 의존을 벗어나는 방법으로 택한 것은 흉노족에게 문자를 전해주는 것이었습니다. 흉노는 당연히 문자가 없었습니다. 그러나 중항열이 흉노로 간 다음부터는 달라졌습니다. 그가 한문을 전해줘 기록을 남기고 인구와 가축의 통계를 내는 데 사용하도록 했으니까 말입니다.

중항열이 한문을 흉노에 전한 것은 한나라의 문명을 전수하는 객관적 효과가 있기는 했습니다만, 실제로 그의 주관적 동기는 흉노를 강대하게 만드는 것이었습니다. 흉노의 실력을 길러 한족 정권에 대항하도록 만들자는 것이었지요.

세 번째로 택한 것은 흉노를 오만하게 만드는 것이었습니다. 당시 한나라와 흉노의 교류는 주로 편지, 즉 죽간竹簡을 사용했습니다. 한나라가 보내는 죽간의 경우 길이가 대략 1척 1촌이었습니다. 중항열은 흉노의 선우에게 이르기를, 한나라에 회신할 때 이 죽간의 길이를 1척 2촌으로 할 것을 제안했습니다. 또 편지의 머리에 '천지소생, 일월소치天地所生, 日月所置'라는 여덟 글자도 쓰게 했습니다. 천지에 의해 태어난 다음 일월에 의해 흉노의 왕 자리에 오른 사람이라는 의미입니다. 한나라의 황제와 같은 위치라는 사실을 강조하려는 의도가 분명히 엿보입니다.

원래 문제는 흉노의 선우에게 죽간을 보낼 때 머리에 '황제경문흉노대선우무양皇帝敬問匈奴大單于無恙'이라는 글귀를 항상 써넣었습니다. '황제가 흉노 대선우의 건강을 삼가 묻는다'라는 의미가 됩니다. 그러나 이게 엉뚱하게도 흉노 선우가 황제에게 보내는 죽간에서도 등장합니다. '천지소생일월소치흉노대선우경문한황제무양天地所生日月所置匈奴大單于敬問漢皇帝無恙'이라는 글귀가 들어가게 되는 겁니다. 이 죽간과 그 내용이 의미하는 바는 분명했습니다. 우선 흉노 선우의 기세를 분명하게 반영했습니다. '내 죽간이 당신 것보다 길다'고 생각했다는 겁니다. 흉노의 선우가 한나라의 황제와 다를 바 없는 위상이라는 사실도 과시했습니다. '천지소생, 일월소치'라는 글에는 한나라 황제를 우습게 본다는 생각이 확실히 들어 있으니까요.

중항열은 죽간을 통해 흉노의 선우에게 오만한 마음을 북돋웠습니다. 역시 한나라의 황제를 욕보이게 하려는 목적이었지요. 이제 일은 터진 것이나 마찬가지였습니다. 천하대란이 일어나지 않으면 그게 오히려 불안할 일이었습니다.

중항열은 드디어 선우를 꼬드겨 한나라를 침공하게 합니다.

흉노는 기본적으로 한나라의 큰 골칫거리였습니다. 그러나 중항열이 흉노에 투항한 다음부터는 상황이 더 심해졌는데, 특히 그가 한나라의 지리와 군사 정보에 대단히 밝았으니 어쩌면 당연한 일이었습니다. 실제로 흉노의 선우는 그의 도움을 적극적으로 받아 한나라 침공이라는 돌파구를 마련할 수 있었습니다. 더불어 누차에 걸쳐 실질적으로 큰 힘을 얻기도 했습니다.

중항열이 이랬으니 한나라 사람들이 그를 욕하는 것은 너무나 당연합니다. 분명한 사례도 있었습니다. 주인공은 문제 때의 청년 정치가 가의賈誼였습니다. 자신의 글에서 중항열과 선우를 나란히 놓고 큰 소리로 꾸짖었습니다. 선우는 굴복시켜 머리를 조아리게 해야 하고 중항열은 잡아들여 곤장으로 다스려야 한다고 말이지요.

문제 전 14년(기원전 166년) 겨울, 흉노의 선우는 중항열의 교사 아래 14만 기병을 끌고 내려와 한나라를 침략했습니다. 이 침략 전쟁에서 흉노 병사들은 조나(朝那, 지금의 닝샤寧夏 회족자치구 일대), 소관(蕭關, 대륙 서북부의 요충지)을 공격해 북지(北地, 지금의 간쑤甘肅성 일원)의 도위都衛 손앙孫卬을 죽인 다음 수많은 백성과 가축을 약탈해갔습니다. 또 팽양(彭陽, 지금의 간쑤성 전위안현鎭原縣)에서는 회중궁(回中宮, 진한秦漢시대의 별궁인 이궁離宮. 지금의 산시성 룽현隴縣)을 불태워버렸습니다. 이뿐이 아닙니다. 흉노의 정찰 기병들은 한나라 영토 깊숙이 들어오기까지 했고, 심지어 옹지雍地의 감천궁(甘泉宮, 진한 시대의 이궁. 지금의 산시성 춘화현淳化縣)에 모습을 나타내기도 합니다.

　문제는 예상치도 못한 흉노의 침략으로 엄청난 충격을 받았습니다. 친히 군사를 이끌고 흉노를 정벌하겠다는 생각까지 했을 정도니까요. 이때 군신들은 그를 말리지 못했습니다. 다행히 두태후가 나선 탓에 그의 친정親征 계획은 무산될 수 있었습니다. 그러나 그는 1,000대의 전차, 기병 10만 명은 예정대로 파견해서 그들로 하여금 장안 주위를 흉노의 침략으로부터 지키게 했습니다. 또 따로 다섯 장군에게는 대량의 전차와 기병을 인솔해 흉노 군대를 공격하도록 했습니다. 그러나 흉노의 선우는 한나라 국경 근처에 1개월 가까이 주둔한 다음 말머리를 북쪽으로 돌려버려 결국 한나라 병사들은 적을 참살할 기회조차 가지지 못했습니다.

　이후 흉노는 매년 국경을 넘어와 살육과 약탈을 일삼았습니다. 피해가 말로 형언하기 어려웠을 정도입니다. 한나라의 국책인 화친 정책은 당초 기대했던 평화를 가져오지 못했습니다. 오히려 골치만 아프게 만든 셈인데, 더욱이 중항열이 끊임없이 만들어낸 각종 말썽이 화친 국책을 완전히 극도의 코미디로 만들어버린 거지요. 나라에 매국노가 있으면 국력이 쇠퇴할 뿐 아니라 국가의 위신까지 손상시킨다는 사실이 진실인가 봅니다.

코앞으로 다가온 전쟁

노상 계육 선우는 한나라를 한참이나 괴롭히다 세상을 떠났습니다. 그러자 곧바로 아들인 군신軍臣이 그를 이어 선우가 되었습니다.

세월은 지나 문제 후원后元 6년(기원전 158년)이 되었습니다. 흉노는 다시 3만 명의 기병을 일으켜 상군上郡과 운중군雲中郡을 침범, 살상과 약탈을 자행했습니다. 한나라는 이에 대응해 장무張武를 비롯한 세 장군을 파견하여 각각 북지와 대군代郡의 구주句注, 조나라의 비호구飛狐口에 주둔시켰습니다. 동시에 병사들을 국경에 증파, 최일선의 방어벽을 더욱 확고하게 했습니다.

수도 장안 주변은 주아부를 비롯한 세 장군이 각각 세류와 극문, 패상에 병사들을 이끌고 주둔하고 있었으므로 더욱 철옹성이 되었습니다. 철통의 방어선이 구축되었다고 해도 과언이 아니었습니다. 예를 들면 더 쉽게 파악됩니다. 예컨대 흉노의 기병들이 대군의 구주를 침범하면 바로 봉화가 올라가 감천과 장안에 즉각 경계경보가 발령되도록 만들어졌습니다. 하지만 한나라 병사들이 변경으로 달려가려면 몇 개월이나 걸리기 때문에 당연히 그때가 되면 흉노 병사들은 그곳을 벗어나고 없었지요. 한나라 병사들은 완전히 닭 쫓던 개가 될 수밖에 없었습니다.

그 1년여 후 문제는 세상을 떠났습니다. 문제는 자신의 재위 시에 모돈, 노상, 군신의 3대 선우를 모두 겪었으며, 또 세 차례에 이르는 대대적인 침략도 경험했습니다.

경제는 황제 자리를 잇자마자 오초칠국의 난에 직면했습니다. 흉노는 다시 그 틈을 타서 한나라를 호시탐탐 노렸고, 특히 이번에는 조나라와 연합해 변경을 침략하려 했습니다. 그러나 한나라 군대가 조나라를 격파함으로써 상황이 달라졌습니다. 흉노로서는 혼란을 틈타 침략하겠다는 생각을 단념할 수밖에 없었지요.

경제도 문제와 마찬가지로 흉노에 대해 화친 정책을 취했습니다. 서로 왕래도 하고 변경 시장도 열었습니다. 경제가 세상을 떠날 때 즈음에는 때때로 작은 소요가 없었던 것은 아니지만 큰 침략이나 약탈 행위는 없었습니다. 문제 때와 비교하면 경제는 상대적으로 행운이 따랐다고 할 수 있지요.

그러나 고조 유방이 화친 정책을 실시한 이후에도 흉노에 의한 우환은 대체로 끊이지 않았습니다. 때문에 무제가 흉노를 정벌하려 한 가장 큰 이유는 역사적으로 쌓인 양 민족의 원한에서 찾아야 합니다. 결국 '화친은 아무런 효과가 없는 것, 정벌로 치욕을 씻자'라는 구호는 이제 거스르기 어려운 대세가 되고 말았습니다.

무제는 열여섯 살에 제위에 올랐고, 바로 다음해 서역에 사람을 파견했습니다. 목적은 다른 게 아니었습니다. 흉노의 오른팔을 확실하게 잘라 훗날 흉노에 대한 대규모 작전에 대비하겠다고 생각한 겁니다.

그러면 무제는 왜 즉위하자마자 흉노와의 전쟁을 준비했을까요? 왜 아버지나 할아버지와 같은 화친 정책을 실시하지 않았을까요?

전쟁은 결국 경제력을 겨루는 겁니다. 흉노와의 전쟁도 예외는 아니었습니다. 한나라는 초창기에 경제력이 말이 아니었습니다. 16년에 걸친 진나라 독재 정권의 잔혹한 통치는 그렇다고 칩시다. 3년간의 반진 전쟁, 4년을 끈 초한 전쟁은 한나라의 경제력을 바닥으로 끌어내렸습니다. 『사기』의 「평준서平準書」를 보면 다음과 같은 기록이 있습니다.

'한나라는 다 망한 진나라를 그대로 물려받았다. 젊은이들은 군대에 가 있었고 노약자들은 군량미를 날랐다. 해야 할 일은 산더미 같았지만 재정은 고갈 상태였다. 황제조차 같은 색깔의 말 네 필이 끄는 어가를 구하지 못할 정도였다. 또 대장이나 승상은 소가 끄는 수레에 앉아야 했다.

백성의 집도 마찬가지여서 먹을 것이나 잘 때 덮을 것이 없었다.'

백성이 기본적인 생활수준에도 이르지 못한 사실이 적나라하게 묘사돼 있습니다. 어떻게 전쟁을 한다는 말이 나오겠습니까.

한나라 왕조가 흉노와 일전을 불사하겠다고 생각하지 않은 것도 아닙니다. 그러나 유방을 비롯한 여후, 문제, 경제의 시대에는 흉노와 전쟁을 할 조건이 분명히 갖춰지지 않았습니다.

하지만 무제가 즉위한 초창기에 국가는 이미 70여 년간 휴양한 상태였습니다. 나라는 계속 태평성대를 이루었고 자연재해도 없었습니다. 백성들에겐 먹을 것과 입을 것이 풍부했고, 장안에 쌓인 돈은 억만금을 헤아렸습니다. 심지어 돈을 꿰는 밧줄이 다 썩을 정도였습니다. 그뿐만이 아닙니다. 창고의 곡식은 해마다 계속 들어왔습니다. 보관할 곳이 없어 노천에서 쌓아놓았다 먹지 못하고 썩은 것들이 부지기수였습니다. 이것은 무제 즉위 초창기에 한나라가 흉노를 상대로 대대적인 작전을 전개할 능력을 가지고 있었다는 사실을 뜻했습니다. 바꿔 말하면 무제가 흉노를 상대로 전쟁할 수 있는 기본적인 역량을 갖추었다는 얘기입니다.

경제 상황의 대대적 호전은 한나라에 군사적으로도 도움을 주었는데, 여기에 대해서는 두 가지 측면으로 살펴보려 합니다.

우선 변방의 식량, 즉 군량미가 풍부해졌습니다. 국가의 비축미가 풍부해지면서 변방의 식량 비축 문제가 해결됐습니다. 넉넉했던 겁니다. 더구나 문제는 일찍이 조조의 건의를 받아들여 변방에 식량을 보내는 자들에게 작위를 봉했습니다.

사실 작위라는 것은 중국 고대의 정치 등급 제도의 하나입니다. 한나라의 경우 20등급의 군공작제(軍功爵制, 군사적 공에 따른 작위 부여)가 있었는데, 가장 높은 등급이 봉국을 통해 내리는 열후(20급)였습니다. 그 다음은 관내후(關內侯, 19등급)로서 식읍은 내리나 봉국은 하지 않았습니다. 열후와 관내후는 승상, 어사대부, 구경 등의 고위관리가 될 수 있었습니다. 그 아래로는 9급인 경卿급 작위, 5급인 대부大夫급 작위가 있었습니다. 또 최하위 등급에는 4급의 소작小爵이 있었습니다. 작위는 군사적인 공을 세운 장군이나 관리만 받는 것이 아니라 일반 백성도 받았습니다. 이를 민작民爵이라고 했는데, 이처럼 일반 백성에게 작위가 있으면 죄를 지어도 벌을 면해주었습니다. 이런 조치는 당연히 변방의 식량을 넉넉하게 하는 데 큰 영향을 미쳤습니다.

식량문제의 호전에 이어 또 하나의 장점은 군사력이 증강되었다는 점입니다. 흉노에 대한 작전을 개시하려면 군사적으로 두 가지 준비를 해야 했습니다. 첫 번째는 전마戰馬이고, 두 번째는 궁전弓箭입니다.

주지하다시피 한나라 초창기에는 말이 부족했고 그러니 가격이 높을 수밖에 없습니다. 기록에 의하면 '한 필에 100금'이었다고 합니다. 그러나 무제 즉위 초에는 말의 수가 급격히 늘어나서 골목 여기저기, 밭의 이랑 등 아무데서나 흔히 볼 수 있었습니다. 우리는 흔히 권세만 너무 탐하는 세상인심에 대해 말할 때 종종 '사람은 보지 않고 그저 의관만 바라본다'는 말을 많이 합니다. 그런데 무제 초기에는 이랬습니다. '사람은 보지 않고 말만 쳐다본다'는 말이 유행했거든요. 심지어는 더 황당한 일도 있습니다. '민간의 거리 곳곳에 말이 넘쳐났다. 시골에서는 들판에 말들이 아예 무리를 이뤘다. 그래서 암말을 타고 다니는 사람은 곳곳에서 멸시와 배척을 당했다. 심할 때는 모임 같은 곳에도 참가하지 못했다'라는 기록이 이 사실을 잘 보여줍니다. 말 값이 완전히 개 값이 된 겁니다!

흉노 병사들의 막강한 전력은 일단 기병의 뛰어난 기동력에서 나옵니다. 그러나 그게 다는 아니라서, 기병들의 뛰어난 활 솜씨도 무시하면 안 됩니다. 중국도 활 솜씨에 대해서는 일가견이 있었습니다. 춘추전국시대 이후부터 노기弩機가 있었으니까요. 유방과 항우 사이에 벌어진 영양 전투에서도 이 노기는 막강한 위력을 발휘합니다. 항우가 노기로 유방의 가슴을 명중시킨 겁니다. 유방은 평생 화살에 의한 치명상을 두 번 당했는데, 그것이 그중 하나입니다. 다른 한 번은 경포의 반란을 진압할 때 당한 전상입니다. 이처럼 노기는 기계의 힘을 이용해 빠르고 집중적으로 발사하는 무기로서, 흉노 기병의 화력을 충분히 제압할 수 있었지요. 아무튼 무제가 흉노와 결전을 벌여야겠다고 결심하게 만든 비장의 무기 중 하나가 바로 이 노기였던 것은 분명합니다.

지금까지 언급한 얘기들을 종합하면 무제의 대 흉노 작전은 대략 여덟 글자로 충분히 개괄할 수 있습니다. '조건성숙, 시불아대條件成熟, 時不我待', 즉 '조건은 성숙했다. 시간은 나를 기다려주지 않는다'라는 말이 되겠습니다.

그러나 흉노와의 투쟁은 일단 시작하자 수십 년이 걸렸습니다. 거의 일생이 걸렸다고 해도 무방하겠군요. 왜 그랬을까요? 이것은 흉노족의 생활 방식과 관계가 있습니다. 흉노족은 기본적으로 강우량이 대단히 적은 초원을 생존의 터전으로 삼았습니다. 이런 환경 탓에 흉노족은 방목 위주의 생활을 했지요. 농경 입국은 기본적으로 불가능했습니다.

유목민족의 생존 상태와 농경민족의 그것과는 차이가 큽니다. 유목민족은 농경을 위주로 하는 민족처럼 사는 것이 아예 불가능했습니다. 그들에게 풍부한 농산품이나 그에 상응한 생활용품은 말 그대로 대단한 사치였습니다. 그들이 도저히 생산하기 어려운 생활용품을 얻을 수 있는 방법은 두 가지 외에는 없었습니다. 하나는 변경 무역으로 불리는 호시互市를 통하는 것이고, 다른 하나는 약탈 전쟁입니다. 당연히 무역을 통해 서로 소통하는 것이 두 민족의 장기적 이익에 부합하는 가장 좋은 방법이었습니다. 하지만 흉노족은 처음부터 그렇게 하지 않았습니다. 잘못된 방법을 선택한 것이지요. 군사력의 우세를 믿고 약탈이라는 방법으로 생산 재료와 생활 재료를 획득했습니다.

양 민족은 쉴 새 없는 투쟁으로 들어갈 수밖에 없었습니다. 이게 바로 한나라와 흉노가 투쟁하지 않으면 안 됐던 심층적인 배경입니다. 이 심층적인 모순으로 인해 전쟁은 결국 특정 시기에는 모순 해결을 위한 유일한 방법이 되기도 합니다.

물론 무제의 입장에서도 흉노를 지속적으로 공격한 이유는 있습니다. 한나라의 농경 생산 방식을 보호하는 것이 첫째 이유이고, 다음으로 한나라의 통치 지역을 확대하고 싶은 야심도 간과해서는 안 됩니다. 외부로 눈을 돌려서 국내 모순을 해결해보겠다는 생각도 크게 벗어나지 않습니다. 한 마디로 말해 무제는 발전 확대 전략이 국가 이익의 기본이라고 생각한 듯합니다.

그러나 훗날의 사실들을 보면 무제의 지속적인 군사작전이 부작용도 대단했다는 점을 분명하게 보여줍니다.

교착에 이른 화전和戰 논쟁

고조 유방에서 무제 시대에 이르기까지 반세기 가까운 시간 동안 화친 정책은 한나라의 국책이 되었습니다. 그걸 하루아침에 바꾸는 것이 가능했을까요? 그렇게 했으면 광범위한 지지를 얻는 것이 가능했을까요?

무제 건원 6년(기원전 135년) 흉노가 화친을 요청해왔습니다. 천자는 조정에서 논의하게 했습니다. 이때 무제는 이미 즉위 6년째를 맞이하고 있었습니다. 그가 화친 정책을 조정의 주요 안건으로 논의에 부치자 대신들의 의견은 분분했습니다. 어떤 이는 일전 불사를 주장했고, 어떤 이는 화친을 입에 올렸습니다.

주전파는 오늘날의 외교부 장관에 해당하는 대행大行 왕회王恢를 대표로 하는 세력이었습니다. 주화파는 부승상에 해당하는 감찰업무 담당의 어사대부 한안국이 핵심인물이었습니다. 왕회는 연나라 사람입니다. 때문에 수차례에 걸쳐 변방에서 관리를 지낸 덕분에 변방의 사정에 대단히 밝았습니다. 그가 흉노와의 전쟁을 강력하게 주장한 데에는 다 이유가 있습니다. 당시 그가 다음과 같이 말한 것만 보아도 알 수 있습니다.

"흉노와는 몇 번이나 화친을 맺었습니다. 그러나 흉노는 몇 년이 지나지 않아 약속을 깨고 침략을 자행하곤 했습니다. 수십 년 동안 늘 이랬습니다. 이렇게 신의가 없는 민족을 대하는 가장 좋은 방법은 다른 게 없습니다. 군사적인 타격을 가해 격퇴시키는 것이 가장 좋습니다. 그렇지 않으면 편안할 날이 없을 겁니다!"

그렇다면 한안국은 어떤 입장을 견지했을까요? 다음의 말이 그의 입장을 잘 대변해줍니다.

"흉노와 전쟁을 하면 1천 리 이상 밖으로 출병해야 합니다. 이롭다고 하기 어렵습니다."

그의 말은 틀리지 않습니다. 우선 확실하게 복속시키기가 쉽지 않았습니다. "흉노는 무엇보다 유목민족입니다. 기병을 보유하고 있습니다. 기동력도 대단히 뛰어납니다. 게다가 그들은 인의仁義라는 게 전혀 없습니다. 어디로 옮길 때는 마치 새처럼 날아다녀서 도저히 제압할 방법이 없습니다"라는 그의 부언은 결코 과장이 아니었습니다.

다음으로 지친 병사들을 휘몰아 편안하게 기다리는 흉노 병사들을 공격한다는 것은 말도 안 됩니다. 그는 이에 대해서는 다음과 같이 힘주어 말했습니다.

"우리가 천신만고 끝에 흉노를 추적해 찾아낼 때는 이미 소용이 없습니다. 병사들의 체력이 쇠잔해진 상태에서 어떻게 그들을 물리치겠습니까.

이건 강궁에서 발사된 화살이 목표물에 이를 때에는 아주 얇은 비단도 뚫지 못하는 것과 같습니다. 또 거세게 일어난 큰 바람이 마지막에 잦아들 때에는 기러기의 터럭 하나도 흔들지 못하는 것과 크게 다르지 않습니다. 이건 강궁이 처음 발사됐을 때 힘이 없어서 그런 것이 아닙니다. 바람이 처음 일어났을 때 힘이 없어서 그런 것이 아닙니다. 마지막에 활과 바람이 힘을 잃어서 그런 겁니다. 흉노를 공격하는 것은 바로 이런 수많은 불편함을 감수해야 합니다. 화친하는 것보다 못합니다."

한안국의 한바탕 사자후는 정말이지 생동감이 넘쳐흘렀고, 수많은 대신들의 지지를 얻었습니다.

이 부분에서 우리는 세 가지 점에 대해 생각해봐야 합니다. 왕회와 한안국 두 사람의 말 중에서 누구의 말이 더 합리적인가? 왜 수많은 대신들이 한안국의 의견에 동조했는가? 그렇다면 무제는 도대체 어떤 태도를 취했는가?

하나씩 살펴봅시다. 왕회와 한안국 둘 중에서 더 합리적인 말은 누구의 말이었을까요? 저는 왕회의 말이 한나라 초기부터 한나라와 흉노의 관계에 대한 핵심을 완전히 꿰고 있다고 생각합니다. 화친 정책은 장기적으로 두 민족의 평화를 보장하지 못한다는 말입니다. 한안국의 말에도 도리는 있습니다. 흉노에 대한 작전은 종종 득보다 실이 많고 승리보다는 패배한 경우가 많으니까요.

대신들이 한안국의 의견에 동조한 것도 그렇습니다. 왕회는 한 번의 번거로움을 통해 항구적인 평화를 얻는 방법으로 문제를 해결하자고 주장했습니다. 반면 한안국의 주장은 임시방편의 응급조치였습니다. 결론부터 말하면 왕회의 말은 대단히 합리적이었습니다. 한안국의 말도 나름대로 합리적이었습니다. 굳이 비교하면 큰 도리와 작은 도리의 차이입니다. 원래 작은 도리는 큰 도리에 따라야 하는 법이지만, 그럼에도 대신들은 왜 한안국의 작은 도리를 대대적으로 지지했을까요?

화친 정책은 고조 유방 시대부터 시작된 후로 무려 70여 년을 시행했습니다. 상대적으로 보수적이라고는 하지만 위험 부담은 적었습니다. 큰 사고는 피할 수 있으니까요. 그러나 상황이 좋아질 수도 없었습니다. 이에 비해 왕회의 주장은 근본을 깨끗하게 치유하자고 하는 것이었지만 대수술이었습니다. 기회는 있을 수 있겠지만 위험 부담은 더욱 컸습니다. 바로 그랬기 때문에 대신들 대부분이 한안국을 지지한 것은 필연적이었습니다.

무제는 이에 대해 어떤 태도를 취했을까요? 무제는 54년의 재위 기간 동안 흉노와 전쟁하느라 무려 44년을 보냈습니다. 말할 것도 없이 그는 주전파였습니다. 그러나 그는 이때 최종적으로 한안국의 의견에 동의했습니다.

완강하게 전쟁을 주장하던 무제는 왜 갑자기 한안국의 화친 정책에 동의했을까요? 그는 정말 한나라 초창기 이후 계속 유지됐던 화친 정책을 지속하려 한 것일까요, 아니면 말로 내뱉기 어려운 꿍꿍이라도 있는 것일까요?

리스크 제로의 대 흉노 작전

건원 6년(기원전 135년) 무제는 흉노의 화친 요청을 받고 가부를 결정해야 하는 상황에 직면했습니다. 이때 그는 어사대부 한안국을 중심으로 하는 대다수 대신들의 의견을 받아들여 화친에 동의했습니다. 반면 대행 왕회의 무력 공격 주장에 대해서는 부정적인 입장을 보였습니다.

그는 정말 군사력을 동원할 생각을 하지 않았을까요? 절대 그렇지 않습니다. 그는 흉노와의 전쟁을 가장 효과적으로 수행하기 위한 최고의 방법을 찾고 있었을 뿐입니다. 무슨 방법이 가장 위험이 적을지를 골똘히 궁리하고 있었던 겁니다.

무제가 흉노의 화친 제의를 받아들인 지 3년째가 되는 원광 2년(기원전 133년) 연초, 즉 동십월冬十月이었습니다. 그는 갑자기 조정회의를 소집해서 대신들에게 다음과 같이 말합니다.

"짐은 종실宗室의 공주를 대단히 아름답게 꾸며 선우에게 시집을 보냈다. 또 그들에게 재물도 부족하지 않게 주었다. 우리 대한은 정말 그들 흉노에게 대단히 잘 대해주었다! 그러나 선우의 오만무례와 끝없는 침략과 약탈로 짐은 답답하고 가슴이 아팠다. 이제 짐은 흉노를 공격하기로 결심했다. 그대들은 어떻게 생각하는가?"

무제의 흉노에 대한 불만이 폭발했습니다. 드디어 흉노를 군사력으로 응징하려고 결심한 겁니다. 무제는 왜 갑자기 기본 국책을 바꾸려 했을까요?

무제가 흉노에게 군사력을 사용하기로 처음 결정한 원광 2년, 흉노는 한나라를 침략하지 않았습니다. 게다가 무제가 흉노와 화친을 맺은 2년 전(건원 6년, 기원전 135년) 이후에도 흉노는 대규모 침략을 자행한 적이 없습니다. 한마디로 건원 6년에서 원광 2년까지 한나라와 흉노의 관계는 상대적으로 평온한 상태였습니다. 따라서 흉노의 침입이 무제가 갑작스레 흉노에 대한 무력 응징을 결정한 원인은 아니었습니다. 결론적으로 한 가지 해석밖에 없습니다. 무제가 일찌감치 흉노에 대한 공격을 염두에 두고 있었다는 얘기입니다.

이미 언급했듯이 건원 6년(기원전 135년) 흉노가 화친을 맺자고 제의해왔을 때 한나라 조정에서는 주전파와 주화파 사이에 한바탕 논쟁이 벌어졌습니다. 주화파의 대표인 한안국은 이때 무력 응징은 대단히 위험하다는 입장을 피력했습니다. 그래서 무제도 적당한 기회와 가장 유리한 방법을 찾을 수밖에 없었습니다.

그렇다면 어떤 방법이 흉노에 대한 위험 제로의 작전이었을까요?

리스크 제로의 전략

원광 2년(기원전 133년) 무제는 조정에 흉노를 무력으로 응징하겠다는 입장을 밝혔습니다. 어사대부 한안국과 대행 왕회는 다시 화친과 주전을 부르짖는 양 파벌의 핵심인물이 되었습니다. 두 사람은 이전처럼 각자 자신의 의견을 견지했습니다. 서로 매섭게 힐난하면서 인정사정 보지 않고 싸웠습니다. 논쟁의 초점은 대략 세 가지였습니다.

첫째, 흉노에 대한 무력 응징의 여부입니다. 왕회는 기존의 입장을 되풀이하여 다음과 같이 말하면서 예의 주전론을 굽히지 않았습니다.

"전국시대의 대代나라는 늘 북쪽 흉노의 침략에 시달려왔습니다. 또 남쪽으로는 중원의 전란에 대처해야 했습니다. 그랬음에도 대나라는 자신들의 백성을 보호할 수 있었고, 평탄한 생활을 할 수 있었습니다. 흉노도 감히 침략하지 않았습니다. 그러나 오늘날 대한은 폐하의 위력이 하늘을 찌르는데도 흉노는 오히려 수없이 변경을 침범하고 있습니다. 그들은 마음속으로 폐하에 대한 두려움이 전혀 없습니다. 우리를 당시의 작은 대나라보다도 못한 존재로 보고 시끄럽게 굴고 있습니다. 그러므로 무슨 일이 있어도 혼을 내야 합니다. 아주 단단히 혼을 내고 도저히 재기하지 못할 정도로 짓밟아야 두려움을 알 겁니다!"

왕회가 되풀이한 입장의 핵심은 분명합니다. 흉노에게 선전포고를 해서 한나라의 군사적 위력을 확실하게 보여주는 것이었습니다.

한안국도 과거의 입장을 바꾸지 않았습니다. 흉노를 무력으로 응징해보았자 입에 올릴 이익이 없다는 게 그의 주장의 핵심이었습니다. 그는 다음과 같은 주장을 되풀이했습니다.

"흉노는 유목민족이라 거처가 일정하게 정해져 있지 않습니다. 설사 우리 군대가 사막 깊숙한 곳까지 들어가도 극복하지 못할 어려움이 많을 수밖에 없습니다. 우선 흉노의 주력을 찾기가 무척 어렵습니다. 또 흉노의 주력과 조우하더라도 피곤에 지친 병사들이 사기충천해 있을 흉노 병사들의 예봉을 꺾는 것은 결코 쉽지 않습니다. 설혹 흉노의 사막 국토를 점령한다 해도 소용이 없습니다. 또 흉노의 백성을 포로로 붙잡아 오더라도 우리 한나라를 강대하게 할 수는 없습니다."

둘째, 고조의 화친 정책을 어떻게 보느냐 하는 겁니다.

고조 유방은 흉노와 전쟁을 벌이다 백등(白登, 지금의 산시성 다퉁大同) 인근의 산에서 포위를 당한 적이 있습니다. 이때 그는 무려 7일이나 곤경을 겪었습니다. 도저히 빠져나갈 길이 없어 거의 낭패를 보기 직전의 절망적인 순간까지 이르렀습니다. 마지막에야 겨우 진평의 계책에 따라 선우의 측근인 알閼씨에게 뇌물을 바치고 포위를 뚫고 나올 수 있었지요.

포위를 뚫고 나온 다음 그의 머리는 냉정해졌습니다. 흉노에 대한 화친 정책을 주장한 유경劉敬의 의견을 받아들인 겁니다. 고조 유방은 서한 정계에서는 대단한 카리스마를 가지고 있었기 때문에 그의 당대에는 화친 정책에 대해 시비를 거는 대신들이 없었습니다. 하지만 그의 사후에 한나라 조정의 주전파와 주화파는 그 문제를 최대의 논쟁거리로 삼았습니다.

여후가 모돈 선우로부터 모욕적인 편지를 받았을 때입니다. 그녀는 바로 출병을 주장했을 정도로 대로했습니다. 이때 번쾌樊噲가 의연히 뛰어나와 "소신이 10만 대군을 이끌고 가서 흉노 군대를 소탕하겠습니다"라고 자신 있게 큰소리를 쳤습니다. 순식간에 조정은 그의 말을 둘러싼 찬성과 반대 입장의 고성이 오갔습니다. 이때의 위기를 해결한 사람이 바로 란포欒布라는 대신입니다.

"고조 당시에도 30만의 정예 병사들을 동원해 흉노를 토벌하려 했습니다. 하지만 도리어 7일 동안이나 포위가 되는 곤경을 당했습니다. 고조의 뛰어난 능력으로도 흉노를 격퇴하지 못한 겁니다. 그럼에도 번쾌 장군이 이렇게 말하는 것은 말이 안 됩니다. 완전히 황상을 기만하는 것이라고 해도 좋습니다"라고 말한 겁니다.

성격이 도도하고 전횡을 일삼던 것으로 유명한 여후는 란포의 말을 들은 직후에는 아무 반응도 보이지 않았습니다. 그러다 마지막에 그의 의견에 동의했습니다. 흉노와의 화친 정책을 지속하기로 결정을 내린 겁니다. 여후가 그처럼 모욕을 참은 것은 아마 그녀 평생에 처음이었을 겁니다. 우리는 이를 통해 그녀가 대국과 국사를 중시했다는 사실을 잘 알 수 있습니다. 더불어 유방의 화친 정책이 여후에게 얼마나 많은 영향을 미쳤는가도 알 수 있을 것 같습니다.

한나라와 흉노와의 관계사에 있어 유방의 화친 주장은 주화파 최고의 카드였습니다. 나아가 주전파가 도저히 넘기 힘든 최대의 장애물이기도 했습니다. 한마디로 흉노를 무력으로 응징하기 위해서는 고조의 화친 정책이라는 이 역사적 문제를 정면으로 응시, 돌파해야 했습니다.

한안국이 "당시 고조 황제께서는 평성(平城, 백등산 인근. 백등을 의미한다고 보면 됨)에서 7일 동안 포위돼 있을 때 밥도 제대로 들지 못했습니다. 포위에서 벗어난 다음에는 분노의 마음도 전혀 가지지 않았습니다. 이것은 고조 황제께서 천하를 더 중요하게 생각했기 때문에 그런 겁니다. 개인적인 분노를 폭발시켜 공연히 천하의 공익을 해치고자 하지 않았기 때문이었습니다. 그러므로 고조 이후 혜제, 고후, 문제, 경제 총 5대에 걸친 화친이 유지될 수 있었습니다"라고 주장한 것도 그래서였습니다.

당연히 왕회는 반박했습니다. "고조가 화친을 주장한 것은 무력으로 응징할 능력이 없어 그런 것이 아니라, 다만 백성들의 생활이 안정되도록 하기 위해 그런 것이었습니다. 그러나 지금 변경은 계속 흉노의 침략을 당하고 있습니다. 천하 창생들의 시신이 쌓이고 있습니다. 이건 인애의 마음을 가지고 있는 사람이라면 누구라도 가슴 아파할 일입니다. 만약 고조께서 살아계셨더라도 좌시하지 않을 겁니다"라고 말하면서 자신의 입장을 굽히지 않았습니다.

왕회는 한나라 초기의 경제력이나 군사력이 흉노에 대한 군사행동의 부담을 지탱하지 못했을 것이라는 사실을 의도적으로 언급하지 않았습니다. 대신 유방의 화친 정책이 그의 자비로운 마음의 결과였다고 극구 칭송했습니다. 정말 교묘한 말씀씨였다고 하겠습니다.

다시 한 번 자세하게 훑어보아도 그렇습니다. 원래 주화파는 흉노를 무찌르지 못한 탓에 추진한 유방의 화친 정책을 줄곧 슬로건으로 크게 내걸었습니다. 특히 주전파의 주장에 맞닥뜨리면 상대를 겁주기 위해 그걸 더욱 거세게 흔들었습니다. 그러나 왕회는 한술 더 떴습니다. 유방이 흉노를 무찌르지 못해 화친 정책을 실시한 것이 아니라 백성들이 더 이상 전쟁의 고통을 겪지 않도록 하기 위해 그랬다고 주장했습니다. 백성들을 위한 어쩔 수 없는 선택이었다는 겁니다.

또 그는 유방이 백성들의 고통을 덜어주기 위해 화친 정책을 추진했으나 이제는 백성들이 흉노의 침략에 고통당하고 있다고 주장했습니다. 백성들의 고난을 덜어주기 위해 흉노와의 전쟁에 나서야 한다는 주장이라고 하겠습니다.

어떻게 흉노와 전쟁을 할 것인가 하는 점도 논쟁의 초점이었습니다. 전쟁이 벌어질 경우의 전망에 대한 한안국의 주장은 무척이나 비관적이었습니다.

"용병의 요체는 병사들을 배불리 먹여 배고픈 적을 상대하는 겁니다. 또 편안하게 쉬게 한 병사들로 지친 적들을 상대하게 하는 것도 이기는 병법의 요체입니다. 그러나 우리 한나라 병사들이 길게 행렬을 이뤄 진군하여 흉노의 심장부로 들어가면 후방의 보급선이 대단히 길어집니다. 더구나 병사들은 오랜 행군에 지칠 대로 지쳐버릴 겁니다. 원정이 성공하기는 진짜 어렵습니다."

왕회는 즉각 한안국이 반격하기 어려운 전략을 제안했습니다. 한안국은 그의 말에 갑자기 유구무언이 되고 말았습니다. 그가 내놓은 전략은 정말 기가 막혔습니다. 원문에 기록된 것을 보면 대략 잘 알 수 있습니다.

"신이 말하는 것은 흉노의 심장부로 깊이 들어가는 것이 결코 아닙니다. 선우의 욕심을 부추겨 우리의 변경으로 유인하는 겁니다. 그런 다음 정예 병사들을 정해진 지점에 매복시키면 좌우에서 진을 치고 그 앞을 막아설 수 있습니다. 또 퇴로를 끊을 수 있습니다. 이렇게 하면 선우를 사로잡을 수 있습니다."

그의 말에 무제는 동의하며 따랐습니다. 이것은 적을 매복권 내로 유인해 물리친다는 전략이었습니다. 완전히 한안국이 주장한 최대 위험, 즉적을 찾지도 못하고 승리하지도 못한다는 우려를 일거에 날릴 수 있는 전략이었습니다. 더불어 무제가 머리를 싸맨 채 기다리고 찾던 리스크 제로의 대 흉노 작전 전략이었습니다. 이걸 우리는 '마읍지모馬邑之謀', 마읍의 계략이라고 해야 하겠습니다.

이른바 마읍의 계략은 마읍(지금의 산시성 쉬현朔縣)의 대부호인 섭일聶壹이 대행 왕회에게 제안한 전략이었습니다. 그가 "흉노는 한나라 조정과 화친을 맺은 지 얼마 되지 않았습니다. 그래서 그런지 흉노는 우리 조정의 변경 지역에 대해서도 비교적 친근한 자세를 취하고 있습니다. 그러나 우리는 이 기회를 이용해 흉노의 선우가 마읍을 습격하도록 유인해야 합니다. 그런 다음 우리 쪽에서 대규모의 정예 병사들을 매복시키면 흉노의 주력은 일거에 섬멸될 겁니다"라고 말하면서 은근히 왕회를 부추긴 겁니다.

이렇게 해서 선우의 주력은 풍전등화의 위험에 놓이게 되었습니다. 더불어 한안국이 했던 걱정은 더 이상 하지 않아도 되었습니다. 오랫동안의 원정에 지친 병사들이 흉노의 정예 병사들과 맞닥뜨리지 않아도 된 겁니다. 무제가 보기에 마읍의 계략은 대단히 완벽한 '리스크 제로'의 전략이었습니다. 무제는 바로 전략에 대한 비준을 했습니다.

수포로 돌아간 마읍의 계략

완벽한 작전 계획의 첫 번째 수는 웃음 속에 칼을 감추는 것이었습니다. 왕회는 섭일을 한나라와 흉노 간 변경 지대의 상인으로 위장을 시켜 흉노 선우를 배알하게 했습니다. 섭일은 계획대로 선우에게 "나는 마읍의 현령과 현승縣丞을 죽이고 전 성을 왕께 바칠 수 있습니다"라고 말했습니다. 군신 선우는 당연히 크게 기뻐했습니다. 서로 호응해 마읍을 손아귀에 넣자는 섭일의 제의에 찬성했습니다. 이게 바로 신의로 안심을 시키고 이익으로 유인하는 전략이 아니고 무엇이겠습니까. 적의 주의력을 마비시키면 손을 쓰는 것은 사실 일이라고 할 것도 없습니다.

완벽한 작전 계획의 두 번째 수는 청군입옹請君入甕, 즉 자신이 놓은 덫에 스스로 들어오게 하는 것이었습니다. 섭일은 마읍으로 돌아오자마자 바로 사형수 한 명을 살해했습니다. 이어 그의 목을 마읍 성곽의 꼭대기에 걸어놓았습니다. 선우가 파견한 흉노의 사신에게는 "마읍의 관리들은 이미 피살되었다. 당신들은 빨리 군대를 출병시켜야 한다"라고 다그쳤습니다. 군신은 사신의 말에 바로 10만 대군을 이끌고 무주새(武州塞, 지금의 산시성 쥐윈左雲)로 진군했습니다.

『사기』의 「흉노열전」은 이와 관련, 흉노족의 특징을 한 마디로 개괄한 말이 있습니다. '이익이 있는 곳에서는 예의를 모른다'라는 말입니다. 사실 이익을 좇는 것은 인간의 본성이기 때문에 군신 선우가 이때 평소 전혀 모르는 사람의 한 마디 말에 모험을 감행한 것은 결코 이상한 일이라고 하기 어려웠습니다. 아무려나 그는 이익에 눈이 팔려 칼과 도마인 자신의 대본영을 떠나 독 안에 든 쥐가 되는 길을 선택했습니다. 이제 그의 생사는 예측하기 어렵게 되었다고 해도 과언이 아니었습니다.

여기에서 우리는 '마읍의 계략'이 흉노를 단번에 섬멸하기 위해 설치해 놓은 거대한 함정이라는 사실을 분명히 알 수 있습니다. 만약 뜻밖의 상황이 일어나지 않았다면 섭일의 자발적인 변경 행, 달콤한 이익을 전면에 내세운 선우 유인, 선우의 경솔한 믿음, 선우의 침략, 매복했던 한나라 병사들의 대공격으로 이어지는 시나리오는 거의 완벽하게 현실로 나타날 수 있었습니다.

무제 역시 흉노 선우의 주력부대를 단번에 섬멸시키기 위해 30만여 명의 정예 병사들을 매복시켜놓고 있었습니다. 병사들이 철통같이 매복한 곳은 주로 마읍 성곽 주변의 계곡이었습니다. 그들을 지휘하는 장군들의 면면 역시 대단했습니다. 위위 이광은 효기驍騎장군, 태복 공손하公孫賀는 경거輕車장군, 대행 왕회는 장둔將屯장군, 태중대부太中大夫 이식李息은 재관材官장군, 어사대부 한안국은 호군護軍장군이었습니다.

전의 넘치는 병마들 역시 일사불란하게 적재적소에 배치되었습니다. 아이러니컬한 것은 전체 대군을 총지휘하는 사령관이 주화파의 영수인 한안국이라는 사실이었습니다. 그 역시 이때만큼은 선우가 한나라 병사들의 시야에 들어올 경우 전 병력이 총출동해 바다를 무너뜨릴 기세로 공격할 수 있을 것으로 믿어 의심치 않았습니다. 더욱 신이 난 장군은 왕회를 비롯한 이식, 이광 등이었습니다. 대나라 땅 쪽에서 출격하는 만큼 흉노의 보급로를 차단, 승리를 거둘 경우 이중 보험에 든 것과 같은 전황을 올릴 것으로 예상됐던 탓입니다.

이제 모든 준비는 다 완료되었습니다. 30만 대군은 전의를 가슴에 품고 숨을 죽인 채 군신 선우의 출현을 기다렸습니다.

이때 군신 선우는 다소 어정쩡한 마음 상태에서 10만여 병력을 이끌고 무주새로 들어오고 있었습니다. 심지어 마을에서 약 100여 리 떨어진 곳에 이르렀을 때는 불안한 마음까지 들었습니다. 넓디넓은 벌판에서 이상하게 묘한 살기가 느껴졌던 겁니다. 실제로 흉노의 병사들이 가는 곳에는 그저 소나 양 몇 마리 정도만 보였을 뿐 한나라 백성들은 단 한 명도 눈에 띄지 않았습니다. 그는 더욱 이상한 기분이 드는 것을 어쩌지 못했습니다.

안타깝게도 이 순간 한나라 병사들은 결정적인 실수를 저질렀습니다. 풀을 건드려 뱀을 놀라게 만든 것이지요. 공격의 신호인 봉수가 불쑥 솟아 오른 겁니다. 군신 선우는 승리의 과실을 맛볼 여유가 없었습니다. 그는 서둘러 연문(燕門, 지금의 산시성 허취河曲 일대)군 군위郡尉의 수하인 위사衛史를 군영으로 잡아들여 그 이유를 물었습니다. 곧 그의 귀에 "한나라의 수십만 병력이 마읍에 매복해 있다"라는 말이 들려왔습니다. 그는 두려움을 떨치지 못한 채 주위에 "나는 원래 의심을 하고 있었어!"라고 말했습니다. 이어 말을 끝내기 무섭게 뒤도 돌아보지 않은 채 흉노의 대군을 휘몰아 무주새를 빠져나갔습니다. 그는 사지를 벗어난 다음 하늘을 우러러 "내가 한나라 조정의 위사를 잡아들인 것은 정말 하늘의 뜻이었어!"라고 하면서 한숨을 길게 몰아쉬었습니다.

그러나 이때 마읍에 매복해 있던 30만 한나라 대군은 흉노의 병력이 철수한 사실을 모른 채 계속 긴장의 끈을 늦추지 않고 흉노의 대군을 기다리고 있었습니다. 사기는 하늘을 찌를 듯했습니다. 한 시간이 지나고 또 한 시간이 지나갔습니다. 그제야 비로소 군신 선우의 대군이 철수했다는 소식이 전해져 왔습니다. 30만 대군은 맹렬하게 추격했지만 흉노의 대군은 이미 멀리 달아난 뒤였습니다. 한나라 군사들의 사기는 갑작스럽게 떨어졌습니다. 그야말로 얼굴에 먼지만 그득하게 묻힌 채 철군을 할 수밖에 없었습니다.

왕회는 선우가 싸우지도 않고 퇴각했다는 소식을 듣자 흉노의 후방 보급부대에 대한 공격을 걱정했습니다. 흉노의 정예 부대와 만나지 않을까 우려한 것이지요. 그럴 경우 한나라 부대는 기세가 꺾일 뿐 아니라 막대한 전력의 손실을 입을 가능성이 높았습니다. 공연히 힘만 들이고 전공을 세우지 못하게 될 것이라는 얘기였습니다. 결국 그는 한나라 대군의 측면 날개를 담당했던 3만 병력을 이끌고 철수하지 않으면 안 되었습니다. 마읍의 계략은 이렇게 완전히 끝나고 말았습니다.

흉노의 선우는 기분 좋게 달려 왔습니다. 이익에 눈이 어두워 이성이 마비됐던 겁니다. 그러나 그는 육로六路를 살필 수 있는 능력이 있었기에 마지막까지 조심스러움을 잃지 않았습니다. 그러다 이상한 느낌을 받았습니다. 그게 그에게는 행운을 가져다주었고, 동시에 섭일과 왕회가 시나리오를 짠 '마읍의 계략'이라는 원대한 꿈은 종말을 고했습니다.

반면 한나라 군대는 아무런 전공도 없이 돌아섰습니다. 무제는 대로하지 않을 수 없었습니다. 특히 전투하려는 생각은 하지도 않고 제멋대로 철군, 급기야 아무 소득도 올리지 못한 왕회에 대해서는 더욱 이를 갈았습니다. 당연히 왕회는 자신의 입장을 합리적으로 역설하느라 이렇게 변명했지요.

"당초 예정대로 우리 주력부대와 선우가 이끄는 흉노의 군대가 교전했다면 소신은 병사들을 이끌고 흉노의 후방 보급부대를 공격했을 겁니다. 그 경우 틀림없이 소득이 있었을 겁니다. 그러나 선우는 우리가 매복하고 기다린다는 사실을 알았습니다. 마읍에 미처 도착하기도 전에 철수해버렸지요. 그때 우리가 공격했다면 3만 병력은 흉노의 10만 정예 병사들의 상대가 되지 않았을 겁니다. 출병을 하지 않고 돌아온 것은 죽을 짓이라는 것을 알기에 소신은 이미 죽을 준비를 하고 있습니다. 그러나 폐하께서는 소신이 폐하의 3만 병력을 온전하게 보전해 돌아왔다는 사실을 잊지 마십시오!"

무제의 분노는 왕회의 변명에도 좀처럼 가라앉지 않았습니다. 변명이 그의 귀에 들어갈 여지가 없었지요. 급기야 무제는 왕회를 지금으로 치면 법무부 장관에 해당하는 정위에게 넘겨 처리하게 했습니다. 정위는 법률에 따라 그를 참형에 처하기로 결정했습니다. 왕회는 너무나 억울했지만 그렇다고 무제와 정면으로 충돌하기도 어려웠습니다. 그는 도리 없이 천금이나 되는 뇌물을 승상 전분에게 바칩니다. 그러나 이때는 전분도 무제에게 뭐라고 말을 꺼내기가 어려웠습니다. 무제는 진짜 화가 머리끝까지 났으니까요. 전분은 다시 누나인 왕태후에게 뛰어가 이렇게 왕회를 위해 변명했습니다.

"마읍의 계략은 왕회가 솔선해서 주장한 전략입니다. 그러나 안타깝게 실현되지 못했습니다. 왕회는 그 때문에 죽게 생겼는데, 그가 죽으면 주위의 가족이나 친지들은 정말로 원통하게 됩니다. 반대로 원수들은 통쾌하겠지요. 더구나 그렇게 되면 흉노의 의중에 딱 들어맞는 겁니다."

줄곧 동생인 전분을 위한 든든한 후원자 역할을 했던 왕태후는 이번에도 기대를 저버리지 않았고 무제에게 그 말을 그대로 전달했습니다. 무제는 두태후가 세상을 떠난 후에도 계속 왕태후와 전분의 견제를 받았습니다. 당연히 마음 깊숙한 곳에는 불만이 꿈틀거렸습니다. 그런 상태에서 그는 한나라 병사들이 아무런 전공도 세우지 못하고 돌아왔다는 보고를 받습니다. 부끄러움과 분노가 교차할 수밖에 없었습니다. 얼굴조차 못 들 정도였지요. 그런데도 왕태후와 전분은 전혀 분위기 파악을 하지 못한 채 옆에서 계속 감 놔라 배 놔라 참견했습니다. 왕회를 죽여야겠다는 무제의 생각은 그에 대한 반작용으로 더욱 굳어졌습니다. 그래서 그는 어머니 왕태후에게 이렇게 직설적으로 대답합니다.

"저는 말도 안 되는 마읍의 계략이라는 것에 미혹돼 철저하게 믿었습니다. 그래서 그 계략을 실현하려고 수십만 대군을 파견하기도 했습니다. 그렇게 했으면 설사 선우를 잡아오지는 못하더라도 선우의 후방 보급부대 정도는 공격해 적지 않은 전공은 올렸어야 합니다. 또 그를 통해 사대부들의 마음도 편하게 만들어줘야 했습니다. 하지만 일은 지금 보시는 것처럼 되었습니다. 지금 왕회를 죽이지 않으면 제가 천하에 대고 뭐라 할 말이 없게 됩니다."

'하늘이 무제를 망하게 하려 했다'고 해도 괜찮고 '전쟁을 일으킨 죄'로 벌을 받았다고 해도 좋았습니다. '마읍의 계략'의 실패는 무제의 황제라는 자부심에 그만큼 큰 충격을 주었습니다. 왕회가 아무 소득도 없던 전쟁에 책임을 지고 속죄양이 되는 것은 필연적이었습니다. 그는 얼마 후 옥중에서 자살했습니다.

왕회의 죽음은 확실히 억울한 것이었습니다. 그는 무제를 위해 고심 끝에 완벽한 계획을 생각해냈습니다. 선우가 예상 외로 그걸 간파해 모든 것이 수포로 돌아갔지만요. 그뿐이 아닙니다. 그는 현실에서 출발해 이해득실을 따졌습니다. 한나라 조정을 위해 3만 명의 병력도 보전했는데, 그런데도 죽음으로 내몰린 것입니다. 그는 흉노와의 전쟁으로 인해 억울하게 살해된 최초의 한나라 조정의 고관이라고 봐도 무방합니다. 그렇다면 실패로 끝난 마읍의 계략은 전반적인 상황에 어떤 영향을 미쳤을까요?

마읍의 계략은 마치 아름다운 비누 거품 같았습니다. 완성되지 못한 채 순식간에 사라져버렸으니까요. 그러나 마읍의 계략은 결코 허황된 거품은 아니었습니다. 광폭한 흉노의 선우와 혈기왕성한 무제에게 준 정신적 자극은 정말 보통이 아니었습니다. 즉 한나라와 흉노의 관계에서의 전환점을 마련해줍니다.

마읍의 계략은 실패로 끝났으나 한나라와 흉노의 관계는 이로 인해 극단적인 균열을 맞게 되었습니다. 군신 선우는 다행히 큰 횡액은 당하지 않았지만 그 원한은 상상하고도 남습니다.

화친을 유지시켜준 잠깐의 평화는 사실 아주 믿을 만한 게 못 됩니다. 마읍의 계략 이후 결국 화친은 완전히 깨졌습니다. 흉노는 이전처럼 빈번하게 한나라의 변경을 공격했습니다. 아예 한나라 국토 깊숙이 들어오는 침략 사건도 끊이지 않았던 터라 양측의 관계는 전에 없던 긴장 국면으로 진입하게 됩니다.

예전에만 해도 한나라는 국력의 한계 탓에 은인자중하는 역할에 만족해야 했습니다. 억지로 웃는 얼굴을 하고 여자와 재물을 바치고 평화를 유지해야 했습니다. 따라서 치욕을 씻어야겠다는 무제의 독한 마음은 어느 날 갑자기 생긴 것이 아닙니다. 마침 이런 순간에 마읍의 계략이 입안되었고, 그가 흉노에 대한 무력 응징에 나서게 된 겁니다. 이제 그는 철과 피를 선택하지 않으면 안 되었습니다. 전마를 비롯한 칼과 방패, 용맹한 병사와 장군을 동원해 흉노와 본격적인 전쟁을 시작할 수밖에 없게 되었습니다. 다시 말해 작전 전략의 전환점이 된 것이지요.

한나라 군대는 유방의 화친 정책에서 마읍의 계략에 이르기까지 주로 소극적인 방어 전략을 채택했습니다. 또 난상토론 끝에 내려진 마읍의 계략은 마지막 결정타가 부족했습니다. 때문에 적을 깊숙하게 유인해 주력을 섬멸하는 전략도 이제는 다시 사용할 일이 없게 되었습니다. 남은 전략은 오로지 적극적으로 흉노의 주력부대를 찾아 무력으로 응징하는 전략뿐이었습니다. 그것은 동시에 흉노의 심장부에 들어가 전투를 치르는 위험을 감수하는 전략이었습니다. 더불어 마읍의 계략에 대해서도 차분하게 평가할 시간을 주었지요.

마읍의 계략이 실패로 돌아간 것은 얼핏 보면 아주 우연인 듯했지만 실제적으로는 필연이었습니다. 흉노가 중원의 농경민족에게 골칫덩어리가 된 것은 어제오늘의 얘기가 아닙니다. 전국시대의 대나라를 거론해보면 쉽게 알 수 있듯이 일찍이 흉노의 침략에 시달려왔습니다. 심지어 진시황은 흉노의 침략에 대비하려고 만리장성까지 쌓지 않았습니까. 한나라는 개국하면서부터 이 난제에 직면했습니다. 이런 오래된 양 민족 간의 분쟁을 사기와 변수로 가득한 단 한 번의 매복 작전으로 일거에 해결한다는 것은 솔직히 현실적이지 못합니다.

마읍의 계략은 한방에 선우의 목을 베는 계획이었습니다. 정말 성공했다면 결과는 두 가지가 되었겠지요. 우선은 군신 선우를 살해하는 것이고, 다음은 선우의 주력부대를 완전히 와해시키는 겁니다. 만약 그렇게 되었다면 흉노에 의한 우환은 완벽하게 해결됐을까요? 저는 그렇게 생각하지 않습니다.

군신 선우를 참살하는 것이나 선우의 주력을 섬멸하는 것은 한나라 변방의 문제를 해결한다는 측면에서는 확실히 높게 평가할 수 있습니다. 그러나 군신 선우가 피살된 다음에는 새로운 선우가 나타날 수밖에 없습니다. 다시 말해 막강한 유목민족이 고작 선우 한 명이 죽고 수십만 대군이 섬멸되었다고 해서 철저하게 망한다고 하기는 어려울 겁니다. 한 차례의 대승은 흉노에게 깊은 타격을 입혔겠지만 모든 문제를 단숨에 해결하지는 못했을 거라는 말씀입니다.

무제는 원광 2년(기원전 133년)의 마읍의 계략을 시작으로, 정화征和 3년(기원전 90년) 이광리가 전 병력을 잃고 투항하기까지 흉노와 무려 44년 동안 전쟁을 벌였습니다. 그래도 겉으로 약해 보였던 흉노는 정복당하지 않았습니다. 오히려 강대한 한나라의 국력만 쇠퇴하는 결과를 낳았습니다. 결국 무제는 정화 4년(기원전 89년) 저 유명한 '윤대輪臺의 죄기조罪己詔'를 반포하여 오랫동안에 걸친 흉노와의 전쟁을 중지하라고 선포합니다.

무려 반세기에 걸친 정벌로도 해결하지 못한 문제를 어떻게 단 한 번의 요행의 승리로 철저히 해결할 수 있겠습니까? 마읍의 계략은 그 방법으로는 안 된다는 사실을 확실하게 보여주었습니다. 이를 통해서 흉노에게 승리하고 싶으면 전략을 바꿔야 할 뿐 아니라 새로운 인재를 발굴해야 한다는 사실을 무제는 분명하게 인식하게 되었습니다. 과연 무제는 어떤 인재를 흉노와의 전쟁에 투입하게 될까요?

연전연승의 주인공, 위청

문무를 겸전한 무제는 안으로는 법 체제의 정비, 밖으로는 외적의 격퇴에 거의 일생을 다 보냈다고 해도 과언이 아닙니다. 특히 외적을 물리치기 위해 늘 눈을 크게 뜨고 망망한 전쟁터를 바라보면서 영웅적인 기개를 가슴속에 품었습니다. 그는 과연 화친의 치욕을 씻을 수 있을까요? 누구를 자신의 대장군으로 삼을까요? 또 누가 그를 위해 전쟁터를 내달리며 영토를 확장시켜줄까요?

원래 영웅들끼리는 만나는 법입니다. 그는 드디어 사랑하는 후궁인 위자부衛子夫의 동생이자 누나 평양공주의 기노(騎奴, 기병으로 시종 역할을 하는 노복)인 위청을 발견했습니다. 별 볼일 없는 가난한 어린애였던 위청이 어떻게 무제에게 인정받는 장군이 됐을까요? 또 어떻게 흉노와의 전쟁에서 수차례의 전공을 세우고 대장군이 됐을까요?

벼락출세의 주인공

위에서 언급한 바대로 위청은 그야말로 벼락출세를 한 사람입니다. 그가 걸은 출세의 길을 살펴보려면 아무래도 건원 2년(기원전 139년)에서 3년(기원전 138년) 사이에 궁중에서 일어난 과도한 사형(私刑, 개인이 가하는 형벌) 사건을 먼저 얘기해야 합니다.

건원 2년 봄 위청의 동모이부同母異父 누나인 위자부는 평양공주의 집에 놀러온 무제의 눈에 띄어 건장궁建章宮으로 들어갑니다. 원래 평양공주의 부府에서 기노로 일하고 있던 위청도 자연스럽게 따라 들어가게 되었지요.

얼마 후 위청은 비밀리에 체포되는 횡액을 당하고, 이어서 곧 죽을 운명에 처하게 됩니다. 기노의 비천한 신분에서 하루아침에 모든 것이 번쩍거리는 황제의 위용을 목격했다가 다시 졸지에 목숨을 잃을 지경에 처하게 된 겁니다. 그의 목숨이 경각에 달려 있을 때 음침한 감옥에 문득 한 줄기 서광이 비춥니다.

그 서광은 그의 친한 친구 공손오公孫敖가 비춰준 것이었습니다. 그는 의거(義渠, 진나라 서북지역 일대 최대의 소수민족 출신으로 당시 무제의 기병 시종인 기랑騎郎)로 있었습니다. 두 사람은 위청이 궁으로 들어올 때부터 의기투합한 사이였는데, 무엇보다 나이가 비슷했고 또 말도 잘 통했습니다. 공손오는 감옥에 갇힌 친구를 찾아 나섰습니다. 말을 타고 놀듯 대충 찾았으면 못 찾았을지도 모를 텐데 다행히 그는 궁중을 순시하듯 친구의 흔적을 뒤졌습니다. 의리의 사나이였던 그는 뒤도 돌아보지 않았습니다. 몇 명의 장정을 동원해 감옥의 밀실에 수감돼 있던 친구를 구출한 겁니다.

당시 위청은 건장궁의 보통 시종에 지나지 않았으므로 그저 제 본분에 충실하기만 하면 되는 입장입니다. 그런 그가 누구에게 죄를 지을 만한 위치였을까요? 누가 감히 황제의 애비愛婢인 위자부의 동생에게 악랄한 수를 썼을까요? 충분히 추측해볼 수 있습니다. 위청이 해를 당하면 누가 가장 괴로워할까요? 당연히 그의 누나인 위자부입니다. 그러면 위자부의 고통을 가장 바란 사람이 누구일까요? 아마도 위자부와 황제의 총애를 다투었던 황후 진아교가 분명합니다. 또 있습니다. 천방지축이라는 말이 딱 어울리는 그녀의 어머니 장공주 유표도 그랬을 겁니다.

사실 위청은 자신도 모르게 이 궁중의 투쟁에 휘말려 들어갔다고 해도 과언이 아닙니다. 이해를 더욱 확실히 돕기 위해 전체 그림을 다시 그려 봅시다. 위청의 누나인 위자부는 평양공주의 부에 있다 무제의 눈에 띄어 입궁했습니다. 이어 총애를 받았습니다. 임신도 했습니다. 덕분에 황후 진아교는 불타는 질투심을 느꼈습니다. 그러나 손을 쓸 수는 없었기에 할 수 없이 대신 동생인 위청이 장공주 유표의 희생양이 됩니다. 위청이 그대로 평양공주의 부에 있었다면 유표가 대담하게 손을 쓰기는 어려웠을 겁니다. 하지만 당시 위청은 그녀가 손과 발을 자유자재로 움직일 수 있는 궁중, 더 자세히 말하면 건장궁에 있었기 때문에 그에게 위해를 가하는 것은 어려운 일이 아니었습니다.

이상한 것은 위청이 감옥에 갇힌 다음에도 모욕을 묵묵히 견디는 초인적인 참을성과 배포 큰 도량을 보여주었다는 사실입니다. 그는 나중에 대장군이 돼서도 마찬가지였는데, 이 일에 대해서는 일언반구 입에 올리지 않았습니다.

목숨이 경각에 달려 있는데도 그는 별것 아니라는 듯 냉정하게 대처합니다. 왜 그랬을까요? '남자의 복수는 10년이 지나도 늦지 않다'라고 생각한 걸까요, 아니면 소심해서 그랬을까요? 그도 아니라면 좋은 게 좋은 거라며 사단을 일으키지 않으려고 그랬을까요? 사실은 그의 성격 탓입니다. 그는 자신의 억울함을 보복으로 해결하려 하지 않았습니다. 옛날 일을 생각하다 화가 치밀어 벌떡벌떡 일어나는 부류의 사람이 아니었던 겁니다. 그는 모든 게 자신의 운명 탓이라고, 자신이 못났기 때문이라고 생각한 겁니다.

사람의 개성은 상당 부분 어린 시절의 환경에 영향을 받는 법입니다. 예컨대 유방이 그렇습니다. 나중에 황제가 됐지만 조폭처럼 지낸 어린 시절의 습관을 결국 버리지 못해서인지 입만 열었다 하면 욕이었습니다. 그러면 위청은 어떤 출신 배경을 가지고 있었을까요? 그 배경이 그의 살아가는 자세를 어떻게 좌우했을까요?

그는 사생아였습니다. 위청은 자가 중경仲卿이며 평양(平陽, 지금의 산시성 린펀臨汾) 출신입니다. 원래 그는 위씨가 아니었습니다. 아버지가 정계鄭季라는 사람으로 현지의 말단 관리인 현리縣吏였습니다. 그의 기구한 인생은 아버지가 무제의 누나인 평양공주의 부에 파견돼 일을 하면서 시작됩니다. 아버지가 그 부의 노비와 사통해 그를 낳게 되니까요. 이 노비에 대해서는 『사기』 「위장군표기열전衛將軍驃騎列傳」에 아주 짧은 기록으로 남아 있습니다. '후첩위온侯妾衛媼'이 그겁니다. 비슷한 기록은 『한서』의 「위청곽거병전衛青霍去病傳」에도 나오는 '가동위온家童衛媼'이 그겁니다. 두 사서의 기록에 나오는 '후첩'이나 '가동'의 뜻은 모두 같은 것으로 바로 평양공주 부의 노비라는 말입니다.

위청은 성인이 된 후 감천궁에 한 번 간 일이 있습니다. 그곳에서 그는 목에 칼을 차고 머리를 깎이는 형을 받고 있는 죄수를 만납니다. 죄수는 그에게 자신이 관상에 일가견이 있다면서 봐주겠다고 제의했습니다. 그렇게 죄수가 그에게 신상명세에 대해 물어보게 됩니다. 이어 그에게 "당신은 앞으로 귀인이 될 사람입니다. 봉후에 봉해질 겁니다"라고 진지하게 말합니다. 위청은 전혀 기뻐하지 않았고, 그렇다고 황송해서 어쩔 줄 몰라 한 것도 아닙니다. 그저 담담하게 "나는 어느 공주 댁의 노비가 낳은 사람입니다. 매를 맞지만 않아도 족함을 아는 사람이지요. 어찌 후에 봉해진다는 그런 얼토당토않은 생각을 하겠습니까?"라고 말했을 뿐입니다.

옛사람들은 가난한 사람이나 어려움에 처한 사람이 출세하게 되면 그때마다 선인이 나타나 길을 인도해준다고 했습니다. 진위 여부를 떠나서 기록에 따르면 장량이 그랬습니다. 황석공(黃石公, 장량의 스승)이 나타나 병서를 전해주었으니까요. 무제의 외할머니 장아는 또 어떻습니까. 두 딸이 귀하게 될 거라는 말을 들었습니다. 무제의 어머니 왕미인은 "태양이 배로 들어왔다"라는 말을 직접 합니다. 그러나 이것들 대부분은 후세 사람들이 억지로 가져다 붙인 것으로 보입니다. 성공한 사람들의 배후에는 엄청난 간난신고가 숨겨져 있습니다. 누가 위청의 웃음 뒤에 숨겨진 처량한 심정을 읽을 수 있겠습니까.

위청은 정계와 위온의 사생아였습니다. 원래의 성은 정씨였습니다만 동모이부의 누나 위자부가 무제의 총애를 받은 탓에 자신의 친부의 성인 '정'을 따르지 않고 '위'씨로 과감하게 바꿉니다.

위온은 평양공주의 부에서 총 여섯 자식을 낳습니다. 장녀가 위군유衛君孺, 차녀가 위소아衛少兒, 삼녀가 위자부, 장남이 위장군衛長君, 차남이 위청입니다. 또 마지막에는 위보광衛步廣이 있습니다. 이 자식들은 어린 시절 집안이 너무 가난해 밥이라고는 구경도 못하고 살았습니다.

그러다가 위청은 자신의 생부인 정계의 집안으로 가지 않으면 안 되었는데, 아버지 정계와 정식 결혼한 의붓어머니는 당연히 그에게 눈길 한 번 주지 않았습니다. 정계도 자신이 지은 죄를 아는지라 혼외의 자식인 그에게 잘해주지도 못하고, 그저 산에 올라가 양이나 치게 했습니다. 형제나 누나, 여동생도 마찬가지로 그를 멸시했고, 심지어 어머니는 그를 보살펴주지 않았습니다. 아버지도 사랑을 쏟지 않았습니다. 사생아 위청은 이런 탓에 어릴 때부터 조숙하지 않으면 안 되었는데, 한편 이를 통해 겸손과 은인자중을 배웠습니다.

위청은 노복이나 다름없는 기노였습니다. 그는 성인이 된 다음 다시 평양공주의 부로 돌아와 그녀의 기노 역할을 맡았습니다. 여전히 노복의 신분이었지요. 그러나 기노 신분은 위청에게 기회를 가져다주었습니다. 무엇보다 그는 기노 생활을 하면서 무술과 기마술을 확실하게 배웠습니다. 그건 그가 나중에 대장군이 되는 데 큰 도움이 되었습니다. 급기야 평양공주가 그에 대한 생각을 바꿔 결국 그는 그녀의 재혼 상대가 되는 횡재를 누립니다.

당연한 말이겠지만, 그의 운명을 진짜 바꾼 것은 누가 뭐라 해도 누나 위자부에 대한 무제의 총애입니다. 소년 시절 위청은 기구했습니다. 그러나 고난이 있으면 기회도 있는 법입니다. 더구나 그는 어릴 때부터 총명했고, 그의 가슴에는 황송하고도 감사한 마음이 있었을 겁니다. 하늘에 감사하고 황제에게 감사하는 마음 말이지요.

그러나 어찌 됐든 위청은 체포되는 횡액을 피하지는 못했습니다. 진아교 모녀의 위자부에 대한 질투는 정말 대단한 것이었습니다. 물론 그로 인해 무제가 진아교 모녀에 대해 더 깊은 불만을 느끼게 된 것도 사실입니다. 무제는 불만을 행동으로도 적극 옮겼는데, 가령 진아교 모녀의 위협에서 보호하기 위해 위청을 아예 건장감(建章監, 건장궁의 관리 책임자)으로 발탁한 겁니다. 게다가 시중(황제의 시종)으로 봉하기도 했습니다. 이 조치는 분명한 의미를 담고 있습니다. 고모인 장공주 유표와 황후 진아교 등 위청에게 다시 위해를 가하려고 하는 이들에게 "짐은 위씨 집안의 후견인 사장이다!"라고 말한 것이나 다를 바 없습니다.

사실 위자부가 총애를 입기 시작하면서부터 위씨 집안의 사람들은 각종 특혜를 받기도 했습니다. 이를테면 위청의 동생 위보광은 며칠 사이에 천금을 황제로부터 하사받았고, 누나들은 모두 좋은 집안으로 시집가거나 관계를 맺었습니다. 우선 큰누나 위군유는 태복 공손하에게 시집을 갔고, 작은누나 위소아는 일찍이 진평의 증손자인 진장陳掌과 사통을 즐겼습니다. 무제는 그게 너무 고마워 진장을 직접 불러 상을 내리고 승진까지 시켜줍니다. 얼마 후 무제는 다시 위자부를 비빈 중에서는 가장 높은 계급인 '부인'으로 품계를 올려줍니다. 위청은 태중태부 자리에 올랐을 뿐 아니라, 위청을 목숨 걸고 구해준 공손오도 콩고물을 챙겼습니다. 무제가 수차례에 걸쳐 내린 은혜에 힘입어 승승장구를 거듭한 것입니다.

무제 원광 5년(기원전 130년) 황후 진아교의 쌓였던 분노가 마침내 폭발합니다. 무고(巫蠱, 인형을 동원한 무술 의식으로 남을 저주함)를 통해 위자부를 저주한 겁니다. 그러나 남을 해치려던 노력은 부메랑이 돼 그녀에게 돌아왔습니다. 독을 잔뜩 품은 인형은 주술의 대상자인 위자부에게는 아무런 해도 입히지 않은 채 황후 자리만 빼앗았습니다. 그녀는 졸지에 장문궁長門宮의 냉궁에 갇히는 신세가 되고 말지요.

위자부는 이때부터 기세가 그야말로 욱일승천하게 됩니다. 무제의 총애를 한몸에 받게 된 겁니다. 부인이 예뻐 보이면 처갓집 말뚝에도 절한다고 위청도 이로 인해 무제의 신임을 한몸에 받게 됩니다. 중용된 것은 말할 것도 없습니다.

그러나 무제와 위청 두 사람은 외척이라는 것이 한때의 바람이고 능신이 되는 것이야말로 일생의 영광이라는 사실을 너무나 잘 알았습니다. 하지만 어쨌든 처남, 자형 관계로 얽혀 있었으니 위청의 관운과 영화는 만사형통이라는 말이 딱 들어맞았습니다. 문제는 대중을 설득할 수 없었다는 점입니다. 무제는 그에게 방향을 제시하고 힘을 실어줄 수 있을 뿐이지요. 그가 조정에서 제대로 자리를 잡는 방법은 역시 그 자신이 큰 공을 세우는 것 말고는 다른 게 없었겠지요.

용성을 공격해 최고의 신하가 되다

원광 6년(기원전 129년) 흉노가 마읍의 계략에 걸려들 뻔했던 수모를 갚기 위해 상곡군(上谷郡, 지금의 허베이성 장자커우張家口)을 침략했습니다.

무제는 마읍의 계략 실패로 잃은 체면을 만회하고 흉노의 보복 전쟁에 치명타를 가하기 위해 직접 전략을 세웁니다. 거기車騎장군 위청, 기騎장군 공손오, 경거輕車장군 공손하, 효기驍騎장군 이광에게 각각 1만 병력을 주고 상곡, 대, 운중雲中, 안문雁門에서 공격해 들어가게 합니다. 이는 무제가 마읍의 계략이 실패로 돌아간 후 처음으로 흉노를 상대로 적극 전개한 전투입니다.

그러나 이 출병에서 공손하는 아무 소득도 올리지 못하고, 공손오는 7,000명에 이르는 병력을 잃습니다. 이광은 더 한심합니다. 전투에서 패한 것도 모자라 자신이 흉노 병사들에게 포로로 붙잡힙니다. 다행히 나중에 도망을 치기는 합니다만⋯⋯ 화가 머리끝까지 치민 무제는 전투에서 참패한 공손오와 이광을 바로 투옥시킵니다. 한나라의 법에 의하면 그들은 참형 대상이었지만 두 사람은 나중에 돈을 내고 죄를 사면 받았습니다. 하지만 서인庶人으로 강등되는 운명은 피하지 못합니다.

네 장군 중에 그나마 전과를 올린 장군은 위청이었습니다. 그는 그 공으로 인해 관내후(關內侯, 식읍은 있으나 봉국은 없는 작위. 한나라의 군공작제에 따르면 2등급에 해당)에 봉해지는 영광을 안았습니다. 어떤 공을 세웠을까요? 흉노의 심장부인 용성龍城까지 쳐들어가 흉노 병사 700명의 목을 베는 전과를 올립니다. 정말 대단한 공이었습니다. 목을 벤 적이 많지는 않았지만 의의는 대단했으니까요. 실제로 그의 전과는 많은 반응을 불러옵니다.

우선 흉노의 진영을 깜짝 놀라게 만듭니다. 위청의 전과는 결코 휘황찬란하지 않았지만 흉노족에게는 엄청난 충격을 줍니다. 한나라와 흉노 간에는 이전에 충돌이 있기는 했습니다만 거의 대부분 한나라 변경에서 일어난 사건이었지, 흉노의 심장부에서 전투가 벌어진 적은 거의 없었습니다. 흉노에게는 불행하게도 이번 위청의 공격만큼은 달랐습니다. 용성까지 쳐들어갔으니까요. 그건 흉노의 왕정까지 공격해 들어갔다는 의미입니다. 흉노는 불안을 느낄 수밖에 없었습니다. 따라서 그들이 '원래 우리 흉노의 심장부는 안전했다. 하지만 앞으로는 한나라의 군대가 자주 출몰할지 모른다. 우리의 땅은 더 이상 안전하다고 말하기 어렵다'고 생각한 것은 너무나 당연합니다.

게다가 위청의 전과는 흉노에게 격렬한 분노를 불러일으킵니다. 용성은 흉노가 하늘과 땅, 조상에게 제사를 지내는 신성한 곳이었습니다. 각 부락을 망라한 왕정이 자리 잡은 곳이기도 했으니, 한마디로 정치 중심지이자 종교 성지였습니다. 그러므로 위청의 공격은 흉노 전 민족을 깜짝 놀라게 했을 뿐 아니라 격노를 불러일으켰습니다. 전쟁의 확대는 이제 피하기 어려워졌습니다.

이제 흉노의 보복을 피할 수 없게 되었습니다. 흉노는 그해 가을 용성의 치욕을 씻기 위해 수차례에 걸쳐 변경을 침략합니다. 무제 역시 황급히 노장 한안국을 재관장군으로 임명해 어양군(漁陽郡, 지금의 베이징 일원)에 주둔토록 하는 조치를 강구합니다.

다음 해인 원삭元朔 원년(기원전 128년) 위자부는 무제의 큰아들인 유거劉據를 낳고, 자연스럽게 황후 자리에 오릅니다. 이 해 가을, 위청은 거기장군의 자격으로 3만 기병을 이끌고 안문군에서 출병합니다. 또 장군 이식은 대군에서 출병에 나섭니다. 말하자면 흉노에 대한 협공을 개시한 겁니다. 위청은 이 전투에서 적 수천 명을 참수하는 공을 세우는데, 역사에서는 이를 '안문의 전투'라고 부릅니다.

눈여겨봐야 할 대목은 무제가 이번 출병에서는 위청과 이식 두 장군만을 보냈다는 사실입니다. 노장인 이광을 비롯한 다른 장군들은 일절 기용하지 않았습니다. 사실 용성의 전투가 벌어질 때만 해도 무제는 처음 기용한 위청의 능력에 대한 의구심이 있었습니다. 그래서 위청, 이광, 공손오, 공손하 등에게 각각 1만의 병력을 나누어준 겁니다. 그러나 안문의 전투에 나설 때 그는 오로지 위청과 이식 두 장군만 출정시켰습니다. 더구나 위청이 인솔한 병력은 당시의 1만에서 무려 3만으로 늘어납니다. 이식 역시 위청의 부장副將에 지나지 않았고요. 이 변화야말로 무제의 위청에 대한 신뢰가 대폭 상승했다는 사실을 말해주는 것이 아니고 무엇이겠습니까.

안문의 전투는 흉노에게 있어 보다 대대적인 규모의 보복을 불러왔습니다. 흉노의 대대적인 침략은 강서江西 태수를 살해하는 것으로 시작됩니다. 안문에서는 또 수천 명을 살해하고 포로로 잡아갑니다.

흉노는 1개월 후에 다시 상곡과 어양을 침략했는데, 어양의 경우는 한안국이 지키고 있던 곳입니다. 그러나 그는 이미 얼마 전 황제에게 둔군(屯軍, 외적에 대한 수비를 하면서 한편으로는 현지에서 경작하는 것)을 중지하자는 의견을 올린 바 있었습니다. 이로 인해 흉노가 침략해올 당시 군영에는 겨우 700여 명의 병사 말고는 없었던 터라 흉노의 기병을 격퇴할 방법이 따로 없었습니다. 그저 군영 철수만이 유일한 방법이었습니다. 흉노는 그 틈을 타 1,000여 명의 백성을 비롯해 가축, 재물을 약탈한 다음 의기양양하게 돌아갔습니다.

앞서 밝혔듯이 위청의 출신은 미천한 기노였습니다. 그러니 제대로 된 교육을 받았을 까닭이 없겠지요. 병서를 읽는 것은 말할 것도 없습니다. 그러나 그는 선배 장군인 한안국과 이광, 동년배인 청년 장군인 공손하와 공손오 등과는 달랐습니다. 그들은 연전연패를 거듭했는데도 그는 연전연승을 했으니까요. 왜 그랬을까요?

지혜와 행운을 모두 안은 사람

심모원려나 기기묘묘한 전략을 놓고 따지면 위청은 절대로 한안국과 비교할 바가 못 되고, 용맹함이나 풍부한 경험을 놓고 말하면 이광에게 적수가 될 수가 없습니다. 그러나 한안국은 앙앙불락으로 생을 마감했고, 이광은 겨우 돈을 내고 죽음을 면한 다음 평민이 됩니다. 반면 소년 장군 위청은 승승장구합니다. 승전보만이 조정에 날아들었으니까요. 저는 여기에 세 가지 원인이 있다고 생각합니다.

우선 재능이 있습니다. 『사기』 중 「영행열전佞幸列傳」의 말미에는 그의 재능에 대해 언급한 글이 있습니다.

'위청과 곽거병 역시 외척인 탓에 귀하게 됐고 총애를 받았다. 그러나 그들은 자신의 재능에 의해 승승장구했다.'

사마천 역시 위청과 곽거병 두 사람의 재능을 인정했다는 얘기입니다. 실제로 위청은 외척이라는 신분에 의지하지 않았습니다. 서한 시대에는 본인이 무능력하면서도 황제의 친척이거나 외척인 탓에 중용된 사람들이 대단히 많았습니다. 간단한 예만 들어도 경제 때 왕미인의 오빠인 왕신이 대표적인데, 그는 능력과 관계없이 개후蓋侯에 봉해졌습니다. 왕미인의 동모이부 동생인 전분, 전승도 마찬가지입니다. 각각 무안후와 주양후周陽侯로 봉해졌습니다.

하지만 위청은 다릅니다. 전쟁은 누가 뭐래도 전쟁이었습니다. 이를테면 병력의 배치나 장수의 파견, 공격과 방어, 부대의 전체적인 협조 시스템 구축…… 이런 일들은 장군의 자질을 가지고 있지 않으면 쉽게 감당하기 어려운 일입니다. 용성의 대첩만 보아도 그렇습니다. 위청의 전략적인 눈썰미나 군사적 재능이 대단하다는 사실을 증명하는 것이지요. 그는 정말 재능 있는 외척이었습니다.

『자치통감資治通鑑』에서 「한기십漢紀十」편을 보면 잘 알 수 있습니다.

'위청은 비록 비천한 노비 출신이지만 말을 잘 타고 활을 잘 쐈다. 능력이 일반사람보다 월등히 뛰어났다. 사대부를 만나면 예의로 대했고 병사들에게는 아주 관대했으므로 모두 위청의 지휘를 받기 원했다. 장군의 자질이 있어 매번 출병할 때마다 공을 세웠다.'

사마광司馬光은 그런 다음 결론을 내립니다. '세상 사람들은 이때부터 황제가 사람 보는 눈이 있다는 사실을 인정했다'라는 결론입니다.

사실 안문에 출병하기 전에도 그의 재능이 잘 나타난 전투는 있습니다. 그건 공격 대상으로 용성을 선택한 전투입니다. 그는 왜 흉노의 왕정이나 마찬가지인 용성을 공격 대상으로 삼았을까요? 무엇보다 공을 세우지 않고는 돌아갈 수 없다는 사실을 절감했기 때문일 겁니다. 이 전략은 정말 대단하지 않습니까! 용성은 흉노가 천지와 조상에 제사를 지내는 그들의 심장부라 그들이 열심히 수비할 수밖에 없습니다. 흉노의 왕정을 목표로 하면 공손하처럼 아무 공도 세우지 못하고 돌아오지는 않을 거라고 그는 생각한 겁니다.

큰 손실을 입지 않을 것이라고 생각한 사실 역시 간과하면 안 됩니다. 용성은 흉노의 심장부였던지라 그때까지는 한나라 병사들이 공격해 들어간 역사조차 없었습니다. 그는 그 사실에 주목했습니다. 흉노 병사들 중 젊은 병사들이 출병에 나설 경우 용성을 지키는 병사들은 병약할 것이라는 사실을 알았던 겁니다. 왕정을 지키는 흉노 병사들을 찾아낸 다음 그들이 오합지졸이라는 사실을 미리 알고 있다면 어떻게 해야겠습니까? 한나라 병사들은 그저 공격만 하면 됩니다. 방어할 필요도 없습니다. 병법에서 말하는 그대로입니다. 그게 바로 '적이 대비하지 않는 곳을 공격하고 전혀 의외의 곳으로 출병한다'라는 명언이지요.

그에 반해 이광과 공손오는 중무장한 흉노의 수많은 병사들과 맞닥뜨렸습니다. 하여 중과부적으로 패한 것은 당연합니다. 위청은 지혜로 적을 공격하는 것이 강공보다 훨씬 현명하다는 사실을 너무나 잘 알고 있었던 겁니다.

시대도 딱 맞아떨어졌습니다. 한나라는 무제 때 개국한 이래 줄곧 사용하던 피동적 방어라는 흉노에 대한 전략을 천리분습千里奔襲, 즉 천리라도 쫓아가 공격하는 적극적인 태도로 바꿨습니다. 또 대규모 기병 군단으로 공격하는 기동 작전을 펼칩니다. 위청은 무제가 직접 마련한 새로운 이 작전 모델을 몸에 익혔습니다. 한마디로 무제의 시대는 영웅을 필요로 하는 시대였고, 바로 위청은 정말 때를 잘 만난 겁니다.

이광과 그를 비교하면 더욱 확연하게 알 수 있습니다. 이광은 활 다루는 실력이 뛰어났습니다. 장군으로서의 능력은 의심할 여지가 없는 사람이었지요. 그러나 그는 죽을 때까지 뜻을 펴지 못합니다. 때를 제대로 만나지 못한 겁니다.

문제와 경제 때는 주지하다시피 백성을 보양하도록 하는 휴양생식의 시대입니다. 흉노와의 관계 역시 방어를 위주로 하던 시대지요. 이광은 그런 시대에 일찍이 농서隴西, 북지, 안문, 대, 운중 등지의 태수를 역임합니다. 조정에서 그에게 맡긴 임무는 흉노를 소극적으로 방어하는 것이었습니다. 적극적인 출병이 아닙니다. 객관적으로 보면 전투 수행 능력으로 명성을 날린 이광으로서는 전공을 세울 기회를 잃을 수밖에 없습니다.

그러다 무제 시대에 들어와 천리분습 전략을 본격 채택합니다. 흉노 진영 깊숙이 들어가 적극적으로 공격하는 전략으로 바꾸게 되었지만, 이때 이광은 이미 늙어버렸습니다. 위청처럼 하늘을 찌를 기세도 없어졌으므로 전공은 자연스럽게 미미해질 수밖에 없습니다.

원광 6년(기원전 129년) 위청은 직접 용성의 흉노 왕정으로 쳐들어갑니다. 그건 무제 때에 본격화된 전략의 변화에 순응하고 그 전술을 창조적으로 응용한 결과였습니다.

또 한 가지, 위청의 운도 무시해서는 안 됩니다. 위청에게 가장 큰 행운은 병사들을 이끌고 출정할 수 있도록 보장한 카드를 거머쥐었다는 사실입니다. 그전까지 그는 단 한 번도 전쟁터에 나가보지 못했습니다. 오로지 무제의 총애를 받던 누나 덕에 특별 관리대상이 됐을 뿐이지 명장이 될 기회는 전혀 잡아보지 못한 겁니다.

당시 이광의 상황을 다시 한 번 살펴보아도 무방하겠습니다. 그는 변경에서 풍찬노숙을 경험한 명장이며, 명성도 온 나라에 자자했습니다. 원광 6년(기원전 129년) 이광은 위청과 마찬가지로 1만 대군을 이끌고 출정합니다. 결과는 다 아는 바입니다. 위청은 강한 적을 만나지 않은 채 용성으로 쳐들어간 것이고, 반면 이광은 흉노의 주력부대를 만나 무참하게 패하고 자신은 포로가 됩니다.

이때 위청이 흉노의 대군을 만났으면 어떻게 됐을까요? 의심할 바 없이 패장이 됐을 게 분명합니다. 그러나 재수 없게도 악운은 이광에게로만 향했습니다.

다른 젊은 장군 두 사람도 살펴봅시다. 한 사람은 공손오, 다른 한 사람은 공손하입니다. 그들 역시 각자 1만의 병력을 거느리고 출정에 나섭니다. 그 결과 공손오는 7,000명의 병력을 잃습니다. 목을 내놓아야 하는 죄를 지은 겁니다. 그는 위청과 절친한 사이였으나 친구 위청이 처음 전공을 세울 때 그는 적지 않은 돈을 투자해 목숨을 구걸해야 했습니다.

공손하는 위청의 자형이었습니다. 그도 아무런 공을 세우지 못하고 돌아왔지만, 그래도 이광이나 공손오보다는 행운이 따랐다고 할 수 있습니다. 하지만 위청과 비교하면 역시 좋은 운이 따라준 것은 아니지요.

　이후 위청은 연전연승을 거듭하면서 기세가 하늘을 찌르게 되었습니다. 그에 반해 한나라 군대를 대표한다고 해도 과언이 아닐 정도로 명성을 자랑한 군사 천재 이광은 조용히 퇴장을 준비하고 있었습니다. 흉노에 의해 비장군飛將軍으로 불린 그는 그 와중에 후로 봉해질 기회도 놓치고 맙니다. '풍당이로, 이광난봉(馮唐易老, 李廣難封, 나이 90세에 천거된 풍당이 늙어서 임용되지 않은 사실과 이광이 후로 봉해지지 않은 사실을 일컬음)'이라는 말을 낳은 이 사건은 도대체 어떻게 된 것일까요?

비애의 장군, 이광

한나라와 흉노의 전쟁사에서 위청과 곽거병은 절대쌍교絕代雙驕라 불릴
만한 영웅입니다. 그들은 무제가 추진한 주요 흉노 토벌전쟁을 함께 완수
했습니다. 기본적으로 흉노의 주력부대를 궤멸시켜, 그로 인해 각자의 이
름을 역사에 남기게 되었습니다. 그러나 한나라와 흉노의 전쟁사에는 일
군의 장군들이 더 있습니다. 그들은 평생 흉노와 싸웠지만 운명의 신은
그들을 비웃기만 했을 뿐입니다. 대부분 후로 봉해지는 기회조차 갖지 못
했는데, 그중에서도 비장군 이광은 가장 전형적으로 억울한 경우입니다.

  그렇다면 무슨 이유로 천하의 명장인 이광은 죽을 때까지 후로 봉해지
지 못했을까요?

자살로 끝난 평생의 꿈

원수元狩 4년(기원전 119년) 무제는 흉노의 주력부대를 섬멸하기 위해 대대적인 군사작전을 전개하기로 결정합니다. 대담하게 막북(漠北, 사막의 북부라는 의미. 흉노족의 근거지인 고비사막 이북)으로 들어가 흉노의 본거지를 완전히 쓸어버리고 주력부대를 섬멸하는 전략적 원칙을 채택한 겁니다. 이를 위해 그는 10만에 이르는 정예 기병을 모읍니다. 부대는 두 개 군단으로 나누어 각각 대장군 위청과 표기장군 곽거병이 지휘하도록 합니다.

위청은 정양定襄에서 출병합니다. 그는 이때 이광을 전前장군, 공손하를 좌左장군, 조이기趙食其를 우右장군, 조양曹襄을 후後장군으로 임명합니다. 그의 대군은 곧 사막을 건너 흉노의 근거지인 막북에서 주력부대를 찾아내 결전을 치르게 됩니다.

마침 이때 위청은 한 흉노 포로에게 선우가 있는 위치를 알아냈습니다. 멀리 사막으로 나아가 작전을 해야 하는 한나라 군대 입장에서는 대단히 중요한 정보였습니다. 이후 그는 갑자기 전장군 이광에게 병력을 우장군 조이기의 부대와 합쳐 동쪽으로 진격, 선우를 포위 공격하라는 명령을 내립니다. 동쪽으로 우회해 가는 길은 물과 풀이 적어 대군의 행군에는 절대적으로 불리하긴 했습니다.

전장군 이광은 흉노와 수없이 전쟁을 치른 백전노장이었습니다. 문제, 경제, 무제 3대를 거치면서 무려 반세기 동안 싸움터를 누볐습니다. 그러나 이때는 이미 몸도 마음도 늙어버린 처지라 쉽게 기회를 잡기 어려운 선봉에 선다는 것이 사실상 어려웠습니다. 더구나 선봉 부대는 흉노의 선우와 직접 맞닥뜨려야 했으니까요. 위청이 그의 부대를 갑자기 우장군 조이기의 부대와 합치라는 명령을 내린 것도 그래서였습니다. 이광으로서는 마음이 좋을 까닭이 없습니다.

위청은 정보에 의거해 정면으로 선우의 부대를 공격하기로 과감하게 결정합니다. 한나라 부대는 전차를 원형으로 배치한 대형을 구축해 흉노 기병의 갑작스런 공격에 대비한 다음 좌우 양 측면에서 공격해 들어갑니다. 선우는 곧 포위되었습니다. 선우는 이때 한나라 군대의 병력이 예상보다 많을 뿐 아니라 장비 역시 뛰어난 것을 분명히 목도합니다. 게다가 병력 이동이 질서정연하다는 사실도 깨닫습니다. 그는 전투의 승리를 비관할 수밖에 없었습니다.

판단을 내린 그는 시야가 어두워진 저녁 무렵 고작 몇백 명의 기병만 인솔한 채 포위망을 뚫었습니다. 가볍게 무장한 한나라의 기병들은 곧 그를 추격합니다. 거의 밤새도록 추격하지요. 흉노 병사들은 급기야 사방으로 흩어집니다. 날이 밝았을 때 한나라 병사들은 자신들이 거의 200여 리나 맹추격을 했다는 사실을 발견하고는 선우를 더 이상 추격하지 않기로 합니다.

그러나 전과는 대단했습니다. 포로로 잡거나 죽인 흉노의 병사들이 무려 1만여 명에 이르렀습니다. 그뿐만이 아닙니다. 곽거병 역시 흉노의 좌현왕 부대에 치명타를 안기는 전과를 거두었는데, 이것이 바로 그 유명한 막북의 전투입니다.

위청이 막북의 전투에서 승리하고 돌아올 때 이광과 우로군 지휘관인 조이기가 늦게 나타났습니다. 원래 우로군은 길을 안내하는 향도가 없었던 탓에 중간에 길을 잃었던 겁니다. 위청은 이광의 부대가 늦게 도착하자 바로 수하 장교를 그의 군영에 보내 길을 잃은 정황에 대해 물었습니다. 무제에게 보고할 준비를 하기 위해서였지요. 하지만 이광은 대답하기를 거절했습니다. 위청은 다시 그를 심문하려고 했습니다. 그러자 이광은 비분강개한 나머지 다음과 같은 말을 남긴 채 칼을 빼들고 갑작스레 자살하고 말았습니다.

"나는 철든 이후부터 지금껏 흉노와 크고 작은 70여 차례의 전투를 치렀소. 그런데도 지금 다행히 대장군 위청을 따라 흉노를 정벌하는 전쟁을 하러 나오게 됐소. 그러나 대장군은 우리 부대를 이동시켜 멀리 길을 돌아가게 했소. 그 결과 길을 잃고 말았소. 이게 어찌 하늘의 뜻이 아니겠소! 나는 이미 60세가 넘은 노인이오. 어찌 지금에 와서 나를 심문하려는 말단 관리에게 대답을 해야 한다는 말이오!"

이광이 자살했다는 소식은 바로 전군의 병사들을 비탄에 빠뜨립니다. 눈물을 흘리지 않는 병사가 없었습니다. 일반 백성들도 마찬가지로 그의 죽음을 슬퍼해 마지않았습니다.

하늘도 이기지 못한 장군의 의지

이광의 자살은 왜 그처럼 광범위한 동정을 받았을까요? 아마 죽을 때까지 후로 봉해지지 않아서 그런 듯합니다. 그러면 평생 동안 전쟁터를 누빈 그는 왜 죽는 순간까지 후로 봉해지지 않았을까요?

이광의 조상은 진나라의 유명한 장군인 이신李信입니다. 일찍이 진시황을 위해 연나라의 태자 단丹을 죽인 장군이지요.

문제 전前 14년(기원전 166년) 흉노의 군대는 대거 대륙 서북부의 요충지인 소관을 침략합니다. 이광은 이때에도 참전했습니다. 원수 4년(기원전 119년) 막북의 전투까지 계산하면 그는 무려 47년이나 흉노와 싸웠다고 할 수 있습니다. 그는 죽기 전에 "나는 이미 60세가 넘은 노인이오. 어찌 지금에 와서 나를 심문하려는 말단 관리에게 대답을 해야 한다는 말이오!"라는 말을 남겼습니다. 그가 처음 종군한 시기부터 죽음을 맞이할 때까지를 추산하면 그가 처음 군대에 들어갔을 때는 20세가 채 되기도 전입니다.

근 반세기 동안 참전한 백전노장으로서 이광은 후로 봉해질 만큼 개인적으로 합당한 조건을 가지지 못했을까요? 『사기』의 기록을 우선 살펴봅시다.

'이광은 재주가 비상했다. 상곡에서 태수로 있을 때는 호걸의 기운이 흘러넘쳐 흉노와 수차례 교전했다. 당시 한나라와 각 속국의 관계를 담당했던 관리인 공손곤야公孫昆邪는 이광의 그런 무지막지한 전투를 목격하고는 불안에 떨었다. 그는 급기야 경제에게 울면서 '이광의 재주는 천하무쌍입니다. 그러나 자신의 능력을 믿고 흉노와 수차례 전투를 벌였습니다. 일을 그르칠까 두렵습니다'라고 하소연했다. 경제는 재빨리 이광을 상군上郡의 태수로 발령했다.'

주변 사람들은 천하무쌍인 이광의 재능을 어떻게 알 수 있었을까요?

그는 무엇보다 지혜와 용맹, 신기와도 같은 활 솜씨를 가지고 있었습니다. 이광의 가족은 너나 할 것 없이 활쏘기에 뛰어난 솜씨를 가지고 있었으니, 그 기질이 대대로 전해져 이광이 명사수였던 것도 무리는 아닙니다. 어느 정도였는지는 소설 『수호전水滸傳』을 보아도 잘 알 수 있습니다. 활을 잘 쏘는 명장인 화영花榮에게 '작은 이광'이라는 별명이 붙었으니까요. 이광이라는 이름이 활을 잘 쏘는 사람의 대명사라는 사실은 분명한 것 같습니다.

『사기』의 「이장군열전」에는 그가 얼마나 활을 잘 쏘는지에 대한 기록도 많습니다. 우선 사호입석射虎入石, 즉 호랑이를 쏘려다 바위를 뚫은 전설 같은 얘기입니다. 그는 어느 날 사냥을 나갔다가 수풀 속의 바위를 호랑이로 오인했습니다. 물론 지체 없이 화살을 쐈지요. 화살은 바위를 뚫고 명중했습니다. 그러나 초능력이라는 것은 조금만 상황이 변하면 사라지는 법입니다. 그는 다시 바위를 향해 활시위를 당겼으나 아무리 해도 조금 전까지 호랑이였던 바위를 다시는 뚫을 수 없었습니다.

그렇다면 진짜 호랑이를 만났을 때는 어떻게 했을까요? 그 솜씨를 여지없이 발휘했습니다. 활을 쏜 것이지요! 그건 그가 변경 지역인 우북평군右北平郡의 태수를 맡고 있을 때입니다. 백성을 위해 맹호를 사살하려고 했던 것입니다. 그러나 그때 호랑이는 한 발에 죽지 않고 그에게 달려들었습니다. 그는 이로 인해 상처를 입었지만, 그래도 그는 침착하게 다시 한 발을 발사, 호랑이를 끝내 사살합니다.

이광의 눈에 호랑이는 그저 접시에 담겨 있는 작은 요리였을 뿐입니다. 이 정도였으니 인간 세상의 호랑이를 만나도 용맹을 떨치는 것은 일도 아니지요.

또 어떤 쾌거를 일궈냈을까요? 이광이 상군의 태수로 봉직하고 있을 때, 무제는 일반 기층의 분위기를 파악하기 위해 환관 한 명을 궁 밖으로 내보냅니다. 그는 우선 이광의 주둔지에 와서는 군대의 분위기를 파악하기 시작합니다. 어느 날 이 환관은 수십 명의 기병을 거느리고 외출했다가 흉노족 세 사람과 좁은 길에서 마주칩니다. 이때 환관은 수적인 우세만 믿고 그들에게 화살을 날립니다. 결과는 참담했습니다. 일당백의 용맹한 흉노족에게 환관을 따라나선 기병들이 거의 다 사살되었고, 정작 환관은 상처를 입은 채 도망쳤습니다.

이광은 환관의 횡액을 목도하고는 곧바로 그들이 흉노족의 저격병인 명사수일 것이라고 단정합니다. 이어 100명의 수하 기병 병력을 이끌고 그들을 추격합니다. 수하들에게 좌우 양 측면에서 공격하도록 명령을 내린 다음 자신은 연달아 두 발의 화살을 날립니다. 역시 그는 명불허전이었습니다. 두 명을 정확하게 명중시켜 사살하였고, 나머지 한 명은 사로잡을 수 있었지요. 심문을 통해 그는 그들이 진짜 흉노 부대의 명사수라는 사실을 알아냈습니다.

그는 그쯤에서 말머리를 돌려 돌아오려고 했습니다. 마침 그때 갑자기 흉노 기병 수천 명이 나타나 추격해 왔습니다. 게다가 그들은 이광이 인솔한 기병 병력이 100명 정도에 불과하다는 사실을 간파하고 즉각 산 정상을 점령, 포위 공격을 위해 진을 펼쳤습니다. 흉노 병사들이 포위 공격을 하려 하자 겁을 잔뜩 집어먹은 이광의 기병들은 도망갈 생각만 했습니다. 이광은 도리 없이 반 협박조로 이렇게 독려했습니다.

"이 땅은 우리 대군이 있는 곳에서 몇십 리 떨어진 곳이다. 도망가면 100여 명 이상 되는 병사들은 바로 죽을 것이다. 하지만 여기에 남아 죽음을 각오하고 싸우면 적들은 이 부근에 우리 부대가 매복을 하고 있을 것이라고 생각할 가능성이 크다. 감히 나와서 싸울 생각을 하지 않을 것이다."

이광은 말이 끝나기 무섭게 병사들을 계속 앞으로 나아가게 했습니다. 그렇게 해서 그들은 흉노의 부대로부터 2리 정도 떨어진 곳까지 전진했습니다. 그는 곧 병사들을 멈추게 한 다음 모두 말에서 내려 안장을 풀게 했습니다. 병사들은 기가 막혔습니다. 적이 그토록 가까이 있는데도 그런 행동을 취하는 것을 이해할 수 없었던 거지요. 실제 적이 공격해 들어오기라도 하면 안장을 다시 고쳐 맬 틈도 없었을 겁니다.

이광은 다시 자신 있게 말했습니다.

"우리가 달아나면 저들은 반드시 추격할 것이다. 하지만 우리가 도망가지 않고 안장까지 풀면 반대로 의심할 것이 뻔하다. 감히 공격하지 못한다."

흉노 기병들은 한나라 병사들이 보인 예상 외의 이상한 행동이 무슨 꿍꿍이 속인지 알 턱이 없었습니다. 그들은 결국 백마를 탄 장군을 내보내 상황을 파악하려 했습니다. 이광은 기다렸다는 듯 열 몇 명의 기병을 인솔해 달려 나와 화살로 흉노의 장군을 사살한 다음 다시 자기 군영으로 돌아갔습니다. 그러고는 병사들에게 말들을 완전히 풀어놓게 했습니다. 심지어 사막 한가운데에 드러눕게도 했습니다. 유유자적이 따로 없었지요.

얼마 안 돼 날도 서서히 어두워지기 시작하고, 해도 서산으로 기울고 있었습니다. 이광은 심리전을 통해 흉노 기병들을 완전히 패닉 상태로 몰아넣었습니다. 그들을 어쩔 줄 모르게 만드는 거죠. 시종일관 출병하지 않은 것은 너무나 당연했습니다. 날이 완전히 저물자 흉노 기병은 더 이상 버티지 못했습니다. 더구나 미묘한 공포감까지 엄습했습니다. 결국 그들은 야음을 틈타 철군하고 맙니다. 이광은 날이 밝자 의기양양하게 병사들을 이끌고 군영으로 돌아왔습니다.

이광은 휘하의 병사를 통솔하는 스타일도 아주 재기발랄했습니다. 그의 재능은 병사들을 통솔하는 기가 막힌 방법에서도 아주 잘 드러납니다. 행군할 때에는 굳이 군기를 따를 필요가 없었습니다. 당연히 행렬을 지을 필요도 없었지요. 주둔 역시 마찬가지입니다. 병사들이 편한 대로 하게 했습니다. 야간에는 징을 치면서 보초도 세우지 않았고, 군영 내에서도 마찬가지로 번거로운 문서를 거의 사용하지 않았습니다.

사실 부대의 전투력은 군기나 규율에 있다고 해도 과언이 아닙니다. 군기나 규율이 한 번 무너지면 군대의 대오는 완전히 흐트러지게 된다는 것이 일반적인 통념입니다. 그러나 이광의 지휘, 특히 병사들을 통솔하는 방법은 완전히 달랐습니다. 격식에 얽매이지 않는 인솔 방식으로 인해 병사들은 부대 생활에서의 고통을 덜 수 있었습니다. 그와 함께 출정해 죽어라 하고 싸운 것은 다 그 덕분입니다.

이광의 재능과 반세기에 걸친 그의 군대 경력으로 보면 그가 후로 봉해지는 것은 너무나도 당연했습니다.

"문예든 무예든 성과를 이뤄 제왕에게 바친다"라는 말이 있습니다. 제국에 충성한다는 말입니다. 봉건시대에는 이치에 맞는 말이지요. 이광도 그렇게 했습니다. 그러나 그는 평생 후에 봉해지지 않았습니다. 수없는 문인과 무장이 세월이 한참 흐른 다음 너나 할 것 없이 비분강개한 것도 당연합니다. 조정과 강호에서도 그랬습니다. 하늘은 그토록 뛰어난 재능을 주었으면서도 왜 정작 그 보답을 누리게 해주지 않았을까요? 이광이 후에 봉해지지 않은 것은 기회가 오지 않았기 때문이 아닐까요?

그럴지도 모릅니다. 그러나 그에게도 기회는 많았습니다. 첫 번째 기회는 경제가 오초칠국의 난을 평정할 때 있었습니다. 오초칠국의 난을 평정할 당시 이광은 태위 주아부의 부장이었습니다. 혁혁한 전공도 많이 세워 반란군의 군기까지 탈취했을 정도입니다. 그러나 그때 그는 양효왕 유무로부터 상으로 장군인將軍印을 받게 되는데 이 때문에 경제는 그를 후로 봉하지 않습니다.

앞에서 말한 대로 양효왕은 줄곧 황제 자리를 넘보았습니다. 경제는 당연히 기분이 나빴습니다. 따라서 이광이 공개적으로 양효왕이 준 장군인을 받았다는 것은 경제의 심기를 건드린 셈입니다. 그가 큰 공을 세우고도 경제로부터 후로 봉함을 받지 못하는 등의 차가운 대우를 받은 것은 어쩌면 필연적이라고 할 수도 있습니다.

이광은 어쨌거나 본인이 모르는 사이에 궁정의 투쟁에 휘말려 들어갔습니다. 경제와 양효왕 사이에서 벌어진 싸움의 희생양이 된 것이지요.

이를 보면 이광은 확실히 정치적 감각이 뛰어난 사람은 아니었습니다. 한나라 조정의 장군으로서 어떻게 제후왕의 장군인을 받겠습니까. 더구나 한나라 때에는 중앙의 관리와 지방 제후왕 사이의 교류를 아주 껄끄럽게 생각했습니다. 특히 오초칠국의 난이 발생한 다음부터는 더욱 중앙의 관리와 제후왕 사이의 개인적 교류를 엄격하게 금지했습니다. 이광은 바로 이 금기를 범한 겁니다. 제후로 봉해질 수 있는 최초의 기회는 그렇게 놓쳤습니다.

두 번째의 기회는 원수 4년(기원전 119년)에 벌어진 막북의 전투 때 있었습니다.

그때의 출정은 그의 일생에서 마지막 출병이었습니다. 또 전장군에 임명되기는 처음이었습니다. 전장군은 부대의 선봉으로, 전공을 세우면 후로 봉해질 가능성이 대단히 높았습니다. 그러나 대장군 위청은 흉노 선우가 있는 구체적인 위치를 파악한 다음에 그에 대한 인사를 전격적으로 단행합니다. 그의 부대를 우장군 조이기의 부대와 합치게 한 다음 오른쪽 진격로로 우회하도록 강요합니다. 위청은 대신 원광 6년(기원전 129년) 벌어진 흉노와의 전투에서 대패해 후의 작위를 잃은 친구 공손오에게 선봉의 자리를 맡깁니다. 한마디로 공을 세워 후로 봉해질 기회를 공손오에게 준 겁니다.

위청은 왜 그렇게 했을까요? 무제가 출정에 나설 때 한 말이 우선적인 이유가 됩니다.

다음으로 위청의 친구 공손오에 대한 개인적인 감정을 이유로 꼽을 수 있습니다. 무제는 당초 막북의 전투에 이광을 참전시키지 않으려고 했습니다. 나이가 많을 뿐 아니라 그에 대해 마뜩치 않게 생각하고 있었으니까요. 하지만 이광은 집요하게 자신의 참전을 고집하였고, 무제는 마지못해 그에게 전장군을 맡깁니다. 그러나 무제는 부대가 출정에 나설 때 은근히 위청에게 이렇게 조언합니다.

"이광 장군은 나이가 많소. 운도 별로 좋은 것 같지 않소. 그러니 이 장군을 절대로 흉노의 선우와 맞닥뜨리게 하지 마시오. 절대 일을 그르치지 말기 바라오."

그를 허수아비로 만들어버리는 얘기였습니다.

위청은 무제의 뜻대로 만사를 진행시켰습니다. 그 부분에서 그는 책임이 없을 수 있습니다. 그러나 이광을 조이기에게 보내버린 후 그는 기회를 공손오에게 줍니다. 원인은 어디에 있었을까요? 원래 공손오는 장공주 유표의 암수에 걸려 있던 친구 위청을 구해준 친구입니다. 위청으로서는 구명의 은혜를 베푼 친구인 셈이니 어떻게 그런 친구를 잊겠습니까? 황명에 따라 공손오를 전장군으로 임명한 것 같으나 사실은 개인적인 감정이 작용했다고 봐도 무방합니다. 아무튼 이렇게 해서 이광은 후로 봉해질 마지막 기회조차 놓치고 맙니다.

이광이 전장군을 계속 맡았다면 정말 후로 봉해질 수 있었을까요? 함부로 단정하기는 어렵습니다. 그러나 이광은 정말 동쪽으로 우회해 진격하고 싶지 않았습니다. 마음이 우울할 수밖에요. 게다가 길을 잃어 늦게 도착한 탓에 죄까지 뒤집어씁니다. 그게 그가 자살한 가장 중요한 동기가 아니었을까요?

공을 세우는 것은 후로 봉함을 받는 지름길 중 하나지만 그렇다고 유일한 지름길은 아닙니다. 그럼에도 이광은 '공을 세워야 후로 봉해질 수 있다. 반드시 봉해진다'라고 생각한 듯합니다. 사실 크게 틀린 생각도 아니지만 무제의 입장에서는 다릅니다. 무제는 이렇게 생각한 게 아닐까요?

'네가 공을 세우는 것은 당연한 일이다. 오히려 공을 세우지 못하는 것이 잘못이다. 더구나 넓고 넓은 황제의 은혜가 없다면 어떻게 혁혁한 공을 세우겠는가? 혁혁한 공을 세우지 못한다면 어찌 관리의 길이 탄탄대로이겠는가? 너 이광은 그런 상식적인 것도 확실히 모르고 어찌 후로 봉해지기를 바라는가?'

당나라의 대시인 왕유王維는 자신의 작품 「노장행老將行」에 다음의 두 구절을 남깁니다.

'위청이 패하지 않은 것은 하늘의 도움 탓이오, 이광이 공이 없었던 것은 운이 좋지 않았음이라.'

왕유의 이 생각은 나중에 큰 논쟁을 불러일으킵니다. 심지어 위청을 폄하하는 사람들은 '패하지 않은' 사람은 위청이 아니라 곽거병이라는 주장까지 했습니다. 그러나 '이광이 공이 없었던 것은 운이 좋지 않았음이라'는 부분에서는 대부분의 사람들이 입장을 같이 했습니다. 그는 정말 불운했으니까요.

이광이 후로 봉해지지 않은 것은 그의 기구한 운명 탓이었을까요? 이광은 원광 6년(기원전 129년) 위청, 공손오, 공손하 등과 함께 1만 병력을 이끌고 출정합니다. 위청이 장군으로 출정하기는 이때가 처음입니다. 출정의 결과는 각각 달랐습니다. 앞서도 설명했다시피, 공손하는 적과 조우하지 못해 허탕을 치고 돌아옵니다. 위청은 용성으로 쳐들어가 적 700명을 살해합니다. 반면 공손오는 무려 7,000명의 병력을 잃었습니다. 하지만 가장 처참한 지경에 처한 장군은 이광으로, 전 부대가 전멸한데다가 그 자신도 포로로 잡혔습니다.

한나라는 흉노와 전쟁을 벌일 때마다 늘 흉노의 부대가 어디에 있는지를 몰라 골치를 썩었습니다. 이 때문에 공을 세우지 못한 채 돌아오거나 막강한 적을 만나 패하는 경우가 빈번했습니다. 한나라 장군들은 이러한 결과를 거의 운명처럼 받아들여야만 했지요. 이광은 확실히 운이 좋지 않았습니다. 네 장군 중에서 유독 그만 강적을 만났으니까요.

그는 원삭 6년(기원전 123년) 위청을 따라 또 출정합니다. 하지만 공을 세우지 못합니다. 원수 2년(기원전 121년) 가을, 무제는 장건과 이광으로 하여금 우북평에서 출병, 흉노의 좌현왕을 공격하도록 합니다. 흉노의 좌현왕은 이때 4만 병력으로 이광이 이끌던 4,000명의 병력을 포위했습니다. 그럼에도 이광은 전혀 두려워하지 않고 침착하게 응전하여 나중에 장건의 구원병이 도착하고서야 흉노의 공격에서 벗어났습니다. 그러나 그의 병사 4,000명은 거의 몰살되었습니다.

이광은 앞서 살펴본 세 차례의 전투에서 두 번은 처참한 상황에 직면했고, 나머지 한 번은 공을 세우지 못하고 돌아왔습니다. 이게 운명일까요?

이광은 확실히 기회가 좋지 않은 경우가 적지 않았습니다만, 그런 상황이 이광 혼자에게만 벌어진 것은 아닙니다. 당시의 거의 모든 장군들은 다 비슷한 경험을 했으니까요. 사마천은 『사기』「위장군표기장군열전衛將軍驃騎將軍列傳」의 말미에 그 사실을 기록하여, 흉노와 싸웠던 무수히 많은 장군들이 겪었던 상황이 이광의 그것과 거의 차이가 없었다는 사실을 말합니다.

운명이었을까요? 용성의 전투 때 이광은 고문 장군의 자격이었고, 반면 위청은 처음으로 출정에 나선 장군이었습니다. 그럼에도 위청은 용성으로 그대로 쳐들어갔습니다. 그건 하늘의 뜻이 아닌 사람의 뜻이었습니다. 용성은 결코 위청만이 공략할 수 있었던 전유물이 아니었던 겁니다. 그러나 그 선택은 이광을 포함한 네 사람 중 그 누구도 못했습니다. 물론 이광 역시 그 선택을 하지 않았지요. 운명이라고 해도 괜찮겠지만, 그렇다고 단순히 '운명'이라는 단어로 결론짓는 것도 옳지만은 않은 것 같습니다.

혈기왕성한 의기로 천고에 이름을 남기다

이광이 후로 봉해지지 않은 것은 그 자신의 잘못 탓으로 볼 수 있을까요? 항우는 해하에서 포위를 당했을 때 "하늘이 나를 망하게 하는 것은 내 작전의 잘못 때문이 아니다"라고 세 번이나 부르짖었습니다. 그러나 정말로 순수한 우연에 따른 실패는 극히 적습니다. 더구나 이광은 확실히 자기 잘못이 있었습니다. 그렇다면 무슨 잘못이었을까요?

우선 재주만 믿고 다소 교만했다는 사실입니다. 이광은 분명 재주는 있는 인물이지만 안타깝게도 그 재주만 믿고 계략이나 전략은 소홀히 했습니다. 이에 대해서는 그를 평가한 공손곤야의 다음과 같은 말을 상기하면 됩니다.

"이광의 재주는 천하무쌍입니다. 그러나 자신의 능력만 믿고 흉노와 수차례 전투를 벌였습니다."

자신의 능력을 믿는다는 것은 사실 병력을 통솔하는 사령관에게 치명적 약점이 될 수 있습니다. 어려운 상황인데도 모험을 마다하지 않는 성격도 바람직하다고 하기는 어렵습니다. 흉노 명사수 셋을 추격해 죽인 일이 대표적인 사례입니다. 그로서는 용맹을 크게 떨쳤다고 하겠지만 결코 훌륭한 장군이 할 일이 아니었습니다. 무엇보다 그는 군중의 수하들과 의논을 해야 했는데, 실제론 부하들이 그가 어디로 갔는지를 몰라서 조직적인 대응이 불가능하지 않았습니까.

직접 추격해 살해해서도 안 되었습니다. 이광은 흉노 병사 세 명이 명사수들인 줄 이미 알았는데도 자기 병사들을 보내 추격하라고 이르지 않았습니다. 자신이 직접 100명의 병사들을 몰고 가는 것은 말이 안 됩니다. '병사들은 한시라도 장군이 없으면 안 된다'라는 말도 있지 않습니까. 그건 병가의 기본 상식입니다. 특히 무려 70여 회의 크고 작은 흉노와의 전쟁을 치른 백전노장인 그가 해서는 안 될 일이었습니다. 흉노가 그의 전략을 간파했거나 모험을 걸었다면 어떻게 됐을까요? 그 자신을 포함한 100명이나 되는 병사들이 위험에서 벗어날 수 있었을까요? 절대로 불가능했을 겁니다.

전투를 벌일 때 습관적으로 근거리 사격을 하는 것도 마찬가지입니다. 그는 적이 가까이 접근해오지 않으면 기본적으로 화살을 쏘지 않았습니다. 그러다 활을 쏘게 되면 적은 그대로 쓰러지곤 했지만 말이지요. 하지만 이광은 그로 인해 전투 중에 수차례나 곤경에 처하곤 했습니다. 사냥을 나갔을 때도 맹수들에게 적지 않게 상처를 입는 등, 오로지 백발백중에만 신경을 썼지 위험을 최소화하는 문제는 안중에도 없었던 겁니다.

적응 능력이 부족한 것도 그의 치명적인 약점입니다. 이광은 문제 때 종군을 시작해 경제 때에 이르기까지 흉노와 줄곧 방어전 위주의 작전을 벌입니다. 그의 능력과 용기는 이 오랜 방어전에서 충분히 발휘되었고 명성도 드날렸습니다. 그러나 무제 때 대 흉노 작전은 현저한 변화에 직면하게 되었습니다. 그중 가장 중요한 것이 피동적인 방어전이 적극적인 진공 작전으로 변화된 것입니다. 또 진지전이 시원스런 게릴라전으로 바뀐 것도 큰 변화라고 할 수 있습니다.

한나라 병사들이 과거와는 달리 흉노의 심장부로 뛰어 들어가 천리를 멀다하지 않고 공격하게 된 겁니다. 이런 게릴라전은 무엇보다 용감하게 적 후방 깊숙하게 들어가 적을 섬멸하는 능력을 지닌 지휘관을 필요로 했습니다. 위청이 그런 장군이었습니다. 과감한 게릴라전을 처음 구사해 용성에서 가볍게 승리를 낚아 올린 그였지요. 곽거병은 더했습니다. 게릴라전의 효능을 극대화시킨 장군이라고 해도 과언이 아닙니다.

용성의 전투 당시 이광은 이미 종군 37년째를 맞이하는 노장군이 돼 있었습니다. 나이도 50세를 넘겼습니다. 젊은 나이의 기세등등한 게릴라전의 맹장인 위청이나 곽거병과 비교하면 도저히 상대가 되지 않았습니다. 이미 지는 해가 된 거죠. 패기 부족은 그렇다 쳐도, 천리분습이라는 작전의 경우 그로서는 적응하기가 쉽지 않았습니다. 게릴라전으로 적을 섬멸하는 작전은 말할 것도 없고요.

무제의 우려를 자아내게 한 것도 잘못이라면 잘못이었습니다. 이광은 자신의 재주를 너무 믿은 나머지 한껏 교만해진 마음을 가졌으니 수차례의 실패는 당연하다고 하겠습니다. 사실상 한나라 군대의 총지휘자였던 무제는 이런 현실을 우려하지 않을 수 없었습니다. 따라서 막북의 전투 당시 이광에 대한 무제의 처리는 공평하다고 하기 어렵지만, 어쩔 수 없는 면도 있습니다. 그로서는 전체 상황을 책임지는 입장이니까요.

이광이 자살한 다음, 함께 전투에 참여했던 우장군 조이기는 사형 판결을 받습니다. 물론 그는 돈을 내고 죄를 면제받아 평민이 되었지요. 이광은 반평생을 최고위급 장군으로 살았습니다. 50만 전이라는 돈은 충분히 마련할 수 있었습니다. 더구나 그는 과거 작전 실패로 인해 몇 차례의 사형 판결을 받았을 때도 돈을 내고 생명을 보전했습니다. 그런데 왜 마지막에는 자결을 택했을까요?

소리 없는 반항일 수도 있습니다. 이광은 막북의 전투에 나설 때 자신이 앞으로 전선에 나설 기회가 거의 없을 것이라는 사실을 잘 알고 있었습니다. 특히 전장군으로 임명될 기회는 아예 없을 것이라는 사실을 너무나 깊이 인식하고 있었지요. 그러나 무제가 자신을 전장군으로 임명하면서 위청에게 적당한 시점에 그에 대한 인사이동을 단행하라는 지시를 내린 것은 몰랐습니다. 또 죽을 때까지 자신의 출정이 처음부터 아무런 의미가 없다는 사실마저도 몰랐습니다.

위청은 결정적인 순간에 그에 대한 인사이동을 단행했습니다. 이광은 그저 비분강개하는 외에는 어쩔 방법이 없었습니다. 그는 공손오와 위청의 관계에 대해서도 알고 있었고, 공손오에 대한 은혜를 갚아야 하는 위청의 개인적인 입장에 대해서도 너무나 잘 알고 있었지요.

사나이로서의 자존심도 작용했을 겁니다. 선비는 죽을 수는 있어도 모욕을 당할 수는 없습니다. 위청이 이광을 우로군으로 강제로 보내려 하자 이광은 두세 번이나 항의합니다. 하지만 소용이 없었습니다. 결국 그는 위청에게 먼저 간다는 얘기도 하지 않고 분노를 품고 출정했습니다. 그건 대단히 예의에 어긋나는 행동이었습니다. 그러나 핍박을 받은 이광으로서는 어쩔 수 없었습니다. 그래서 그는 약속된 날짜에 도착을 못한 다음 말단 관리의 심문을 거절합니다. 길을 잃은 이유를 상세하게 말할 필요성을 느끼지 못한 겁니다.

우장군 조이기는 성질을 참고 돈을 내어 목숨을 건졌습니다. 그러나 이광은 그러지 않았습니다. 사나이로서의 자존심이 그를 자살로 이끌었으니, 그는 정말 모욕을 당하고 싶지 않았나 봅니다. 그는 '차라리 영광스럽게 죽을지언정 비열하게 살지는 않겠다'는 신념으로 살았습니다. 그에게는 승리도 기쁘지만 패배 역시 값진 것이었습니다. 또 그는 죽음으로써 운명에 맞섰고, 아울러 부당함에도 맞섰습니다. 눈부시게 찬란한 의기가 아닙니까! 이름을 만고에 남길 당당함이었습니다.

원래 비장군 이광이 활약해야 했을 전쟁은 그의 자살로 막을 내립니다. 그건 그 자신의 개인적 불행이었을까요, 한나라의 불행이었을까요? 아무튼 막북의 전투에서 흉노의 선우는 완패했습니다. 좌현왕의 부대 역시 곽거병에 의해 완전히 섬멸되었습니다. 흉노는 환경이 더욱 열악한 북방으로 도주하지 않으면 안 되었습니다. 반면 아버지 경제를 이은 그 순간부터 이날을 고대한 무제는 흉노를 더욱 철저하게 박멸하는 수순에 돌입했습니다. 군사적인 타격을 가하는 것 외에도 계속 후속 작업을 했습니다. 때문에 무제는 자신의 모든 것을 군사적인 분야에만 배팅할 수 없었습니다.

그러면 무제는 이후에 어떤 조치를 취했을까요?

서역으로 가는 길을 뚫다

무제 건원 2년(기원전 139년) 어느 평범한 낭관(郎官, 황제의 시종) 한 명이 특수한 사명을 띠고 서역을 탐색하는 장정에 오릅니다. 그의 이 서행은 천고에 길이 남을 실크로드를 열었습니다. 사마천은 『사기』에서 그를 일 컬어 '서역으로 가는 길을 뚫은' 사람이라고 했습니다.

'뚫는다'는 것은 무엇을 의미하는 것일까요? 중국의 전설을 예로 들면 이렇습니다. 세계가 아직 하나의 혼란한 알이었을 때, 반고盤古는 자신의 살을 흙으로, 그리고 피를 물로 만들어 천지를 만듭니다. 이를 바로 '뚫 는다'고 했습니다. 성경을 보아도 좋습니다. 하나님이 일주일 동안 열심 히 노력해 산을 쌓고 물을 끌어들인 다음 빛과 사람을 만든 것 역시 '뚫 는다'고 할 수 있습니다.

그는 누구였을까요? 무제는 왜 그를 서역으로 보냈을까요? 그는 어떻 게 하여 그토록 엄청난 명성을 얻게 됐을까요?

온 세상 사람을 감동시킨 이 위대한 사나이는 다름 아닌 장건입니다.

장건은 원래 이름 없는 낭관으로서, 황제를 지근거리에서 모시는 시종에 불과했지요. 그런 장건에게 건원 2년(기원전 139년) 운명을 완전히 바꾸게 해주는 대전환기가 마련됩니다. 계위 1년에 불과한 무제가 월지(月氏, 원래 흉노족에 앞서 몽고 초원을 지배했던 민족으로 나중에 지금의 중앙아시아로 이주. 대월지는 우즈베키스탄, 소월지는 카자흐스탄 지역에 정착. 일반적으로 월지라 하면 대월지를 일컬음) 땅에 파견할 지원자를 모집했던 겁니다. 당당한 한나라가 어떻게 '야만적인 오랑캐 나라'에 불과한 지역에 사신을 보내려고 작정했을까요?

영토 확장에 집중한 무제

한나라의 여러 황제 가운데 가장 전략적인 혜안을 가진 사람은 무제였습니다. 이는 그가 여러 차례에 걸쳐 흉노를 치는 전쟁의 총사령관을 자임한 사실에서도 잘 드러납니다. 그는 어느 날 흉노의 포로로부터 다음과 같은 말을 듣습니다.

"한나라 조정에서 죽어라 하고 섬멸하려는 우리 흉노에게도 천적이 있다. 그게 바로 월지이다."

흉노를 어떻게든 격멸하려던 젊은 황제로서는 관심이 갈 수밖에요.

그러면 흉노와 월지는 어떻게 불구대천의 원수가 됐을까요? 과거 흉노의 왕인 두만頭曼 선우에게는 총애하는 어린 아들이 있었습니다. 바로 그 아들 때문에 그는 태자인 모돈을 폐하고 어린 아들을 태자로 세우려고 생각하게 됩니다. 당시는 진나라가 이미 망한 때였으므로 흉노 역시 진나라의 무력 압박에서 벗어났습니다. 자연스럽게 부족의 강성한 힘을 점차 회복하게 됐지만 여전히 월지의 강성함에는 미치지 못했습니다.

두만 선우는 어느 날 골치 아픈 모돈의 문제도 정리하고 월지도 어떻게든 제압해야 한다는 생각에 아주 치사한 생각을 떠올립니다. 태자 모돈을 월지에 인질로 보내기로 한 겁니다. 두만의 예상대로 월지는 이 행동을 서로 침략하지 않는다는 믿음의 표시로 생각했습니다. 그러나 두만은 그 생각을 역이용, 월지를 기습했습니다. 월지가 인질인 모돈을 살해할 것이라고 생각한 것이지요. 묘하게도 일은 그의 생각대로 되지 않았습니다. 죽을 운명이 아니었던 모돈이 말을 한 마리 훔쳐 타고 기적적으로 흉노 진영으로 돌아온 겁니다. 결국 두만 선우의 행동은 월지를 격노케 했을 뿐 아니라, 모돈에게도 극단적인 선택을 하게 만들었습니다. 그가 아버지를 죽이고 자립하게 된 겁니다.

인질 사건은 두 민족의 관계를 완전히 변화시켰습니다. 불구대천의 원수가 된 거지요.

그러나 이후로는 아버지를 죽이고 자립한 모돈 선우의 시대였습니다. 그는 흉노의 정예 병사들을 이끌고 우선 동호(東胡, 몽고족과 퉁구스족의 혼혈 민족. 선비鮮卑족은 그 후예로 알려지고 있음)를 멸망시켰습니다. 이어 월지도 격파합니다. 흉노는 일거에 다시 강력한 민족으로 떠오릅니다.

모돈 선우의 사후에는 아들 노상 선우가 자리를 이어 받았습니다. 그 역시 아버지처럼 월지를 계속 공략합니다. 아니 훨씬 더 못살게 굴었습니다. 월지의 국왕을 살해한 것도 모자라 그의 두개골을 술잔으로 사용했으니까요. 월지의 흉노에 대한 증오의 감정은 뼈에 사무칠 수밖에 없었습니다. 그러나 월지는 힘이 약했을 뿐더러 동맹군도 없었습니다. 할 수 없이 정든 고향을 떠나 흉노의 서쪽 변경에서 멀리 떨어진 땅으로 이주해야 했습니다.

무제는 흉노와 월지가 불구대천의 원수라는 사실을 알게 되자 상당히 고무되었습니다. 한나라가 동맹국이 될 수 있다고 생각한 겁니다. 그는 바로 월지와 연락을 취해 흉노에 공동으로 대항하는 방법을 모색하게 됩니다.

한나라의 영토는 건국 당시만 해도 진나라 때보다 훨씬 적었습니다. 심지어 진나라의 공격을 못 이겨 북쪽으로 도망갔던 흉노에게 하투 지역을 뺏기기까지 했을 정도입니다. 건국 초기의 황제들은 변경 지역을 돌아볼 여유가 없었으니까요. 그러나 무제는 전임 황제들과는 완전히 달랐습니다. 그는 한나라의 우선적 외교 전략을 흉노 정벌이라고 아예 선언했을 정도였고, 그 원칙을 무려 44년 동안이나 견지했습니다.

무제는 이때 서역과 서남이(西南夷, 지금의 윈난雲南, 구이저우貴州 일원), 양월(兩越, 지금의 저장浙江 일원) 등에도 동시에 눈을 돌렸습니다. 영토를 확장해 '대일통'을 통한 대국의 꿈을 꾸기 시작한 겁니다. 광대한 이들 지역 중에서 젊은 황제 무제에게 가장 어필한 곳은 단연 서역이었습니다.

서역은 오늘날 중국 신장新疆 위구르자치구를 포함한 광대한 중앙아시아 지역을 의미합니다. 또 서역 각국의 생활 습속은 여러 면에서 흉노와 아주 비슷하여 대부분이 수초를 따라 거주하는 유목민족이었습니다. 중요한 사실은 그들이 한나라와 흉노 양대 세력의 중간에서 늘 배회했다는 사실입니다. 양대 세력의 흥망성쇠에 따라 눈치를 보면서 생존했다고 보면 됩니다.

즉위한 지 얼마 안 되는 무제는 과감하게 결단을 내립니다. 사신을 월지에 보내기로 말이지요. 다시 말해 흉노에 대한 포위 전략에 눈을 돌린 겁니다. 이때는 한나라와 흉노 간의 전쟁이 본격적으로 시작되기 전이니까 무제로서는 전쟁에 대비한 대책을 미리 마련한 셈이지요. 젊은 황제의 가슴에는 젊은 제국의 황제답게 솟아오르는 영웅적 본능과 무궁무진한 상상력으로 가득했다고 해도 과언이 아닙니다.

그는 곧 서역으로 갈 사신을 뽑는 '선발대회'를 개최합니다. 가장 지혜가 뛰어나고 한나라의 이미지를 가장 잘 대표할 사람을 통해 중요한 전략적 임무를 완수하게 하고 싶었던 겁니다. 그는 왜 그런 기발한 방법으로 사신을 뽑으려 했을까요?

우선 위치가 확실하지 않았습니다. 기원전 2세기 전후에는 정밀한 지도라는 게 아예 없었습니다. 나침반도 없었고, 지프도 존재하지 않았습니다. GPS는 더 말할 것도 없겠지요. 그렇다고 서역에 가본 사람이 있는 것도 아닙니다. 그저 월지가 하늘나라 저쪽에 있다는 전설 같은 얘기만 있을 뿐입니다. 그러니 모르는 나라에 사신으로 간다는 것은 변수도 많고 위험도 높았습니다. 그건 공을 세워 후로 봉해지는 기회도 아니었고, 경치 좋은 산하를 유람하는 것은 더더욱 아니었습니다. 한마디로 누구나 호시탐탐 노리는 '좋은 자리'가 아닌 거지요. 그 때문에 무제는 뜻이 있는 사람들을 찾기 위해 공개 선발을 할 수밖에 없었습니다.

사신에 대한 요구 조건이 높았다는 사실도 '선발'이라는 방법을 택한 이유로 볼 수 있습니다. 월지의 사신으로 가려면 먼 길을 가야 합니다. 또 흉노가 지배하는 땅을 거쳐야 했으므로 언제라도 잡혀서 억류될 가능성이 있습니다. 당연히 사신은 튼튼하고 온갖 고생을 감내할 의지가 있는 사람이어야 했습니다. 또 백절불굴의 지혜와 용맹 역시 필요했습니다. 이런 뛰어난 능력을 가진 인재를 황궁에서 찾는다는 것은 쉬운 일이 아니기에 천하로 눈을 돌려 널리 인재를 구해야 했습니다.

이때 낭관 장건은 과감하게 이 선발시험에 응시했습니다. 그는 당시 고향인 한중漢中의 성고(城固, 지금의 산시성 청구현城固縣)를 떠나 오로지 '개인적인 발전'을 위해 장안에 온 지 몇 년이나 된 처지였습니다. 십시일반 돈을 모아 낭관 자리를 얻어준 일가친척들로부터 훗날 꼭 갚아야 할 은혜를 입기도 했습니다. 당시 그의 일가친척들은 '낭관 자리는 그저 황제의 시종일 뿐이다. 별 볼일 없으나 그래도 밥은 먹을 수 있는 철밥통 같은 자리'라고 생각했을지 모릅니다. 하지만 그는 그것에 만족하지 않았습니다. 어찌 황새의 뜻을 참새가 알겠습니까. 그러니 전국에 내려진 무제의 포고령이 그의 인생에 대전환기를 마련한 것은 크게 이상한 일도 아닙니다.

우수한 인재는 발탁하고 무능력자는 도태시킨다는 원칙도 눈여겨봐야 합니다. 무제 때는 서한 역사상 두 번째로 인재를 많이 배출한 시대입니다. 그렇게 된 이유는 무제의 파격적인 인재 등용 때문입니다. 서역에 보낼 사신을 선발하는 것도 마찬가지입니다. 전국에서 가장 뛰어나고 적합한 인재를 선발하기 위해서는 우수한 인재는 발탁하고 무능력자는 도태시키는 원칙을 고수해야 했지요.

장건은 골수 이상주의자이자 타고난 모험가였습니다. 장안에서 수년 동안을 허송세월했는데도 기회를 얻지 못했는데, 사신 선발대회는 그에게 뜻을 펼칠 절호의 찬스였던 겁니다.

더구나 전국적으로 주목을 끈 선발대회는 그저 입으로만 전략을 논하거나 풍류를 즐기는 그런 대회가 아니라 대담한 견식과 능력을 꼼꼼하게 살피는 대회였습니다.

선발대회 결선의 결과, 최후의 승리자는 훗날 '세계로 눈을 돌린 최초의 중국인'인 장건이었습니다. 운명은 장건에게 기회를 주었지요. 물론 곧이어 험난한 도전에 직면해야 했지만 말입니다.

광대한 사막에 내딛은 첫걸음

건원 2년(기원전 139년) 장건은 100여 명의 수행원을 거느리고 농서隴西에서 변경을 향해 길을 떠납니다. 향도向導로는 당읍부堂邑父라는 흉노족 한 명을 내세웠습니다. 하지만 불행하게도 장건은 흉노의 땅을 지나가다 붙잡히는 신세가 되고 맙니다.

장건은 흉노에 무려 10여 년 동안이나 억류되었습니다. 그러나 흉노는 그를 박정하게 대하지 않았는데, 이를테면 그가 결혼해 아이를 낳도록 하는 등 생활 전반에 적지 않은 도움을 주었습니다. 보통 사람에게 이 정도 대우라면 대단하다고 할 수 있지요. 장건 역시 그들의 풍습에 푹 젖어 지냈습니다. 넓은 사막을 바라보면서 말울음 소리와 새 사냥 소리를 듣는 것이 습관이 되었습니다. 흉노는 그에게 더 이상 적의를 갖지 않게 되었고, 처음의 철저했던 감시도 갈수록 소홀해집니다. 어느새 타향이 고향이 된 겁니다. 그 주변의 대부분 흉노족이 이렇게 생각한 것도 전혀 이상하지 않습니다.

'이제 저 사람은 10여 년 동안의 편안한 생활에 젖어서 장안에 대해서는 다 잊었을 거야. 특히 서역으로 가겠다는 생각은 아예 자취도 없이 머리에서 사라져버렸을 거야.'

그러나 장건의 속마음은 달랐습니다. 그는 흉노의 땅에 머무르고는 있었으나 절개는 변치 않았습니다. 그럭저럭 생활하면서 때를 기다렸던 겁니다. 드디어 원삭 원년(기원전 128년) 때가 왔습니다. 그는 수행원 몇 명만 데리고 탈출하는 데 성공합니다. 부인과 자녀들은 이후 그와 당분간 이별해야 했습니다.

장건 일행은 북쪽으로 계속 달렸습니다. 수십일 동안이나 그랬지요. 고생은 헛되지 않고 마침내 그들은 어느 왕국에 도달합니다. 장건은 월지에 도착했다고 생각했지만 안타깝게도 그곳이 아니었습니다. 장건의 물음에 현지인들은 그곳이 대완(大宛, 중앙아시아의 페르가나)이라고 대답했습니다. 그들은 일찍이 한나라가 부유하다는 말을 듣고 교류하기를 원했으나 방법이 없었던 모양이었습니다. 장건을 보자마자 최고의 손님으로 대접하면서 전문적인 향도와 통역을 준비해주었습니다. 지극정성이었지요. 장건은 그들의 도움으로 일단 강거(康居, 지금의 키르기스) 일대로 갔고, 곧이어 다시 월지에 도착합니다.

장건은 월지에 도착한 후 자신이 마침내 사명을 완수했을 뿐 아니라 빨리 좋은 결과를 얻어 돌아갈 수 있다고 판단합니다. 하지만 누가 알았을까요? 십여 년이 지나는 동안 월지는 크게 바뀌어 있었습니다. 국왕이 흉노에 의해 살해된 다음, 월지의 태자는 아버지의 자리를 이어 대단한 부흥을 일궈냈습니다. 게다가 대하(大夏, 지금의 아프가니스탄) 지역를 정복, 그곳에 정착했습니다. 그곳은 무엇보다 땅이 비옥하고 물산이 풍부하였습니다. 게다가 외침을 받을 염려도 거의 없는, 그야말로 백성이 편안하게 살 수 있는 곳이었습니다.

당연히 과거의 평화를 되찾은 월지는 흉노와 다시는 전쟁으로 얽히기를 원치 않았습니다. 시간이 과거의 은원 관계를 희미한 옛 추억으로 만들어버린 것이지요. 장건은 완전히 과거와 달라진 월지의 상황에 직면하자 자신이 떠나올 때 무제가 했던 신신당부를 떠올렸습니다. 그야말로 격세지감이 들었습니다. 과거와 확 달라진 상황에서 월지는 과연 한나라 조정과 동맹을 맺어 공동으로 흉노에 대항하겠다는 생각을 할 수 있었을까요?

어쨌든 장건은 열심히 월지의 왕을 설득했습니다. 그러나 월지의 명확한 태도를 얻는 데는 실패합니다.

장건은 어쩔 수 없이 월지에서 1년여를 더 머뭅니다. 그러다 강인(羌人, 지금의 티베트자치구와 칭하이성青海省 일대에 살던 민족)들의 거주지를 따라 장안으로 향했습니다. 불행히도 장건은 다시 흉노 기병들에게 체포되고 말아 다시 1년여의 억류 생활이 시작됩니다. 원삭 3년(기원전 126년) 흉노의 군신 선우가 돌연 사망합니다. 흉노의 좌록려左谷蠡 왕은 이 틈을 타서 태자 어단於單을 공격합니다. 이어 스스로 선우라고 자칭하는 등 흉노는 갑자기 대혼란에 빠집니다. 장건은 이 기회를 놓치지 않았습니다. 흉노에 남겨두었던 처자식과 당읍부를 데리고 한나라로 도망친 겁니다.

장건은 13년 동안의 평지풍파를 겪은 다음 한나라 조정으로 복귀했습니다. 무제는 비록 월지와 연합해 흉노를 공격하는 동맹을 맺는 목표를 이뤄내지는 못했으나 그의 충성에 깊은 감동을 받았습니다. 그는 곧 태중 태부로 임명되었고, 당읍부 역시 봉사군奉使君으로 봉해졌습니다.

장건은 무려 13년 동안이나 사신으로서 활동했고, 그 와중에 두 번이나 흉노에 억류되는 횡액을 겪었습니다. 또 이국의 여자를 만나 가정도 꾸렸습니다. 그럼에도 그는 의연하게 고국으로 돌아왔습니다. 아마도 공을 세워 업적을 후세에 남기겠다는 영웅적인 뜻이 없었다면 끝까지 버티지 못했을지 모릅니다. 실제 서역으로 떠날 때의 인원은 모두 100여 명이 넘었습니다. 그러나 13년 후 돌아온 사람은 장건과 당읍부뿐이었습니다. 그처럼 거의 모든 사람이 돌아오지 못한 데에는 여러 가지 원인이 있지만, 무엇보다 중도에 사망한 사람이 많았습니다. 그러나 가장 큰 이유는 아무래도 의지의 결핍이었습니다.

세르반테스의 소설에 나오는 돈키호테는 이상주의자였습니다. 하늘은 그런 그를 위해 실용주의자인 산초를 붙여줍니다. 생사를 같이 하는 이러한 주종관계를 보면 종종 인간의 수많은 정감을 극복할 수 있습니다. 장건과 당읍부의 관계도 그랬다고 생각됩니다. 장건이 온갖 고초를 무릅쓰고 개선했으나 당읍부의 공도 무시할 수 없으니까요. 그는 흉노 혈통이며 활을 잘 쐈습니다. 식량이 떨어지거나 하면 활로 새나 짐승을 사냥해 장건의 허기를 채워주기도 했습니다. 장건의 식생활을 전적으로 보장한 거지요.

무제는 장건이 돌아온 다음 그에게 병력을 주어 수차례나 흉노와 전투를 벌이도록 했습니다. 아무래도 그가 변방 문제에 대해서는 전문가였으니까요. 하지만 훌륭한 사신이 반드시 좋은 장군이 되라는 법은 없습니다. 출병 시기를 놓쳐 사형 판결을 받기도 한 것은 그런 사실을 잘 보여줍니다. 물론 그는 돈을 내고 사면을 받아 일반 평민으로 강등되기는 했지만요.

그는 평민으로 강등되기는 했으나 자주 무제를 만날 기회를 가졌습니다. 그때마다 무제는 서역과 그 주위 국가들의 상황에 대해 물었습니다. 장건 역시 싫은 기색 하나 없이 열심히 밖의 세계에 대해 설명했습니다. 무제의 대국을 향한 꿈은 다시 치솟기 시작합니다. 서역 제국과 교류를 본격화해 흉노를 섬멸해야겠다는 생각이 되살아난 겁니다. 사실 그게 한 나라의 판도를 대거 확대할 최선의 방법이기도 했습니다.

장건은 그 기회를 놓치지 않고 무제에게 다음과 같이 말합니다.

"소신이 흉노에 있을 때 오손(烏孫, 지금의 키르기스스탄 중서부)이라는 나라에는 곤막昆莫이라는 국왕이 있었습니다. 그의 아버지는 원래 흉노 서쪽 작은 나라의 왕이었으나 흉노에 의해 살해되는 횡액을 당했습니다. 그래서 곤막은 태어나자마자 황야에 버려졌습니다. 그러나 새들이 고기를 물어와 그에게 먹이고 늑대들이 달려와 그에게 젖을 주었습니다. 선우는 그가 보통 인물이 아니라고 생각해 거둬 키웠습니다. 그가 성인이 된 다음 선우는 그에게 병력을 이끌고 전선에 나서도록 했고, 그는 싸울 때마다 이겨 전공을 많이 세웠습니다. 선우는 급기야 그의 아버지의 백성까지 그에게 주었습니다. 아예 서역에 장기적으로 주둔하면서 막으라는 명령을 내린 것이지요. 곤막은 선우의 기대를 저버리지 않았습니다. 안으로는 백성을 위무하고 밖으로는 영토를 넓혔습니다. 뛰어난 용맹을 자랑하는 병사들 역시 수만 명에 이르게 되었지요. 선우가 사망한 다음 그는 백성을 이끌고 근거지를 멀리 옮겼습니다. 이어 다시는 흉노를 섬기지 않았

습니다. 분노한 흉노는 돌격대를 보내 곤막을 공격했으나 승리하지는 못
했습니다. 흉노는 곤막이 어떻게 제어하기 어려운 신출귀몰한 존재라고
생각했습니다. 그러고는 더 이상 공격하지 않았습니다. 지금 선우는 우리
에게 패배해 원래 혼야(渾邪) 왕이 지배하던 땅에 권력의 공백 상태가 나타
나게 되었습니다. 그런데도 야만적인 흉노의 무리는 계속 우리 한나라의
재물을 탐내고 있습니다. 만약 이때 오손에게 크게 은혜를 베풀고 그들을
동쪽으로 이주케 해 원래 혼야왕의 땅에 살게 한다면 그 가능성이 매우
높습니다. 더불어 형제의 의를 맺을 수도 있습니다. 이 계획이 일단 성공
하게 되면 흉노의 오른팔을 베는 것과 마찬가지 효과가 있습니다. 서쪽의
대하 등의 나라도 우리 한나라의 속국으로 거둬들일 수 있습니다."

무제는 장건의 말에 거의 무아지경 상태에 빠졌습니다. 오히려 좋다고
말하지 않는다면 이상한 일이지요.

원수 4년(기원전 119년) 장건은 두 번째 서역 행에 오릅니다. 이때 무제
는 그를 중랑장에 임명합니다. 행차도 이전보다 요란하여 우선 각각 두
필의 말을 이용할 수 있는 수행원이 300명이었습니다. 끌고 간 소와 양은
셀 수조차 없어 거의 수만 두로 보면 됩니다. 금은보화 역시 가치가 수천
만금에 육박했습니다. 여기에서 그치지 않았는데, 부절(符節, 조정에서 사
신이라는 사실을 증명해주는 징표)을 휴대한 부사도 다수 사절단에 합류했
습니다. 그들은 일단 서역 국가들과 대화통로가 열리면 직접 달려가 교섭
할 준비를 하고 있었습니다.

당시 장건의 입장은 간단했습니다. 한나라의 대 흉노 정책 중에서는 가
장 역사가 오랜 '이이제이以夷制夷'가 있습니다. 아마 문제 때였을 겁니다.
당시 흉노는 대단히 강성하여 수차례나 변방을 침략했을 정도입니다. 이
때 조조는 '오랑캐로 오랑캐를 제어하는 것이 우리 중국의 형세가 되어
야 합니다'라는 내용을 담은 글을 조정에 올립니다. 문제는 크게 기뻐하

고 상을 내렸습니다.

이때 장안에서 돈황敦煌까지를 연결하는 유일한 길인 이른바 하서주랑河西走廊이 이미 개통돼 있었기에 장건이 흉노가 장악하고 있는 지역을 다시 통과할 필요가 전혀 없었습니다. 다시 말해 그가 다시 흉노에게 억류될 위험이 없었습니다. 그들은 예상대로 순조롭게 오손에 도착했습니다. 장건은 예물을 전달한 다음 곤막에게 자신이 온 이유를 이렇게 설명합니다.

"만약 오손이 동쪽으로 이동해 혼야왕의 옛 땅에 정착한다면 우리 한나라에서는 제후왕의 딸을 왕에게 시집보낼 겁니다."

곤막은 이상하게도 전혀 생각지 않은 후한 선물과 기대에도 불구하고 망설였습니다. 그건 도대체 무엇 때문일까요?

곤막은 이때 이미 나이가 많았습니다. 더구나 아들 중에는 성격이 괄괄하고 군사적 능력이 뛰어난 대록大祿이라는 아들이 있었습니다. 그는 당시 1만여 명의 기병을 거느리고 다른 지역에 주둔하고 있었습니다. 그에게는 아들의 이름이 잠취岑娶인 태자 형이 있었는데 불행히도 일찍 죽었습니다. 태자는 죽기 전에 자신의 아버지에게 "내 아들이 태자가 되도록 해달라"는 유언을 남겼습니다. 곤막은 당연히 승낙했고, 이에 대록은 조카가 태자 자리를 잇자 불만을 터뜨렸습니다. 급기야 조카 잠취와 아버지 곤막을 공격하는 모반을 일으키자고 다른 형제들을 꼬드겼습니다.

곤막은 아들 대록이 잠취를 죽이지 않을까 두려워지기 시작했습니다. 그는 고심 끝에 잠취에게 1만여 기병을 줘서 다른 지역에 주둔하게 했습니다. 물론 스스로를 보호하기 위해 자기 자신에게도 1만여 기병을 남겨두었습니다. 이렇게 해서 오손은 삼등분이 되었고, 곤막 역시 그저 명예뿐인 국왕이 되고 맙니다. 장건과 동쪽으로 나라를 옮겨가는 문제를 독자적으로 협의하기가 불가능했던 겁니다.

게다가 오손은 한나라에 대해 아무것도 아는 것이 없었습니다. 장건이 오기 전까지는 한나라가 도대체 어디에 있는지조차 몰랐고, 나라의 크기와 군사적 역량이 어느 정도인지는 더더군다나 몰랐습니다. 흉노를 쳐서 이길 능력이 있는지도 전혀 몰랐습니다. 더 중요한 것은 오손이 흉노에 오랫동안 신하의 나라로 복속했었다는 사실이었습니다. 대신들이 하나같이 흉노를 두려워한 것은 그리 이상한 일이 아니지요. 동쪽으로 옮겨가자는 말을 감히 할 수 없었습니다. 설사 누군가 분위기를 잡았더라도 그랬을 겁니다. 그건 일종의 모험이자 마지막 승부수였으므로 곤막으로서는 쉽게 결정을 내릴 사항이 아니었습니다.

나라와 나라와의 관계는 이익이 무엇보다 우선합니다. 장건은 더 이상 강권하지 않았습니다. 대신 부사들을 각각 대완, 강거, 월지, 대하, 안식(安息, 파르티아로도 불림. 지금의 이란 지역), 연독(捐毒, 사기에 나오는 인도의 호칭), 우전(于闐, 지금의 타림 분지 남쪽) 등의 인접국에 파견했습니다. 그러나 오손의 곤막은 장건에게 최선을 다했는데, 향도와 통역을 함께 보내 그의 귀국을 도왔습니다. 또 수십 명의 사신을 함께 파견할 때 수십 필의 좋은 말을 끌고 가 무제에게 답례로 바쳤습니다.

장건은 조정에 돌아오자마자 외교부 장관에 해당하는 대행에 임명됩니다. 지위가 당당한 구경의 반열에 들어간 겁니다. 그는 그러나 반평생을 떠돌아다니다 장안에 다시 정착한 지 1년여 만에 세상을 떠나고 맙니다.

이후 오손의 사신들은 한나라의 광대한 영토와 많은 인구, 풍부한 물산을 목격하고는 자신들의 국왕에게 곧바로 보고를 올렸습니다. 한나라가 대단히 부유한 국가라는 내용이 보고의 핵심이었습니다. 오손은 즉각 한나라와 교류하기로 결정했습니다. 이어 장건이 대하 등에 파견한 사신들도 예상보다 빨리 해당 국가의 전권 사신들과 함께 돌아와 황제를 배알하는 등 자신들의 사명을 욕되게 하지 않았습니다. 이후 서북 각국과 한나라의 교류는 계속 이어집니다.

서역에서 반평생을 바치다

장건은 두 번이나 사신으로 서역에 다녀왔습니다. 모두가 흉노와의 전쟁을 위해서였습니다. 처음은 월지와 연합해 흉노를 치려고 했고, 다음은 오손을 혼야왕이 다스리던 동쪽 땅으로 이주시키려고 했습니다. 하지만 운명은 그에게 장난을 친 모양입니다. 두 번이나 사신으로 갔으나 목적을 이루지 못했으니까요.

그러나 역사는 일의 성패로 영웅을 따지지 않습니다. 나라를 부흥시키고 편안하게 하려던 장건의 원망은 실현되지 못했지만 두 번에 걸친 서역행은 그에게 엄청난 명예를 안겨주었습니다. 또 그의 업적은 간단하게 살펴보아도 결코 만만치 않습니다.

우선 한나라와 서역의 상호 이해를 촉진했습니다. 장건의 두 번에 걸친 서역 행은 왜 실패했을까요? 중요한 원인 중 하나는 서역 각국이 한나라에 대해 아는 것이 거의 없었다는 사실입니다. 그래서 서역으로 가는 길을 뚫은 최초의 한나라 사람인 장건이 직면한 온갖 곤경은 피할 수 없는 것이었습니다. 그러나 그가 최초로 그렇게 했기 때문에 서역 각국이 바라보는 강대한 한나라에 대한 이해는 깊어졌습니다. 또 한나라 사람들의 시야를 서역 각국으로까지 넓히기도 했지요.

경제, 문화 교류도 촉진했습니다. 장건의 서역 행은 서역 각국과 한나라 간의 경제, 문화 교류를 대대적으로 촉진했습니다. 우선 서역에서는 포도, 알팔파(Alfalfa, 자주개자리라는 이름의 사료작물), 포도주, 호도, 석류 등의 산물과 산호, 대모(玳瑁, 바다거북의 등껍질), 호박, 유리, 상아 등의 제품 등이 한나라로 유입되었습니다. 한나라는 철강 제련 기술, 우물 시추 기술, 수로를 이용해 물을 끌어들이는 기술 등을 대완에 전했습니다. 이 기술은 나중에 서역 각국과 유럽에 전파돼 해당 지역의 생산기술 수준을 몇 단계 높였습니다.

이뿐만이 아닙니다. 한나라의 정밀한 견직물은 서양인들의 찬탄을 불러일으킵니다. 이로써 동양과 서양의 실크로드는 정식으로 개통되었습니다. 이외에 문화 분야에서 장건이 뚫은 서역 교통로의 의의는 아무리 강조해도 지나치지 않습니다. 특히 불교사에서는 더욱 그렇습니다.

중국의 영토 판도를 대거 확대했다는 사실도 간과할 수 없는 장건의 업적입니다. 서역은 광의와 협의의 개념이 있습니다. 협의의 서역은 오늘날의 신장위구르자치구입니다. 따라서 장건의 서역 행은 중국 중앙정부의 행정 권력을 처음으로 신장 지역에 미치게 했다는 점에서 의의가 크다고 하겠습니다.

장건은 일찍이 무제에게 다음과 같은 재미있는 보고를 올린 적이 있습니다.

"신은 서역의 대하에서 공산(邛山, 지금의 쓰촨성四川省 소재)의 죽장(竹杖, 대지팡이)과 촉(蜀, 지금의 쓰촨성 청두成都)에서 생산되는 세포(細布, 가늘게 짠 삼베) 등을 본 적이 있습니다. 그쪽 사람들은 그게 천축(天竺, 지금의 인도)에서 사온 것이라고 하더군요. 천축이 촉 땅의 물건들을 사가는 것이라면 틀림없이 촉에서 멀지 않을 곳에 있을 것이라고 소신은 생각합니다."

무제는 즉각 장건으로 하여금 각종 예물을 갖고 촉에서 천축으로 가게 했습니다. 이로써 한나라는 천축과도 교류를 트게 되었습니다. 또 무제로서는 중국의 서남 지구를 개척하는 계기를 맞게 됩니다.

중국인들은 중국의 영토가 광활하다는 사실에 자부심을 가지고 있습니다. 그러나 우리는 그 이전에 장건이라는 사람이 그때 온갖 고생을 다해 영토를 개척했다는 사실을 잊지 말아야 합니다. 그를 영원히 기억해야 한다는 말입니다.

영웅적 풍모를 가졌던 장건은 일생을 '금과철마(金戈鐵馬, 금 창으로 무장한 채 철마를 타고 전쟁터를 누빈다는 의미)'라는 말이 무색하지 않게 꿈처럼 마쳤습니다. 하기야 두 번이나 고국을 떠나 20여 년 동안 세상을 돌아다니면서 외교 전선의 선봉에 섰었으니 그런 말도 과하지 않지요. 더구나 그는 군대를 인솔해 전쟁터에 나섰다가 패배하는 아픔도 맛보았습니다. 그로 인해 죽을죄를 뒤집어쓰고 낙향하기도 했습니다. 또 마지막에는 오손과 연합해 흉노를 격파하려던 계획도 실패로 돌아간 탓에 앙앙불락한 채 죽음을 맞았습니다. 그러나 그 덕분에 로마인들은 비단의 아름다움을 접할 수 있었고, 또 한나라 백성은 석류의 감미로운 맛을 즐기게 되었지요. 비록 '웅대한 뜻을 실현시키지 못하고 몸이 먼저 죽다'라는 말이 실감나는 최후였지만 이런 사실들을 감안하면 결코 허망한 죽음은 아니었습니다.

장건은 보통의 낭군에서 역사에 길이 남을 영웅이 되었습니다. 사람을 알아보는 무제의 혜안이 어느 정도인지를 알 수 있는 대목입니다.

그러나 여러 분야의 인재 선발 중에서도 가장 중요한 것은 역시 승상을 발탁하는 것이 아닐까요? 그렇다면 무제는 어떻게 승상을 발탁했을까요? 그의 집권을 뒷받침하는 '오른팔과 왼팔'은 어떤 정신적인 면모를 가지고 있었을까요?

关于窦婴伪造诏书，从逻辑上看决无可能。

地粮食充足。   汲黯批评汉武帝对匈

促进了汉朝和西域相互了解。   汲黯

               汉武帝看到汲黯的鲠直   汉武帝看到汲黯的鲠直和忠诚。

汉武帝看到了汲黯的原则性。   作为从军近半个世纪的宿将，李广有没有封侯的主观条件？

                    "独尊儒术"导致文化专制。

政治才干。

                                                                王美人想借此

위기를 신뢰로 바꾼, 공손홍

무제는 54년 동안 황제의 자리에 있었습니다. 재위 기간이 길었던 만큼 승상도 무려 13명이나 임용했습니다. 경제 때 임명돼 그대로 일했던 위관을 제외하면 자신이 임명한 승상은 12명입니다. 그중 세 사람은 자살을 강요당했고, 또 세 사람은 살해당했습니다. 대개 말년이 비참했던 거죠.

그러나 딱 한 사람만큼은 그렇지 않았습니다. 그는 1년 동안의 부승상 어사대부를 거쳐 5년 동안 지낸 다음 80여 세의 나이로 세상을 떠났습니다. 그것도 승상 자리를 그대로 유지한 채로요. 솔직히 군주와 함께 있다는 것은 호랑이와 함께 있는 것과 크게 다를 바 없습니다. 조정의 사방에 위기가 도사리고 있다고 해도 과언이 아닙니다. 그럼에도 그는 천수를 누렸습니다.

그는 누구일까요? 무슨 특별한 재주가 있었기에 반석 같은 승상의 자리에 앉아 있었을까요? 유리알처럼 투명한 사람, 아니면 온갖 계략을 짜내는 모략가? 또 자기 한 몸 보전하느라 급급한 사람이었을까요, 아니면 언제나 적극적으로 나서서 할 말은 하는 사람이었을까요?

급락을 거듭하며 큰 그릇이 되다

진한 시기에 승상의 권력은 막강했습니다.

여후는 아들인 혜제 사후에 친정인 여씨의 친척들을 모두 왕으로 봉하려고 애썼습니다. 여씨 일족의 지위를 공고히 하기 위해서였습니다. 그러나 막강한 권력의 여후가 그 계획을 구체화할 때마다 우승상 왕릉은 유방이 생전에 강조한 이른바 '백마의 맹세', 즉 유씨가 아니면 왕으로 봉하지 않는다는 원칙을 들먹이면서 격렬하게 반대했습니다. 자신의 치마폭으로 온 나라를 휘감겠다는 그녀의 전략은 잠시 연기되지 않으면 안 되었습니다.

여후는 하지만 포기하지 않았습니다. 그러다 기가 막힌 전략을 생각해냅니다. 그게 왕릉에 대한 인사였습니다. 그녀는 결국 자신의 심복인 진평을 우승상으로 임명한 다음 여씨들을 대거 왕으로 봉하는 데 성공했습니다. 이후 그녀는 태후의 신분으로 조정에 나가 정무를 보았고, 황제의 권력마저 휘둘렀습니다. 그럼에도 그녀는 승상의 눈치는 봐야 했습니다. 승상의 자리가 얼마나 대단한지를 몸소 실감한 거지요.

무제는 그런 승상의 막강한 권력을 용납할 수 없었습니다. 그는 생각을 바로 실천으로 옮깁니다. 우선 폭넓게 인재들을 구하면서, 이어 그들을 시중侍中으로 봉해 궁중에서 의정을 논했습니다. 각종 정책의 결정권을 가지게 된 그들은 이를 통해 이른바 내조內朝를 형성했습니다. 자연스레 승상은 국책만 집행하는 '외조'로 격하됩니다. 중국 역사상 유명한 내조, 외조의 구분은 바로 이렇게 생기게 됩니다. 무제는 승상의 권력을 제한하기 위해 승상에 대한 엄격한 징계 제도도 정착시켰습니다. 무려 여섯 명의 승상이 비명에 죽는 무서운 상황을 조성한 것도 바로 이 제도입니다.

그러나 단 한 명의 승상 공손홍은 터럭 하나 다치지 않았습니다. 온전하게 자기 자리를 지키다 현직 상태에서 노환으로 세상을 떠나기까지요.

공손홍은 젊은 시절 옥리獄吏를 한 경험이 있었습니다. 하지만 그 알량한 자리도 제대로 지키기 못했습니다. 법을 어기는 죄를 저질러 자리를 박탈당하고 고향에 돌아가 돼지를 키워야 했습니다. 그는 그런 고생을 경험하다 40세가 됐을 때 발분해서 다시 공부하게 됩니다. 그때 공부한 것이 『공양춘추』와 제자백가의 에센스를 두루 모아놓은 이른바 잡가의 학문입니다.

또 그는 자신만의 독특한 개성이 있었습니다. 계모에게도 극진하게 효도하는 사람이었는데, 한나라는 효를 치국의 근본으로 하는 나라였습니다. 천하의 효자인 그를 두고 당연히 인근에서 소문이 자자할 수밖에 없습니다.

건원 원년(기원전 140년) 무제는 전국적으로 '현량과 문학을 하는 선비'를 공개 선발한다는 조서를 내립니다. 이때 공손홍의 나이는 무려 60세였습니다. 인생의 황혼기에 접어든 시기입니다. 하지만 운명의 신은 그에게 손을 내밀었는데 고향에서 그를 공개 선발에 참가할 인재로 추천한 겁니다. 공손홍은 이때 선발되는 행운을 누리게 됨과 동시에 박사로 임명됩니다. 황제의 고문이라고 할 수 있지요.

공손홍은 박사로 임명된 지 얼마 안 돼 흉노에 사신으로 가게 되었습니다. 그러나 무제는 그가 조정에 돌아와 올린 보고를 불만스럽게 생각했습니다. 그게 이상할 것은 없었습니다. 그는 이미 나이가 무척이나 많았던 터라 나이를 내세워 위세를 부릴 정도였으니까요. 흉노에 가서 본 것이나 들은 것, 생각하는 것 등이 패기에 넘치는 영웅적인 풍모의 무제와 비교할 때 '세대차이'가 나는 것은 당연합니다. 의기가 투합하면 사실 그게 이상할 일이지요.

공손홍은 총명한 사람이었습니다. 무제가 자신에 대해 불만이 많다는 사실을 간파하는 것은 그다지 어려운 일이 아니었습니다. 그는 즉각 병을 평계로 사직했습니다. 자신의 한 몸을 보전하기 위해 기회를 봐서 바로 몸을 뺀 겁니다. 이때 그의 나이는 60세가 훌쩍 넘어 있었으므로 병을 평계로 은퇴하는 것은 아주 자연스러운 일이었습니다. 꾀병을 부린다는 의심도 받을 까닭이 없었지요.

원광 5년(기원전 130년) 무제는 전국의 '현량과 문학을 하는 선비'를 널리 구한다고 다시 하조했습니다. 공손홍의 고향에서는 또 그를 추천했지만 그는 이번만큼은 전혀 흔들리지 않았습니다. 대신 이렇게 말하면서 고사합니다.

"나는 이미 공개 선발시험에 한 번 참가했습니다. 하지만 일을 잘하지 못한 탓에 사직하고 고향으로 돌아왔습니다. 이번만큼은 다른 사람을 추천하기 바랍니다!"

그러나 그의 고향 관리들은 설왕설래하다 그만큼 적합한 사람이 없다는 결론을 내립니다. 그는 다시 천거돼 장안에서 실시된 공개 선발시험에 참가합니다. 이번에도 운명의 신은 그를 더욱 확실하게 돌아보았습니다.

그가 공개 선발시험에 참가했을 때 당시의 태상(太常, 종묘의례와 국가고시를 담당하는 관리)은 장난을 쳤습니다. 그의 시험 답안지인 대책對策에 최악의 점수를 준 겁니다. 그러나 무제가 직접 채점을 했을 때 기적이 일어났습니다. 최저 점수를 받은 그의 글을 1등으로 뽑은 겁니다.

무제가 공개 선발시험에서 우수한 성적을 올린 합격자들을 접견할 때입니다. 당연히 나이가 70세에 가까운 노인이 그의 눈에 들어왔겠지요. 그는 공손홍의 풍채가 그럴싸해서 기분이 좋았는지 바로 박사 직함을 다시 하사합니다. 사실 고금을 통틀어 그럴싸한 풍채는 항상 상황을 반전시키는 역할을 했습니다. 공을 세우는 보증수표라고나 할까요. 아무튼 이번 공손홍의 공개 선발시험 통과는 완벽하게 그의 일생을 바꿔놓게 됩니다.

진퇴를 거듭해도 패함이 없다

공손홍이 아무리 공개 선발시험을 우수한 성적으로 통과했다고는 하지만 그는 별 볼일 없는 서생에 불과했습니다. 더구나 언제 꺼질 줄 모를 바람 앞의 등불이었던 그가 과연 어떻게 승상이 되었을까요?

더구나 한나라 때에는 승상 임명에 대한 명문 규정도 있었습니다. 반드시 후에 봉함을 받은 자를 임명해야 한다는 규정이 그것이었습니다! 그러나 이때 공손홍의 위치는 후라는 작위와는 한참 거리가 멀었습니다. 이밖에도 그에게는 불리한 조건이 하나 더 있었지요. 바로 나이였습니다. 2차 공개 선발시험에 참가했을 때 그의 나이는 60세를 훨씬 넘어 있었습니다. 이 나이는 요즘도 일찌감치 은퇴하고 집에 가야 할 나이입니다. 그러나 아무런 경쟁력이 없던 공손홍은 그렇지 않았습니다. 시쳇말로 한껏 '잘나가는' 그는 늘그막에 터진 승승장구의 운명에 감사해야 했습니다.

중국 역사상 '고목에 꽃이 피는 기적'과 같은 경우는 적지 않습니다. 흔히 강태공으로 불리는 강상姜尙을 대표적으로 꼽을 수 있는데, 주문왕이 80세를 맞은 그를 국사國師로 모셨으니까요. 하지만 그들은 나이를 먹었어도 어린 사람들처럼 경망스럽지 않았으며 경륜이나 경험도 풍부하였지요. 연륜은 그들로 하여금 기회를 더욱 보물처럼 아끼도록 만들었고, 세월에 의한 단련 역시 그들로 하여금 세상사를 통찰하고 인정에 통달하게 만들었습니다.

60세를 훨씬 넘긴 공손홍이 자기 자신만의 처세 노하우를 가졌던 것도 당연합니다. 그는 우선 이유식법(以儒飾法, 유가로 법가를 덮어 가려 양자를 공존케 한다는 의미)의 지혜를 알고 있었습니다. 우리는 앞의 7강에서 동중서가 무제에게 올린「천인삼책」에 대해 얘기한 바 있습니다. '제자백가를 모두 물리치고 오로지 유교만 숭상한다'라는 기치를 내건 정책 말입니다. 무제의 찬탄을 자아낸 그 정책은 결국 나중에 유교를 존숭尊崇하게 만드는 전기를 마련해준 중대한 사건이었습니다.

그러나 무제는 단순하게 뛰어난 재능과 지략만 갖춘 황제가 아니었습니다. 극도의 전횡을 일삼은 독재자이기도 했으니까요. 정말 유가의 최고 덕목인 인仁의 정치로 나라를 다스리라고 했다면 절대로 받아들이지 않았을 겁니다. 물론 그는 백성을 도탄으로 몰아넣은 진시황과 같은 독재자라는 욕을 먹는 군주가 되고 싶지도 않았을 겁니다. 바로 그 때문에 그는 밖으로는 유교를 장려하고 안으로는 법가의 정신을 실천하는 이른바 내법외유(內法外儒, 이유식법과 같은 의미)라는 치국 전략을 시행하기를 간절히 희망했습니다. 겉으로는 유가 학설로 그럴 듯하게 치장하고 실제로는 독재 정치를 시행하겠다는 생각이었습니다.

공손홍은 옥리 출신입니다. 오랫동안 사법부에서 일했던지라 법률에 정통했습니다. 뭐가 이법치국以法治國인지를 너무나도 잘 알고 있었습니다. 그 정도에서 그치지 않았던 그는 40세가 넘어서『공양춘추』를 배웠습니다. 공양파의 유교 경전에 거의 통달했다고 해도 과언이 아닙니다. 다시 말해 법가와 유가의 사이에 있던 장벽이 그에 의해 뚫린 겁니다. 아니 뚫린 정도에서 그친 것이 아니라 거의 허물어졌습니다. 두 집이 하나의 집으로 합쳐졌다고 해도 좋을 뿐더러, 그 헐린 공간은 바로 확 트이기도 했습니다. 이 집에 걸린 간판은 유가도 법가도 아닌, 다시 말해 유가이기도 했고 법가이기도 했습니다. 굳이 정의하라면 '밖에 나가서는 유가, 안에 들어와서는 법가'라는 정도로 말할 수 있겠습니다.

바로 이 때문에 각종 공문서와 법령에 정통할 뿐 아니라 무제의 심리를 꿰뚫고 있던 공손홍은 공양파의 유가 학설을 법가의 이론에 창조적으로 번듯하게 색칠해서 그럴듯한 말을 할 수 있었습니다. 무제는 그걸 좋아할 수밖에 없었지요.

그는 말과 얼굴을 잘 살피기도 했습니다. 공손홍은 무제가 주재하는 조정회의에서는 항상 한결같은 입장을 견지했습니다. 우선 각종 방안을 개진하기는 했으나 어떤 것이 딱히 좋다고 하지는 않았습니다. 무제가 그중에서 고르도록 한 것이지요. 한마디로 절대로 고집을 부리지 않았다는 얘기입니다. 황제와 논쟁할 이유가 없으니까요.

대신 급암은 무제를 만날 때면 항상 그에게 먼저 발언하도록 했습니다. 쉽게 말해 그를 선봉에 세워 전투에 나서게 한 겁니다. 자신은 뒤에 숨어 풍향과 적군과의 대치 상황을 살피려 했다는 얘기입니다. 급암은 대단히 성격이 강직한 사람이라 위청이 공을 세워 대장군에 봉해졌을 때도 문무백관들은 모두 고개를 숙였으나 그만은 그러지 않았습니다. 하지만 공손홍은 무제 앞에서 말할 기회가 생기면 언제나 무제의 얼굴색을 살폈습니다. 그런 다음 무제의 입장을 거의 확실하게 파악했다는 생각이 들면 비로소 태도를 표명하곤 했습니다. 이처럼 상황의 분석, 판단, 취사선택을 거쳐 다방면의 의견을 종합한 다음 항상 태도를 표명했으니 무제가 그의 말을 따르지 않을 수 없었습니다.

또 그는 무제 앞에서 꼭 이야기하기로 대신들과 약속했던 말을 수시로 바꿨습니다. 당시 대신들은 조정에 들어갈 때 우선 그와 충분히 상의했습니다. 그는 그러나 조정에 들어가면 대신들과 한 얘기는 까맣게 잊은 채 그저 무제의 입장을 따랐습니다. 발언도 무제의 의사에 따라 했습니다. 그렇게 원래의 약속이 자주 깨졌으니 대신들은 그 상황에 대비할 방법이 없었고, 그저 당황하면서 난처해하는 것이 전부였습니다.

뛰어난 위기관리 능력도 승상이 될 수 있던 요인이었습니다. 공손홍의 이런 '아부'와 '내부 배신'은 적지 않은 대신들을 난관에 빠뜨렸지만 그렇다고 누구 하나 감히 불만을 토로하지 못했습니다. 그러나 급암은 달랐습니다. 그는 아마 이렇게 말하고 싶었겠지요.

'나는 당신이 창을 휘둘러도 괜찮아. 그러나 나를 찌르지는 마. 당신은 좋은 사람이야. 충신도 당신이고. 우리는 다 당신을 위한 엑스트라가 됐어. 오로지 당신만은 홀로 충성하고 혼자만 능력을 가졌어.'

실제로 대단히 성실했던 그는 공손홍에게 뒤통수를 가장 많이 맞았습니다. 당연히 참는 데도 한계는 있는 법, 그리고 성질이 없었을 리 없지요. 결국 그는 더 이상 참지 못하고 두 번에 걸쳐 공손홍의 가식적인 군자의 행동을 까발리게 됩니다. 한번은 공손홍과 무제 앞에서 대놓고 그랬습니다.

"제齊 땅의 사람은 사기에 능합니다. 입에 진실한 말을 달고 다니는 법이 없습니다. 공손홍도 조정회의가 열리기 전에 저희와 상의할 때는 모든 대신들의 의견에 동의합니다. 그러나 조정에만 나오면 바로 태도를 바꿉니다. 신의 없이 말을 이랬다저랬다 하는 것이지요. 이건 대단히 불충한 겁니다."

조정의 모든 대신들의 눈길은 급암의 말이 끝나기 무섭게 바로 공손홍 쪽으로 쏠렸습니다. 일부 대신들은 곧 닥칠 광경에 대한 귀엣말을 개인적으로 나누기도 했습니다. 공손홍이 신의 없고 우정도 없을 뿐 아니라 신하로서도 불충한 것은 사실이었으니까요. 더구나 급암은 절대 바보가 아니었습니다. 그가 던진 예리한 비수는 곳곳에 널려 있는 공손홍의 사혈死穴만 향했습니다. 공손홍은 처음으로 신뢰의 위기를 맞이한 겁니다.

무제는 급암의 말을 듣고 대단히 놀랐습니다. '짐의 주위에 그런 늙은 여우 같은 인간이 있다는 말인가?'라고 생각했는지도 모르지요. 공손홍은 그 갑작스런 신뢰의 위기에 직면해서도 이상하다 싶을 정도로 냉정했습니다. 심지어 어떤 변명도 하지 않았습니다. 그저 이런 말만 했습니다.

"소신을 아는 사람은 소신을 충성스럽다고 할 겁니다. 그러나 소신을 모르는 사람은 소신이 불충하다고 할 겁니다."

그로서는 복잡한 논쟁에 얽히지 않고 단 두 마디 말로 완전히 분위기를 반전시킨 겁니다.

공손홍은 어떻게 몇 마디 안 되는 말로 일거에 풍파를 일소할 수 있었을까요? 무엇보다 정면 대응하지 않는 전략이 주효했습니다. 게다가 그는 변명할 줄 모르는 척했습니다. 일반인들은 그런 일을 갑자기 당하면 일일이 대응하는 등 작은 것을 위해 큰 것을 잃고 맙니다. 또 공격을 합니다. 이렇게 되면 방관자는 진위를 구별하기 힘들어져 의심을 풀 방법이 없습니다. 동시에 공격하면 극히 수준이 낮다는 사실을 드러낸다는 단점이 있습니다. 그래서 공손홍은 완전히 반대로 했습니다. 변명을 하지도 않았지만, 공격도 하지 않았습니다. 그야말로 기둥을 훔치고 대들보를 바꾸는 전략, 즉 본질을 바꾸는 전략을 썼습니다. 급암이 자신을 잘 모르면서 그렇게 말한 것으로 주위 사람들이 생각하도록 만들었습니다.

그런 대응을 통해 그는 무제의 신뢰를 더욱 얻게 됐습니다. 이후 무제는 대신들이 공손홍의 잘못을 지적할 때에도 그들의 말을 믿지 않았습니다. 공손홍으로서는 교묘한 위기관리로 가볍게 재난을 피한 셈입니다.

두 번째도 조정에서 그랬습니다. 모든 대신들이 눈을 부릅뜨고 있을 때, 급암은 작심한 듯 이렇게 공손홍을 비난했습니다.

"저 사람은 삼공(三公, 승상, 어사대부, 태위 세 사람)의 하나인 어사대부로 있습니다. 녹봉도 대단히 많습니다. 그런데도 아주 빈곤한 생활을 하는 청백리로 가장하고 있습니다. 덮고 자는 이불이 삼베 이불일 정도입니다. 이런 사람이야말로 위선 군자라고 하겠습니다."

무제는 급암의 말에 다시 깜짝 놀랐습니다. '이 늙은 여우가 그렇게 '쇼'를 한다면 무슨 이유로 그럴까'라고 생각했겠지요. 하지만 여우 같은 공손홍은 이번에도 특유의 전략을 구사했습니다. 그는 다음과 같이 대답합니다.

"급암의 말은 맞습니다. 구경의 고관 중에서 소신을 가장 잘 아는 대신입니다. 소신은 삼공의 반열에 있지만 그럼에도 삼베 이불을 덮고 잡니다. 확실히 청렴하다는 명예를 얻기 위해 그러는 것이 맞습니다. 그러나 관중管仲은 세 곳에 호화로운 저택을 보유한 채 군왕과 다름없는 사치를 부렸으나 제齊 환공桓公을 보좌해 일생일대의 패업을 이뤘습니다. 반면 안영(晏嬰, 춘추시대 제나라의 재상)은 자신의 식탁에 고기 반찬을 두 가지 이상 올리지 않았고, 또 그의 첩들은 비단 옷을 입은 적도 없습니다. 그럼에도 그는 역사에 길이 남을 유명한 재상이 되었습니다. 이로 보면 신하의 생활수준은 천하를 잘 다스리느냐 하는 것과는 전혀 관계가 없는 셈입니다."

그는 마지막에 아래와 같은 결정타를 날리는 것도 잊지 않습니다.

"급암은 대단히 충성심이 강한 신하입니다. 저를 그토록 잘 아는 그가 없다면 폐하께서 어떻게 이런 말씀을 들으실 수 있겠습니까?"

급암의 고자질에 직면해 있었으므로 공손홍이 아무리 변명한다 해도 무제와 현장의 대신들은 모두 그가 계속 대중을 기만하고 있다는 사실을 알 수밖에 없습니다. 공손홍도 변명이 가져다줄 비참한 결과를 너무나 잘 알고 있었기 때문에 그는 어떠한 변명도 하지 않았습니다. 반대로 자신이 확실히 명예욕이 있었다고 화끈하게 인정했습니다. 그의 인정은 겉으로는 죄를 인정한 것이었습니다. 하지만 실제로는 적어도 지금만큼은 사기를 치지 않는다는 사실을 표명하는 것이기도 했습니다. 그는 그렇게 함으로써 급암의 질책이 조성했을 여론의 비난을 적잖게 경감시킬 수 있었습니다.

동시에 공손홍은 급암을 크게 칭찬했습니다. 급암의 충성이 충분히 쓸 만하다고 은근히 말을 전함으로써, 그는 급암이 마치 고자질을 일삼는 치사하고 쩨쩨한 인간인 것으로 만들어버립니다. 게다가 졸지에 공손홍에 의해 포용되는 인간이 된 겁니다. 당연히 황제와 대신들이 볼 때 공손홍은 도량이 큰 인물이 되었습니다. 우리가 굳이 다시 소인의 마음으로 군자의 도량을 헤아릴 필요가 있을까요?

공손홍의 수법은 과거와 대동소이했습니다. 몸을 피하지도 않고 그렇다고 공격하지도 않는 상태에서 상대의 기세를 가볍게 와해시키고 만 겁니다. 다시 한 번 신뢰의 위기를 통과함으로써 교묘하게 난관을 극복한 겁니다.

어려울 때는 물러나는 지혜도 있었습니다. 무제가 내몽고 지역의 흉노를 완전히 토벌한 원삭 2년(기원전 127년) 직후였습니다. 그는 그곳에 삭방군(朔方郡, 지금의 내몽고 오르도스鄂爾多斯 일대)을 설치하려고 계획했습니다. 공손홍은 '예스맨'답지 않게 이 계획에 반대했습니다. 그러나 무제는 공손홍의 반대가 옳지 않다고 생각하여 즉각 심복인 내조 대신 주매신朱買臣을 그에게 보냈습니다. 삭방군 설치에 반대한 그에게 주매신의 이른바 십난(十難, 삭방군을 설치하지 않으면 안 되는 열 가지 이유)이라는 글을 줌으로써 자신의 생각을 따르도록 권고한 것이지요.

주매신이 공격한 것은 무제가 한 것과 다를 바 없습니다. 그는 당연히 무제와 논쟁을 벌이면 자신이 죽음을 당하리라는 사실을 알았습니다. 다음 결과는 너무나 뻔했지요. 자신의 무지를 인정했을 뿐 아니라 크게 깨달은 것처럼 대륙 서남 지방에 대한 개발 계획을 중지하고 온 정력을 집중해 삭방군 건설에 매진하자고 건의한 겁니다. 기존 입장에서 완전 180도 태도를 바꾼 겁니다. 그저 자신의 최초 입장을 바꾼 것에 그치지 않고, 도리어 무제의 생각이 옳다는 증거를 하나하나 사례를 들어 입증하기도 했습니다. 무제는 기다렸다는 듯 그 건의를 수용합니다.

주매신이 '십난'을 제시하자 그는 마치 모든 것을 다 알고 있다는 태도를 보입니다. 심지어 처음의 '일난'에 대해 듣지 않고서도 자신의 입장이 틀렸다는 자세를 견지합니다. 그는 왜 논쟁을 벌일 생각조차 하지 않았을까요?

그는 한 발 물러서면 마음이 시원해진다는 사실을 너무나 잘 알았습니다. 무엇보다 공손홍은 외조의 고관인 어사대부였습니다. 내조의 관리와 공개적으로 논쟁을 벌이는 것이 그 자신에게 크게 도움이 될 까닭이 없었습니다. 더구나 당시는 무제를 중심으로 하고 그 주변의 시종들이 보좌하는 내조가 진정한 의미의 결정권을 가진 그룹이었습니다. 그에 반해 승상, 어사대부를 중심으로 하는 이른바 외조는 그저 집행 기관에 지나지 않았습니다.

공손홍은 외조의 부승상에 해당하는 어사대부로서 그 진리를 너무나 잘 알았습니다. 논쟁을 버리고 쌍방이 모두 받아들일 '절충안'을 건의할 수밖에 없었던 겁니다.

또 그는 무제와의 정면충돌을 바라지 않았습니다. 내조의 주매신이 주장한 '십난'은 무제가 공손홍의 건의에 반대한다는 분명한 신호였습니다. 국가 이익 때문에 개인적인 재난을 당할 필요가 없다는 생각은 그에게는 너무나 당연했던 겁니다.

그의 그런 겸양의 자세는 무제의 깊은 신임을 얻어 결국 승상으로까지 승진해 평진후平津侯에 봉해졌습니다. 한나라는 개국 이후 그때까지 오로지 제후 중에서만 승상을 임명했는데, 공손홍은 승상이 된 다음에 후로 봉해졌습니다. 그건 역사적으로 전례가 없던 일이었습니다. 이후에는 승상이 된 다음에 후로 봉해지는 것이 관례가 되었습니다.

재산을 아낌없이 투자해 인재를 양성했다는 사실도 간과해서는 안 됩니다. 검소하기 그지없던 공손홍은 도대체 승상의 봉록을 어떻게 썼을까요? 요즘 말로 하면 그는 월급을 친구들을 위해 썼다고 할 수 있지요. 인재들과 빈객들을 지원하는 데에도 아낌없이 쏟아 부었습니다. 그래서 아마 '집에 남은 재산이 없다'라는 말을 들을 정도가 됐는지도 모릅니다.

하지만 그의 그런 태도는 정말 평가하기가 곤란합니다. 그가 재산을 아낌없이 써서 인재들을 양성해 '집에 남은 재산이 없다'라는 말을 들을 지경에 이르렀다면, 그건 정말 명예를 위해 그런 것일 수도 있기 때문입니다. 그러나 명예를 얻는 데 그 정도의 대가를 지불한다는 것은 투자 자본이 너무 높은 게 아닐까요? 더구나 삼베 이불을 덮는다거나 한 끼에 두 가지 고기반찬을 먹지 않는다는 원칙이 명예를 추구했기 때문이 아니라면 그는 정말 선공후사를 실천한 사람이 아닐까요?

또 분명한 진실도 최소한 한 가지 있습니다. 그건 무제가 지독한 독재자였다는 사실입니다. 그가 목숨을 부지한 채 편안하게 살기를 원했다면 무제의 생각이 굉장히 중요했다는 얘기입니다.

결코 잊어서는 안 될 문무의 공적

공손홍은 인간적으로 창피한 사람이었습니다. 여론으로 볼 때도 마찬가지입니다. 그러나 그는 재능이 없지도 않았고 무능하지도 않았습니다. 심지어 대서특필할 가치가 있는 대단한 일도 했습니다. 대표적으로 문무에서의 두 가지 공적을 꼽을 수 있습니다.

하나는 무제에게 건의해서 몇 개 방향에서 동시에 영토를 넓히는 무모한 계획을 저지한 겁니다. 무제는 삭방군을 대대적으로 구축할 때 동시에 대륙의 서남 지구도 개척하려고 했습니다. 그러나 공손홍은 이때 전선을 다소 축소한 다음 중앙정부의 재정을 삭방군에 집중 투입할 것을 건의합니다. 그는 당시 그 문제에 관한 한 확실한 생각이 있었던 것 같습니다. 한나라와 주변 민족과의 관계에서 가장 큰 위협은 북방의 흉노라는 생각이 아마 그것이겠지요. 그의 건의로 결국 한나라 조정은 삭방군을 확고하게 구축하는 데 중앙재정을 집중했습니다. 이를 통해 백성의 부담을 적잖게 줄일 수 있었지요.

다른 하나는 박사 밑에 제자 50명을 두도록 하는 건의를 구체적으로 한 겁니다. 지금까지의 공로 중에서도 눈에 두드러지는 업적입니다. 동중서는 본인이 솔선수범해 태학을 설립하자는 아이디어를 냈고, '제자 백가를 모두 물리치고 오로지 유교만 숭상한다'라는 슬로건을 내걸었습니다. 그러나 동중서는 이 주장을 실현에 옮길 기회를 갖지 못하고, 오히려 탄핵을 받아 교서국(膠西國, 지금의 산둥성 일대)의 국상으로 쫓겨 가기도 합니다.

하지만 공손홍은 해냈습니다. 그는 박사 밑에 제자 50명을 두게 하여 그들에게 요역(徭役, 노동력 제공 의무)을 면제해주는 특혜도 주었습니다. 이뿐만이 아닙니다. 태상으로 하여금 백성 중에서 박사의 제자가 될 수 있는 인재 풀도 확보하도록 했습니다. 이로 인해 무제의 유교 존숭 분위기는 더욱 구체화됩니다. 서한 후기와 동한 시기에 유교의 예악교화禮樂敎化는 장안에서 전국 각지로 퍼져 나갔습니다. 유생의 수도 폭발적으로 늘어남에 따라 문화교육의 발전은 이에 더욱 탄력을 받게 되었습니다. 공손홍의 공을 절대 무시해서는 안 되지요.

공손홍은 두 차례나 조정에서 급암의 강편치를 맞았습니다. 그는 그러나 피하지도 반격하지도 않고 그저 교묘하게 자신의 입지를 확고히 다졌습니다. 그로 인해 무제의 더욱 큰 신임도 받았습니다. 그의 '위기관리'를 보면 혀를 내두르지 않을 수 없습니다. 그는 그런 와중에도 급암을 극찬하는 등의 행보를 보였습니다. 어떻게 보면 대단히 관용이 있는 사람 같습니다.

그는 진짜 관대하고 도량이 넓은 사람이었을까요? 바보 같은 급암은 조정에서의 공개적인 공격과 뒤에서의 모략을 잘 피할 수 있었을까요?

바람을 만들어 불을 붙이다

공손홍은 급암의 두 차례에 걸친 면전에서의 폭로에 침착하게 대응했습니다. 그 결과 자칫하면 그를 나락으로 떨어뜨릴 수도 있었을 화가 행운으로 바뀌었습니다. 게다가 그 와중에도 그는 급암에 대한 칭찬까지 아끼지 않았습니다. 공손홍은 정말 마음이 넓고 개인적인 원한은 생각하지 않는 현명한 대신이었을까요?

한나라는 영웅이 속출하던 시기입니다. 그의 승상 직위를 위협할 사람이 어찌 급암 한 사람뿐이었겠습니까? 로맨틱하기 이를 데 없는 '제대비우(齊大非偶, 결혼 상대가 너무 대단해 격에 맞지 않으므로 파혼을 하겠다는 의미이지만, 신부 측의 근친상간을 은근히 꼬집는 의미가 더 강함)'의 고사 안에는 또 어떤 일촉즉발의 살기가 숨어 있을까요?

승상 가문의 잦은 멸족

자신을 힐책한 급암에 대한 공손홍의 본심은 무엇이었을까요? 우리는 한 사건을 자세하게 살피면 그 모든 것을 알 수 있습니다. 어느 날입니다. 무제는 서역의 명마인 '천마'를 얻은 덕에 기분이 대단히 좋았습니다. 기쁨을 이기지 못한 그는 흥에 겨워 노래를 읊었는데, 그 노래에 〈천마가天馬歌〉라는 그럴듯한 이름도 붙였습니다.

『사기』의 소위 '8서' 중에는 「악서樂書」라는 게 있습니다. 학계에서는 이 「악서」가 사마천의 원작이 아니라 후세인이 첨가한 것이라고 주장하고 있습니다만, 어쨌든 『사기』는 음악사를 기록한 최초의 정사라고 할 수는 있습니다. 무제의 〈천마가〉는 다름 아닌 바로 이 「악서」에 수록되어 있습니다. 내용을 잠깐 소개하면 다음과 같습니다.

'천마가 저 멀리 서방에서 왔으니, 비록 1만 리를 달렸어도 마침내 덕으로 천하를 감동시킨 대 한나라로 왔구나. 대 한나라의 신령스런 위엄으로 저 먼 나라들을 떨게 만드니, 넓은 사막을 건너 사방의 오랑캐를 복속시키는구나.'

급암은 무제가 천마를 얻고 흥분에 겨워 정신을 차리지 못한 채 〈천마가〉를 읊조리는 것을 목도하자 이렇게 간곡하게 진언합니다.

"군주가 노래를 만드는 것은 위로는 선조들의 업을 계승하기 위해서입니다. 또 아래로는 백성을 감화시키기 위해 그렇게 합니다. 그러나 지금 폐하께서는 고작 말 한 필을 얻고 노래를 읊었습니다. 이걸 선조에게 제사를 지내는 데 쓴다면 선제先帝와 백성은 어떻게 그 음을 알겠습니까?"

갑자기 조정은 냉수를 확 끼얹는 듯한 분위기로 바뀌었습니다. 무제의 흥도 완전히 깨졌겠지요. 승상 공손홍은 무제의 얼굴이 불편해지는 것을 분명히 보았습니다. 그는 늦어서는 안 된다고 판단이 떨어진 순간 곧바로 진언을 올립니다.

"급암은 성조聖朝의 제도를 비방했습니다. 멸족시켜야 할 죄를 지었습니다."

정말 대단했습니다. 급암의 말을 정치 투쟁의 대상으로 바로 만들었습니다. 이어 인정사정 두지 않고 공격해 단 한 마디 말로 최고의 효과를 보았습니다. 이때 공손홍은 '나는 항상 당신을 기억하고 있다. 절대로 나에게 공격할 기회를 주지 마라.' 이런 말을 하고 싶었던 것은 아닐까요. 공손홍은 옥리 출신이라는 사실이 부끄럽지 않았습니다. 입이 머리보다 훨씬 빨랐고, 또 공격을 가하는 손은 입보다도 빨랐습니다.

사마천은 다음과 같은 간단한 내용만 기록했습니다.

'급암은 성조의 제도를 비방했습니다. 멸족을 시켜야 할 죄를 지었습니다.'

그러나 그걸로 충분했습니다. 공손홍이 급암에게 보복했다는 사실을 확실하게 써서 보여주었으니까요. 공손홍은 과연 도량이 관대한 사람이었을까요? 그는 지위가 승상에 이르렀습니다. 그러나 그만큼의 큰 도량은 가지지 못했습니다. 이전에 급암 앞에서 보인 태도는 하나같이 모두 가식에 지나지 않았으니 급암이라는 '눈엣가시'를 한 번도 잊어본 적이 없었던 겁니다.

그렇다면 무제는 공손홍의 말을 받아들였을까요? 그는 비록 급암 때문에 흥이 깨졌지만 공손홍의 '멸족' 주장에 대해서는 귀를 기울이지 않았습니다. 그저 침묵으로 불만을 표출했을 뿐이지요.

이 작은 에피소드는 세 사람의 특징을 분명하게 보여줍니다. 우선 급암은 충성스럽고 솔직한 사람이라는 사실을 말해줍니다. 반면 공손홍은 악랄하고 음험한 사람이라는 걸 증명하는데, 무제도 최소한 급암에 대해서만큼은 관대했다는 걸 보여줍니다. 이로써 우리는 공손홍이 절대로 포용의 마음과 인간에 대한 예의를 갖춘 사람이 아니라는 사실을 알게 되었습니다. 그는 음험하고 독한 사람이었지요.

물론 그는 자신이 증오하는 사람에 대한 원한을 얼굴에 나타내지 않았습니다. 급암이 면전에서 자신의 치부를 까발렸을 때도 오히려 그를 칭찬했습니다. 분노를 전혀 얼굴에 드러내지 않았습니다. 그러나 일단 때가 무르익자 독하게 변합니다. 급암의 목숨까지 노렸을 뿐 아니라, 그 한 사람만으로는 한을 풀 수 없었는지 온 집안의 씨를 말리려고 했습니다.

그는 무제가 기분이 무척 나쁜 순간을 노려 과감하게 급암을 물었고, 실제 그의 이빨은 대단했습니다. 한 번 물면 웬만한 사람의 면역 기능은 완전히 상실되었을 정도입니다. 그러나 급암은 예외였습니다. 그는 선천적으로 특수한 면역 기능을 가지고 있었던 모양인지 제대로 물렸는데도 운 좋게 살아났습니다. 무제 역시 공손홍 못지않은 사람이었습니다. '가혹한 정치'로 이름이 높아, 오죽하면 그의 밑에서 승상을 지낸 여섯 사람이 비명에 죽었다는 공포의 기록이 있겠습니까. 그러나 그런 '폭군'도 세상 물정을 모르고 불손한 언동을 한 그를 놓아주었습니다. 정말이지 넓은 도량을 보여준 겁니다. 그건 정말 쉬운 일이 아니었는데도 말이지요.

공손홍의 급암에 대한 보복은 성공하지 못했습니다. 그러자 그는 그 계획을 견지하지 않았습니다. 자신의 위선과 잔인함이 폭로되기를 원치 않았던 겁니다. 그러나 그는 승상인데다가 노회하고 지모가 뛰어났던 터라 적당할 때 그칠 줄 알고 때를 기다려 일할 줄 아는 사람이었습니다.

한 마디 말로 나라를 망하게 했으니

급암을 제거하려던 공손홍의 계획은 실패로 돌아갔습니다. 그러나 정적을 제거하려는 그의 '살인계획'은 멈추지 않았습니다. 그에게는 두 번째 공격 목표가 있었으니 바로 주보언主父偃이었습니다. 주보언은 누구일까요? 그와 공손홍은 어떤 원한 관계가 있었기에 왜 공손홍은 창끝을 주보언에게 겨누었을까요? 급암을 해치지 못한 공손홍은 이번에 과연 주보언을 일거에 살해할 수 있을까요?

사실 이 얘기를 끌고 가려면 애매한 로맨틱 스토리인 '제대비우'에 대해 먼저 언급해야 합니다.

춘추시대 제나라 희공僖公에게는 문강文姜이라는 딸이 있었습니다. 색을 너무 밝혀 그랬을까요, 그녀는 그만 시집도 가기 전에 오빠와 음란한 관계에 빠져버리고 말았습니다. 희공은 그 사실을 알고 문강을 정鄭나라의 대자홀大子忽에게 시집보내고 싶어 했습니다. 대자홀은 처음에는 좋다고 했지만 나중에 '제대비우'의 핑계를 대고 혼약을 깨버리고 맙니다. 이 고사는 『좌전』의 「환공육년桓公六年」에 아주 잘 나와 있습니다.

이른바 '제대비우'라는 말은 어떻게 보면 아주 단순합니다. 제나라는 크고 정나라는 소국이므로 작은 나라의 사람이 큰 나라 군주의 딸을 맞아들여서는 안 된다는 뜻을 가지고 있습니다. 따라서 이 말은 보통 결혼을 거절하는 의미로 통합니다. 그러나 숨은 뜻은 그렇게 단순하지가 않습니다. 신부 쪽의 문란한 근친상간을 뜻하기도 했으니까요.

'제대비우'는 예고편에 불과했습니다. 한나라 때에는 더 황당한 경우도 있었으니까요. 주인공은 제의 여왕厲王으로, 그의 어머니인 기紀태후는 자신의 친정 식구들에 대한 애착이 대단히 강한 여자였습니다. 대대손손 군주의 총애를 받을 수 있도록 상황을 만들고 싶어 했으므로 아들을 위한 매파로 적극적으로 나섰습니다. 우선 동생의 딸을 아들인 여왕에게 시집보내려고 했습니다. 여왕으로서는 사촌과 결혼을 할 위기에 내몰린 셈입니다. 그러나 여왕은 이 사촌을 별로 좋아하지 않았습니다. 그러자 기태후는 아예 여왕의 누나인 자신의 딸을 보내버렸습니다. 이어 아예 후궁을 정돈整頓했습니다. 정돈이라는 것은 다른 궁녀들이 여왕에게 접근하는 것을 금지하는 것으로, 왕후만이 전적인 총애를 받게 하려는 것이지요. 여왕과 그의 누나는 아예 내놓고 근친상간을 즐기게 되었습니다. 그런 추잡한 행동은 당연히 숨길 수가 없는 법이므로 세상에 점점 알려지게 되었습니다.

당시 제에는 서갑徐甲이라 불리는 환관이 있었는데, 이 사람은 무제의 어머니인 왕태후를 일찍이 모셨던 사람입니다. 왕태후는 이미 앞에서 여러 번 살펴봤듯 욕심이 대단히 많은 여자입니다. 자신의 외손녀까지 제후왕에게 시집보내고 싶어 안달할 정도였습니다. 그 모습을 지켜본 서갑은 당연히 가만히 있지 않고 왕태후에게 제안을 했지요.

"이 일은 소신에게 맡겨 주십시오. 제의 여왕이 조정에 결혼을 간곡히 요청하는 상주를 올리도록 하겠습니다."

서갑은 그렇게 말하면서 적극적으로 매파를 자임했습니다. 왕태후는 즉각 서갑이 제나라로 가서 일을 처리할 수 있도록 허락합니다. 그러나 누가 알았을까요. 서갑의 행적은 비상하게 냄새를 잘 맡는 주보언에게 그대로 포착됩니다. 그에게 다른 뜻은 없었습니다. 그건 "그대가 만약 괜찮으면 그곳에서 몇 마디만 해주게. 내 딸을 제의 후궁으로 들어갈 수 있도록 말일세"라는 말을 그가 서갑에게 몇 번이나 부탁한 사실에서 잘 알 수 있습니다. 그도 왕태후와 같은 생각을 하고 있었던 겁니다. 서갑은 바로 승낙했습니다.

서갑은 제에 도착한 다음 일부러 소문부터 냈습니다. 상대방의 반응을 알아보기 위해서였지요. 반응은 서갑의 예상과는 전혀 달라 아예 씨알도 먹히지 않았습니다. 심지어 기태후는 아래와 같이 말하면서 말도 안 되는 소리라고 일축했습니다.

"제왕은 이미 왕후가 있다. 후궁의 비빈들도 다 갖춰져 있다. 무슨 왕후와 비빈이 더 필요한가? 서갑이 도대체 어떤 인간인가? 우리 제나라에서 먹고 살기 힘들어 거세하고 환관이 된 사람이다. 이런 인간이 다시 우리 제왕의 후궁을 흔들려 하다니 어찌 이럴 수가 있는가? 더구나 주보언은 또 어떤 인간인가? 감히 자기의 딸을 우리 제의 후궁에 들여보내겠다니!"

한나라 조정과 거래를 할 뜻이 전혀 없었던 겁니다. 사실 그녀의 대로는 충분히 이해할 만합니다. 이를테면 여기 우리도 머리 아파 죽겠는데 다시 두 명이 더 와서 복잡하게 만드느냐, 뭐 그런 생각을 했을 테니까 말입니다. 기태후의 이런 뻣뻣한 태도는 서갑을 대단히 난처하게 만들었습니다. 그는 열심히 노력하였지만 일은 성사되지 않았습니다. 그러면 그는 왕태후에게 어떻게 변명했을까요? 간단합니다.

"제왕은 이미 동의했습니다. 그러나 후환이 생길 것이 두렵습니다. 태후께서 그 점은 고려하셔야 합니다. 소신은 연왕燕王에게 있었던 일들이 일어나지 않을까 걱정입니다."

서갑이 언급한 연왕 유정국劉定國은 원래 전에 큰 사고를 쳤던 사람입니다. 자신의 딸, 누이들과 통간을 하다 사형에 처해진 겁니다. 봉국 역시 그로 인해 취소되었습니다. 서갑이 그 사건을 들먹인 이유는 분명한데, 여왕도 비슷한 근친상간을 저지르고 있다는 사실을 은연중에 암시하기 위해서였습니다. 왕태후는 서갑의 말을 듣고는 바로 주위에 "앞으로 제왕과의 결혼 문제를 입에 올리면 누구도 용납하지 않겠다"고 엄포를 놓았습니다.

제 여왕과 그의 누나와의 근친상간은 이런 과정을 거쳐 바로 한나라의 궁정에 퍼졌습니다.

주보언은 인맥을 넓혀 더욱 출세해보자는 계획이 수포로 돌아가자 제왕에 대한 극심한 원한을 품게 됩니다. 사실 제의 왕궁이 그처럼 음란하다면 자신의 딸이 들어가지 않는 편이 더 좋을 수도 있습니다. 불구덩이에 들어가는 신세에서 벗어날 수 있으니까요. 그러나 주보언은 그 정도까지 생각할 정신적 여유가 없었습니다. 그는 그렇다면 어디에 두고 자신의 화를 풀었을까요? 바로 무제에게 풉니다. 그는 무제 앞에서 이렇게 고자질했습니다.

"제나라의 도성인 임치臨淄는 10만여 호의 인구를 자랑합니다. 매일 무역으로 거둬들이는 세금 수입이 천금에 달합니다. 인구가 많고 돈이 많은 정도에서는 우리 조정의 장안을 초과한다고 해도 좋습니다. 이런 곳은 황상의 친형제나 사랑하는 아들이 아닌 다른 사람을 왕으로 봉하면 안 됩니다. 또 제나라는 여후 때에 반란을 일으키려고 했습니다. 오초칠국의 난 때에도 제 효왕은 반란에 참가한 것이나 다름없습니다. 그런데도 지금은 또 제왕과 그의 누나가 음란한 짓을 일삼고 있습니다."

무제는 주보언의 고자질에 즉각 반응했습니다. 그를 제나라의 국상으로 파견해 제왕의 근친상간에 대해 철저하게 조사하라고 명령한 겁니다. 주보언은 제나라에 도착하는 즉시 제왕의 문란한 행동을 도와준 환관들을 혹독하게 심문합니다. 그들에게 제왕을 물고 들어갈 자백과 방증을 내놓을 것까지 강요했습니다.

제 여왕은 그때 나이가 무척이나 어렸습니다. 죄가 큰 탓에 체포돼 주살되지 않을까 두려워한 나머지 급기야 독약을 먹고 자살합니다. 그는 고작 재위 기간이 5년밖에 되지 않았던데다가 자리를 이을 아들도 없었지요. 그의 사후 제나라는 자연스레 봉국에서 제외되어 땅 전체가 중앙정부에 귀속되었습니다. 일이 정말 크게 터져버린 거죠. 주보언이 화가 나 내뱉은 몇 마디 말이 제나라까지 없어지게 만든 겁니다. "한 마디 말로 나라를 망하게 했다"라는 말이 실감나지요.

제 여왕이 자살한 데 대한 전적인 책임은 말할 것도 없이 주보언이 져야 했습니다. 무엇보다 그는 제나라의 상황을 무제에게 고자질했습니다. 또 사건을 처리했을 뿐 아니라 제 여왕이 그에게 조사를 받던 도중 자살했습니다. '내가 백인(伯仁, 동진東晉 대의 사람으로 왕도를 위기에서 구해주었으나 정작 자신은 죽을 운명에 처했을 때 도움을 받지 못함. 나중에 사실을 안 왕도가 자신 때문에 백인이 죽었다고 한탄함)을 죽이지는 않았으나 나로 인해 죽었다'라는 말을 할 정도로 몹시 안타까워한 것은 아니라도 한순간의 분노 때문에 보복한 것만은 확실합니다. 그는 제 여왕을 죽여야겠다는 사전 음모는 전혀 가지고 있지 않았습니다.

'인간 세상에서 마음대로 되지 않는 것은 열에 여덟, 아홉이다'라는 말이 있습니다. 이후에 주보언의 처지를 보면 정말 그렇습니다. 아무튼 그에게 한이 골수에 맺히도록 만든 제 여왕은 자살했습니다. 그로서는 마음이 시원했을지도 모르나, 주보언은 이로 인해 쓰라린 대가를 지불해야 했습니다. '남을 용서할 수 있을 때는 용서해야 한다'라는 말을 언제라도 가슴에 새겨야 했다는 얘기입니다. 다른 사람의 머리를 겨누고 있던 칼이 언제라도 자신의 목을 향해 떨어질 수 있다는 사실을 감안하면 더욱 그래야 하지 않을까요.

제 여왕의 자살로 한 사람이 환호작약합니다. 그 사람은 일시적이지만 권력을 한 손에 쥔 공손홍이었습니다. 따라서 주보언의 목숨은 이미 이때 그의 수중에 들어가 있었다고 해도 좋습니다. 더욱 분명한 것은 주보언이 제 여왕의 사건을 처리하는 기회를 틈타 개인적인 보복을 했다는 죄명도 이때 막 튀어나오고 있었다는 사실입니다. 그러면 공손홍은 이 가슴속의 큰 우환덩어리인 주보언을 과연 제거할 수 있을까요?

노련함을 이기지 못하는 경거망동

우리는 일찍이 경제 시대의 『시경』 분야의 박사인 원고생을 언급한 적이 있었습니다. 『노자』를 폄하하면서 도교를 숭상하던 두태후와 논쟁을 벌인 바로 그 사람 말입니다. 그는 두태후에 의해 멧돼지 우리에 던져져 목숨을 잃을 횡액에 직면하기도 했습니다.

원고생은 한나라의 유가 학자들 중에서는 원로급에 속하는 인물로, 경제 시대에 이미 일세를 풍미한 뛰어난 유학자였습니다. 무제가 자리를 이은 다음 그를 다시 부른 것도 다 그런 사실과 관계가 있습니다. 그러자 수많은 유생들이 그를 질시하기 시작했는데, 심지어는 무제 앞에서 이렇게 비난까지 합니다.

"원고생은 이미 늙었습니다. 집으로 보내야 합니다."

사람을 공격하려고 하면 이유를 찾아내는 것은 일도 아닙니다. 마찬가지로 사람을 중용하려 할 때도 얼마든지 이유를 찾을 수 있습니다. 솔직히 원고생은 그때 확실히 늙어 있었습니다. 공손홍보다도 훨씬 많은 90여 세에 이르렀으니까요. 묘한 것은 무제가 원고생을 초빙하려 했을 때 공손홍도 부름을 받았다는 사실입니다. 공손홍은 당연히 원고생이 진정한 『시경』 분야의 대유학자라는 사실을 알고 있었습니다. 40세가 넘어서 전공을 바꿔 『공양춘추』를 공부하기 시작한 늦깎이 입장에서는 내공을 감히 비교하기가 어려웠습니다. 공손홍으로서는 원고생을 백안시하는 것 말고는 다른 방법이 없었지요. 그러나 원고생은 90세가 훌쩍 넘었으면서도 총기를 잃지 않았습니다. 심지어 자신을 묘하게 쳐다보는 공손홍에게는 노학자로서 이런 명언을 남깁니다.

"공손홍 이 사람아, 엄숙한 태도로 유학의 경전을 공부해야 하네. 유학 경전을 잘못 해석하여 세상에 영합하면 안 되네."

공손홍은 이때 이미 60여 세의 나이였습니다. 하지만 90여 세인 원고생에 비하면 아직 어린아이에 지나지 않았지요. 원고생이 당시 공손홍에게 한 말 속에 들어 있는 '곡학아세曲學阿世'라는 네 글자는 사마천에 의해 기록으로 남았습니다. 그것은 공손홍 개인에 대한 평가가 되었고 지금까지 전해 내려오는 명구가 되었습니다.

사마천은 이 정도에서 그치지 않으면서 『사기』의 「평진후열전」에서는 아예 이렇게 비난을 쏟아 붓습니다.

'공손홍은 의심이 심하다. 표면적으로는 관대하고 온유한 척한다. 그러나 내심은 음험하고 악독하다. 때문에 자신과 사이가 좋지 않았던 사람에게는 비록 관계가 좋은 것처럼 행세하나 몰래 보복할 기회를 찾는다.'

그러면 그런 공손홍에게 밉보인 주보언은 어떤 사람이었을까요?

주보언은 공손홍과 거의 비슷한 사람이었습니다. 젊었을 때는 엄청나게 고생한 인물로서, 고향인 제나라에서 공부할 때부터 그랬습니다. 주변의 지식인들이 너나 할 것 없이 다 그를 싫어했고 심지어 배척까지 했습니다. 그러나 그는 굴하지 않았습니다. 반성은 말할 것도 없습니다. 말하자면 그는 행동파였지 심사숙고파는 아니었던 겁니다. 그는 더 이상 제나라에 머물기 어렵다는 판단이 서자 북방의 연燕, 조趙, 중산中山 등지로 떠나 천하를 주유합니다. 그러나 일말의 희망을 품고 간 곳에서도 별로 대접받지 못하자 그는 자신의 억눌린 감정을 견디지 못했습니다. 우울해서 견딜 수가 없었고, 성격은 갈수록 비뚤어졌습니다.

무제 원광 원년(기원전 134년) 완전히 갈 곳을 잃은 그는 서쪽 함곡관을 넘어 장안으로 가기로 결정합니다. 그곳에서 위청을 만난 다음 고위층과 통하는 줄을 잡으려 했던 겁니다. 위청은 그의 기대를 저버리지 않아 누차 무제에게 그를 추천했습니다. 그러나 위청은 이때 아직 '오피니언 리더'가 되지 못했습니다. 게다가 주보언이 깜짝 놀랄 만한 공을 세운 것도 아니어서 무제가 그를 보려 하지 않은 것은 너무나 당연했습니다.

시간은 자꾸만 흘러갔고 그에 따라 주보언은 초조했습니다. 장안으로 들어올 때 가지고 온 돈도 곧 떨어지게 생겼으니, 그렇지 않으면 오히려 이상한 일이지요. 게다가 여러 대신들에게 빌붙어 살던 장안의 빈객들마저 이룬 것도 없으면서 아부만 좋아하는 그를 싫어했습니다.

주보언은 이대로는 안 된다고 생각했습니다. 궁하면 통한다는 얘기도 있지요. 드디어 그는 어느 날 무제에게 무지하게 긴 내용의 주장을 써서 올리는 기지를 발휘합니다. 예상 외로 주장은 무제에게 직접 전달되었습니다. 그날 밤 그는 무제에게 불려갑니다. 그야말로 아침에 떠나 저녁에 도착한다는 의미인 '조발석지朝發夕至'라는 단어가 생각날 정도였습니다.

주보언의 주장은 총 아홉 건의 일에 대해 쓴 것이었습니다. 그중 여덟 건은 법률에 관한 것이었다고 합니다. 그러나 『사기』는 그것들을 하나도 기록하지 않았습니다. 반면 흉노에 대한 토벌을 반대하는 내용인 단 한 건에 대해서는 아주 자세하게 실었습니다. 그것은 무절제한 흉노에 대한 군사적 응징을 반대한 사마천의 입장과도 관계가 있는 듯합니다.

주보언이 흉노에 대한 군사적 응징에 반대한 이유는 세 가지였습니다. 우선 진나라가 흉노에 대한 작전을 너무 많이 벌여놓았다는 사실이었습니다. 백성의 부담이 과중해 급기야 진나라가 멸망했으니 이유로 충분했습니다. 유방이 흉노 토벌을 너무 서두른 탓에 평성에서 포위되는 곤욕을 당한 것도 두 번째 이유로 지적되었습니다. 마지막 이유는 이미 언급한 상황이 벌어진 기본 원인이었습니다. 흉노는 유목민족으로 일정한 주거지가 없기 때문에 같은 부족이라도 각자 떨어져 작전을 벌이는 게 기본 원칙이었습니다. 그런 민족을 정복한다는 것은 진짜 말처럼 쉽지 않았습니다.

주보언이 무제에게 간언을 올렸을 때는 마침 무제가 위청을 중용, 대규모로 흉노를 정벌하기 위한 준비를 진행시킬 무렵이었습니다. 때문에 주보언이 말한 내용이 헛소리는 아니었지만 무제로서는 그의 의견을 받아들일 수 없었습니다. 하지만 무제가 그를 중용하지 않으려 한 것은 아닙니다. 『사기』에도 이에 대한 기록이 있습니다.

'주보언과 함께 동시에 주장을 올린 사람으로는 서락徐樂과 엄안嚴安이 더 있었다. 그들 세 사람의 주장이 무제에게 바쳐졌다. 이어 무제는 세 사람을 불러 접견했다. 무제는 곧 '그대들은 모두 어디에 있었는가? 왜 우리는 이렇게 늦게 만나는가?'라고 찬탄했다.'

무제는 목마른 사람이 우물을 찾듯 인재를 갈망하는 군주였습니다. 비록 주보언의 건의를 받아들이지는 않았으나 말을 함부로 했다는 이유로 처벌하지도 않았습니다. 오히려 주보언을 비롯한 세 사람을 낭중郎中으로 임명합니다. 낭중은 황제의 옆을 지키는 시종으로, 직급은 높지 않았지만 조정의 중요한 일에 대한 발언권이 있었습니다. 모종의 결정에 참여할 수 있는 권리가 있었지요. 주보언을 비롯한 세 사람은 이런 경로를 통해 무제의 내조에서 중요한 인물이 되었습니다.

주보언은 낭중이 된 다음 수차례에 걸쳐 진언을 했습니다. 그 탓이었을까요. 무제는 곧 그를 알자謁者로 임명했습니다. 알자는 황제의 명령을 전달하는 이른바 전령관傳令官으로 황제와의 관계가 대단히 밀접했습니다. 주보언이 무제로부터 대단한 예우를 받았다는 얘기가 되겠습니다. 실제 그는 1년에 무려 네 차례나 특별 승진을 하기도 했는데, 그건 한나라 때에는 유례가 없는 일이었습니다.

공손홍에게 있어 급암은 치사하고 완고한 인간이었습니다. 그는 한 번 찾아온 기회를 놓치지 않고 그런 급암을 무제 앞에서 혹독하게 비난했습니다. 아주 요절을 내려고 했었지요. 애석하게도 성공을 하지는 못했지만요. 그렇다면 그가 황제의 옆에서 총애를 받고 있는 주보언을 완전히 보내버릴 기회를 과연 찾을 수 있을까요?

기회라는 것은 찾으려고 하면 오는 법입니다. 주보언은 젊은 시절 연나라와 조나라 땅에서 무척이나 괄시를 받으면서 세월을 보낸 적이 있습니다. 그가 출세한 후에 무엇보다 먼저 연왕 유정국의 근친상간을 샅샅이 까발려 죽게 만든 것도 다 그런 사실과 관계가 있습니다. 또 그는 조왕의 태자가 문란한 사생활을 한다는 추문도 알고 있었습니다. 조왕은 당연히 주보언이 그 사실을 트집 잡아 자신을 고발할지 모른다고 우려하고 있었습니다. 주보언이 제나라로 가 국상이 된 다음에 제 여왕이 자살하자 조왕은 더욱 두려움에 떨었습니다. 급기야 조왕은 자신이 먼저 악의적으로 무제에게 주장을 올려 주보언의 양대 죄상을 고발했습니다. 첫째 죄목은 제후왕의 뇌물을 받았다는 것이었습니다. 사사로운 원한으로 제 여왕에게 보복한 것은 두 번째 죄목이었습니다.

무제는 즉각 주보언을 잡아들였습니다. 주보언은 제후왕의 뇌물을 받은 죄목에 대해서는 인정했습니다. 그러나 자신이 제 여왕을 핍박해 죽게 했다는 죄목에 대해서는 인정하지 않았습니다. 하지만 소용없는 일이었습니다. 공손홍이 그가 죄를 자백하게 만들 방법을 가지고 있었으니까요.

우리는 공손홍이 이리저리 돌아다니는 행상이 아니라 좌판을 가진 장사치라는 사실을 너무나 잘 알고 있습니다. 적극적으로 먹을 것을 찾아 헤매는 고양이 과의 그런 포식자가 아니라 수면 아래의 악어라는 사실 역시 잘 알고 있습니다. 때문에 그는 먼저 출격하지 않았고, 그저 먹이가 문앞에 걸려들기를 기다렸습니다. 상대가 걸려들 기회를 주기만 하면 치명적인 공격을 가할 수 있었습니다. 그는 급기야 참지 못하고 무제에게 단정적으로 말합니다.

"제 여왕은 자살해 후사를 남기지 않았습니다. 그래서 봉국이 취소되었습니다. 주보언은 그런 상황을 만든 죄를 지은 수괴입니다. 폐하께서 주보언을 죽이지 않는다면 천하의 백성에게 어떻게 설명을 하시겠습니까?"

공손홍과 주보언은 도대체 무슨 불구대천의 원수였을까요? 왜 공손홍은 주보언을 반드시 죽음으로 몰아넣어야 했을까요? 무제는 결국 공손홍의 건의를 받아들였을까요?

남의 칼로 사람을 죽이다

제 여왕의 죽음을 본 무제는 주보언이 권력을 남용, 제 여왕을 죽음으로까지 몰고 갔을 수도 있다고 생각하게 되었습니다. 게다가 조왕마저 주보언이 제후왕들로부터 뇌물을 받았다고 고발했습니다. 무제는 대로해 그를 바로 투옥시켜버립니다. 공손홍은 이 기회를 이용, 적극적으로 참언을 입에 올립니다. 무제가 그를 주살하도록 계속 권유한 겁니다. 주보언은 이 한바탕의 겁난을 과연 피할 수 있을까요? 공손홍은 도대체 왜 그를 사지로 몰아넣으려고 할까요?

뭇사람들로부터 난타를 당하다

공손홍은 주보언이 체포당한 다음 무제에게 이렇게 말합니다.

"제 여왕은 울분을 품은 채 죽었습니다. 게다가 후손도 없습니다. 그 땅도 모두 조정에 귀속되었습니다. 주보언을 죽이지 않으면 천하 사람들의 원한을 막을 길이 없습니다."

공손홍은 주보언의 생사를 결정하는 저울 위에 마지막으로 추를 하나 더 올려놓았습니다. 저울은 급속도로 기울어버렸습니다. 무제는 원래 주보언을 죽일 생각은 없었습니다. 하지만 공손홍의 그 말을 듣자 마침내 그를 죽이기로 결정합니다.

무제가 주보언에게 애착을 보인 것에는 이유가 있습니다. 공이 적지 않았기 때문입니다. 그는 우선 추은지책(推恩之策, 각 제후왕의 모든 자제들을 후로 봉한 이른바 '추은령推恩令의 정책'을 의미. 이렇게 해서 각 제후국은 다시 몇 개로 쪼개져 결국 힘을 잃고 중앙 조정의 힘이 강해졌음)을 제안해 조정의 중앙집권을 공고히 했습니다. 게다가 누구보다 솔선해서 삭방군을 설치하자고 건의했습니다. 그밖에 다른 공적도 무수히 많아 무제가 신임할 수밖에 없었지요. 더불어 그는 유능했습니다. 백그라운드도 마찬가지여서, 주관적 조건이나 객관적 조건이 모두 국제적으로 통용 가능한 화폐 수준이었습니다. 그런데 왜 결국 무제에게 죽임을 당했을까요?

조왕의 고자질이 결정적이었습니다. 주보언은 제 여왕에게 원한을 갖고 있어서 그랬는지 여왕을 혹독하게 다뤘습니다. 연나라에 있을 때 서러움을 받은 것에 대해서도 보복했습니다. 연왕을 근친상간했다는 혐의로 고발한 겁니다. 이런 일련의 일들로 조왕은 공포에 떨었고 결국 그는 악의적인 고발을 하게 됩니다. 그것이 주보언이 죽을 수밖에 없었던 확실한 이유겠지요.

측근도 떠난 주변 인심의 이반도 무시하기 어려웠습니다. 주보언이 잘나갈 때 대신들은 하나같이 그의 입을 두려워했습니다. 뇌물도 적지 않게 갖다 바쳤는데 그게 천금에 이를 정도였습니다. 어느 날 보다 못한 주변의 한 측근이 그에게 "너무 지나칩니다"라면서 자중할 것을 권했습니다.

주보언은 그 말에 이렇게 대답합니다.

"나는 성인이 된 다음부터 40여 년을 주유했소. 지금껏 내 뜻을 아직 실현시켜보지 못했소. 더구나 그동안 부모는 나를 아들로 보지 않았고 형제들도 나를 거들떠보지 않았소. 어디 그뿐이겠소. 한때 나에게 붙어먹으려던 식객들도 나를 포기했소. 나는 참으로 오랫동안 곤궁하게 지냈소. 그러니 대장부로 살면서 오정식(五鼎食, 소, 양, 돼지, 물고기, 순록 등 다섯 가지 고기를 솥 다섯 개에 끓여서 내는 음식)을 먹지 못해서야 말이 되겠소. 그러면 죽을 때 오정팽(五鼎烹, 다섯 솥에 삶기는 것을 의미하는 형벌)을 받게 될 것이 아니겠소! 나는 이미 말년에 이르렀지만 그래도 별로 한 것은 없소. 그래서 상식에서 벗어나 내 마음대로 한번 해보고 싶소."

그의 주변 인심을 이반케 하는 기행은 이 정도에서 그치지 않았습니다. 그가 국상이 되어 제나라로 갔을 때입니다. 그는 형제들과 식객들을 불러 모은 뒤 오백 금을 그들의 면전에 뿌리면서 질책의 말을 건넵니다.

"내가 아주 어렸을 그때 형제들은 나에게 입고 먹을 것을 주지 않았다. 식객인 너희는 나를 집 안으로 들어오지도 못하게 했다. 그러나 지금 나는 제나라의 상국이 되었고, 그러자 너희는 천 리가 멀다 하지 않고 나를 영접했다. 나는 너희와 절교하겠다. 너희는 앞으로 다시는 나 주보언의 집 문턱을 넘어오지 마라!"

출세하자 마치 돌아버린 듯한 행동을 한 주보언은 당연히 전혀 인심을 얻지 못합니다. 초왕楚王이 된 다음, 과거 자신을 사타구니 밑으로 기어 지나가게 한 원수를 만나자 오히려 잘 대해준 한신과 비교해도 차이가 대단히 컸습니다.

주보언이 출세했을 때 그의 집은 빈객들로 넘쳤습니다. 수천 명을 헤아렸지요. 하지만 그가 죽자 어느 누구도 시신을 거두려 하지 않았습니다. 마지막에 가서야 겨우 공거孔車라는 사람이 그의 사후를 수습했지요. 공거의 이런 행동은 무제의 찬탄을 받았는데, 심지어 무제는 그를 진정한 군자라는 뜻에서 후도인厚道人으로 불렀습니다. 세상인심이 얼마나 야박한지를 잘 보여주는 일화입니다. 더불어 주변으로부터 인심을 얻지 못한 주보언의 한심한 인생도 잘 보여줍니다.

공손홍의 참언도 주보언을 죽음으로 몰아넣은 원인이었습니다. 공손홍은 당시 어사대부였으므로 사법을 관장하고 있었습니다. 그랬으니 세상인심이 모두 주보언에게 등을 돌렸을 때 최후의 일격을 가하는 것은 일도 아니었지요.

마지막으로 무제의 냉혹한 성격을 꼽아야겠습니다. 무제는 주보언의 죽음을 승인한 최종 결정권자였습니다. 그의 냉혹하고 인정사정없는 성격이 주보언의 죽음을 결정적으로 초래했다는 얘기입니다.

주보언이 죽음을 맞이할 때는 이미 그물이 촘촘하게 처져 있어 도저히 빠져나갈 수가 없었지요. 게다가 칼까지 번득이고 있었던 터라 그의 죽음은 대세로 굳어졌습니다.

호랑이 입으로 들어간 양

공손홍은 무제의 손을 빌려 주보언을 죽입니다. 남의 칼로 사람을 죽이는 이 악랄한 수법을 그가 사용한 것은 처음이 아닙니다. 그 이전에도 한 번 사용한 적이 있습니다. 하지만 성공하는 듯하더니 실패로 돌아가고 말았지요.

『사기』의「동중서전」의 기록을 보면 잘 알 수 있습니다.

'공손홍은 40세에 『공양춘추』를 공부하기 시작했다. 때문에 그의 유교 경전 능력은 동중서에 한참이나 못 미쳤다. 그러나 공손홍은 무제의 심기를 잘 맞춰 관운이 순조로왔다. 계속 승진을 거듭해 공경公卿의 자리에 이르렀다. 이 결과 두 사람은 서로를 소 닭 보듯 우습게 알았다. 무제는 동중서가 「천인삼책」을 제안했을 때 대단히 중요하게 생각되어 강도왕의 국상을 맡도록 했다. 나중에 동중서는 다시 조정으로 돌아와 중대부中大夫가 되었다. 공손홍은 어느 날 기회를 노려 무제에게 '동중서는 교서왕의 국상을 맡을 만합니다'라고 말했다.'

무제는 공손홍의 건의를 받아들였습니다. 조정으로 돌아온 지 얼마 안 된 동중서를 다시 교서국의 국상으로 파견한 겁니다. 공손홍이 동중서를 교서왕의 국상으로 보내도록 건의한 것은 무슨 꿍꿍이 속이었을까요?

우선은 권력 핵심으로부터 멀리 격리시킬 필요가 있다고 생각한 것으로 보입니다. 정치적인 모든 행위는 권력 핵심에서 벗어날 수 없습니다. 권력 핵심은 무엇인가요? 한마디로 중앙입니다. 지방이 아닙니다. 중앙의 정치는 영향도 크게 미치며, 효과 또한 만점입니다. 동중서를 중앙정부에 계속 머무르게 하면 틀림없이 그의 재능과 학식은 공손홍을 누를 수밖에 없을 것이고, 그렇다면 공손홍에게는 큰 우환이 될 수 있었습니다. 그 경우 그는 주연에서 밀려나지 않으면 안 됩니다. 조연이 되어야 합니다. 하지만 동중서를 교서국으로 보내 국상이 되게 하면 달라질 수 있었습니다. 그를 중앙에서 멀리 보내게 되면 동중서가 아무리 유능해도 공손홍의 권력과 지위를 위협하는 것은 거의 불가능하게 됩니다.

'남의 칼로 사람을 죽이는' 전략도 생각하지 않았을까요. 교서왕의 칼로 동중서를 죽이겠다는 얘기입니다. 교서왕 유단劉端은 경제의 아들이자 무제의 형입니다. 오초칠국의 난 직후 황자의 신분으로 교서왕에 봉해진 인물입니다. 문제는 그가 대단히 난폭한 사람이라는 점입니다. 어느 정도인지는 다음 사례가 대변해주는데, 과거 그에게는 수하에 총애하는 낭관이 하나 있었습니다. 그런데 그만 그 낭관이 후궁의 궁녀와 통간하는 사건이 발생했습니다. 유단은 화가 난 나머지 낭관을 죽입니다. 하지만 그 것으로 그치지 않아, 나중에는 그의 아들과 어머니까지 죽이고 맙니다.

유단은 이후에도 수차례에 걸쳐 한나라 조정의 법령을 위반합니다. 급 기야 조정의 대신들은 그에게 엄벌을 내려야 한다고 건의합니다. 그러나 무제는 형제의 정을 생각해 죄를 묻지 않습니다. 조정의 백관들은 도리 없이 차선책으로 교서왕의 봉지를 삭감하자고 건의하고, 다행히 무제는 그 조치에는 동의했습니다. 교서국의 영토는 졸지에 반으로 줄어들게 되 었지요. 중앙 조정의 조치에 원한을 가질 수밖에 없던 유단은 드디어 본 색까지 드러내 소극적인 저항을 시작하게 됩니다.

그는 우선 교서국의 창고를 보수하지 않은 채 그대로 놔둬 거의 대부분 이 흉물스럽게 변하도록 만듭니다. 당연히 대부분의 재산이 썩어가기 시 작했지만 그럼에도 그는 계속 신경 쓰지 않았습니다. 그는 그 정도에서 그치지 않았습니다. 아래 관리들에게는 세금도 거두지 못하게 하고 왕궁 의 수비대는 아예 철수시켜버렸습니다. 궁문 역시 오로지 자신이 드나들 문만 남긴 채 모두 폐쇄시켰습니다. 또 그는 나이가 적지 않은데도 '실종 게임'을 가장 좋아했습니다. 어디론가 없어졌다 불쑥 나타나곤 한 겁니 다. 실제로 그는 수도 없이 이름을 바꾼 채 마치 '가난한 귀공자'처럼 다 른 봉국들을 신나게 돌아다니면서 놀기도 했습니다.

더 한심한 것은 교서국에 부임하는 봉록 2,000석 정도의 고관을 대하 는 태도였습니다. 중앙정부의 법률에 따라 일을 처리할 경우 무슨 수를 써서라도 죄를 만들어서 보고한 겁니다. 아무리 해도 죄를 뒤집어씌우지 못하면 자체적으로 그들을 독살하곤 했습니다. 그의 기가 막힌 아이디어 는 정말이지 헤아릴 수 없을 정도였고, 그의 만행은 다른 모든 사람들의 간언을 물리치기에 충분했습니다. 계략이나 지모 역시 자신의 과실을 덮 는 데 부족함이 없었지요. 바로 이 때문에 교서국은 작은 제후국이기는 했으나 그곳에서 비명횡사한 고관이 그 수를 헤아리기 어렵습니다.

공손홍이 무제에게 동중서를 교서국의 국상으로 보내자고 한 이유는 분명합니다. 교서왕의 칼로 자신의 마음속 큰 우환을 대신 제거하려 했던 겁니다.

그가 동중서를 죽이려 했던 이유는 간단합니다. 첫째는 동중서가 공손홍의 품행이 아주 방정하지 못하다는 사실을 알았다는 점입니다. 그로서는 그게 아주 불만이었던 겁니다. 그 자신의 학문이 동중서에 미치지 못한 것도 이유였습니다. 강한 질투가 원인이었다는 말입니다. 단지 그 두 가지 이유로 그는 사람의 목숨을 빼앗으려 했습니다.

난폭하기 이를 데 없는 성격임에도 불구하고, 다행히 교서왕 유단은 천하의 대유학자 동중서 앞에서는 어느 정도 자제하면서 바로 일을 저지르거나 하지 않았습니다. 동중서는 분명 총명한 사람이었습니다. 시간이 어느 정도 지나자 무슨 일이 일어날 것이라는 사실을 즉각 간파했던 것입니다. 얼마 후 그는 병을 핑계로 사직하고 낙향합니다. 완전히 은퇴해버린 것이지요.

도저히 피할 수 없는 죽음의 액운

주보언은 동중서처럼 강직하지 못했고, 게다가 그처럼 운도 좋지 못했습니다. 때문에 공손홍이 기획한 '남의 칼로 사람을 죽이는' 전략의 두 번째 희생양이 됩니다. 공손홍이 두 번째로 품었던 강렬한 질투심에 의해 불귀의 객이 되어버린 것입니다.

당시 공손홍은 어사대부를 맡고 있었습니다. 그에 비해 주보언은 일개 낭중, 알자에 지나지 않았습니다. 공손홍이 관직에 나선 것은 주보언보다 훨씬 오래전이었고, 또 직위도 비교하기 어려울 정도로 주보언보다 훨씬 높은 위치였습니다. 일반적으로 이런 차이에 비춰보면 두 사람의 이익이 서로 충돌했다고 보기는 어렵습니다. 그러나 두 사람은 한 가지 일로 정면충돌한 적이 있었는데, 그게 바로 삭방군을 설치하는 문제였습니다.

원삭 2년(기원전 127년) 위청은 하남河南에서 벌어진 흉노족과의 전투에서 대승을 거두었습니다. 그 덕택에 흉노가 장기적으로 점거하고 있던 하투 지구 일대를 탈취하게 되었습니다. 그곳은 수초가 무성한 곳으로 흉노의 목축업 기지라고 할 수 있었습니다. 주보언은 그 사실에 주목하고 하투 지역에 삭방군을 설치하자는 중대한 제의를 합니다. 그때 그는 다음과 같은 비분강개한 주장을 내세웁니다.

"하투 지구는 밖으로는 황하가 제공하는 천혜의 험난함을 가지고 있습니다. 또 안으로는 천리 옥토를 가지고 있습니다. 진나라 대장인 몽염蒙恬이 당시 이곳에 만리장성을 쌓은 것도 다 이유가 있습니다. 이 일대에 농업을 발전시키면 굳이 우리의 내지에서 식량을 운반하지 않아도 될 테니 식량을 운반하는 비용도 크게 절감할 수 있습니다. 이게 바로 흉노를 완전히 궤멸시킬 근본적인 계책이 아니고 무엇이겠습니까!"

무제는 주보언의 주장을 대하자 갑자기 흥미가 솟구쳤습니다. 그는 즉각 대신들을 불러 조정회의를 열었습니다. 그러나 공경 대신들은 대부분 반대의 입장을 피력했습니다. 특히 그중 공손홍은 다음과 같이 더욱 강렬한 반대의 입장을 천명합니다.

"그때 진나라는 30만 명의 인력을 동원해 성을 쌓고 군을 세우려 했으나 성공하지 못했습니다. 우리가 왜 다시 그런 '쓸데없는' 일을 되풀이해야 합니까?"

사실 진나라는 당시 하투 일대에 이미 구원군九原郡을 설치했습니다. 공손홍은 자신의 입장을 강조하기 위해 역사적인 사실을 왜곡하는 것도 마다하지 않았던 겁니다.

　무제는 조정의 강력한 반대에도 불구, 최종적으로는 주보언의 입장을 지지했습니다. 삭방군을 설치하기로 결정한 겁니다. 이때가 공손홍이 주보언과 정면으로 논쟁을 벌인 유일한 경우였습니다. 또 그것은 공적인 일로 인한 논쟁이었습니다. 그러나 제 생각으로는 주보언이 승리한 그 논쟁을 공손홍은 훗날까지 잊지 않았던 것 같습니다. 아니, 노골적인 반감과 함께 가슴속에 품은 거겠지요.

　주보언은 내친김에 한 가지 더 중대한 제안을 합니다.

　"고대의 제후국은 커봐야 영토가 채 100리에 지나지 않았습니다. 아주 통제하기가 쉬웠지요. 그러나 지금은 다릅니다. 움직였다 하면 수십 개의 성과 주위의 연못을 지나는 것이 기본입니다. 영토가 기본적으로 몇천 리에 이릅니다. 그들은 천하가 태평할 때에는 사치스럽고 방탕하게 지냅니다. 하지만 일단 형세가 위급해지면 자신들의 세력을 믿고 연합을 할 겁니다. 폐하께서 지금 그들의 봉지를 삭감하려 드시면 그들은 조조가 그랬을 때 경제가 조조의 건의를 받아들여 제후왕들의 봉지를 삭감했던 시기처럼 다시 반란을 일으킬 게 분명합니다. 지금의 제후왕과 그들의 아들, 형제들은 적으면 열 몇 명, 많으면 수십여 명에 이릅니다. 하지만 적장자 嫡長子만이 대대손손 왕 자리를 이어받으면 다른 사람들은 비록 제후왕이기는 하나 그 어떤 봉지도 없게 됩니다. 이건 인효仁孝의 도에 어긋납니다. 폐하께서 조령詔令을 내려 이런 모순을 타파한다면 널리 은덕을 베푸는 게 됩니다. 방법은 제후왕들에게 자신의 토지를 자손들에게 나누어주게 하는 겁니다. 그러면 제후왕의 자제들도 쌍수를 들고 환영하지 않을까요. 이것이 그들의 토지를 삭감하지 않으면서 제후왕의 국토를 분할하는 전략입니다. 이렇게 하면 그들은 결국 중앙에 대항할 실력을 갖추지 못하게 됩니다."

대략 이런 내용이었습니다. 이것이 바로 저 유명한 추은지책이었습니다. 이 조치는 제후왕의 자제들이라면 누구나 할 것 없이 조금씩일지라도 자신의 땅을 가지도록 하는 것이었습니다. 그래서 광범위한 지지를 받았지요. 동시에 제후국들은 갈수록 작아질 수밖에 없었고, 근근이 자신을 보존하기에만 바쁘게 되었습니다. 중앙정부에 저항할 힘이 없게 되는 것은 거의 기정사실이었습니다. 중앙 조정의 모든 대신들이 이 조치를 환영한 것은 당연할 수밖에요.

서한 왕조를 수십 년 동안 괴롭힌 제후 할거세력은 주보언의 '골리앗을 쓰러뜨린 다윗'이 사용한 것 같은 단 한 방의 추은지책으로 일거에 와해의 길로 들어섰다고 해도 좋았습니다. 그러나 주보언의 팽팽 돌아가는 머리가 절정으로 치달을수록 공손홍은 더욱 그걸 용납할 수 없었습니다. 왜 그랬을까요? 공손홍은 주보언이 자신에게 위협이 된다는 사실을 너무나도 잘 알고 있었습니다. 처음에는 질투하는 마음만 생겼겠지만, 시간이 흐를수록 급기야 분노까지 하게 되었습니다.

그는 주보언의 직급이 자신에 비해 낮으나 재주는 절대로 떨어지지 않는다는 사실을 인정하지 않으면 안 되었습니다. 삭방군의 설치, 추은지책의 추진 등은 모두 주보언의 아이디어인데다가 효과 역시 대단했습니다. 그는 주보언이 갖춘 능력에다 그 능력에 따른 욱일승천의 기세가 시너지 효과를 발휘하면 어느 날인가에는 자신을 깔아뭉갤지 모른다고 생각했습니다. 그는 정말 그렇게 되는 것만큼은 원치 않았습니다.

게다가 주보언은 내조의 중신이었습니다. 반면 공손홍은 승상이라는 고귀한 신분이었으나 외조의 대신이었을 뿐입니다. 지위나 경력, 명망 등에서는 외조의 대신이 내조의 대신보다 훨씬 우위에 있다고 할 수 있지요. 그러나 외조 대신의 결정권은 내조 대신의 그것과는 비교할 수가 없었기에 재능으로 따지면 공손홍에게는 희망이 없었습니다. 백그라운드로 따지면 내조와 외조라는 엄연한 한계를 무시할 수 없었지요. 그나마 공손홍에게 특별히 유리한 장점이 있다면 그것은 종합적인 자질이었습니다. 주보언은 개별 사안에 대해서는 뛰어났지만 전체적으로는 확실히 실수가 많았습니다. 종합적인 자질에서는 분명히 떨어진 거지요.

공손홍이 자신의 자리를 지키기 위해 머리를 쥐어짜내고 있을 때 드디어 기회가 왔습니다. 주보언이 일처리 한 가지를 완벽하게 하지 못했던 겁니다. 이미 설명했듯이 제 여왕의 근친상간을 조사할 때 너무 윽박질러 그의 자살을 유도한 실책이었습니다. 게다가 조왕은 그 기회를 틈타 주보언이 제 여왕의 자살을 강요했다고 보고했습니다. 공손홍은 당연히 하늘이 준 기회를 놓칠 수 없었겠지요. 어쨌거나 주보언은 자신의 상식에서 벗어난 파격적인 행동, 공손홍의 원한을 동반한 질투, 주변 지인들의 냉정함, 무제의 수수방관으로 인해 죽음을 당했습니다.

확실히 무제는 주보언의 죄를 물음으로써 그의 죽음을 선고했습니다. 그러면 왜 그는 줄곧 총애해 마지않던 주보언을 죽였을까요? 그는 남의 칼을 빌려 사람을 죽이려는 공손홍의 음모를 간파하고 있었을까요? 이 일은 이론적으로 두 가지 가능성이 있습니다.

우선은 무제가 남의 칼을 빌려 사람을 죽이려는 공손홍의 음모를 간파하지 못한 채 모종의 고려 끝에 공손홍의 의견을 받아들였을 가능성입니다. 다음은 무제가 공손홍의 음모를 간파했으면서도 모종의 고려 끝에 공손홍의 의견을 받아들였을 가능성입니다.

답을 빨리 내리기 위해 첫 번째 가능성에 대해 살펴봅시다. 무제는 기가 대단히 센 사람으로, 못 볼 것을 용납하는 사람이 아니었습니다. 그가 공손홍이 자신의 손을 통해 주보언을 제거하려고 했다는 사실을 알았다면 공손홍을 용서하지 않았을 겁니다. 다시 말해 공손홍의 시도는 성공하지 못했을 뿐 아니라 되레 그 자신이 곤욕을 치렀을 것이라는 말입니다.

그래서 저는 무제가 공손홍의 음모를 간파하지 못했을 것이라고 생각합니다.

그러면 무제는 왜 주보언을 보호하지 않았을까요? 왜 그처럼 능력 있는 총신을 잃는 것을 감수했을까요? 그건 무제의 정치관과 관계가 있습니다. 그는 황제 취임 이후 줄곧 지방의 제후 세력을 제거하려고 했습니다. 중앙집권을 공고히 하겠다는 발상이었지요. 이를테면 제 여왕의 죽음과 그에 따른 제나라의 중앙정부로의 귀속은 사실 무제의 평소 생각과 다를 바가 없습니다. 그러나 제 여왕의 죽음은 당시의 제후들에게는 적지 않은 충격을 가져다줍니다. 급기야 동병상련의 그들은 제 여왕 사건을 빌미로 기세등등한 무제에게 본때를 보여주려고 했습니다. 하지만 무제는 천하를 상대로 사죄하지 않았습니다. 대신 주보언의 목숨으로 제후의 분노를 조용히 잠재웠습니다.

무제가 자신의 생각과 달리 대신을 주살한 경우는 그게 처음은 아니었습니다. 건원신정을 야심차게 추진할 때도 왕태후의 위세에 눌려 눈물을 뿌리면서 두영을 참수한 적이 있습니다. 그는 그걸 어떻게 참았을까요? 사실 그는 대신들을 동원한 동조정변을 통해 두영의 생명을 건져보려고 했습니다. 그러나 조정 대신들의 연약함과 왕태후의 고압적 태도, 설상가상의 이른바 유조 사건으로 두영은 죽음을 면치 못합니다.

그 어떤 대신을 죽이더라도 무제의 감정에는 별로 영향을 미치지 않는다는 사실 역시 이유가 될 겁니다. 봉건 군주로서 그는 대신들을 마치 노비 보듯 했습니다. 죽이고 싶으면 죽였고, 혹은 죽여야 하면 죽였습니다. 또 우리는 알아야 합니다. 항우가 감정을 너무 중시한 탓에 유방이 진나라를 멸망시키고 천하를 얻었다는 사실을 말입니다. 그 귀중한 역사의 교훈을 정치가인 무제가 과연 망각할 수 있었을까요?

주보언은 두말 할 것도 없이 대단한 공신이었습니다. 중앙정부를 골치 아프게 만든 제후왕의 할거 문제를 해결하기 위해 추은지책이라는 기발한 아이디어를 제공한 인물입니다. 그러나 그는 마지막에 그 제후들의 집단적인 공격을 받고 죽임을 당했습니다.

사마천은 그 역사에 대해 너무나 잘 알고 있었습니다. 『사기』에 사건의 과정을 진실하게 기록하고 있으며, 더불어 후세 사람들이 혹 제대로 이해를 하지 못할 것을 우려해 더욱 분명한 글을 남깁니다. 그게 '주보언을 죽이고 동중서를 교서로 보낸 것은 모두 공손홍의 힘이었다'라는 내용입니다. 이것이 바로 역사의 힘입니다! 역사의 심판입니다! 사마천은 진실을 은폐하지 않고 공손홍이 제 여왕의 죽음을 빌미로 주보언을 죽인 사실을 분명하게 기록으로 남겼습니다.

주보언은 과연 소인배였을까요? 죽어야만 했던 인물일까요? 이 두 가지 문제에 대해서는 사실 분명한 답을 내리기가 어렵지 않습니다. 또 답을 내리기 쉽지 않기도 합니다. 답을 내리기가 어렵지 않다고 한 것은 그라는 사람의 스타일이 사회의 주류 여론과 서로 배치되기 때문입니다. 그로 인해 역사에서는 항상 소인으로 질책을 받으니까요. 그래서 사회 주류 여론이 인식하는 소인이라는 사람은 대체로 사회 규범을 따르지 않는 사람을 일컫기도 합니다.

사실 소인과 군자를 어떻게 그렇게 간단하게 가를 수 있습니까. 더구나 한 개인에게는 종종 소인의 유전자와 군자의 잠재적 기질이 동시에 있습니다. 주보언은 소인이라고 할 수 있을지도 모릅니다. 그러나 소인이라고 반드시 죽어야 할까요? 무제의 시대에 소인이 그 한 사람만 있는 것도 아닙니다. 공손홍은 소인이 아닐까요?

거의 반평생에 걸쳐 고생한 나머지 주보언은 인생을 착각했습니다. 그는 자신의 불행했던 시간이 길었다고 생각했습니다. 그래서 일단 출세하게 되자 거침없이 드러내놓고 돈을 끌어 모아 부자가 되고자 했습니다.

하고 싶은 대로 문무백관을 모욕하기도 했지만, 그 때문에 설사 죽더라도 아쉬울 것이 없을 정도였지요. 달리 말하면 그의 정치적 지혜는 결코 공손홍의 아래가 아니었습니다. 그러나 보신술 수준은 공손홍보다 한참 아래였습니다.

원수 원년(기원전 122년) 회남왕 유안, 형산왕衡山王 유사劉賜가 경쟁적으로 반란을 일으켰을 때 공손홍은 병들어 누워 있었습니다. 그러나 그는 자신이 승상이므로 병중에 있더라도 비난을 면치 못할 것이라는 사실을 분명히 인식하고 있었습니다. 그래서 그랬는지 그는 바로 정신을 차리고 무제에게 자신의 입장을 구구절절 밝힌 주장을 올렸습니다. 내용은 별다른 것이 아니었습니다. 아래와 같은 내용입니다.

'승상은 마땅히 황제를 보좌해 나라를 잘 다스려야 합니다. 그러나 지금 제후들이 반란을 일으켰습니다. 이것은 승상이 제 직분을 제대로 수행하지 못했기 때문이라고 생각합니다. 그러므로 폐하에게 간절히 비오니 소신에게 봉했던 후의 작위를 취소해주십시오. 소신은 이제 은퇴해 낙향하고자 합니다. 그것이 훌륭한 인재들의 앞길을 막지 않는 길이기도 합니다.'

결과는 그의 생각대로 되었습니다. 무제는 그의 은퇴를 허락하지 않았을 뿐 아니라 요양에 필요한 휴가까지 특별히 하사했습니다. 몇 개월 후 공손홍은 병이 나아 다시 조정에 나왔습니다. 이어 그 다음해(원수 2년, 기원전 121년), 80세의 나이로 승상의 자리에 앉은 채 세상을 떠났습니다.

이런 수완을 도대체 공손홍은 어디에서 터득했을까요? 무제는 공손홍이 죽을 때까지 그의 진면목을 몰랐던 것 같습니다. 일세를 풍미한 똑똑한 군주가 어떻게 그런 한심한 실수를 저질렀을까요? 인간의 목숨이 파리 목숨이었던 전제 사회에서 공손홍은 정권을 농간하다 편안하게 세상을 떠나는 기적을 창조했습니다. 그러나 그 외의 또 얼마나 많은 사람들이 남을 해치려다 자신의 목숨을 벼슬길에서 잃게 될까요?

죽음으로 다른 사람을 죽이다

이른바 죽음으로 다른 사람을 죽인다는 것은 두 가지 의미를 가지고 있습니다. 첫째가 자살을 통해 다른 사람을 죽이는 겁니다. 그 다음은 피살됨으로 인해 다른 사람을 죽이는 겁니다. 둘 모두 자신이 죽는 방법으로 다른 사람을 죽인다는 점에서는 똑같다고 하겠습니다. 하지만 후자는 전자보다 더 어렵습니다. 우선 자살을 통해 다른 사람을 죽이는 것은 우리가 오늘날 목격하는 자살 테러와 대단히 비슷합니다. 고기도 죽고 어망 역시 파손되는 것처럼 모두 다 함께 죽는 것이라고 할 수 있습니다. 하지만 피살이 된 다음 다른 사람을 죽일 수 있다는 것에 대한 사례는 거의 찾을 수가 없습니다. 소름 돋는 이상한 옛날 얘기에서 원귀가 복수를 하는 경우가 있기는 합니다만 말입니다.

때문에 우리는 현실 세계에서 죽은 사람이 어떻게 다른 사람을 죽이는지 궁금하지 않을 수가 없습니다. 이미 생명이 존재하지 않는 사람이 다른 사람을 죽이는 행위가 어떻게 실현될 수 있을까요? 그러나 무제 시대에는 자신의 사후에 다른 사람을 죽인 사례가 확실히 출현했습니다. 이 사람은 누구였을까요? 그는 왜 살해됐을까요? 또 어떻게 자신이 죽음으로써 다른 사람을 죽일 수 있었을까요?

목숨 하나로 네 명의 목숨을 앗다

무제 원정元鼎 2년(기원전 115년) 겨울이었습니다. 제8대 승상 장청적의 수하였던 주매신, 왕조王朝, 변통邊通 등 세 사람의 대리장사(代理長史, 지금의 국가로 치면 총리실 비서실장 대리에 해당)가 연명으로 무제에게 글을 올립니다. 어사대부 장탕을 고발하는 상서였는데, 그것에는 다음과 같은 충격적인 내용이 담겨 있었습니다.

'성상께서는 아마도 모르고 계실 겁니다. 성상께서 새로운 경제정책을 반포할 때마다 장탕이 먼저 이 비밀 상업 정보를 상인인 전신田信에게 제공한다는 사실을 말입니다. 전신은 이 정보를 통해 각종 물품을 매점매석해 쌓아둡니다. 이어 정책이 발표되면 일확천금을 얻게 됩니다. 장탕은 이 가운데 절반을 얻습니다. 성상의 영명한 조치가 백성에게 혜택이 돌아가기도 전에 그들은 엄청난 이익을 챙기는 겁니다.'

무제로서는 장탕을 부르지 않을 수 없었습니다. 어떻게든 그의 변명을 들어봐야 했으니까요. 무제가 먼저 말했습니다.

"짐은 항상 이해 안 되는 것이 있었소. 왜 짐이 새로운 경제정책을 준비할 때마다 상인들이 그걸 먼저 알고 준비를 하느냐 하는 것이오. 마치 누군가가 짐의 생각을 그들에게 전해주는 것 같구려."

장탕은 황제의 말에 바로 이렇게 대답합니다.

"틀림없이 비밀을 발설하는 누군가가 있습니다."

이 일이 있은 지 얼마 안 됐을 때입니다. 다른 혹리인 감선咸宣 역시 장탕을 고발합니다. 그는 이렇게 고자질합니다.

"황상! 장탕과 어사 이문李文은 갈등관계입니다. 그러다 최근 장탕의 측근인 노알거魯謁居가 익명의 편지를 보내 이문을 모독했습니다. 결국 이문은 억울함을 안고 죽었습니다. 장탕은 이에 대한 사례로 노알거가 병이 났을 때 직접 그의 집을 방문해 발안마를 해주었습니다. 이를 분명히 살피셔야 할 겁니다."

'여러 사람의 말은 쇠도 녹이고 비난이 쌓이면 뼈도 녹인다'라는 말이 있습니다. 무제는 이보다 전에 세 명의 대리장사에 의한 고발에 깜짝 놀란 적이 있습니다. 그때는 반신반의한 채 더 이상 깊이 파고들려고 하지 않았지만, 장탕의 부정적인 면에 대한 소문이 잇따라 폭로되자 가만히 있을 수 없었습니다. 그는 결국 무려 여덟 차례나 사람을 보내 번갈아 장탕을 심문합니다. 장탕은 그때마다 자신의 죄를 부인했습니다.

한번은 혹리인 조우趙禹가 장탕을 심문했는데, 그는 제법 의미심장하게 장탕을 힐책합니다.

"어사대부께서는 어떻게 그렇게 세상 물정을 모르십니까. 대부께서 사건을 처리했을 때 얼마나 많은 사람들을 멸족시켰습니까. 그런데도 그 속에 숨어 있는 이해관계를 정녕 모른다는 말입니까? 지금 사람들은 대부의 죄상을 고발하고 있으며 증거가 모두 분명합니다. 황상께서는 대부의 사건을 처리하기가 어려워 차라리 대부가 자살을 해주었으면 하고 바라십니다. 황상께서 사람을 이렇게 많이 동원한 이유가 도대체 어디에 있겠습니까. 그런데도 대부께서는 계속 변명만 하십니까?"

장탕은 조우의 말을 듣고 분명히 깨달았습니다. 그랬습니다. 황제가 신하에게 죽으라고 하면 죽어야 했습니다. 그러나 그는 죽기 전에 무제에게 편지를 쓰겠다고 했습니다. 편지에서 그는 이렇게 주장합니다.

'장탕은 조금의 공도 없습니다. 문서를 담당하는 미관말직에서 출발했으나 다행히 폐하의 은총을 입어 자리가 삼공에 이르렀습니다. 지금 소신은 황상의 기대를 저버렸기에 이렇게 먼저 가는 수밖에 없습니다. 그러나 황상께서는 승상 측근의 세 명의 대리장사가 소신을 무고했다는 사실을 아셔야 합니다.'

장탕은 편지를 완성한 다음 자살했습니다. 그가 죽었을 때 그의 총재산은 500금을 넘지 않았습니다. 모두 봉록과 황제가 하사한 상금일 뿐 다른 재산은 전혀 없었습니다. 그럼에도 장탕의 형제와 아들들은 후하게 장례를 치르려 했는데, 그러자 장탕의 어머니가 이렇게 반대합니다.

"우리 아들은 천자의 대신이다. 무고를 당해 죽었다. 그런데 후하게 장례를 지낼 필요가 있겠는가?"

도리 없이 장탕의 형제와 아들들은 우마차에 외곽(外槨, 관을 둘러싸는 더 큰 관재)도 없는 관을 야외에 가져가 조촐한 장례식을 치렀습니다.

무제는 이 소식을 듣고 약간의 동정심이 일었습니다. '그렇게 마음 씀씀이가 훌륭한 어머니가 없었다면 어떻게 그런 청렴하고 검소한 아들이 태어날 수 있었을까?'라고 생각한 겁니다. 동시에 그는 장탕의 사건에 모종의 흑막이 있을 것임을 직감했습니다.

급기야 사건은 재조사에 들어갔고, 결국 얼마 후 그의 억울한 사건은 전모가 백일하에 들어났습니다. 세 명의 대리장사는 전부 죽임을 당했습니다. 수하인 세 명의 대리장사를 사주해 장탕을 무고(무제의 할아버지인 문제의 능이 도굴당하는 사건이 발생했을 때 장탕은 자신은 책임이 없고 전적으로 승상 장청적에게 책임이 있다고 주장. 이에 장청적은 수하들에게 장탕을 무고하도록 지시했음)했던 승상 장청적은 이때 이미 감옥에 들어가 있었습니다. 그는 감옥에서 이렇게 생각합니다.

'나는 문제의 능에 함께 넣은 돈이 도굴당하는 것을 제대로 살피지 못

했다. 게다가 수하들이 장탕을 무고한 사실이 드러났다. 나는 죽음을 면치 못할 것이다.'

급기야 그는 감옥에서 자살하고 맙니다.

이것이 바로 무제 시대에 일어난 '죽음으로 다른 사람을 죽인' 억울한 사건이었습니다. 이 사건은 확실히 기괴했습니다. 무엇보다 장탕을 죽음으로 몰아넣은 무제는 진실 규명을 위해 공식적으로는 그가 죽기 전에 남긴 편지 한 통에만 의존했습니다. 또 그가 죽은 다음에는 한꺼번에 승상 수하였던 세 사람을 살해하였고, 마지막에는 승상까지 자살하게 했습니다. 한 명의 목숨으로 네 명의 목숨을 빼앗은 셈입니다!

그 수십 자에 불과한 유서 형식의 편지는 우리에게 많은 것을 생각하게 만듭니다. 왜 장탕은 죽기 전에 집안사람들에게 유언을 남기지 않았을까요? 반드시 무제에게 편지를 써서 올려야만 했을까요? 무제가 장탕의 집안 재산이 500금에도 미치지 못했다는 사실을 알았다면 세 명의 대리장사가 무고한다는 사실을 알지 않았을까요? 솔직히 그랬습니다. 자신의 결백을 증명하려는 거라면 자살할 필요까지는 없었습니다. 그저 무제에게 자신의 고정 자산이 어느 정도였는지를 조사하게 만들면 됐을 겁니다.

때문에 진짜 장탕을 홀연히 자살하도록 결심하게 만든 것은 무제 시대의 대표적인 혹리인 조우가 한 말이 아닌가 하는 생각도 듭니다. "어사대부께서는 어떻게 그렇게 세상물정을 모르십니까?"라는 바로 그 질책 말입니다.

원한을 쌓아 억울한 사건을 초래하다

자신의 죽음으로 다른 사람을 죽인 장탕의 억울한 사건의 진상이 명백히 드러났습니다. 그렇다면 장탕은 어떤 투쟁의 와중에 휩쓸려 들어갔을까요? 도대체 무엇이 세 장사로 하여금 연명으로 그를 고발해 죽음에 직면하도록 했을까요? 또 혹리인 감선은 왜 그를 들들 볶아서 결과적으로 그가 죽는 데 최후의 결정적인 한 방을 날렸을까요? 그 억울한 사건의 배후에는 도대체 어떤 기막힌 동기가 있었을까요?

원래 이 사건은 여러 사건이 얽히고설킨 가운데 일어난 '사건 속의 사건'입니다.

가장 근본적인 사건은 문제의 능에 함께 매장한 돈이 감쪽같이 도굴된 사건입니다. 이때 승상 장청적과 어사대부 장탕은 이 사건을 책임져야 했습니다. 그래서 두 사람은 조정에 들어가 함께 무제에게 죄를 적극적으로 인정하자고 상의했습니다. 그러면 가벼운 벌을 청할 수 있을 것이라고 생각한 것이지요. 그러나 무제의 면전에 이르렀을 때 장탕은 갑자기 생각을 바꿉니다. '승상은 원래 계절마다 한 차례씩 선제들의 능을 순시해야 한다. 지금 문제가 생긴 것은 전부 승상이 책임져야 하는 것이다. 나와는 무관하다'라고 생각한 겁니다.

무제는 그의 손을 들어주었습니다. 더 나아가 그로 하여금 그 사건을 조사하도록 지시했습니다. 장탕은 처음에는 그저 책임에서 벗어나 자신을 보호하고자 하는 생각 외에는 없었습니다. 그러나 사태가 자꾸 이상한 쪽으로 발전하면서 그의 생각도 바뀌었습니다. 이번 기회를 틈 타 도굴의 전반적인 상황을 알리지 않은 탓에 도굴범들을 도망가게 한 승상 장청적의 죄를 단단히 다스려야 한다고 판단한 겁니다.

승상 장청적은 졸지에 피고인이 됐습니다. 심기가 좋을 까닭이 없었지요. 그의 수하인 장사 세 사람은 그 꼴을 보았습니다. 그들은 원래부터 장탕에 대해서 좋은 감정을 가지고 있지 않던 사람들입니다. 그런 상황에서 모시는 승상이 곤란한 지경으로 내몰리는 걸 목격했으니 장탕에게 본때를 보여줘야겠다는 생각이 더 간절해졌지요.

세 장사 중에서 리더는 단연 주매신입니다. 그는 원래 『초사』의 대가로, 그로 인해 무제로부터 극찬을 받기도 합니다. 나중에는 시중에서 중대부로 승진까지 하는 등 무제의 내조에서 중요한 멤버가 됩니다. 그때 장탕은 주매신의 앞에서 무릎을 꿇은 채 출장 명령을 받아야 하는 미관말직의 관리에 지나지 않았습니다. 하지만 이후 장탕은 승승장구하게 되어 나중에는 주매신의 직속상관이 됩니다. 장탕은 회남왕의 모반 사건을 심리할 때에는 주매신의 은인이었던 장조莊助를 혹독하게 다루기도 합니다. 주매신은 이 때문에라도 장탕에게 이를 갈게 되었습니다.

장탕이 어사대부가 됐을 때 주매신 역시 회계會稽 태수에서 주작도위(主爵都尉, 열후들을 관리하는 직책)로 승진했습니다. 구경의 반열에 들어가게 된 겁니다. 그러나 몇 년 후 주매신은 죄를 저질러 파면됩니다. 그저 승상부의 대리장사로 강등된 것만도 고마워해야 했을 정도였지요. 이때 승상부에는 그 외에도 장사가 두 사람 더 있었는데 왕조와 변통이었습니다. 하나같이 '닭이기를 거부하는 추락한 봉황'으로 한때는 모두들 관직이 장탕보다 높았습니다. 신나게 잘나가다가 삐끗해서 승상부의 장사에 머물러 있었지만 그들은 자존심이 강했습니다. 왜 그랬는지는 모르지만 장탕은 기회만 잡았다 하면 그들을 모욕했습니다.

그랬으니 모시던 승상이 코너에 몰린 상황에서 그들이 독을 품은 것도 이상할 게 없습니다. 그들은 장청적에게 달려가 이렇게 격려합니다.

"장탕은 이랬다저랬다 하는 지조 없는 사람입니다. 지금은 또 능 도굴 사건을 조사하고 있습니다. 그는 모르기는 해도 승상의 자리를 대신하고 싶어 할 겁니다. 하지만 안심하십시오. 그는 자신의 꿈을 이루지 못할 겁니다! 우리는 그의 약점을 손바닥 위에 올려놓고 있습니다."

이렇게 해서 세 장사는 장안에서 내로라하는 기업인인 장탕의 친구 전신 등을 먹잇감으로 선택합니다.

곧이어 세 장사는 무제에게 주장을 올렸습니다. 앞에서 얘기한 대로 바로 이 때문에 무제는 장탕에게 경제와 관련한 국가 기밀이 자꾸 새는 것에 대해 물어봤던 겁니다. 이때만 해도 무제는 장탕이 자신에게 사기를 친다고 생각했습니다. 세 장사의 상서 외에도 얼마 후에는 감선의 고발까지 있었으니까요. 그러면 감선은 왜 장탕을 고발했을까요? 그 속에 어떤 은원관계와 갈등이 숨어 있을까요?

원래 하동(河東, 지금의 산시성 샤현夏縣) 사람인 이문은 일찍부터 장탕과 사이가 좋지 않았습니다. 그는 나중에 어사중승(御使中丞, 어사대부의 관할을 받는 하부 직위)이 되자 수차례에 걸쳐 어사부(御史府, 감찰부에 해당)의 문서 중에서 장탕을 공격할 만한 자료들을 모두 찾아 인정사정없이 사용했습니다. 장탕을 마구 공격한 거지요. 다행히 장탕에게는 총애하는 수하 노알거가 있었는데, 그는 보스를 위해 사람을 시켜 익명의 편지를 무제에게 보내는 계략을 꾸밉니다. 이문이 불법적인 일을 많이 저질렀다는 편지였습니다. 묘하게도 무제는 장탕에게 이 사건을 심리하도록 했습니다. 장탕은 기회를 놓치지 않고 그를 살해했습니다. 장탕은 노알거에게 애정을 가질 수밖에 없었지요.

나중에 노알거는 병에 걸렸습니다. 장탕은 병문안을 간 김에 그에게 발 안마를 해주었습니다. 묘하게도 이 일은 조왕 유팽조劉彭祖에게도 포착되었습니다. 조왕은 왜 장탕이 노알거에게 안마를 해준 일에 대해 관심을 가졌을까요?

한나라는 원수 4년(기원전 119년) 이후 소금과 철의 정부직영 원칙을 실시했습니다. 지방 제후나 개인이 소금과 철을 사적으로 거래하는 것을 허락하지 않았습니다. 하지만 조나라는 제철이 기간산업이었습니다. 바로 이 때문에 조왕은 자꾸 말썽을 부렸습니다. 장탕 역시 조정에서 틈만 나면 그런 그를 공격했습니다. 조왕은 맞대응을 위해 사방에서 몰래 장탕의 은밀한 프라이버시를 수집합니다.

마침내 조왕은 장탕이 노알거에게 발안마를 해준 사실을 포착한 뒤 무제에게 바로 고발합니다. 이런 내용을 담고 있었지요.

"장탕은 대신입니다. 그럼에도 수하인 노알거가 병이 나자 직접 가서 발안마를 해주었습니다. 이건 일반적인 상식에 어긋나는 겁니다. 소신은 그들 두 사람이 무슨 나쁜 짓을 한다고 생각합니다."

무제는 이 사건을 정위에게 맡겨 심리하게 했습니다. 이때 노알거는 이미 사망한 뒤라서 급기야 그의 동생에게까지 죄가 미치게 되었습니다. 정위는 그 동생을 도관(導官, 중앙정부에서 관리하던 감옥의 일종) 감옥에 가두었습니다. 묘하게 이때 장탕이 도관 감옥에 도착해 사건을 심리하게 되고, 노알거의 동생이 감옥에 갇혀 있는 것을 보고는 마음속으로 구해줘야겠다고 생각했습니다. 그래서 겉으로는 그를 아는 체하지도 않았고 쳐다보지도 않았습니다. 그러나 노알거의 동생이 장탕의 생각을 알 도리가 없지요. 그는 장탕을 야속하게 생각할 수밖에 없었습니다. 결국 그는 장탕이 구원의 손길을 내밀기도 전에 장탕과 노알거가 이문을 모해했다는 사실을 까발리는 글을 무제에게 올립니다. 이 사건이 바로 감선의 수중에 떨어졌습니다. 감선은 당연히 사건을 가볍게 다루지 않았고 곧 진실은 밝혀졌습니다.

무제는 세 장사가 연합해 장탕이 국가 기밀을 대외적으로 누설했다고 고발한데다 감선까지 고발을 해오자 장탕이 사기꾼 같은 인간이라고 여길 수밖에 없었습니다. 우리가 앞에서 이미 언급한 대로 장탕이 자살한 것은 바로 그 때문입니다. 이게 다름 아닌 '죽음으로 다른 사람을 죽인' 사건의 시말인 것 같습니다.

장탕은 승상 장청적을 모함했고, 세 장사도 능욕했습니다. 원한을 너무 많이 쌓았나 봅니다. 게다가 이문을 억울하게 죽도록 한 것은 법리적으로도 용납이 되지 않았습니다. 그의 죽음은 억울한 사건이라고 할 수 있지만 그 자신의 인품에도 문제는 있었습니다. 수준 이하였으니까요. 급기야 나쁜 결과를 초래하고 맙니다.

혹리능신酷吏能臣

청렴한 관리라는 가식의 옷이 벗겨진 장탕은 진정 어떤 사람이었을까요? 『사기』「혹리열전」의 기록에 의하면 장탕은 두현(杜縣, 지금의 산시성 시안시西安市) 사람이었습니다. 아버지는 장안현의 현승(縣丞, 현의 사법 부문을 관장하는 책임자)이었습니다.

장탕이 어릴 적 어느 날이었습니다. 아버지가 그를 남겨놓고 외출했다가 돌아왔습니다. 아버지는 돌아오자마자 생쥐가 집 안의 고기를 물고 달아난 걸 발견했습니다. 장탕은 당연히 아버지께 혼이 났고, 야단을 맞은 그는 화가 무지하게 났습니다. 화를 참을 길이 없던 그는 쥐구멍을 찾아 생쥐는 잡고 고기는 회수했습니다. 한마디로 도둑놈과 장물을 모두 회수한 거지요. 얘기는 그게 끝이 아닙니다. 어린 장탕은 생쥐를 심문하기 시작했습니다. 이어 그 내용을 기록으로 남기고 판결문을 낭독했습니다. 마지막에는 재판정에서처럼 선고를 했습니다. 결국 생쥐는 능지처참의 형벌을 당했습니다. 전체 과정이 빈틈없고 일사불란했습니다.

장탕의 아버지는 아들이 쥐를 심문하는 전 과정을 목격하고 놀라지 않을 수 없었습니다. 그야말로 '아이의 세 살 때에 평생의 직업을 본다'라는 말이 실감날 정도였습니다. 그는 맹랑하기 그지없는 아들이 옥리가 될 소질이 다분하다고 보았습니다. 그에게 판결문 작성 등을 가르친 것은 다 그 때문입니다.

아버지가 세상을 떠난 다음 장탕은 오랫동안 장안현에서 미관말직의 관리를 했습니다. 그러나 그는 곧 능력을 드러내 무릉위(茂陵尉, 무제의 능을 건축하고 수리하는 관직)로 인사이동됩니다. 자신의 파란만장한 관리 생애의 문을 본격적으로 연 겁니다.

우리는 장탕이 어려서부터 일처리에 뛰어나고 두뇌가 명석했다는 사실을 알았습니다. 그러면 그는 본격적으로 관리의 길에 들어서려 했을 때 어떻게 자신의 앞길을 계획했을까요?

첫째, 권문세족 앞에 확실하게 줄을 섰습니다. 장탕이 출세의 길을 달린 것은 전승을 잘 대해준 것과 관계가 있는데, 주지하다시피 전승은 무제의 외삼촌이었습니다. 전승이 잘못을 저질러 옥중에 있을 때 그가 온힘을 다해 환심을 샀던 겁니다. 그는 그 후 전승의 형인 승상 전분과도 관계를 맺게 됩니다. 중앙정부에 진입하는 계기를 맞게 된 거지요. 실제 그는 곧 내사(內史, 수도의 치안을 책임지는 치안국장)에 임명되었고, 얼마 후에는 전씨 형제의 강력한 추천에 힘입어 무제에 의해 어사로 임명되었습니다.

둘째, 형법을 엄하게 적용했습니다. 장탕은 줄곧 사법 분야에서 일해 왔지만, 사건을 실사구시로 처리하지 않았습니다. 가능하면 주변 사람들을 많이 연루시켜 엮어 넣는 등 한마디로 혹리로서의 정치적 역할을 자임한 겁니다. 가장 전형적으로 처리한 사건이 진아교의 무고 사건입니다. 그 사건에 대해서는 무제도 굉장히 분노했습니다. 하지만 아교는 그 자신의 고모인 장공주 유표의 딸인데다가 친 고종사촌이었습니다. 조금은 봐줘야 한다는 생각이 남아 있었을 것이고, 장탕은 그걸 정말 기가 막히게 간파했습니다. 아교를 방면하는 조치를 취한 것 외에는 혹독한 결정을 내린 겁니다. 때문에 그녀를 제외한 사건에 연루된 모든 사람들의 목은 장안의 성루에 매달렸고, 그렇게 죽어간 권문세족의 사람들이 수십여 명입니다. 가능하면 많은 사람을 사건에 연루시키는 능력을 여지없이 발휘한 거지요.

장탕은 진아교의 무고 사건 처리에 혁혁한 공이 있었으므로 무제에게 능신이라는 칭찬을 들었습니다. 또 나중에는 태중태부에도 임명되었습니다. 조우와 함께 엄격한 형법을 제정하고 관리들을 통제하는 책임을 졌던 겁니다.

사마천은 이릉을 변호하다 화를 입습니다. 누구보다 혹리의 폐해를 잘 알았습니다. 그가 애매한 사람들을 마구 엮어 넣는 장탕의 거침없는 행동을 작심하고 폭로한 것도 다 그 때문입니다. 그는 혹리라는 게 법률을 따르는 사람이 아니라 황제의 의지를 따르는 인간이라는 사실을 너무나 잘 알았던 겁니다.

셋째, 무제에게 영합했습니다. 장탕이 중용되었다는 것은 기본적으로 무제로부터 찬탄을 받았다는 얘기일 텐데, 일개 옥리에 불과했던 그가 어떻게 무제에게 중용되면서 찬탄을 받았을까요?

그에게는 이른바 '작전계획' 세트가 있었습니다. 우선 그는 무제의 존유尊儒 정책을 열렬히 받들어 모셨습니다. 무제는 황제에 즉위한 이후 불교를 배척하는 슬로건을 내걸었던 반면 법가의 좋은 점은 적극 받아들였습니다. 이런 일련의 그의 행보를 가장 잘 알고 있던 신하는 무려 셋이나 있었습니다. 공손홍이 첫 번째, 장탕이 두 번째, 급암이 세 번째 대신입니다. 심지어 공손홍은 무제의 '존유애법(尊儒愛法, 유교를 존숭하고 법가를 아끼는다는 의미)' 성향에 적극적으로 영합한 탓에 인생의 후반기가 탄탄대로, 그야말로 순풍에 돛을 단 배가 되었습니다.

장탕 역시 교묘하게 무제의 그런 성향을 이용했습니다. 큰 사건의 판결을 내릴 때마다 유가의 학설에 부합하기 위해 모든 방법을 다 강구했습니다. 더불어 그는 『상서』와 『춘추』를 공부한 박사와 제자들을 정위延尉의 행정요원으로 초빙해 애매하거나 억울해질 수 있는 사건에 대한 확실한 법률 검토의 책임을 맡겼습니다. 무제는 이에 대해 매우 흡족하게 생각했습니다.

넷째, 무제의 자존심도 열렬히 받들어 세워주었습니다. 무제는 자존심이 하늘에 닿는 사람이었지요. 가장 애착을 가지는 사람도 바로 자신이었습니다. 존유는 그저 세상 사람들에게 보이게 하려는 일종의 쇼일 뿐입니다. 사마천도 그런 무제의 자존심에 의해 횡액을 당한 사람입니다. 무제의 옆에서 이릉을 변호하다 그의 자존심을 건드렸으니까요. 그러나 장탕은 사마천이 아니었습니다. 그는 나름 적당하게 똑똑한 사람이었습니다.

그는 사건의 판결을 내린 다음에는 종종 무제에게 가장 먼저 그 결정에 대한 입장을 물었습니다. 분석을 부탁한 것이지요. 만약 무제가 맞지 않느냐고 말하면 그는 바로 그것을 기록했습니다. 훗날 판결을 내릴 때의 법령으로 삼으려고 그런 겁니다. 더불어 널리 그걸 홍보했습니다. 무제의 영명함을 선전한 거지요. 무제가 그를 비난하면 그는 바로 잘못을 인정했습니다. 말하자면 이런 식이었습니다.

"소신의 주변에서도 황상께서 저를 꾸짖는 것과 같은 그런 유사한 의견들을 제기했습니다. 소신은 그걸 받아들이지 않았으니 정말 우둔한 인간입니다."

장탕의 사건 처리 방식에는 대략 네 가지 모델이 있었습니다. 무제가 엄하게 벌을 줘야 한다고 생각하는 사람이 피고인인 경우가 첫 번째입니다. 이때 그는 법을 혹독하게 심리하는 관리에게 피고인을 넘겼습니다. 무제가 관용을 베풀어야 한다고 생각하는 사람이 피고인인 경우에는 두 번째 모델을 적용했습니다. 사건을 관대하고 공평하게 처리하는 관리에게 넘겼습니다. 심문해야 할 대상이 지방 토호나 조폭들인 경우에는 온갖 방법을 다 짜내 중형을 언도했습니다. 심리해야 할 대상이 백성일 경우가 마지막 모델입니다. 이때 그는 무제에게 상황을 설명했습니다. 법률 조문에 따라 판결을 내려야 하나 무제에게 현명한 판단을 내려달라고 요청하는 겁니다. 이런 경우 황제는 종종 장탕이 입에 올리는 피고인에 대해서는 관대한 처분을 내렸습니다.

이로 보면 장탕의 사건 처리는 완전히 무제의 심리적 경향에 따른 판결이라고 해도 좋았습니다. 법의 공평성이라고는 전혀 없었던 것이지요.

물론 그는 풀뿌리 정서를 보이기도 했는데, 그게 앞서 말한 대로 일반 평민을 다룰 때였습니다. 상대적으로 관대한 처분을 내리곤 했지만 그가 지방 토호나 조폭에게 강력하게 대한 것을 단편적으로 순진하게 생각해서는 절대 안 됩니다. 있는 사람들 것을 뺏어 가난한 사람을 구제하겠다거나 평민을 위해서가 아니었습니다. 그가 그렇게 한 것은 기본적으로 무제를 기쁘게 해주기 위한 것이었습니다.

무제의 흉노에 대한 군사적 응징에 대해서도 열렬한 지지를 보냈습니다. 장탕은 무제의 흉노에 대한 군사작전을 적극적으로 지지했고, 더불어 그는 그것을 통해 자신의 정치적 자본도 확보했습니다. 흉노의 사신이 화친을 요청했을 때입니다. 무제는 대신들을 소집해 이 일을 상의했습니다. 적산狄山이라는 박사가 가장 먼저 적극적으로 발언에 나서 화친이 유리하다는 입장을 피력했습니다. 무제가 그에게 물었습니다.

"어느 쪽이 유리한가?"

적산은 이렇게 대답합니다.

"무기는 흉기입니다. 계속 사용할 수 없습니다. 지금까지 황상께서는 병력을 동원해 흉노를 줄곧 공격했습니다. 이미 국고는 텅 비어 있고, 변경 백성의 고생도 말이 아닙니다. 이런 점에서 볼 때 화친이 전쟁보다 낫습니다."

무제는 그 말을 듣자 기분이 별로 좋지 않았습니다. 자신에 대한 도전이라고 생각한 겁니다. 그래서 그는 장탕을 이용해 반격하려 했고, 이에 장탕은 무제의 기대를 저버리지 않고 침착하게 말했습니다.

"그건 우둔한 유생의 말일 뿐입니다."

적산이 이때 입을 다물었으면 아무 일도 없었을 겁니다. 그러나 그는 약한 모습을 보이지 않으려 했는지 오히려 더욱 기세등등하게 한술 더 떴습니다.

"소신은 우둔한 충신일 뿐입니다. 그러나 어사대부는 위선적인 충신입니다. 어사대부는 회남왕과 강도왕의 반란 사건을 처리하면서 형법을 엄격하게 적용했습니다. 골육을 이간시킨 겁니다. 이로 인해 천하의 제후들은 모두 불안에 떨고 있습니다."

무제는 기분이 더욱 나빠졌습니다. 그러나 경솔하게 성질을 부릴 수는 없었습니다. 그때 그의 뇌리에 '개를 때릴 때에도 주인을 보라'는 말이 퍼뜩 떠올랐습니다. 적산이야 아무것도 아니었지만 그를 지지하는 세력을 무시할 수는 없었던 겁니다. 무제는 그 진리를 깨닫기가 무섭게 얼굴색을 급히 바꾸면서 적산에게 이렇게 묻습니다.

"짐이 그대에게 군郡 하나를 맡기겠다. 흉노의 침입을 막을 수가 있겠는가?"

"불가능합니다."

"현 하나를 맡기면 가능하겠는가?"

"불가능합니다."

"변경의 작은 요새를 맡기면 어떻겠는가?"

적산은 이번에는 바로 대답하지 않고 생각을 했습니다. '이번에도 안 된다고 하면서 제대로 대답하지 않으면 갈 곳은 감옥밖에 없다'고 결론을 내렸습니다. 그는 할 수 없이 이렇게 말합니다.

"가능합니다."

무제는 즉각 그를 변방의 한 요새로 파견해 흉노의 침입을 막도록 했습니다. 몇 개월 후 흉노는 요새를 공격해왔고, 적산은 그들에 의해 목이 날아갔습니다. 그 소식은 바로 한나라 조정에 전해졌고, 군신들은 당연히 겁에 질렸습니다. 그 후로 다시는 흉노에 대한 군사행동에 반대하는 대신은 없었습니다.

장탕은 무제의 재정개혁 역시 적극 받들어 실시했습니다. 한나라의 국고는 흉노와의 전쟁으로 늘 텅 비어 있는 형편인지라 재정 위기에 항상 직면해 있었습니다. 무제는 골머리가 아팠습니다.

장탕은 무제의 마음속 고민을 정확하게 꿰뚫어 보았습니다. 나아가 이심전심이라고 무제의 복안대로 힘써 재정개혁을 추진합니다. 우선은 화폐를 바꾸는 일이 시급했고, 두 번째 급한 일은 소금과 철의 국영화였습니다. 마지막으로 재산세 징수에도 신경을 써야 했습니다. 동시에 개혁을 틈타 대대적인 부정을 획책할 각급 관리의 준동을 진압하는 것도 소홀히 해서는 안 될 일이었습니다.

그 어려운 시기에 장탕은 조정에 들어갔다 하면 무제와 재정개혁에 대해 머리를 싸매고 의논했습니다. 한번 논의했다 하면 하루는 기본이었고, 늘 태양이 서산에 기울었습니다. 식사조차 잊는 무제와는 달리, 승상은 할 일이 없어 그저 자리만 지키고 있을 뿐이었습니다. 국가의 대사는 모두 그의 손에서 결정되었으니까요. 물론 재정개혁의 수많은 구체적 조치가 장탕의 손에서 나온 것은 아닙니다. 그러나 그가 무제 앞에서 크게 분위기를 띄우지 않았거나 탐관오리를 혹독하게 처벌하지 않았다면 그 조치는 모두 집행되기 어려웠을 겁니다.

장탕은 때로는 무제에게 강력하게 저항하는 형식으로 영합하기도 했습니다. 사사건건 무제에게 예스맨이었던 것은 아니지요. 어쩌다가 강력하게 저항하거나 항의하기도 했습니다. 그러나 강력한 저항이 그에게 가져다준 것은 무제의 반감이 아니라 오히려 더욱 큰 신임이었습니다.

대표적인 사례를 들어볼까요. 회남왕을 비롯해 형산왕, 강도왕의 모반 사건을 심리했을 때입니다. 하나같이 철저하게 추궁해 사건을 파헤치던 중 무제는 이때 종범從犯인 엄조嚴助와 오피伍被에게 관대한 처벌을 내릴 생각이었습니다. 그러나 장탕은 반대했습니다.

"오피는 모반을 획책한 역적입니다. 엄조는 황상이 매우 총애하던 신하로, 황상이 출입하는 궁정의 금문禁門을 지키던 대신이었습니다. 그런데도 사사롭게 제후들과 결탁했습니다. 엄하게 처벌하지 않으면 앞으로는 다스릴 길이 없습니다."

무제는 동의하는 수밖에 없었습니다.

왜 장탕은 무제에게 저항할 수 있었을까요? 자신의 의견을 고집스레 견지해도 왜 무제의 불만을 야기하지 않았을까요? 오히려 반대로 무제에 의해 중용됐을까요?

무제처럼 독단적인 사람한테는 절대로 100퍼센트 예스맨처럼 따르면 안 됩니다. 그러면 그 사람의 눈에 들 수 없습니다. 그는 때때로 완벽한 도전에 직면하기를 원했습니다. 완벽한 도전이라는 것은 적산의 그런 의미 없는 객기가 아닙니다. 조금이라도 그의 기본적 자존심을 건드리면 안 되었고, 대신 영웅이 영웅을 알아보는 분위기를 주는 그런 호쾌한 도전이라야 했습니다. 사실 장탕의 강력한 저항은 무제의 중앙집권 정책을 보호하려는 노력의 일환이었지요. 그가 보기에 모반을 획책하는 사람, 사사롭게 제후들과 교류하는 대신들이 기본적으로는 모두 무제가 적극적으로 유지하려고 했던 중앙집권 정책의 적이었습니다. 때문에 그런 강력한 저항을 본 무제는 장탕이야말로 직언할 줄 아는 진정한 충신이라고 생각했습니다.

장탕이 병석에 누웠을 때 무제는 직접 그를 찾아 위문했습니다. 무제가 얼마나 그를 지극정성으로 대우했는지를 알게 해주는 대목입니다.

무제 시대에 대놓고 무제에게 격렬하게 저항을 한 사람은 장탕만이 아닙니다. 또 하나의 대신이 있었는데, 불행히도 그는 장탕만큼 관운이 좋지는 않았던 것 같습니다. 다행히 비극적 최후가 아닌 무난한 일생을 마치긴 했지만요. 이 대신은 누구일까요? 그는 어떻게 무제에게 들이댈 수 있었으며, 또한 무제는 장탕에게와는 달리 그에게 어떻게 대했을까요?

어린아이의 말은 거리낌이 없다

혹시 이런 군신을 상상해볼 수 있을까요? 어떤 신하가 자신보다 늦게 관직에 들어온 후학들을 황제가 새로 발탁해 중용하자 화가 났습니다. 그래서 황제에게 거세게 항의했습니다.

"폐하께서는 신하를 쓰시는 게 마치 장작을 쌓듯 하십니다. 뒤에 온 사람이 위로 올라가니 말입니다!"

황제는 그 신하가 물러나자 화가 난 것처럼 말합니다.

"사람은 아무래도 배워야 해. 저 사람 말을 들으니 갈수록 말 같지가 않아!"

두 사람의 시차를 둔 언쟁을 들으면 누구라도 웃음을 참을 길이 없게 됩니다. 군신 사이에 있게 마련인 늘 조심하는 모습은 도대체 어디로 갔나요? 전전긍긍하는 자세는 또 어디로 갔을까요? 도대체 어떤 훌륭한 군주가 그렇게 아량이 넓다는 말입니까? 또 어떤 직언을 잘하는 신하가 그렇게 대담하게 직설적으로 말할 수가 있을까요?

황제는 범하나 법은 범하지 않는다

이 훈훈한 에피소드를 남긴 두 주인공은 바로 무제와 급암입니다. 군주와 신하 두 사람 중 한 명은 독단적이었고, 또 한 명은 오만하고 예의가 없었습니다. 진짜 그 즐거움을 즐긴 것일까요, 아니면 거짓으로 태평함을 가장한 것일까요? 급암의 성격이나 행동을 보면 잘 알 수 있습니다.

우선 급암은 황제의 명령을 자주 듣지 않았습니다. 봉건시대 황제의 뜻은 무조건 따르고 집행해야 했습니다. 그렇지 않으면 항지抗旨했다는 말을 듣게 되는데, 항지는 봉건 전제 제도 아래서는 목을 바쳐야 하는 죄입니다. 그러나 급암은 수차례에 걸쳐 항지하는 만용을 보였습니다.

첫 번째 경우가 건원 3년(기원전 138년)입니다. 민월왕(閩越王, 민월은 지금의 푸젠성福建省 푸저우시福州市인 동야東冶에 수도를 두었음)이 갑자기 동해왕(東海王, 동해는 지금의 저장성浙江省 원저우溫州인 동구東甌에 수도를 두었음)을 공격하는 일이 벌어졌습니다. 원래 동해왕은 오왕 유비가 오초칠국의 난을 일으켰을 때 모반에 동의했습니다. 그러나 훗날 유비가 전투에서 패하자 동해왕은 기회를 틈타 그를 유인, 살해했습니다. 그 공으로 죄를 씻겠다고 생각한 듯합니다. 어쨌거나 그는 한나라 조정의 용서를 받았고, 바로 이 때문에 유비의 아들은 자신의 영향권 아래에 있던 민월왕을 꼬드겨 동해왕을 공격하게 한 겁니다. 한마디로 아버지의 원수를 갚으려 한 거지요.

무제는 동월東越 사이에 전쟁이 일어난 사실을 보고받자 바로 급암을 보내 상황을 파악하게 했습니다. 급암은 일단 명령에 따랐지만 현지에는 발을 딛지도 않고 고작 오나라(지금의 장쑤성 쑤저우蘇州. 당시는 회계군會稽郡)의 수도까지만 다녀온 다음 무제에게 이렇게 보고합니다.

"월나라 백성 사이에서 서로 죽고 죽이는 것은 그들의 오랜 전통입니다. 근본적으로 한나라 천자의 사신이 가서 살펴볼 일이 아닙니다. 우리까지 이런 일에 신경을 써서 얽히는 것은 체면이 상하는 일입니다."

그 일은 황제가 다 생각이 있어 부여한 임무였을 텐데, 급암은 확실히 간이 정말 큰 사람이었나 봅니다. 그렇다면 무제는 어떤 반응을 보였을까요? 사서에는 기록이 남아 있지 않지만, 급암은 다시 두 번째 항지에 나섭니다. 아무리 보아도 무제가 급암에게 평생을 두고 잊지 못할 벌을 내린 것은 아닌 듯합니다.

두 번째 경우는 하내군(河內郡, 수도는 지금의 허난성 우서현武涉縣)에 대화재가 발생했을 때입니다. 불은 거의 수천 호의 집을 태웠습니다. 무제는 이때에도 급암을 파견, 시찰에 나서도록 합니다. 그는 조정에 돌아와 이렇게 보고합니다.

"집들이 밀집해 있었던 탓에 적지 않은 집들이 불탔습니다. 그러나 황제께서 걱정할 필요는 없습니다. 소신은 갈 때 하남군(河南郡, 수도는 지금의 허난성 뤄양洛陽)을 경유했는데, 그곳에서 소신은 현지 백성이 한발의 피해로 고통을 받고 있는 모습을 목격했습니다. 이재민이 거의 1만여 호에 달했을 정도였습니다. 심지어 어떤 곳에서는 부자 사이에 서로 잡아먹는 참극까지 발생했습니다. 그래서 소신은 허가를 얻지도 않고 지니고 있던 부절로 흠차대신(欽差大臣, 황세가 중요 사안을 처리하기 위해 두는 관직)을 자처했습니다. 하남군의 창고를 열어 현지 이재민을 구제한 겁니다. 지금 부절을 돌려드리니 원컨대 황제의 뜻을 거짓으로 전한 죄명을 처벌해주십시오."

황제의 뜻을 거짓으로 전한 죄는 참형이 기본입니다. 어찌 그리 당돌하게 말할 수가 있었을까요. 그건 일개 알자가 방자하게 황제가 해야 할 일과 하면 안 될 일을 말한 셈이었습니다. 이것은 혹독한 처벌을 감내해야 하는 죄가 아닐까요?

결론은 싱겁습니다. 무제는 일언반구도 그를 질책하지 않았고, 도리어 황제의 뜻을 거짓으로 전한 죄를 용서했습니다. 게다가 그를 형양현滎陽縣의 현령으로 영전을 시켰습니다. 급암은 이때만 해도 무제 주변의 일개 알자에 지나지 않았고, 현령으로 가는 것은 꽤나 파격적인 승진이었습니다. 그런데도 급암은 현령으로 가는 것을 수치스럽게 생각하여 그 참에 아예 병이 있다는 핑계로 관직을 사직합니다. 무제는 할 수 없이 그를 다시 측근으로 불러 결국 태중태부로 임명합니다.

정말 이상한 일 아닙니까! 무제는 성격이 괄괄한 사람입니다. 어떻게 갑자기 참을성이 많아졌을까요? 급암은 "한나라 천자의 사신이 가서 살펴볼 일이 아닙니다"라는 말을 입에 올렸습니다. 한나라의 천자를 입에 올렸다는 말입니다. 무제가 그 얘기를 듣고 기분이 좋았을까요? 게다가 조정의 것이라고 해야 할 지방정부의 식량 창고를 제멋대로 활짝 열어 천자의 곤란한 입장을 해결해준 것이 고마웠을까요? 그래서 그 큰일을 대수롭지 않게 여긴 것일까요?

아니면 급암이라는 이 인간은 성질이 고약하다, 다른 사람보다 까칠한 부분이 많다, 그러나 최소한 한나라 조정을 위해 일을 한다, 결과도 좋다, 그렇게 생각한 것일까요? 더구나 그 일들은 다 하찮은 일이었습니다. 큰 그림의 정치와는 무관한 일이었지요.

그러나 급암은 큰 정치에도 반대했습니다. 그것도 무제가 가장 득의만만하게 생각한 정치적 업적에 대해 반대했지요. 대표적인 것이 흉노를 군사적으로 응징하려는 무제의 정책에 반대한 일입니다.

무제는 재위 54년이란 기간 중 무려 44년간 흉노와 전쟁을 벌였습니다. 그게 평생의 공을 들인 그의 필생의 업적이라고 해도 좋습니다. 그러나 급암은 흉노에 대한 군사작전을 일관되게 반대했습니다. 그래서 기회만 있으면 무제에게 화친 정책을 제안했지요. 두 사람은 흉노에 대한 군사작전 문제로 1년에 두 차례나 부딪치기도 했습니다.

첫 번째는 원수 2년(기원전 121년) 가을이었습니다. 이때 흉노의 혼야왕은 계속 전투에서 패하자 자신이 선우에게 피살될지도 모른다고 우려해 전 병력을 이끌고 한나라 조정에 투항합니다. 이는 무제가 흉노와 전쟁을 벌인 이후 최초의 대규모 투항입니다. 무제는 이 사실을 대단히 중요하게 생각했는데, 무려 2만 량의 마차를 동원해 그를 맞을 준비를 할 정도였습니다. 고대의 마차 한 대는 대개 네 필의 말을 필요로 했습니다. 그러므로 2만 량의 마차는 무려 8만 필의 말이 필요하겠지요. 하지만 거의 매년 전쟁을 했던 한나라 조정으로서는 그걸 감당할 수가 없었습니다. 백성에게 말을 조달하는 외에는 다른 방법이 없었던 거지요. 하지만 백성이 그걸 쉽게 받아들이겠습니까? 백성은 정신없이 말을 감추기 시작했고, 결국 2만 량의 마차는 지지부진한 상태에서 준비되지 못했습니다.

무제는 화가 머리끝까지 났습니다. 임무를 완수하지 못한 장안 현령을 사형에 처하려고 작심했을 정도입니다. 이때 급암은 다음과 같이 말하며 앞으로 나섭니다.

"장안현의 현령은 죄가 없습니다. 대신 이 급암을 죽여주십시오. 그러면 백성이 말을 내놓을 겁니다."

이때 급암은 우내사를 맡고 있었고, 장안현 현령은 그의 아래 직속 부하였습니다. 그가 다시 직접 나선 것은 부하를 위해 자신이 책임을 지겠다는 생각과 무관하지 않습니다. 그는 내친김에 다시 이렇게 까칠하게 자기 의견을 폅니다.

"조정은 그저 그들이 지나오는 연도의 백성으로 하여금 마차와 말을 준비하도록 해서 장안으로 맞아들이면 됩니다. 어찌 온 나라를 시끄럽게 해야 합니까. 전국의 백성을 다 동원해 우리 조정에 항복한 흉노인들을 영접해야 한다는 말입니까?"

그 말은 정말이지 날카로웠습니다. 무제의 입장과는 완전히 상반되는 말이었지요. 그러나 무제는 대꾸하지 않고 침묵으로 일관합니다. 다행히도 급암에게 죄를 묻지는 않았습니다.

  두 번째 사건은 혼야왕이 대병력을 이끌고 장안에 들어온 직후에 일어났습니다. 그건 당시 조야를 뒤흔든 대사건과 관계가 있었는데, 다름 아니라 흉노의 투항 병사들과 상거래를 한 500여 명의 상인이 사형 판결을 받은 겁니다. 당시 한나라의 법 규정은 한나라 상인이 흉노와 사사로이 상거래 하는 일을 금했습니다. 하지만 적지 않은 한족 상인들은 장안에 있는 투항한 흉노인들과의 상거래 금지는 예외라고 생각했습니다. 법에 저촉된 상인이 많았던 것도 다 그런 탓입니다.

  급암은 이때에도 이렇게 공박합니다.

  "원래 원칙대로 하면, 나라를 위해 목숨을 바친 열사 가정에 이 흉노족들을 상으로 나누어줘 노비로 삼아야 합니다. 그렇게 해야 나라를 위해 목숨을 바친 이들을 위로할 수 있습니다. 지금 그렇게 하지는 못해도 우리 백성의 피 묻은 돈으로 그들을 먹여 살려서는 안 됩니다. 그들을 애완동물처럼 만들면 안 되는 겁니다. 다시 말해 우리 백성이 흉노와 거래하는 게 죄가 된다는 것을 어떻게 알았겠습니까? 폐하의 이런 조치는 낙엽은 보호하나 줄기는 보호하지 못하는 것과 같습니다!"

  무제는 오랫동안 침묵을 지킨 채 급암의 말에 대답하지 않았습니다. 그가 나간 다음 무제는 그저 이렇게 탄식했을 뿐입니다.

  "짐은 오랫동안 급암의 말을 듣지 못했다. 그런데 오늘 다시 들으니 한심한 말만 되풀이하는구나."

  급암은 무제의 총신들 역시 마구 공격했습니다.

  앞서 '죽음으로 다른 사람을 죽이다' 편에서, 바보 같은 적산이 '황제가 총애하는 신하는 비판하는 것이 아니다'라는 관가의 금기를 망각했다는 사실을 언급한 바 있습니다. 그 때문에 그는 장탕에게 포문을 기꺼이 열 수 있었고, 아울러 무제의 노여움도 사게 되어 결국 자신의 명을 재촉했습니다. 그러면 급암은 어떻게 무제의 총신을 공격했을까요?

장탕은 정위에 임명된 다음 법률을 개정하는 작업에 착수했습니다. 한번은 급암이 그런 장탕을 무제의 면전에서 마구 힐책했습니다.

"당신의 지위는 국가의 정경(正卿, 지금의 장관급 고관)이오. 그런데 위로는 선제의 업적을 널리 알리지 못하고, 아래로는 백성의 나쁜 생각을 막지 못하고 있소. 반면 당신은 당신에게 좋지 않은 것은 절대로 하지 않으면서 자신의 업적만 성취하려 하고 있소. 더욱 용납할 수 없는 것도 있지. 당신은 왜 고조 황제께서 만들어놓은 법령을 완전히 한꺼번에 폐기하려는 것이오? 그렇게 하면 조만간 당신의 대가 끊어질 것이오."

이렇게 아주 대놓고 거침없이 말한 겁니다. 아마도 급암은 싸움의 비결을 알고 있었던 것 같습니다. '내가 먼저 내 체면을 구겨놨으니 나는 두려울 게 없어. 너도 체면을 구기려면 한번 덤벼보라고.' 뭐, 이 정도 생각이 아닐까요? 결과는 급암의 승리였습니다. 그는 의기양양하게 집으로 돌아갈 수 있었습니다.

이처럼 급암은 늘 장탕과 말다툼을 벌였습니다. 장탕은 그때마다 세세한 부분에서는 대단히 말을 잘했던 반면, 급암은 큰 문제에서 흔들리지 않는 원칙을 견지했습니다. 급암은 그러다 자신이 말로 장탕을 설득하지 못하면 분노를 참지 못하고 욕을 퍼부었습니다.

"천하의 모든 사람들은 옥리 출신 같은 미관말직의 인간들을 공경 자리에 앉게 해서는 안 된다고 하오. 과연 그렇구려. 당신이 만든 법률에 따르면 천하의 모든 사람들은 놀라 앞으로 가지도 못하고 똑바로 앞을 보지도 못할 거요."

급암은 장탕의 아픈 부분만 골라 욕했다고 할 수 있습니다.

게다가 급암은 무제의 표리부동한 아픈 부분까지 서슴없이 까발렸습니다. 무제는 밖으로는 유교, 안으로는 법가의 이론을 따랐습니다. 앞서도 말했지만 세 대신은 그걸 알긴 했으나 대책은 각자 달랐습니다.

공손홍은 그걸 간파하고 공양파의 『춘추』로 법률을 해석하는 창조적인 행보를 보여줍니다. 이로 인해 그는 무제의 환심을 샀습니다. 장탕 역시 그걸 알았습니다. 대책은 유학으로 사건을 재단하는 새로운 방법을 발명하는 것이었습니다. 역시 무제로부터 대대적인 칭찬을 받았습니다.

공손홍과 장탕은 총명한 사람이었습니다. 그들은 유교와 법가의 이론을 안팎으로 즐기는 무제의 묘한 스타일을 이용했습니다. 그걸 통해 자신의 풍부한 정치적 자본을 얻은 셈이지요. 급암 역시 무제의 스타일을 알았습니다. 그러나 그는 영합하지 않고 반대로 아무 거리낌 없이 이렇게 의연하게 지적합니다.

"폐하의 마음속 욕망은 대단히 많습니다. 그래도 표면적으로는 인의를 즐겨 말하십니다. 그래서야 어디 요순의 정치를 따를 수 있겠습니까?"

무제는 자존심이 상했지만 아무 말도 하지 않았습니다. 그저 화가 머리 끝까지 나서 얼굴색이 변한 채로 퇴청했을 뿐입니다. 공경들은 급암이 드디어 죄를 지었구나 하는 두려운 마음이 생기는 걸 어쩌지 못했습니다. 무제 역시 황궁으로 돌아간 다음에는 시종들에게 "급암은 너무 심해. 정말 우둔해!"라고 불만을 터뜨렸습니다.

솔직히 급암이 좀 심하기는 했습니다. 공적인 일과 관련해서는 '알고 있어도 말을 해서 퍼뜨리지 않는다'는 불후의 진리를 가슴 깊이 새겨야 하는 법입니다. 더구나 그게 황제와 관련한 일인 경우에는 더 이상 말해 뭣하겠습니까? 그럼에도 그는 말을 퍼뜨린 것도 부족했는지 노골적으로 '마음은 법가를 따르고 몸은 유가를 따른다'라는 불문율을 지켰던 무제의 성향을 노골적으로 까발렸습니다. 그는 확실히 비판의 예술을 이해하지 못했습니다. 빙빙 돌려 빗대 말하면 듣는 사람이 이해하지 못할까봐 고의로 그랬을지도 모르지요.

급암의 비판에는 무제가 다른 의견도 듣게 만드는 장점을 갖고 있었습니다. 무제에게는 유익한 일면도 있었겠지요. 그러나 급암의 비판이 과연 구구절절 다 정제되고 이치에 맞는 말이었을까요? 그의 몇 차례에 걸친 비판을 가지고 구체적으로 분석해보겠습니다. 두 번의 항지에 관해서 살펴보도록 하지요.

처음 항지는 동월이 서로 공격했을 때 있었습니다. 그때 무제는 급암을 파견해 상황을 알아보게 했습니다. 그런 다음 적극적으로 간섭하려고 했던 겁니다. 무엇보다 무제의 대국 의식이 잘 드러나는 대목입니다. 하지만 급암은 그걸 이해하지 못하고 도리어 이렇게 말했지요.

"월나라 사람들은 우리와는 달라 서로 싸우기를 좋아합니다. 그러니 그저 싸우도록 그들을 놔두십시오. 우리가 왜 간섭을 해야 합니까?"

이런 언급에서 보듯 급암은 굳세게 화이지변(華夷之辨, 중원과 오랑캐는 다르다는 분별 의식)의 편견을 견지했습니다.

두 번째는 하내군에서 대화재가 발생했을 때입니다. 무제는 다시 그를 보내 백성에 대한 군주의 사랑을 직접 알려주려 했습니다. 그러나 급암은 그런 건 아예 생각지도 못했습니다. 물론 하남군에서 거짓 조서로 이재민을 구제한 것은 칭찬할 만합니다만 하내군 백성의 생명은 중요하지 않다는 말입니까? 한쪽 백성은 돌아보지도 않고 다른쪽 백성은 그와는 상대도 안 되는 은총을 베푸는 건 도대체 어떻게 설명해야 할까요?

두 번의 항지에서 급암은 모두 실수를 했습니다. 엄연한 잘못이 있었지만 무제는 그것을 비교적 관대하게 받아들였을 뿐입니다.

항복한 흉노를 처리하는 문제도 그렇습니다. 무려 4만여 명이나 되는 흉노를 어떻게 처리하느냐 하는 것은 확실히 어려운 문제였습니다. 잘못 처리하면 큰 후유증이 생길 수 있었으니까요. 무제는 혼야왕 휘하의 4만여 명을 장안으로 이주시킨 다음 마지막에는 하투 지구에 새로 설치한 삭방군으로 이주시켰습니다. 아무리 보아도 현명한 선택이지요.

급암이 항복한 흉노를 열사의 가족에게 줘 노비로 삼을 것을 은근하게 건의한 것은 솔직히 현명하지 못한 말이었습니다. 민족 사이의 모순은 서로 적대시하고 보복하는 방식으로 처리하면 안 되는 법입니다. 이런 제의는 민족 사이의 원한을 더 배증하는 원인을 제공할 가능성이 높습니다. 한나라와 흉노가 서로 평화롭게 지내게 하는 데에는 아무 도움이 될 수 없는 건의였습니다.

현명한 군주는 직언하는 신하를 원한다

급암의 논리에는 기본적으로 허점이 많습니다. 게다가 사사건건 무제에게 큰소리로 반대 입장을 천명했습니다. 무제는 왜 그런 그의 오만방자함을 참았을까요? 아마 다음과 같은 이유가 있지 않았을까요.

우선 무제는 급암의 강직함과 충성심을 높이 평가했습니다. 급암의 두 차례 항지는 여러 번에 걸쳐 '역용린(逆龍鱗, 고대에서 황제는 용의 자손이었음. 따라서 역용린은 용의 비늘을 거스르는 것으로 황제를 범한다는 의미)'의 결과를 낳았습니다. 그럼에도 무제는 죄를 묻지 않았으니 이게 바로 무제의 영명함이라고 하겠습니다. 나아가 급암의 행운이라고 해도 좋습니다.

그러나 모든 대신이 다 이런 행운을 얻은 것은 아닙니다. 사마천의 경우, 안 된다는 한 마디에 궁형의 참변을 당했지요. 적산도 조금 궤도를 벗어났을 뿐인데도 사막의 전쟁터에서 목숨을 잃습니다. 반면 급암은 무제의 면전에서 많은 것을 까발렸습니다. 그러나 무제는 그에게는 처음에도 침묵을 지켰고, 그 다음에도 여전히 입을 다물었습니다. 조금 심한 경우에나 이렇게 기록되어 있을 뿐입니다.

'아무 말도 하지 않았다. 그저 화가 머리끝까지 나서 얼굴색이 변한 채로 퇴청했을 뿐이다.'

무제는 어떤 성질을 가진 황제였나요? 염라대왕의 성격입니다! 죽인다고 하면 죽였으니까요. 그러니 급암은 정말 행운아인 셈입니다. 재위 54년 동안 무제가 용인한 사람은 오직 한 사람, 급암뿐이었습니다.

내친김에 무제가 급암의 '꾸짖고 핍박하는 말'에 어떻게 대응했는지 볼 필요도 있습니다. 그저 "사람은 아무래도 배워야 해. 저 사람 말을 들으니 갈수록 말 같지가 않아!"라든가 "짐은 오랫동안 급암의 말을 듣지 못했다. 그런데 오늘 다시 들으니 한심한 말만 되풀이하는구나"라는 말을 했습니다. 너무나도 은근한 말이 아니던가요. 너무 솔직해서 아이에게 대하는 말 같았습니다. 급암의 방자하고 무례한 언동을 마치 아이의 말처럼 거리낌 없이 생각한 겁니다. 하기야 누가 어린아이하고 경쟁하려 하겠습니까.

더욱 높이 평가해야 할 것은 무제가 급암의 의견을 전혀 받아들이지 않으면서도 그를 불충한 신하 내지는 쓸모없는 신하로 보지 않았다는 사실입니다. 그게 여후 앞이었다면 한 사람의 급암이 아니라 열 사람의 급암이 있었다 해도 모두 죽음을 면치 못했을 겁니다. 유방이 살아 있을 때에는 주창周昌이라는 직언을 잘하는 신하가 있었습니다. 그러나 여후가 전권을 휘두르고 있을 때 그와 같은 신하는 어디에도 보이지 않았습니다. 왜 그랬을까요? 그런 상사가 있는 곳에는 그런 부하가 있는 법입니다. 살인을 밥 먹듯 하는 마왕의 밑에서 어떻게 바른 말을 잘하는 신하가 나오겠습니까! 그건 불가능합니다.

무제는 급암에게 죄를 묻지 않았습니다. 하지만 중용하지도 않았습니다. 급암은 경제 때의 옛 신하로서, 관직에 나온 시기가 공손홍, 장탕보다 훨씬 빨랐습니다. 그의 위치가 구경의 반열에 있었을 때 공손홍, 장탕은 그저 미관말직의 소졸이었습니다. 나중에는 공손홍과 장탕이 치고 올라가 급암과 나란히 구경에 오른 다음 각각 승상에다 평진후, 부승상인 어사대부가 됐지만 말입니다. 원래 급암의 부하였던 사람들이 졸지에 그를 능가하는 지위에 오르게 된 겁니다. 바로 이 때문에 급암은 불만을 표출했고 무제는 "사람은 아무래도 배워야 해. 저 사람 말을 들으니 갈수록 말 같지가 않아"라고 말하게 된 것입니다. 그저 손을 툭툭 털듯 웃으면서 말을 흘려버린 것이지요.

게다가 무제는 급암의 원칙성을 높이 평가했습니다. 급암은 원칙에 대단히 충실한 사람이었습니다. 경제 때 태자의 세마(洗馬, 태자가 볼 서적 등을 관리하는 시종관)로 임명된 그는 그때에도 "곧은 태도로 사람들로부터 경외의 대상이 되었다"라는 말을 듣습니다. 심지어 경제조차 심리적인 부담을 가졌을 정도였으니까요.

어느 날이었습니다. 무제가 무장(武帳, 병기로 가린 황제의 장막)에 앉아 있었는데, 이때 급암이 주장을 올렸습니다. 무제는 마침 관을 쓰지 않고 있었는데, 그는 그걸 급암이 볼까 두려웠습니다. 비판당할 것을 우려했던 겁니다. 그는 황급히 무장 안으로 들어가 제 몸을 숨겼고, 대신 시종을 시켜 주장을 비준했습니다. 급암에 대해 얼마나 부담스러워했는지를 알 수 있는 예화입니다.

그러나 무제는 다른 대신들에 대해서는 전혀 그러지 않았습니다. 대장군 위청을 접견할 때도 '화장실에 쪼그리고 앉아 쳐다봤다'라는 기록처럼 아무 부담을 가지지 않았습니다. 그건 그와 위청의 사이가 꽤나 편했다는 얘기도 됩니다. 공손홍을 대할 때도 크게 다르지 않았습니다. 휴식을 취하고 있다가 공손홍을 만날 때는 관을 쓰지 않았습니다.

하지만 유독 급암을 만날 때는 꼭 관을 썼습니다. 군신 사이의 관계가 이 정도 되면 정말 웃기지요. 존경스럽다고 해도 무방하겠습니다. 한마디로 급암은 무제의 풍기를 단속하는 검사관 스타일의 감독관이 아니었나 싶습니다. 무엇보다 그는 말을 상당히 예리하게 했는데, 도리가 정당하고 언사에 힘이 있었습니다. 아무것도 바라지 않았지만 감히 정면에 나서서 분연히 입을 열었던 그는, 목숨을 버리더라도 말은 딱 부러지게 해야 하는 사람이었습니다.

무제는 급암의 정치적 재능도 인정했습니다. 무제는 못 본 체하고 까칠한 성격의 급암을 동해군의 태수로 임명했습니다. 급암은 부임지에 도착해서도 도교를 신봉하는 사람답게 행동했습니다. 일을 깨끗하고 조용하게 처리하기 좋아해, 아랫사람들에게 일을 맡기면서도 대원칙 아래서 일을 처리하는지만 확인했으며, 이후 세세한 부분에 대해서는 별로 참견하지 않았습니다. 더구나 그는 몸이 약해 병치레가 잦았는데, 문을 걸어 잠근 채 침대에 누워 있던 적이 한두 번이 아니었습니다. 그러나 1년여 동안 동해군은 아무 일이 없었고 백성 역시 그를 따랐습니다. 무제는 그 애기를 전해 듣고 급암을 장안으로 불러들여 주작도위로 다시 임명합니다. 구경에 해당하는 자리였습니다.

무제는 이후 그를 초楚 일대의 교통요지인 회양 태수로 임명합니다. 그러나 급암은 이때 무제의 명령을 죽어도 따르려 하지 않았습니다. 그래서 거의 울면서 무제에게 이렇게 요청합니다.

"소신은 원래 죽기 전에 다시는 폐하를 뵐 수 있을 것이라고 생각하지 않았습니다. 폐하께서 다시 소신을 쓰리라고도 생각하지 않았습니다. 그러나 소신은 병이 들어 전신이 아픈지라 지방을 책임지는 관리를 맡을 수 없습니다. 소신을 조정의 중랑시종으로 임명해 고문으로 삼는 것이 어떻겠습니까?"

이에 무제는 이렇게 회신합니다.

"경은 회양이라는 곳이 너무 작다고 생각하는 것이오? 경이 우선 부임하면 짐은 빠른 시일 내에 다시 불러올릴 것이오. 지금 회양의 관민 관계는 매우 껄끄러운 상태요. 짐은 경의 명망으로 그 문제를 해결하고 싶소. 몸이 좋지 않으면 집에서 정무를 처리해도 좋소."

급암은 어쩔 수 없이 회양에 부임했습니다. 회양은 그의 부임 이후 놀랍게도 정치가 잘 돌아가고 백성이 화목해졌습니다. 이전보다 훨씬 살기 좋은 곳이 된 회양에서 급암은 무려 7년을 일했습니다. 그렇게 회양 태수로 있다 훗날 병으로 세상을 떠났습니다. 무제는 급암을 국가와 운명을 같이 하는 이른바 사직社稷의 신하로 인정했습니다.

급암은 많은 병을 앓은 사람입니다. 병 하나로 몇 개월을 앓았으니까요. 한나라의 규정에 의하면 3개월을 앓아눕게 되면 면직되는 것이 원칙입니다. 그래서 무제는 급암이 병석에 누운 지 3개월이 되면 계속 요양할 수 있도록 다시 휴가를 주었습니다. 그가 면직되지 않도록 확실하게 보장해준 것이죠. 한번은 급암의 병세가 아주 깊었을 때, 장조가 그를 대신해 휴가를 요청했을 정도였습니다. 그때 무제가 장조에게 "급암은 어떤 사람인가?"라고 묻자 장조는 이렇게 답합니다.

"급암은 일반적인 상황에서 관리를 하면 남보다 뛰어나지 않을 겁니다. 그러나 그에게 어린 군주를 보좌하라고 하면 그는 아마도 전심전력을 다할 겁니다. 어떤 유혹을 해도 그의 충성심을 흔들지 못할 겁니다. 설사 누가 전국시대의 저명한 역사力士인 맹분孟賁이나 하육夏育을 자처하더라도 그의 생각을 바꾸지 못할 거라고 생각합니다."

무제는 그 말에 고개를 끄덕이면서 맞장구를 쳤습니다.

"그래. 옛날에는 국가와 함께 운명을 같이 한 사직의 신하들이 있었지. 급암은 그런 사람이지."

국가를 한 손에 움켜쥐고 있는 황제가 이렇듯 급암을 '사직의 신하'로 인정했습니다. 그러니 그런 그의 관료 생애가 어떻게 위험에 처할 수 있겠습니까.

급암이 정치적인 위험에 처하지 않은 데에는 다른 구체적인 두 가지 요인이 더 있습니다. 하나는 급암이 다른 사람들에게 이용당할 무슨 약점이 없었던 것이고, 다른 하나는 급암이 권신들의 암수를 만나지 않은 덕분이라고 생각합니다.

물론 남의 칼로 사람을 죽이는 능력이 뛰어난 공손홍이 그에게 손을 쓰지 않은 것은 아닙니다. 급암은 몇 차례에 걸쳐 공손홍이 거짓 군자라는 사실을 폭로했습니다. 공손홍은 그런 급암을 과연 놔둘 수가 있었을까요? 당연히 그럴 수가 없었지요. 그렇다면 공손홍은 어떻게 그를 해쳤을까요?

무제에게 그를 우내사右內史로 임명하도록 권유한 것이 방법이었습니다. 우내사는 수많은 고관대작과 황제의 종친이 거의 대부분 거주하는 수도인 장안 일대를 관할하는 관리였습니다. 다스리기 쉽지 않은 곳이었지요. 공손홍은 그 사실을 근거로 내세워 성망이 대단히 두터운 대신이 우내사를 맡아야 한다고 주장합니다. 이어 급암이 그 중임을 맡을 수 있다고 주청합니다. 그의 말은 틀리진 않았지만, 절대로 좋은 의미에서 그런 것도 아닙니다. 그런데 누가 생각이나 했을까요? 급암은 몇 년이나 우내사를 맡으면서 정무를 질서정연하게 아주 잘 처리했습니다. 고관대작이나 황실의 종친이 말썽을 부리는 일도 없었구요. 그렇게 공손홍의 음모는 철저하게 무산되고 맙니다.

그러면 장안의 고관대작이나 종친이 급암에게 함부로 도전하지 않았을까요? 한 가지 사례를 들어 이 문제에 답해야겠습니다. 회남왕 유안이 모반을 준비할 때 가장 골치 아프게 생각한 인물이 다름 아닌 급암이었습니다. 유안은 그때 이렇게 한탄했습니다.

"급암은 직언으로 간언하기를 좋아하는 사람이다. 또 신하로서의 절개를 지키는 사람이며, 정의를 위해 목숨을 버리려는 사람이다. 무슨 수단을 써도 유혹하기가 힘들다. 그러나 승상 공손홍을 설득하는 것은 삼베를 찢는 것이나 나뭇잎을 털어 떨어뜨리는 것처럼 쉬운 일이다."

오만방자한 회남왕이 얼마나 급암의 강직함을 두려워했는지를 잘 보여줍니다. 장안의 고관대작이나 종친은 평소 급암에 대한 그런 소문을 듣고 말썽을 부리지 않았을 겁니다.

그러나 어린아이의 거리낌 없는 말은 궁극적으로는 교언영색巧言令色을 이기지 못했습니다. 급암과 공손홍 모두 회남왕의 모반 당시 절개를 잃지는 않았지만 마지막 가는 길은 확연하게 달랐습니다. 직언을 마다하지 않고 일세를 풍미한 급암은 회양군의 태수로 늙어 세상을 떠난 반면, 그에게 위해를 가하려고 기도했던 공손홍은 승상의 자리에 앉은 채로 죽음을 맞이했던 겁니다. 그러면 당시 조야를 떠들썩하게 한 이 회남왕 모반 사건은 무엇일까요?

关于窦婴伪造诏书，从逻辑上看决无可能。

地粮食充足。

汲黯批评汉武帝对匈

促进了汉朝和西域相互了解。

汲黯

汉武帝看到汲黯的鲠直

汉武帝看到汲黯的鲠直和忠诚。

汉武帝看到了汲黯的原则性。

作为从军近半个世纪的宿将，李广有没有封侯的主观条件？

"独尊儒术"导致文化专制。

政治才干。

王美人想借

5부
제후의 반란을 평정하다

关于窦婴伪造诏书，从逻辑上看决无可能。

以儒饰法。

关于不存档，从逻辑上讲，我认为也不

汉匈关系的转折点。

窦婴伪造诏书，

由于栗姬的不理智，反而给王美人的胜出制造了空档。

李广难封，是不是机遇未到？

作战方略的转折点。

智勇神射之才。

她的存在转移了窦太后的注意力。

阻止汉景帝封匈奴降将。

阻止汉景帝封王信为侯。

阻止汉景帝废立太子。

，从逻辑上讲，我认为也不可能。

这是第二个幸运，得子。

迅速明朗化

阻止汉景帝封匈奴降将。

회남에 비밀스런 일이 있다

원삭 5년(기원전 124년) 회남왕 유안의 중랑시종으로 있던 뢰피雷被는 밤을 낮 삼아 열심히 장안으로 내달린 다음 무제에게 글을 올렸습니다. 회남왕이 자신을 박해한다는 내용이었습니다. 무제는 사건의 성질이 중요하다고 판단, 정위와 회남국에 인접한 하남군 정부가 이 일을 합동 조사하도록 신속하게 조치했습니다. 회남왕 유안은 그 소식을 듣고 바로 반란을 모의했지요.

뢰피에게는 어떤 억울한 사정이 있었을까요? 어떻게 천자만이 그 사정을 해결하지 않으면 안 됐을까요? 회남왕은 도저히 자신의 죄를 씻을 수 없다고 생각해 반란을 선택했던 걸까요? 더불어 일개 집안일에 지나지 않았던 일들이 어떤 이유로 무제를 밤새워 고민하게 만들었을까요? 일개 서생인 회남왕의 비분강개가 어떻게 한바탕 제후의 반란을 불러일으켰을까요?

아들의 분노가 아비의 땅을 잃게 하다

회남왕 유안이 직면할 한바탕 대재난은 사실 태자 유천(劉遷, 한나라 때는 황제 자리를 계승할 중앙정부의 황제 아들만 태자로 불린 것이 아니라 제후왕의 후계자 역시 태자로 불렸음)이 원인을 제공했습니다. 그러면 회남왕의 태자는 어떻게 아버지에게 그런 대재난을 가져다주었을까요?

원삭 5년(기원전 124년) 유천은 무검舞劍을 배우기 시작합니다. 배운 지 어느 정도 시간이 지나자 그는 자신이 천하무적이라고 생각하게 됩니다. 어느 날 그는 아버지의 시종인 뢰피가 회남 최고의 검객이라는 얘기를 들었습니다. 그는 그 말을 수긍하기가 어려워 결국 뢰피를 불러 한번 겨뤄보자고 제안했습니다. 뢰피를 물리치면 강호에서 자신의 지위가 올라갈 거라고 생각한 겁니다.

뢰피는 태자의 제안에 그야말로 진퇴양난이었습니다. 하기야 그로서는 그럴 수밖에 없었지요. 만약 이긴다면 앞으로 어떻게 회남왕 밑에서 일할 수 있겠습니까. 져도 그렇습니다. 회남 최고의 검객이라는 자랑스러운 이름을 더럽힐 것이 뻔했습니다. 그는 괴로웠습니다. 생각 끝에 겨루기 제안을 거부하기로 했습니다. 하지만 유천은 안 된다고 했습니다! 자신의 제안을 거절하는 것은 태자를 우습게 보는 것이라는, 말도 안 되는 트집을 잡았습니다! 할 수 없이 뢰피는 응하고 맙니다.

이윽고 시합이 시작되었고, 예상 외로 뢰피는 계속 밀렸습니다. 태자는 그럴수록 계속 그를 압박했고요. 순간 그는 조심한다고는 했으나 결국 태자를 찌르고 말았습니다. 태자는 당연히 불같이 화를 냈고, 뢰피는 등에 식은땀이 흐르는 것을 느꼈습니다. 어떻게 시합을 끝냈는지 모를 정도였습니다.

이때 마침 중앙정부에서는 위청이 막남(漠南, 고비 사막 이남. 지금의 네이

명구 지역)의 전투에서 흉노에게 대승을 거두었다는 소식을 전해주었습니다. 이에 고무된 무제는 다음과 같은 훈령을 전국에 내립니다.

'누구라도 군대에 들어오고 싶은 장정은 장안에 들어와 등록을 하면 된다. 지방정부는 이를 말려서는 안 된다. 그렇지 않을 경우 이를 항지로 인정, 처벌한다.'

뢰피는 자신이 회남왕의 아래에 더 이상 있을 수가 없다는 판단 아래 장안으로 가기로 결정합니다. 군대에 들어가기로 한 겁니다. 그것이 시비를 불러일으킬 회남 땅에서 도피할 수 있는 길이기도 했습니다. 그러나 태자는 안 된다고 고집을 부렸습니다. 계산이 아직 끝나지 않았다는 얘기였습니다. 심지어는 자신의 아버지인 유안의 면전에서 뢰피를 비난하기도 했는데, 유안은 아들의 말에 낭중령郎中令을 통해 뢰피를 엄하게 힐책한 다음 그를 해임시켰습니다. 나아가 이런 구두 명령까지 내립니다.

"중랑 뢰피의 중앙 군대 입대를 엄금한다! 회남국 사람들은 앞으로 이를 교훈으로 삼아야 한다. 앞으로는 누구라도 말썽을 일으키는 사람은 군대 입대를 명분으로 삼아 회남에서 도망갈 생각을 하지 말아야 한다!"

회남왕 유안은 유방의 손자입니다. 또 무제는 문제의 손자였습니다. 유안의 항렬이 무제보다 하나 높았습니다. 또 그는 유씨 종실에서는 최고 항렬의 연장자였습니다. 무제는 이 골치 아픈 집안 삼촌을 어떻게 처리했을까요?

무제는 아버지 경제 때에 일어난 오초칠국의 난에 영향을 많이 받았습니다. 자리를 이은 다음 전력을 다해 중앙집권을 강화하고 제후왕의 세력을 약화시킨 것도 다 그 때문입니다. 심지어 원삭 2년(기원전 127년)에는 주보언의 추은지책의 조치를 받아들여 제후왕들의 세력을 더 축소하려고 했습니다. 그러나 추은지책은 강제성이 없었기에 어떤 제후는 무제의 뜻을 받들어 실행했지만 일부 제후는 방관자의 자세를 취했습니다. 회남왕 유안 역시 무제의 야심적 정책을 추진하지 않았습니다. 그 때문에 무제는 그의 일거수일투족을 예의 주시하며 항상 가슴에 새겼습니다. 한마디로 대충 넘어가지 않았습니다. 뢰피가 상소를 했을 때 그가 순간적으로 울컥 반응한 것은 너무나도 당연합니다.

"뢰피의 중앙 군대 입대를 엄금한다"라는 구두 명령을 내린 것은 제후가 수하를 괴롭힌 사소한 사건이 아니었습니다. 법률에 의하면 천자의 조치를 방해하는 자는 기시(棄市, 시신을 저자거리에 내다버리는 형벌)의 벌을 받아야 할 죄인이 되므로, 무제는 사건의 진상을 철저히 가리라는 명령을 즉각 하달합니다.

회남왕 유안은 좌불안석이었습니다. 지나치게 긴장한 겁니다. 얼마 후 정위와 함께 사건을 심리하던 하남군(수도는 낙양) 정부는 유천을 체포, 낙양에 데리고 가 심문하겠다는 입장을 전달해왔습니다. 그는 더욱 초조해졌습니다. 사랑하는 아들을 감옥에 보낼 수는 없었으니까요. 그는 왕후와 상의한 뒤 하남군에서 아들을 체포하러 오면 반란을 일으킨다는 결론을 내립니다. 그러나 반란은 생각만큼 간단한 일이 아닌지라 회남왕은 십여 일을 망설인 채 아무 조치도 취하지 못하고 말았습니다.

당시 회남국의 수도는 수춘현壽春縣입니다. 수장인 현승은 회남왕이 임명했지만 회남왕의 국상은 중앙정부에서 임명했습니다. 국상은 현승이 태자를 체포하는 일을 미적거리면서 노골적으로 회남왕을 편드는 것을 목도할 수밖에 없었습니다. 그는 즉각 중앙정부에 수춘 현승이 중앙에 항명한다는 보고를 올렸습니다. 중앙 세력과 지방 세력의 한바탕 힘겨루기가 시작된 겁니다.

회남왕은 국상이 수춘 현승을 고발한 것을 알고는 탄핵을 취소하라고 요구했습니다. 그러나 국상은 요지부동이었습니다. 회남왕은 사태가 점점 불리하게 돌아간다고 느끼자 한껏 초조해하다가 급기야 국상이 위법을 저질렀다고 무제에게 고발했습니다. 무제는 정위에게 그 고발을 심리하라고 명령했습니다. 당연히 결과는 회남왕에게 불리하게 나왔고, 이래저래 회남왕은 자기 머리에 스스로 올가미를 씌우게 되었습니다.

상황이 이렇게 흘러가자 공경대신들은 약속이나 한 듯 회남왕을 체포해야 한다고 주장합니다. 궁지에 몰린 회남왕은 태자와 상의했습니다. 이왕 시작할 거면 철저하게 하자는 쪽으로 결론이 났습니다. 우선 중앙정부에서 사신이 내려와 회남왕이나 태자를 체포하려고 하면 사신을 죽이기로 했고, 이어 회남국의 군사 정책을 총괄하는 중위(장안의 치안을 책임지는 관리)를 죽이고 거병하기로 결론을 모았습니다.

무제는 이번 기회에 회남국을 일거에 평정해야겠다고 생각했지만, 시원스럽게 결론에 이르지는 못하고 있었습니다. 아무래도 회남왕이 자신보다 항렬이 높은 게 원인이었습니다. 게다가 삼촌의 권위는 차치하고라도 자신의 명예를 생각하지 않으면 안 되었으니까요. 그는 고심 끝에 중위를 수춘현으로 파견하는데, 이는 회남왕에게 사정의 진상을 분명하게 묻기 위한 조치였습니다.

회남왕의 눈에 비친 중위의 안색은 꽤 괜찮았고, 그저 뢰피의 상황에 대해 물어보는 정도로 심문을 마쳤을 뿐입니다. 징계 문제에 대해서도 일언반구가 없었기에 회남왕은 그를 살해할 엄두조차 내지 못했습니다. 중위는 조정에 돌아온 다음 조사 결과를 보고했습니다. 공경대신들은 다시 분분한 의견을 개진했는데, 결론적으로 회남왕을 죽이자는 의견이 절대다수였습니다.

그럼에도 무제는 조정 대신들의 의견을 받아들이지 않았습니다. 다급해진 대신들은 차선책으로 두 번째 처리 방법을 제시합니다. 회남국의 다섯 개 현을 봉국에서 박탈하는 방안이었습니다. 강력한 징벌을 가한다는 중앙 조정의 입장을 분명히 하려면 사실 그 정도의 조치는 필요했습니다.

무제 역시 이 조치는 부분적으로 수용했는데, 회남국에서 두 개 현을 떼어낸다는 결정을 내린 겁니다. 지난 번 파견되어 회남왕을 심문했던 중위는 처분 내용을 발표하기 위해서 다시 회남국으로 향했습니다.

회남왕은 자신이 죽을죄에서 벗어나지 못할 거라는 말은 이미 수없이 들었던 터라, 당연히 최후의 결정이 삭지削地라는 사실은 까맣게 몰랐습니다. 그는 태자 유천과 다시 상의했습니다. 이번에는 '절대로 관용을 베풀지 않는다. 반드시 중앙 조정의 사신을 죽인 다음 거병한다'라는 묵계가 이루어졌습니다.

그러나 누가 알았을까요? 중위는 회남왕을 보자 연신 축하한다는 말을 건넵니다. 이어 그에게 죽을죄에서 벗어났다면서 두 현을 털어내는 조치만 수용하면 된다고 통보했습니다. 모질게 먹은 유안의 마음은 다시 흔들렸습니다. 중위는 다시 한 번 목숨을 잃는 횡액에서 벗어날 수 있었고, 따라서 반란도 흐지부지되었습니다.

마음은 굴뚝 같으나 판세를 흔들 힘이 없다

회남왕 유안은 한나라의 법을 어겼습니다. 죽어 마땅한 죄를 지은 겁니다. 그러나 무제는 그를 바로 죽이지 않았고 그에게 속죄할 기회를 주었습니다. 회남왕은 진짜 그 기회를 귀중하게 생각했을까요? 그는 과연 마음을 바꿔 지금부터라도 어진 정치를 펼쳐야겠다는 생각을 했을까요?

회남왕은 무제가 자신을 죽이지 않을 것이라는 생각은 전혀 하지 못했습니다. 당연히 중위의 말에 기뻐했겠지요. 그러나 기쁜 것은 한순간뿐이었습니다. 그 기쁨이 지난 다음 그는 다시 불안해졌습니다. 극도로 우울해졌다고 해도 좋습니다. 그는 아마도 이렇게 생각했을 겁니다.

'나는 제후왕 중에서도 제일 항렬이 높다. 일생을 '인의를 행했다'라는 말을 들을 정도로 살았다. 그런데도 두 현을 떼어내는 아픔을 감수해야 한다. 정말 불공평하다.'

그러면 거의 매일 불만을 느꼈던 그는 어떻게 했을까요? 그때부터 고심에 고심을 거듭했습니다. 장안에 자신이 정보수집 차 보낸 수하들이 돌아오면 자세하게 현지 상황을 묻기도 했습니다. 그중에는 그를 속이는 사람도 있었습니다. "황제가 아들이 없어 조정이 불안합니다"라고 말하는 사람이 있으면 그는 대단히 기뻐했습니다. 반면 "조정의 정국은 대단히 안정되어 있습니다. 황제에게는 아들이 있습니다"라고 말하는 사람에게는 무척 심하게 화를 냈습니다. 심지어 "말도 안 되는 소리, 믿을 수 없어!"라고 말하기도 했지요.

회남왕은 그런 초조하고 불안한 상태에서 용솟음치는 원한으로 인해 매일매일 가슴을 졸였던 겁니다. 그로 인해 그는 반란을 일으켜야겠다는 생각을 더 확고히 굳혔습니다. 그는 수하 중에서 가장 군사 문제에 정통한 문객門客인 오피를 불러들였습니다. 반란에 대해 상의하기 위해서였습니다. 그러나 오피는 회남왕의 반란 계획을 지지하지 않았습니다. 오피가 그런 이유는 딱 하나였습니다. 반란은 성공할 수 없다고 판단한 겁니다.

그는 왜 회남왕의 반란이 성공하지 못한다고 생각했을까요? 무엇보다 민의의 지지가 없다고 여긴 것이 큰 이유였을 겁니다.

'과거 진시황이 통치했을 때는 백성들이 그의 폭정과 가혹한 법률을 견딜 재간이 없었다. 그래서 일찍부터 진나라에 반대하는 거대한 역량이 축적될 수 있었다. 때문에 진승陳勝과 오광吳廣이 거병의 신호를 보내자 천하가 호응했다. 하지만 지금은 무제가 비록 함부로 군사를 일으켜 침략 전쟁을 일으키고 있다고는 하나 나라와 백성이 모두 부강하다. 민간에서는 전혀 반정부의 정서가 없다.'

회남국의 군사적 역량이 형편없다는 판단 역시 나름대로 작용했습니다. 오초칠국의 난이 일어났을 때 반란군은 대단한 역량이 있었는데도 반란은 성공하지 못했습니다. 그렇다면 작디작은 일개 회남국이 반란을 일으키면 어떻게 되겠습니까? 한마디로 중앙정부와 비교하면 양자의 격차는 엄청났으니 성공이라는 말을 거론할 수조차 없었습니다.

'세력'과 '힘'이 없으면 어떻게 성공할 수가 있겠습니까? 그건 정말 확실한 것 같습니다. 우리는 세력을 지킨다, 세력을 등에 업는다, 세력을 만들 수 있다는 등의 말을 흔히 합니다. 그러나 전제 조건이 있어야 합니다. '세력'이 있어야 합니다. 또 힘을 빌린다, 힘을 축적한다, 힘을 발휘한다는 등의 말도 할 수 있습니다. 그러나 역시 전제는 '힘'입니다. 생각은 있으나 방법은 없었습니다. 그만두는 것이 더 나을 수 있었지요.

오피의 의견은 정확했습니다. 하지만 이때 회남왕에게는 그의 말이 귀에 들어오지 않았습니다. 속담에 '불행은 한꺼번에 온다'라는 말이 있습니다. 회남왕이 삭지의 고통에 직면한 지 얼마 되지도 않았는데 다시 그를 고발하는 상소가 황제에게 날아간 겁니다. 그러면 이번 고어장(告御狀, 황제에게 억울함을 호소하는 상소문)은 누가 보낸 것일까요? 그는 또 무슨 이유로 회남왕을 고발한 것일까요?

억울함을 호소한 사람은 다른 사람이 아니었습니다. 회남왕 유안의 친손자인 유건劉建이었습니다. 도대체 어떻게 손자가 할아버지를 황제에게 고발할 수 있었을까요? 이유는 있었습니다. 무엇보다 그의 아버지가 모욕당한 것이 이유였습니다.

회남왕에게는 아들이 둘 있었는데, 그중 유건의 아버지 유불해劉不害는 서장자庶長子였습니다. 서자이기는 했으나 큰아들이었던 거죠. 하지만 회남왕을 비롯해 그의 왕후, 그리고 태자 유천은 모두 유불해를 좋아하지 않았습니다. 좋아하지 않은 정도면 괜찮은데, 그를 멸시하기까지 했습니다. 유불해는 성격이 대단히 유약한 사람이었는데다 비굴하다고 해도 틀리지 않습니다. 자신에 대한 불공정한 대우에 큰 반응도 나타내지 않았지요. 그러나 아들인 유건은 달랐습니다. 재능이 있었을 뿐 아니라 혈기가 방장했습니다. 그래서 회남왕과 왕후, 태자 유천이 아버지를 멸시하는 것을 도저히 보고만 있을 수 없었습니다. 마음속에서는 항상 욱하는 마음이 용솟음쳤던지라 때를 기다려 본때를 보여주자는 생각뿐이었습니다.

유건의 아버지가 후로 봉해지지 않은 것 역시 큰 이유 중에 하나였습니다. 무제는 원삭 2년(기원전 127년)에 주보언의 건의를 받아들여 추은지책을 반포했습니다. 그로 인해 제후왕들의 적장자들뿐 아니라 다른 아들들 역시 거의 대부분 후로 봉해졌습니다. 영토도 나누어 가졌습니다. 무제의 원래 생각은 제후국의 영토를 갈수록 작게 만들어 마지막에는 중앙정부에 저항하지 못하도록 찌그러지게 하자는 것이었으나 그건 아무래도 좋았습니다. 유건에게는 그게 운명을 바꿀 큰 기회였으니까요. 일단 땅이 분할돼 아버지 유불해가 후로 봉해지기만 하면 자신도 매일 할아버지의 눈엣가시가 되지 않아도 됐으니까요.

그러나 회남왕 유안은 추은지책의 실시를 거부하였습니다. 태자가 되겠다는 유건의 꿈은 완전히 물거품이 돼 버렸습니다. 그로서는 한을 크게 품지 않을 수 없었지요. 유불해는 비록 서출이었으나 그래도 장자였습니다. 하지만 아무것도 없었습니다. 동생 유천이 적출인 탓에 태자의 자리에 앉아 떵떵거리면서 총애를 받은 것과는 완전히 딴판이었습니다. 친형제의 신분과 지위가 이처럼 큰 차이가 났으니 유건의 속이 평정을 유지할 수 있겠습니까? 당연히 그렇지 않았지요.

유건의 계획이 탄로났다는 사실도 무시해서는 안 됩니다. 유건은 참을성이 유달리 강하고 은인자중하는 아버지 유불해와는 많이 달랐습니다. 재능이 있는 인사들과 어울리기를 대단히 좋아했던 인물이었으니, 당연히 태자 유천을 뒤집어엎을 생각을 하지 않을 수가 없었습니다. 그렇게만 되면 자신의 아버지가 순조롭게 그를 대신해 태자가 될 가능성이 높았으니까요. 그러나 유건의 생각이나 행동은 그다지 치밀하지 못해 결국 얼마 되지도 않아 태자 유천에게 바로 발각되었습니다.

유천은 교만하고 성질이 괄괄한 사람이었으니 어찌 조카의 그런 발칙한 도발을 용납하겠습니까? 즉각 그를 잡아들여 혹독하게 고문했습니다. 그 고문으로 인해 한 가정의 갈등은 급기야 적과 나의 갈등으로 악화되었고, 태자 유천과 유건의 숙질 관계도 급속도로 나빠졌습니다. 유건은 막다른 길에 내몰려야 했습니다. 이제 모험만이 그의 마지막 선택이었지요.

뢰피가 회남왕을 고발한 다음해인 원삭 6년(기원전 123년) 유건은 수하한 명을 장안으로 파견해 태자 유천을 고발합니다. 유건이 고발한 주요 내용은 세 가지였습니다. 하나는 자신이 박해를 받는다는 것이었고, 다른 하나는 아버지가 박해를 받는다는 하소연이었으며, 마지막은 회남에 비밀스러운 일이 있다는 내용이었습니다.

이 세 가지 중 첫 번째와 두 번째 내용은 집안일에 속합니다. 일반 가정의 일이었다면 그저 넘어갈 수도 있겠지만 황족의 집안일은 바로 나랏일입니다. 그러니 중앙정부에 조사할 권한이 있는 것은 당연한 바지요. 이른바 '회남에 비밀스러운 일이 있다'라는 것은 회남왕 유안의 집안에 숨겨진 비밀을 의미했습니다. 그것이 도대체 무엇이었을까요? 바로 모반이었습니다. 더구나 유건은 태자가 일찍이 수차례에 걸쳐 중앙정부에서 파견한 사신을 죽일 음모를 꾸몄다는 사실도 알고 있었습니다. 그건 치명적인 살상력이 있는 정보였습니다.

무제는 이 사건을 승상 공손홍에게 맡겼고, 인접한 하남군 정부에게는 조사 책임을 맡겼습니다. 이때 여후가 권력을 쥐고 있을 당시의 심복이었던 벽양후辟陽侯 심이기의 손자 심경審卿은 공손홍과 아주 절친한 사이였습니다. 문제는 그가 회남왕 유안과는 묵은 원한이 쌓인 사이였다는 사실이었습니다. 당연히 공손홍 앞에서 온갖 죄명을 다 드러냈을 것이며, 이에 공손홍은 회남왕 유안이 반란을 일으킬 생각이 있었다는 심증을 더욱 굳혔습니다. 뿐만 아니라 조사를 보다 확실히 하겠다는 생각도 다지게 되었지요.

유안은 더욱 불안해졌습니다. 반란을 일으켜야겠다는 생각이 다시 그의 뇌리에 스쳤습니다. 그는 상의를 하기 위해 오피를 찾았는데, 오피는 여전히 이전의 생각을 버리지 않았습니다. 그는 이렇게 강조합니다.

"지금 제후들은 반란을 일으킬 생각을 하지 않고 있습니다. 백성도 조정을 원망하지 않고요. 한마디로 민심이 안정돼 있습니다. 그런데 지금 경솔하게 행동에 나선다면 틀림없이 '하늘의 도를 거스르고 때를 모른다'는 말을 듣게 됩니다. 절대로 성공할 수 없습니다."

유안은 진퇴양난이었습니다. 거병하면 성공하지 못하고 거병하지 않으면 음모가 곧 백일하에 드러날 판이었으니까요. 유건은 원래 태자 유천만 제거하려고 했습니다. 자신의 아버지를 태자로 만들기만 하면 그만이라는 게 그의 생각이었습니다. 자신의 고발이 할아버지를 불귀의 객으로 만들지도 모른다는 생각은 아예 하지 않았던 거죠.

어쨌거나 오피는 유건으로 인해 다급해진 회남왕을 말리다 안 되자 한 가지 계책을 내놓았습니다. 남의 힘으로 적을 치는 이른바 차력타력借力打力 전략이었습니다. 그는 세부적인 전략도 제시했는데, 첫째 전략은 승상과 어사대부의 황제에게 올리는 주장을 위조, 세 종류의 사람들을 변방으로 보내는 것이었습니다. 당시 삭방군은 설치된 지 얼마 되지 않았으므로 당연히 인구가 적었습니다. 이에 착안해 오피가 그쪽으로 옮기기로 한 세 종류의 사람은 각 지역의 토호 내지는 협객과 조폭 세력, 2년 이상의 징역을 선고받은 죄수, 50만 전을 주고 풀려난 죄수 등이었습니다. 그들을 그냥 보내서도 안 되었으니, 출발을 재촉해 그들에게 다른 생각할 여유를 주지 말아야 한다는 것이 오피의 생각이었습니다.

두 번째 전략 역시 중앙정부의 사법 부문에 내려 보내는 황제의 조서를 위조해 각지 제후왕의 태자, 총신들을 체포하는 것이었습니다. 오피의 이 계략은 서류 위조를 통해 백성의 원성을 비등케 하겠다는 계획이자, 또 제후들을 두려움에 떨게 만들겠다는 전략이었습니다. 이 경우 천하는 대혼란에 직면할 수밖에 없을 것이며, 회남왕은 바로 그 기회를 틈타 거사를 일으킨다는 전략이었습니다.

사마천은 『사기』의 「회남형산열전淮南衡山列傳」에서 두 차례에 걸쳐 회남왕의 모반 계획에 반대하는 오피의 말을 대대적으로 기록했습니다. 「회남형산열전」 편의 거의 반을 차지할 정도로서, 사마천이 오피의 말에 대해 얼마나 무릎을 쳤는지를 보여주는 대목입니다. 더불어 이른바 한나라의 '대일통'을 파괴하려는 유안의 생각에 사마천 그 자신의 불만이 대단히 많았다는 사실도 보여주는 듯합니다. 사마천에 따르면 오피가 설파한 말의 핵심은 분명했습니다. 무제 당시 백성의 중앙정부에 대한 생각은 폭력 정권을 뒤집어 엎어야 한다는 진나라 말기 백성의 생각과는 완전히 다르다는 점, 그렇기 때문에 반란이 성공할 수 없다는 것이었습니다.

'차력타력' 전략은 정국의 위기를 조성하는 데에 착안한 것이었습니다. 그걸 통해 사회모순을 격화시키고 민심을 바꿔보자는 전략이었지요. 그러나 유안은 모반해서는 안 된다는 오피의 말을 귀담아 듣지 않은 채 그만 '차력타력'의 전략을 흘려 듣고 맙니다. 대신 그 자신의 독자적인 전략을 세웠지요.

우선 인신(印信, 공문서 도장)을 위조하는 전략을 세웠습니다. 유안은 진짜 이 전략을 행동으로 옮겨, 위로는 황제의 옥새와 승상의 대인大印, 아래로는 각지 현 관리의 관인을 모두 위조했습니다.

두 번째로는 스파이를 심는 전략을 세웠습니다. 유안은 이를 위해 자신의 수하들에게 죄를 지어 장안으로 도망가는 죄수 신분으로 위장하도록 시켰습니다. 이어 이들을 대장군 위청과 승상 공손홍의 부府에 잠입시켰는데, 이는 반란의 깃발이 올라가면 즉시 위청을 살해하고 공손홍을 항복시키기 위해서였습니다.

마지막으로 병력 동원 전략도 수립했습니다. 무제 때 제후국의 군대는 왕이 아닌 국상, 내사, 중위 등 세 사람이 관장했으며, 이들 세 사람 중 한 사람이라도 동의하지 않으면 군대는 동원할 수 없었습니다. 회남왕은 당연히 중앙정부에서 파견한 국상 등이 자기 말을 듣지 않을 것이라고 판단했습니다. 그래서 그와 오피는 두 가지 병력 동원 방법을 상의한 것입니다.

첫 번째 방법은 국상을 비롯한 회남국의 고관들을 살해한 다음 병권을 탈취하는 것이었습니다. 구체적으로는 궁중에 일부러 불을 질러 상국을 비롯해 녹봉 2,000석 이상 받는 고관들이 뛰어나올 때 즉각 살해하는 방법이 채택되었습니다. 두 번째 방법은 남월南越 군대가 침략을 해왔다는 소문을 가짜로 만들어 병력을 동원하는 것이었습니다. 남월이 침입해왔다는 소문을 낸 다음 군대를 동원, 바로 군권을 장악하는 방법이었습니다.

우리는 회남왕과 오피의 두 전략을 비교하게 됩니다. 오피는 우선 분위기를 만들어야 한다고 생각했습니다. 그래서 사방에서 백성이나 제후가 궐기할 때 그 혼란한 틈을 타 높이 올라서서 대국적으로 상황을 도모하려 했습니다. 이를테면 국면을 길게 끌고 가려 했던 점이 그렇습니다. 반면 단순하게도 회남왕은 단번에 전공을 세우려고 했습니다. 그건 국면을 너무나도 짧게 본 것으로, 일종의 투기였습니다. 일이 성공하지 못한 것은 당연했겠지요.

끝내 실패한 서생의 반란

회남왕과 오피의 계획은 빠른 속도로 추진되었습니다. 그러나 전모가 백일하에 드러나는 것도 그만큼 신속했습니다. 결국 요란하기 이를 데 없었던 회남왕의 반란은 고고성도 울리지 못하고 태아의 상태에서 사망하고 말았지요. 그렇다면 도대체 뭣 때문에 회남왕의 계획은 순식간에 실패로 돌아갔을까요? 원인은 대략만 꼽아도 적지 않습니다.

화는 집안 내부에서 비롯되는 법이라는 불후의 진리를 먼저 꼽아야 합니다. 회남왕의 반란을 실패로 돌아가게 만든 원인으로는 세 가지가 있습니다. 첫째는 뢰피의 고발이고, 둘째는 유건의 고발입니다. 마지막은 반란의 주모자 오피의 고발입니다. 뢰피와 오피는 회남왕이 아끼는 이른바 '팔공(八公, 여덟 명의 문객)'의 일원입니다. 또 유건은 그의 손자이지요. 이중 뢰피의 고발은 회남왕에게 경종을 울려주었고, 유건의 고발은 더욱 큰 파문을 일으켰다가, 결국 오피의 자수로 반란의 전모가 완전히 드러난 것이었습니다. 이게 바로 중반친리衆叛親離, 즉 인심을 잃어 측근까지 배신하는 경우가 아니고 무엇이겠습니까.

모반 음모가 백일하에 드러난 다음 태자와 왕후는 바로 체포되었습니다. 물론 왕궁도 포위되었지요. 모반에 가담했던 이들 역시 무사하지 못하고 전원 체포되었습니다. 반란에 쓰일 예정이었던 병기는 전부 압수되었습니다. 무제의 조치도 신속했습니다. 즉각 부절을 지닌 종정(宗正, 황실의 사무를 관장하는 관리)을 파견, 회남왕을 심문했습니다.

회남왕은 그러나 종정이 회남국에 도착하기 전에 자살로 생을 마감합니다. 왕후 차茶, 태자 유천을 비롯해 모반에 가담한 사람은 모두 멸문지화를 당하고 맙니다.

지모 부족과 과단성 결여도 회남왕의 계획이 실패로 돌아간 원인으로 꼽지 않으면 안 됩니다. 유안은 글 읽기를 좋아했고, 거문고 연주도 즐겼습니다. 대신 사냥이나 개, 말과 함께 노니는 것은 별로 좋아하지 않았습니다. 그런 풍류 기질은 문객들을 모집해 『회남자淮南子』를 편찬한 것으로도 잘 나타나는데, 이 책은 세세손손 전해져 지금에 이르고 있습니다. 본질적으로 그는 문인이었습니다. '머리 좋은 책상물림이 반란을 일으키면 3년이 지나도 성공하지 못한다'라는 말을 들을 만한 유형의 사람이라고나 할까요.

유안이 거병을 준비하고 있을 때입니다. 그는 장안에서 시집온 공주 출신의 태자비가 혹시 비밀을 알게 되지나 않을까 걱정되었습니다. 자칫하면 비밀이 샐 우려가 있었으니까요. 그는 고심 끝에 태자에게 3개월 동안 태자비와 동침하지 말라고 제안했습니다. 아들이 이혼할 수 있는 핑계를 찾고자 했던 것이지요. 3개월이 지난 다음 그는 무지하게 화가 난 것처럼 가장하면서 태자와 태자비를 다시 3개월 동안 한 곳에 가두었습니다. 그래도 태자는 태자비에게 가까이 가지 않았고, 이에 태자비는 도리 없이 태자 곁을 떠나겠다는 입장을 밝힙니다. 회남왕은 황제에게 죄송하다는 글을 올린 다음 태자비를 장안으로 돌려보냅니다.

이 에피소드에 비춰보면 회남왕이 반란을 준비할 시간은 충분했습니다. 그러나 진짜 거병할 것인가 하는 문제에 직면했을 때 그는 많이 망설이며 결단을 내리지 못했습니다.

뢰피 사건이 불거졌을 당시를 보아도 그렇습니다. 하남군이 태자 유천을 체포하려 하자 그는 반란을 생각했습니다. 그러나 계속 결론을 내리지 못하는데, 원문에는 '10여 일을 망설이다 결정하지 못했다'라고 돼 있습니다. 중위가 회남국에 와서 삭지를 선포했을 때에도 크게 다르지 않았습니다. 중위를 살해하고 거사할 준비를 했으나 중도에 그만두지 않았습니까.

그는 유건 사건이 발생했을 때에는 중앙정부의 정위가 온다는 사실을 알았습니다. 국상과 녹봉 2,000석 이상의 고관을 궁으로 불러들여 중앙정부에서 임명한 고관을 모조리 일망타진하려는 생각은 다 그 때문이었습니다. 그러나 궁으로 들어온 중앙정부의 고관은 국상밖에는 없었는데, 당시 내사는 외부 출장 중이었습니다. 또 중위는 정위를 영접한다는 명분으로 오지 않았고요. 그는 모살 계획을 포기하지 않으면 안 되었습니다.

아들인 태자 유천도 만만치 않았습니다. 자신은 회남국의 중위를 모살하려던 죄밖에 없다고 생각해 어떻게 살 길이 있지 않을까 생각했습니다. 하지만 비밀스런 모살 계획에 참여했던 사람들이 모두 죽은 탓에 증인이 될 사람이 없었습니다. 그래서 그는 정위와 함께 장안으로 들어가 상황을 살핀 다음 협상하려고 했습니다.

바로 이런 어수선한 혼란의 전후에 오피가 자수를 한 것입니다. 유안의 모든 계획을 철저하게 망가뜨린 셈이죠. 반란 전체의 과정에서 유안은 마음이 불안했습니다. 갖가지 조치를 취하는데도 참을성이 몹시 부족했고 심지어 우유부단하기까지 했습니다. 반란은 깃발을 올리기도 전에 실패로 돌아가고 말았습니다.

원대한 뜻에 비해 재주가 그에 못 미친 것도 계획 실패의 한 이유입니다. 회남왕은 대단히 자부심이 강한 사람이었습니다. 천하가 안정되어 있는 상황에서 반란을 일으키는 것은 인심을 얻지 못한 채 반드시 실패한다고 생각한 오피가 그에게 민심을 선동하는 몇 가지 조치를 마련해 제안했을 때도 그랬습니다. "내가 그렇게까지 해야 하느냐?"면서 뜨악한 입장을 보였으니까요.

유안은 글재주가 뛰어났습니다. 무제로부터 글을 하나 쓰라는 조서를 받자 즉석에서 바로 저명한 『이소전離騷傳』을 지었습니다. 그러나 유안의 이런 재능은 모두 나라를 다스리기에 꼭 필요한 재능이 아닌, 그야말로 그저 글재주였을 뿐입니다. 따라서 오피가 그에게 "하늘의 도를 거스르고 때를 모른다"라는 촌철살인의 비판을 한 것은 정곡을 찌른 것이라고 하겠습니다.

경제 전원 3년(기원전 154년) 오초칠국의 난이 일어났을 때에도 유안은 반란을 기도한 적이 있습니다. 원문을 보면 '오나라의 사자가 회남국에 이르자 회남왕은 거병하여 이에 호응하려고 했다'라고 되어 있습니다. 그는 그때 자신의 국상이 군대를 이끌고 나가겠다고 하자 병권을 넘기기까지 했습니다. 그러나 국상은 병권을 잡은 다음 중앙정부에 협조해 반란을 진압했습니다. 기본적으로 회남왕의 지휘를 받지 않은 것이지요. 객관적으로 회남왕은 재앙을 피한 셈이 되었습니다.

때문에 운명은 그에게 아주 관대했다고 하겠습니다. 그가 몇 번이나 액운에서 벗어나도록 도와주었으니까요. 그러나 '자신이 만든 재앙은 피할 수 없다'라는 말이 있습니다. 자신의 국상조차 제대로 관리할 능력이 없는 그가 계속 반란의 음모를 잊지 못했던 것은 아무래도 그렇게 얘기할 수밖에 없습니다.

그러면 무엇이 회남왕을 그토록 집착하게 만들었을까요? 평소 좋아하던 책과 거문고를 놓고 왜 능력도 안 되는 반란의 음모를 꾸몄을까요? 어째서 세상이 모두 비웃는 반란에 뛰어들었을까요?

무안후 전분이 그에게 건넨 몇 마디 말을 상기해야겠습니다. 그 몇 마디 말이 그를 우쭐하게 만든 겁니다. 기록을 보겠습니다.

"'지금 황제는 아들이 없습니다. 대왕께서는 고조 황제의 친손자로서 인의를 사방에 펼치고 있습니다. 이에 대해서는 세상에 모르는 사람이 없습니다. 황제가 어느 날 세상을 떠나면 대왕 외에 누가 자리를 잇겠습니까.' 회남왕은 그의 말에 크게 기뻐한 나머지 금은보화를 상으로 내렸다.'

솔직히 말해 전분은 그저 듣기 좋은 말을 했을 뿐인데, 회남왕은 그 말을 잊을 수 없을 만큼 기뻐했습니다. 언젠가는 자신이 천하를 움켜쥘 것이라는 환상을 품게 된 것입니다. 회남왕은 자신의 신분과 지위를 과대평가했습니다. 유방의 손자라는 지위가 황제보다 더 높은 항렬이라는 교만한 생각을 늘 했습니다. 그래서 아래 항렬인 황제에게 신하로 자칭하기를 원하지 않았습니다. 이는 다음과 같은 그의 말에서도 드러납니다.

"나는 고조의 친손자이다. 직접 인의의 도를 행했다. 폐하(무제)의 경우는 나를 두터운 은혜로 대한 탓에 그의 통치를 참아내고 있다. 하지만 폐하가 세상을 떠난 후에는 내가 어떻게 어린아이에게 북쪽을 향해 신하를 칭하겠는가!"

그러나 솔직히 말해 황족의 항렬은 그렇게 대단한 정치 자본은 아니었습니다. 그럼에도 그는 그걸 너무 대단하게 생각한 나머지, 급기야는 그로 인해 정신적인 부담을 짊어진 채 천하를 우습게 보았습니다.

회남왕의 모반은 그 유래가 장구합니다. 심지어는 그의 출생 전으로까지 거슬러 올라간다고 해도 좋습니다. 그러면 무슨 힘이 그처럼 대단하다고 이미 일찍부터 그런 반란을 예고했을까요? 유씨 황족의 내부에는 도대체 얼마나 많은 은원 관계가 내부적으로 꾹꾹 눌린 채 튀어나오지 않고 있었을까요?

무시무시한 원한의 씨앗

회남왕 유안의 모반은 그 유래가 깊습니다. 심지어 그가 출생하기 전에 반란의 씨앗이 심어졌다고 해도 좋습니다. 그러면 유씨 황족의 내부에는 꾹꾹 눌린 채 튀어나오지 않은 어떤 은원 관계가 있었을까요? 또 어떤 변고가 우아하고 점잖았던 유안의 마음에 반란에 대한 강한 의지를 심어주었을까요?

풀뿌리 같은 아이

이 황실의 은원 관계는 회남 여왕厲王의 사건에 그 뿌리를 두고 있습니다. 회남 여왕 유장劉長은 서한 최초의 유씨 회남왕입니다. 아들이 여덟 명이던 고조 유방의 일곱째 아들이지요. 사후의 시호가 여왕이었고, 그래서 후세 사람들이 회남 여왕이라고 부릅니다. 회남왕 유안은 이 여왕의 큰아들이었습니다. 그렇다면 유안이 처음 모반해야겠다는 마음을 먹은 것은 아버지의 영향이었을까요?

말하자면 얘기가 길어집니다. 우선 회남 여왕의 신세부터 얘기를 풀어 가겠습니다.

회남 여왕 유장의 생모는 유방 당시의 조왕趙王인 장오張敖의 미인 (2,000석의 녹봉을 받는 관직에 해당하는 후궁) 조희趙姬였습니다. 그런데 묘하게도 이 장오의 왕비는 다름 아닌 유방과 여후의 딸인 노원魯元공주였습니다. 따라서 유방과 장오의 관계는 군신 관계이자 동시에 장인과 사위의 관계이기도 했습니다. 고조 7년(기원전 200년) 유방은 흉노족을 공격하다 평성에서 포위되는 낭패를 당합니다. 그는 이 포위에서 벗어나 장안으로 돌아가는 길에 조나라를 지나가게 되었습니다. 이때 사위인 장오는 그를 극진하게 모셨습니다. 아무리 바빠도 매 끼니를 직접 갖다 바치는 정성을 기울였습니다. 그러나 유방은 그를 큰 소리로 나무라고 마구 욕하곤 했지요. 주변에서 듣기에도 매우 난처할 정도였습니다.

이때 장오는 원망을 쏟아내지는 않았으나 그의 수하들은 달랐습니다. 특히 국상 관고寬高 등의 측근은 그 모욕을 참을 수가 없어 한이 골수에 맺혔다고 해도 좋습니다. 급기야 그들은 유방을 살해해야겠다는 계획도 세웠습니다. 이어 그 상세한 계획을 장오에게 말했지만 장오는 절대로 안 된다고 버텼습니다. 그렇다고 포기할 그들이 아니지요. 그들은 곧 장오의 눈을 속인 채 원래의 계획대로 세상을 떠들썩하게 만들 대사건을 획책하기 시작했습니다.

다음해인 고조 8년(기원전 199년) 유방은 친히 한신의 패잔병을 공격했습니다. 그는 그 길에 다시 조나라의 수도 한단邯鄲을 지나게 되었습니다. 장오는 이번에는 조희를 유방에게 바쳤고, 놀랍게도 조희는 유방과 하룻밤을 지낸 다음 임신을 했습니다. 그 다음 날 저녁 유방은 백인현柏人縣이라는 곳의 여관에서 머물게 되었습니다. 그때 유방은 잠들기 직전에 왠지 자꾸 불안한 생각이 들었던 모양입니다. 그는 결국 주위에 있던 누군가에 게 현의 이름을 물었습니다. "백인"이라는 대답이 돌아오자 유방은 바로 "백인은 박인(迫人, 사람을 난처하게 만든다는 의미)이다. 이 현 이름은 불길 하다"라고 말했습니다. 그 탓인지 말을 마치자마자 밤을 새워서 바로 그 곳을 떠났습니다. 유방은 딱 한 번을 빼놓고는 평생 미신을 믿지 않았는 데, 그 한 번이 아마 그때가 아니었던가 싶습니다. 아닌 게 아니라 그때 조나라의 국상 관고는 여관에 매복을 시켜두어 밤이 깊어지면 유방을 살 해하려 했던 겁니다.

고조 9년(기원전 198년) 관고의 역모 사건은 기어코 적발되고 말았습니 다. 조왕 장오와 국상 관고는 장안으로 압송돼 심문을 받았습니다. 당연 히 조왕 부府의 사람들 역시 모두 감옥에 갇혔고, 그중에는 임신 중이던 조희도 있었습니다. 조희는 감옥에 갇힌 다음 간수에게 자신이 유방의 아 이를 임신했다는 말을 전했습니다. 구원의 손길을 필요로 했던 겁니다. 다행히 간수는 그녀의 말을 무시하지 않았고 바로 유방에게 보고를 했습 니다.

유방은 이때 나이가 59세였습니다. 당연히 기뻐해야 했겠지만, 당시 유 방은 평생 처음 암살 위협을 경험한 직후였습니다. 더구나 자신을 암살하 려던 범인이 자신의 사위인 장오일 가능성이 있다는 점 때문에 화가 머리 끝까지 나 있던 것은 어찌 보면 당연한 결과지요. 그래서 결국 그는 조희 를 모른 체하고 말았습니다.

조희는 황제로부터 아무런 소식이 없자 여후의 심복인 벽양후 심이기 에게 구명 로비를 하게 했습니다. 심이기에게 여후를 설득해 자신을 구해 달라고 부탁한 겁니다. 여후는 조나라의 어떤 여자가 유방의 아이를 임신 했다는 소식을 듣고는 냉담한 반응을 보이며 도와주기를 완강히 거부하였습니다. 그녀로서는 이때 이미 척부인이라는 정적이 있었으니 어쩌면 그게 정상이겠지요. 다시 조부인이라는 여자가 들어오면 그녀는 찬밥이 될 수밖에 없을 테니까요.

여후는 오불관언이었습니다. 게다가 심이기는 눈치만 보느라고 적극적으로 구원의 손길을 내밀지 않았습니다. 하소연할 곳이 아무 데도 없었던 조희가 결국 감옥에서 아들을 낳은 것은 너무나 당연한 일이었습니다. 이 아이가 나중의 회남 여왕이 되는 유장입니다. 조희는 결국 의지할 사람이 아무도 없다는 절망과 분노를 가슴에 안고 자살을 하고 말았습니다.

간수는 부랴부랴 아이를 수습, 장안으로 달려가서 유방에게 아이를 건넸습니다. 유방의 노기는 시간이 이미 많이 지난 탓에 상당히 누그러져 있었고, 더구나 아이를 보자 뒤늦은 후회까지 했습니다. 조희에 대한 미안한 감정은 말로 표현할 길이 없을 정도였습니다. 그는 아이를 거둬 여후에게 기르도록 했고, 조희 역시 후하게 장례를 치러주었습니다. 이후 유장은 여후에 의해 장성하게 됩니다. 유장과 여후의 관계가 대단히 좋았던 것은 당연한 이치겠지요.

고조 11년(기원전 196년) 10월 회남왕 경포가 반란을 일으켰습니다. 유방은 원래 태자 유영에게 이 반란을 평정하게 하려고 했으나 이 계획은 태자의 사부들인 '상산사호'의 반대로 무산되었습니다. 유방은 도리 없이 병을 안은 채 반란을 평정했습니다. 그는 반란을 평정한 다음 경포에게 나누어준 회남의 땅을 유장에게 주었습니다. 이때부터 유장은 한나라에서는 최초의 유씨 회남왕이 되었습니다. 물론 한나라의 최초 회남왕은 경포였습니다.

여후는 유방이 세상을 떠난 후 바로 정권을 장악했습니다. 이어 앞뒤로 세 명의 조왕(유여의, 유우劉友, 유회劉恢)이 여후에 의해 살해되었습니다. 대왕代王 유항 역시 조왕에 봉해졌으나 강력히 고사한 탓에 횡액을 피할 수 있었습니다.

　이때 고조의 여덟 아들 중 회남왕 유장만 어려서부터 부모가 없었습니다. 하지만 여후가 키운 탓에 아무런 위협도 당하지 않았지요. 실제로 그는 혜제, 여후가 집권한 15년 동안 다른 형제들과는 달리 그 어떤 박해도 당하지 않았습니다.

원수를 갚기 위한 모반

그러면 회남 여왕 유장과 그 아들 유안의 모반은 도대체 무슨 관계가 있었을까요?

　여후가 세상을 떠난 다음 그녀의 집안은 멸족되었습니다. 대왕 유항은 그 혼란한 와중에 즉위해 문제가 되었지요. 이때 유방의 여덟 아들 가운데 남은 아들은 딱 둘로, 넷째 아들인 유항과 일곱째 아들인 유장 두 사람이었습니다. 줄곧 묵묵하게 구중궁궐에서 성장한 일곱째 아들 유장은 바로 이때부터 실력을 발휘하기 시작했습니다. 그동안 잃어버렸던 모든 것을 하나씩 회수하려고 나선 겁니다. 특히 그는 자신과 황제의 특별한 관계를 적절히 활용했고, 나중에는 거칠 것 없이 기고만장해졌습니다. 그래도 문제는 그를 시종일관 용납해주는 등 단 한 번도 잘못을 꾸짖지 않았습니다.

　문제 전원 3년(기원전 177년) 유장이 조정에 들어와 문제를 배알했을 때입니다. 이미 교만해질 대로 교만해진 그는 문제와 함께 사냥을 나가게 되었습니다. 당연히 같은 마차에 탔겠지요. 그때부터 그는 입만 열었다 하면 문제를 '형님'이라고 불렀습니다.

　유장은 천성적으로 엄청난 힘을 가진 사람이기도 했습니다. '솥을 들어 올릴 수 있는 힘'을 가진 항우를 충분히 이을 만한 천하장사였지요. 게다가 성질 역시 포악했습니다. 어느 날 유장은 직접 벽양후 심이기의 집을 방문했습니다. 이미 연로한 심이기는 놀라서 문 앞까지 뛰어나와 그를 영접했습니다. 유장은 그를 보자 조금도 머뭇거리지 않고 갑자기 가슴에서 큰 철퇴를 꺼내 휘둘렀습니다. 연로한 심이기는 그걸 막을 길이 없었습니다. 현장에서 철퇴를 맞고 그대로 쓰러지고 말았지요. 유장의 시종인 유경劉敬은 마치 기다렸다는 듯 심이기의 목을 그대로 도려냈습니다.

유장은 심이기를 살해한 다음 바로 쏜살같이 문제 앞으로 달려갔습니다. 이어 웃통을 벗어젖힌 채 죄를 청했습니다. 그는 그러면서도 벽양후가 반드시 죽어야 하는 세 가지 이유에 대해 주장했습니다.

"우선 제 어머니는 조나라의 선제 모살 음모 사건과는 연루되지 말아야 했습니다. 당시 벽양후는 충분히 돌아가신 여후를 설득할 수 있었습니다. 그러나 그는 제 어머니를 위해 열심히 변호하지 않아 결국 제 어머니가 자살하게 되었습니다. 이게 첫째 죄입니다. 또 조왕 여의 모자도 모두 죄가 없었습니다. 그런데도 여후께서는 그들 모자를 잔인하게 죽였습니다. 벽양후는 이때에도 여의 모자를 위해 변호하지 않았습니다. 이것이 두 번째 죄입니다. 여후께서는 모든 여씨를 대대적으로 왕에 봉했습니다. 유씨의 강산을 위협할 정도였지요. 벽양후는 이에 대해서도 말리지 않았으니 이게 세 번째 죄입니다. 저는 세상 사람들을 위해 적신賊臣 벽양후를 살해하고 어머니의 원수를 갚았습니다. 그래서 특별히 폐하에게 죄를 청하러 왔습니다."

회남 여왕의 이 말은 오랫동안 심사숙고한 끝에 나온 말이었습니다. 얼핏 들으면 나름대로 상당한 논리가 있었으나, 자세하게 살펴보면 논리적인 모순이 한둘이 아니었습니다. 첫째, 벽양후가 당시 여후를 진짜 좌지우지할 수 있었느냐 하는 점이고, 둘째, 벽양후가 유방으로 하여금 회남 여왕의 어머니를 구하도록 할 능력이 과연 있었는가 하는 것입니다. 이로 미루어보면 유방과 여후가 죽는 것을 보면서 그는 한을 품은 채 오랫동안 은인자중했던 모양입니다. 아무튼 그는 '심이기는 전력을 다해 어머니를 구하려 하지 않았다. 그래서 내 어머니의 자살을 초래했다'라는 결론을 내린 것 같습니다.

그러나 당시 여후는 정권을 잡고 있었습니다. 심이기는 여후의 심복이 었습니다. 유장으로서는 그저 마음속으로 원한을 품었을 뿐 감히 어떻게 하지 못했을 것입니다. 그러다 드디어 기회가 오자 당연히 그는 심이기를 놓아줄 수가 없었습니다. 회남 여왕이 공공연하게 심이기를 때려죽인 사 건은 문제에게 어려운 과제를 하나 떠넘긴 셈인데, 그것은 황실에 오로지 하나만 남은 이복동생을 어떻게 처리할 것인가 하는 문제였습니다. 처리 결과는 일반인의 예상을 뛰어넘었습니다. 문제가 회남 여왕의 억지 논리 를 완전히 받아들여 그를 처벌하지 않은 겁니다.

회남 여왕이 벽양후를 잔인하게 살해했다는 소식은 신속하게 전 장안 에 퍼졌습니다. 위로는 박황후와 태자, 아래로는 대신들에 이르기까지 모 르는 사람이 없었습니다. 분위기가 갑자기 왁자지껄해졌지요. 나아가 모 든 사람들은 일찍이 존재가 미미했을 뿐 아니라 고독하기 이를 데 없던 그를 다시 보기 시작했습니다.

이때부터 그의 대담한 행동은 더욱 심해집니다. 일을 제멋대로 처리하 는 것은 아예 기본이고, 그럼에도 아무 거리낌 없이 행동합니다. 예를 들 어 보겠습니다. 우선 회남국 내에서는 한나라 조정의 법령을 사용하지 않 았는데도 자신이 궁문 등으로 거동할 때는 일반인의 출입을 금했습니다. 또 자신의 명령을 황제의 그것처럼 '제制'라고 불렀지요. 천자처럼 자신 이 직접 법령을 제정한 것은 더 말할 나위가 없습니다.

회남 여왕의 언동은 타인의 눈에는 형인 황제를 믿고 오만방자하게 구는 것으로 보일 수 있겠지만 그의 마음은 달랐습니다. 자신은 기본적으로 유씨 황실의 비주류, 이단이라는 게 그의 생각이었습니다. 그의 생각대로라면 어떻게 원수 집안의 면전에서 고개를 숙인 채 신하를 자칭할 수 있겠습니까.

문제 전원 6년(기원전 174년) 유장은 관직을 맡은 적이 없는 남자단(男子但, 작위가 없는 사람) 한 명을 비롯한 70여 명을 극포후棘蒲侯 시무柴武의 태자 시기柴奇에게 보냈습니다. 시기와 대형 전차 40여 대를 동원해 곡구(谷口, 지금의 산시성陝西省 취안현泉縣)에서 반란을 일으키려 한 겁니다. 유장과 시기는 심지어 민월, 흉노 등과 내통, 일거에 행동하기로 약속하기도 했습니다.

그러나 그들의 모반 계획은 조기에 발각되었습니다. 문제는 즉각 회남 여왕을 장안으로 불러 들였습니다. 당연히 승상을 필두로 한 대신들은 그를 의법 조치해야 한다고 역설했습니다.

사료에 의하면 회남 여왕은 고작 70여 명의 병력, 40여 대의 대형 전차로 모반을 일으키려 했습니다. 과연 이걸 모반이라고 할 수 있을까요? 실제로도 사료를 읽으면 대부분의 사람들은 이런 의문을 가지게 됩니다. 그러나 『사기』「회남형산열전」과 『한서』「회남형산제북왕전淮南衡山濟北王傳」, 『자치통감』 등은 모두 이 사실을 기록하고 있습니다. 사료는 잘못되었다고 단정하기 어려운 것이며 회남 여왕 역시 이에 대해서는 인정했습니다. 진짜 그렇다면 회남 여왕의 행동은 어린아이의 연극과 별 차이가 없는 거겠지요.

모반의 결과는 결코 간단하지 않았습니다. 회남 여왕은 촉蜀군의 엄도(嚴道, 지금의 쓰촨성 룽징榮經현)에서 감시당하는 생활을 해야 하는 처벌을 받았습니다. 그는 그러나 촉군으로 압송되는 도중에 자존심에 상처를 입었습니다. 연도의 각 현 정부가 죄수 호송 수레의 문을 열어주지 않은 겁니다. 또 수레에서 내려 활동하는 것을 허가하지 않았습니다. 당연히 그는 장기간에 걸친 수레에서의 감금 생활을 감당할 수가 없었고, 급기야 단식 투쟁을 벌이다 사망하고 말았습니다. 이 해가 바로 문제 전원 6년(기원전 174년)입니다.

회남 여왕이 사망한 2년 후(문제 전원 8년, 기원전 172년) 문제는 그의 네 아들을 후로 봉하는 결정을 내렸습니다. 큰아들 유안은 부릉후阜陵侯, 둘째 아들 유발劉勃은 안양후安陽侯, 셋째 아들 유사劉賜는 양주후陽周侯, 넷째 아들 유량劉良은 동성후東城侯로 봉해졌습니다.

문제 전원 12년(기원전 168년) 장안을 비롯한 전국에서는 민간의 노래가 광범위하게 유행하는데, 그게 바로 '한 자의 베는 기울 수 있다. 한 말의 조는 빻을 수 있다. 그러나 형과 아우 두 사람은 서로 받아들이지 못한다'라는 내용의 노래였습니다. 문제는 민간에 널리 퍼진 그 노래를 듣고는 자신이 땅을 탐내 동생을 죽였을 것이라고 세상 사람들이 생각할 것만 같아 두려웠습니다. 그는 다시 유장에게 부랴부랴 회남왕을 제수하게 됩니다.

무시무시한 '황제의 은혜'

그러면 회남 여왕 사건은 민간의 노래처럼 형제 간의 피를 부른 음모였을까요? 노래의 내용이 맞는다면 여왕의 아들 유안의 반란 모의는 아버지를 위한 복수라고 할 수 있었습니다. 그렇지 않다면 다른 남모를 숨겨진 사정이 있는 것이 아닐까요?

문제 전원 6년(기원전 174년) 유안이 여섯 살 되던 해에 그는 아버지를 잃었습니다. 그리고 문제 전원 16년(기원전 164년) 유안은 회남왕으로 봉해졌지요. 그럼에도 그는 황제의 은혜에 감읍하지 않았습니다. 사서의 기록을 보면 잘 알 수 있는데 '유안은 아버지의 죽음에 원한을 품었다. 늘 기회를 노려 복수하고자 했다. 그러나 계기가 없었다'라고 기록하고 있습니다. 이로 보면 회남 여왕 사건이야말로 나중에 유안이 반란을 일으키려 한 첫 번째 이유라고 충분히 말할 수 있습니다.

다시 10년 후(경제 전 3년, 기원전 154년) 오초칠국의 난이 일어났습니다. 이때는 특히 26세가 된 회남왕 유안이 거병하기로 결심한 해이기도 했습니다. 그러나 국상의 저지로 거사에 이르지는 못했습니다.

이상의 기록에 비춰보면 유안은 황실의 은원 관계를 한시도 잊지 않았습니다. 그의 최후의 반란은 확실히 아버지의 죽음과 밀접한 관계가 있었습니다. 유안의 반란이 그 아버지의 죽음과 상호 인과관계가 있다면 여기에는 다시 하나의 문제가 생깁니다. 회남 여왕의 죽음과 문제와는 관계가 없을까요? 바로 그 의문입니다.

답은 긍정적입니다. 관계가 있었다는 얘기지요. 회남 여왕은 문제의 명령에 의해 촉군으로 귀양 가는 도중에 단식하여 자살했습니다. 문제에게는 분명히 책임이 있었는데, 이 책임과 관련해서도 두 가지 측면이 보입니다. 하나는 살해할 생각이 있지 않았나 하는 단정입니다. 다른 하나는 전혀 해칠 생각이 없었을 것이라는 분석입니다. 우선 해칠 생각이 없었을 것이라는 단정의 경우는 증거가 있는 제대로 된 분석일까요? 결론부터 말씀드리자면 증거를 가지고 있습니다!

우선 굳세게 죽이지 않겠다는 입장을 견지한 사실이 증거라고 하겠습니다. 회남 여왕이 모반죄로 장안으로 소환된 다음 대신들은 즉각 조정회의를 열었습니다. 당연히 법대로 죄를 다스리자는 의견이 절대다수를 차지했습니다. 그러나 문제는 동생을 법률로 처리하겠다는 의견에 몹시 견디기 힘들어하면서, 결국 다시 한 번 더 토의하도록 요구했습니다.

대신들은 2차 회의를 열었지만 역시 이번에도 원칙을 유지하자는 쪽으로 나왔습니다. 문제는 여전히 회남 여왕을 사형시켜야 한다는 의견에 굴복하지 않았습니다. 그러나 마지막에는 할 수 없이 그의 왕위를 박탈하는 타협안에 동의하고 맙니다. 조정 대신들은 바로 3차 회의를 열었습니다. 이 회의에서 대신들은 회남 여왕을 촉군 엄도현으로 압송하도록 요구했습니다. 물론 비빈들이 수행하는 조건이 붙었지요. 더불어 현 정부에서 그들을 위해 집을 지어주고 생활필수품을 공급해주도록 하는 문제도 의결했습니다.

문제는 조정회의에서 결정된 사항 외에 자신이 몇 가지를 더 추가했습니다. 매일 다섯 근의 고기와 두 근의 술을 제공하는 것이었습니다. 이렇게 해서 회남 여왕은 덮개 있는 화물 수레에 실려 압송됩니다. 현에서 현으로 이어지는 압송 릴레이가 시작된 겁니다.

얼핏 보아도 회남 여왕에 대한 문제의 대우가 박하다고 하기는 어려웠습니다. 진지하게 생각해주었다는 사실 역시 그렇습니다. 문제는 촉군에서 감시 아래 생활하게 하는 벌을 회남 여왕에게 내렸습니다. 그러나 그건 임시방편의 조치였을 뿐으로, 문제가 원래 했던 말을 보면 알 수 있습니다.

"짐은 그에게 고생을 좀 맛보게 하려는 생각이다."

사실 그게 그의 복안이었습니다. 다시 말하면 조속한 시일 내에 그를 사면하겠다는 얘기지요. 때문에 문제의 여왕에 대한 처벌은 그 출발점이 좋았다고 추론할 수 있습니다. 결코 살의가 없었다는 얘기입니다.

압송에 관여했던 관리들의 '독직'을 혹독하게 처벌했다는 사실도 무시할 수 없습니다. 회남 여왕이 단식으로 자살했다는 소식이 빠르게 장안으로 전해지자 문제는 대성통곡을 했습니다. 이어 압송 수레의 문을 열어주지 않았던 모든 관리를 처형했습니다. 우리는 사서에서 문제가 '수레의 닫힌 문을 열 수 없다'는 조령을 내렸다는 기록을 찾지 못했으니까요. 그러나 회남 여왕의 죽음을 전후한 『사기』와 『한서』의 기록이 미묘한 차이가 있다는 사실은 알 수 있습니다.

『사기』의 기록은 순서가 다음과 같습니다. 우선은 '짐은 그에게 고생을 좀 맛보게 하려는 생각이다. 다시 돌아오도록 하겠다'라는 기록입니다. 다음은 '회남왕을 호송하는 연도의 각 현들의 관리들은 하나같이 죄수 수레의 닫힌 문을 열지 못했다'라는 기록입니다. 세 번째는 '회남왕은 시종에게 "누가 나를 용맹한 사람이라고 했는가? 내가 어찌 용맹한 사람이 되겠는가! 나는 교만해서 내 잘못을 귀 담아 듣지 않아 여기까지 이르렀다. 그러나 일생을 어찌 이처럼 답답하게 살 수가 있겠는가?"라고 말했다. 이어 음식을 먹지 않고 죽었다'라는 기록입니다. 마지막은 '옹현雍縣에 도착했을 때 현령이 수레의 문을 열었다. 그가 죽었다는 소식을 황제에게 전했다'라는 기록입니다.

『사기』의 기술 순서를 보면 여왕의 죽음은 수레의 문을 열지 않은 것과 관계가 있습니다. 그러나 옹현의 현령은 왜 수레의 문을 열었을까요? 이는 문제가 결코 수레의 문을 봉하라는 조령을 내리지 않았다는 사실을 설명하는 겁니다.

반면 『한서』의 기록은 순서가 약간 다릅니다. 우선 처음은 같으나 세 번째 기록이 여기에서는 두 번째로 나옵니다. 두 번째는 당연히 세 번째로 나오고요. 마지막은 같습니다. 『한서』의 기록 순서에 따르면 여왕이 단식으로 죽는 내용이 앞에 나오고 수레의 문을 열지 못했다는 내용이 뒤에 나옵니다. 여왕의 죽음은 수레의 문을 열지 않은 것과 별 관계가 없다는 의미겠지요.

그러나 어쨌든 다음의 내용은 분명한 사실인 듯합니다. 무엇보다 문제가 "수레의 문을 열지 말라"는 조령을 내리지 않았다는 사실입니다. 문제가 이처럼 다른 사람에게 실권을 주는 일을 할 까닭이 없습니다. 그러나 "짐은 그에게 고생을 좀 맛보게 하려는 생각이다"라는 한 마디 말이 주는 뉘앙스는 분명합니다. 그 누구도 여왕을 돌보려 하지 않았다는 점이 추측됩니다.

문제는 내심으로는 여왕을 죽일 생각이 있었습니다. 그러나 그는 여론의 영향을 고려해야 했기 때문에 공개적으로 손을 쓰지 않았습니다. 여왕의 사후 문제는 자신의 결백을 대내외적으로 증명해야 했습니다. 연도의 각 현의 관리들을 직무를 소홀히 했다는 이른바 '독직'의 명목으로 살해한 것은 그 때문입니다. 관리들이 희생양이 됐던 겁니다.

성대하게 장례식을 거행한 점도 주목해야 합니다. 회남 여왕이 자살한 다음, 문제는 열후의 예의로 장사를 지내주었습니다. 나아가 30여 호가 대대손손 그 능을 지키도록 배려했습니다.

그뿐인가요. 네 아들을 후와 왕으로 봉했습니다. 문제는 전원 8년(기원전 172년)에 회남 여왕의 어린 네 아들을 후에 봉했습니다. 전원 16년(기원전 164년)에는 이미 사망한 아들 한 명을 제외하고 나머지 세 명의 아들을 전부 왕으로 봉했으며, 그중 큰아들인 유안은 이 조치로 회남왕이 되었습니다.

『한서』「가의전賈誼傳」에는 이에 대한 기록이 남아 있습니다. 문제가 유장의 네 아들을 후로 봉했을 때 가의는 나중에 왕으로도 봉할 것이라는 사실을 미리 간파했습니다. 상소를 올려 간언한 것은 다 이유가 있습니다. 내용은 다음과 같습니다.

'회남왕의 패역무도悖逆無道에 대해서 천하가 어찌 그 죄를 모르겠습니까? 그럼에도 폐하는 그의 죄를 사해주시고 그저 귀양을 보냈습니다. 이것은 그의 행운이었습니다. 그러나 그는 스스로 병을 얻어 죽었습니다. 천하의 누가 그가 죽어야 할 죄를 지었다고 하지 않겠습니까? 그러므로 지금 죄인의 아들들을 떠받들면 조정은 천하의 비난을 떠안아야 할 겁니다. 게다가 유안 등은 아직 어리나 점점 어른이 되어가고 있습니다. 어찌 자신들의 아버지를 잊겠습니까?'

이것들은 척 보면 바로 알 수 있는 역사의 정면입니다. 그러면 우리는 다시 역사의 뒷면을 봐야 하지 않을까요. 그것은 문제가 여왕 유장을 모살할 생각이 있었다는 가정입니다. 그럴 가능성도 있다고 봅니다.

문제의 노회한 심모원려를 감안하면 가능성의 일단이 보입니다. 회남여왕은 고작 70여 명을 동원해 반란을 일으키려 했습니다. 완전히 귀자자(過家家, 아이들이 하는 성인 놀이)가 따로 없었지요. 결과적으로 비교해보면 문제가 역시 노회한 심모원려를 가지고 있었다고 하겠습니다.

아무래도 사례를 들어야겠습니다. 여후가 황제를 자처하는 동안 유여의, 유우, 유회 등 세 조왕이 잇따라 피살되었습니다. 그것도 조왕으로 있으면서 말입니다. 따라서 조왕은 유방의 아들들에게는 염라대왕의 대명사나 다름없었습니다. 세 조왕이 피살된 다음 여후는 다시 대왕 유항을 조왕으로 임명하려고 했습니다. 유항을 불귀의 객으로 만들겠다는 신호에 다름 아니었습니다.

하지만 유항은 어머니(여후를 의미함)를 위해 변방을 지키겠다는 그럴듯한 핑계를 대고 조왕 취임을 거절합니다. 이어 여후가 정권을 잡고 있는 십수 년 동안 줄곧 바보처럼 행세했습니다. 여후를 속였을 뿐 아니라 머리가 명석하기로 유명했던 진평조차 속였습니다. 조정 대신 거의 대부분을 속인 것은 더 말할 필요도 없습니다. 진평과 주발이 여씨를 완전히 멸족시킨 다음 비교적 컨트롤하기가 용이하다고 생각한 유항을 다음 황제로 선택한 것은 다 그 때문입니다. 하지만 사실 여씨들을 토벌하는 데 가장 큰 공을 세운 이들은 제왕齊王 유비劉肥의 세 아들인 제왕 유양劉襄과 주허후朱虛侯 유장劉章, 유흥거劉興居였습니다.

특히 유장은 여씨 문중의 핵심인물인 여산呂産을 살해하고 여씨 평정의 깃발을 높이 든 인물입니다. 가장 결정적인 일보를 내디딘 일등공신이었지요. 더구나 그는 유방의 손자로서 황제 자리에 가장 적합한 인물이었습니다. 그러나 개인적인 야심이 있는 진평과 주발은 유장이 용맹하고 지혜가 대단하다는 것을 알았습니다. 능력이 뛰어나다는 사실 역시 목격했습니다. 나이 어린 그를 황제 자리에 앉히면 늙은 자신들이 조정을 컨트롤하기가 불가능해질 것이라는 사실을 우려하지 않을 수 없었습니다.

그런 사심이 있었던 탓에 황제를 세우는 전권을 한 손에 장악한 그들로서는 대왕 유항을 황제로 추대하는 데 이견을 가질 까닭이 없었습니다. 일반 백성은 왕후장상의 역사를 보면서 천기(天機, 하늘의 조화)는 정말 예측하기 어렵다고들 합니다. 그러나 어디에 천기가 있습니까? 또 무엇이 천명입니까? 그건 순간에 결정되는 우연이나 필연일 뿐입니다.

유항은 장안에 도착했습니다. 그 순간 주발은 완전히 엄청난 사기를 당했다는 사실을 알았습니다. 유항은 그들이 상상했던 그런 한심한 인간과는 거리가 먼 사람으로, 오히려 기지가 뛰어난데다 수완도 대단했습니다. 완벽한 제왕감으로 여겨졌던 젊고 패기 있는 주허후 유장의 단순함과는 비교가 되지 않았지요. 그러나 이미 모든 것은 끝난 뒤였습니다. 유항은 모든 사람을 속이고 가볍게 제위를 이었습니다. 이런 정치적 지혜를 회남 여왕과 어떻게 비교할 수 있겠습니까.

완벽하게 잡으려면 놓아주라는 금언도 문제가 여왕을 죽이려 했을지도 모른다는 가능성에 무게를 실어줍니다. 심모원려로 대표되는 음흉한 성격의 문제가 설마 회남 여왕을 함부로 날뛰게 했을 때 나타날 결과를 몰랐을 리가 있을까요? 문제는 황제 자리를 이은 다음 자신의 정치적 운명에 위협 요인이었던 유장과 유흥거 두 사람을 순식간에 장안에서 들어내어 멀리 변방의 외지에 봉해 쫓아버립니다. 이에 따라 그를 대신할 수 있는 남은 황자라고는 회남 여왕 유장뿐이었습니다.

그러나 문제는 '총애'라는 미명 아래 유장이 하늘 높은 줄 모르고 계속 날뛰게 놔두었습니다. 심지어 유장은 군신의 구분도 망각한 채 문제를 "형님"이라고 거침없이 불렀습니다. 그래도 문제는 별 반박을 하지 않았지요.

공공연하게 벽양후 심이기를 살해했을 때도 마찬가지입니다. 죄를 묻지 않았습니다. 회남에서 모든 생활을 황제의 규격에 맞춰 했어도 아무 말 하지 않았습니다. 한번은 원앙이 유장의 오만방자한 위법 행위를 보다 못해 문제에게 한마디 했습니다. "제후가 너무 교만하면 반드시 후환이 생깁니다"라고요. 그러나 문제는 듣지 않았습니다.

여왕은 반란을 일으켰을 때(문제 전원 6년, 기원전 174년) 중앙정부가 임명한 회남국의 관리를 모두 몰아냅니다. 이어 자신이 국상과 2,000석 녹봉의 고관을 임명했습니다. 그건 신하로서 일종의 마지노선을 넘은 것이었습니다. 하지만 '황제는 자신의 뜻에 반해 그의 생각을 따랐다'라는 기록에서 보듯 문제는 그걸 허락했습니다.

유장은 또 아무 죄도 없는 사람들을 마구 살해했습니다. 나아가 상을 마구 남발하기도 했는데, 상을 받은 사람의 최고 지위가 중앙정부에서나 줄 수 있는 관내후關內侯에까지 이를 정도였습니다. 그래도 문제는 용납했습니다.

마지막에는 황제에게 올리는 주장까지 영 말이 아니었습니다. 너무 오만방자했던 거죠. 이때에도 문제는 동생을 혹독하게 훈계하고 싶은 생각이 없었던 것 같습니다. 그저 자신의 외삼촌인 박소薄昭를 불러 조용히 동생을 타이르는 편지를 쓰게 했습니다.

여후 당시의 정치를 되돌아보면 황실의 자제들은 하나같이 위태로웠습니다. 조정의 상하 대신들도 자신이 파리 목숨인 것처럼 마음을 졸였습니다. 그런 와중에도 오로지 별볼일 없던 유장만은 인생이 몹시도 편안하고 모든 것이 순조로워 회남왕까지 봉해지지 않았습니까. 그러나 그는 백성이 평화를 구가하는 태평성대에 오히려 황제가 조금 힐책했다는 이유로 거병을 일으켰으며, 그 결과 목숨을 잃었습니다. 정말 음미해봐야 할 일이 아닌가 싶습니다.

'남의 칼을 빌려 사람을 죽인다'는 전략을 썼을 가능성도 있습니다. 문제는 여왕의 사건을 처리하는 과정에서 그를 처형해야 한다는 대신들의 의견을 수차례 거부하였습니다. 또 최종적으로는 촉군으로 귀양을 보내는 정도로 관대하게 처리했습니다. 그러나 유장은 압송되어가는 수레에서 끊임없이 인격적인 모욕을 당했습니다. 곧 사면될 죄를 지은 죄수가 전혀 아니었습니다. 자존심 강하기로 유명한 그가 극도의 자괴감 아래서 그런 모욕을 어떻게 견딜 수 있겠습니까? 최종적으로 자살을 선택한 것은 필연적인 결과였습니다.

문제는 유장의 자살을 아마도 사전에 충분히 예상할 수 있었을 겁니다. 설사 생각하지 못했더라도 괜찮습니다. 원앙이 사전에 이렇게 말하면서 그를 일깨웠으니까요.

"회남왕은 성격이 강합니다. 지금 이렇게 거칠게 그를 대하면 갑자기 귀양 가는 도중에 죽지 않을까 걱정됩니다. 폐하께서는 그러면 동생을 죽였다는 오명을 뒤집어쓰게 됩니다. 이걸 어떻게 하실 겁니까?"

문제는 원앙의 간언에도 불구하고 자기 입장을 견지했습니다. 그에게 답은 오직 하나뿐이었습니다. 여왕이 귀양 가는 도중에 죽으면 자신과 벌일지도 모를 제위 쟁탈에 대한 우려를 가볍게 털어버릴 수 있다고 생각한 것이 아닐까요?

문제는 여왕이 자살한 다음 대성통곡을 했습니다. 또 심하게 자신을 질책했습니다. 더불어 귀양길 연도의 현 관리들을 '독직'의 죄명으로 처형했고, 이어 2년 후에는 여왕의 네 아들을 봉했습니다. 모두가 그의 가식, 혹은 잔인한 면모를 보여주는 행보가 아니겠습니까.

우리는 두 가지 측면에서 그의 죽음을 살펴보았습니다. 다 가능성은 있겠지만 저는 아무래도 문제가 자신의 동생을 고의적으로 모살했다는 쪽으로 결론을 내리고 싶습니다.

결론적으로 문제는 동생인 회남 여왕 유장을 살해했습니다. 회남왕 유안은 조정에 대한 원한의 씨앗을 뿌렸습니다. 회남왕이 대를 이어 다시 반역의 길로 접어들 구실을 준 겁니다. 솔직히 '회남왕'이라는 작위는 저주를 의미하는 단어가 아닌가 싶을 정도인데, '역모'와 '요절'이라는 분위기를 물씬 풍깁니다. 다행히도 유장의 다른 아들들은 '회남왕'으로 봉해지지 않았습니다.

그렇다면 그들은 이런 저주스런 단어의 주술에서 빠져나왔을까요? 그들은 아버지를 죽인 원수에게 충성을 다하고 맡은 자리에서 최선을 다했을까요? 과연 이 황실의 은원 관계는 유안이 장식한 한 페이지로 끝을 맺을 수 있을까요?

드디어 반란의 막이 내리다

회남 여왕 유장은 문제의 의도적 묵인 아래 맹목적으로 자존자대自尊自大하게 되었습니다. 그 결과 모반의 길로 접어들고, 결국은 문제의 의해 가볍게 제거되었습니다. 그에게는 네 아들이 있었습니다. 그러나 넷째 아들 유량은 어려서 세상을 떠났고, 둘째 아들 역시 단명했습니다. 무제가 즉위했을 때는 큰아들 유안과 셋째 아들 형양왕衡陽王 유사만 남아 있었습니다.

이 중 유안은 큰아들답게 아버지의 원수를 갚기 위해 모반의 길에 올랐습니다. 그러다 유장의 아들 가운데 처음으로 실패하는 아들이 되는 운명에 직면했지요. 그러면 유사는 어떤 인물이었을까요? 그도 아버지와 형의 전철을 밟아 자신의 가족에게 실수를 거듭하는 가족이라는 오명을 뒤집어썼을까요?

사심은 많으나 야심은 적다

문제 전원 16년(기원전 164년) 유사는 여강왕盧江王에 봉해졌습니다. 이어 10년 후인 경제 전원 3년(기원전 154년)에 오초칠국의 난이 일어났을 때 오나라의 사자는 여강에 도착, 반란에 동참할 것을 요구했습니다. 이에 여강왕은 단호하게 거절했지요. 그러나 그는 인근 민월과는 사신을 보내는 등 빈번하게 연락을 하고 있었습니다. 당연히 조정의 주목을 받게 되었고, 얼마 후 유사는 그로 인해 북쪽 땅으로 인사이동이 됩니다. 형산왕이 된 겁니다.

형산왕 유사와 회남왕 유안은 친형제 사이였습니다. 그러나 관계가 그렇게 돈독하지는 못했습니다. 서로 상대방이 자신에게 예의를 지키지 않는다고 원망하면서요. 그러니 서로 왕래할 까닭이 없었지요.

형산왕은 처음에는 형인 회남왕 유안의 모반 사건에 개입할 생각이 전혀 없었습니다. 그러나 아무튼 피를 나눈 친형제였던 터라 회남왕의 동정에는 늘 관심을 가지고 있었습니다. 그러다 그는 형이 모반을 계획 중이라는 것을 일찌감치 눈치챘습니다. 그는 무제에게 보고는 하지 않았지만, 한편으론 은연중에 대비는 하고 있었습니다. 형이 혹시 여세를 몰아 자신의 형산국을 병탄할지 모른다는 두려움이 없지 않았던 겁니다.

아무려나 유사는 자신의 홈그라운드인 형산국을 굳건하게 지키면서 조용히 이해득실을 따졌습니다. 비록 우물에 앉아 하늘을 본다는 말처럼 멀리 내다보지는 못했지만요. 그러나 이 평화는 어느 날 갑작스레 발발한 한 사건 때문에 깨지고 맙니다.

원광 6년(기원전 129년) 그는 장안으로 들어가 무제를 알현했습니다. 이때 그의 수하 중에는 도술에 뛰어난 위경衛慶이라는 알자가 있었습니다. 위경은 자신의 능력을 아주 잘 아는 사람이었기 때문에 그가 무제에게 글을 올릴 생각을 한 것은 당연합니다. 중앙 조정에 들어가 출세하고 싶은 욕망이 굴뚝같았던 거지요. 솔직히 제후의 밑에서 빌빌대는 것보다는 황제에게 몸을 의탁하는 것이 훨씬 더 가능성이 높았습니다. 출세에 도움이 되는 것은 불문가지였지요.

유사는 말을 한번 바꿔 타보려는 위경의 마음을 알고는 대로했습니다. 바로 그에게 사형 판결을 내리고 혹독한 고문을 가했습니다. 위경은 순진하게도 죄를 인정했지만, 형산국의 민사 문제를 주관하던 내사內史는 유사의 위경에 대한 처리에 동의하지 않았습니다. 유사는 크게 분노했지요. '노복 하나 죽이는 것도 중앙정부의 방해를 받아야 하는가. 아무리 그래도 나는 일방의 제후가 아닌가. 이건 자존심 상하는 일이다'라고 생각한 것이 아닐까요.

그는 무제에게 주장을 올려 내사를 탄핵했습니다. 그러나 내사는 조금도 기죽지 않은 엄정한 목소리로 "유사는 위경을 무고하고 있습니다"라는 입장을 굽히지 않았습니다. 사실 위경 사건은 형산왕이 군신 관계를 잘못 처리했다는 것을 확실히 드러내준 사건입니다. 제가 여기에서 말하는 군신 관계라는 것은 두 가지를 의미합니다. 하나는 당연히 형산왕과 위경 사이의 군신 관계이고, 다른 하나는 형산왕과 무제 사이의 군신 관계입니다.

그렇습니다. 무제와 형산왕은 군신 관계였습니다. 위경이 분명히 뛰어난 도술을 가지고 있다면 유사는 아무리 싫어도 살을 도려내는 아픔을 참아야 했습니다. 도술이라면 자다가도 벌떡 일어나는 무제에게 위경을 보내야 했다는 얘기입니다. 더구나 위경은 고작 일개 알자에 지나지 않았습니다. 그를 대체할 인물은 새털처럼 많았습니다. 왜 그는 그렇게 손쉬운 일을 하려고 하지 않았을까요? 위경 사건은 유사의 안목과 식견이 대단히 낮다는 사실을 그대로 드러내주는 증거입니다.

그러면 무제는 이 사건을 어떻게 처리했을까요? 이 사건과 다른 사건 하나를 함께 처리했습니다. 왜 그랬을까요? 위경 사건으로 인상이 별로 좋지 않은 자기 기호가 알려질까 부담스러워서 그랬습니다. 그 사건 하나만 놓고 바로 판결하면 세상 사람들의 구설수를 초래할 가능성이 있었으니까요. 말하자면 무제는 다른 사건을 이용해 형산왕 유사를 처벌하는 전형적인 '차력타력' 수법을 채용한 겁니다.

그러면 무제가 이용한 사건은 무엇이었을까요? 형산왕이 내사를 고발했을 바로 그 무렵입니다. 묘하게도 일단의 사람들도 두 가지 건으로 형산왕을 중앙정부에 고발했습니다. 그중 하나는 그가 일반 백성의 밭을 빼앗은 사건이었고, 다른 하나는 백성의 분묘를 훼손한 사건입니다. 모두 형산왕이 자신의 땅을 확장하려고 한 짓이었습니다. 사실 이 두 가지 사건은 하나라고 할 수 있는데, 불법적으로 남의 땅을 점유한 사건이라는 공통점이 있지요.

조정 대신 일부는 형산왕을 즉각 체포해야 한다고 주장했습니다. 무제는 이에 고개를 저으면서, 대신 녹봉 200석 이상의 관리를 임명하는 형산왕의 권리를 몰수해 중앙정부로 귀속시켰습니다.

한나라는 개국 초창기에 제후국의 국상과 태부 등은 모두 중앙 조정에서 일률적으로 임명하는 것을 원칙으로 삼았습니다. 그러나 녹봉 2,000석 이상의 관리는 제후왕이 임명하도록 했습니다. 그랬으니 녹봉 200석 이상의 하급 관리는 더 말할 나위가 없었지요. 제후왕의 대단했던 권한을 엿볼 수 있습니다. 이 원칙이 변한 것은 오초칠국의 난 이후로, 녹봉 2,000석 이상의 고관 임면권이 중앙정부에 귀속된 겁니다. 그러나 녹봉 200석 이상의 하급 관리 임명권은 계속 제후왕에게 있었습니다.

무제는 형산왕의 불법 토지 점거 사건을 하급 관리 임명권 몰수라는 징벌로 처리했습니다. 형산왕과 내사의 시비와 은원에 대해서는 처리하지 않았습니다. 아니 처리할 필요가 없었다고 해야겠군요.

무제의 이 판결에는 씁쓸한 유머가 하나 들어 있는데, 말하자면 이런 내용입니다.

"당신은 다른 사람들에게 환영을 받는 사람이 아니야. 그러니까 내가 도와주지. 완전히 당신을 받아주는 사람이 없도록 말이지. 또 당신은 아래 사람들과 경쟁하기를 좋아하지? 좋아, 녹봉 200석 이상 받는 관리는 찾지 말라고. 200석 이하를 받는 관리와 얘기나 하도록 해."

형산왕은 완전히 허수아비가 돼 버렸습니다. 과거에는 자신의 말을 들어주는 같은 편이 별로 없었습니다. 그러나 이제는 자신의 주위에 같은 편이 아예 없게 되었습니다.

천하태평의 전제 조건

형산왕 유사는 두 가지 선택에 직면했습니다. 하나는 벌을 받은 다음 개과천선하는 것이고, 다른 하나는 평소대로 행동하면서 더욱 나빠지는 것입니다. 줄곧 자신의 몸을 잘 보전해온 유사는 과연 어떤 선택을 했을까요? 기록만 보아도 잘 알 수 있습니다.

'형산왕은 이로 인해 원한을 품었다. 그래서 해자奚慈와 장광창張廣昌과 모의해 사방에서 병법에 능하고 천문을 관측해 길흉화복을 잘 점치는 인재를 끌어 모았다. 또 그들은 밤마다 형산왕이 모반을 일으키도록 부추겼다.'

유사의 선택은 모반이었습니다! 자신에게 녹봉 200석 이상을 받는 관리의 임명권을 몰수한 무제의 조치에 참을 수가 없었던 겁니다. 어쨌거나 그는 기록대로 병법과 천문에 능한 인재를 찾아 매일 밤마다 밀실에서 반란을 모의했습니다.

문제 전원 8년(기원전 172년) 회남 여왕 유장이 반란을 일으켰습니다. 이어 무제 원삭 6년(기원전 123년)에는 유장의 큰아들 회남왕 유안이 반란의 깃발을 들어 올렸습니다. 1년 후인 무제 원수 원년(기원전 122년)에는 유장의 셋째 아들이 반란을 일으켰습니다. 유방의 일곱째 아들 유장은 어릴 때 어머니를 잃고 성인이 되어 반란을 획책했습니다. 너무나도 묘한 신세였던 그와 그의 자식들은 무슨 운명의 저주라도 받은 것일까요? 하나같이 일종의 무시무시한 기현상에 빠져 들어갔으니까요.

그러나 이 문제는 일단 이 정도에서 잠깐 멈추고 형산왕 유사의 가정 문제를 한번 살펴봅시다.

무제 원삭 6년, 유사가 아직 반란을 일으키기 전이었습니다. 그의 집안에는 두 가지 황당한 추문이 터졌습니다. 하나는 형산왕의 태자 유상劉爽이 자신의 심복 백영白嬴을 장안에 보내 동생 유효劉孝를 고발하려고 한 사건입니다. 유상이 백영을 통해 무제에게 올리려고 한 글에는 놀랄 만한 내용이 들어 있었습니다. 유효가 전차, 활과 화살 등을 제조하면서 모반을 준비 중이라는 내용이었습니다. 그뿐만이 아니었습니다. 유상은 동생이 아버지의 시녀와 통간한 사실도 무제에게 고자질하려 했습니다.

유사 집안의 또 다른 추문은 형산왕이 태자 유상의 불효함을 고발한 사건입니다. 형이 동생의 모반 계획과 폐륜을 고발하려 했다는 점, 이게 어찌 큰 사건이 아니겠습니까? 더구나 곧이어 아버지가 아들의 불효를 고발했습니다. 이것 역시 건전한 상식과 윤리에 벗어나는 일이었습니다. 그러나 운명의 장난 탓이었는지 백영은 무제에게 유상의 뜻을 전달하지 못했습니다. 과거 회남왕 유안의 모반 사건에 연루됐던 그가 장안에서 체포됐기 때문입니다.

형산왕 유사의 반란은 이때만 해도 채 형체를 갖춰가기도 전이었습니다. 그런데 어떻게 뒷마당에서 먼저 불이 일어나 갑작스레 일련의 예측 불가능한 일들을 촉발시켰을까요?

모든 일련의 일들은 형산왕이 무제에게 올린 이른바 '폐장입유廢長立幼', 즉 장자인 유상을 폐하고 어린 아들 유효를 새로운 태자로 세우겠다는 생각에서 비롯되었습니다. 사실 '폐장입유'는 군주들이 몹시 꺼리는 결정입니다. 설사 충분한 이유가 있다 해도 대신이나 백성의 인정을 받기가 어렵습니다. 그렇다면 형산왕은 무슨 명분으로 태자를 폐하려 했을까요?

이 복잡한 가정 내 분규에는 모두 네 여자와 세 남자가 얽혀 있습니다. 네 여자는 형산왕의 왕후 승서乘舒, 두 비빈인 서희(徐姬, 서래徐來라고도 함)와 궐희厥姬, 딸인 유무채劉無采였습니다. 또 세 남자는 형산왕 본인과 적장자 유상, 둘째 적자 유효였습니다. 형산왕의 여자들인 승서와 두 비빈은 모두 자손을 보았는데, 우선 왕후 승서는 아들 둘과 딸 하나를 낳았습니다. 유상, 유효, 유무채가 그들이죠. 두 비빈 중 서희는 무려 딸을 넷이나 낳았습니다. 궐희 역시 아들 둘을 낳았고요.

아무리 보아도 태자 유상은 문제가 없었습니다. 적자 출생이어서 명분과 사리에서 누구보다도 앞섰던 그가 왜 그렇게 불효를 저질러 앞뒤로 적을 만났을까요? 그러곤 마지막에 아버지로부터 왜 버림까지 받았을까요? 이유가 없을 까닭이 없습니다.

무엇보다 이간질을 당한 것이 결정적이었습니다. 태자 유상의 어머니인 승서는 명이 짧았습니다. 그녀의 사후에 왕후가 된 복을 받은 여자는 서희였습니다. 그러자 형산왕에게 두 아들을 낳아준 궐희가 무척 심하게 질투했지요. 안 그래도 서로 시기 질투하는 사이였으니 그게 이상할 것은 없었습니다. 심지어 그녀는 서희와 태자의 관계를 이간시키기까지 했습니다. 한번은 태자에게 "서희가 시녀에게 무고의 주술을 쓰도록 해서 태자의 어머니를 돌아가시게 했다"라고 말하기도 했습니다.

태자는 당연히 서희에게 좋은 감정을 가지지 못했습니다. 원한이 뼈에 사무쳤다고 해도 좋을 정도로요. 언젠가 기회가 오면 단단히 모욕을 주겠다는 결심을 줄곧 다졌습니다.

얼마 후였습니다. 왕후 서희의 오빠가 형산국에 잠깐 다니러 왔을 때, 태자 유상은 그를 대접한답시고 함께 술을 마셨습니다. 그러나 이때에도 궐희가 둘을 이간시켰습니다. 유상은 성질을 이기지 못하고, 급기야 서희의 오빠에게 칼을 휘둘러 상처를 입힙니다. 왕후 서희는 태자가 술을 마시고 그랬으므로 드러내놓고 강력하게 대처하지 못했습니다. 그저 마음속에 한을 새기는 수밖에 없었지요. 이때부터 그녀는 유사의 면전에서 항상 태자를 폄하했습니다. 그녀가 태자의 집안에서 최대의 정적이 된 것도 당연합니다.

여동생과의 불화 역시 단단히 한몫 했습니다. 유상에게는 앞서 말했듯 친여동생인 유무채가 있었는데, 이 여동생은 너무나 터프했습니다. 게다가 매사가 제멋대로인, 한마디로 '엽기적인 그녀'였습니다. 여동생은 과연 자기 성질에 부끄럽지 않게 시집간 지 얼마 안 돼 집으로 돌아왔습니다. 그러고서도 아무렇지 않게 행동했을 뿐더러, 아니 오히려 노복과 통간하는 등 더 자유분방해졌습니다. 심지어는 궁에 처음 들른 빈객과도 정을 통할 정도였지요. 오빠로서 여동생의 그런 난잡한 행동을 보는 심정은 과연 어땠을까요? 체면이 서겠습니까? 그는 도리 없이 수차례에 걸쳐 그녀를 나무라는 악역을 맡았습니다. 그래도 처음에는 그녀도 수치심을 느꼈습니다만 그 수치심은 곧 오빠에 대한 분노로 바뀌었습니다. 결국 그녀는 오빠와 친동기 간의 정을 끊겠다는 선언까지 해버리지요. 귀엽고 예뻐야 할 여동생이 졸지에 집안에서 두 번째 강력한 적이 돼 버렸습니다.

서희의 동맹 결성도 결정타로 부족함이 없었습니다. 왕후 서희는 오빠와 여동생의 관계가 좋지 않다는 소식을 듣자 기다렸다는 듯 유무채와 가까워지려고 노력했습니다. 사실 유무채는 어린 시절 친모를 일찍 잃은 탓에 작은 오빠 유효와 함께 서희에게 많이 의지하기도 했습니다. 그 때문인지는 몰라도 서희는 더욱 자애로운 어머니 같은 모습을 보이려고 애썼습니다. 얼마 후 그녀는 유효와 유무채를 모두 자기편으로 끌어들여 반태자 연맹을 결성할 수 있었습니다.

서희와 동생들이 일치단결해 진행한 무고는 더욱 간과하지 말아야 하겠습니다. 둘째 적자인 유효는 태자의 천적이었지요. 형인 유상이 존재하는 한 그가 태자가 되는 것은 불가능했으니까요. 그로서는 무슨 수를 써서라도 형을 쓰러뜨려야 했습니다.

어쨌거나 각기 다른 목적을 가지고 있기는 했으나 왕후 서희, 동생 유효, 여동생 유무채 세 사람은 틈만 나면 떼를 지어 유상을 비난하고 공격했습니다.

형산왕이 사기를 당한 것은 거의 완벽한 끝내기 한 방이었습니다. 형산왕은 왕후 서희, 둘째 적자 유효, 딸 유무채 등 세 사람이 번갈아 공격하자 명확한 입장을 표명하게 됩니다. 태자를 혐오한다고 말한 겁니다. 그는 정신 차리라고 태자를 수차례 때리기도 했습니다. 이로 인해 둘의 사이는 더욱 틀어졌지요.

이쯤에서 이 가정의 비극에서 열연한 각 배역에 대해 다시 한 번 살펴봅시다.

궐희는 가장 음험했습니다. 한마디로 말해 태자 유상이 겪어야 할 모든 불행의 도화선이 되었습니다. 무엇보다 서희와 태자의 관계를 이간시키는 방법으로 서희에게 복수함으로써 최초의 목적은 확실히 달성했습니다. 그러나 이로 인해 사태는 걷잡을 수 없이 커져버려 결국 마지막에는 형산국의 멸망을 불렀습니다. 더불어 이 사건에 휘말려 들어간 모든 사람은 비명횡사하게 되었습니다. 사서는 궐희가 마지막에 어떻게 됐는지는 기록하고 있지 않습니다. 그렇지만 유사가 모반죄를 저지른 것으로 보아 궐희는 살아남기가 불가능했을 것으로 보입니다. 한나라의 법률에 의하면 모반죄는 삼족을 멸하는 죄였고, 궐희는 모반의 주범인 유사의 비빈이었기 때문이지요.

태자 유상은 정치적인 머리라고는 전혀 없는, 가장 멍청한 자였습니다. 우선 궐희에게 이용당한 것만 봐도 그렇지요. 유상은 궐희가 왕후 서희에게 복수하는 데 쓰는 무기가 되었습니다. 급기야는 서희와 한치 양보 없는 이전투구를 벌여 대재난을 하나씩 불러들입니다. 유상이 여동생을 가르친 것도 그렇습니다. 당초에는 선의에서 출발했습니다만, 초대(焦大, 소설 〈홍루몽〉에 등장하는 가賈씨 집안의 늙은 하인)도 말하지 않았습니까? "대관원에서 정문 앞의 돌로 만든 사자상을 빼놓고 깨끗한 사람이 과연 몇 명이나 됩니까?"라고 말이지요. 그것처럼 여동생 유무채의 음란한 생활은 도저히 말릴 길이 없었던 모양입니다. 그것 때문에 그가 그녀와 반목했다면 그것은 현명한 처사가 아니었습니다.

유무채는 제일 한심했습니다. 그렇게 엽기적으로 문란했다면 어떻게 결혼생활이 끝장나지 않겠습니까. 집으로 돌아와서도 그랬습니다. 서희와 가까워지고 친오빠를 원수 보듯 하면서, 시비를 제대로 가릴 줄 모르고 함부로 날뛴 겁니다. 급기야는 남을 해치기만 하는 서희의 도구가 되고 말지요.

왕후 서희는 가장 흉악했습니다. 형산왕 가정을 덮친 대란의 화근이었습니다. 유효와 유무채를 끌어들여 유상을 해치는 데 아주 철저하게 이용했습니다. 그러나 태자가 막다른 궁지에 내몰려 모험하자 불행히도 전체 형산국은 멸망하고 맙니다. 형산왕 역시 모반죄를 뒤집어쓸 것을 우려해 자살을 택했습니다. 그녀가 과연 무사했을까요?

유사는 부자 관계를 원만하게 처리하지 못했습니다. 서희의 이간하는 말만 믿고 아들과 줄곧 반목하기만 하여 그 결과 집안을 완전히 망쳐버렸습니다. 자신의 형과 하나 다를 바가 없었지요. 유사 가정의 개개인 간의 관계는 엉망진창이었습니다. 게다가 모반을 모의하는 어리석음을 범했으니 아라비안나이트가 따로 있겠습니까?

원래 대재난은 빙산의 일각만 드러나는 법입니다. 형산왕의 가정이 불화로 인해 파국으로 달려갈 때도 그랬습니다. 밖으로는 크게 드러나지 않았으나 다른 네 가지 사건이 잇따라 발생하면서, 안 그래도 늪 속에 빠져 들어가던 형산왕의 가정에 설상가상 어려움을 더했습니다. 이제 사태는 완전히 수습 불능이었지요.

우선 형산왕의 장모가 피해를 입는 사건이 일어났습니다. 원삭 4년(기원전 125년)에 일어난 일인데, 어떤 사람이 형산왕 유사의 왕후인 서희의 계모를 때려 큰 상처를 입힙니다. 형산왕은 이 사건이 일어나기 직전에 수차례 태자 유상을 질책했는데, 바로 이것 때문에 형산왕은 유상이 아버지의 장모에게 보복했다고 의심을 한 거죠. 태자는 다시 한바탕 두들겨 맞았습니다.

형산왕 유사의 와병과 관련한 사건도 눈여겨봐야 합니다. 얼마 후 유사는 병으로 쓰러집니다. 태자 유상은 자기도 몸이 아프다는 핑계를 대고 아버지를 간호하지 않았습니다. 왕후와 유효, 유무채 세 사람은 그 기회를 놓치지 않고 이렇게 고자질합니다.

"태자는 사실 병에 걸리지 않았습니다. 그 반대입니다. 대왕께서 병에 걸렸다는 말을 듣고 오히려 얼굴에 희색이 가득했습니다."

순간 유사는 대로했습니다. 유상을 폐하고 유효를 세워야겠다는 결심도 굳혔지요.

유효에게 누명을 씌워 해를 끼치려 했던 서희의 음모 역시 간과해서는 안 됩니다. 왕후 서희는 형산왕이 태자를 폐하기로 결심을 굳힌 것을 간파한 다음 내친김에 유효까지 제거하려고 했습니다. 그 경우 자기 아들 유광劉廣이 태자가 될 거라고 생각한 겁니다. 서희에게는 시녀가 한 명 있었는데, 춤을 아주 잘 추는 시녀로 형산왕 역시 그녀를 총애했습니다. 서희의 계략은 간단했습니다. 이 시녀를 유효와 사통하도록 사주하는 것이었습니다. 그러면 가볍게 유상과 유효를 제거한 다음 자기 아들을 태자로 세울 수 있다고 생각했습니다.

마지막으로 일어난 사건은 서희의 입을 막으려고 했던 유상의 무례한 행동입니다. 바보가 아니었던 유상은 당연히 왕후 서희의 음모를 알고 있었기 때문에 그녀의 입을 막을 필요성을 느끼게 된 거죠. 어느 날 서희는 술을 마시고 있었습니다. 유상은 이때 술 한잔 따르는 기회를 틈 타 그녀의 넓적다리 위에 앉았습니다. 여차하면 동침해보겠다는 심산이었나 봅니다. 서희는 유상의 생각과는 달리 대로하면서, 곧바로 형산왕에게 태자가 무례하기 이를 데 없다고 고자질을 했습니다.

서희의 계모가 피해를 당한 사건은 그야말로 의외의 사건이었습니다. 또 유사의 와병과 관련한 사건은 오해에서 비롯되었습니다. 그러나 각자 꿍꿍이속이 있었던 집안사람들은 각자 이걸 부풀리려는 생각만 가득했고, 게다가 여러 사람들이 벌떼같이 몰려들어 이 음모에 합세했습니다. 이런 집안이 어떻게 망하지 않겠습니까.

나머지 둘 중 유효에게 누명을 씌우려 했던 서희의 음모는 그녀가 사심이 있었다는 사실을 적나라하게 폭로하는 사건입니다. 그녀는 이 음모를 통해 기록도 하나 세웠습니다. 중국 역사상 여자를 이용해 부자 관계를 이간시키려고 했던 사람은 그녀가 최초였으니까요. 물론 그녀의 후계자는 이후 셀 수 없이 많습니다. 동한 말년에 왕윤王允이 초선貂蟬을 이용해 여포呂布와 동탁을 이간질시킨 것은 이 고전 드라마의 재방송이라고 하겠습니다.

유상이 일으킨 사건은 정말이지 비열했습니다. 게다가 대단히 위험한 짓이었지요. 그는 확실히 태자라는 이름에 어울리지 않는데다가 능력과 도덕 등의 모든 면에서 수준 이하였습니다. 그의 종말은 당연히 가까이 다가오고 있었습니다.

형산왕은 즉각 아들을 불러들였습니다. 그의 머릿속에는 아들을 꼼짝 못하게 묶어놓고 한바탕 몽둥이찜질을 해야겠다는 생각뿐이었습니다. 유상은 자신을 폐하고 동생을 태자로 세우려는 생각을 형산왕이 오래전부터 해왔다는 사실을 알고 있었습니다. 게다가 자신은 변명의 여지가 없는 추태를 보였습니다. 유상으로서는 이제 시원스럽게 승부를 걸어야 했겠지요. 그는 아버지에게 이렇게 말합니다.

"동생 효는 부왕께서 총애하는 시녀와 통간했습니다. 게다가 동생 무채는 노복과 통간했습니다. 부왕께서는 부디 몸을 잘 간수하시기 바랍니다. 소자는 천자에게 이에 대해 상서를 하겠습니다."

그는 이어 보좌에 멍하게 앉아 있는 아버지 앞에서 벌떡 일어났습니다. 형산왕은 사태가 심상치 않다고 판단되어 급히 수하들에게 그를 잡아오라고 명령했습니다. 그러나 태자를 잡아오는 사람은 아무도 없었으므로 형산왕은 직접 마차를 타고 추격하는 수밖에 없었습니다. 태자는 잡혀 온 다음에도 입에 담지 못할 험한 말을 마구 쏟아내었고, 그런 그를 형산왕은 바로 옥에 가두었습니다. 모반을 계획하고 있다는 사실이 발각나지 않게 하려면 그 수밖에 없었습니다.

유효는 형과는 달리 빠르게 아버지 형산왕의 신임을 얻었습니다. 급기야 그는 아버지로부터 왕인王印까지 물려받았고, 곧바로 장군의 칭호도 받았습니다. 형산왕의 유효에 대한 총애는 이 정도에서 그치지 않았는데, 왕궁 밖의 개인 저택에 살던 아들에게 빈객을 널리 불러 모으는 일도 말기게 됩니다. 물론 그 일에 필요한 엄청난 돈도 주었겠지요.

유효의 저택에 모인 빈객들은 모두 형산왕이 회남왕과 마찬가지로 모반하려는 강력한 의지를 가지고 있다는 사실을 알았습니다. 그들이 밤마다 그에게 반란에 나서도록 종용한 것도 당연합니다. 그래서 형산왕은 못이기는 척하고 유효의 두 빈객인 구혁(救赫, 『한서』에는 매혁枚赫으로 나옴)과 진희陳喜에게 전차, 활과 화살을 제조하게 했습니다. 또 천자의 옥새, 장군의 대인大印도 새기게 했을 뿐만 아니라 도처에서 힘깨나 쓰는 장사들을 모집했습니다. 한마디로 모든 면에서 오초칠국의 난 때의 전략을 벤치마킹한 겁니다.

그러나 형산왕의 배포는 회남왕처럼 크지 못했습니다. 과감하게 황제의 보좌를 탈취하러 나서지도 못하면서 그저 회남왕이 거병 후에 가까이 있다는 이점을 살려 자신을 먼저 병탄하지 않을까 우려했습니다. 또 그는 회남왕이 병사들을 몰고 서진할 경우 그 틈을 노려 강회(江淮, 창장長江과 화이허淮河 사이의 지역. 지금의 안후이성安徽省과 장쑤성 북부)를 점령할 꿈도 꾸고 있었습니다.

거사의 실패, 황천길로 이어지다

원삭 5년(기원전 124년) 가을이었습니다. 형산왕은 무제를 배알하기 위해 장안으로 향하다 회남국에서 잠깐 짬을 내어 형을 만났습니다. 회남왕은 이때 동생과 많은 얘기를 나누며 오랫동안 묵은 갈등을 해소했습니다. 게다가 둘은 이 대화를 통해 함께 모반하자는 약속까지 합니다.

그렇다면 반목으로 일관하던 이 두 형제가 어떻게 다시 사이가 좋아졌을까요? 그들은 부친 유장에 대한 얘기를 화제로 올렸던 모양입니다. 또 아버지의 죽음과 자신들의 고독했던 어린 시절, 자신들의 황실 혈통이 계속 이어져야 한다는 등의 얘기를 나누었겠지요…… 어쨌거나 그들은 서로 으르렁거리면서 죽어도 내왕하지 않을 듯하더니 다시 옛 정을 찾으려 애쓰는 형제가 되었습니다. 정말 감동적인 모습이 아닐 수 없습니다. 그러나 계속 '반란'이라는 절망적인 길로만 달려가야 하는 운명이라니 무척 서글프지요.

원삭 6년(기원전 123년) 형산왕은 무제에게 태자 유상을 폐하고 유효를 새로운 태자로 세우겠다는 내용의 글을 올렸습니다. 이때 유상 역시 심복 백영을 장안으로 보내 동생 유효를 고발하려 했습니다. 그러자 형산왕은 자신의 모반 계획 사실이 탄로날 것이 두려워 다시 태자를 대역부도하다고 고발합니다. 이것이 바로 우리가 앞서 말했던 형산왕 집안의 두 가지 대사건입니다. 형이 동생을 고발하려 했고, 또 아버지는 아들을 고발했습니다.

무제는 이 사건을 형산국에 인접한 패군沛郡의 군수가 심리하도록 했습니다. 원수 원년(기원전 122년) 겨울, 패군 정부는 유효의 저택에서 반란을 모의했던 핵심 세력인 진희를 체포했습니다. 진희가 체포되었다는 사실은 분명한 의미를 하나 내포하고 있는데, 유효가 그를 숨겨준 범인이라는 걸 증명한다는 사실입니다.

그러나 그것보다 유효를 더 겁에 질리게 한 것이 두 가지나 더 있습니다. 무엇보다 진희가 형산왕이 모반을 준비했다는 사실을 자백할 가능성이었습니다. 진희는 항상 형산왕과 반란을 모의했으므로 유효로서는 바로 이 부분을 우려하지 않을 수 없었습니다. 유효는 또 태자가 백영을 보내 자신을 고발하려 한 행동이 형산왕의 모반에 대한 자백으로 이어질 가능성도 우려했습니다.

유효는 고민 끝에 자수하기로 결정하고, 이어 진희 등이 모반에 가담했다고 고발했습니다. 한나라 법규에 의하면 모든 것을 다 자백하는 범인이나 다른 범죄의 혐의자를 고발하는 사람은 죄를 면제해주게 돼 있었습니다. 이때 유효는 이미 아버지는 돌아보지도 않는 지경에 처해 있었지요. 그는 오로지 자기 생명을 지킬 생각뿐이었습니다.

이렇게 해서 형산왕의 모반 사건은 회남왕의 그것과 마찬가지로 거사도 일으키기 전에 주요 주동자에 의해 고발되었습니다. 회남왕을 고발한 주동자는 오피, 형산왕을 고발한 주동자는 유효였습니다.

당연히 결과는 비참했습니다. 형산왕은 자살했지요. 유효는 자수했을 뿐 아니라 다른 범인을 검거하는 데 도움을 준 탓에 모반죄에 대해서는 면제를 받았습니다. 그러나 그는 부왕이 총애하는 시녀와 사통을 했으므로 그 죄로 처형을 면치 못했습니다. 왕후 서희 역시 무고의 수법으로 전 왕후 승서를 죽게 했다는 죄목을 입어 처형을 당했습니다. 태자 유상은 불효했다는 죄를 뒤집어썼으므로 역시 처형되었습니다. 이외에 형산왕의 모반 사건에 연루된 모든 이들은 일률적으로 멸족의 화를 면치 못했고, 이 와중에서 형산국도 화를 피하지 못했습니다. 봉국의 지위를 잃고 형산군으로 강등되었으니까요.

회남 여왕 유장의 두 아들인 유안과 유사는 약속이나 한 듯 모반죄로 자살했습니다. 유장의 황실 혈통은 이로써 완전히 끊기고 말았습니다.

그러면 유사는 왜 실수를 거듭했을까요? 꼭 모반의 길로 가야 했을까요? 이유가 있었습니다. 우선 그는 자신을 보호하고 싶었습니다. 유사는 형인 유안처럼 그렇게 정치적인 야심이 없었고, 처음에는 그저 자신을 보호하고 싶은 생각 외에는 없었습니다. 형이 거병했을 때도 그저 병탄이 되지 않기를 바랐을 뿐입니다. 그러나 시간이 흘러가면서 그의 야심도 커졌습니다. 형인 유안의 거병을 틈타 강회를 점령하고 싶어 했고, 형과 기쁘게 회동한 다음에는 더더욱 그랬습니다. 자신을 보호하겠다는 생각에 그치지 않고 반란의 길로 나아가고자 한 거지요.

무제에 대한 불만도 이유가 되겠습니다. 유사가 모반을 하게 된 다른 중요한 원인 중 하나는 위경 사건으로서, 무제가 내린 징벌에 대한 불만이 그를 반란으로 내몬 겁니다.

그러나 그의 정치적인 재능은 모반을 일으키기에는 많이 부족했습니다. 게다가 가정에는 내란까지 일어났으니 반란이 성공할 가능성은 애초부터 없었습니다. 굳이 무제 시기의 정치적 환경이 어땠는지 말할 필요도 없습니다. 그의 실패는 필연이었으니까요.

복수에 대한 열망 역시 이유가 될 것 같습니다. 형 유안과 마찬가지로 그도 아버지 유장의 참사를 잊지 않고 있었습니다. 게다가 형제가 다시 화해를 했으니 피는 물보다 진한 법입니다. 모반을 통해 복수하겠다는 생각도 필연이었던 것 같습니다.

유방의 일곱째 아들 유장 일가족의 몇 대에 걸친 황실과의 은원 관계는 이렇게 막을 내렸습니다. 무제는 칼에 피를 묻히지 않고 회남왕과 형산왕의 반란을 평정했습니다. 평정의 효과도 대단하여 자연스럽게 제후 세력이 대거 약해져버렸습니다. 경제 시대의 오초칠국의 난 같은 국면을 맞이하는 것은 이로써 거의 불가능하게 된 거지요.

무제는 반란을 평정하는 순간에도 전국을 대상으로 널리 인재를 뽑아 쓰기를 잊지 않았습니다. 그 결과 인재가 넘쳐나는 형국을 맞았습니다. 그 숱한 인재 중에는 아주 독특한 사람이 한 명 있었으니, 주인공은 무제에게 자리를 구한다는 편지를 직접 쓴 사람이었습니다. 편지에서 자신을 '고자칭예高自稱譽', 즉 극도로 자신을 칭찬한 이상한 사람이었습니다. 1,000여 명을 헤아리는 자칭 타칭 인재 중에서 단연 돋보였던 이 사람은 도대체 누구일까요? 무슨 경천동지할 대단한 능력을 가졌을까요?

허풍쟁이인가, 아웃사이더인가, 동방삭

무제 시대에는 인재가 대단히 많았습니다. 위청은 한나라의 영토를 대대적으로 개척하고 확장했으며, 곽거병은 백전백승의 신화를 창조했습니다. 급암은 늘 사직을 걱정했고 장탕은 형법을 엄하게 집행했습니다. 그러나 오로지 한 사람은 정의를 내리기가 힘듭니다. 그는 마음속에는 대단한 경륜이 있는 듯했지만 나라의 태평성대를 위한 말은 거의 하지 않았습니다. 그럼에도 모든 행동은 세속을 초월하는 모습이었고, 나쁜 일이나 악인은 원수처럼 증오했습니다. 무제는 그런 그를 거의 맹목적으로 따랐습니다. 반면 군신의 눈에는 있어도 그만 없어도 그만인 존재로 비쳤습니다. 그는 누구일까요? 세상에 드문 기재奇才일까요, 천하의 망나니일까요? 코미디의 황제일까요, 비운의 지성일까요?

이 파격적인 인물은 바로 동방삭입니다. 당시 사회에는 그를 이해할 수 있는 사람이 없었던가 봅니다. 그러나 다원화되어 있는 현대 사회에서는 조금 차이는 있더라도 그나마 비슷한 말로 비유하는 것이 가능할 것 같습니다. 비주류 내지는 아웃사이더라고 말이지요.

'비주류'라는 말은 비교적 괜찮은 말입니다. 우선 욕하거나 칭찬하는 말과는 거리가 머니까요. 우리는 그저 동방삭이 어떻게 일반 사람과 다른가, 왜 다른가 하는 사실에 대해 말하려는 것뿐입니다. 때문에 그가 그렇게 한 게 잘한 것인가, 좋은 것인가, 모방할 필요가 있는 것인가 하는 문제에 대해서는 군이 언급할 필요가 없을 듯합니다. 사람은 보는 것에 따라 생각을 달리 하니까요.

다음으로 글자를 통해 보면 '비주류'는 평범한 것을 벗어난 '다른 스타일'을 의미합니다. '다른 스타일'이라면 우리로서는 고전적이거나 현대적인 각종 프레임을 뛰어넘어 그를 볼 필요가 있지 않을까요? 그렇다면 동방삭은 무슨 능력으로 '비주류'로서 일관된 삶을 살았을까요?

쥐꼬리 같은 공명功名

아웃사이더로서 그의 파격적 행동은 모든 면에서 낱낱이 보였습니다. 하나씩 살펴보지요.

우선 자리를 구할 때입니다. 무제는 앞서 살펴본 대로 널리 인재를 구하는 정책인 '해선'을 대단히 좋아했습니다. 독자 여러분께서는 앞서 소개한 장건을 아직 기억하고 있으신지요? 그는 이런 '해선'을 통해 대 서역 외교의 전권대사가 된 사람입니다. '해선'은 '문턱을 두지 않고 인재를 선발한다'는 의미를 갖고 있습니다. 그렇다면 '해취(海吹, 취吹는 허풍을 떤다는 의미)'라는 단어가 자연스럽게 '끝없이 허풍을 떤다'는 의미의 말이라고 해도 무방하겠습니다.

황제 자리를 물려받은 다음인 건원 원년(기원전 140년) 무제는 전국 각지에 뛰어난 인재들을 추천하라는 조서를 내립니다. 이게 바로 '해선' 프로그램으로 '사방의 수많은 선비들이 글을 올려 득실을 논했다. 스스로 자신을 예찬한 자들이 1,000여 명을 헤아렸다'는 기록에서 보듯 과거에 볼 수 없던 성황을 이루었습니다. 또 일단 선발되면 신분이나 나이에 관계없이 관직을 주는 등 대우가 아주 좋았지요.

과연 무제는 해선을 통해 두 개의 보물을 발굴합니다.

첫 번째 보물은 공양과 『춘추』의 대가인 동중서입니다. 그는 무제의 기대에 어긋나지 않게 유가 학설을 기본으로 하는 「천인삼책」에 음양오행 이론까지 가미해 이른바 '천인합일', '대일통'의 사상체계를 구축했습니다. 정말이지 재주가 뛰어나고 사상이 치밀한 사람이었던 만큼, 그가 일련의 치국 방략을 잇달아 내놓은 것은 정말 우연이 아니었습니다. 때문에 동중서의 인선은 무제의 의중에 딱 들어맞는 최고의 선택이었습니다. 무제가 그를 늦게 만난 걸 한탄한 것도 당연합니다.

그 다음 보물이 바로 동방삭입니다. 그가 해선에 지원했을 때 판단 기준은 글이었습니다. 예능이나 재주가 아니었던 거지요. 동방삭으로서는 자신의 특기를 살릴 만한 좋은 조건은 아니었으나 그는 1,000여 명을 헤아린 지원자 중에서 단연 발군이었습니다.

도대체 무제는 그의 무엇을 그렇게 좋게 보았을까요? 동방삭의 비법은 다른 것이 아닌, 엄청난 허풍이었습니다. 동방삭이 과연 어떻게 허풍을 쳤는지는 그가 무제에게 올린 글에서 잘 나타납니다.

'백수인 저 동방삭은 어려서 부모를 잃었습니다. 그래서 형수가 저를 키웠습니다. 저는 열두 살에 글을 읽기 시작했습니다. 글을 읽은 지 3년 만에 문학과 역사 분야에서는 충분히 쓸 만한 수준에 이르렀습니다. 이어 열다섯 살에 검술을 배운 다음 열여섯 살에는 『시경』과 『서경』을 배웠습니다. 22만 자를 읽은 겁니다. 또 열아홉 살 때는 병법을 익혀 역시 22만

자 정도를 읽었습니다. 지금 스물두 살인 저는 키가 9척 3촌(지금 기준으로는 2미터 이상)에 이릅니다. 이뿐만이 아닙니다. 눈은 진주처럼 빛나고 이는 조개처럼 가지런하고 하얗습니다. 게다가 장사인 맹분의 용맹, 경기(慶忌, 선진 시대에 민첩함으로 이름을 날린 인물)의 민첩함과 포숙(鮑叔, 제나라 대부大夫. 관중과 돈을 나눌 일이 있을 때 적게 가진 일화로 청렴의 표상이 됨), 미생(尾生, 선진 때 여자와 다리 밑에서 만나려 했을 때 비가 왔으나 약속 때문에 그대로 있다 빠져 죽음)의 정직함을 가지고 있습니다. 그 밖에도 저는 문무를 겸전하고 있으며, 재주와 용모도 두루 완벽합니다. 충분히 천자의 신하가 될 수 있습니다.'

『사기』는 동방삭이 편지에서 말한 이 개인 이력에 대해 '글이 불손하고 자신을 극도로 칭찬했다'라고 평가했습니다. 그러나 그는 기묘한 계략으로 승리했습니다. 먼저 기세를 올려 상대를 제압했지요. 무제는 '동방삭' 세 글자를 기억하지 않으면 안 되었습니다. 더구나 그는 그 글에 찬탄까지 했습니다.

무제에게 동중서의 「천인삼책」은 대단한 보약이었습니다. 담에 활력을 불어넣고 마음을 조양하도록 만들었습니다. 그에 비하면 동방삭의 글은 입맛을 돋우는 고추장이었습니다. 그의 튀는 글이 보여준 파격은 긴 설명이 필요 없을 정도인데, 천하를 다스리는 데에 대한 입장은 단 한 마디도 피력하지 않았습니다. 오로지 자신만 내세웠습니다. 처음부터 끝까지 경륜의 이론에 대해서는 언급할 생각을 하지 않은 겁니다.

그러나 무제는 동방삭의 글에 매료되었습니다. 기재라고 생각할 만큼이요. 물론 무제는 똑똑한 사람이었습니다. 동방삭의 글이 그저 자신을 극도로 칭찬하는 떠들썩한 글일 뿐 천하를 다스리는 도에 관한 내용은 전혀 포함하지 않고 있다는 사실을 너무나 잘 알았습니다. 당연히 그를 동중서와 같은 중량급의 반열에 놓고 보지 않았습니다. 연속으로 세 가지

대책을 발표했을 정도로 동중서는 중용했으나 동방삭에게는 그저 대조공거(待詔公車, 인재 풀 관리기관인 공거서公車署에서 황제의 조령을 기다리는 직책으로, 사실상의 하급 고문 직급)의 대우만 해주었습니다. 같은 해에 발탁된 동중서, 공손홍 등과 비교해보면 지위가 형편없이 낮았습니다. 대우도 많은 차이가 나 평소에는 무제의 얼굴 한 번 보기 어려운 지위였습니다.

동방삭의 등장은 확실히 사람들로 하여금 고개를 갸웃거리게 만듭니다. 무제 시대에 언동이 오만방자한 사람이 비단 그뿐만은 아니었으니까요. 대표적인 인물이 급암입니다. 항상 무제를 웃고 울게 만들 정도로 천방지축이었습니다. 그러나 그는 말을 잘 못한 탓에 불손한 모습이 다분했습니다. 반면 동방삭의 허풍 가득한 방자한 언사는 많은 부분 고전을 인용한 말인데다가, 그걸 기본적으로 깐 채 비유를 했습니다. 나름 논리가 있었던 거죠. 오만방자하지만 않았다면 충분히 천하의 명문이라고 할 수 있었습니다. 그는 너무 많은 책을 읽어 감동 내지는 미적 감각이 무뎌진 무제에게 신선한 감각적 충격을 가하려고 했던 게 아닐까요. 그의 튀는 행동은 아무래도 일종의 사기성이 물씬 풍깁니다.

승진을 할 때도 다르지 않았습니다. 동방삭은 전형적인 지식인도 아니었고, 무엇보다 몸 전체에서 사기성이 물씬 풍겼습니다. 게다가 웃기기까지 했지요.

그는 '대조공거'의 명령을 받았을 당시만 해도 대단히 흥분했습니다. 그러나 시간이 길어지자 조바심을 느끼지 않을 수 없었습니다. 굳이 따지면 동기에 해당할 동중서와 공손홍의 관운은 자신에 비하면 하늘 높은 줄 몰랐으니까요. 그는 아무 권리도 없는 자신의 하찮은 '대조공거'의 위상이 천궁天宮의 필마온(弼馬溫, 옥황상제의 말을 관리하는 직책. 서유기에서 손오공이 이 일을 담당했음)과 하나 다를 바 없다고 생각했습니다. 그저 시키는 대로 해야 하는 신세였습니다.

그렇다면 어떻게 해야 했을까요? 손오공처럼 천궁을 온통 시끄럽게 해야 했을까요? 그것은 그러나 죽음을 재촉하는 길이었습니다. 절대 그래서는 안 되었지요 그는 남이 나를 발탁하지 않는다면 내가 직접 나를 발탁하면 되지 않겠는가 하고 생각했습니다. 그는 한참 동안 궁리를 거듭했고, 마침내 노력이 헛되지 않았는지 역시 필마온을 통해야 한다는 생각이 그의 뇌리를 스쳤습니다. 그는 바로 황제의 말을 돌보는 궁중의 난쟁이들을 찾아가 근심 가득한 어조로 이렇게 엄포를 놓았습니다.

"황상께서는 너희가 밭을 갈아도 힘이 없어 못한다고 하셨다. 관리가 돼도 백성을 잘 다스리지 못할 것이라고 하셨다. 또 전쟁터에 나가도 용감하게 싸우지 못할 것이기 때문에 아무 쓸모가 없다고 말씀하셨다. 당연히 황상께서는 너희가 완전히 국가의 양식만 축내는 사람들이라 생각하고 계신다. 아무 데도 쓸모없는 너희를 곧 다 죽일 거라고 말씀하셨다."

난쟁이들은 깜짝 놀라 울고불고 난리가 났습니다. 당연히 그에게 살길을 찾아달라고 매달렸습니다. 동방삭은 잠시 생각한 다음 이렇게 대답했습니다.

"황상께서 아마도 곧 이곳을 지나가실 것이다. 그때 너희는 무릎을 꿇고 목숨을 구걸하도록 하라. 아마도 도움이 될 것이다."

얼마 후 무제는 진짜 그 길을 지나갔습니다. 난쟁이들은 약속이나 한 듯 경쟁적으로 달려가 납작 엎드린 채 울면서 "폐하, 살려주십시오!"라고 큰 소리로 외쳤습니다. 무제는 이상한 생각이 들었습니다. 난쟁이들은 "동방삭이 황상께서 소신들을 전부 죽이신다고 말을 했습니다"라고 동방삭의 말을 그대로 전했습니다. 무제는 그 말에 동방삭이 장난을 쳤다는 사실을 깨닫고는 즉각 동방삭을 불러 이렇게 물었습니다.

"그대는 이 난쟁이들을 놀라게 만들어 거의 반죽음 상태로 몰아넣었다. 왜 그랬는가?"

동방삭은 기세당당하게 다음과 같이 대답했습니다.

"그 난쟁이들은 키가 3척(1미터에 채 못 미침)에 불과합니다. 그런데도 녹봉이 쌀 한 가마니와 240전입니다. 소신은 어떻습니까? 키가 9척 3촌인데도 녹봉이 똑같은 쌀 한 가마니와 240전입니다. 그들은 그걸로 배가 터지도록 먹는 반면에, 소신은 뱃가죽이 등가죽에 붙을 정도로 배가 고픕니다. 폐하께서 제 말재주가 쓸 만하다고 생각하시면 저를 우선 배불리 먹여주십시오. 필요 없다고 생각하시면 저를 즉각 파면하십시오. 그러면 장안의 쌀을 절약할 수 있으니 얼마나 좋습니까?"

무제가 듣고 보니 틀린 말은 아니었습니다. 기꺼운 마음으로 그의 직위를 공거대조에서 한 등급 위인 금마문(金馬門, 학사들이 대조하던 곳. 후에 한림원翰林院이 됨)대조로 올려주었습니다. 그의 수입은 이전보다 나아졌을 뿐 아니라 무제와 접촉할 기회도 과거보다 더 늘어났습니다. 지금도 인구에 회자되는 저 유명한 장안색미長安索美는 바로 이렇게 탄생했습니다.

동방삭이 자신과 난쟁이들을 비교해 불만을 표출한 이 장면은 어떻게 보면 코미디 같은 요소가 풍부합니다. 그는 무제에게 관직도 땅도 요구하지 않았으며, 그저 배불리 먹게 해달라고 요구했습니다. 가벼운 위트였으나 말에 꽤 설득력이 느껴집니다. 무제가 호탕하게 웃은 것도 아마 그래서였겠지요. 더 중요한 사실은 웃는 와중에 동방삭이 저지른 악동 짓에 대한 그의 불만이 사라져버렸다는 점입니다.

동방삭은 이전에는 자기 혼자 허풍을 치곤 했는데, 그러다 나중에는 한 술 더 떠 엑스트라까지 동원해 자기에 대한 대우를 획기적으로 개선시켰습니다. 이후 그의 간은 더욱 커져만 가는데, 그렇다면 그는 기본적으로 두려움이 없는 인간이었을까요? 아니면 반성을 모르는 사람이었을까요? 그렇지는 않습니다. 그 역시 일찍이 문무백관 앞에서 심각한 표정으로 자신을 비판하기는 했습니다.

'동방삭 스타일'의 자아비판은 도대체 어떤 모습이었을까요?

어느 해 아주 무더운 복날이었는데, 무제는 보통 제사를 올리는 이날 복날을 맞아 모든 대신들에게 신선한 고기를 상으로 내리라고 하조했습니다. 대신들은 서둘러 궁중으로 모여들었습니다. 태양이 서쪽으로 서서히 기울 무렵, 대신들에게 고기를 나누어줄 관리가 도착했습니다. 그런데 막상 아무리 기다려도 고기가 분배되지 않는 것이었습니다. 대신들은 꾹꾹 참는 수밖에 없었지요. 이때 동방삭은 참을성이 부족했던지 칼을 꺼내 고기를 썰기 시작했습니다. 그는 고기를 썰면서도 "미안합니다. 오늘은 너무 덥네요. 소생은 먼저 가야겠습니다!"라는 말을 잊지 않았습니다. 그는 진짜 말을 마치자마자 바로 큰 고깃덩어리를 품에 넣은 다음 으쓱거리면서 홀연히 사라졌습니다. 현장에 있던 대신들은 두 눈 멀쩡히 뜬 채 고기를 싸서 사라지는 그의 뒷모습을 바라보기만 했을 뿐입니다.

다음날 그가 조정에 출근했을 때입니다. 고기 배분 책임을 맡았던 관리가 작심을 했는지 무제에게 동방삭이 함부로 고기를 잘라간 사실을 고해 바쳤습니다. 무제는 그에게 이렇게 물었지요.

"그대는 왜 고기를 썰어주는 걸 기다리지 않고 스스로 고기를 잘라 갔는가?"

동방삭은 바로 머리의 관을 벗은 다음 죄를 청했습니다. 무제는 그의 모습에 마치 화가 난 척하면서 얼굴을 찡그린 채 말했습니다.

"그대는 그만 일어나라. 짐은 그대가 지금 대신들이 있는 앞에서 자아비판을 하면 죄를 묻지 않겠다."

그러자 동방삭이 바로 입을 열어 이렇게 읊조렸습니다.

"동방삭아, 동방삭아! 너는 어찌 황상이 상을 나누어줄 때까지 기다리지 않고 함부로 상을 가져갔느냐? 정말 무례하기 이를 데 없구나! 그러나 칼을 들어 고기를 잘랐으니 그 얼마나 장관이냐! 그것도 조금만 잘랐으니 얼마나 청렴한가! 어디 그뿐인가, 그걸 조금도 먹지 않고 모두 부인에게 가져갔으니 정말로 모범적인 애처가로다!"

무제는 동방삭이 말을 채 끝마치기도 전에 배를 잡고 웃었습니다. 마음이 풀어진 무제는 동방삭에게 한 말의 술과 100근의 고기를 다시 하사했습니다. 집에 돌아가 부인에게 주라는 뜻이었습니다.

이게 도대체 자아비판인가요? 완전히 자아허풍이지요! 그러나 무제는 그걸 받아들였습니다. 조정은 졸지에 숙연해졌고, 백관들은 당황해 어쩔 줄을 몰랐습니다. 사실 과거 조정의 대신들은 무제를 기쁘게 하기 위해 동방삭과는 완전히 다른 행보를 보이지 않았습니까. 공손홍은 자신의 뜻을 굽혀 철저하게 영합했고, 또 장탕은 모든 사법기관을 총동원했습니다. 그러나 동방삭은 달랐습니다. 당당하게 혀를 놀리며, 어쩔 땐 악동 노릇을 하고 아낌없이 쇼를 했습니다. 그는 황제의 환심을 사는 방법을 너무나 잘 알고 있었던 겁니다. 완전히 손바닥 위에 올려놓고 가지고 놀았다는 표현이 맞을 듯싶습니다.

동방삭의 코미디 재주는 그야말로 최고의 경지에 이르렀다고 해도 부족함이 없습니다. 그러나 그의 이름이 후세에 계속 사람들의 입에 오르내린 것은 그의 '지성'이라는 이미지 때문이 아닐까요. 다음 얘기를 보면 잘 알 수 있습니다.

지식을 총동원해 부를 얻다

무제에게 해준 자문에서도 그의 기인으로서의 진면목은 돋보였습니다.

동방삭이 무제의 고문 역할을 한 얘기와 관련한 기록은 『사기』「골계열전」의 저소손(褚小孫, 한나라 원제元帝, 성제成帝 때의 사학자)의 보전補傳에 처음 실렸습니다. 원래 『사기』는 세상에 전해진 이후 계속 다른 사람들에 의해 보충되었습니다. 그중 가장 유명한 것이 저소손의 보전입니다. 『사기』 「동방삭전」 역시 저소손이 보충한 것이라고 보면 될 것입니다.

저소손이 보충한 「동방삭전」의 기록에 따르면 어느 날 장안의 건장궁에 큰 사슴과 같은 모양의 괴상한 짐승이 나타났습니다. 궁중에까지 곧바로 전해진 이 소식을 들은 무제는 무척 놀랐습니다. 그런 와중에도 그는 그 불청객이 어느 곳에서 왔는지 도대체 왜 나타났는지 알고 싶었습니다. 무제는 바로 동방삭을 떠올렸습니다. 즉각 사람을 보내 그를 불러 감식을 시켰습니다.

동방삭은 짐승을 살펴본 다음 이미 다 궁리를 끝냈다는 듯 이렇게 말하면서 배짱을 부렸습니다.

"신은 저 짐승이 뭔지 압니다. 그러나 대답을 하기 전에 폐하께서 하나 하셔야 할 일이 있습니다. 신에게 좋은 술과 안주를 주셔야 합니다. 배불리 먹고 마시고 난 다음에 말씀을 드리겠습니다."

무제는 즉각 동의했습니다. 동방삭은 술과 음식을 다 마시고 먹은 다음에도 바로 대답하지 않았습니다. 그러다 무제를 바라보면서 이렇게 떼를 썼습니다.

"모처에 밭과 연못, 갈대밭 몇 경(頃, 1경은 200무畝, 즉 4만 평 정도)이 있습니다. 이 땅을 신에게 상으로 주십시오. 그러면 바로 대답을 해드리겠습니다."

동방삭은 갈수록 태산이었고, 그럴수록 무제의 마음은 더 초조해졌습니다. 하지만 방법이 없자 그는 바로 "그대에게 상으로 주겠다"는 대답을 줄 수밖에 없었지요. 동방삭은 술과 안주로 배가 부른데다 반평생을 먹고 살 수 있는 상까지 받자 느긋하게 대답할 여유를 갖게 되었습니다. 그의 입에서 드디어 대답이 나왔습니다.

"그건 추아驅牙라는 짐승입니다. 입을 가득 채운 이빨들이 완전히 다 똑같습니다. 말을 탄 기병〔驅騎〕들처럼 가지런한 게 그럴까 싶습니다. 그래서 추아라고 부르지요. 저 멀리 오랑캐들이 대한제국에 항복해오면 추아가 미리 출현하는 법입니다."

1년여 후 동방삭의 말대로 과연 흉노의 혼야왕이 10만여 명의 무리를 거느리고 한나라에 투항해왔습니다. 무제는 다시 그에게 후한 상을 내렸습니다.

원래 신하는 황상이 무슨 의견을 전하면 그걸 바로 받들어야 합니다. 늦거나 잘 받들지 못하면 절대로 안 됩니다. 혹 그렇게 되면 항지가 되고 말지요. 그러나 동방삭은 달랐습니다. 오만방자했습니다. 자신이 하고 싶어야 했습니다. 먹고 싶으면 먹었고 마시고 싶으면 마셨습니다. 땅도 원하면 다 가져야 했습니다.

동방삭은 확실히 일반 사람보다는 훨씬 총명했습니다. 그의 지혜와 박학다식은 무제에게 뭐든지 거리낌 없이 요구할 수 있는 자본이었습니다. '지성'이라는 명예로운 칭호는 절대 함부로 들먹일 허명이 아니었습니다. 당연히 이를 통해서도 우리는 동방삭이 처했던 현실과 파격적인 행보의 내용을 알 수 있습니다. 그는 정말 뭐가 황제인지, 뭐가 가치 있는 것인지도 이해했던 사람입니다. 황제는 황제답고 신하는 신하다워야 한다는 겁니다. 부모는 부모다워야 하고 자식은 자식다워야 한다는 겁니다. 도대체 어디에 그런 정이 넘치는 끈끈한 관계가 있을 수 있을까요? 그는 그걸 모르지 않았기 때문에 수고에 대한 보수로 재산을 요구해도 황제의 말 한 마디면 되었습니다. 내가 능력이 있어 황제를 위해 일을 해줄 수 있다면 황제는 나에게 상을 줄 수 있다, 나에게 사용할 가치가 있다면 나는 더 큰 가치를 얻을 수 있다…… 그는 그런 진리를 분명히 알았던 겁니다.

또 동방삭은 자신이 하는 일이 이치에 맞는다고 생각해서인지 마음이 아주 편안했습니다. 그래서 지식으로 재물을 얻을 수 있었습니다. 그건 나아가 유가의 '겸겸군자(謙謙君子, 겸허한 군자. 또 그런 척하는 위선자를 의미하기도 함)'와는 완전히 다른 그의 독특한 개성이었습니다.

우리는 이외에 그의 모든 것을 놓고 볼 때 가장 큰 파격은 역시 과감한 행동이라는 사실을 알 수 있습니다. 사실 황제가 뭔가를 물어볼 때 신하들은 모두 황공해하며, 그저 문제에 대한 대답을 내놓기에 급급합니다. 누가 감히 그런 결정적인 순간에 과감하게 승부를 걸거나 크게 도박을 하겠습니까? 그러나 동방삭은 과감했습니다.

동방삭은 왜 그렇게 대담하게 마구잡이로 행동했을까요? 이유는 있습니다. 무엇보다 동방삭이 무제의 의문을 완벽하게 파악하고 있었기 때문입니다. 대답을 알고 있었다는 얘기입니다. 무제가 화를 낼 때 순간적으로 화를 웃음으로 전환시킬 수 있는 완벽한 능력을 가졌다는 사실도 거론해야 합니다.

그는 황제의 심리를 잘 파악했습니다. 기회를 놓치지 않고 그가 좋아하는 방향으로 분위기를 이끌었습니다. 자기를 중심으로 상황이 돌아가게 만들었던 것입니다. 그러니 무수한 신하 중에서 그가 각별했던 것은 당연할 수밖에 없지요. 기지나 사고의 민첩함이 웬만한 신하들보다 몇 단계 위였던 것은 더 말할 필요도 없습니다. 그러나 지위를 놓고 보면 그는 대단하지 않았습니다. 그저 직업적으로 무제를 웃기는 역할을 했을 뿐 광대와 다름없었습니다. 존재 가치가 그다지 대단하지 않았단 거지요.

그는 주위로부터 수다스럽고 남을 공경하지 않는다는 악평을 들었습니다. 그랬으니 더욱 거칠 것이 없을 수밖에요. 틈만 나면 거의 즐기는 차원에서 재미있는 기행을 일삼았습니다. 그러니 이 '애처가의 표본'의 결혼관도 세상을 놀랠 정도였다는 것은 하나 이상할 것이 없습니다.

속세를 피해 조정에서 즐기다

결혼에서도 파격이었습니다.

『사기』에는 동방삭의 결혼과 관련한 기록이 나오는데, 대략 이런 내용입니다.

'장안의 젊고 예쁜 여자들을 부인으로 맞았다. 그러나 그때마다 1년이 넘은 여자들은 모두 버리고 다시 부인을 맞이했다. 상으로 받은 재물은 모두 그 여자들을 위해 사용했다.'

기록으로 보면 동방삭에게는 결혼과 관련해 세 가지 철칙이 있었던 것 같습니다. 첫째는 수도인 장안의 여자를 구하는 것이고, 둘째는 부인들이 모두 젊고 예뻐야 한다는 점, 그리고 마지막은 1년에 한 번씩 바꾼다는 원칙입니다. 그랬으니 무제가 상으로 준 재물을 옛날 여자들과 새로운 여자들을 보내고 맞이하는 데 쓴 것도 전혀 이상한 일이 아니지요.

당연히 대부분의 조정 대신은 그런 그의 행태를 이해하지 못했으며 하나같이 동방삭을 '광인'이라고 손가락질했습니다. 그러나 무제는 달랐습니다.

"동방삭이 그런 황당한 짓을 하지 않으면 그대들이 어떻게 그보다 나을 수 있겠는가?"

사실 봉건 사회에서는 남자가 부인과 첩을 아무리 많이 얻어도 괜찮았습니다. 주위에서 누가 뭐라고 할 수도 없었습니다. 더구나 싫증이 나면 집에 그대로 두면 되었고 굳이 이혼까지 할 필요도 없었습니다. 그러나 동방삭은 그것마저 상식적인 선에서 처리하지 않았는데, 한때나마 사랑했던 사람에게 새로운 길을 찾도록 했습니다. '사랑의 사기꾼'이자 여자 귀한 줄을 아는 사람이었습니다.

동방삭의 기행은 후한 상을 받을 때라고 예외는 아니었습니다. 동방삭이 무제로부터 상을 받는 스타일은 다른 사람과는 대단히 많이 달랐습니다. 예컨대 무제가 음식을 내릴 때를 들 수 있습니다. 다른 대신의 경우 설사 나이가 들어 집에 은퇴해 있더라도 허리를 굽히고 머리를 숙인 채 먹었습니다. 게다가 오랫동안 씹으면서 천천히 삼키는 등 더할 나위 없이 공경스런 모습이었지요.

동방삭은 그런 수없이 많은 격식을 차렸을까요? 아닙니다. 무제 앞에서도 늑대나 호랑이가 먹이를 먹듯 했으며, 먹는 모양새도 전혀 신경 쓰지 않았습니다. 더구나 다 먹고 난 다음에는 남은 음식이 아까워 벗은 옷에다 기름기가 자르르 흐르는 고깃덩어리를 싸가지고 갔습니다. 그래서 그의 옷은 늘 지저분하기 이를 데 없었고, 당연히 그걸 보는 사람들의 눈길도 싸늘할 수밖에 없겠지요. 그러나 그는 아무렇지도 않게 행동했습니다. 독자 여러분은 음식을 집에 싸가지고 가는 중국인의 습관이 외국인에게 배운 거라고 생각할지 모르겠지만, 단언컨대 중국에서 가장 먼저 남은 음식 싸가기를 실천에 옮긴 사람은 동방삭이었습니다.

무제가 명주를 상으로 내렸을 때도 크게 다르지 않았습니다. 늘 아무렇지도 않게 받아서 어깨에 메거나 손에 든 채 가고는 했습니다. 절대로 사양하는 법이 없었습니다. 더구나 그는 무제에게 받은 명주를 부인을 맞아들일 때 모두 썼습니다.

그러나 무제는 그의 그런 튀는 행동을 무척이나 좋아했습니다. 당연히 동료들로부터는 질시를 받았을 터인데, 이런 질시에도 그는 괴상한 방법으로 대응했습니다. 수많은 질시에 대한 대응도 파격으로 일관했다는 얘기입니다.

어느 날이었습니다. 무제가 궁에서 게임을 하고 있었을 때였습니다. 화분 밑에 놓아둔 도마뱀을 보지 않고 만져서 그게 무언지를 맞히는 게임이었습니다. 대신들은 모두 그게 무슨 물건인지를 알아맞히지 못했습니다.

당연히 동방삭은 달랐습니다. 그는 자신 있게 이렇게 답했습니다.

"이게 용이라고 하기에는 좀 그렇습니다. 뿔이 없습니다. 뱀이라고 하기에는 다리가 있습니다. 이건 벽을 타고 올라갈 수 있습니다. 벽호壁虎, 다시 말해 도마뱀입니다."

무제는 맞았다고 말하면서 그에게 10필의 명주를 하사했습니다. 이어 그에게 다른 물건들도 맞혀보게 했으며 결과는 백발백중이었습니다. 그는 다시 큰 상을 받았습니다.

이때 무제의 또 다른 총신인 곽사인郭舍人이 결과에 승복하지 못하겠다는 표정으로 이런 얘기를 꺼냅니다.

"동방삭은 찍어서 용케 맞혔을 뿐입니다. 그걸 맞혔다고 하기는 어렵습니다. 지금부터 소신이 물건을 감추겠습니다. 그걸 동방삭이 알아맞히게 하는 겁니다. 동방삭이 맞히면 소신이 100대의 곤장을 맞겠고, 반대로 맞히지 못하면 황상께서는 명주를 저에게 상으로 내리십시오."

곽사인은 말을 마치기 무섭게 버섯이 달린 나뭇잎을 감췄습니다. 그러자 동방삭은 지체하지 않고 대번에 답을 맞혔습니다. 무제는 약속대로 곽사인에게 곤장 100대를 때리도록 했습니다. 곽사인조차도 할 말이 없었습니다. 결국 동방삭은 곽사인이 곤장을 맞는 것을 보고도 수수방관했습니다. 고소하다는 표정이었지요.

그래도 곽사인은 패배를 인정하지 않고 이번에는 수수께끼를 냈습니다. 그러나 이번에도 동방삭은 다시 맞혔습니다. 주변에 있던 대신들은 동방삭이 수수께끼를 맞힐 때마다 그의 능력에 찬탄하지 않을 수 없었습니다. 무제도 기쁜 나머지 현장에서 바로 그를 상시랑常侍郎으로 승진시켰습니다.

그러나 좋은 세월은 오래가지 않았습니다. 너무나 황당한 파격적인 행동이 그의 관직을 날려버린 겁니다. 무슨 일이었을까요?

어느 날이었습니다. 술이 거나하게 취한 동방삭이 급기야 취기를 이기지 못하고 조정 내에서 오줌을 누고 말았습니다. 무제는 이번에는 화가 단단히 났습니다. 바로 관직을 박탈하고 환자서(宦者署, 환관을 관리하는 관청)에서 대조待詔하도록 명령을 내렸습니다.

이 일이 있은 다음 어떤 사람이 동방삭에게 이렇게 물었습니다.

"사람들은 다 당신이 미친 사람이라고 합니다. 머리가 돌았다고 합니다. 정말 그렇습니까?"

동방삭은 지체 없이 이렇게 대답했습니다.

"나는 그저 조정에서 세상을 피하고 있을 뿐이오. 옛날 사람들은 산으로 들어가 세상을 피했소. 그러나 나는 다르오. 나는 조정으로 피신을 한 사람이오."

『사기』의 원문 기록을 보면 잘 알 수 있습니다. 어느 날 그는 어떤 주연에서 즉석 시를 하나 읊조렸습니다.

세속에서 파도에 따라 흔들리니,
세상을 피해 황궁에 이르렀구나,
궁중에서도 능히 세상을 피할 수 있으니,
하필이면 심산의 초옥草屋에 살 필요가 있으랴?

동방삭은 '이때 자리에 앉아 있다 술이 거나해지자 땅바닥에 기대 시를 읊었다據地歌曰'라는 기록에서 보듯 이 시를 만취상태에서 지었습니다. 명청明淸 시대의 고시선본古詩選本들이 이 시를 「거지가據地歌」라고 한 것은 다 이유가 있었던 겁니다.

그의 시 중 '세상을 피해 황궁에 이르렀구나'라는 대목은 나중 진晉나라의 시인 왕강거王康璩의 「반초은시反招隱詩」에 의해 절묘하게 패러디되었습니다. '소은(小隱, 작은 은자)은 계곡이나 숲에 숨고, 대은(大隱, 큰 은자)은 조정이나 저잣거리에 숨는다'라는 내용으로 말입니다. 여기에서 그치지 않았습니다. 당나라 때의 시인 백거이白居易는 「중은中隱」이라는 시에서 아예 소은과 대은의 중간인 '중은'의 개념을 창안했습니다. '소은은 들판, 중은은 저잣거리에 숨고, 대은은 조정에 숨는다'라는 구절은 바로 이런 과정을 통해 세상에 나왔습니다.

그렇습니다. 주위 환경에 의지해 세상을 잊는 것은 소은입니다. 몸을 저잣거리에 감추는 것은 중은입니다. 대은은 바로 동방삭처럼 조정에 숨는 겁니다.

동방삭은 관계에 발을 디딘 이후부터 무제와 아무 격의 없이 어울리기까지 시종일관 튀었습니다. 그는 조정을 한 번도 신성하게 생각해본 적이 없으며, 경외심을 가진 채 조정에서 일을 해본 적도 없습니다. 그저 조정을 은거할 수 있는 장소로 생각하고 절묘한 레토릭을 총동원해 지고무상의 무제와 어우러졌습니다.

조정을 은거의 장소로 생각한 만큼 생활도 거침이 없었습니다. 아무 구속도 받지 않은 채 즐겁게 생활했습니다. 마음먹은 대로 가식적이지 않은 생활을 이어갔습니다.

그러나 무제는 자선 사업가가 아니었습니다. 그는 도대체 뭣 때문에 동방삭의 계속되는 파격적 행동을 받아주었을까요? 답은 오로지 하나뿐입니다. 즐거웠으니까요!

동방삭은 「천인삼책」으로 일거에 많은 골치 아픈 문제를 해결한 동중서가 아닙니다. 또 급암도 아닙니다. 그러나 그는 자신과 다른 그들 같은 사람이 되고자 노력하지 않았습니다. 그래서 뭘 하든 무제를 즐겁게 했습니다. 그는 자리를 부탁하는 주장을 올렸고, 무제는 그걸 보고도 즐거워했습니다. 오로지 녹봉을 올리기 위해 자신을 난쟁이들과 비교하기도 했습니다. 이런 사람을 무제가 어떻게 필요로 하지 않았겠습니까? 무제는 혁혁한 공훈을 세울 동중서와 급암, 위청이 필요했지만, 다른 한편 자신을 하루 종일 즐겁게 만들 동방삭도 필요했던 겁니다.

우리는 현존하는 가치관으로는 동방삭을 이해하지 못할 수도 있습니다. 그러나 숱한 의문을 꺼내볼 수는 있겠지요.

동방삭이 진짜 조정에 은거했을까? 그의 어떤 말이 과연 황제의 의중을 미리 읽은 다음에 나온 것이 아니었다고 할 수 있을까? 처음 관리가 됐을 때 사기성이 농후했다면 결국 그는 빈 수레가 아니었을까? 그가 단순하게 오줌을 한 번 잘못 뉘 횡액을 당했다면 그건 너무 이상한 일이 아닐까? 당시 조정에 그렇게 많은 '위선적인 군자'가 있었다면 그는 '위선적인 소인배'가 아니었을까? 무제는 즐거웠다. 그러면 그는 과연 즐거웠을까? 그는 엄청난 학문을 가지고 있었으면서도 과연 흔쾌히 천하의 망나니가 되고자 했을까? 천신만고 끝에 관리가 된 것은 혹시 의식주 문제를 노리고 그런 것은 아닐까?

동방삭의 진면목

재주가 너무나도 넘치는 기재 동방삭은 조정을 은거지로 삼았습니다. 절묘한 레토릭으로 인생을 즐기면서, 또 그 속에서 기쁨을 얻는 파격적인 생활에도 푹 빠졌습니다. 그러나 과연 동방삭은 세상을 희롱한 오만방자한 코미디의 황제였을까요? 그의 진면목은 과연 어떤 모습이었을까요?

동방삭의 또 다른 면모

동방삭의 광기 어린, 혹은 오만방자한 탤런트 같은 태도는 사기성을 물씬 풍깁니다. 주위에서 지켜보는 사람들이 불안해질 정도이니까요. 사실 주위 사람들에게 모종의 스타일을 각인시키려고 자꾸만 시도하는 것은 의도적으로 자기의 다른 얼굴을 보지 못하게 하기 위한 것은 아닐까요? 그렇다면 그 다른 얼굴은 어떤 것일까요? 어떤 것이 도대체 동방삭의 진면목일까요?

우선 사서에 기록된 동방삭과 관련한 세 가지 사건을 본 다음에 다시 판단해보지요.

첫 번째 사건은 상림원上林苑 확장을 저지한 사건입니다. 건원 3년(기원전 138년) 딱 만 18세가 된 무제는 갑자기 상림원을 대규모로 확장하라는 명령을 내립니다. 상림원은 진나라 때부터 세워진 곳으로 당시에는 규모가 비교적 작아 그저 황실의 사냥터로 이용됐을 뿐입니다. 진시황은 이곳에다 나중 항우가 불태운 아방궁阿房宮을 짓기도 했습니다. 이후 고조 12년(기원전 195년)에 유방은 상림원을 개방, 자연스레 농민들의 농토로 만들어버렸습니다.

즉위한 지 3년에 지나지 않은 무제는 왜 다른 많은 일들은 다 제쳐두고 갑작스레 토목 공사를 벌여 상림원을 확장하려고 했을까요?

무제는 원래 즉위하자마자 줄곧 신정을 추진하는 데 힘을 기울였습니다. 그러나 건원 2년(기원전 139년) 두태후가 갑작스레 정치 전면에 나서 무제의 오른팔인 두영과 전분을 파면해버렸습니다. 이어 승상과 어사대부를 그녀 입맛에 따라 새로 임명했습니다. 무제의 야심찬 건원신정이 완전히 무산된 겁니다. 무제는 두태후의 정치 간섭에 정면 대응할 수가 없었고, 반항의 몸짓은 아예 보일 생각조차 하지 않았습니다. 유일한 선택은 기다림이었습니다.

바로 이 때문에 건원 3년(기원전 138년)부터 18세의 무제는 새로운 정치 개혁을 위한 '기다림의 시기'를 미행微行에 투자하기 시작했습니다. 황제의 이른바 '미행'은 진시황 때부터 시작된 것으로서, 황제나 고관대작이 신분을 감추고 옷을 바꿔 입은 채 저잣거리로 들어가 민심을 살피는 것을 뜻합니다.

그러나 무제의 미행은 골치 아픈 세 가지 장애에 봉착했습니다. 첫 번째 장애는 백성을 피곤하게 만든다는 것이었습니다. 무제의 미행은 일반의 그것과는 약간 달랐는데, 즉 스스로를 평양후平陽侯로 지칭하면서 이른바 기문군(期門軍, 우림군羽林軍과 함께 황제의 군사권을 강화하기 위해 만든 부대로 수도 치안을 담당)으로 불리는 자신 직속의 정예 기마병 1,000여 명을 이끄는 행렬이었습니다. 행렬이 지나치는 연도에서 간단한 사냥을 하기도 했고, 백성의 농작물을 밟는 것은 일상사였으므로 백성이 스트레스를 받은 것도 당연합니다. 밤에 나가 새벽에 돌아오는 무제의 미행이 계속되자 민간의 원성은 하늘을 찔렀습니다. 급기야 곳곳에서는 도적들이 횡행한다는 욕까지 터져 나왔고, 호현鄠縣과 두현의 현령에게는 진정서까지 접수되었습니다. 장안 인근의 치안을 책임지는 두현 현령으로서는 직접 평양후가 어떤 대단한 인물인지 눈으로 확인해야겠다고 생각한 것도 당연합니다.

어느 날 그가 정말 무제의 행렬을 저지했습니다. 그는 대로했습니다. 바로 욕을 마구 해대면서 사냥을 따라 나선 무제의 몇몇 수행 병사들을 붙잡았습니다. 병사들은 황실의 용품을 꺼내 보여 신분을 드러내는 수밖에 없었고, 이에 현령은 깜짝 놀라 그들을 풀어주었습니다.

위험하기도 했습니다. 달이 어둡고 바람이 세게 불던 어느 밤이었습니다. 무제는 일단의 기병들을 인솔해 백곡(柏谷, 지금의 허난성 링바오靈寶 서남쪽)으로 향했습니다. 그가 어느 조그마한 객잔에 들어가 주인에게 "마실 것이 있소?" 하고 물었습니다. 주인은 무제 일행이 마음에 들지 않았는지 "마실 것은 없소. 대신 오줌은 한 통 있소"라고 퉁명스럽게 대답했습니다. 그러나 주인 여자는 달랐습니다. 무제의 풍채가 당당하고 기개와 도량이 대단히 뛰어난 것을 보고는 바로 남편을 가로막고 이렇게 말했습니다.

"이분들은 비단옷을 입은 채 밤길을 가는 분들이에요. 게다가 갖추고 있는 병장기들이 대단하잖아요. 내력이 결코 예사롭지 않아요! 그러니 그만두세요!"

여자의 말에도 주인은 무제 일행이 도적떼일지 모른다는 생각을 버리지 않았습니다. 몰래 동네 젊은이들을 불러 모아 무제 일행을 몽땅 사로잡으려 했습니다. 주인 여자는 할 수 없이 재빨리 남편에게 술을 먹여 취하게 한 다음 밧줄로 꽁꽁 묶어버렸고, 또 불러온 동네 장정들도 그대로 돌려보냈습니다. 이어 닭을 잡고 밥을 해서 무제 일행에게 공손히 대접했으며 나중에는 배웅까지 나갔습니다.

다음날 무제는 궁중으로 돌아오자마자 바로 객잔의 주인 여자를 불러들여 상으로 천금을 하사했습니다. 또 그녀의 남편을 우림랑(羽林郎, 황궁의 금위군)으로 임명했습니다. 이게 바로 무제가 미행에 나선 이후 처음 겪은 위험한 순간입니다.

내부 압력에 따른 심적 부담은 더 말할 필요가 없었습니다. 무제는 거의 미행에 중독되다시피 했습니다. 그러나 왕태후와 두태후는 그걸 몹시 견제했으니 무제가 마음에 부담을 느낀 것은 당연합니다. 결국 멀리 나가지 못해 흥이 반감될 수밖에 없었지요.

위의 세 가지 이유 때문에 무제는 미행에 대한 미련을 버리고 상림원을 대규모로 확장 건설하기로 결정했습니다. 사냥터로 만들기 위해서였습니다. 그러나 상림원을 확장 건설하려면 그 안의 농민들을 모두 내보내야 했습니다. 그러면 그 농민들은 다른 황무지를 개간하는 고생을 해야만 합니다.

이때 줄곧 세상을 희롱하고 오만방자한 행동을 일삼던 동방삭이 과거와는 달리 깐깐하게 나오는 것이었습니다. 그러곤 날카롭고 엄숙한 어조로 이른바 '삼불가三不可'를 주창했습니다. 『자치통감』에 나오는 내용을 참고하면 이때 동방삭은 이렇게 주장합니다.

"백성의 옥토를 탈취하면 위로는 국가의 재정이 부족하게 됩니다. 아래로는 농민의 농사를 망치게 됩니다. 이것이 그렇게 하면 안 되는 첫 번째 이유입니다. 가시덤불의 숲을 만들어 여우나 토끼, 호랑이, 늑대 등이 노닐게 하면 백성의 무덤을 파괴하게 됩니다. 또 집도 허물어뜨리게 됩니다. 이 경우 어린아이는 옛 땅을 생각하면서 근심하고 노인은 통곡하면서 비통해할 겁니다. 두 번째 이유입니다. 존귀한 천자(무제)가 위험을 감수하게 할 정도로 하루의 즐거움이 대단한 것은 아닙니다. 이것이 그렇게 하면 안 되는 세 번째 이유입니다."

동방삭은 우선 세수 부족과 농민의 토지 손실을 우려했습니다. 백성의 묘지와 주택 멸실 및 이로 인한 백성의 비통함 역시 고려했습니다. 무제의 마차가 언제 어느 때 사고를 당할지도 모른다는 사실도 지적했습니다. 그 정도에서 그치지 않았습니다. 상나라의 주왕과 진나라의 2세를 예로 들어 무제가 민심을 돌아보지 않으면 안 된다고 강력하게 경고했습니다.

무제는 이 '삼불가'를 받아들였을까요? 그는 일단 연신 "그래, 그래!"라고 말했습니다. 이어 그를 태중대부로 승진시키고 황금 100근도 상으로 하사했습니다. 그러나 그저 듣기만 했을 뿐입니다. 상림원은 계획대로 확장 건설되었습니다.

무제는 이 사건을 통해 자신의 개성을 유감없이 정상적으로 나타냈습니다. 직언을 한 신하에게 상을 주면서도 자신의 생각대로 했으니까요. 반면 동방삭은 평소의 삐딱한 스타일과는 반대로 나갔습니다. 그의 기본적인 임무는 황제를 즐겁게 해주는 것이었는데, 어떻게 사냥터를 만들겠다는 계획에 얼굴을 확 바꾸면서 나라와 백성을 걱정하는 듯한 태도를 보였을까요? 어디에서 '대은'의 맛을 맛볼 수 있다고 하겠습니까?

두 번째 사건은 무제가 사위에게 내린 사형 판결을 찬양한 것입니다.

무제의 조카 소평군은 무제의 여동생인 융려隆慮공주의 아들이었습니다. 출신 성분이 좋은 탓에 외삼촌 무제의 딸인 이안夷安공주에게 장가갈 수 있었습니다. 그는 이후 엄청나게 교만해졌는데, 하기야 외삼촌 겸 장인이 황제였으니 그럴 만도 했지요. 게다가 어머니인 융려공주에게는 외아들이었으니 망나니가 될 조건을 완전히 다 갖추고 있었던 셈입니다. 항상 사고로 인해 관계 기관에 붙들려가 조사를 받는 게 일이었으니까요.

융려공주는 이 망나니 아들 때문에 마음고생이 심했습니다. 임종을 전후해서는 마음을 놓지 못했습니다. 그래서 미리 금 1천 근과 돈 1천만 전을 마련했습니다. 그러고는 무제에게 앞으로 아들이 죽을죄를 지으면 용서해달라고 부탁합니다. 무제는 동생의 마지막 부탁을 들어주었고, 융려공주는 편안히 눈을 감을 수 있었습니다.

어머니가 세상을 떠나자 소평군은 더 막무가내가 되어 심지어는 술에 취해 부인의 부모(傅母, 귀족 자녀의 지도와 보육을 담당하는 사람)를 죽이기까지 했습니다. 법률에 의하면 살인죄를 저지른 사람은 사형을 당해야 했습니다. 정위는 당연히 이 사건을 상주했습니다. 대신들은 하나같이 융려공주가 세상을 떠나기 전에 미리 아들을 위해 속죄에 필요한 돈을 마련해주었으니 소평군이 죽지는 않을 것이라고 생각했습니다. 더구나 그는 부마였습니다. 무제 역시 동생의 부탁을 들어주겠다고 승낙한 상태였지요.

무제는 가슴이 찢어질 듯 아팠습니다. '동생은 젊은 나이에 세상을 떠났어. 오로지 이 자식 하나만 남겼지. 세상을 떠나기 전에는 나에게 자식을 부탁했지. 내가 이 녀석을 죽이면 이미 세상을 떠난 동생을 어찌 대할 수 있을 것인가?' 하고 생각했겠지요. 그는 눈물을 흘리면서 탄식했습니다. 이어 한참을 다시 생각하다 이렇게 말했습니다.

"법령은 선제께서 제정하신 것이오. 짐이 동생한테 약속을 했다고 해서 법령을 어길 수는 없소. 그러면 내가 나중에 무슨 얼굴로 조묘에 들어가 선조들에게 제사를 지내겠소? 또 백성에게는 그것을 어떻게 해명한단 말이오?"

그로서는 소평군에게 사형을 언도할 수밖에 없었습니다. 사실 그에게는 속 시원하게 밝히지 못한 속내가 있었을 겁니다. 그건 '동생의 아들은 내 친사위가 아닌가! 내가 사랑하는 딸을 과부로 만들어야 하는데 그걸 어찌 참을 수 있겠는가?' 하는 말이 아니었을까요? 그렇습니다. 쇳덩어리 같은 심장을 가진 것으로 유명했던 무제도 이때만큼은 가슴이 아프고 슬픔이 북받쳐 올랐습니다. 대신들 역시 너나 할 것 없이 눈물을 뿌렸습니다.

조정에는 우울한 분위기가 감돌았고 곳곳에서는 한숨도 새어나왔습니다. 그때 돌연 동방삭이 튀어나왔습니다. 손에 술잔을 하나 든 채로. 그가 그 잔을 높이 쳐들고 무제에게 술을 한 잔 따르면서 "신은 성군이 정치를 할 때는 원수에게도 상을 준다고 들었습니다. 벌 역시 친인척을 구분하지 않는다고 들었습니다. 폐하는 지금 옛날 교훈을 잘 따르고 계십니다. 이건 우리 백성의 복이 아닌가 싶습니다"라고 칭찬했습니다. 정말 대단한 동방삭 아닙니까? 황제가 집안사람을 죽이려고 하는 그때에 과연 툭 튀어나와 참견해야 했을까요? 대신들은 기가 막혀 서로 얼굴만 쳐다본 채 할 말을 잃었습니다. 무제 역시 그의 갑작스런 출현에 어안이 벙벙했습니다.

무제는 퇴청한 다음 동방삭을 불러 이렇게 묻습니다.

"고서에 끼어들 때에 끼어들어야 사람들의 미움을 받지 않는다는 말이 있네. 아까 그대는 마치 미친 사람처럼 나에게 술을 따랐네. 도대체 그게 무슨 의미인가?"

동방삭은 황급히 관을 벗었습니다. 이어 고개를 조아리고는 죄를 청했습니다.

"폐하! 천하는 대단히 큽니다. 그러나 근심걱정을 해소시켜주는 것은 오로지 술뿐입니다. 오늘 폐하께서 그렇게 상심하시는 걸 보고 소신이 술을 한 잔 따랐습니다. 그건 우선 폐하께서 공평하게 사건을 처리하셨기 때문에 따라드린 겁니다. 또 폐하의 근심과 걱정을 해소시켜 드리려고 따른 것이기도 합니다. 그러나 소신은 머리가 나빠 분위기 파악을 제대로 하지 못했습니다. 죽을죄를 지었습니다!"

무제는 이렇게 생각했습니다.

'동방삭이 어찌 멍청하다고 하겠는가? 큰 지혜를 가진 사람은 우둔한 사람과 같다고 하지 않은가. 그의 통찰력은 누구보다도 뛰어나구나. 아마도 내가 정에 흔들려 명령을 거둬들일 것을 우려했을지도 모른다. 그래서 모든 대신들이 있는 데에서 나에게 술을 권한 것이고, 결과적으로 나는 후회할 일을 하지 않게 된 것 아닌가.'

그 생각이 들자 그는 동방삭에게 죄를 묻지 않았습니다. 반대로 얼마 전 조정에 오줌을 눈 것으로 인해 받은 처벌을 사해주었을 뿐 아니라, 또 명주 100필까지 하사했지요.

동방삭의 행동은 일반인의 예상을 다시 깼습니다. 황제가 죽고 싶을 정도로 고통스러워하는 모습을 봤으면 자신의 장기를 살려 최대한 그를 웃거야 했습니다. 그런데 왜 그는 느닷없이 튀어나와 상황을 골치 아프게 만들었을까요?

마지막 사건은 장공주 유표가 총애하던 젊은 애인의 선실(宣室, 문제가 거처했던 미앙궁未央宮의 궁실. 한나라 황제의 궁실을 의미함) 출입을 꾸짖은 것입니다.

장공주 유표는 일찍이 남편 진오陳午와 사별하여 오랫동안 독수공방했습니다. 그러나 나이 쉰이 넘었을 때 그녀에게 다시 봄날이 찾아왔습니다. 겨우 열여덟 살 먹은 남자 동언董偃을 애인으로 얻게 됐으니까요.

동언은 열세 살 때 어머니를 따라 귀금속 사업에 뛰어들었습니다. 그 때문에 장공주의 부중府中에 자주 드나들게 되었는데, 장공주의 주변 사람들은 그때마다 그의 뛰어난 인물을 칭찬해 마지않았습니다. 장공주는 비록 나이가 젊지는 않았지만 '모든 사람은 아름다운 것을 보면 좋아하는 마음이 있다'라는 말을 딱 실천한 여자였습니다. 그녀는 곧바로 동언을 불러 그를 샅샅이 훑어보았습니다. 과연 듣던 대로 뛰어난 인물이었습니다. 그녀는 바로 동언에게 "내가 어머니가 되어 너를 키우겠다"라고 말했습니다. 동언의 어머니는 전형적인 사업가였던 터라, 장공주가 보살피면 무슨 짓을 해도 억울한 죄를 뒤집어쓰지 않을 것이라 판단하고 아들이 그대로 장공주의 부중에서 크도록 허락했습니다.

장공주는 처음에는 좋은 의도로 그에게 공부를 시켰습니다. 계산, 마차 운전, 활쏘기 등도 가르쳤습니다. 5년 후 동언은 열여덟 살이 되었습니다. 헌헌장부로 성장한 겁니다. 장공주는 그런 그에게 기우는 마음을 어쩌지 못하고, 결국 자신의 수청을 들게 했습니다. 이때 장공주는 이미 50여 세의 나이였으므로 그런 나이에 그렇게 준수한 젊은 애인을 얻었으니 나날이 즐거울 수밖에요.

동언은 장공주의 젊은 애인이었지만 그래도 하인이었습니다. 하지만 장공주는 그걸 염두에 두지 않았고, 오로지 애인 전용 자금을 마련해 그가 장안의 힘깨나 쓰는 이들과 교류하는 데 적극적으로 사용했습니다. 또 "동언이 매일 쓰는 돈이 금 100근, 100만 전이 넘지 않으면 나에게 보고할 필요가 없다. 명주 역시 1,000필 이상 쓰지 않으면 얘기하지 말라. 그 이상만 보고하도록 하라"는 지시를 주위에 내리기도 했습니다. 그랬으니 장안의 내로라하는 권력자들도 그에게는 대단히 공손하게 굴었고, 심지어 그를 동군董君이라고 높여 부르기까지 했습니다.

그러나 젊은 애인에 대한 내총內寵은 결국 권력깨나 휘두르는 부인들의 배설 도구일 뿐이었습니다. 명분도 크게 없었고 경우에 따라서는 권력,

돈, 욕망의 와중에서 목숨이 경각에 달릴 수도 있었습니다. 역사적으로 사례도 적지 않았는데, 가령 측천무후則天武后, 그녀의 딸 태평공주의 내 총들이 모두 마지막에는 그런 비운을 겪었더랬지요. 바로 이 때문에 동언의 친한 친구 하나는 그에게 이렇게 은근히 충고하면서 겁을 주었습니다.

"자네는 별 볼일 없는 신분으로 장공주를 모시고 있네. 자넨 일반인들이 상상할 수 없는 죄를 짓고 있는 건데, 그렇다면 나중엔 어떻게 할 텐가?"

동언은 수심이 가득 찬 얼굴을 한 채 이렇게 대답했습니다.

"안 그래도 조만간에 이 일 때문에 큰 말썽이 날 거라고 생각한다네. 그러나 불행히도 아무런 대책이 없어."

다시 친구가 이렇게 귀띔했습니다.

"왜 장공주한테 그 여자의 장문원長門園을 황제에게 바치라고 권하지 않는가? 황제는 그 정원을 얻고 싶어 한 지 한참 되었다네. 황제가 자네 마음을 알면 틀림없이 기뻐할 걸세. 황제가 자네를 알아주면 무슨 걱정이 있겠나?"

동언은 즉각 장공주에게 자신의 입장을 밝혔습니다. 사실 장공주 역시 동언을 애인으로 몰래 받아들인 이후부터 마음이 몹시 불안하던 차였습니다. 무제가 동언의 죄를 처벌할 것 같아 두려웠던 것이지요. 그녀는 동언의 말을 듣자마자 바로 무릎을 쳤습니다. 그럴 수 없이 좋은 계책이었던 것이지요. 그녀는 즉각 무제에게 자신의 장문원을 바치겠다고 말했고, 무제 또한 흔쾌히 그 제의를 받아들였습니다. 정원의 이름도 곧바로 장문궁으로 바꿨습니다.

안타깝게도 그녀는 당시 그 장문궁이 자신과 동언과의 사련을 정당화시켜줄 것이라고 생각만 했지, 훗날 자신의 딸인 아교가 황후에서 폐위된 다음 그곳에서 거처하게 될 줄은 꿈에도 생각지 못했지요.

어찌 됐건 기쁜 나머지 장공주는 조언해준 동언의 친구에게 황금 100근을 사례금으로 주었습니다. 그 친구는 '좋은 사람은 일을 철저하게 해준다'라는 속담을 증명이라도 하려는 듯 다시 동언에게 무제를 배알할 수 있는 기가 막힌 계책을 하나 귀띔했습니다. 계책은 특별할 것도 없었습니다. 우선 장공주가 병이 나서 조정에 나가지 못한다는 소식이 무제에게 전해지도록 하라는 것이었습니다. 그러자 무제는 직접 장공주를 문병하러 와서는 무슨 요구사항이 있는지를 물었습니다. 장공주는 동언의 친구가 귀띔해준 대로 이렇게 말했습니다.

"저는 폐하의 두터운 은혜를 입어 공주로 봉함을 받았습니다. 그 때문에 먹고 입을 걱정은 하지 않고 삽니다. 그러나 저는 나이가 많아 언제 잘못될지 모를 일이니, 그렇다면 얼마나 유감이겠습니까. 원컨대 황상께서는 시간을 내 저의 집에 다시 한 번 오십시오. 저의 감사한 마음을 표하고 싶습니다."

얼마 후 장공주는 자신의 병이 다 나았다고 말하고는 무제를 다시 만났습니다. 무제는 사적으로는 고모인 장공주가 그처럼 지극정성으로 나오자 조카인 자신도 예의를 차려야 한다고 생각했습니다. 결국 며칠 후 그는 직접 장공주의 부중으로 향했습니다. 이때 장공주는 고모로서의 자신의 체면을 완전히 다 버렸습니다. 우선 하인들의 옷으로 갈아입은 다음 직접 불을 때고 요리를 했습니다. 무제 역시 총명하기로 소문난 그답게 천천히 장공주의 뜻이 뭔지를 눈치 채기 시작했습니다. 드디어 그가 먼저 주인옹主人翁을 보고 싶다는 생각을 밝혔는데, 여기서 '주인옹'은 남편이라는 뜻이었습니다. 말하자면 농담이었지요.

장공주는 무제가 동언을 들먹이자마자 바로 몸에 걸치고 있던 모든 액세서리들을 풀었습니다. 또 발도 벗은 채 고개를 조아려 죄를 청했습니다. 그러면서도 그녀는 이런 말을 잊지 않았습니다.

"저에게는 확실히 부끄러운 비밀이 있습니다. 그건 국법을 어긴 것이고, 폐하의 두터운 후의를 배반한 행동입니다. 폐하께서는 저의 죄를 용서하십시오!"

무제는 그 말을 듣자 오랫동안 과부로 지낸 고모를 밀어주고 싶은 생각이 들었습니다. 그는 고모의 추문을 더 이상 캐지 않겠다는 뜻을 곧바로 전했습니다. 장공주는 다시 액세서리를 걸치고 신발을 신은 다음 동언을 들어오게 했습니다. 무제를 배알하도록 한 겁니다.

하인 복장을 하고 있던 동언은 당연히 전각 아래 마당에서 무제를 배알했습니다. 무제는 그를 찬찬히 뜯어보았습니다. 과연 듣던 대로 잘생긴 얼굴이었습니다. 무제는 그에게 옷을 바꿔 입고 전각에 들어오라고 명했습니다. 장공주는 신이 나서 음식을 날랐고, 차와 술도 직접 따랐습니다. 무제는 주흥이 무르익자 계속 동언을 '주인옹'이라고 불렀습니다. 둘은 급속도로 의기가 상통했지요.

이때부터 동언은 무제와 거의 허물없이 지냈습니다. 투계나 축구도 같이 즐기는 등 한마디로 온갖 수단을 다 동원해 무제를 즐겁게 해주었습니다. 그의 주가도 졸지에 치솟았으니 왕공 대신 중에서도 그의 이름을 모르는 사람이 없을 정도였지요.

어느 날 무제는 선실에서 장공주와 동언을 기다리고 있었습니다. 동방삭은 그 앞에서 창을 든 채 보초를 서고 있었습니다. 동언은 현장에 도착하자마자 당연하다는 듯 선실로 들어가려고 했습니다. 그러나 동방삭은 그 모습을 보고는 바로 긴 창으로 그를 가로막았습니다. 황실 친척이 좀처럼 갖기 어려운 가족 모임을 가지려 하는데, 그는 왜 곧장 보고하지 않고 주제넘게 불쑥 튀어나왔을까요? 세상 물정을 모르고 말이지요. 동방삭은 작심을 한 듯 무제에게 이렇게 말했습니다.

"동언은 세 가지 죽을죄를 지었습니다. 어찌 선실에 들어갈 수 있겠습니까?"

무제는 당연히 "뭐가 세 가지 죄인가?"라고 물었고, 동방삭은 목소리를 높여 이렇게 답합니다.

"첫 번째 죄는 가신家臣의 신분으로 공주와 사통한 겁니다. 결혼도 하지 않고 동거를 함으로써 풍기를 문란하게 만들었으니 선왕의 제도를 망가뜨린 죄에 해당합니다. 폐하는 지금 나라를 부강하게 만들어야 하는 때입니다. 이런 때에 동언은 감히 폐하를 꼬드겨 색에 빠지게 만들었습니다. 또 개나 말과 노닐게 한 것 또한 죽을죄에 해당합니다."

무제는 한참 침묵을 지키다 입을 열어 이렇게 말합니다.

"짐은 이미 주연을 차렸네. 이번에는 그냥 넘어가지. 다음에 안 그러기로 하고 말이야."

동방삭은 그러나 완강했습니다. 자신의 주장을 굽히지 않았지요.

"안 됩니다! 선실은 선제인 문제께서 정무를 처리하던 정전正殿입니다. 동언이 들어가면 법도에 어긋나게 됩니다. 들어갈 수 없습니다."

무제는 물러서지 않으면 안 되었습니다. 그래서 "정말 말 잘하는군!"이라고 하면서 그를 칭찬했습니다. 그뿐만이 아니라, 즉각 명령을 내려 주연을 북궁北宮에다 차리게 했습니다. 그는 그런 다음 동언을 데리고 동사마문東司馬門으로 나갔습니다. 이때부터 동사마문은 아랫사람이 드나든다는 의미에서 동교문東交門으로 이름이 바뀌었습니다. 이번에도 무제는 동방삭에게 상으로 황금 30근을 하사했습니다.

나무에게 껍질이 있어야 하듯 사람은 체면이 있어야 합니다. 동언은 대부호의 아들이었고, 비록 열세 살에 공주의 남자가 됐으나 수치를 모르지는 않았겠지요? 당연히 알았습니다. 사실 그가 공주의 남자가 되기로 작정하고 온갖 교태를 부린 것은 힘이 없어 그랬을 뿐입니다. 그런 상황에서 평소에는 줄곧 유머로 일관하던 동방삭이 갑자기 얼굴을 바꿨습니다.

그는 대단한 정신적 충격을 받았을 뿐 아니라, 이때부터 그는 무제의 총애를 잃었습니다. 거의 매일 우울하게 지내오던 동언은 결국 30세의 나이에 세상을 떠나고 말았습니다. 몇 년 후 장공주 역시 젊은 애인을 잃고 우울하게 지내다 세상을 떠났지요. 그러나 그녀는 지하에서만큼은 행복했을 것입니다. 남편이 아닌 동언과 패릉霸陵에 합장됐으니까요.

동언은 무제의 고모 애인이었습니다. 또 무제와도 막역하게 지낸 사이입니다. 그런데 동방삭은 왜 그를 용납하지 못했을까요? 동방삭의 말 한마디로 동언은 부끄러워 몸을 둘 곳이 없게 되었습니다. 장공주의 체면도 깎였습니다. "당신이 아무리 황제의 친척이라 해도 당신의 애인은 선제의 정전에 들어갈 수 없소!" 그는 바로 그렇게 말한 겁니다. 이 말을 살펴보면 과연 은거 운운하는 '대은'의 맛이 납니까?

더구나 동방삭 그 자신의 사생활은 그렇게 대단했을까요? 1년에 한 번부인을 바꾸는 게 결혼도 하지 않고 동거하는 것보다 더 도덕적이라고 할수 있습니까? 때문에 이 사건만 놓고 보면 동방삭은 세상을 희롱하면서 도도하게 사는 사람이 전혀 아니었습니다. 오히려 고집스럽고 진부한 사람이라고 표현하는 것이 맞겠지요. 도대체 동방삭은 왜 이런 행동을 했을까요?

우리는 앞서 동방삭의 일곱 가지 튀는 행동에 대해 살펴보았습니다. 그것들만 놓고 보면 그는 넉살 좋고 세심하지 못한 코미디의 황제였습니다. 그러나 지금까지 언급한 세 가지 사건을 보면 의심하지 않을 수 없습니다. 이 사건들 어디에 해학과 코미디, 레토릭이 담겨 있는지 말입니다. 이게 정상일까요, 아니면 비정상일까요? 동방삭은 다른 생각이 있었던 걸까요?

『한서』 중 「동방삭전」에는 다음과 같은 기록이 있습니다.

'동방삭은 비록 웃기기는 했으나 항상 황제의 말과 안색을 살폈다. 직

언과 간언을 서슴지 않았다. 많은 의견들이 무제에 의해 받아들여졌다.'

　참고가 될 만한 기록으로 보입니다. 동방삭은 한 번도 지방에서 관리를 지낸 적이 없었고, 항상 무제의 곁에 있었습니다. 측근의 신하였던 거죠. 할 말은 다 할 수 있는, 결코 얻기 쉽지 않은 기회를 가진 신하라고 할 수 있습니다.

그의 난처함을 누가 알 것인가

동방삭의 진면목은 도대체 어떤 것일까요? 그걸 알기 위해서는 그의 저명한 문장인 「답객난(答客難, 자신을 힐난하는 사람에게 대답한다는 의미)」을 보아도 괜찮을 것 같습니다.

　「답객난」은 그의 대표작이었습니다. 이 글은 '박사 및 여러 선생'이 동방삭을 힐난하는 질문을 하고 그가 대답하는 형식으로 돼 있습니다. 동방삭이 처음 창안한 일종의 자문자답 문체의 글이라고 할 수 있지요. 전문이 전해 내려오지 않지만 이 글의 핵심 질문은 바로 이것입니다.

　'전국시대의 소진蘇秦과 장의張儀는 모두 지위가 경상(卿相, 삼공과 구경을 의미)이라는 높은 자리에 올랐소. 그래서 그의 은혜가 후세에 미쳤소. 당신 동방삭 역시 대단히 많은 책을 읽었고, 스스로 국내에서는 당할 자가 없다고 생각하고 있소. 많이 듣고 말도 잘 한다고 할 수 있소. 그러나 수십 년 그렇게 했어도 관직이 고작 시랑이오? 역할도 창을 들고 황제를 지키는 일뿐이니 이게 도대체 무슨 이유 때문이오?'

　동방삭은 이 질문에 이렇게 답합니다.

　'그때는 그때고 지금은 지금이오. 어찌 같다고 할 수 있겠소? 제후 할거의 시대에는 인재를 얻을 수 있는가의 유무가 국가의 존망과 관계가 밀접했소. 때문에 각 군주는 하나같이 인재를 아꼈소. 소진과 장의는 그런 대단히 큰 환경에서 뛰어난 활약을 보인 것이오. 그러나 지금은 천하가 태평 무사하오. 하나로 통일이 됐소. 똑똑한 자와 멍청한 자의 구분이 어디 있겠소? 설사 성인이라 해도 천하에 아무런 일이 없으면 용맹을 발휘할 여지가 없는 법이오. 더구나 인재를 쓰는 권리는 황제에게 있지 아래사람들에게 있지 않소. 황제가 쓰게 되면 장군이 될 수 있소. 그러나 쓰지 않으면 일반 병사가 되어야 하오. 또 키워주면 구름 위에라도 올라갈 수 있소. 그렇지 않으면 깊은 샘물에 숨어 있어야 하오. 한 마디로 키워주면 호랑이가 되나 그렇지 않으면 쥐가 되어야 하는 것이오.'

「답객난」에 따르면 동방삭의 이 말에 모든 질문자는 하나같이 대꾸하지 못했다고 합니다.

동방삭의 이 글은 대단한 유명세를 탔습니다. 후세의 뜻을 펴지 못한 문사文士들이 다퉈가면서 모방하는 샘플이 됐을 정도입니다. 예를 들어 양웅(揚雄, 동방삭보다 100여 년 후에 활약한 사상가)의 「해조解嘲」, 반고의 「답빈희答賓戱」, 장형張衡의 「응간應間」 등이 대표적인데, 이들 모두 「답객난」을 모방한 작품이라고 할 수 있습니다. 이로 인해 '키워주면 호랑이가 되나 키워주지 않으면 쥐가 된다'라는 말은 인재를 억누른 봉건제도의 폐해를 폭로하는 천하의 명언이 되기도 했습니다.

따라서 「답객난」은 때를 만나지 못해 자신의 능력을 썩혀야 하는 처지에 대한 동방삭의 회한을 적나라하게 드러낸 글이라고 하겠습니다. 더불어 인간 세상의 상대성과 변화에 대한 깨달음을 표출하는 글이라고도 할 수 있습니다.

동방삭은 줄곧 즐기고 웃고 화내고 욕하는 인생을 살았습니다. 그런데 왜 갑자기 그처럼 불만을 토로하는 글을 썼을까요? 사실 그는 무제에게 '진농전강국지계陳農戰強國之計'라는 자신의 계책을 올릴 때만 해도 중용될 것을 은근히 희망했습니다. 하지만 결과는 우리가 잘 아는 대로지요. 무려 1만 자나 되는 계책을 올렸음에도 중용되지 않았습니다. 그래서 동방삭은 '질문자를 내세워 자신을 힐난하는 글을 썼다. 스스로를 낮춤으로써 자위를 할 수 있었다'라는 기록처럼 행동한 겁니다.

이것으로 보면 동방삭은 절대로 진심으로 무슨 '대은'을 부르짖은 것은 아닙니다. 그냥 먹고 마시면서 때에 따라 무제를 즐겁게 해준 것도 아닙니다. 그는 천하를 경략하고 싶은 재주를 분명히 가지고 있었습니다. 기본적으로 '수신제가치국평천하'로 대표되는 가치관에서 벗어나지 않았습니다. 하지만 애석하게 때를 잘못 만났습니다. 무엇보다 무제의 조정에는 문무백관이 꽉 들어차 있어 더 이상 사직의 신하가 필요하지 않았습니다. 아마도 무제는 '동방 선생은 굳이 노심초사하지 말게. 그저 짐에게 이상하고 재미있는 얘기나 해서 웃겨주게. 그러면 족하네'라고 무언으로 말했는지도 모릅니다. 아무리 애써도 중용되지 못하는 상황이었으니 그로서는 데카당스하게 인생을 그저 즐길 수밖에 없지 않았나 하는 생각이 듭니다.

동방삭의 진면목은 많은 사람들에 의해 기억되지는 않습니다. 대신 그의 정곡을 찌르는 이상한 코미디 같은 장면이 민간에 더 널리 유포되었습니다. 왜 역사는 정의감이 충만하고 원대한 포부를 지니고 있던 동방삭을 기억하지 않을까요?

이유는 두 가지인 듯합니다. 우선 그의 독특한 개성만 유포됐기 때문이지 않을까요? 동방삭의 진면목은 일반 봉건시대의 선비와 다르지 않았다고 봅니다. 그 역시 명군明君을 보좌해 세상을 태평하게 만들겠다는 생각을 품고 있었으나, 대체로 사람들의 역사적 인물에 대한 이해는 개인의 취향에서 크게 벗어나지 못합니다. 가장 특이한 개성만 기억하는 경우가 많지요. 동방삭이 대중의 사랑을 받은 것도 웬만한 사람을 압도하는 유머와 익살, 기지가 풍부한 개성 덕이었습니다. 바로 그 때문에 그의 '코미디의 황제' 내지는 '지성'이라는 이미지는 대중의 가슴에 깊이 각인될 수밖에 없었던 겁니다.

또 하나의 이유로는 소설의 영향도 컸습니다. 동방삭이 세상을 떠난 이후에 그에 관한 일련의 책들이 출판되었습니다. 이를테면『동방삭별전』같은 책인데, 이런 책들은 대부분이 야사와 소설의 중간 정도입니다. 때문에 반고는『한서』의「동방삭전」을 쓸 때 특별히 자신이 기록하는 작품 이외의 다른 것들은 모두 동방삭의 작품이 아닌 위서라고 주장하기까지 했습니다.

어쨌거나 동방삭을 희화화한 소설 중 가장 유명한 작품으로는 남조시대 양梁나라의 은운殷芸이 쓴『소설小說』이라는 작품의「권2」를 들 수 있습니다. 내용은 대략 다음과 같습니다.

하루는 무제가 감천궁으로 향했습니다. 치도(馳道, 황제가 다니는 길)에 자홍색의 웬 곤충이 보였는데, 머리와 눈, 이빨, 귀, 코 등은 모두 있었으나 모든 사람들이 무슨 동물인지를 알 수가 없었습니다. 이때 동방삭이 이렇게 말합니다.

"이 곤충의 이름은 '괴재(怪哉, 괴상하다는 의미)'입니다. 과거 진나라는 무고한 백성을 대거 감옥에 가두었습니다. 백성의 원한이 대단할 수밖에 없었지요. 그래서 그들은 하늘을 우러러 탄식하기를 '괴재! 괴재!'라고 말했습니다. 그 탄식이 하늘을 감동시켰는지 바로 이 자리에 이 곤충이 생겨났습니다. 사람들은 곤충의 이름을 바로 괴재라고 했습니다. 아마도 이곳은 과거 진나라 당시의 감옥 소재지가 아닌가 싶습니다."

무제가 지도를 살펴보니 과연 틀림이 없었습니다. 그는 다시 이렇게 묻지요.

"어떻게 하면 이 곤충을 없앨 수 있는가?"

동방삭은 즉시 이렇게 답합니다.

"우울한 사람은 그 감정을 술로 해소할 수 있습니다. 술을 이 곤충에게 뿌리면 사라질 겁니다."

무제는 시종에게 곤충을 술에 넣으라고 명령했고, 과연 곤충은 곧 사라져버렸습니다.

청나라 강희제康熙帝 때의 저작인 『호광통지湖廣通志』 중 「권119」에 나오는 내용도 유명합니다. 역시 내용을 소개하면 이렇습니다.

군산(君山, 후난성湖南省 둥팅후洞庭湖의 섬. 크고 작은 봉우리 72개가 있다고 함)의 위에 미주美酒 몇 말이 있는데, 그걸 마시면 죽지 않고 신선이 될 수 있다고 합니다. 무제는 재거(齋居, 목욕재계한 다음 다른 곳에 거처하는 것)를 7일이나 한 다음 란파欒巴에게 어린 남녀 수십 명을 인솔해 가서 술을 가져오라고 명령했습니다. 란파는 명령대로 술을 가져와 무제에게 바쳤습니다. 그러나 무제가 술을 마시기도 전에 동방삭이 먼저 몰래 마셔버리게 되지요. 무제는 대로해 즉각 동방삭을 처형하라는 명령을 내립니다. 그때 동방삭은 언변이 뛰어난 그답게 이렇게 말합니다.

"미주가 정말로 효험이 뛰어나다면 폐하께서 소신을 죽여도 죽지 않을 겁니다. 효험이 뛰어나지 않아 소신이 죽으면 폐하께서는 이 술을 마실 필요가 뭐 있겠습니까?"

결국 무제는 웃으면서 그를 풀어주고 맙니다.

자, 이 이야기들을 전체적으로 종합해봅시다. 동방삭이라는 사람을 두고 자신의 학식으로 재물을 번 사람이라고 한다면 그건 그를 너무 과소평가하는 겁니다. 그 재물로 편안한 인생을 살았다면 더욱 그렇습니다. 그러나 그를 과대평가한 것은 아닐까요? 너무 희희낙락한 배후에 감춰진 내심의 고통, 이를테면 비관이 극으로 치달은 깨달음만 들여다본 것은 아닐까요?

앞에서 우리는 그가 '위선적인 소인배'일 수도 있다고 말했습니다. 그러나 위선적인 소인배가 과연 진정한 군자와 같은 반열에 오를 수가 있을까요? 왜 그의 사기성 농후한 분위기가 사람들을 불안하게 만들었을까요?

그의 사기성은 그가 너무나도 총명했던 탓입니다. 자신을 너무 끔찍하게 생각한 탓입니다. 더 나아가 순수할 수 없었다거나 집념이 없었다는 점도 짚을 수 있겠지요. 그는 무제에게 올린 구직 편지 하나로 합격이라는 과녁을 명중시켰습니다. 그렇다고 강국의 계책을 적은 건의문이 단번에 명중해야 했을까요? 다시 한 번 올릴 수는 없었을까요? 아니면 더 여러 차례 시도해야 하지 않았을까요?

이렇게 말하면 우리가 동방삭에게 너무 완벽한 것을 기대하는 것이 아닐까 싶기도 합니다. 무제를 즐겁게 해주는 이른바 엔터테이너 신하로서의 그의 처지에서는 다소 난감한 사정, 다시 말해 한계가 있었습니다.

반면 무제로서는 자신에게 사사건건 참견하는 사람뿐 아니라, 풍류로써 자신을 즐겁게 해주는 사람도 필요로 했습니다. 마침 한 사람이 있었는데, 그는 타고난 성격이 로맨틱하고 재주가 뛰어났습니다. 특이한 것은 그가 요즘 말로 하면 재벌의 딸을 노려 결혼까지 가볍게 성공했다는 사실입니다. 게다가 그는 자유자재로 시와 부를 짓는 능력까지 겸비하고 있었습니다. 그는 누구일까요? 그는 황제의 궁중에서 어용 문인 노릇을 하는 것을 흔쾌히 받아들였을까요? 그의 사랑은 정말 동화처럼 아무 흠잡을 데 없는 해피엔딩으로 끝났을까요?

거문고로 사랑을 훔치다

중국의 연극사에서 '금도(琴挑, 거문고로 사랑을 훔친다)'는 대단히 유명한 절자희(折子戱, 원래는 연극에서 가장 멋있는 한 막이나 장면을 의미했으나, 뒤에 전체 연극을 소개하는 다이제스트의 뜻으로 전용됨)입니다. 지금도 이 단어를 제목으로 단 연극이 적지 않습니다.

'금도'라는 단어는 원래 무제 때 대문호의 로맨틱한 얘기에서 유래한 것으로, 사마천과 함께 '글로는 서한 시대에 두 사마가 있다'라는 말을 듣고 있는 사람이 주인공입니다. 그러나 그는 사마천과는 동일선상에서 놓고 봐서는 안 되는 사람입니다. 이 사마 선생은 사마천과는 달리 평생 명예와 재물을 다 누렸으니까요. 가히 운명의 총아라고 할 만한 인물인 그는 누구일까요? 그의 거문고는 진짜 영원히 남을 아름다운 러브스토리를 만들어냈을까요?

임공에서 한바탕 사기를 치다

사마상여司馬相如는 자가 장경長卿입니다. 그러나 어릴 때 이름은 보잘것 없었습니다. 부모가 그의 사주팔자에 액운이 있다고 생각해 '견자犬子'라 는 황당한 이름을 지어주었던 겁니다. 때문에 그는 공부가 끝난 다음에 다시 자신의 이름을 지어야 했고, 그때 인상여藺相如를 생각했습니다. 결 국 인상여에 대한 존경의 마음을 표하려고 자신의 이름을 상여로 정했으 니, 사마상여라는 이름은 그렇게 생겨난 것입니다.

가정이 대단히 부유했던 덕에 그는 황제의 시종인 낭관이 될 수 있었습 니다. 사서의 원문에도 돈 때문에 낭관이 되었다는 의미인 '이자위랑以資 爲郎'이라는 기록이 있습니다. 원래 한나라는 진나라의 제도를 거의 대부 분 그대로 채용했습니다. 그래서 돈이 있는 집안의 사람은 낭관이 될 수 있었지요. 초기에는 십산(十算, 10만 전의 재산)을 기점으로 했다가, 경제 시대에는 사산(四算, 4만 전의 재산)을 기점으로 바뀌게 됩니다. 이처럼 당 시 조정에서 돈을 내고 관직을 파는 게 아니라 돈이 있는 사람에게 벼슬 길에 오를 자격을 준 데에는 다 이유가 있습니다. 무엇보다 먹고 입을 것 이 넉넉해야 예의를 알 수 있고 나아가 공부를 했을 거라고 생각했기 때 문입니다. 또 재산이 있어야 관복 등의 부담을 충분히 감당할 수 있을 거 란 판단도 있었겠지요.

사마상여의 처음 관직은 경제의 무기상시(武騎常侍, 기병 시위)였습니다. 하지만 그는 자신의 관직을 별로 좋아하지 않았습니다. 부賦를 짓는 것을 더 좋아했으니까요. 하지만 경제는 부를 별로 좋아하지 않았기에 당연히 그의 재능은 빛을 발하지 못했습니다. 무슨 일을 하든 그는 우울했을 게 분명합니다.

얼마 후 경제의 동생인 양효왕이 장안에 들어왔습니다. 그것도 추양鄒

陽, 매승枚乘, 장기莊忌 등 문인과 함께였습니다. 사마상여는 부에 관한 한 뛰어난 문인이었던 그들과 바로 의기투합했습니다. 그는 내친김에 병을 핑계로 낭관 자리를 미련 없이 박차고 나와 곧바로 양효왕을 따라 양나라로 갔습니다. 양효왕은 그의 기대를 저버리지 않았습니다. 추양, 매승 등과 함께 거주하게 하면서 똑같은 대우를 해주었던 겁니다. 그는 바로 물 만난 고기가 되어 경제 아래에 있을 때와는 달리 창작욕을 불태우게 됩니다. 저 유명한 「자허부子虛賻」는 바로 이런 과정에서 탄생했습니다.

그러나 얼마 지나지 않은 경제 중원 6년(기원전 144년) 양효왕은 병으로 세상을 떠나게 되고, 그에 따라 문객들도 사방으로 흩어졌습니다. 그 역시 예외가 아니었지요. 양나라를 떠나 고향인 성도로 돌아가야 했습니다. 이에 대해서는 『사기』의 「사마상여열전」과 『한서』의 「사마상여전」이 거의 똑같이 다음과 같은 기록으로 남기고 있습니다.

'양효왕이 세상을 떠났다. 상여는 고향으로 돌아갔다. 하지만 집안이 가난해 먹고살 길이 막막했다.'

내용이 거의 똑같은 이 기록은 그러나 대단히 이상합니다. 그의 상황이 정말 '집안이 가난해 먹고살 길이 막막했다'라는 기록대로였다면 어떻게 처음에 돈으로 낭관이 될 수 있었을까요? 그럼에도 불구하고 사마천과 반고는 모두 그렇게 적어놓고 있으니 지금의 우리로서는 진상을 알 방법이 없습니다.

사마상여가 바로 이런 어려운 상황에 처해 있을 때, 막역한 친구인 임공(지금의 쓰촨성 충라이邛崍현)의 현령 왕길王吉이 그를 초청했습니다. 사마상여는 당연히 초청에 응했습니다. 임공현에 도착한 다음 친구 왕길은 그를 현 정부 산하의 도정(都亭, 여관에 해당)에 머무르게 했습니다. '금도'라는 낭만적인 드라마는 바로 이때부터 시작됩니다.

왕길은 절친한 사마상여를 도정에 투숙케 한 다음 엉뚱한 행동을 합니다. 의도적으로 겸손한 태도를 취하면서 매일 도정에 머무르고 있는 사마상여를 방문한 겁니다. 사마상여는 처음에는 매일 왕길의 방문을 받아들였지만 나중에는 현령의 방문을 모조리 거절했습니다. 이상하게도 사마상여가 방문을 거절하자 왕길은 더욱 공손한 태도를 취하며 계속 이전처럼 매일 방문했습니다.

둘의 행동이 크게 이상할 것은 없었습니다. 하지만 의도적으로 겸손한 태도를 취한 것은 아무래도 조금 예상 밖의 행동이었지요. 도대체 현령 왕길은 왜 그런 공손한 자세를 취했을까요? 사마상여와 왕길은 무슨 꿍꿍이속이었을까요?

원래 임공현에는 철강 황제 두 사람이 있었는데, 한 명은 탁왕손卓王孫, 다른 한 명은 정정程鄭으로 모두 철을 제련하는 사업을 일으켜 시쳇말로 졸부가 된 사람들이었습니다. 요즘 말로 하면 한 사람은 탁 회장, 다른 한 사람은 정 회장이라고 해야겠군요. 둘 중 탁왕손의 집안은 노복이 무려 800여 명을 헤아릴 정도였습니다. 정정 역시 만만치 않아, 탁왕손보다는 조금 적었지만 그래도 수백 명은 되었습니다.

임공현의 최고 재벌인 두 사람은 어느 날 현령이 매일 도정에 가서 웬 귀한 손님을 만나러 간다는 소식을 우연히 듣게 되었습니다. 또 현령이 그 손님으로부터 연이어 면담을 거절당한다는 말도 듣게 되자 둘은 호기심이 동했습니다. 만나서 안면을 익히고 싶은 생각이 들 수밖에요. 머리를 굴리던 두 사람은 동시에 좋은 아이디어를 하나 떠올립니다.

'도정의 손님이 현령의 귀빈이라면 우리도 아는 척을 해야 한다. 역시 주연을 마련하는 게 좋겠다. 사람들을 대접한다는 핑계를 대고 자연스럽게 현령 일행을 초청하면 되지 않겠는가.'

뭐 대략 이런 아이디어였습니다.

둘의 계획은 순조롭게 진행되었고, 드디어 손님을 대접할 그날이 왔습니다. 현령 왕길은 먼저 탁왕손의 집으로 갔습니다. 이때 이미 잔칫집에는 손님 수백여 명이 자리를 잡고 있었지요. 점심 무렵이 되었습니다. 탁왕손은 사람을 보내 사마상여에게 주빈으로 주연에 참석해달라고 요청했습니다. 그러나 예상치 못하게 사마상여가 몸이 아파 주연에 참석하지 못하겠다는 말을 전해왔습니다. 손님들이 다 도착한 다음 주빈을 부르는 것이 당시 손님에 대한 존경을 표현하는 방법이었습니다. 그러나 주빈이 오지 않자 탁왕손은 난감해졌습니다.

현령 왕길은 사마상여가 오지 않는다는 말을 듣고는 음식을 입에 댈 생각조차 하지 않고 자리를 박차고 일어났습니다. 자신이 직접 부르러 간 겁니다. 결국 사마상여는 부득이하게 잔칫집으로 갈 수밖에 없었지요. 그가 도착하자 주연의 손님들이 웅성거리기 시작했습니다. 그의 풍채가 너무 대단해 일거에 임공의 상류사회를 뒤흔들어 놓았던 겁니다.

이 내용은 『사기』와 『한서』가 모두 기록으로 남기고 있는데, 재미있는 것은 현령이 사마상여를 직접 부르러 갔을 때의 기록에서 한 글자의 차이가 있다는 사실입니다. 『사기』가 '부득이하게 가야 했다'라고 기록하고 있는 것에 반해, 『한서』에서는 '부득이'라는 단어 앞에 '위僞'라는 한 글자를 더 집어넣고 있는 겁니다. 이 '위' 자는 '트릭'이라는 뜻을 가지고 있습니다. 다시 말해 사마상여가 주연에 가지 않겠다는 의지를 고매하게 고의적으로 과장해 피력했다는 사실을 의미합니다. 결론적으로 말하면 반고는 사마천보다 더 정확하게 상황을 묘사한 겁니다. 사마상여와 그의 절친한 친구인 현령 왕길이 큰 음모를 꾸미고 있다는 사실을 분명하게 폭로하고 있는 것이지요. 그러면 사마상여와 현령은 이 음모를 통해 뭘 얻어내려 했을까요?

『한서』에 실려 있는 이 딱 한 글자 '위'를 통해 우리는 기본적으로 사마상여의 임공 방문이 일반적인 친구의 방문이 아니라는 사실을 분명히 알 수 있습니다. 뭔가 한 가지 일을 이루기 위해 미리 치밀한 준비를 거친 방문이라는 추측도 할 수 있습니다. 한 가지 덧붙이자면, 이 일은 탁왕손과 관계가 있었습니다.

거문고로 미인을 사로잡다

현령이 사마상여를 도정에 머무르게 한 의도는 분명했습니다. 탁왕손의 눈을 끌 만한 분위기를 만들어보려고 했던 겁니다. 과연 탁왕손은 걸려들었습니다. 친히 주연을 차려 사마상여를 초청했으니까요. 더구나 사마상여는 수도 없이 부름을 받고 나서야 주연에 참석하는 극적인 광경을 연출하면서 탁왕손에게 맞장구를 쳤습니다. 그의 몸값은 자연스럽게 올라갔지요.

주연의 흥이 최고조에 이르렀을 때, 현령이 공손하게 가야금을 사마상여의 앞에 가져다주면서 이렇게 권합니다.

"내 듣기로 장경께서 거문고를 아주 잘 탄다는 말을 들었소. 한 곡 연주해서 주흥을 북돋아주시면 어떻겠소."

사마상여는 몇 번이고 사양했지만 현령도 권하기를 멈추지 않았지요. 사마상여는 더 이상 사양할 수가 없어 두 곡을 가볍게 연주했습니다.

『사기』의 「사마상여열전」에는 '상여는 말을 더듬었으나 글은 잘 지었다'라는 기록이 있습니다. 하늘이 선천적인 결함 대신 문장력이라는 기가 막힌 다른 재주를 준 겁니다. 여기에서 현령이 친구에게 거문고를 연주하게 한 이유가 나옵니다. 그의 선천적인 결함을 숨겨주면서 장기인 거문고 연주 실력을 마음껏 발휘하도록 배려한 거지요.

왜 그들은 그처럼 많은 사전 정지 작업을 하고 특기까지 내보이려고 한 걸까요?

분명한 이유가 있었습니다. 원래 탁왕손에게는 탁문군卓文君이라는 딸이 하나 있었습니다. 그러나 그녀는 운명이 박복한 탓이었는지 남편과 일찍 사별했습니다. 과부가 된 그녀가 친정에 돌아와 있는 게 이상할 것이 없었습니다. 그녀는 젊은 여자답게 음악을 대단히 좋아했는데 특히 거문고에 정통했습니다. 따라서 사마상여의 연주는 현령을 위한 것이 아니었습니다. 거문고에 자신의 마음을 실어 탁문군의 마음을 사로잡겠다는 목적이 있었던 겁니다. 이는 원문 중에 나오는 고의적이라는 의미의 '무繆'라는 한 글자를 보면 잘 알 수 있습니다. 거문고 연주가 현령이 아니라 탁문군에게 바치는 것이라는 사실을 분명히 말해줍니다.

사람이 지독하게 좋아하는 것이 있으면 아킬레스건인 약점도 있는 법입니다. 탁문군 역시 예외는 아니었습니다. 그녀의 약점은 음악을 너무 좋아한다는 것이었고, 사마상여 역시 그 사실을 이미 완벽하게 파악하고 있었습니다. 거문고에 대한 지나친 애호가 그녀의 심리적 성감대라는 사실을 알았던 겁니다. 이를테면 절절한 사랑의 마음을 표현한 거문고 곡은 사마상여가 탁문군의 마음을 여는 열쇠였던 것이지요.

이제 답은 나옵니다. 사마상여가 미리 모든 사전 포석을 깐 다음 고의적으로 사기를 치려고 작정한 목적은 분명했습니다. 탁왕손의 금지옥엽인 탁문군을 공략하기 위한 것이었습니다.

그는 사전 정지 작업을 정말 치밀하게 실행했습니다. 그에게는 친구의 초청을 받아 임공으로 올 때 가져온 마차와 말이 적지 않았습니다. 그럼에도 임공에 온 다음에는 행실을 무척이나 유연하게 했습니다. 통도 컸을 뿐 아니라 행동거지 역시 우아했고, 게다가 준수하기까지 했습니다. 그러니 전체 임공에서 그를 모르는 사람이 없던 것은 별로 이상한 일이 아니었습니다. 친정에 와 있던 탁문군도 물론 소문을 들었겠죠. 하지만 서로 만날 인연은 없는 듯했습니다.

그런 상황에서 사마상여가 그녀의 집에 가 거문고를 연주했고, 그녀는 문틈으로 풍류남아인 그의 풍모를 훔쳐보지 않을 수 없었지요. 그녀는 바로 그를 연모하는 감정을 품게 되었습니다. 물론 자신이 그에게 어울리지 않는 상대라는 걱정이 없었던 것은 아닙니다. 하지만 두 곡의 거문고 연주는 청혼곡이라고 해도 좋을 만큼 그녀의 혼을 완전히 빼앗고 말았습니다. 이것이 바로 사마상여의 '금도'입니다.

사마상여는 주연이 끝난 다음 몰래 사람을 탁문군의 시녀에게 보냈습니다. 뇌물을 써서 바로 자신의 흉금을 탁문군에게 털어놓기 위해서였습니다. '양정상열(兩情相悅, 서로 사랑하는 기쁨)'은 확실히 사람을 머리가 돌정도로 행복하게 만드는 모양입니다. 탁문군이 너무 흥분한 나머지 뒤도 돌아보지 않고 야밤에 그대로 집에서 도망을 나왔으니까요. 사마상여는 기쁘기 그지없었습니다. 그날 밤으로 그녀를 데리고 임공을 떠나 성도의 집으로 돌아온 것은 당연한 수순이었습니다.

탁문군은 성도에 도착해서야 사마상여의 집이 찢어지게 가난하다는 사실을 알았습니다. 그야말로 사방의 벽 외에는 집에 존재하는 것이 아무것도 없었으니까요. 『사기』의 원문에는 '가거도사벽립家居徒四壁立'으로 기록되어 있습니다. 당연히 '가거도사벽립'이라는 기록도 앞에 나왔던 '이자위랑'과는 완전히 다릅니다. 또 수많은 마차와 말, 시종을 데리고 임공으로 왔다는 기록과도 부합하지 않습니다. 사마상여 집안의 경제 상태는 정말 미스터리입니다.

다음 날 탁왕손은 자신의 딸이 사마상여와 사통했다는 사실뿐 아니라, 두 사람이 이미 임공을 떠나 성도로 도망갔다는 사실도 알았지요. 그는 당황했습니다. 그러나 그는 한나라 최고의 부자였기에 딸을 꼼짝 못하게 만들 결정적인 한 방을 가지고 있었습니다. 그게 바로 경제적인 제재를 가하는 것이었습니다. 그는 입을 악물면서 이 말을 되뇌었지요.

"한 푼도 주지 않겠다!"

밀월은 빨리 지나갈 수밖에 없었겠지요. 두 사람은 경제적인 궁핍과 생활의 곤란함을 바로 느꼈습니다. 탁왕손의 경제 제재가 본격적으로 효과를 발휘하게 된 겁니다. 탁문군은 첫걸음부터 견디기 어려운 지경에 내몰렸습니다. 하기야 그녀는 어릴 때부터 떵떵거리면서 살았던, 다시 말해 돈을 물 쓰듯 하는 습관에 젖은 여자였습니다. 그런 여자가 어떻게 가난한 생활을 견디겠습니까? 그녀는 견디다 못해 사마상여에게 이렇게 말했습니다.

"저와 임공으로 돌아가면 어떨까요? 그러면 우리 형제들한테 돈을 빌려 생활할 수 있을 거예요. 왜 여기서 가난하게 살면서 고생을 해야 하나요?"

사마상여는 결국 부인의 제안에 동의했습니다. 마음의 결정을 내리자 다음 행보는 빨랐습니다. 바로 마차와 말을 팔아 임공에다 집을 한 채 사 주점을 연 겁니다. 그는 부인에게는 카운터를 맡기고 술도 팔게 했습니다. 그 자신은 앞치마를 두른 채 종업원 노릇과 설거지를 했지요. 『서경잡기西京雜記』의 「권2」에는 당시 그들의 생활이 다음과 같이 더 적나라하게 기록되어 있습니다.

'성도로 돌아온 다음 사마상여와 탁문군의 생활은 대단히 궁핍했다. 탁문군은 어쩔 수 없이 자신의 고급 가죽옷을 팔아 술을 샀다. 두 사람은 그걸 나누어 마셨다. 술을 다 마신 다음 탁문군이 사마상여의 목을 붙잡고 울면서 "나는 지금껏 호화로운 생활만 했습니다. 그런데 지금은 가죽 외투를 팔아 술을 사 마시는 지경에까지 이르렀습니다"라고 한탄했다. 두 사람은 그래서 상의 끝에 임공으로 돌아가 술집을 열자고 결정했다. 사마상여는 직접 앞치마를 두르고 일을 했다. 탁왕손을 창피하게 만들자

는 의도였다.'

탁왕손은 주지하다시피 대단한 부자였습니다. 게다가 일반인이 상상할 수 있는 그런 부호가 아니었습니다. 『사기』의 「화식열전」을 보면 어느 정도인지 짐작할 수 있는데, 진나라가 조나라를 멸망시킨 다음 탁왕손이 조나라에서 임공으로 옮겨가 제련 사업으로 엄청나게 치부한 전 과정을 자세하게 기록하고 있습니다. 더구나 「화식열전」은 전국적 규모의 대부호를 소개하면서 그를 랭킹 1위로 올려두기도 했습니다. 일부 기록을 보지요.

'탁씨는…… 하인이 1,000여 명에 이를 정도로 부자였다. 자신의 땅과 연못에서 사냥을 즐기기도 했다. 거의 왕과 다름이 없었다.'

당시의 《포브스(Forbes)》지 중국판 '부호 랭킹 1위'에 부족함이 없는 재벌이었습니다.

그런 탁왕손의 금지옥엽 딸이 임공에 돌아와 주점을 열었습니다. 그것도 직접 카운터에서 손님들을 상대해 술을 팔았습니다. 어디 그뿐이겠습니까? 사위인 사마상여는 직원과 같이 허드렛일을 했으니 탁왕손으로서는 부끄럽지 않을 리가 없지요. 그 때문인지는 몰라도 그는 두문불출하기까지 했습니다.

정리해보면 그가 부끄러워서 어쩔 줄 몰라했던 데는 대략 세 가지 이유가 있습니다. 우선 그 자신이 먼저 늑대를 집으로 불러들였기 때문입니다. 사마상여는 탁왕손의 딸을 데리고 도망을 갔습니다만 그건 그가 사마상여를 자신의 집에서 개최한 주연에 초청해서 발생한 일이었습니다. 더구나 그 일은 현령 왕길이 중간에서 다리를 놓아 성사된 것이었습니다. 그는 과연 현령과 얼굴을 붉힐 수 있는 입장에 있었을까요? 그는 속으로만 끙끙 앓을 뿐, 말을 할 수 없는 입장이었습니다.

또한 딸 탁문군이 예의를 전혀 생각하지 않았던 것도 이유가 되겠지요.

그의 딸은 돈을 마음대로 쓸 수 있는 재벌가의 딸 노릇을 하지 않았습니다. 대신 염치도 모르고 사마상여와 도망을 갔으니 그건 탁왕손의 입장에서는 체면이 완전히 구겨지는 일이었습니다.

마지막 이유는 자신의 체면뿐 아니라 집안의 체면도 완전히 구겨질 상황이었다는 것이겠지요. 탁왕손은 딸과 사마상여의 주점이 성도에서 문을 열었다면 속이 더 편했을지도 모릅니다. 눈에 보이지 않으니 마음도 편했겠고, 소문 또한 그렇게 커지지 않았을지도 모릅니다. 그러나 그들은 작심을 하고 주점을 임공에다 열었습니다. 탁왕손의 집 바로 앞에서 영업을 했다는 점입니다. 임공은 작은 곳이므로 모든 사람들이 다 그의 딸과 사위가 주점을 열었다는 사실을 알 수 있었습니다. 이거야말로 집안 망신이 아니고 뭐겠습니까.

탁왕손은 부끄럽고 화가 났습니다. 하지만 화를 풀 데도 달리 없었지요. 급기야 탁문군의 남매를 비롯한 집안 어른들이 중재에 나섰습니다.

"슬하에 고작 아들 하나와 딸 둘뿐입니다. 집안에는 돈도 많습니다. 문군은 이미 다른 사람의 부인이 되었습니다. 되돌릴 수가 없습니다. 더구나 사마상여는 왕 현령의 귀한 손님이었는데, 왜 계속 그를 받아들이지 않고 고집을 부리십니까?"

탁왕손은 딱히 다른 방법이 없었습니다. 더 치욕스러운 일이 터지기 전에 돈으로 빨리 해결하는 것이 최선이었습니다. 결국 그는 딸 문군에게 100명의 하인, 100만 전의 돈, 대량의 가재도구들을 혼수로 내놓았습니다. 결국 사마상여와 탁문군은 바로 주점 문을 닫고는 다시 성도로 돌아갔습니다. 거기서 땅을 매입한 그들은 곧장 성도 일대에서 최고의 부자가 되었습니다.

사마상여가 거문고로 탁문군의 사랑을 훔친 이 기괴하고도 아름다운 러브스토리는 이때부터 후세에 전해지게 되었습니다.

순수한 사랑인가, 정략적 흉계인가

그러나 제가 보기에는 이 아름다운 러브스토리 안에는 수많은 의문점이 있는 듯합니다.

가장 먼저 거론해야 할 의문은 왜 사마상여가 성도에서 고생하기 전에 처음부터 탁문군과 함께 임공으로 돌아가 주점을 열겠다는 생각을 하지 않았느냐는 겁니다. 탁왕손의 등을 칠 생각을 먼저 하지 않았는가 하는 의문입니다.

사마상여는 생계를 유지하기 어려울 정도로 빌빌거릴 때에 절친한 친구 왕길의 초청을 받고 임공으로 갔습니다. 아마도 그는 임공에 도착하기 전까지는 확실한 생각이 없었던 듯합니다. 하지만 임공에 도착한 다음에는 달라졌습니다. 특히 왕길과 밀담을 나눈 후에는 더욱 그러하여 치밀한 계획을 세운 겁니다. 그러나 사마천은 이 계획에 대해 분명하게 설명하지 않았습니다. 그저 은근하게 지적하고 있을 뿐입니다.

그는 왜 사마상여의 이 치사하고도 은밀한 모의를 확 드러내 밝히지 않았을까요? 이유는 대단히 간단합니다. 그의 사마상여에 대한 지나친 애정 탓이었습니다. 더 구체적으로는 사마상여의 재능을 너무 아낀 탓입니다. 사마천은 「사마상여열전」에서 사마상여의 대부(大賦, 한나라 때의 부의 형식. 소부小賦보다는 스케일이 큼)와 문장의 전문을 인용했습니다. 이런 기술 태도는 『사기』의 112편 인물 전기 중에서는 거의 전례가 없는 경우입니다. 따라서 그가 사마상여에게 애정을 보여준 것은 지극히 자연스럽습니다.

그는 별로 아름답지 못했던 사마상여의 결혼 스토리를 단도직입으로 서술할 수 없었습니다. 그러나 훌륭한 사관으로서 직필을 해야 한다는 원칙을 어길 수도 없었기에 어쨌거나 은근하게 그 사실을 언급했습니다.

'임공 현령이 사마상여에게 더욱 공손하게 했다'거나 '현령에게 거문고를 연주해주는 척했으나 사실은 탁문군을 향했다'는 내용을 기술할 때 사용한 '무'라는 글자를 보면 진실은 바로 드러납니다. 은근하게 에둘러 러브스토리의 진상을 기술했다는 사실을 알 수 있습니다.

사마상여가 임공에 도착한 날부터 온갖 호기를 다 부리고 분위기를 잡은 것은 분명 그가 친구인 현령과 짜고 친 포커였고, 그 사기도박에 탁왕손이 걸려든 겁니다. 사마상여가 이런 치밀한 '낚시' 계획을 마련해 노련한 탁왕손에게 사기를 친 것은 최소한 그가 노회한 술수를 가진 사람이라는 사실을 설명해줍니다. 그러면 그는 왜 임공으로 돌아가 주점을 연 다음 탁왕손의 재산을 노리고 잔인하게 등을 치려는 생각을 주도적으로 하지 않았을까요? 이유가 있습니다.

첫째, 체면 탓입니다. 중국 고대는 남성우월주의 사상이 판을 칠 때라 남자가 여자에게 기대어 먹고산다는 것은 주위에서 질시를 받을 수밖에 없는 한심한 행태였습니다.

둘째, 탁문군이 거절할지도 모른다는 생각도 이유였습니다. 실제로 그녀가 거절했다면 어떻게 됐을까요? 그건 그녀가 가난한 생활을 기꺼이 받아들이고 아버지에게 절대로 돈을 요구하지 않겠다고 하면 꺼내기 힘든 말이었습니다.

셋째, '금도'의 당초 목적에 대해 탁문군이 의심할지 모른다는 사실도 이유로 볼 수 있습니다. 이건 나중에 더 큰 문제를 불러일으킬 수도 있는, 다시 말해 탁문군의 다음과 같은 질문을 받을 수도 있는 문제였거든요.

"당신은 도대체 나 탁문군을 사랑한 것인가요, 아니면 우리 집의 돈을 사랑한 것인가요? 당신은 나를 목적으로 금도를 한 것인가요, 아니면 내 아버지의 돈을 보고 등을 치려고 한 것인가요?"

바로 이 때문에 사마상여는 임공으로 돌아가자고 말하지 못했습니다.

그러면 방법은 하나뿐입니다. 인내! 바로 그것이었습니다. 탁문군이 도저히 견디지 못해 주도적으로 돌아가자는 말을 할 때까지 기다리는 것이었습니다. 그렇게 되면 모든 것이 순조롭게 진행되어 성공을 거둘 수 있을 터였습니다.

과연 탁문군은 주도적으로 임공으로 돌아가자고 말했습니다. 이때 사마상여의 마음은 아마도 미칠 듯 기뻤을 겁니다. 드디어 별 볼일 없는 내인생이 종언을 고하는구나! 이렇게 생각했을지도 모릅니다. 우리는 이일을 조금 더 앞으로 밀고 나가볼 수도 있습니다. 그러면 다른 의문도 발견할 수 있는데, 그것은 바로 사마상여가 탁문군을 거문고로 홀린 진짜목적이 무엇인가 하는 의문입니다. 이 의문을 제기하는 이유는 다른 것이아닙니다. 이 의문과 관련한 진실이 옛날부터 지금까지 와전됐기 때문입니다. 그로 인해 거의 고전이 되어버린 이 러브스토리의 진실한 평가가어려워졌습니다.

그렇다면 진실은 무얼까요? 우선 탁문군은 미인이었을까요, 아니었을까요? 그녀가 추녀였다면 모든 것은 명백해집니다. 전국 최고 부호의 추녀 딸을 거문고로 홀린 목적은 뻔한 게 아니겠습니까?

『사기』의 「사마상여열전」이나 『한서』의 「사마상여전」은 모두 탁문군이천하일색인지의 여부에 대해서는 기록하고 있지 않습니다. 다행히 『서경잡기』의 「권2」에는 기록이 있는데 조금 자세하게 살펴보면 다음과 같습니다.

'문군은 미인이었다. 눈썹은 멀리서 보면 산처럼 아름다운 모습이었다. 얼굴은 마치 부용芙蓉과 같았다. 피부 역시 기름처럼 부드럽고 매끈거렸다. 열일곱 살에 과부가 되었다. 그러나 성격이 자유분방해 풍류 즐기기를 몹시 좋아했다. 그래서 장경(사마상여)의 재주를 흠모했고 결국 예교禮教를 어기고 함께 도망을 쳤다. 장경은 원래 소갈증(당뇨병)이 있었다. 성도로 돌아와 문군의 미색에 너무 빠지다 보니 병이 발작을 했다. 장경은「미인부美人賦」를 지어 스스로 자제하려 했으나 고치지 못했다. 결국 이 병으로 죽음에 이르렀다. 문군은 그를 위한 뇌문(誄文, 조문)을 지어 후세에 전했다.'

『서경잡기』의 이 기록이 믿을 만하다면 탁문군은 천하의 일색이었습니다. 열일곱 살에 과부가 된 다음 사마상여의 표적이 되었습니다. 중요한 사실은 사마상여가 당뇨병이 있었다는 사실입니다. 그럼에도 탁문군을 너무 사랑한 탓에 자신을 제어하지 못하고 병을 더 가중시켜 급기야는 당뇨병으로 세상을 떠났습니다.

이 기록에 따르면 사마상여는 당연히 탁문군의 미모 때문에 '금도'의 계략을 사용했습니다. 목적이 미인을 얻겠다는 것이었다고 단언할 수 있겠지요. 이 경우 크게 비난할 필요는 없을 것 같습니다. 그러나 그가 탁문군을 얻은 다음에도 다른 목적을 가질 수는 있었습니다. 미녀를 얻은 다음 재물까지 얻으려고 할 수도 있었다는 겁니다. 그건 일석이조의 효과를 보게 되지만, 그만큼 그의 인품은 여지없이 깎이게 됩니다.

앞서 언급한 서한 말기의 양웅은 사마상여를 꽤나 숭배했던 사람이었습니다. 사마상여의 작품을 모방해 적지 않은 한대부(漢大賦, 한나라 때의 대부를 의미함)를 썼습니다. 그러나 그런 그도 앞서 언급한 자신의 작품「해조」에서 다음과 같은 묘한 언급을 했습니다.

'사마상여는 탁씨(탁왕손)로부터 재물을 강탈했다. 또 동방삭은 고기를 잘라 부인에게 가지고 갔다. 나는 하지만 이런 분들과는 비교할 수 없다. 잠자코 내『태현(太玄, 양웅의 저작. 역경을 본따 지었다고 함)』이나 지켜야겠다.'

양웅은 자신이 사마상여처럼 그렇게 뻔뻔하게 탁왕손의 재산을 강탈할 사람이 못 된다고 생각했습니다. 동방삭처럼 후안무치하게 고기를 잘라 자신의 아내에게 가지고 갈 위인도 아니라고 판단했습니다. 그저 가난뱅이로 살아야 할 팔자라고 생각한 겁니다. 그러나 양웅은 사마상여가 남의 재산을 강탈한 인간이라는 사실을 처음으로 주장한 족적이나마 후세에 남긴 셈입니다.

안지추(顏之推, 남북조 북제北齊시대의 문인)도 양웅과 비슷한 입장을 견지했는데, 그의 저서 『안씨가훈顔氏家訓』의 「문장文章」편에서 이렇게 비판했습니다.

'예로부터 문인들은 무수히 많은 경박함에 빠졌다. 사마장경은 재물을 훔치는 지조 없는 짓을 했다.'

당나라 사마정司馬貞의 『사기색은史記索隱』도 살펴볼 필요가 있는데 사마상여를 평가할 때 이렇게 단정적으로 말합니다.

'상여는 자유분방했다. 탁씨의 재물을 훔쳤다.'

이상의 증거로 미뤄보면 옛사람들의 이 일에 대한 입장은 대체로 일치하는 것 같습니다. 사마상여가 인품이 단정하지 못할 뿐 아니라 탁왕손의 재산을 강탈했다는 겁니다. 그러나 옛사람들은 상세한 고증은 하지 않았기에 우리가 논증해보아도 무방할 듯합니다.

이외에 사마상여가 임공으로 돌아간 것이 진짜 탁왕손의 재산을 강탈하기 위한 것인가 하는 점도 의문입니다. 『사기』와 『한서』의 사마상여 관련 기록은 모두 이에 대해 얘기하지 않습니다.

그러나 『서경잡기』는 대단히 음미해볼 만한 가치가 있는 네 글자를 남기고 있습니다. '이치왕손以恥王孫', 즉 탁왕손을 창피하게 만들어줘야겠다고 생각한 것으로 볼 수 있지만, 『서경잡기』의 기록이 사실이라면 사마상여가 임공으로 가서 주점을 연 것은 탁왕손의 재산을 강탈하기 위한 조치라고 인정하지 않을 수 없습니다. 이게 그가 탁왕손의 재산을 노렸다는 첫 번째 증거입니다.

두 번째 증거도 있습니다. 주점을 반드시 임공에다 열어야 했을까요? 이 또한 사마상여가 탁왕손의 돈을 노렸다는 증거가 되겠습니다.

세 번째 증거는 『사기』와 『한서』의 기록입니다. 하나같이 사마상여가 100명의 노복, 100만 전을 받은 다음 바로 주점을 폐쇄하고 부인과 함께 성도로 돌아갔다는 기록을 남기고 있습니다. 이상의 세 가지 사실로 볼 때 사마상여가 임공에서 주점을 연 것은 탁왕손의 돈을 노린 것이 분명합니다.

마지막 의문은 사마상여가 탁왕손의 재산을 노린 계획이 '금도' 앞에 추진된 것인가, 아니면 '금도' 뒤에 추진된 것인가 하는 겁니다. 이를 제대로 파악하려면 다섯 가지 단정적인 얘기가 과연 성립되는지 살펴봐야 합니다.

우선 사마상여가 탁왕손이 전국 최고의 재벌이라는 사실을 알았다는 얘기입니다. 사마상여가 자신이 꾸민 주도면밀한 '금도' 계획으로 탁문군을 자신의 여자로 만들 수 있다고 자신했다는 점도 그렇습니다. 사마상여는 또 '가거도사벽립'의 처지에서는 기본적으로 재벌 딸 탁문군과 함께 살 수 없다는 사실도 알았을 것입니다. 이외에 사마상여는 탁문군이 곤궁한 생활을 견디지 못하고 임공으로 돌아가 아버지의 고혈을 빨자고 주도적으로 제안할 것을 확신했습니다. 사마상여는 탁왕손이 창피함을 이기지 못하고 돈으로 문제를 해결할 것이라는 점도 믿어 의심치 않았습니다.

만약 이상의 단정이 사실이라면 사마상여는 탁문군을 유혹하기 전에 이미 재산을 노리고 준비한 것으로 보아야 합니다. 때문에 후세에 면면히 전해지고 있는 이 러브스토리는 먼저 미인을 강탈한 다음 재산까지 빼앗아간 희대의 사기극이라고 해도 무방하겠습니다. 이런 '낭만적인 결혼'이 과연 행복할 수 있었을까요?

깨어진 사랑의 미스터리

애잔하게 흐르는 일련의 거문고 소리는 탁문군으로 하여금 주체하기 어려운 사랑을 촉발시켰고, 급기야는 야반도주를 결심하게 만들었습니다. 또 부賦를 쓰는 것에 관한 한 천재적인 문인 사마상여는 사랑을 낚는 계획을 성공적으로 추진, 재색을 겸비한 전국 최고의 재벌 딸을 부인으로 맞아들였습니다.

그렇다면 탁문군은 영원히 사마상여의 진면목을 보지 못한 것일까요? 또 태생부터 기본이 튼튼하지 못했던 이 결혼은 과연 끝이 어떻게 되었을까요?

분명하게 보이는 허실

탁문군은 사마상여를 따라 성도에 있는 그의 집으로 갔습니다. 그러나 문을 열고 들어간 그의 집은 사방의 벽뿐! 가난뱅이도 그런 가난뱅이가 없었습니다. 여러분이 탁문군이라고 가정해봅시다. 어릴 때부터 귀하게 자라고 좋은 환경에서 산 열일곱 살의 어린 과부가 사랑을 위해 야반도주했는데 그런 장면을 눈앞에 목도했다면 과연 어떤 기분이겠습니까?

사마상여는 임공에서 요새 말로 하면 고급 호텔에 들었습니다. 호화마차도 타고 다녔습니다. 원래는 한 푼도 없는 가난뱅이가 어떻게 그렇게 호화스럽게 하고 다녔을까요? 탁문군은 모든 진실을 알았을 때 이렇게 따지려 했을지도 모릅니다.

"도저히 나를 감당할 수 없다는 사실을 잘 알면서 왜 나를 데리고 야반도주를 한 겁니까?"

그럼에도 사랑에 빠졌던 그녀는 '사랑을 위해서라면 온갖 방법을 다 쓸 수 있는 거야. 정상 참작이 가능해'라고 믿고 싶었을지도 모릅니다. 그러나 그녀의 눈앞에 보이는 사람은 온 정력을 다 기울여 자신을 손아귀에 쥐려는 주도면밀한 계획을 세운 사람이었습니다. 그녀의 마음은 급기야 이런 의문으로 기웁니다.

'도대체 저 사람은 나 탁문군을 좋아하는 거야, 내 아버지의 재산을 좋아하는 거야?'

그녀는 사마상여를 시험해보지 않을 수가 없었습니다. 탁문군은 처음에는 가죽 외투를 팔아 사마상여에게 술을 먹였습니다. 그가 취하자 형제들한테 가서 돈을 빌리자고 얘기했습니다. 그가 그 말에 별로 반응을 보이지 않자, 그녀는 다시 임공으로 가서 주점을 열자고 또 다른 제의를 했습니다. 아버지를 압박해 돈을 받아내자는 의미였지요. 그는 그제야 쌍수를 들어 찬성합니다. 그때 그녀는 분명하게 알았습니다. 남편 사마상여가 경제 위기를 해결할 유일한 수단으로 자신의 아버지 돈을 생각하고 있다는 사실을 말이지요.

사마상여는 자신을 죽어도 인정하지 않으려는 장인이 사는 임공으로 돌아가려고 마차를 팔았습니다. 이어 일반 음식점의 종업원 같은 옷으로 갈아입고는 힘든 일이나 지저분한 일들을 할 만반의 준비를 갖췄습니다. 그의 그런 자세를 본 탁문군은 몸서리가 쳐졌습니다. 그처럼 당당하던 사람이 더러운 돈벌레로 변해버린 겁니다.

그러면 그녀는 왜 그의 사기극을 까발리지 않았을까요? 사마상여가 원하고 있었지만 감히 꺼내지 못한 말을 왜 먼저 꺼낸 것일까요?

저는 최소한 두 방향에서 얘기를 해야 한다고 생각합니다. 무엇보다 그녀는 그를 사랑했고 깊은 애정을 갖고 있었습니다. 탁문군은 당시 극도의 심리적 압박을 받고 있었으리라 예상됩니다. 야반도주를 결행한 그녀가 감당하기 어려울 정도로 사회적 비난이 이미 강하게 압박을 하고 있었던 겁니다. 게다가 그녀는 엄청난 대가를 지불하고 나서야 자신의 사랑이 중대한 하자가 있는 사랑이라는 사실을 발견했습니다. 그러나 사정은 이미 돌이킬 수 없었고, 그녀는 온힘을 다해 그 부담을 짊어지려 했습니다. 옛 말에도 여자는 사랑에 빠지면 정신을 차리지 못하고 남자는 달라진다는 말이 있지 않습니까. 그녀는 사마상여를 놓치려 하지 않았습니다. 그의 체면을 세워주고 싶었고, 사랑의 바보가 되려고 했던 겁니다.

또 한편으로 본다면, 탁문군도 남편에게 동화되었다는 사실도 이유로 들 수 있을 것 같습니다. 동기가 지극히 불순한 남편과 악취로 가득한 돈벌레를 대해야 하는 감정에 내몰리게 되면 선택은 아주 간단합니다. 이혼입니다. 그러나 탁문군은 애정이 순식간에 사라져버리는 것을 참을 수가 없었고, 더구나 사마상여는 절대로 구제불능한 사람이 아니었습니다. 그래서 그녀는 구해내는 방법을 선택했습니다. 자신의 남편을 구하고 결혼생활도 구하고 싶었겠지요.

결론적으로 그녀는 사마상여의 치부를 폭로하지 않았습니다. 대신 두 부부의 합작으로 100만 전의 돈을 강탈, 성도 제일의 부자가 되었습니다.

독자 여러분께서는 탁문군이 왜 굳이 약하게 나갔는지 아쉬움을 느낄지도 모릅니다. 시원스럽게 한바탕 난리를 친 다음 친정으로 돌아가면 그뿐이었을 텐데요. 그렇게 되면 사마상여는 '아무것도 없는 빈털터리'가 될 가능성이 높았습니다.

사실 그렇게 하면 통쾌할 수는 있습니다. 그러나 '다른 사람에게 피해를 입히는 것은 자신한테 도움이 안 된다'라는 말이 있습니다. 더구나 피해를 입을 사람이 자신이 가장 사랑하는 남편이라면 얘기는 또 달라집니다. 잃어버려야 하는 것이 절대로 버릴 수 없는 감정이라도 마찬가지입니다. 또 그렇게 해서 뭘 얻겠습니까? 바로 그 때문에 용서하는 것이 때로는 벌을 가하는 것보다 더 큰 힘을 발휘할 때가 있는 법입니다. 그건 원칙을 잃어버리는 것이 아니라 다른 방법을 통해 원칙을 견지한 것이라고 보아야 합니다.

한바탕의 풍파는 그 정도에서 원만한 마침표를 찍었습니다. 탁문군과 사마상여는 서로 손님을 대하듯 존경하고 사랑을 더욱 키웠습니다. 진정한 사랑이 서서히 가식적인 사랑을 대신하게 되었고, 즐거운 결혼생활로 이어질 수 있었지요.

득실을 세밀하게 계산하다

하지만 평정한 생활은 오래가지 못했습니다. 그들의 가정에 예상치도 못한 큰 일이 일어난 겁니다. 다름 아닌 무제가 사마상여를 보고자 했으니까요! 사마상여가 도대체 어떻게 무제의 눈에 들어온 것일까요? 사연이 있습니다.

어느 날이었습니다. 무제는 아무 생각 없이 사마상여의 「자허부」를 읽다 너무나 놀랐습니다. 유감스러운 어조로 "왜 짐은 이 글을 쓴 작가와 같은 시대에 생활할 수 없다는 말인가?"라고 탄식했을 정도입니다. 바로 이때 무제의 옆에서 시중을 들고 있던 사람이 다름 아닌 구감(狗監, 사냥개 관리담당 시종) 양득의楊得意였습니다. 사마상여와 같은 촉 출신인 그는 무제의 감개무량한 어조의 말을 듣자 마치 기다렸다는 듯 이렇게 대답합니다.

"사마상여는 소신의 동향 사람입니다. 소신은 그가 「자허부」는 내가 썼다'라고 하는 말을 들은 적이 있습니다."

무제는 깜짝 놀라 즉각 하조해 사마상여를 불러들였습니다.

「자허부」는 사마상여가 양효왕 옆에 있을 때 지은 부였습니다. 그러나 당시의 황제인 경제는 사辭나 부를 별로 좋아하지 않았으므로 그의 재주가 관심을 끌지 못한 겁니다. 그러나 무제는 천성적으로 사부를 좋아했고 게다가 마침 양득의가 무제가 읽고 있는 것이 동향인 사마상여의 작품이라는 사실을 알았습니다.

그래서 '천리마는 항상 있으나 백락(伯樂, 명마를 보는 눈을 가진 전문가)은 항상 있는 것이 아니다'라는 말이 있는 것이겠지요. 백락이 말 감정 권리를 전적으로 가지고 있으므로 인정을 받지 못한 천리마는 항상 별 볼일 없는 상황에 처해야 한다는 말입니다. 따라서 천리마는 하루에 천 리를 달리는 재능이 있어야 하는 외에 조용히 기회를 기다릴 줄도 알아야 했습니다. 무제의 호출은 사마상여에게는 일생일대의 기회였습니다. 반면 도자기처럼 귀중하면서도 쉽게 깨질 가능성이 있는 탁문군의 결혼생활에는 거대한 위협이었습니다.

완벽한 재능과 외모를 갖춘 대인관계 원만한 남편이 관료의 길로 나아가면 무슨 변고가 생길지도 몰랐습니다. 탁문군은 이 결정적인 순간에 어떤 선택을 해야 했을까요?

우선 사마상여의 입장을 지지했습니다. 사마상여는 부인 탁문군의 대대적인 지원을 등에 업은 채 제 날짜에 장안에 도착했습니다. 무제를 알현한 그의 입에서는 다음과 같이 준비한 말이 줄줄 나왔습니다.

"제가 이전에 썼던 부는 그저 제후들의 일을 쓴 것일 뿐입니다. 별로 볼만한 가치가 없습니다. 소신이 대신 다른 작품인 「상림부(上林賦, 원문에는 '천자유럽부天子游獵賦'로 나옴)」를 지어 올리겠습니다."

무제는 「상림부」를 다 읽은 다음 즉각 다음과 같은 명령을 내립니다.

"지금부터 상서尚書는 사마상여가 부를 지을 때 필요한 필찰(筆札, 글을 쓸 때 필요한 종이 등의 필기구)을 제공하는 책임을 맡도록 하라."

그러고는 사마상여를 시종인 낭관으로 임명했습니다.

무제 시기의 상서는 황제의 전담 비서로서, 주로 맡는 것은 황제의 문서 수발, 도서 보관 등의 일입니다. 전적으로 황제를 위해 일하는 역할이었지만 무제는 자신의 전담 비서에게 사마상여에게 필찰을 제공하는 책임을 맡겼습니다. 사마상여에게는 대단히 융숭한 예우가 아니겠습니까.

무제가 읽은 사마상여의 「자허부」와 「상림부」 등 두 편의 부는 나중에 「천자유럽부」로 합쳐져 불렸습니다. 말할 것도 없이 한나라 대부를 대표하는 명작이 되었고, 중국 문학사에서의 지위도 굳이 더 언급할 필요가 없을 정도입니다. 그러나 이것들은 완전히 무제의 공명심에 영합한 작품입니다. 오로지 무제의 구미를 맞춰주려는 노력만 엿보일 뿐이고, 진정으로 근신과 절검節儉을 권하는 내용은 그 어디에도 찾아볼 수 없습니다. 양웅은 그 부들을 일컬어 '권백이풍일(勸百而諷一, 일반적인 사부의 내용이 되는 풍일이권백諷一而勸百, 즉 하나를 풍자해 백 가지 교훈적인 일을 권한다는 뜻의 반대 의미. 전혀 풍자적이지 않다는 뜻)'이라고 비판했습니다. 완전히 풍자나 간언과는 거리가 멀었다는 말이었지요.

사마상여는 나중 무제의 명을 받아 서남이西南夷에 사신으로 간 적이 있습니다. 이때 촉군의 주요 고위 관원들은 그를 위해 성대한 환영식을 거행했습니다. 예컨대 태수는 교외에서 그를 공손히 기다렸으며, 또 현령은 활과 화살을 든 채 앞장서서 길을 열었습니다. 때문에 당시 그의 행차는 대단하여 장관이라는 말이 과장이 아니었습니다. 과거의 기세등등했던 탁왕손 총재는 아연실색하지 않을 수 없었습니다. 그러나 속으로는 무척이나 기뻐했을 것입니다. 한번 생각해봅시다. 그로서는 황제의 옆에서 관리를 하고 있는 사위가 있으니 향후 사업이 더 잘 될 거라고 생각하지 않았겠습니까? 탁왕손은 사위의 모습을 보고 이렇게 탄식했습니다.

"나는 참 한심한 사람이야. 이렇게 늦게 너희의 결혼을 인정하다니 말이야."

그는 곧 대규모의 재산을 탁문군 부부에게 물려주었습니다. 그러면서도 절대 '남자를 후대하고 여자를 박대'한다는 원칙에는 절대 따르지 않고 아주 균등하게 분배했습니다. 사마상여는 다시 사랑하는 부인의 후광에 힘입어 재산을 한몫 획득하고야 말았지요. 탁왕손은 경제적인 능력을 이용해 사마상여의 관료로서의 명성을 드날리게 하려는 노력에도 나섰습니다.

그럼에도 불구하고 대부분의 사서는 사마상여가 관료로서는 열정을 보이지 않았을 뿐 아니라 열심히 일하지 않았다고 기록하고 있습니다. 항상 병을 핑계로 집에서 펑펑 놀았다고 씌어져 있는데, 그래서인지 사마천 역시 그가 '관직에 별로 뜻이 없었다'라고 말했습니다. 하지만 사마천도 사마상여에게 사기를 당한 겁니다. 그가 관직에 별로 뜻이 없는 사람일 리가 있나요? 그가 정말 관직에 뜻이 없었다면 왜 장안으로 부리나케 달려왔겠습니까?

그가 병을 핑계로 집에서 노닥거린 데에는 다른 이유가 있었습니다. 생활이 풍족했다는 것이 결정적 이유였습니다. 풍부한 재산 덕에 그는 일정한 독립성을 유지할 수 있었습니다. 굳이 관료 사회에서 죽기 살기로 일할 필요가 없었던 거지요. 한마디로 나는 너를 참견하지 않고 피하겠다, 그런 입장인 겁니다. 다시 말해 사마상여는 적극 나서기보다는 모든 것이 '나하고는 상관없다'라는 입장을 선택한 것입니다.

문학 시종이라는 신분의 모호성도 이유로 볼 수 있습니다. 그에게 진취성을 앗아갔다는 얘기입니다. 무제는 사마상여를 대단히 좋아했습니다. 그러나 그것은 사마상여의 문학적 재능에 한정되었을 뿐이지 문치文治를 좋아한 것은 아니었습니다. 그는 관료 사회에서는 애정 전선에서처럼 그렇게 큰 성과를 올리지 못했고, 더구나 그는 천성이 집착하는 사람이 아니었습니다. 몇 번 진취적인 행보가 벽에 부딪치자 바로 집에 들어앉아 음풍농월했습니다. 마음을 차분하게 가라앉히고 시부詩賦의 창작에만 전념했지요.

밀고 당기기에도 원칙이 있다

탁문군은 재벌의 딸이었으나 부부 사이가 서로 보완 관계여야 한다는 사실을 누구보다도 잘 알고 있었습니다. 또 그녀는 빨간 꽃을 돋보이게 하면서도 자신은 주목을 끌지 못하는 푸른 잎이 되기로 흔쾌히 작정했습니다. 자신의 경제적 능력으로 사마상여의 고결함과 우아함을 유지해주려고 애썼던 것입니다. 그러나 그런 애절한 노력은 상응한 대가를 얻지 못했습니다.

『서경잡기』를 보면 바로 알 수 있는데, 다음과 같은 기막힌 내용이 실려 있습니다.

'상여는 무릉茂陵 여자를 첩으로 부르려고 했다. 탁문군은 「백두음白頭吟」을 지어 헤어지겠다는 생각을 밝혔다. 그러자 상여는 첩을 얻으려는 생각을 그만두었다.'

사마상여는 자신이 받은 복에 빠져서 정신이 나갔던 모양입니다. 무릉 출신 여자를 첩으로 얻으려 한 겁니다. 탁문군은 과연 사마상여의 체면을 세워주었을까요? 아닙니다. 그녀는 「백두음」을 지어 확실하게 반대 입장을 밝혔습니다. 그녀의 마음은 분명했습니다.

'당신이 돈을 좋아하는 것이나 사부를 좋아하는 것은 당신의 취향이다. 나는 그걸 만족시켜줄 수 있다. 하지만 당신이 다른 여자를 취해 새로운 즐거움을 맛보려고 한다거나 내 결혼생활과 애정의 기쁨을 다른 여자에게도 맛보게 하려 한다면 용납할 수 없다. 그 여자가 있으면 내가 없다. 내가 있으면 그 여자는 없다!'

사마상여는 「백두음」을 읽고는 대번에 상황이 심상치 않다는 사실을 깨달았고, 이내 언제 그랬냐는 듯 첩을 얻으려는 생각을 버렸습니다.

사마상여를 깜짝 놀라게 만든 이 「백두음」은 송나라 때의 문인 곽무천郭茂倩의 『악부시집樂府詩集』에 기록으로 남아 있는데 한번 감상해보는 것도 좋겠군요.

내 사랑은 산 위의 눈처럼 순결하고 구름 사이의 달처럼 빛났으나,
내 듣기로는 당신이 다른 마음을 품고 있다고 하니 이제 이별을 해야겠네요,
오늘 차린 술자리는 마지막이 되겠으니 내일 아침이면 해자埃字의 상류에서
이별해야겠네요,
나는 천천히 해자를 따라 걸음을 옮기니 당신과 나는 해자의 물길을 따라 영원히 동과 서로 헤어지겠지요,
쓸쓸하고도 처량하지 않을까요, 여자가 출가를 하면 울지 말아야 하는 것을,

나만을 사랑하는 사람을 만나 백발이 되도록 이별 없이 살고자 했건만,

대나무의 대는 어찌 그다지도 하늘거리고 물고기의 꼬리는 어찌 그토록 날렵한가요.

남아는 의리를 중히 여기건만, 진정한 사랑을 잃으면 어찌 돈으로 보상할 수 있으리.

사마상여가 깜짝 놀랄 만하지 않습니까? 이 사건에 대해 좀 더 알아봐야겠습니다.

가장 먼저 사건의 진실성에 대해 알아봅시다. 『서경잡기』는 일종의 필기체 잡사雜史입니다. 필기체 소설이라고도 할 수 있지요. 그렇다면 그 기록은 어느 정도 믿을 만할까요? 위자시(余嘉錫, 20세기 중반까지 활동한 베이징대학 교수 출신의 사학자) 선생의 학설에 따르면 이 책은 진晉나라 때 갈홍이 편찬한 필기체 소설로 일정한 신뢰도를 가지고 있습니다. 사건의 진실성이 상당히 믿을 만하다는 얘기인데 나름의 이유도 있습니다.

우선 사마상여의 탁문군에 대한 감정은 분명히 처음부터 돈과 관계가 있었습니다. 그가 돈을 노린 돈벌레라는 얘기입니다. 따라서 사랑의 균열이 왔을 가능성은 비교적 큽니다. 사마상여와 탁문군의 사랑이 깨진 데에 대해 후세 사람들이 지대한 관심을 보였다는 사실도 충분한 사유가 됩니다. 하지만 설사 그렇더라도 그 개연성을 최소한 설명할 수 있을 뿐, 사람들의 관심이 진상을 증명하는 것은 절대로 아닙니다. 대부분의 사람들이 그들의 애정에 금이 갔다고 믿는 것이 가능은 하다는 겁니다. 하기야 그렇지 않으면 누가 그 일에 대해 그렇게 흥미를 가지겠습니까?

사건 발생의 시간도 궁금하지 않을 수 없습니다. 『서경잡기』는 사랑이 깨진 시간을 기록하고 있진 않지만, 상식적으로 판단할 때 신혼 초기에는 사건이 일어나지 않았을 겁니다. 모르기는 해도 결혼 후 상당 기간이 지

난 시기이겠지요. 「사마상여열전」을 보면, 사마상여가 장안으로 가기 전에 '오랫동안 살았다'라고 이야기한 기록이 있습니다. 따라서 사랑이 깨진 것은 사마상여가 장안으로 가서 관리가 된 다음의 일이라고 보아야 합니다.

사건의 결말도 살펴야 합니다. 탁문군은 사마상여가 첩을 취하겠다고 했을 때 예상과 달리 결별을 선언했습니다. 사마상여는 깜짝 놀라 급브레이크를 밟았지요. 첩을 얻겠다는 생각을 버리고 옛사랑을 다시 선택했습니다. 탁문군의 태도는 이 사건을 종결시키는 결정적인 한 방이었습니다. 말할 것도 없이 그녀의 행동은 자신의 낭만적 결혼생활에 대한 재인식에서 결정되었습니다. 그 인식은 당연히 오랜 과정을 필요로 했지요.

그녀는 초기에는 사마상여의 재능과 풍모에 완전히 빠져 있었습니다. 이때의 감정은 대단히 맹목적인 것으로, 야반도주로 이어진 즉각적인 행동을 보면 나중에 가져올 결과조차 돌아보지 않았음을 알 수 있습니다.

이 정도에서는 사랑이 깨졌다는 말은 할 수 없지요. 아무려나 조심스럽게 이어온 행복한 결혼생활에 위기가 찾아왔습니다. 사마상여는 '첩을 얻겠다'라는 의지를 확고하게 다졌고, 이에 대한 탁문군의 태도는 '그건 원칙 문제이다. 한 발자국도 양보할 수 없다!'라는 것이었습니다.

포기하지도 방임하지도 않겠다는 탁문군의 태도에서 볼 수 있는 이 두 사람의 깨어진 사랑은 정말이지 후세 사람들에게 한숨을 자아내게 합니다. 이 깨어진 사랑에 관련해서는 후세에 적지 않은 문학작품 속에서 전해지고 있는데, 하지만 그것들은 그저 '사마상여 신드롬'이라고 해야 할 뿐이지 절대로 역사적 진실이 아닙니다. 이 중 가장 유명한 작품을 각색해 살펴보겠습니다.

이쪽에서는 천하의 한량 사마상여가 마치 고향에 있는 것처럼 포근한 사랑에 빠져 있습니다. 저쪽에서는 언제나 남편을 생각하는 탁문군이 몇 년이나 남편을 기다리고 있습니다. 드디어 탁문군은 자존심을 내려놓고 그에게 돌아오라는 편지를 씁니다. 남편의 귀환을 절실히 원하는 편지를 보자 사마상여는 일필휘지로 답장을 보냅니다. 내용은 '일이삼사오육칠 팔구십백천만'의 딱 열세 자였습니다. 탁문군은 기쁜 마음으로 편지를 뜯 었는데 유독 '억億' 자만 없었습니다. 억 자는 억憶 자와 발음이 같습니다. 또 억은 뜻을 의미하는 '의意'와 같습니다. 이를테면 사마상여의 편지 내 용은 돌아올 뜻이 없다는 것을 완곡히 표현한 것이었지요.

탁문군은 슬프고도 자존심이 상했습니다. 그러나 그녀는 정신을 가다 듬었습니다. 즉각 사마상여가 편지에서 언급한 숫자를 나열해 지은 「원 랑시怨郞詩」를 답장으로 보냈습니다. 시의 상반부는 아래와 같습니다.

'한 번 이별한 후에 두 곳으로 떨어진 채 그리워하고 걱정했네요. 그저 3~4개월이라고 말했으나 5~6년이 될 줄 누가 알았을까요. 칠현금 연주 할 마음은 생기지 않고 8행의 편지 전할 방법 역시 없네요. 구련환(九連環, 아홉 개의 고리가 연결된 목걸이. 끊어지지 않는 것을 의미)은 이미 안에서 끊 어져 버렸으니 10리 밖 역사에 나가 애타게 기다리네요. 백 가지 생각과 천 가지 근심은 아무리 만 번을 당신을 붙잡고 원망해도 소용이 없군요.'

그녀는 시의 하반부에서 숫자를 뒤집어 자신의 사마상여에 대한 원망 을 은근하게 읊습니다.

'만 마디, 천 마디 말은 다 하지 못하고 백 곳이나 의지할 데를 찾아도 그저 열 번 난간만 의지하네요. 9월의 중양(重陽, 9월 9일을 일컬음)에는 외 로운 기러기만 쳐다보고, 8월 추석의 달은 둥그나 사람은 둥글지 않네요. 7월에는 반쯤 태운 초를 잡고 푸른 하늘에 물으니, 6월의 복날에는 사람 마다 부채질을 해도 내 마음은 춥기 이를 데 없네요. 5월의 석류꽃은 불 과 같으나 차가운 비가 그 꽃을 때리네요. 4월의 비파나무 열매는 아직 누렇게 익지 않았으나 거울을 보는 내 마음 이미 심란해져 급하기도 해

라. 3월의 복숭아꽃은 물을 따라 돌고 표표하게 쓸쓸이 흘러가네요. 2월의 연은 하늘에 떠 있으나 선은 이미 끊어져 있구나. 낭군이여, 낭군이여! 다음 세상에는 당신이 여자로 태어나고 내가 남자가 되면 어떨까요!'

탁문군이 사마상여에게 보낸 시는 앞과 뒤가 딱 들어맞았습니다. 자신의 마음속 원한을 완곡하게 표현한 것이었습니다. 이 편지를 읽고 결국 사마상여는 첩을 얻으려는 생각을 그대로 버리고 맙니다.

숫자를 이용한 이 아름다운 시는 원元나라를 풍미했던 문학의 장르인 곡曲의 분위기를 절절이 보여주고 있습니다. 완벽하고 철저한 위작이라고 해도 좋습니다. 그러므로 이 작품과 사마상여와 탁문군 두 사람의 러브스토리는 아무 관계도 없다고 해야 합니다. 그러나 이 시는 그 독특한 구조로 무수한 독자를 매료시켰고, 나중에는 사마상여와 탁문군의 러브스토리의 한 부분을 자연스럽게 장식하게 되었습니다.

사실 중국의 봉건시대에 남자가 부인 셋, 첩 넷 정도를 두는 것은 별로 비난받을 일이 아니었습니다. 더구나 사마상여처럼 준수하고 스마트한 인재는 더 말할 필요가 없지요. 그런데 왜 탁문군은 일언지하에 남편의 제의를 거절했으며, 사마상여는 깜짝 놀라 자신의 제의를 철회했을까요? 탁문군이 화를 내면 나타날 결과가 대단히 심각할 수 있었기 때문이 아닐까요?

당시 사마상여가 온갖 지략을 다 짜내 탁문군을 부인으로 맞은 가장 중요한 목적은 장인의 재산을 얻는 것이었습니다. 무릉 출신 여자로 인해 이혼하게 되면 이미 얻은 재산은 적지 않은 타격을 입을 가능성이 높았습니다. 물론 한나라 때 부부가 이혼하게 되면 이른바 '재산공증'을 하는지의 여부는 우리가 알 수 없습니다. 그러나 무제의 문학 시종에 불과한 사마상여가 이혼법정에서 탁문군과 함께 대질신문을 받는다면 탁왕손이 즉각 개입할 가능성이 높았습니다. 그럴 경우 그가 전국 최고의 재벌과 대결을 벌여서 재판에서 이길 가능성은 제로에 가까웠으며, 그렇게 되면 그의 모든 노력은 물거품이 되는 거지요.

그러나 앞에서도 언급했듯 『서경잡기』는 대단히 중요한 내용을 기록하고 있습니다. 사마상여가 당뇨병을 앓고 있었다는 사실 말이지요.

이렇게 보면 일반 대중은 탁문군과 사마상여의 깨어진 애정을 궁극적으로는 '돌아온 탕아'라는 프레임 속에 집어넣은 듯합니다. 그들의 관계가 결국 해피엔딩이었다고 본다는 얘기입니다. 물론 야사의 진실성은 고증할 방법이 없기는 합니다. 그러나 저도 이런 결말이 사마상여의 성격과도 상당히 어울린다고 생각합니다. 더불어 역사의 진실에도 가까운 듯하고요.

사마상여는 계략을 써서 재산과 미인을 먼저 강탈했습니다. 그러나 그는 결코 불량기가 넘치는 전형적인 룸펜은 아니었습니다. 한마디로 말해 그가 평생 애정의 노예가 됐을 수도 있다는 얘기입니다. 사실은 그게 전통적인 지식인이 가지기 쉬운 가장 유치하고 치명적인 약점이기도 합니다.

물론 그는 그 이전에 황제의 은혜에 대한 고마움에서 헤어나지 못했습니다. 사서에는 사마상여가 병이 위급했을 때 무제가 총애하는 시종인 소충所忠을 보내 그의 글들을 가져오게 했습니다. 그러나 애석하게도 한발 늦어 사마상여가 이미 세상을 떠난 뒤였습니다. 소충은 아무 소득도 없이 떠나려 하는데, 바로 그때 그는 사마상여가 무제에게 남긴 최후의 유작을 발견했습니다. 그게 지금까지 전해져 내려오는 「봉선서封禪書」입니다.

사마상여는 아마도 죽는 순간까지 태산泰山에서 봉선을 행하고 싶어 한 무제의 열망에 영합하려 했던 모양입니다. 저는 지금 도저히 주체하기 어려운 의문이 떠오르는데, 사마상여는 왜 군이 무제에게 영합하려 했을까요? 무엇을 기대했을까요? 우리는 앞서 사마상여가 의식주 걱정은 전혀 하지 않았다는 사실을 살펴보았습니다. 또 그는 이미 많은 재산을 축적했으므로 굳이 더 이상 구차하게 뭔가를 더 얻을 필요도 없었습니다. 그렇게까지 비굴하게 아부할 필요가 있었을까요?

그렇지 않았습니다. 그는 뜻을 펴지 못한 한량에서 높지는 않아도 일약 무제의 최고 빈객이 되었습니다. 그는 그 은혜에 감격해 자발적으로 무제에게 영합하지 않았을까요? 이를테면 '선비는 자신을 알아주는 사람을 위해 죽는다'는 말처럼 그런 문인의 기질이 그를 마지막 순간까지 그렇게 만든 게 아닌가 합니다.

다음으로 그는 미인을 얻은 은혜에 감격했다고 하겠습니다. 애정의 노예가 되었다는 얘기입니다. 사마상여는 탁문군의 미모에 반했을까요, 아니면 전적으로 탁왕손의 재산을 노렸을까요? 저는 둘 다라고 생각합니다. 그가 진짜 온 정력을 다 기울여 재물만 추구하려 했다면 그런 낭만적이고도 로맨틱한 '금도'를 택했을까요? 다른 방법도 얼마든지 있지 않았을까요? 더구나 결혼한 후에도 탁문군과 그럴 수 없이 뜨거운 사랑을 나눌 필요가 있었을까요? 무릉 출신 여자를 첩으로 얻으려 했을 때 굳이 부인의 반응을 알아볼 필요가 있었을까요? 또 마지막에 그녀로 인해 당뇨병으로 죽을 수가 있었을까요?

이 모든 의문에 대한 답을 금전과 관련해서만 내린다면, 그는 탁문군이 돈을 주고 사온 고급 노예라고 할 수밖에 없습니다. 하지만 실제로는 그렇지 않았습니다. 탁문군은 사마상여를 위해 기꺼이 막대한 희생을 치렀습니다. 이건 어떻게 해석해야 할까요? 결론적으로 말해 탁문군의 지극한 마음과 사랑이 그의 언행을 조심스럽게 만든 거지요.

애정은 아낌없이 주는 것을 의미합니다. 또 버리는 것을 의미하기도 합니다. 탁문군은 그걸 너무나 잘 알았습니다. 바로 이 때문에 자존과 자애, 자중의 덕목을 다 갖춘 이미지의 여성이 『사기』에 유일하게 출연할 수 있었던 겁니다.

마오쩌둥은 자신의 작품 「심원춘沁園春 · 설雪」에서 이렇게 읊었습니다.

'애석하구나. 진시황이여 한무제여, 글재주가 조금 모자랐구나. 당 태종이여 송 태조여, 화려한 시문이 조금 달렸구나.'

무제가 초야에 묻힌 인재의 재능을 알고 사랑했다는 사실을 역설적으로 웅변하는 내용입니다. 마오쩌둥의 말처럼 실제로 무제는 격식에 구애받지 않고 인재를 발탁해 썼습니다. 조정에는 그야말로 인재가 넘쳤습니다. 동방삭을 자유롭게 자신의 주변에서 노닐게 했을 뿐더러 사마상여와도 끈끈한 관계를 맺었습니다. 재미있고 풍류 있는 신하들에게는 관대했다는 사실을 보여준 겁니다. 그가 성격이 얼마나 활발하고 정신이 건전하면서도 번득였는지를 말해주는 증거입니다.

그러나 무제는 일단 통찰력을 잃으면 사악한 인간을 맹목적으로 총애하거나 신뢰하기도 했습니다. 그렇게 조정의 분위기를 흐리게 했을 뿐 아니라 조정은 물론이고 사직에 손해를 끼치기도 했습니다. 그러면 휘황찬란한 무제의 시대에 그렇게 기생한 악당이 있었을까요? 무제는 자신의 총명한 머리로 그런 인간들이 충신인지 간신인지를 가볍게 가려내지 못했을까요?

맹목적으로 신뢰한 강충

무제 말년에는 또 한 명의 민간 '슈퍼맨'이 그의 총애를 받았습니다. 이 사람은 그야말로 의도적인 사기로 주목을 끈 인물이자, 양쪽을 싸움 붙이는 방법으로 몸값을 올린 인물로도 유명했습니다. 심지어 그는 이른바 '무고 사건'으로 평지풍파를 일으켜 음침한 공포의 대사건을 획책하기도 했습니다. 그는 누구일까요? 무슨 수를 써서 한 걸음씩 나아가 마침내 총신의 반열에 이르렀을까요?

한 번의 밀고로 이름을 날리다

무제는 일생 동안 중대한 사건을 수없이 처리했습니다. 더불어 무수하게 많은 고발장도 수리했습니다. 그러나 그는 자기 말년에 계통을 밟지 않고 직접 자신에게 올라온 고발장이 엄청난 사건의 단서가 될 줄은 꿈에도 생각지 못했습니다. 나아가 황족의 내부 질서를 정면으로 공격하고 자기 통치시대 말년의 역사를 완전히 다시 쓰게 만들 거라는 생각도 하지 못했지요.

고발자는 강충이라는 사람이었습니다. 내용은 조왕 유팽조劉彭祖의 태자인 유단劉丹이 자신의 누나와 여동생과 사통한다는 것이었습니다. 또 조폭이라 해도 좋을 각지 토호들과 교류해 온갖 나쁜 짓을 일삼는다는 내용과, 지방정부가 이를 해결하지 못한다는 내용도 포함되어 있었습니다.

원래 한나라 때의 고발은 사법부가 관할하는 각급 사법기관의 단계를 거쳐야 했습니다. 억울한 상황에 처해 호소할 길이 없을 때를 제외하고는 황제에게 고발장을 올리지 못하는 것이 원칙이었습니다. 따라서 강충이 입궐까지 해서 고발장을 올린 것은 계통을 밟지 않은 월급상고越級上告였습니다.

강충의 고발장을 보고 대로한 무제는 즉각 병력을 보내 조왕의 왕궁을 포위해 태자 유단을 체포했습니다. 유단은 그대로 위군魏郡의 감옥에 갇히고 말았지요. 고발의 내용은 심문을 통해 사실로 드러났고, 유단은 말할 것도 없이 사형 판결을 받았습니다. 당연히 아버지인 조왕 유팽조는 다급해지지 않을 수 없었지요. 급기야 무제에게 주장을 올려 태자를 위해 이런 변명을 합니다.

"강충은 자신 한 몸도 보전하지 못하는 현상 수배범입니다. 줄곧 헛소리만 하는 인간이지요. 품성도 단정하지 못합니다. 그가 이번에 고발장을 올린 것은 황상을 격노케 하려는 불충한 생각 때문입니다."

그는 그 정도에서 그치지 않았습니다. 태자의 죽음을 면해주면 조나라의 병력을 이끌고 흉노를 공격하러 가겠다는 말까지 했습니다. 무제는 조왕의 절절한 호소와 충성을 맹세하는 말을 듣자 마음이 흔들려버렸고, 결국 그는 유단에 대한 사형판결을 거둬들였습니다. 하지만 그의 태자 자격

박탈은 취소하지 않았습니다.

그러면 그런 형편없는 아들을 낳은 이 멍청한 늙은 아버지 유팽조는 어떤 사람일까요? 그는 무제의 이복형이었습니다. 표면적으로는 겸손하고 자신을 굽힐 줄 아는 대단히 괜찮은 사람이었지만 내심은 그렇지 않았습니다. 마음이 야박하고 음험했지요. 전혀 멍청하지 않았습니다.

원래 한나라 조정은 오초칠국의 난이 발발한 이후 각지 제후왕에 대한 경계를 강화하는 조치를 취했습니다. 그중 가장 핵심적인 것이 제후국의 국상을 중앙에서 임명하는 방침이었습니다. 그러나 웬일인지 조나라에 파견된 국상은 하나같이 2년을 넘기지 못하고 죄를 지어 면직되곤 했습니다. 그것도 "죄가 크면 사형, 작으면 징역형"이라는 말에서 보듯 횡액까지 당했습니다. 나중에는 "홍동현(洪銅縣, 조나라의 중심지)에는 좋은 사람이 없다"라는 말이 생겼을 정도입니다. 그렇다면 진짜 조나라는 탐관오리의 소굴이었을까요?

진실은 그리 복잡하지 않습니다. 유팽조는 중앙 조정에서 임명한 국상이 도착하면 그럴 수 없이 공손했습니다. 직접 나가 마중했을 정도니까요. 그러나 그는 마중을 나갈 때 정장을 입고 가는 법 없이, 어디에서 구해왔는지도 모를 노복의 허름한 옷을 입고 나갔습니다. 그건 그러나 별로 이상한 일도 아닙니다. 더욱 이상한 일도 있었으니까요. 2,000석 이상 녹봉을 받는 고위관리가 오면 늘 그런 일이 생겼습니다. 직접 거처를 청소해주는 등 마치 노비처럼 행동한 겁니다. 그런 다음 그는 신임 관리의 긴장이 풀리고 경계가 허술해지면 일부러 사안이 민감하거나 논쟁이 될 만한 화제를 골라 토론을 했습니다. 그 경우 관리들 대부분은 흥이 올라 자신의 본분을 잊고 말실수를 하거나 해서 조정의 금기를 건드렸습니다. 그러면 그는 본색을 바로 드러냈습니다. 두 말 없이 쓱쓱 죄상을 전부 기록한 겁니다. 뒤늦게 상황을 깨달은 상대가 아무리 사정해도 소용이 없었습니다. 그게 언젠가는 폭로를 해야 하는 죄의 증거, 즉 전과 기록이었으니까요.

이후부터는 그의 마음대로였습니다. 그의 입장에서는 누이 좋고 매부 좋은, 그야말로 모두에게 좋았습니다. 그러나 공평하게 법을 집행하면 국물도 없었습니다. 즉각 황제에게 글을 올려 당사자를 고발했으니까요. 이 방법으로 유팽조는 50여 년 동안 조왕으로 있으면서 국상을 비롯한 녹봉 2,000석 이상의 관리를 수도 없이 고발했습니다. 아무리 길어도 2년을 버티는 사람이 없었습니다. "죄가 크면 사형, 작으면 징역형"이라는 말은 그래서 나온 겁니다. 당당한 한나라 제후국의 왕이 완전히 뒷골목의 깡패 두목이나 다를 바 없었습니다. 그랬으니 수도인 한단은 전국적으로 인기가 별로 없었고, 특히 여관 같은 곳은 영업이 거의 안 될 정도였지요. 지나다니는 여행객도 하룻밤을 묵을 생각조차 아예 할 수 없었으니까요.

그러나 조왕은 우리가 여기에서 얘기하고자 하는 이 대형 연극의 주요 배우였을 뿐 결코 주인공이 아닙니다. 주인공은 누구일까요? 당연히 강충입니다. 그러면 그는 왜 조나라 태자 유단을 고발했을까요?

강충은 조나라 한단 사람이었습니다. 본명은 강제江齊였으나 나중에 자신을 죽이려는 유단의 추격을 피하기 위해 강충으로 고치게 됩니다.

강제는 특별히 내세울 게 없었습니다. 그저 하나 있는 누이동생이 어리고 예쁘다는 것이 자랑이라면 자랑거리였습니다. 노래와 춤에 능했던 여동생은 자연스럽게 유단과 어우러졌습니다. 강충이 눈 깜짝할 사이에 실질적인 태자의 손위 처남이 된 겁니다. 이때부터 그는 자유롭게 조나라 궁정을 드나들게 되었고, 조왕 역시 그를 귀빈으로 우대했습니다. 그러나 좋은 시절은 오래가지 못하는 듯 갑작스런 사건이 그의 행복한 순간을 단번에 박살내버린 겁니다.

태자 유단은 나쁜 점만 골고루 갖춘 사람이었습니다. 교만하고 사치스러운데다 음탕하기까지 했으니, 정말로 못된 짓이라면 저지르지 않은 게 없었습니다. 예컨대 그는 아버지의 후궁을 더럽혔을 뿐만 아니라 자신의 친누이, 여동생에게까지 눈을 돌렸습니다. 심지어 친딸과도 사통하는 폐륜을 저질렀던 사람입니다. 그 외에도 각지의 조폭, 토호와도 결탁해서 못된 짓을 저질렀습니다. 그에게는 법도 하늘도 없었습니다. 지방정부가 제어하는 것은 아예 불가능한 일이었지요.

'나쁜 짓만 일삼으면 귀신이 두렵다'라는 말이 있습니다. 태자 유단 역시 그랬습니다. 누가 자신을 고발하지 않을까 항상 노심초사했습니다. 그렇다면 그가 가장 두려워해야 할 사람은 누구일까요? 간단합니다. 강제와 부왕이었습니다.

하기야 조왕이 국법을 문란케 하고, 죽어 마땅한 그의 죄를 몰랐을 리가 없습니다. 반면 자신과 함께 천방지축 나돌아다닌 강제까지 두려워해야 했을까요? 둘 사이가 사실상의 처남·매부지간에 한시도 떨어져 있지 않은 사이인지라 강제는 태자의 모든 상황을 거의 꿰고 있었습니다. 그러나 결론적으로 말하면 태자는 강제의 존재를 두려워했습니다. 늘 어울려 다니기는 했지만 마음속에서는 강제가 골칫덩어리였던 겁니다.

급기야 그는 후환을 제거하기 위해 갑자기 수많은 병력을 동원해 강제를 체포하려 했습니다. 그러나 주도면밀하게 일을 처리하지 못한 탓에 강제에게 정보가 유출되었고 강제는 그대로 튀었습니다. 하지만 강제의 집안사람들은 화를 피하지 못하고 전원이 체포되고 말아 결국 모두 주살되었습니다. 단 한 명도 살아남지 못했지요.

당연히 강제와 태자는 불구대천의 원수가 되었습니다. 강제는 전혀 예상 못한 배신을 당한 다음, 즉각 이름을 강충으로 바꾸고 장안으로 올라옵니다. 직접 무제에게 유단의 죄상을 고발하기 위해서죠. 하지만 이 법적인 싸움에서 강충이 이긴다는 것은 결코 쉬운 일이 아니었습니다. 계속 어려워지는 험한 관문을 통과하지 않으면 안 되었습니다.

첫 번째 관문은 태자 유단이 그를 죽이기 위해 전개한 끈질긴 추격이었습니다. 이 관문을 돌파할 수 있는 자본은 멸문지화를 당한 데 대한 복수심이었습니다. 위험이 대단히 컸겠지요. 두 번째 관문은 입궐한 다음 무제에게 성공적으로 고발장을 올릴 수 있는가 하는 것이었습니다. 자본은 그가 샅샅이 밝힐 눈이 휘둥그레질 죄의 증거였습니다. 이렇게 되면 그의 생사는 예측하기 어려워지죠. 마지막 관문은 태자 유단을 단숨에 거꾸러뜨리는 것이었습니다. 그러나 이 관문을 통과할 수 있는 자본은 강충 혼자 힘으로 갖출 수 있는 성질의 것이 아니었습니다. 강충이 태자를 거꾸러뜨릴 힘은 밑에서 오는 것이 아니라 위에서 내려와야만 했습니다.

한나라는 개국 이후 중앙 조정과 제후국 간의 관계가 계속 긴장 상태에 있었습니다. 한마디로 미묘했던 거죠. 따라서 무제는 전력을 다해 그에 대응해야 했고 모든 방법을 총동원해야 했지요. 그렇게 하지 않으면 기염을 토하는 제후왕의 세력을 견제하면서 중앙권력을 강화할 수 없었습니다. 이때 접수된 강충의 고발장은 바로 이런 시대적 추세에 딱 맞아떨어졌습니다. 그야말로 절묘한 타이밍이었지요. 무제는 그 보물을 얻은 다음 순리대로 모든 일을 다 처리했습니다. 마치 마지못해 그런 것처럼 행동하면서 은연중에 살인에 나섰습니다. 조왕 유팽조에게 치명적 일격을 가하게 된 것입니다.

강충의 계획이 성공한 이유는 분명합니다. 대세에 부합하기 위해 암중모색한 것이 결정적이었습니다.

어느 날 무제는 갑자기 태자를 거꾸러뜨리게 만든 그를 만나고 싶었습니다. 그가 어떻게 과감하게 장안까지 올라와 청원을 하게 된 건지 몹시 궁금했던 겁니다.

총애를 얻게 한 기이한 복장

무제는 강충에게 견대궁(犬臺宮, 황제가 개와 함께 노는 궁)으로 와서 자신을 알현하라는 명령을 내렸습니다. 강충은 명령을 전해 듣고도 전혀 얼굴에 기쁜 기색을 나타내지 않았습니다. 오히려 엉뚱하게 알현 조건을 내거는 것이었습니다.

"소신은 집안이 가난해 황상을 뵐 때 입고 갈 변변한 옷이 없습니다. 황상께서 동의하신다면 평상복을 입은 채 알현하겠습니다. 괜찮겠습니까?"

대략 이런 얘기였습니다. 무제는 특별한 생각을 하지 않은 채 흔쾌히 허락했습니다.

그렇다면 그는 견대궁에서 황제를 알현했을 때 평상복을 입었을까요? 아닙니다. 완전히 이상한 옷을 입었습니다. 우선 얇은 비단으로 만든 선의(蟬衣, 매미처럼 생긴 여름옷)를 마치 길게 외투처럼 걸쳤습니다. 상의의 옷깃이 목깃에서부터 비스듬히 겨드랑이 밑에까지 이르는 옷이었는데, 무엇보다 몸이 시원스럽게 쭉쭉 뻗은 것처럼 보여주게 한다는 점이 특징이었습니다. 또 전신을 바짝 조여주기도 했을 뿐 아니라 하의는 땅에 질질 끌릴 정도로 길었습니다. 마치 나팔 모양이었지요. 이외에 뒤편의 곡거(曲裾, 상의와 하의를 묶는 옷자락인 거裾를 몸에 두르는 양식)는 뒤로 길게 묶어 늘어뜨렸습니다. 마치 오늘날의 결혼 예복과 같았지요.

그의 복장은 그가 얼마나 신경을 썼는지를 충분히 보여주었습니다. 어디 하나 세세하게 신경 쓰지 않은 부분이 없었습니다. 그는 머리에도 신경을 기울였습니다. 비단 종류의 천으로 만든 모자를 썼고, 그 위에는 또 점박이 무늬가 들어가 있는 새의 깃털을 꽂았습니다. 깃털은 그가 걸음을 옮길 때마다 위 아래로 가볍게 흔들렸습니다. 강충은 원래 잘생긴 사람이었는데 거기에 더해 정성을 다 기울여 분장을 했으니 더욱 멋있을 수밖에 없지요. 마치 인간 세계로 하강한 신선을 연상케 했습니다.

이른바 "초왕楚王은 가는 허리를 좋아한다"라는 말이 있지 않습니까. 그랬습니다. 강충은 오로지 무제에게 보여주기 위한 옷으로 자신의 전신을 치장했습니다. 아니나 다를까, 무제는 강충의 그 뛰어난 모습과 장대한 신체를 접하자 좌우를 향해 이렇게 찬탄했습니다.

"연나라와 조나라에는 뛰어난 인재가 많구먼!"

배운 것은 없어도 술수가 뛰어난 강충은 오로지 자신의 외관과 교묘한 언변으로 사람에 대한 호불호가 제멋대로였던 무제를 상대했습니다. 그의 전략은 명중했을까요?

그랬습니다. 그는 이미 이 직전에 확실하게 무제에게 도움도 준 바가 있었습니다. 그 다음부터는 거칠 것이 없었습니다. 무제의 질문에 대한 그의 대답은 흐르는 물과 같았고, 한마디 한마디가 비범했습니다. 완전히 무제의 입맛에 딱 맞아들었던 것입니다. 무제는 그를 인재라고 단정했습니다. 이로 인해 강충도 한나라 중앙정부를 손에 꽉 쥘 수 있게 되었지요.

억지로 공을 세우다

강충은 무제가 흉노와의 전쟁을 가장 중요하게 생각한다는 사실을 누구보다 잘 알고 있었습니다. 그 때문에 그는 무제를 처음 봤을 때 흉노에 사신으로 가겠다고 '자청'했습니다. 무제로서는 그가 무슨 복안을 가지고 있는지를 묻지 않을 수 없었지요. 그는 이렇게 대답합니다.

"임기응변을 하겠습니다. 흉노의 입장에 서서 배우도록 하겠습니다. 계획을 사전에 세울 필요가 없습니다."

무제는 그의 대답이 만족스러웠습니다. 즉각 그에게 알자의 직위를 내리고 사신으로 흉노에 보냈습니다. 강충이 무제 앞에서 입에 올린 임기응변 운운의 말은 솔직히 말해 나름의 변증법적인 생각이라고 할 수 있습니다. 완전히 엉터리는 아니었다는 얘기입니다.

무제는 강충이 흉노에 사신으로 갔다 돌아온 다음 그에게 직지수의사자直指繡衣使者라는 자리를 하사했습니다. 직지수의사자는 수의직지어사繡衣直指御使로도 불리는 직위로 시어사侍御使의 일종이었습니다. 즉 황제가 특별히 전권을 부여해 파견하는 사신으로서, 당연히 임무 수행 시에 절장(節杖, 황제가 파견하는 사신이라는 징표인 지팡이)을 휴대할 권한이 있었습니다. 또 비단옷도 입을 수 있을 뿐만 아니라 조폭과 다름없는 지방의 토호를 처벌하는 권한과 큰 사건을 처리하는 권한도 있었습니다. 이외에 독자적으로 특별 감찰관을 임시로 둘 수 있었습니다. 독자적으로 군이나 제후국의 군대를 동원하거나 상벌을 집행하는 것도 가능했고, 심지어는 지방관리를 주살하는 권한까지 가졌습니다. 『한서』 「무제기武帝紀」의 기록을 보면 잘 알 수 있습니다.

'태산과 낭야琅邪의 도적 떼 서발徐勃 등이 산을 가로막고 성을 공격했다. 그 때문에 도로가 불통이 되었다. 중앙 조정에서는 절장과 도끼 등을 손에 쥐고 수의를 입은 직지사자直指使者 폭승지暴勝之 등을 보냈다. 이어 부대를 나누어 추격해 도적들을 체포했다. 자사, 군수 이하의 관리를 모두 주살했다.'

한 사람이 경찰, 검찰, 사법부의 권한을 다 가진 것이나 마찬가지였죠. 흠차대신의 권력이 따로 없었습니다.

강충은 도망자의 신분에서 무제의 지극한 사랑을 받는 총신이 되었습니다. 참새가 봉황이 되었다는 말이 과언이 아니었지요. 그가 몽매에도 그리던 일이 현실이 된 겁니다. 그는 힘이 있으면 밭을 갈았습니다. 뛸 수 있으면 어가를 끌었습니다. 무제를 위해 모든 귀신이나 잡귀에 대항했습니다. 이렇게 보면 무제는 사람을 제대로 알아보고 적절한 일을 맡긴 셈이지요. 강충도 '나는 동풍의 힘을 빌려 푸른 구름 위로 날아 오르겠다'라는 홍루몽에 나오는 말을 실현한 셈입니다.

그는 기세가 오르자 무제를 위해 군비도 대량 확보하는 능력을 보였습니다. 단박에 주위를 깜짝 놀라게 만든 겁니다. 어떻게 그런 능력을 발휘했을까요?

원래 장안에는 평상시에 수도의 안전을 책임지는 북군北軍이라는 부대가 있었습니다. 유사시에는 전략 예비부대로 전환하는 부대로서, 그 중요성은 두말할 필요가 없었습니다. 문제는 이 부대의 군비가 늘 부족하다는 데에 있었습니다. 강충은 이 사실을 일찍이 간파하고 무제에게 자신에게 군비 조달 임무를 맡겨달라고 요청했습니다. 무제는 당연히 승낙했지요. 그는 즉각 법을 어기고 사치를 일삼은 황실의 친인척과 고관의 블랙리스트를 확보했습니다. 이어 인정사정 보지 않고 모조리 탄핵하는 주장을 올리게 되는데, 그는 주장에서 무제에게 이렇게 강력하게 건의했습니다.

"법을 어긴 이들은 거마를 몰수한 다음 일단 북군의 군영에 가둬야 합니다. 그런 다음 일률적으로 전선으로 보내 흉노와 싸우게 해야 합니다."

무제는 마치 기다렸다는 듯 두 말 없이 그의 요구를 비준했습니다.

강충은 무제의 허락을 받자 거침이 없었습니다. 법을 위반한 황제 측근의 대신을 모두 체포해 북군의 대군영으로 보냈습니다. 당연히 어느 누구의 출입도 허용하지 않았지요. 집에 남아 있던 대신의 자제들은 초조해졌습니다. 자칫하면 아버지가 늙은 나이에 군대에 가게 생겼으니 어찌해야 하겠습니까? 그들은 연명聯名으로 황제에게 알현을 허락해줄 것을 요청합니다. 이어 머리를 땅에 찧으면서 돈을 낼 테니 죄를 용서해달라고 애걸합니다. 무제는 이 말을 기다리고 있었습니다. 즉각 그들의 요구를 들어주었지요. 범행의 경중에 따라 그들이 내야 할 돈의 액수도 정해줍니다.

그 돈은 모두 북군의 군영으로 향했고, 덕분에 수천만 전 규모의 군비가 일거에 확보되었습니다. 무제는 대단히 기뻐했습니다. 귀족도 공격하고 군비도 확보했으니까요. 그의 입에서 강충에 대한 칭찬이 마르지 않은 것도 당연합니다. 이 업적은 그가 이룩한 눈에 띄는 최초의 업적입니다.

그러나 그의 최고 정치적 업적은 단연 황제 전용 '고속도로'를 닦은 일입니다. 황제 전용의 도로인 치도는 진시황 때 건설이 시작되었습니다. '도로의 너비는 50보였다. 3장의 폭으로 나무를 심었다. 그 밖은 두껍게 벽을 쌓았다. 또 쇠말뚝을 박고 청송靑松을 심었다'는 기록이 이 사실을 잘 증명합니다. 이런 도로가 2,000여 년 전의 한나라 때에도 쉽게 보기 어려웠으리라는 걸 말해주는 기록입니다.

'고속도로'는 이처럼 대단해 보였지만 원래의 기능을 잘 발휘하지 못했습니다. 물론 진과 한 두 왕조의 법에 모두 '신하와 백성은 말이나 수레를 타고 이 황제 전용도로를 지나가지 못한다. 설사 황제의 특별한 허가가 있더라도 이 도로의 양 옆으로만 지나가야 한다'라는 규정이 있기는 했습니다. 황제의 존엄과 특권을 유지하기 위해 그런 규정을 둔 것이지요. 그러나 당시 황실의 친인척은 규정을 잘 지키지 않았습니다. 자신의 권세를 이용해 '고속도로'를 이용하는 모험을 즐기곤 했지요.

강충은 무제가 허영심이 강하고 자신의 존엄에 유난히 집착한다는 사실을 너무나 잘 알았습니다. 그래서 황제 전용 '고속도로'를 확실히 보장하기로 했습니다. 무제의 허가를 받은 것은 물론입니다.

그가 도로를 눈이 아프도록 살핀 지 얼마 되지 않은 어느 날입니다. 그의 눈에 장공주 유표의 행렬이 들어왔습니다. 그는 즉각 그녀의 마차 행렬을 막아 세우며 거칠게 따집니다.

"왜 법을 어겨 황상의 전용도로로 가십니까?"

완전히 언제 봤느냐는 식이었지요. 장공주는 이렇게 변명합니다.

"황태후께서 나만은 치도로 다녀도 좋다고 친히 하조를 하셨소."

이때 장공주의 어머니인 두태후는 이미 세상을 떠난 뒤였습니다. 그는 악착같이 그런 사실이 있었는지를 수하 관리에게 물었습니다. 수하 관리는 두태후가 장공주에게 '어도'로 다녀도 좋다는 은전을 진짜 내렸다고 대답했습니다. 그런데도 그는 요지부동이었고 이렇게 말하면서 완강한 입장을 고수했습니다.

"정말 그렇다면 공주께서는 지나가셔도 좋습니다. 하지만 다른 거마는 지나갈 수 없습니다."

그가 그 말을 하는 사이 장공주의 거마 등은 모두 몰수되고 맙니다.

장공주가 누구였습니까? 무제의 고모이자 궁중에서 가장 권력이 막강한 여자입니다. 그럼에도 강충은 그녀를 과감하게 단속했습니다. 그는 그저 직분에 충실했던 걸까요, 아니면 배짱 좋은 판관인 포청천包靑天을 자임하기라도 한 걸까요?

재미있는 사실은 이상하게도 이때의 장공주의 반응에 대해 사서들이 아무런 기록을 남기고 있지 않다는 사실입니다. 아마 장공주가 전혀 반항하지 않아서 그런 모양입니다. 완전히 꿀 먹은 벙어리가 되었다는 말이지요. 강충은 이렇게 처음으로 대어를 낚아 올렸습니다.

또 한 번의 사건은 그가 무제를 따라 감천궁으로 향할 때입니다. 부근의 '어도' 위에서 태자인 유거의 측근이 이끄는 차량 행렬이 보였습니다. 그는 무제가 바로 옆에 있어 꾹 참았습니다. 그저 차량 행렬을 가로막은 다음 측근에게, 요즘 말로 하면 '교통경찰'에 인계하는 처벌을 내린 거지요. 태자는 상황을 전해 듣고는 어쩔 줄 몰라 했습니다. 급히 사람을 보내 강충에게 사죄했습니다. 게다가 이런 변명까지 보탭니다.

"나는 그 새 마차를 아깝다고 생각하지 않소. 그저 부황께서 이 사실을 몰랐으면 좋겠소. 내가 아랫사람을 잘못 가르쳤다는 죄를 받고 싶지 않소. 원컨대 그대는 나를 한 번만 용서해주구려."

그러나 강충은 꿈쩍도 하지 않고 도리어 즉각 사실을 무제에게 보고했습니다. 무제는 강충의 법대로 처리하는 공평무사한 조치에 상을 내리면서 이렇게 칭찬합니다.

"신하된 사람은 마땅히 이런 자세를 견지해야 한다. 강 애경(愛卿, 황제가 아랫사람을 칭찬할 때 사용하는 단어)은 신하의 표상이다."

강충은 이때부터 '크게 신용을 얻어 장안에 이름을 떨쳤다'라는 원문대로 기염을 토하게 되었습니다.

이 일련의 사건들은 '총신' 강충에 대한 두 가지 정보를 보여줍니다. 하나는 강충이 억지로 공을 세워 무제에게 상을 받으려 했다는 사실입니다. 그리고 다른 하나는 그가 나중의 결과에 전혀 구애받지 않고 황실의 친인척, 고관대작을 단속했다는 얘기입니다. 이는 무제의 의중에 완전히 부합했던 것으로서, 무제는 황실의 친인척을 징계해 위법과 풍기문란을 억제하기를 좋아했던 모양입니다. 더구나 무제로서는 그가 스스로 튀어나와 완장을 자처했으니 기쁠 수밖에 없지요. 대가가 별로 들어가지 않았으니까요. 설사 강충이 골치 아프게 만들어도 그에게는 퇴로가 있었습니다. 그를 죽여 세상에 사죄하면 그만이었지요. 또 강충이 죽으면 제2, 제3의 강충인 '이충', '왕충'을 스카우트할 수 있었습니다. 황제를 위해 철옹성 같은 적진을 향해 돌진하는 돈키호테가 없을 리가 없지요.

그러면 강충은 진짜 멸사봉공하는 사람이었을까요? 권세를 두려워하지 않고 법을 지키면서 열심히 자기 직무에만 충실했을까요? 한번 살펴봅시다.

우선 조왕 유팽조에 대한 그의 태도를 보겠습니다. 만약 강충이 진짜 충직하고 멸사봉공하는 신하였다면 왜 유팽조의 수하로 그토록 오랫동안 머물러 있었을까요? 유팽조는 무제와 물과 불이 아니었던가요. 그가 유팽조의 형편없는 행적을 전혀 몰랐던 것은 아니었겠지요? 그러면 유팽조는 평생 부정적인 의미에서 반골로 지내왔으면서 왜 강충을 총애해 최고의 빈객으로 우대했을까요? 간단합니다. 유유상종이니까요.

태자 유단에 대한 자세에서도 마찬가지입니다. 그가 정말 충직하고 공평무사했다면 매일 목도한 태자 유단의 천방지축 불법 기행, 불결한 일 등을 직언으로 말려야 했습니다. 아마도 그는 그런 경우의 후환을 두려워했던 모양입니다. 친여동생이 태자의 집에서 첩으로 있었으니 충분히 그럴 만도 합니다. 그러나 그는 자신의 온가족이 태자에 의해 몰살당하자 분기탱천해 무제에게 태자의 죄상을 고발했습니다. 그게 사실이었다고는 하나 처음의 충정이 개인적인 복수심으로 바뀐 것은 분명한 사실입니다. 아무려나 멸사봉공이나 권세를 두려워하지 않은 것과는 상당한 차이가 있는 듯합니다.

아직 살펴보지 않은 또 하나의 사건이 있습니다. 이 사건은 강충이라는 사람이 어떤 사람이라는 걸 충분히 보여주는 증거로 보입니다. 그는 이 사건으로 그 자리에서 바로 해직되었습니다.

무제는 강충이 장공주 유표, 태자 유건을 비롯한 황실 친인척을 과감하게 단속한 공로로 그에게 요직을 주었습니다. 봉록 2,000석의 자리인 수형도위水衡都尉라는 자리였는데, 해야 할 직무는 다른 게 아니었습니다. 상림원의 논밭, 연못, 동물을 관리하는 일이었으니까요. 무제가 그에게 그토록 신경을 쓴 데에는 다 까닭이 있습니다. 무엇보다 그는 무제의 비위를 맞추기 위해 일하다 많은 사람들의 원성을 샀습니다. 그러니 그 바람을 막아줘야 했습니다. 또 자신을 위해 일한 공신에게 먹을거리를 더 많이 주고 싶다는 의미도 있었습니다.

강충은 자리를 하사받자 즉각 조령(調令, 인사발령장의 의미)을 들고 새로운 자리로 갔습니다. 그로서는 한탕 단단히 한다는 생각도 없지 않았지만, 줄곧 충직하기만 했던 무제의 총신은 옆에 가족이 없었습니다. 그저 같은 성을 쓰는 먼 일가가 있을 뿐이었지요. 그는 삽시간에 시정의 온갖 여자와 친한 친구를 모조리 상림원에 배치해 좋은 자리를 하나씩 나누어 줍니다. 그러자 그들은 너나 할 것 없이 손을 쓰기 시작했습니다. 심지어는 황궁의 담까지 헐었고, 별의별 나쁜 짓은 다 했습니다. 결과적으로 공평무사하다고 알려진 강충은 그들이 불러온 화를 피하지 못하고 그대로 파면을 당하고 맙니다. 그동안 지켜온 명성과 충절은 한순간에 물거품이 되어버린 것이지요.

비록 그렇게 되기는 했지만 강충에 대한 무제의 총애는 더욱 깊어졌습니다. 그는 파면이 됐는데도 항상 생기발랄한 모습으로 궁중에 나타나거나, 심지어는 안부를 묻는 인사를 하면서 기회가 되면 무제의 면전에서 대신들을 이간질하기도 했습니다. 그게 또 종종 제대로 들어맞아 일부 대신에게는 치명적인 타격을 가하기도 했지요. 그야말로 강물에 빠진 개가 죽지도 않고 기어 올라와 도리어 사람을 무는 경우가 따로 없었습니다.

강충은 별 볼일 없이 지내다 점점 무제의 총애를 얻었고, 나중에는 당당한 태자마저 그로 인해 무제의 신임을 잃었습니다. 그런 비운의 운명을 맞게 된 태자 유거는 무제의 큰아들이었습니다. 무제의 낭만적인 평생의 러브스토리에서 두 번째 주인공인 위자부가 낳은 보배였습니다. 그렇다면 평민 출신인 그녀는 그때 어떻게 천하의 황제인 무제의 사랑을 얻었을까요? 또 무제의 러브스토리에서 첫 번째 주인공은 누구였을까요?

금옥장교

무제 원광 5년(기원전 130년) '금옥장교' 고사의 여주인공인 무제의 첫 번째 황후 진아교는 폐위되어 장문궁에 갇혔습니다. 더불어 마치 기다렸다는 듯 평민 출신인 위자부가 천하를 호령하는 국모가 되었습니다. '그대는 지척의 장문궁에 아교가 유폐돼 있는 것을 보지 못하는가, 마음먹은 대로 되지 않는 걸 어찌할거나!'라고 한탄한 왕안석王安石의 명문 「명비곡明妃曲」이라는 글이 떠오릅니다.

천하제일 명문귀족의 규수인 진황후는 왜 그렇게 끝이 좋지 못했을까요? 또 평민 출신의 위자부는 어떻게 3,000명에게나 가야 할 총애를 한 몸에 받았을까요? 휘황찬란한 궁전은 조용히 숨어서 부귀영화를 누릴 수 있는 곳이라고 할 수 있습니다. 그러나 질투에 몸부림치면서 적막한 청춘을 보내는 곳이기도 하지 않았을까요?

진아교는 결코 평범한 여자가 아니었습니다. 무제가 사랑한 첫 여자인데다가 동시에 무제의 친사촌이었습니다. 그녀의 아버지 진오도 보통 사람이 아니었습니다. 당읍후堂邑侯 진영陳嬰의 증손으로, 진영은 원래 항우와 동시에 진나라를 타도하기 위해 거병한 인물입니다. 거병 당시부터 민심을 확실하게 얻은 탓에 동양東陽 사람들에 의해 왕으로 추대되기도 했습니다. 그러나 그는 어머니의 권고로 나중에 항우에게 몸을 의탁했습니다. 이어 유방에게 귀부해 개국 원로가 되었지요. 그 공로로 당읍후에 봉해졌습니다. 진오는 증조할아버지의 봉지와 작위만 물려받은 것이 아니라, 결혼할 때쯤에는 황실의 금지옥엽인 장공주까지 손에 넣게 되었습니다.

장공주는 경제 때 다섯 여자가 태자의 자리를 놓고 각축을 벌였을 때 처음에는 율희에게 추파를 던졌습니다. 하지만 뜻밖에도 거절을 당하자 이어 왕미인의 아들 체에게 마음을 돌려 왕미인의 허락을 받았습니다. 얼마 후에는 '금옥장교'의 고사를 만들어낸 체의 허락까지 받았습니다. 장공주는 이후 힘을 아끼지 않고 유체의 황제 등극을 위해 발을 벗고 나섭니다.

무제는 아버지의 뒤를 이어 제위를 이은 다음 진짜 약속대로 아교를 호화롭게 살게 해주었습니다. 황후로 책봉하기도 하는 등 한나라에서 그녀를 능가할 여자는 잠시나마 아무도 없게 됩니다.

그러나 그녀가 어머니의 노력에 힘입어 황후가 된 것은 복잡다단한 정치라는 바둑에서의 포석에 지나지 않았습니다. 그럼에도 그녀는 생각이 단순했습니다. 어머니처럼 그렇게 복잡하거나 탐욕스럽지 않았고, 오로지 유철의 총애만 원했습니다. 아교의 그런 아름다운 꿈은 너무나도 낭만적인 '금옥장교'로 막을 올렸습니다. 하지만 마지막에는 '장문궁의 원한'으로 막을 내립니다.

왜 그랬을까요? 누가 아교의 자리를 차지했을까요? 진황후의 폐위는 누구 탓일까요? 아마도 아교 그녀 자신과 어머니인 장공주 유표, 위자부, 무제가 힘을 기울인 끝에 일궈낸 합작품이 아닐까요?

어찌 총애에 교만해질 수 있으랴

하나씩 살펴보면 진아교 그녀 자신의 탓이 아무래도 가장 컸습니다. 이유는 여러 가지를 들 수 있는데, 그중에서도 가장 치명적이었던 것은 역시 그녀의 오만불손입니다.

아교의 어머니 장공주는 무제가 열째 황자에서 황제로 등극하는 데 결정적인 공을 세웠습니다. 이 공은 그녀를 무제의 첫 번째 황후로 만들었고, 더불어 그녀를 오만불손하게 만들기도 했습니다.

무제는 왕도(王道, 인의 정치)와는 다른 패도(霸道, 힘의 정치)를 추구했으며 나아가 전횡을 일삼았습니다. 그게 사실 대부분 황제의 전형적인 고질병이었습니다. 그러나 그에게는 재능과 큰 뜻이 있었고 게다가 그가 펼쳐 보인 개성은 대단히 위풍당당했습니다.

그렇다면 '한 성질 했던' 진아교는 어땠을까요? 그녀 역시 대단한 전횡을 일삼았고 패도를 추구했습니다. 하기야 그녀의 출신, 지위, 더불어 무제의 등극에 도움을 준 어머니 장공주의 위상까지 감안하면 눈을 내리깔고 겸손하게 있는 게 이상한 일이겠지요. 무제나 진아교처럼 남자든 여자든 이렇게 패도를 추구하는 것은 사실 문제가 있습니다. 아무리 어린 시절부터 죽고 못 사는 사이였다고 해도 그렇습니다. 이런 부창부수는 결코 허락될 수 없는 것이었습니다.

자식이 없었다는 사실도 이유입니다. 진아교는 자식이 없다는 치명적 약점이 있었습니다. 무제는 62세 때 총비寵妃인 구익鉤弋부인과의 사이에서 막내아들 유불릉(劉弗陵, 나중 소제昭帝가 됨)을 낳았습니다. 이로 보면 무제의 생산 능력에는 별문제가 없었다는 사실을 알 수 있으니, 문제가 있다면 바로 진아교에게 있는 것이겠지요. 사서에는 그녀가 불임증을 고치기 위해 무려 9,000만 전의 돈을 사용했다는 기록도 있습니다. 9,000만

전은 도대체 어느 정도의 돈일까요? 당시 53억 전에 이르렀다는 한나라 정부의 재정 수입과 비교해보면 어느 정도 감이 잡힙니다. 국가 총수입의 1.7퍼센트였습니다. 아무리 황후라 해도 불임증 치료를 위해 이 정도의 돈을 썼다면 너무 지나치지 않은가요? 그러나 효과는 없었습니다.

장공주는 아교가 폐위된 것에 대한 불만이 대단할 수밖에 없었습니다. 그녀가 무제의 누나인 평양공주의 면전에서 이렇게 수차례 불만을 토로한 것도 이상한 일은 아닙니다.

"내 도움이 없었다면 황상은 태자가 될 수 없었다. 그러니 지금 내 딸을 내치는 것은 배은망덕한 짓이 아니고 무엇인가!"

평양공주는 그때마다 단도직입적으로 "아교는 자식이 없어 폐위된 거예요"라는 대답으로 고모의 입을 막았습니다. 오만불손하기 이를 데 없었던 장공주는 그럴 때면 아무 말도 하지 못했습니다. 그저 가슴만 아파했을 뿐이지요.

무고한 사실 역시 간과할 수 없습니다. 진아교가 폐위된 직접적 원인은 그녀가 일으킨 대단히 질 나쁜 사건과도 관계가 있었는데, 그것은 다름 아닌 무고였습니다. 자신이 해치려는 사람의 이름과 생일, 팔자 등을 적은 나무인형을 땅에 매장한 다음 저주하는 무술, 바로 그것이었지요.

그녀가 자식이 없어 고민하는 사이 위자부는 무제의 총애를 얻었습니다. 그녀는 그걸 참을 수가 없었습니다. 그래서 몇 번이나 큰 소동을 일으키며 심지어 죽네 사네 하면서 자살 소동까지 벌입니다. 무제는 분노했지만 일단 참았습니다. 그래도 그녀는 멈출 줄을 몰랐습니다. 결국 그녀는 질투와 원한, 초조함, 어쩔 수 없는 무력감 등을 견디지 못하고 무사(巫師, 무술을 집전하는 무당) 초복楚服을 은밀히 불러 위자부를 비롯해 무제의 총애를 받는 비빈에 대한 무고에 나섰습니다. 당연히 사건은 백일하에 드러났습니다. 무제는 결국 참지 못하고 혹리 장탕에게 사건을 수사하라고 명했습니다. 수사 결과는 놀라웠는데 사건에 연루된 인원만 300여 명에 이르렀습니다. 마지막에는 초복도 효수돼 저잣거리에 목이 내걸렸으며, 마침내 진아교도 폐위되어 장문궁으로 쫓겨났지요.

진아교는 확실히 슬기롭지 못했습니다. 무제가 자신에게만 매달리기를 바랐던 겁니다. 그건 멍청한 사람의 꿈이나 진배없지요. 사실 무제의 총애를 잃었다는 사실은 모든 게 끝이라는 의미였습니다. 그녀로서는 자살 소동까지 벌이는 등 무언의 압력까지 가하면서 안간힘을 다했지만, 그건 불난 집에 부채질일 뿐입니다.

장공주 역시 무고 사건이 만천하에 밝혀지자 부끄러울 따름이었습니다. 바로 무제에게 사과했지요. 이때 무제는 고모인 그녀에게 이렇게 말했습니다.

"황후는 너무 지나친 일을 했기에 폐위시키지 않을 수 없습니다. 고모께서는 이 점 오해하지 마시기를 바랍니다. 그러나 황후는 폐위된 다음에도 생활이 이전과 다를 게 없을 겁니다. 대우 수준도 변함없을 겁니다."

장공주 그녀의 탓도 컸습니다. 진아교가 폐위된 데에는 장공주의 책임도 막중했다는 얘기입니다. 장공주는 무엇보다 탐욕스러웠습니다. 그녀는 무제가 자신의 덕을 봤다고 늘 생각했으므로 항상 이것저것 요구하기에 바빴습니다. 하루도 그러지 않은 날이 없을 정도였으니 무제로서는 짜증날 수밖에 없지요. 그 결과 진아교에게까지 화가 미치고 말았습니다.

그녀는 멍청하기도 했습니다. 세 가지 점에서 이러한 멍청한 점을 발견하게 되는데, 우선 딸의 결혼에 대한 인식이 부족했습니다. 무제와 진아교의 결혼은 툭 터놓고 말해 정치적 이익이 개입된 것이었습니다. 어릴 때부터 죽자 사자 한 것과는 무관했으므로 장공주는 어머니로서 이 사실을 분명히 인식해야 했습니다. 그랬어야만 충분한 심리적 준비를 할 수 있었습니다.

그녀는 어머니로서 딸이 시집갈 때 딸이 무제한테 전적인 총애를 받을 수 없을 것이라는 사실도 충분히 인식하지 못했습니다. 딸의 남편이 황제라는 사실을 인식해야 했지만 그렇지도 못했습니다. 더구나 무제는 다정다감하고 풍류가 넘치는 사람이었으니만큼 주변에 여자가 무수히 많았겠지요. 또 어느 때든 새로운 여자가 나타날 가능성도 높았습니다. 그때마다 그녀는 딸에게 그런 것은 신경 쓰지 말라고 가르쳐야 했고, 또한 모든 괴로움과 번뇌는 자신에게서 나오는 법이므로 마음을 비우는 법도 가르쳐야 했습니다. 그랬다면 사태가 그렇게까지 커지지는 않았겠지요.

마지막으로 딸의 과격한 반응에 대해 미리 대처하지 못한 점도 장공주의 책임을 물어야 합니다. 아교는 잠시 성질이 나서 과격한 반응을 보였던 것이고 당연히 개전의 정이 있었습니다. 그러나 어머니로서 그녀는 성질대로 행동했습니다. 먼저 알아서 딸에게 과격한 행동을 자제하라고 권해야 했는데 말이지요. 무고 사건은 더군다나 일으켜서는 안 된다고 말려야 했습니다.

우리는 지금 장공주의 진아교에 대한 태도와 왕태후의 무제에 대한 태도를 비교해도 무방하겠습니다. 무제는 등극하고 얼마 후 다른 여자들에게 정신을 빼앗겼습니다. 자연스럽게 진아교, 장공주 모녀와의 관계에 일단의 균열이 생겼을 때에 왕태후는 즉각 개입했습니다. 그러곤 이렇게 말했지요.

"황제께서는 즉위한 다음 대신들이 아직 완전히 마음으로 복종하지 않았는데도 명당(明堂, 황제가 조정회의를 하던 정전)을 먼저 지어 태왕태후(두태후를 뜻함)의 노여움을 샀소. 또 지금은 장주(長主, 장공주 유표를 뜻함)의 노여움을 사고 있소. 반드시 꾸지람을 들을 것이오. 그러나 부인네들은 금방 기뻐하는 성격을 가지고 있으니 이를 명심하시오."

무제는 어머니의 충고를 받아들여 즉각 장공주와 황후 진아교에게 후한 상을 내리고 두 사람과의 관계를 재조정했습니다. 이로 인해 허다하게 벌어졌을 골치 아픈 일들도 미연에 방지할 수 있었습니다.

왕태후는 왜 아들에게 부부관계를 가능하면 개선하라고 충고했을까요? 반면에 장공주는 왜 딸에게 부부관계 개선을 위해 노력하라고 권하지 못했을까요? 이유는 단 한 가지였습니다. 왕태후가 장공주보다는 훨씬 더 지혜로웠기 때문입니다. 장공주는 왕미인에게 접근해 사돈을 맺었습니다. 이어 율희를 흔들어 급기야는 태자 유영까지 폐위시켰고 마지막에는 사위 유철을 황제로 만들었습니다. 이 과정에서 그녀는 아주 특출한 재능을 보였습니다.

하지만 그녀는 여자의 일에 대해서는 너무나도 목석이었고 정말로 우둔했습니다. 완전히 딴 사람 같았다고 해야 할까요.

신데렐라의 운명

위자부의 역할 역시 무시할 수 없습니다. 평민인 위자부는 어떻게 무제와 만났을까요? 결론적으로 말하면 아주 우연한 만남이었지요.

그녀는 비천한 계급 출신으로, 평양후平陽侯 조수曹壽에게 시집간 무제의 누나 평양공주 부府의 가녀歌女였습니다. 평양공주는 비록 신분은 공주였으나 무제가 즉위한 다음부터는 동생과 좋은 관계를 유지하기 위해 부단히 노력했습니다. 십수 명에 이르는 젊은 미녀를 뽑아 부중에 데리고 있으면서 예쁘게 화장을 시키곤 했던 것도 다 그런 그녀의 생각과 관계가 있었습니다. 언제든지 무제가 고를 수 있도록 준비했던 것이지요.

무제가 즉위한 지 2년째(건원 2년, 기원전 139년)가 되던 해입니다. 무제는 패상霸上에서 있었던 국가의 안녕을 기원하는 행사에 참가한 다음 자연스럽게 누나인 평양공주의 집을 찾았습니다.

평양공주는 기다렸다는 듯 미인들을 무제의 면전에 세웠습니다. 하지만 그는 어떤 여자도 마음에 들어 하지 않았습니다. 이때 가녀인 위자부가 들어와 그를 위해 노래를 불렀습니다. 그는 첫눈에 그녀에게 반했습니다. 그 때문인지는 몰라도 성급하게 그날 옷을 갈아입는 어가에서 바로 그녀에게 성은을 내렸습니다.

무제는 마음에 드는 여자를 얻자 기분이 좋았던 나머지 즉각 누나인 평양공주에게 황금 1,000근을 상으로 하사했습니다. 그녀는 기회를 놓치지 않고, 즉각 위자부를 입궁시키겠다고 무제에게 주청했습니다. 무제는 흔쾌히 동의했습니다. 평양공주는 위자부가 어가에 오를 때 이렇게 당부하기를 잊지 않았습니다.

"어서 가라. 좋은 음식 많이 먹고 노력해! 언젠가 부귀를 한몸에 받게 된다면 나를 잊지 말아야 해!"

위자부는 어떻게 무제의 총애를 단번에 얻었을까요?

그녀의 직업은 가녀였습니다. 사서에는 기록이 없습니다만 그녀의 목소리는 아마 심금을 울렸을 겁니다. 무제의 선조 중에는 그와 여성 취향이 비슷한 이가 더러 있었는데 대표적인 사람이 고조 유방입니다. 무술을 할 줄 알거나 재능 있는 비빈을 특별히 좋아했는데, 그중 척부인도 그런 여자 중 한 명이었습니다. 무제까지 그랬다면 아무래도 그게 유씨 집안의 특징이 아닌가 싶기도 합니다. 재주와 인물을 겸비한 여자를 좋아하는 취향 말이지요.

또 위자부는 아름다운 머릿결을 가진 여자였던 것 같습니다. 이 사실은 근거가 꽤 있는 것으로, 송나라 때 편찬된 대형 백과사전인 『태평어람太平御覽』 「권373」의 '인사부人事部 · 빈鬢'에 실린 기록 하나만 보면 알 수 있습니다. 이런 내용입니다.

『사기』는 '위황후 위자부는 무제를 모시게 되었다. 머리를 푸니 무제가 그 머릿결을 보고 기뻐했다. 이로 인해 황후가 되었다'라고 기록하고 있다.'

그러나 정작『사기』에는 이런 일과 관련한 기록이 없는 데 반해, 오히려『한무고사』에는 비슷한 기록이 있습니다.

'자부는 황제의 성은을 받았다. 머리를 푸니 황제가 머릿결이 아름다운 것을 보고 기뻐했다. 궁중으로 데리고 갔다.'

위자부가 아름다운 머릿결로 무제의 마음을 사로잡았다는 사실을 증명해줍니다. 이뿐만이 아닙니다. 동한의 저명한 문인인 장형도 자신의 명작「서경부西京賦」에서 이렇게 찬탄합니다.

'위황후의 인생이 펴게 된 것은 머릿결 때문이었으니.'

중국 남자들은 예부터 구름처럼 아름다운 검은 머리를 좋아했습니다. 무제 역시 평범한 취향에서 벗어나지 못했던 모양입니다. 어쨌거나 예사롭지 않게 아름다웠던 위자부의 용모는 머릿결로 인해 더욱 빛났고, 나아가 한나라 조정의 최고 권력자의 마음을 붙잡았습니다.

그러면 위자부는 입궁 후 평양공주의 부중에서 잡았던 행운을 계속 이어갔을까요? 사실 위자부는 입궁 후 1년여 동안 무제의 얼굴을 단 한 번도 보지 못했습니다. 동침하는 것은 더 말할 필요도 없지요. 정말 이상한 일이 아닙니까?

아닙니다. 충분히 이해할 수 있는 일입니다. 무제는 우연히 지나가는 길에 평양공주의 집에 들렀다 위자부를 만났을 뿐이었습니다. 순간적으로 그녀에게 정신을 빼앗겼으나 그 순간은 곧 지나갔습니다. 더구나 궁중으로 돌아온 다음에는 구름처럼 많은 어여쁜 후궁들에게 둘러싸였습니다. 위자부가 눈에 들어온다면 그게 이상한 일이지요. 미인의 기준은 원래 상대적입니다. 그저 십수 명의 미인이 있었던 평양공주의 부중에서는 위자부가 단연 출중한 미모의 소유자일 수 있겠지만, 무제의 후궁에서는 그럴 수가 없지요. 3,000명이 입을 총애를 한몸에 받는다는 것이 어디 가당한 일이겠습니까?

또 궁중에는 제도의 제한이라는 것도 있었습니다. 비빈도 마음대로 황제를 만나지 못하는 곳이 궁이라는 곳입니다. 물론 황제가 점지하면 다르기는 하겠지요. 위자부가 무제를 다시 볼 기회를 가지지 못한 것은 당연합니다. 그렇다면 무제와 위자부가 언제 다시 만났을까요? 그녀가 입궁한 지 1년 후였습니다.

당시 무제는 필요 없는 일단의 궁녀를 집으로 돌려보낼 생각을 하고 있었습니다. 위자부는 이때 궁녀들을 일일이 살펴보던 무제를 만날 수 있었습니다. 그녀는 바로 울면서 궁에서 나갈 수 있도록 해달라고 애원했습니다. 무제의 눈에 비친 그 모습은 마치 비에 촉촉하게 젖은 배꽃 같았습니다. 무제는 갑자기 그녀가 아깝다는 생각, 그러니까 측은지심이 발동했던 겁니다.

위자부는 출신이 비천했습니다. 어머니 위온은 평양공주 부중의 하찮은 노비였기 때문에 기본적으로 그녀는 진아교처럼 오만방자할 수 없었습니다. 그저 가녀린 소녀 같은 모습을 보였을 뿐입니다. 그러나 그 애달프고 감미로운 작은 사랑은 진아교의 사랑보다 훨씬 자극적이었는지 무제의 마음을 더욱 강하게 움직였지요.

무제는 다시 위자부에게 마음을 주기 시작했습니다. 그녀도 무제를 확실하게 붙들기 위해 열심히 애썼습니다. 얼마 후 그녀는 임신하게 되었고, 무제의 그녀에 대한 총애는 갈수록 강렬해졌습니다. 그 다음부터는 거칠 것이 없었습니다. 그녀는 연달아 무제와의 사이에 3녀 1남을 낳았습니다. 더구나 큰아들 유거가 태어났을 때 무제는 이미 29세의 적지 않은 나이였으니 기쁨이 보통이 아니었습니다. 드디어 신데렐라 위자부의 운명은 다시 쓰지 않으면 안 되게 된 겁니다.

그러면 위자부의 존재는 진아교가 폐위된 사건에 어떤 영향을 주었을까요?

우선 진아교의 폐위를 확정짓고 더 재촉하게 되는 결과를 가져왔습니다. 그러나 그 모든 것은 결코 위자부의 적극적 의지의 결과가 아니었습니다. 그녀가 무제를 알게 된 것은 운명적 만남 덕입니다. 입궁도 우연이었고, 모든 것이 보이지 않는 손에 의해 결정되었습니다. 위자부는 별로 신경을 쓰지 않았지만 운명은 그녀를 특별히 보살폈습니다.

고조 유방에서 무제에 이르기까지 황제의 주변에서 얼쩡거린 여자들은 대체로 세 부류로 나눌 수 있습니다.

우선 정치형의 여자입니다. 이 여자들은 결코 감정에 움직이지 않습니다. 예컨대 여후, 왕미인 등이 그러하지요. 실제 여후는 어떤 비빈이 유방의 총애를 받는지에 대해 절대로 지나치게 신경 쓰지 않았습니다. 그녀는 오로지 자신의 아들이 태자가 되느냐의 여부에만 신경을 썼는데, 특히 권력의 향배에는 더욱 촉각을 곤두세웠습니다.

두 번째 유형은 소녀 스타일의 여자입니다. 이 여자들의 특징은 '애정을 끝까지 지키겠다'는 게 목표입니다. 예를 들어 척부인, 율희, 위자부, 진아교 등이 꼽힙니다. 이 유형의 여자는 현실적이지 못하다고 할 정도로 황제의 사랑을 독차지하기 위해 노력한다는 점이 특징입니다. 이 과정에서 총애를 얻기 위해 싸우다 끝내는 예외 없이 현실의 벽에 부딪치고 마는데, 이는 성공하지 못했다는 결론이겠지요.

혼합형의 여자도 있습니다. 이 여자들은 나름의 정치적인 두뇌도 가지고 있던 것으로 보입니다. 하지만 상당히 유치했습니다. 반이 물이고 반은 불인 듯한, 서로 궁합도 맞지 않았습니다. 예컨대 장공주가 그랬지요. 유철이 즉위하는 데 결정적인 도움을 주기는 했으나 평상시에도 공연히 평지풍파를 일으켰습니다. 아무것도 고려하지 않고 딸에게 무제의 총애를 독차지하도록 은근히 종용했습니다. 무제로서는 화가 나지 않을 수 없지요. 결과는 진아교가 황후의 자리를 잃는 것으로 나타났습니다.

겉으로 보면 소녀 스타일의 여자도 좋고 정치형의 여자도 다 괜찮습니다. 추구하는 것은 다 같은 황후의 자리였으니까요. 하지만 양자는 본질적으로 차이가 있었습니다. 정치적 유형의 여자에게 황후 자리는 이른바 종착역이겠지만, 소녀 스타일의 여자에게는 수단이었을 뿐입니다. 그녀들에게 가장 필요했던 것은 황제의 진정한 사랑이었습니다.

독점 불가한 군왕의 정

무제 역시 책임에서 벗어나기 어렵습니다. 무제는 진아교를 폐위시킨 다음 장문궁으로 보내기로 최종 결정합니다. 자연적으로 이 사건과 관련한 제1의 당사자가 될 수밖에 없습니다.

그가 진아교를 폐위시킨 이유는 두 가지입니다. 우선 자식이 없는데다 무고까지 했습니다. 두 이유 모두 변명의 여지가 없었습니다. 자식이 없었다는 사실 한 가지만으로 그러할진대 두 번째 이유는 그보다 더했습니다. 목숨까지 내놓아야 할 정도였지요.

진아교는 장문궁에 들어간 후 사마상여가 부에 대단히 능하다는 소리를 들었습니다. 그녀는 즉각 천금을 그에게 주면서 부탁했습니다. 애끓는 내용의 「장문부長門賦」를 지어달라고 말입니다. 그 부가 무제의 마음을 바꿔주었으면 하는 희망을 품었던 것이지요. 하지만 크게 도움이 되지 않았습니다.

「장문부」는 소통(蕭統, 남북조시대 양梁나라의 문인)의 『문선文選』에 처음

보입니다. 그 서문 격에 해당하는 「서序」는 이렇게 적으면서 사마상여가 「장문부」를 지은 이유가 정말 진아교의 부탁 때문이었다고 주장합니다.

'무제의 황후인 진황후는 총애를 받았으나 질투로 인해 장안궁에 갇혔다. 심정이 비탄하기 이를 데 없었다. 그녀는 이때 촉 지방의 성도에 사마상여라는 천하의 문인이 있다는 말을 들었다. 즉각 황금 100근을 보내고 사마상여와 탁문군에게 술을 대접했다. 자신의 슬픔을 글로 써서 황제를 깨닫게 해달라고 부탁하기 위해서였다. 사마상여는 글을 지어 황제를 깨닫게 했다. 진황후는 이후 다시 총애를 받았다.'

후세 사람 중에는 이보다 한술 더 뜬 사람도 있습니다. 송나라 때의 대문인인 신기질辛棄疾이 그 주인공입니다. 「모어아摸魚兒」를 통해 이런 소회를 진아교 대신 밝힙니다.

'비록 천금을 주고 사마상여에게 부를 짓게는 했으나 절절한 이 정은 누구한테 하소연할거나?'

현재 이 「장문부」의 내력에 대한 의견은 학계에서도 아주 분분합니다. 그중 가장 설득력 있는 주장은 아무래도 후세의 위작이라는 설입니다.

무제는 황제를 자칭하지 않았을 때, 즉 아직 이름이 유체였을 때는 진아교를 정말 좋아했습니다. 죽고 못 살 정도여서 '금옥장교'라는 말까지 입에 올렸습니다. 그러나 유체가 아닌 유철이라는 이름으로 황제가 되어 "짐"이라는 말을 하기 시작한 후로는 달라졌습니다. 특히 온화하고 부드러울 뿐 아니라 꾀꼬리처럼 목소리가 아름다운 위자부를 만났을 때부터는 더욱 그랬습니다. 진아교가 총애를 믿고 오만방자하게 군 것은 정말 세상물정을 모르는 행동이었습니다.

그러나 미인은 늙기 쉽고 황제의 마음 역시 쉽게 변한다는 말이 있습니다. 설사 위자부가 없었더라도 수많은 여자가 진아교를 질투의 화신으로 만들지 않았을까요? 그러나 그런 불행은 과연 진아교 한 사람에게만 닥

처왔던 걸까요? 그렇지 않았습니다. 옛날 궁중의 여자는 누구 할 것 없이 황제의 결연한 뒷그림자에 직면하지 않으면 안 되었습니다.

'남자를 낳아도 기뻐하지 말라. 여자를 낳아도 슬퍼하지 말라. 위자부가 천하를 호령하는 걸 보지 못했다는 말인가?'라는 말을 만들어낸 위자부도 마찬가지입니다. 일거에 하늘로 올라갔으나 환갑의 나이에 무고 사건에 연루돼 세 치의 하얀 비단에 목을 매어 억울하게 죽었습니다. '북방에 가인佳人이 있으니 뛰어나고 홀로 우뚝하구나'라는 노래로 유명한 이부인도 비슷했습니다. 경국지색과 풍만한 몸을 가진 꽃다운 여자였으나 병석에 누워서도 초췌한 얼굴이 총애를 잃게 만들지 모른다고 두려워만 하다가 무제에게 얼굴 한 번 보여주지 못하고 그대로 세상을 떠났습니다.

"동쪽에 귀인의 기운이 있다"는 말의 주인공인 구익부인 역시 마치 신화의 여주인공처럼 출현했으나 한창 꽃다운 나이에 불귀의 객이 되었습니다. '아들은 어리고 어머니의 혈기가 너무 왕성하다'는 말에서 보듯 태자가 어린 나이에 황제로 즉위하면 그녀가 황태후의 권력을 마구 휘두를 것을 우려한 무제에게 아무 죄도 없이 죽임을 당했습니다.

가녀리던 위자부가 일거에 황후가 됨으로써 별 볼일 없는 집안이었던 위씨 가문은 권문세족이 되었습니다. 위자부는 왕조의 운명도 바꿨습니다. 동생인 위청, 외조카인 곽거병이 사막의 전쟁터에서 흉노를 격파하고 혁혁한 전공을 세웠으니 그렇게 말해도 무방합니다. 무제와 위청은 군신이자 처남, 매형 관계였고, 위청과 곽거병은 외삼촌과 조카 관계였습니다. 정말 몇 번씩 살펴봐도 싫증나지 않는 재미있는 관계입니다.

그러면 무제의 처남인 위청은 왜 말년에 그렇게 고독하게 세상을 떠났을까요? 또 무엇 때문에 죽을 때까지 걱정을 떨치지 못했을까요?

일세를 풍미한 장군별

위청은 무제 때의 가장 걸출한 장군이었습니다. 물론 기노 출신으로 출신 성분은 그다지 좋지 않았습니다. 그러나 마지막에는 대장군까지 오르게 되었고, 세 아들 역시 아버지 덕택에 후로 봉해졌습니다. 그 자신은 무제의 누나인 평양공주와 결혼하여 아주 미묘하고 독특한 신분의 인물로 불리기도 합니다. 무제의 신하이자 처남, 매형이었으니까요. 한마디로 무제와는 신분의 차이는 있었으나 끈끈하게 혼맥으로 얽히고설킨 사이였습니다.

사마천의 눈에 비친 위청은 사리분별이 분명한 신하였을 뿐 아니라 아주 깨끗한 사람이었습니다. 그러면 무엇으로 그는 일세를 풍미한 장군별이라는 미명을 듣게 되었을까요? 그는 혁혁한 공로를 무기로 군주를 부담스럽게 하는 이른바 강신(强臣, 막강한 신하)이 되는 신드롬에 빠진 것은 아닐까요?

겸겸군자

위청은 미천한 출신이었습니다. 어릴 때에는 사생아라는 창피한 신분으로 인해 집안에서조차 얼굴을 들지 못했습니다. 성장한 다음에는 누나 위자부가 궁에 들어간 탓에 장공주에 의해 불법 감금되어 하마터면 죽을 뻔하기도 했습니다. 그러므로 그가 발탁된 것은 무제와 진아교의 기 싸움의 결과라고 해도 틀리지 않을 듯합니다. 주지하다시피 위청은 겸손하고 공손했습니다. 그건 상당 부분 그의 불우한 어린 시절의 성격에 기인한 바가 크며, 또 나중에 출세가도를 달리면서 몸이 익힌 지혜의 결과이기도 했습니다.

그를 제대로 이해하려면 우선 세 가지를 살펴야 합니다.

첫 번째 일은 사봉(謝封, 작위에 봉해지는 것을 사양함)과 쟁봉(爭封, 사봉의 반대 의미. 작위를 받기 위해 적극 나섬)입니다. 원삭 5년(기원전 124년) 여름이었습니다. 무제는 막남의 전투에서 혁혁한 전공을 올린 위청에게 6,000호의 식읍을 추가로 더 하사했습니다. 또 그의 세 아들인 위항衛伉, 위불의衛不疑, 위등衛登을 모두 열후로 봉했지요. 그러나 위청은 이때 강하게 사양하면서 다음과 같이 겸손하게 말했습니다.

"위청은 재주가 없습니다. 군대 내에서 주요한 자리를 맡고 있는 것만 해도 아주 큰 영광으로 생각하고 있습니다. 이번의 승전도 폐하의 신성한 힘에 의지한 겁니다. 또 여러 장군이 죽어라 분투한 결과이기도 합니다. 소신이 무슨 덕과 능력이 있겠습니까? 폐하는 이미 은혜를 내려 저에게 식읍을 하사하셨습니다. 그러나 소신의 세 아들은 아직 머리에 피도 마르지 않은 아이들이며 더구나 아무런 전공도 없습니다. 어떻게 감히 봉후의 상을 받겠습니까? 이것은 소신이 병사들을 독려하는 본뜻과도 어긋납니다!"

무제는 위청의 말이 충분히 일리가 있다고 생각하고는 즉각 이렇게 격려합니다.

"짐은 여러 장군의 공로를 잊지 않고 있소. 원래 그들에게 내릴 상에 대해서도 생각하고 있었소!"

이어 공손오, 공손하 등의 7명을 후로, 이식 등 3명을 관내후로 봉했습니다.

아들들을 제쳐놓고 수하 장군들을 위해 쟁봉에 나선 그의 행동은 분명히 그의 겸손과 공손함을 보여줍니다. 궁극적으로 그의 이런 행동은 최고 지휘관으로서의 평판을 높이고 인심을 얻는 데 큰 도움이 되었습니다. 게다가 그가 지휘하던 부대가 더 굳게 단결하게 된 것은 물론입니다.

급암에 대한 그의 공손한 자세 역시 주목해야 합니다. 위청은 대장군으로 봉해진 다음 더욱 존귀해졌습니다. 조정의 문무백관이 모두 공손하게 그를 대했고, 그의 명령에 따르지 않는 대신이 드물었습니다. 그러나 딱 한 사람 급암만큼은 그를 보아도 그저 가볍게 목례만 할 뿐 고개를 깊이 숙이지 않았습니다. 급기야 누군가가 급암에게 은근히 충고를 했습니다.

"공께서는 지금 뭘 모르고 계시는 것 아닙니까? 황상께서도 모든 대신이 대장군에게 아랫사람으로서 알아서 예의를 차리라고 하셨습니다. 황제로부터도 존경을 받고 중용되고 있는 겁니다. 지위가 더욱 높아지고 있는 것이지요. 그런데 어째서 공께서만 고개를 숙이지 않으십니까?"

급암은 바로 이렇게 대답했습니다.

"설마 고개를 숙이지 않는 사람이 있다고 해서 대장군이 존귀하지 않은 것은 아니겠지요?"

별로 상관하지 않는다는 투였습니다. 위청은 당연히 그 일에 대해 전해 들었습니다. 그는 급암이 자신만의 확고한 생각을 가진 인물이라고 생각했으므로 그때부터 그는 조정에 쉽게 결정을 내리기 어려운 문제가 생기면 늘 급암에게 자문을 구했습니다. 급암에 대한 자세도 훨씬 더 공경스러워졌습니다. 절친한 친구보다도 더 진지하게 대했던 것입니다.

『사기』의 「위장군표기열전」에는 위청의 인물됨을 나타내주는 아주 간단한 기록도 있습니다.

'인자하고 선량했다. 남에게 양보를 잘했다.'

명장 이광의 아들 이감李敢을 포용한 일도 주목해야 합니다. 기노 출신의 위청은 그야말로 출세가도를 달리고 있던 반면, 강직한 성격의 충신이자 명장인 이광은 한을 품은 채 자살을 하고 맙니다. 그런데 일이 잘못 되려고 그랬는지 이광의 아들 이감이 묘하게도 위청 휘하에서 종군하게 되었습니다. 한번 상상해봅시다. 두 사람이 서로 만났으니 입장이 어땠을까요? 대장군 위청은 그가 전우의 아들이었으므로 아마도 희비가 엇갈렸을 겁니다. 그러나 이감은 그렇지 않았습니다. 오로지 수치심과 분노만 교차했습니다. 아버지가 자살한 그 순간부터, 그는 위청이 뒤에서 모든 일을 조종한 원흉이라고 생각했던 겁니다.

드디어 어느 날 이감이 위청을 습격하는 사건이 발생했습니다. 위청은 부상을 당하기까지 했으나 절대로 이감을 처벌하지 않았고 사건에 대해서도 함구했습니다. 다시 얼마 후 이감은 무제를 따라 감천궁으로 사냥을 나갔습니다. 이때 표기장군 곽거병은 이감이 외삼촌을 해치려 했다는 사실을 알게 되었습니다. 분노한 그는 즉각 이감을 활로 쏴 죽이고 맙니다. 그러나 곽거병은 무제의 총애를 받고 있던 장군이었으므로 무제 역시 그의 죄를 숨겨주었습니다. 이감이 사슴에 부딪쳐 죽었다고 말한 겁니다.

이 한바탕의 암살 계획과 그 뒤에 이은 복수극은 영웅의 세 가지 면모를 확실히 보여주고 있습니다. 이광과 이감으로 대표되는 이씨 가족의 외로운 의협심, 곽거병의 용맹한 저돌성, 위청의 온후한 은인자중을 엿볼 수 있지요.

'강자를 흠모하는 것은 쉽다. 그러나 약자를 존중하는 것은 어렵다. 혼자 마음대로 행동하는 것은 쉽다. 그러나 모든 것을 아우르고 포용하는 것은 어렵다. 재주를 드러내기는 쉽다. 그러나 조용히 우직하게 자신의 본분을 지키는 것은 어렵다'라는 말이 있습니다. 아마도 위청은 이런 사람이었던 모양입니다.

우울한 신하

무제와 위청은 군신 관계이기도 했으나 동시에 처남·매부 사이였습니다. 공과 사에서 서로 상당히 민감한 입장으로, 유지하기 쉽지 않은 고난도의 인간관계 모델이었습니다. 솔직히 봉건시대에 군주를 섬기는 것은 호랑이와 함께하는 것과 크게 다를 바 없습니다. 위청이 무제와의 관계를 어떻게 잘 처리하느냐에 그 자신뿐 아니라 전체 위씨 가족의 흥망성쇠가 달려 있었다는 얘기입니다. 그렇다면 위청은 자신과 무제와의 관계를 어떻게 처리했을까요?

대체로 보아 둘의 관계는 다섯 시기로 나누어볼 수 있습니다.

첫 번째 시기는 역시 밀월기입니다. 무제는 위자부를 총애했을 때 일반 남자와 크게 다르지 않았습니다. 처가 말뚝에도 절한다는 심정으로 위청에게도 잘 대해주었으니까요. 이때 두 사람의 관계는 가장 좋았고 아주 심플했습니다. 그저 인척 관계였을 뿐이니까요.

다음은 미묘한 시기로 넘어갑니다. 위청의 군사적 재능은 무제에 의해 발굴돼 이용되었다고 할 수 있습니다. 그의 전공이 갈수록 늘어나고 빛났던 것은 다 까닭이 있습니다. 원삭 5년(기원전 124년) 무제는 막남의 전투에서 대승하자 위청을 즉각 대장군으로 승진시킵니다. 이 1년은 사실 무제와 위청 간 관계의 전환점이었다고 해도 좋은데, 위청의 지위가 높아지면서 무제와의 관계도 서서히 변화했던 겁니다. 단순한 인척 관계에서 군주와 중신의 관계로 말이지요. 실제로 이때쯤 그의 공훈과 지위는 대단히 높아서 주위에 견줄 사람이 없었습니다. 누나는 황후, 조카는 태자, 본인은 대장군이었습니다. 위청이 시종일관 고개를 숙이기는 했지만 무제로서도 부담을 느꼈을 겁니다.

위청은 이때 어떻게 대응했을까요?

무제의 손아래 처남이었던 만큼 그에게는 기본적인 자본이 있었습니다. 총애를 바탕으로 오만해져도 크게 비난받지 않을 수 있었습니다. 그러나 그는 그렇게까지 되도록 하지 않았습니다. 원삭 6년(기원전 123년) 위청의 부하 소건蘇建은 음산북록陰山北麓의 전투에서 대패를 당했습니다. 부하 장군과 병사를 모두 잃은 채 혼자만 살아 돌아왔을 정도입니다. 이 일은 어떻게 처리해야 했을까요? 위청의 수하 장군들 중 주패周霸를 비롯한 일부는 마땅히 참수해야 한다고 주장했습니다. 반면 일부에서는 처형하는 게 능사는 아니라고 주장하자 이때 위청이 말했습니다.

"나는 비록 황제의 인척으로 군중에서 대장군을 맡고 있으나 개인의 위엄을 생각해본 적이 없다. 그러나 주패는 나에게 소건을 참수해 개인의 위엄을 세우라고 한다. 이는 신하의 도리가 아니다. 설사 내가 죄를 지은 장군을 처형할 권한이 있다 하더라도 국경 밖에서 함부로 그렇게 할 수 없다. 나는 황상에게 자세하게 보고할 예정이다. 이 일은 황상께서 처리하셔야 한다."

위청은 자신의 말대로 소건을 조정으로 보냈습니다. 무제는 소건을 평민으로 강등시키는 대신 죄는 사면해주었습니다.

'장군이 전쟁터에 있으면 황제의 명령이라도 받들지 않을 수 있다'라는 손자병법의 말이 있습니다. 그러나 위청은 반대로 했습니다. 그렇게 함으로써 우선 소건의 목숨을 살렸고, 나아가 자신이 총애를 믿고 독단적으로 행동하지 않는다는 점도 보여주었습니다. 항상 무제의 명령을 따른다는 사실을 보여준 겁니다.

『사기』「위장군표기열전」에는 이와 관련한 사마천의 말도 기록으로 남아 있습니다. 다음과 같은 내용입니다.

'소건이 나에게 '나는 일찍이 대장군 위청에게 장군은 그렇게 존귀한데 전국의 현명한 사대부들이 왜 칭찬하지 않느냐고 힐책한 바 있습니다. 또 앞으로는 인재를 널리 불러 모은 고대의 명장을 본받도록 노력해보라고도 권했습니다. 그러나 대장군은 거절했습니다. 위기후 두영과 무안후 전분은 당시에 그렇게 많은 빈객을 불러 모았으나 천자는 그걸 몹시 한스러워했다. 사대부와 친근하게 지내면서 천하의 인재를 불러 모으는 일은 내 일이 아니고 황제의 일이다. 신하는 그저 법을 잘 지키고 자신의 할 일을 하면 된다. 하필이면 널리 인재를 부를 필요가 있겠는가 하고 말했습니다'라고 했다. 표기장군 곽거병도 그런 생각을 따랐다. 그들의 장군으로서의 풍모는 그와 같았다.'

이로 볼 때 위청은 자신의 권력에 취해 있지 않았다고 볼 수 있습니다. 늘 깨어 있었던 겁니다. 그는 무제가 반대하는 일은 절대로 하지 않았고 쓸데없는 행동도 하지 않았으며, 망발도 삼갔습니다. 그리고 위청은 때와 장소를 가리지 않고 조심스럽게 근신했습니다.

무제는 자신 나름의 생각이 없었을까요? 그렇다면 위청의 인생은 순항할 수 있었을까요? 권태기의 시기로 넘어간 것 역시 자연스러운 현상입니다. 무제는 스타를 제조하는 뛰어난 능력을 가진 인물이었습니다. 그러면서도 그는 자신에 대한 믿음을 가지고 있었습니다.

"뭇 별이 아무리 찬란해도 아무 상관없다. 아무리 그래도 별일 뿐이다. 그저 밤에만 빛을 발할 뿐이다. 반면에 나는 태양이다. 하루 종일 중천에 떠 있다."

하지만 하늘에 별이 하나만 반짝이고 그게 태양보다 눈부시면 참지 못했습니다. 위청이 바로 그런 별이었는데, 원삭 6년(기원전 123년)에 소년 장군 곽거병이 전쟁에 나가게 된 것도 다 그런 탓입니다. 곽거병은 외삼촌 위청과 같은 사생아였으나 출신이 달랐습니다. 그야말로 은수저를 물고 태어났다고 할 수 있을 정도로 평생 좋은 옷을 입고 좋은 집에서 생활했습니다. 다음과 같은 기록이 그의 순탄한 인생을 보여줍니다.

'열여덟 살에 시중이 되었다. 말을 잘 타고 활을 잘 쐈다. 다시 대장군을 따라 종군했다.'

두 사람의 명장은 성격도 판이했습니다. 위청이 산처럼 은인자중했다면 곽거병은 불처럼 뜨거운 성질의 소유자였습니다.

원삭 6년(기원전 123년) 곽거병은 열여덟 살이 되었습니다. 무제는 그를 표요교위驃姚校尉에 임명해 위청을 따라 출정하도록 했습니다. 전장에서 그는 800여 표기를 이끌고 흉노의 심장부로 들어가 기회를 놓치지 않고 적을 무찔렀습니다. 참살한 흉노 병사만 무려 2,028명이었습니다. 무제는 기쁜 나머지 즉각 그를 관군후冠軍侯로 봉해 '당대 최고의 용맹'을 표창했습니다. 원수 2년(기원전 121년) 봄과 여름, 곽거병은 하서河西의 전투에서 두 번에 걸친 기묘한 출병으로 전승을 거두었습니다. 상으로 두 번 봉함을 받게 된 셈이지요. 그리고 그 해 가을, 곽거병은 성공적으로 흉노 혼야왕의 투항을 이끌어내어 다시 한 번 봉함을 받았습니다.

처음 전쟁에 참가해 후로 봉해지는 상을 받는 것은 불가능하지 않았습니다. 그러나 곽거병에 대해 상을 내리는 것이나 후를 봉하는 무제의 조치는 이상하리만치 신속했고 빈틈이 없었습니다.

사서에는 위청이 대단히 용맹하다고 기록되어 있고, 실제로도 곽거병과 비교하면 그는 실력파라고 말해주어도 틀리지 않습니다. 반면 곽거병은 우상파라고 해도 무방하지 않을까요? 우상파는 다른 게 아닙니다. 기기묘묘한 전략으로 상대를 꼼짝 못하게 하는 스타일을 말하는데, 실제로 곽거병은 적 심장부 깊숙이 들어가 작전을 펼치기를 좋아했습니다. 늘 천리를 멀다 하지 않고 기습작전도 폈습니다. 이를테면 백병전, 돌격전을 즐겨 치루곤 했는데, 그 때문에 흉노로서는 당해낼 재간이 없었지요.

곽거병이 출현하기 전만 해도 위청은 한 손에 병권을 거머쥐었습니다. 그러나 곽거병의 승승장구는 군사 대권을 손에 쥐고 흔들던 위청의 위상에 적지 않은 타격을 가했습니다. 홀로 빛나던 별은 졸지에 쌍둥이자리 별로 바뀌게 된 것입니다.

원수 2년 곽거병은 세 번째 출정에 나서 혁혁한 전공을 쌓았지만, 반면 같은 해에 위청은 단 한 번도 출전하지 않았습니다. 무제가 의도적으로 곽거병에게만 기회를 주어 순식간에 그를 스타로 만들었다고 판단해도 무방합니다. 굳이 의미를 부여하자면 노장 스타를 적절하게 견제했다고나 할까요.

그렇다면 무제의 의중은 어땠을까요? 대략 몇 가지 답을 뽑아볼 수 있습니다. 우선 신인을 키우겠다는 뜻이 있었을 터인데, 이는 다름 아닌 위청의 군사적 권력을 약화시키겠다는 의도도 없지 않았겠지요. 그리고 무제의 또 한 가지 의중을 꼽자면, 진심으로 곽거병을 사랑했을 것이라는 추측도 가능합니다.

우리가 여기에서 어떤 추측을 하더라도 한 가지 사실은 분명합니다. 위청과 무제의 관계가 과거와는 완전히 딴판이 되었다는 겁니다. 아무튼 무제는 자기 내키는 대로, 마음먹은 대로 하는 사람인 것만은 분명합니다. 특히 준수하고 젊은 남자 인재에 대한 사랑이 각별했는데, 이는 기록으로도 보입니다. '무제가 일찍이 곽거병에게 손자孫子와 오기吳起의 병법을 배우게 하려고 했다'라는 기록과 '무제가 곽거병에게 집을 지어주고 가서 보라고 했다. 이에 그는 '흉노를 아직 멸하지 못했는데 어찌 사사롭게 집을 가질 생각을 하겠습니까?'라고 답했다. 무제는 이때부터 더욱 그를 아꼈다'라는 기록이 대표적입니다.

사실 그렇습니다. 무제가 곽거병에게 손자와 오기의 병법을 가르치려고 했다는 것은 보통 애정이 아니면 생각할 수 없습니다. 또 '집을 지어주었다'라는 기록도 대단한 의미를 갖습니다. 부자 관계도 아닌데 어떻게 집을 지어주고 부인을 맞게 하다니요. 곽거병은 이 외에 '성격이 과묵하고 남의 말을 하지 않았다. 기백이 있어 할 일은 무슨 수를 써서라도 했다'라는 기록대로 무제와 비슷한 개성을 가진 사람이었습니다. '흉노를 아직 멸하지 못했는데 어찌 개인적인 집을 가질 생각을 하겠습니까?'라는 그의 말도 무제가 좋아할 만한 말이지요. 장부의 기개가 넘치지 않습니까? 무제는 곽거병에게 자기 아들에게서나 느낄 법한 친근함을 느꼈을지도 모릅니다.

위청은 곽거병이 무제로부터 온갖 황은을 다 받고 있을 때 혹독한 인생을 경험하고 있었습니다. 그래서인지는 몰라도 이때 그의 심정은 기쁨 반, 시름 반이었습니다. 실제 곽거병의 외삼촌인 그로서는 위씨 집안에 사직의 신하가 다시 한 명 더 나왔으니 기쁠 수 있었겠지만, 반면 자신의 신세는 '향기 좋은 난초가 쓸데없이 창문에 자라고 있으니 어찌 뽑아버리지 않으랴!'라는 시구의 내용이 딱 들어맞을 정도로 전락했으니 우울할 수밖에 없었지요. 아무리 유능해도 적재적소에 투입되지 못하고 따돌림을 당하면 어찌할 도리가 없는 법입니다.

받아들일 것인가, 저항할 것인가? 사서에는 그 1년 동안 위청의 행보에 대한 기록이 없습니다. 이는 위청이 묵묵하게 현실을 받아들였다는 의미로 해석해도 될 테지요. 특별한 말도 하지 않았고 상식을 뛰어넘는 행동도 하지 않았다는 얘기입니다.

시간이 흐르니 급기야는 무제가 일방적으로 위청을 따돌리는 시기에 이릅니다. 무제가 과감하게 뉴 페이스를 등용한 이후 두 신인과 노장은 같은 무대에서 승부를 겨루게 됩니다. 과연 누가 더 우월한 위치를 차지하게 됐을까요? 위청은 약 2년간의 칩거를 끝내고 원수 4년(기원전 119년) 봄에 곽거병과 동시에 흉노 정벌에 나섰습니다. 이 것이 그에게는 마지막 출격이었습니다. 두 사람은 동시에 전장에 나 갔지만 두 가지 중요한 차이가 있었습니다.

곽거병의 경우, 정예 병사를 거느리고 전투 장비를 갖추고 전투에 나섰 지만 위청은 일반 병사를 지휘했다는 점이 첫 번째 차이입니다.

두 번째 차이는 큰 공을 세울 수 있는 전선을 오로지 곽거병을 위해서 만 만들어주려 했다는 사실입니다. 무제는 처음에 곽거병을 서부 전선인 정양丁襄에서 출병해 선우와 싸우게 했습니다. 그러나 흉노의 포로가 말 하길 '선우가 동부 전선에 있다'고 하자 무제는 그를 재빨리 대군代郡으로 보냈습니다. 대신 위청은 애초에 곽거병이 맡으려던 정양에서 출병해야 했습니다. 병력이나 장비의 차이는 말할 것도 없습니다. 출격 방향도 그 렇고, 무제가 곽거병을 편애한 결과였다고 단정해도 무방합니다. 당연히 논공행상에서 천양지차가 났습니다.

위청은 개선하기는 했으나 선우를 사로잡지 못했습니다. 이로 인해 그 를 비롯한 전 군의 장군 그 누구도 상을 받지 못했지요. 반면 곽거병은 전 공이 휘황찬란했습니다. 당연히 큰 상도 따라 왔는데, 무려 5,800호의 식 읍을 받은 데 이어 함께 출정한 장군과 병사도 모두 큰 상을 받았습니다.

무제는 이 논공행상을 위해 또 대사마라는 자리를 마련해 위청과 곽거 병을 동시에 임명합니다. 직급이 완전히 똑같아진 것이죠. 이후 위청의 위세는 날로 쇠퇴해갔고, 반대로 곽거병의 지위는 더욱 고귀해졌습니다. 세상의 인심, 특히 관료 사회의 인심은 염량세태를 느끼게 하는 법입니 다. 또 관리나 관리가 되고자 하는 인간은 냄새를 기가 막히게 잘 맡는 특징을 가졌는지, 눈 깜짝할 사이에 위청의 빈객은 너나 할 것 없이 위청 곁을 떠나 곽거병에게 몰렸습니다. 그들 중 상당수는 자기 희망대로 관직을 얻기도 했습니다.

과거에는 장군이 전쟁에서 승리하고 돌아와서 외치는 첫 마디가 있습니다. 바로 "우리 황제 만세, 만만세!"입니다. 별로 이상한 말은 아닙니다. 그러나 황제가 출병 전후에 어떻게 조치하느냐가 전투의 상황과 전공에 지대한 영향을 미친다는 사실을 말해주는 분명한 증거는 됩니다. 위청이 이 때문에 무제에게 원한을 품었다면 솔직히 그건 이상한 일이 아닐 수 있습니다. 그러나 아무리 『사기』를 살펴보아도 그에 대한 기록은 없습니다. 그는 한 마디 원한의 말도 하지 않았고, 불만스런 행동도 취하지 않았던 것입니다.

우리는 여기에서 무제와의 관계를 처리할 때마다 견지한 위청의 대원칙을 읽을 수 있습니다. 그것은 원망하지도 분하게 생각하지도 않는다는 겁니다. 그래서 무제의 홀대가 고의였든 아니었든 간에 그는 어떤 원한의 감정도 나타내지 않았습니다. 위청의 이런 원칙이 천성적으로 타고난 것인지 의도적으로 그런 것인지는 잘 알 수 없지만, 불공평한 대우에 태연할 수 있다는 것은 대단한 지혜인 것입니다.

위청은 진퇴에도 순서가 있다는 사실을 너무나 잘 알았고, 아울러 자신의 안위를 잘 보살필 줄도 알았습니다. 그렇다면 그는 시종일관 은인자중만 했을까요? 계속되는 불이익을 너그러이 받아들였을까요?

그렇지는 않습니다. 원삭 6년(기원전 123년) 무제는 이른바 음산북록의 전투를 발동했습니다. 위청은 이때 1만여 명의 병력을 거느리고 출정, 흉노를 격퇴했습니다. 그러나 흉노의 선우를 죽이거나 생포하지는 못했을 뿐더러 더구나 장군 둘을 잃었습니다. 소건은 작전에 실패해 평민으로 강등되는 수모를 겪었고, 흉노 출신인 조신趙信은 다시 흉노에 투항했습니다. 그 때문인지 위청은 이때 장안으로 돌아와 고작 1,000금의 상만 받았을 뿐입니다.

위청과는 달리 곽거병은 무제의 사랑을 완전히 독차지하여 가볍게 관군후로 봉해졌습니다. 이때 위청은 그가 평생 한 번도 생각해보지 않은 일을 행하게 됩니다. 무제의 총애를 받던 왕부인 부모의 만수무강을 위해 500금을 바친 겁니다. 이 황당한 행동은 그의 의지와는 사실 별로 관계가 없습니다. 영승寧乘이라는 사람의 권고를 받아들여 마지못해 한 행동이었는데, 당시 영승은 위청에게 이렇게 권했습니다.

"장군의 공은 별로 많지 않습니다. 그럼에도 식읍이 1만 호에 이르고 세 아들은 후로 봉해졌습니다. 이 모든 것은 위황후 때문일 겁니다. 그러나 지금은 왕부인이 총애를 받고 있습니다. 왕부인의 친척은 지금 장군처럼 부유하지 않습니다. 장군은 황상이 상으로 하사한 1,000금을 왕부인 부모의 축수를 위해 쓰는 것이 좋겠습니다!"

위청은 영승의 권고대로 500금을 기꺼이 왕부인 부모의 축수를 위해 내놓았습니다. 무제는 나중에 이 소식을 전해 듣고 그에게 어떻게 된 일이냐고 물었습니다. 솔직하게 대답한 위청의 말을 듣자, 무제는 즉각 영승에게 동해군 도위都尉 자리를 내렸습니다. 무제는 뇌물을 쓴 위청에게 책임을 묻지는 않았지만, 반대로 뇌물 계획을 짜낸 영승에게는 큰 상을 내렸습니다. 이는 무슨 뜻입니까? '짐의 뜻과 똑같다'라는 뜻이 아니었을까요?

영승은 왜 위청에게 무제로부터 총애를 받는 비빈에게 뇌물을 쓰라고 권했을까요? 두 가지 이유가 있습니다. 우선 위자부가 총애를 잃어가는 대신 왕부인이 총애를 얻고 있었다는 사실과 관계가 있습니다. 또 위청 자신이 이미 인생의 중대한 갈림길에 접어들고 있었다는 현실도 무시하기 어려웠습니다.

위청은 자신의 누나가 총애를 받고 있는지 아닌지를 너무나 잘 알고 있었고, 또 곽거병을 신속하게 발탁해 스타로 만들어준 이유 역시 분명히 인식하고 있었습니다. 그는 '따돌림'을 피하기 위해 영승의 건의를 받아들였습니다. 자신과 무제와의 관계를 다시 조정하고 싶었던 겁니다. 관대하게 보면 솔직히 이건 나쁜 짓이라고 하기도 어렵습니다.

원수 4년(기원전 119년) 위청과 곽거병은 동시에 대사마가 되었습니다. 그러나 2년 후인 원수 6년(기원전 117년) 곽거병은 고작 스물다섯 살의 나이로 병사하고 맙니다.

빙하기 시기는 어쩔 수 없는 마지막 과정으로 보입니다. 무제는 곽거병이 세상을 떠난 다음 더 이상 흉노와 전쟁하지 않았습니다. 위청이 여전히 살아 있었으니 쓸 만한 장군이 없는 것도 아니었는데 말입니다. 아무래도 전마가 부족한데다 다른 지역에서 병력을 사용해야 할 일이 점점 많아졌기 때문인 것 같습니다.

이 때문에 무제의 흉노에 대한 군사행동은 상대적인 휴지기에 진입했습니다. 그동안 위청의 세 아들은 잇따라 후의 직위를 잃었습니다. 장자인 의춘후宜春侯 위항은 법을 어겨 작위를 잃었습니다. 5년 후에는 또 위항의 두 동생인 음안후陰安侯 위불의와 발간후發干侯 위등이 궁중의 제사에 필요한 자금 등을 제대로 조달하지 못해 작위를 잃었습니다.

위청은 무제의 총애를 가장 많이 받았을 때 세 아들에 대한 봉후를 적극적으로 사양했었지만 물론 나중에는 봉후의 은혜를 입었습니다. 그러다 흉노와의 전쟁이 휴지기에 들어가면서 세 아들은 잇따라 후의 작위를 잃게 됐는데, 그런 힘든 일을 겪을 때마다 나름 변명할 이유는 있었지만 황권에서 죄를 뒤집어씌우려 하는데 어찌 변명할 수 있었겠습니까? 위청과 무제와의 관계는 이때부터 이미 빙하기에 들어갔다고 해도 좋습니다.

위청은 원수 4년(기원전 119년) 대사마로 봉해진 다음 무려 14년 동안이나 집에서 한가롭게 세월을 보내다가, 원봉元封 5년(기원전 106년) 결국 병으로 세상을 떠났습니다. 큰 별이 떨어진 거지요.

관대한 남편

위청은 평양공주를 부인으로 맞아들였습니다. 후세 사람들이 그의 인품에 경의를 표하는 이유는 바로 여기에 있습니다. 그렇다면 우선 위청은 자신의 정치적 출세를 위해 부인을 버리고 정략적으로 결혼했다는 혐의를 벗을 수 있을까요?

위청의 결혼 상황에 대한 기록은 『사기』나 『한서』의 「위장군표기열전」 그 어디에도 없습니다. 그러나 저소손이 보충한 『사기』의 「외척세가」 보전에는 이에 대한 기록이 남아 있습니다.

위청이 대장군으로 봉함을 받은 시기를 전후해 세 아들 역시 후로 봉해졌습니다. 이때 평양공주는 혼자 살고 있었으니, 이로 보면 위청이 평양공주와 결혼하기 전에 이미 세 아들을 두고 있었다는 사실을 알 수 있지요. 그러면 그의 세 아들은 그와 누구 사이의 소생이었을까요? 사서는 이에 대한 기록을 남기지 않고 있습니다. 위청은 평생 조신하게 산 사람이었으니 결혼하지 않고 아들을 낳을 까닭이 없습니다. 당연히 평양공주와 결혼하기 전에 한 번 결혼했었다는 얘기입니다. 위청의 첫 번째 결혼 상대는 누구였는지, 그리고 결혼생활은 왜, 그리고 언제 끝났는지 현재로서는 알 방법이 없습니다.

평양공주는 무제의 누나였습니다. 그녀는 원래 한나라 초기의 공신인 조참의 증손 조수에게 시집가 조양曹襄이라는 아들도 낳았습니다. 그러나 나중에 조수가 병이 들자 그와 이혼하는 용단을 내렸습니다. 조수는 이후 아픈 몸을 안고 자신의 봉국으로 돌아갔습니다. 하지만 평양공주는 그냥 장안에서 살았습니다.

관례에 의하면 평양공주는 열후로 봉해진 후 중에서 다시 남편을 선택해야 했습니다. 그녀도 주위 사람들과 장안에서 누가 자신의 남편감이 될 수 있는지 상의를 하게 되었는데, 그때 주위 사람들이 엉뚱하게도 위청을 추천했습니다. 이때 평양공주의 첫 번째 반응은 웃음이었습니다. 두 번째 반응은 "그는 내 집에서 기노로 있었다. 아주 비천한 사람이었다"라는 말이었습니다. 원문에는 '어찌 남편으로 삼을 수 있겠는가?'라고 말했다는 기록이 추가로 있습니다. 거절하겠다는 입장 표명이지요.

그러나 평양공주의 주위 사람들은 한결같이 이렇게 말하면서 은근하게 권했습니다.

"위청은 대장군인데다 누나는 황후입니다. 세 아들도 모두 후로 봉해졌으니 그의 부귀가 천하에 떨치고 있습니다."

평양공주는 이런 분위기에 밀려 마지막에는 결혼을 승낙했습니다.

부언하건대 그녀는 무제의 누나였습니다. 무제가 위자부를 알게 된 것은 건원 2년(기원전 139년) 무렵입니다. 이때 무제는 열일곱 살이었으며, 무제로부터 선택된 위자부는 열일곱 살보다는 어린 나이여야 했습니다. 아무리 많아도 무제와 동갑 이상은 아니었을 겁니다. 위청은 그런 위자부의 동생이었으니 나이가 절대로 무제보다 많을 수가 없습니다. 때문에 평양공주의 나이는 위청보다 훨씬 많을 수밖에 없었지요.

이 '연상연하 커플의 만남'에 과연 사랑이라는 요소가 개입되었을까요? 혹 완벽한 정치적 거래는 아니었을까요?

이 결혼에 관한 문헌 기록은 여자 쪽의 것 외에는 없습니다. 평양공주가 처음 결혼에 동의하지 않은 사실과 나중에 동의한 사실에 대한 기록이 있는데, 남자 쪽의 기록은 전혀 없습니다. 위청의 태도가 어땠는지는 전혀 알 수가 없는 거죠. 그는 이 결혼에 대한 의견이 전혀 없었던 모양이고, 그건 그가 이 결혼에 대해 동의했음을 알려줍니다. 그렇다면 이걸로 우리는 두 사람이 '낭정첩의(郞情妾意, 남자와 여자가 서로 호감을 가지고 있다)'의 입장을 견지했다고 볼 수 있지 않을까요?

그러나 둘은 한때 노복과 주인의 관계였습니다. 이런 결혼에서는 쌍방이 평등한 발언권을 가질 수가 없습니다. 더구나 평양공주는 그 방면에서는 대선배인 장공주와 마찬가지로 황제의 뚜쟁이였습니다. 황실 가족 중에서도 실세 중 실세였을 테니, 이런 결혼에서 위청이 주도권을 갖는다는 것은 사실 불가능해 보입니다.

하지만 『한서』 「위청전」은 두 사람의 사이가 나쁘지 않았다는 기록을 남기고 있습니다. '공주와 합장했다. 여산에다 묘를 썼다'라는 기록이 그겁니다. 이 기록은 또 평양공주가 위청보다 이전에 세상을 떠났다는 사실도 알려주고 있습니다. 아무려나 두 사람의 결혼이 해피엔딩으로 끝난 것은 위청의 성격이 얼마나 착하고 따뜻했는지를 보여주는 증거입니다.

설사 그렇더라도 조정에서 거듭되는 개인적인 실의, 무제의 총애를 잃어버린 누나 위자부의 위상 등은 비천한 가문의 기노에서 일약 천하의 명장으로 떠올랐던 위청의 말년을 쓸쓸하게 만들었습니다. 게다가 세 아들은 잇따라 작위를 잃었고, 외조카인 태자 유거의 위치는 바람 앞의 등불이었습니다. 보검은 칼집에 있고 말은 구유에 엎드려 있었습니다. 그 역시 늙어버렸고요. 어쩔 수가 없었습니다. 그러나 위청은 끈기와 은인자중으로 비교적 좋은 말년을 맞았습니다.

그러면 그의 자손들도 조정에서 계속 번영을 누릴 수 있었을까요? 위씨 가족에게 '그'라는 커다란 대들보를 잃었다는 사실은 길조일까요, 흉조일까요? 무제의 총애를 잃어버린 위자부의 횡액으로 궁중 내부에서 어떤 새로운 권력 배분이 이루어졌을까요?

부왕의 총애를 잃은 태자

무제의 태자 유거는 원삭 원년(기원전 128년)에 세상에 태어났습니다. 열여섯 살에 즉위한 무제가 이후 13년을 기다리다 마침내 꿈에 그리던 아들을 보게 된 것입니다.

태자는 무제의 첫 번째 아들만이 아니었습니다. 무제와 그가 가장 사랑했던 여자 위자부 사이에 태어난 아들이기도 했으니까요. 따라서 사료에 정확하게 기록되어 있지는 않지만 우리는 이 젊은 아버지의 미칠 듯한 기쁨을 충분히 느낄 수 있습니다. 그는 실제로 아들의 복을 위해 뭇 신들에게 제사를 지내면서 절절한 기도를 올렸습니다. 천하에 대사령을 내리면서 태자의 안녕을 빌고 또 빌었답니다.

그러나 이렇게 무제에게 엄청난 기쁨을 안겨준 아들인 태자 유거는 아버지의 위엄에 저항하다 억울하게 죽었습니다. 나중에 여(戾, 잘못, 반역했다는 의미)라는 시호가 내려지기까지 했지요. 그러면 도대체 여태자는 무슨 잘못을 범했을까요? 그와 부황의 관계는 비극으로 끝날 수밖에 없었을까요? 여태자 유거와 무제의 관계는 다섯 단계를 거쳐야 이해할 수 있습니다.

못난 아들, 불만인 아버지

첫 번째는 부자 간의 정이 두터웠던 단계입니다.

여태자 유거는 무제의 적장자였습니다. 그의 출생은 무제에게 엄청난 환희를 안겨주었지요. 스물아홉 살에 얻은 아들이었으니 그럴 수밖에 없습니다.

위자부는 여태자가 출생했을 때 이미 무제의 딸 셋을 낳은 상태였습니다. 게다가 진아교는 불임이었으니 무제는 초조할 수밖에 없었겠지요. 그러다 스물아홉 살에 유거를 얻었습니다. '천 번, 만 번 불렀는데 비로소 나왔다'라는 말은 그런 경우에 쓰는 거지요.

위자부의 소생이라는 것도 기쁨을 주었습니다. 유거가 출생했을 때 위자부는 그전에 이미 세 딸을 낳았음에도 얼굴이 거의 변하지 않았습니다. 에누리 없는 예쁜 엄마였지요. 이때 무제의 옆에는 아직 그의 마음을 빼앗은 여자도 없었습니다. 무제에게는 위자부 모자의 모든 행동이 행복 그 자체였습니다. 외강내유한 그의 성격을 자극하지 않는 것이 없었습니다. 하기야 총애하는 애비가 유일한 아들을 낳았으니 그렇지 않으면 이상하지요.

무제는 유거가 일곱 살이 됐을 때 뭐가 그리 절박했는지 즉각 그를 태자로 책봉했습니다. 동시에 태자가 『공양춘추』와 『곡량춘추穀梁春秋』를 전문적으로 공부할 수 있도록 가정교사까지 붙여주었습니다. 이어 태자가 스무 살이 됐을 때는 태자궁으로 옮기게 했으며, 또 널리 덕망을 얻을 것을 기원하는 뜻에서 박망원博望苑까지 지어주었습니다. 장차 한나라를 잘 다스리라는 의미였습니다. 이뿐만이 아니라 이례적으로 자신의 뜻에 따라 빈객을 양성할 수 있는 권한도 주었습니다. 이는 빈객을 많이 거느린 고관을 정적으로 생각한 무제에게는 정말 쉽지 않은 조치였습니다. 그가 두영, 전분 등 빈객을 많이 두었던 이들에게 엄청난 불만을 가졌던 사실까지 감안하면 짐작할 만하지요.

따라서 유거의 출생에서 박망원 설립까지의 시기는 무제와 태자 유거와의 관계가 가장 좋았던 시기라고 단정해도 좋을 듯합니다.

다음은 서서히 틈이 벌어지는 단계입니다.

무제는 아버지로서의 잠재의식 속에 늘 아들이 자신을 닮기를 바랐습니다. 자신의 위업을 잘 이었으면 하는 바람이 있었던 것이지요. 그러나 태자는 갈수록 무제와는 다른 면모를 보였습니다. 무제는 고민에 빠졌지요. '무제가 아들이 재능이 떨어질 뿐 아니라 자신을 닮지 않은 것을 싫어했다'라는 『자치통감』의 기록처럼 태자의 재능이 정말 무제보다 떨어진다고 단언하기는 어렵지만 성격은 확실히 달랐습니다. 이를테면 태자는 인자하고 후덕한 성격이었고, 조신하고 온유했습니다. 제왕의 패기는 거의 보이지 않았지요. 무제의 눈에는 그건 평범한 성격이었습니다. 어떻게 저 성격으로 천하를 장악해 제국의 위업을 일궈나갈 것인가? 무제는 그런 생각을 하지 않을 수 없었겠지요.

무제의 생각은 한때 유방이 품었던 생각을 떠올리게 합니다. 유방은 왜 태자 시절의 혜제를 폐위시키려 했을까요? 간단합니다. 혜제 유영을 보면서 '나를 닮지 않았다!', 다시 말해 '불유기不類己'라는 말이 떠올랐던 겁니다. 무제도 마찬가지였습니다. 태자는 졸지에 불유기의 레테르를 뒤집어쓰지 않으면 안 되었습니다. 이건 물론 매우 위험한 신호였습니다. 둘 사이에 다른 사람들은 쉽게 눈치 채지 못할 균열의 조짐이 있었던 겁니다.

더구나 태자 유거는 갈수록 아버지와는 다른 면모를 보였습니다. 무제의 자상한 아버지로서의 마음에 변화가 생긴 것일까요? 도대체 누가 변한 것일까요?

진지한 태자, 의연한 척하는 무제

세 번째 단계는 겉과 속이 다른 단계입니다.

무제와 태자 두 사람의 부자 관계는 거의 매일 살얼음을 걷듯 미묘했습니다. 이런 경우는 중간에 누가 끈끈한 유대를 통해 관계를 확실하게 이어줘야 합니다. 그걸 할 수 있는 사람은 아버지의 부인, 아들의 어머니인 위자부였습니다. 무제는 태자를 얻었을 당시 너무나 흥에 겨워 어쩔 줄을 몰랐습니다. 거의 처갓집 말뚝에도 절할 정도였으니까요. 그러나 그때로부터 세월이 너무 많이 지나 있었습니다. 더구나 태자가 장성했으니 위자부의 자태가 여전히 고울 까닭이 없습니다. 실제로도 그랬습니다. 그녀는 무제의 총애를 잃었을 가능성이 높습니다. 무제의 변심은 불가항력이었습니다.

더구나 무제는 천성적으로 풍류를 좋아하는 사람이었으니 어떻게 위자부 한 여자에게만 애정을 쏟을 수 있겠습니까? 그녀에 대한 애정은 나중에 조나라 출신의 왕부인에게 옮겨갔습니다. 왕부인은 아들 하나를 낳았는데, 그가 제왕齊王입니다. 그러나 왕부인은 일찍 세상을 떠났고, 이어 총애를 받은 여자가 중산中山 출신의 이부인입니다. 이부인 역시 아들 창읍왕昌邑王을 낳고 일찍 세상을 떠났습니다.

이부인의 첫째 오빠는 이광리라는 장군이며, 둘째 오빠는 이연년李延年이라는 사람입니다. 둘은 모두 동생 덕택에 무임승차를 하게 됐는데, 한 사람은 이사貳師장군에 봉해졌고 또 한 사람은 무제의 측근 신하가 되었습니다. 위세가 위씨 집안이 떵떵거릴 때의 수준을 넘어서는 정도였는데, 특히 이연년은 음악에 정통해 총애를 받았습니다. 나중엔 음악을 담당하는 관리인 협률協律이 되었습니다. 그러나 그는 동생과 함께 궁녀와 사통하는 죄를 저지르는 바람에 멸족의 화를 당했습니다. 당시 이광리는 대완을 정벌 중이었던 탓에 화를 당하지는 않았으나 돌아오자마자 주살당했습니다. 비극으로 끝나기는 했으나 무제의 이부인에 대한 사랑이 어느 정도였는지 확인히 알 수 있는 대목입니다.

따라서 이부인이 여전히 살아 있을 때 위자부와 태자는 확실히 모종의 잠재적 위협을 느꼈을 겁니다. 무제는 모자의 불안을 눈치 채지 못할 사람이 아니었습니다. 그는 곧 직선적이고 거친 평소의 태도와는 다른 자세를 보였습니다. 중간 입장에 있던 위청을 통해 아버지와 남편으로서의 진정한 정을 느끼게 할 만한 말을 전달한 겁니다. 그 요지는 다음과 같습니다.

"한나라는 건국된 지 얼마 안 되는 나라이다. 모든 것이 초창기와 다름없다. 게다가 사방의 오랑캐는 마구 침략해오고 있다. 짐의 권력은 크고 지위는 중요하다. 그만큼 책임도 크다. 지금 짐이 제도를 변경하지 않으면 후세에 따를 법이 없게 된다. 또 사방의 오랑캐를 토벌하지 않으면 천하는 영원히 안정되기 힘들다. 그래서 부득이하게 백성을 피곤하게 만들고 있는 것이다. 그러나 짐은 내심 가슴이 아프다. 매일 밤마다 반성하고 있다. 하지만 짐 후대의 제왕들이 계속 짐처럼 이렇게 함부로 병력을 동원하는 전쟁을 하게 된다면 우리 한 왕조는 진나라처럼 멸망의 길을 걸을 수밖에 없다. 다행히 태자는 중후하고 조용한 성격이다. 장래 능히 천하를 안정시킬 능력을 가지고 있다. 짐은 때문에 베개를 높이 하고 걱정 없이 잠을 잘 수 있다. 능히 우리 왕조의 위업을 지킬 미래의 군주를 찾는다면 누가 감히 태자에 비해 더 적합하겠는가! 짐이 들으니 황후와 태자는 짐이 더 이상 자신들을 총애하지 않는다고 근심하는 것 같은데 그렇지 않다! 그대는 내 말을 황후와 태자에게 전달해 안심시키도록 하라."

그의 말은 간단했습니다. "천하는 내 것이다. 또 아들의 것이기도 하다. 그러나 궁극적으로는 역시 아들의 것이다"라는 것이 요지입니다. 솔직히 무제가 이렇게 말한 것은 간단한 일이 아닙니다. 더구나 위자부의 동생이자 태자의 외삼촌인 위청을 통해 전달했으니 상당히 의미 있는 말이었습니다. 좀 더 깊이 있게 의미를 살펴보겠습니다.

무엇보다 무제는 왜 자신이 현재의 대내외 정책을 실시하고 있는지에 대해 설명했습니다. 또 후세의 제왕은 정벌 전쟁이 아닌 민생을 위주로 해야 한다고 명백히 밝혔습니다. 더불어 태자와 황후가 내심 공포에 떨고 있는 것을 알고 있다는 입장도 밝혔습니다. 마지막으로 그는 자신의 태자에 대한 신임이 변함없다고 주장했습니다.

그의 이런 말은 나중에 그가 쓴 「죄기조」를 보면 확실히 증명됩니다. 위청 역시 무제의 폐부에서 우러나온 말에 연신 고개를 숙여 사의를 표했습니다. 말을 전해들은 위자부도 너무 황송했는지 황급히 머리의 비녀를 뽑아 죄를 청했습니다.

그러나 우리는 당당하고도 훌륭한 무제의 말이 과연 진심에서 우러나온 것인지 의문을 가져야 합니다. 과연 진심이었을까요?

나는 그의 말에서 다분히 정치적 쇼의 성격이 다분하다고 생각합니다. 무제는 국책에 대해 분명한 입장을 밝혔고, 태자에 대한 신임의 입장도 피력했습니다. 그러나 이와 관련해서 우리가 놓치지 말아야 하는 네 가지 중요한 포인트가 있습니다.

첫째, 그가 태자에 대한 불만을 공공연하게 피력하지 않았다는 사실입니다. 무제는 위청에게 말을 전달하라고 했을 때 전혀 '불유기'에 대한 언급은 하지 않았습니다. 이는 태자에 대한 불만이 태자를 폐위시킬 정도로 발전하지 않았다는 사실을 증명하는 것인지도 모릅니다. 태자에 대한 불만을 꾹꾹 눌러 참고 있다는 사실을 증명할 수도 있지요. 그저 시위를 당긴 채 화살을 발사하지 않으면 무섭습니다. 상대를 위협하는 힘을 가지고 있으니까요. 의도적으로 감추는 것도 상대에게 더욱 불안을 느끼게 하므로 만만한 일이 아닙니다.

다음으로 무제가 황후에 대한 사랑이 식었다는 사실을 밝히기를 피했다는 것도 중요합니다. 무제가 당시 위자부를 사랑하지 않은 것은 객관적 사실이었습니다. 그러나 그녀는 총애를 받았을 때 태연했듯 총애를 잃었을 때도 초연했습니다. 쓸쓸해도 좋고 억울해도 방법이 없었습니다. 그녀는 일개 가녀 출신인데다가 진아교와 같은 막강한 배경도 없었으니 어쩌면 그녀로서는 침묵으로 모든 상황을 받아들여야 했습니다. 중요한 건 무제가 처음부터 끝까지 정면으로 문제의 핵심을 건드리지 않았다는 사실입니다. 위자부 모자가 총애를 잃었다는 사실 말이지요.

그럼에도 그는 황후와 태자에 대한 신임을 보였습니다. 이 역시 간과해서는 안 됩니다. 일 자체만 놓고 보면 무제는 확실히 황후와 태자를 신임했습니다. 예컨대 외출을 나갈 때마다 모든 조정의 일을 태자에게 맡겼고, 궁중의 일은 황후에게 일임했습니다. 또 돌아와서는 그들에게 보고하도록 했습니다. 어떤 때는 듣기를 게을리 했던 적도 있었지만, 그것은 아마도 최종 결정권을 자신의 수중에 이미 넣은 상황에서 그런 분위기를 여유롭게 즐긴 것이겠지요. 그는 권력을 놓음으로써 더 큰 권력을 장악할 줄 아는 사람이었습니다.

마지막으로 주목해야 하는 점은 위자부와 태자가 과연 공연한 걱정을 하고 있었는가 하는 겁니다. 위자부와 무제는 부부였습니다. 유거와 무제는 아들과 아버지입니다. 이런 골육 관계에서는 어느 한쪽의 미묘한 변화를 다른 한쪽이 금방 눈치 챌 수 있습니다. 특히 생사여탈권을 쥐고 있는 황제의 태도 변화에 대해서는 황후와 태자가 모두 민감할 수밖에 없습니다. 따라서 이 부분에서 의문이 생깁니다. 무제가 정말 어떤 변화를 보이지 않았다면 위자부와 유거가 그토록 고민할 필요가 있었을까요? 그 변화가 자신들에게 거대한 위협이 되지 않았다면 그토록 전전긍긍할 필요가 있었을까요?

그렇다면 무제와 태자가 왜 그토록 위험한 관계가 되었는지가 궁금하지 않을 수 없습니다. 우선 정치적 견해가 일치하지 않았습니다. 무제는 전형적인 철혈정치 스타일의 정치가인 데 반해, 유거는 공자처럼 인의를 중시하는 스타일이었습니다. 당연히 무력을 동원해 주위 사방의 각국을 정벌하는 무제의 정책에 반대했습니다. 더구나 혹형과 이를 집행하는 혹리를 대단히 증오했습니다. 그는 휴양생식, 다시 말해 백성이 쉬면서 보양할 수 있도록 하는 정책을 펴고자 했습니다.

태자가 권모술수를 이해하지 못한 것도 한 요인입니다. 무제와 태자는 일치하는 부분이 한 가지 있었는데, 그것은 둘 다 일곱 살에 태자에 책봉되었다는 사실입니다. 그러나 무제가 당시 아무 존재 가치 없는 열째 황자로 있으면서 마지막에 승리를 거두었던 것은 다섯 여자의 각축과 과감하게 승부수를 던진 도박에 의한 결과였습니다. 그 일을 통해 그는 어려서부터 궁정의 냉혹함을 자각했고, 그 결과 냉혹하면서도 세상 물정에 밝은 군주가 될 수 있었습니다.

하지만 유거는 전혀 그렇지 않았습니다. 태어날 때부터 금지옥엽으로 자란 그는 궁중의 분쟁조차 본 적이 없습니다. 심지어 사람 간의 갈등조차 몰랐습니다. 무제가 한나라 주변의 이민족을 정벌하는 전쟁을 벌일 때마다 그가 적극적으로 간언한 데에는 다 이유가 있습니다. 무제는 그럴 때마다 웃으면서 이렇게 말했지요.

"내가 그 수고를 함으로써 너를 편안한 황제로 만들어주려 한다. 그게 싫은 것이냐?"

이렇게 말하면서 웃긴 했지만, 무제의 속마음은 한편으로 어땠을까요? 만조백관이 '우리 황제 만세'를 외치고 공손홍이나 장탕 등은 새로운 태평성대가 다시 왔다고 난리를 치는 마당에, 오로지 태자만 반대 입장을 개진한 것이 아닙니까. 당연히 무제는 불쾌했습니다.

태자는 부황과는 다른 정견을 분명하게 나타냈습니다. 그건 그가 무제에게 충성한다는 사실을 보여준다고 할 수도 있겠지만, 역설적으로 그가 권모술수를 모른다는 사실도 보여주었습니다.

법의 집행을 둘러싼 조정 대신들의 분열도 무제와 태자의 사이를 위험한 관계로 몰아갔습니다. 한쪽에는 혹리와 법을 엄격하게 집행하는 관리를 신임하는 독단적인 무제의 전횡이 있었고, 또 다른 한쪽에는 순진한 태자의 열정이 있었습니다. 실제로 그는 이미 판결이 내려진 일들을 많이 뒤집었습니다. 대부분은 대신들이 내린 판결이었지요. 그의 행보는 당연히 일반 백성에게는 대환영을 받았으나 대신들은 기분 나빠하며 이를 갈았습니다.

'남편을 잘 아는 사람은 부인만 한 사람이 없다'라는 불후의 명언이 있습니다. 태자의 어머니 위자부는 상황이 장기화되면 아들이 부황에게까지 죄를 지을 것이라고 걱정한 겁니다. 그녀는 결국 어느 날 아들에게 임의로 행동하지 말고 그 정도에서 그만두라고 간곡하게 충고합니다. 무제는 그 얘기를 듣고 황후를 비판했습니다. 대신 아들에게는 충직하고 착하다고 칭찬했습니다.

이렇게 되자 인품이 후덕하거나 덕망이 있었던 조정의 대신들은 모두 태자의 뜻을 따랐습니다. 당연히 엄격하게 법을 휘둘러 백성에게 혹독한 형벌을 가했던 무제 주위의 관리들은 분명하게 반대 입장을 표명했습니다. 급기야 대신들은 두 파벌로 나누어졌는데, 한쪽은 태자를 옹호하는 태자당, 다른쪽은 태자를 반대하는 군왕당君王黨이었습니다. 무제는 조정의 대신들이 둘로 나누어지자 난감했습니다. 원래 군자는 친구를 사귀어도 파벌에 휩쓸리지 않는 법인데, 반대로 간신은 파벌을 만듭니다. 아니나 다를까, 태자를 칭찬하는 관리보다 욕하는 관리가 갈수록 늘어났습니다.

그러나 우리는 이 일을 지나치게 해석할 필요는 없을 듯합니다. 무제가 태자를 정적으로 인식했을 것이라고 생각하는 것은 둘의 정견 차이를 너무 심각하게 보는 것인지도 모릅니다. 나아가 이로 인해 무고 사건이 발생했다고 보는 것도 잘못된 판단이 아닌가 싶습니다.

위청의 죽음도 무제와 태자의 관계를 위험으로 몰고 간 결정적 요인인 듯합니다. 원봉 5년(기원전 106년) 위청은 세상을 하직했습니다. 황후 위자부는 조정에서 기댈 수 있는 최대의 기둥을 잃고 말았습니다. 실제로 그녀와 태자에게 위청이 없는 상황에서 정치적 고독을 뼈저리게 느끼도록 만드는 위기가 바로 찾아왔습니다. 평소에는 위청의 지위와 권세에 눌려 입도 뻥끗 못하던 관리들이 태자를 무고하기 위해 분분히 들고 일어선 겁니다. 우리는 경쟁적으로 들고 일어섰다는 말에서 태자 반대파가 얼마나 다급했는지를 잘 알 수 있습니다. 완전히 불난 집에 부채질하는 추태가 따로 없었으니까요.

위에서 살펴본 네 가지 이유로 인해 무제와 위황후 모자의 관계는 소원해졌습니다. 무제와 태자의 관계가 위험한 상황으로 치달았다는 얘기입니다. 당연히 가장 큰 위험은 황후가 다시는 무제를 자유롭게 만나지 못하게 되었다는 사실입니다. 동생 위청이 없는 상황에서 태자를 지켜야 할 위자부는 긴급 상황에 내몰렸습니다. 그러나 무제와 직접 대화할 방법은 없었지요.

이때 태자 유거와 무제는 어땠습니까? 한 사람은 너무나 진지하고, 또 다른 한 사람은 의연한 척했습니다. 두 사람의 관계는 이미 대단히 민감하고 미묘한 시기로 진입한 것입니다.

모함을 당하고 강적도 만나다

네 번째 단계는 의심이 연달아 샘솟은 단계입니다.

이 시기에 태자 유거는 무수한 화살의 표적이 되었습니다. 심지어 환관들은 틈만 나면 밀고에 나섰습니다. 급기야 부자 관계의 등급은 서로 좋아하지 않는 단계에서 불신임하는 단계로 올라갔습니다. 기가 막힌 사건들도 많았지요.

한번은 태자가 황후를 보러 갔을 때 발생했습니다. 태자는 할 얘기가 많았는지 한참 머물다 나왔는데, 이날을 『자치통감』의 원문에는 '해가 져서야 나왔다'라고 기록하고 있습니다. 곳곳의 환관들이 이를 놓칠 까닭이 없었습니다. 무제 측근의 환관인 황문(黃門, 후궁을 의미하는 금궁禁宮)의 시종 소문蘇文이 즉각 무제에게 이런 보고를 올린 겁니다.

"태자가 황후 궁전의 궁녀들과 노닥거렸습니다."

무제는 이때 태자를 질책하지 않았습니다. 오히려 얼굴 표정 하나 바꾸지 않고 태자궁의 궁녀를 200명이나 늘려주었습니다. 태자는 이상하게 생각했습니다. 뜬금없이 부황이 태자궁의 궁녀를 증원시켜주었으니까요.

그는 즉각 정보원을 풀어 사정을 알아보았습니다. 그러곤 소문이 자신에 대한 보고를 무제에게 올렸다는 사실을 어렵지 않게 알아냈습니다. 더불어 그와 다른 소황문小黃門인 상융常融과 왕필王弼이 계속 자신을 감시하면서 무제에게 보고를 올린다는 사실도 알아냈습니다. 황후는 모든 사실이 백일하에 드러나자 분노에 이를 갈았습니다. '보이는 창은 피하기 쉬우나 어둠 속의 화살은 방어하기 어렵다'는 말을 실감한 겁니다. 그녀는 심지어 소문 등을 죽이지 않으면 후환이 생길 것이라는 극단적인 생각까지 했습니다. 그러나 태자는 의연했습니다.

"나는 아무 잘못을 저지르지 않았다. 어찌 소문 같은 사람을 두려워하랴! 더구나 황상께서는 얼마나 총명하신가. 간신들의 참언을 믿을 분이 아니다. 걱정할 필요가 없다."

태자는 자신의 아버지도 사람이라는 사실을 간과했던 모양입니다. 남의 말을 가볍게 믿는 인간적인 약점을 극복하지 못한 사람이라는 생각을 아예 하지 못한 겁니다.

또 한 번의 사건은 무제가 몸이 아팠을 때 일어났습니다. 무제는 상융에게 태자를 불러오라고 명령했습니다. 상융은 태자궁에 갔다 돌아와서는 다시 참언을 올립니다.

"태자께서는 황상께서 병이 났다는 말을 듣자마자 얼굴에 기쁜 기색을 드러냈습니다."

무제는 그 말을 듣고 헛기침을 한 번 하고는 아무 말도 하지 않았습니다. 마침 그때 태자가 들어와 안부를 물었습니다. 무제는 태자의 얼굴을 자세하게 관찰했습니다. 그의 얼굴 어디에 과연 기쁜 기색이 있었을까요? 오히려 한바탕 운 흔적이 역력했습니다. 무제는 이상하게 생각하고 자세하게 조사를 시켰고, 그 결과 아들이 자신한테 무슨 일이 일어날지 걱정하여 한바탕 울었다는 사실이 곧 밝혀졌습니다. 그는 내심 부끄러웠습니다. 즉각 이간질을 일삼은 상융을 주살했습니다.

그렇다면 환관들은 왜 그렇게 제멋대로 방자하게 태자를 모함하곤 했을까요? 무엇보다 무제를 잘 알았기 때문일 겁니다. 환관들은 하루 종일 무제의 곁을 떠나지 않았습니다. 무제와 태자와의 미묘한 관계를 너무나도 잘 알고 있었고, 또 태자와 황후가 항상 무제를 볼 수 없다는 사실도 알았습니다. 그게 무제와 태자, 황후와의 관계가 소원해졌다는 사실을 말한다는 걸 그들이 모를 까닭이 없습니다.

무제가 믿었다는 사실 역시 이유로 부족하지 않았습니다. 무제는 환관 소문이 첫 번째 보고를 올렸을 때 태자궁에 궁녀 200명을 늘려주었습니다. 이는 소문의 말을 믿었다는 분명한 증거이지요. 또 두 번째 상용이 무고를 했을 때도 침묵을 지켰습니다. 진짜로 믿었다는 얘기입니다. 비록 나중에 이상하게 생각하고 진상을 파악하기는 했지만요. 무제가 아들을 끊임없이 의심했을 뿐 아니라 유언비어도 찜찜하게 생각했다는 사실은 결코 공연한 말이 아닙니다.

황실에서의 부자의 정은 상당히 정치적인 요인을 많이 가지고 있었습니다. 혈육의 정이 깨어지면 남는 것은 군신 관계뿐이었습니다.

마지막 다섯 번째 단계는 위기가 사방에서 튀어나온 단계입니다.

태자는 벌떼같이 달려드는 환관들에게 공격받고 있을 때 또 다른 강력한 맞수를 만났습니다. 어느 날 무제가 재위 말년에 사냥을 나갔다 하간(河間, 허베이성 쑤닝肅寧)을 경유하게 되었는데, 마침 이때 풍수에 대단히 밝은 신하 한 명이 주위에 이상한 여자가 있다는 정보를 올렸습니다. 무제는 즉각 그녀를 불렀습니다. 이어 첫눈에 그녀의 미모에 완전히 홀리고 말았지요. 그의 눈에 다시 그녀의 양 손이 꽉 쥐어져 있는 모습이 들어왔습니다. 그는 직접 그녀의 주먹을 슬며시 펴주었고, 그러자 그녀의 손은 기다렸다는 듯이 곧바로 펴졌습니다. 이게 다름 아닌 구익부인의 전설입니다. 이후 그녀는 무제의 극진한 총애를 받았습니다. 무제를 만났을 때 주먹을 꽉 쥐고 있었다고 해서 권拳부인으로 불리기도 했지요.

이 일에 대해서는 『열선전列仙傳』이 자세하게 기록하고 있습니다. 재미나게도 무제가 구익부인의 손을 폈을 때 안에 옥고리가 있었다는 이야기가 추가되어 있습니다. 이는 아마도 구익부인이라는 칭호에서 유추한 것이겠지요.

『한서』역시 이렇게 기록하고 있습니다.

'구익부인이 첩여婕妤로 품계가 올랐다. 구익궁에 살아서 구익부인으로 불렸다.'

후세 사람들도 구익부인에 대해 많은 관심을 기울였는데, 특히 손이 펴지지 않았다는 부분에 주목했습니다. 어렸을 때 소아마비를 앓아 그랬을 것이라는 게 사람들 대부분의 추측입니다.

태시太始 3년(기원전 94년) 구익부인은 14개월 동안의 임신 끝에 구익자鉤弋子로도 불린 황자 불릉을 낳았습니다. 무제는 이때 기쁨에 겨워 이렇게 찬탄합니다.

"짐은 요堯 임금이 임신 14개월 만에 출생했다는 얘기를 들었다. 지금 구익자도 그렇게 나왔구나."

그는 그런 다음 구익자가 태어난 궁의 문을 요모문堯母門으로 명명했습니다. 요는 주지하다시피 유가에서 신봉하는 성인의 한 사람으로, 문무 양면에서 모두 혁혁한 이름을 날렸습니다. 무제는 태자 유거가 태어났을 때처럼 흥분한 나머지 바로 그런 성인의 이름을 딴 문의 명명 의식까지 거행했습니다. 그래선지 사마광은『자치통감』에서 '요모문'에 대해 언급하면서 이와 관련하여 정곡을 찌르는 말을 했습니다. 다음과 같은 요지의 내용입니다.

'황제는 행동거지를 조심스럽게 해야 한다. 마음속에 있는 것이 밖으로 잘 드러나는 것을 모르는 사람이 없다. 이때에도 황제나 태자는 모두 잘못이 없었다. 그러나 무제는 구익부인이 거처하는 궁의 문을 요모문으로 명명했다. 정말 명분이 없었다. 이 때문에 간신들은 무제의 뜻을 미리 짐작해 어린 아들을 특별히 예뻐하고 그에게 후사를 맡기려고 한다는 사실을 알았다. 또 황후와 태자를 폐위하려는 생각이 있다는 것도 알았다. 이로써 무고의 화가 생겼다. 슬프도다!'

막 태어난 아이의 미래를 단정하기란 참 어렵습니다. 과거에 태자 유거가 막 출생했을 때 무제는 미친 듯 기뻐하지 않았던가요? 그러나 시간이 지나자 모든 것이 변했습니다. 당시 총애받던 아들은 지금 현재 애물단지가 되었습니다. 그렇다면 오늘 사랑하는 아들은 나중에 어떻게 될까요? 태자 유거를 이길 수 있을까요? 모든 것이 미지수였습니다.

60여 세가 훨씬 넘은 무제가 열 몇 살의 구익부인을 얻었습니다. 게다가 아들까지 낳았으니 곧이어 구익부인이 거처하는 곳의 요모문은 구익부인을 일거에 스타로 만들었습니다. 누군가 이걸 이용해 꿍꿍이속을 차리지 않을 것이라고 보증할 수가 없지요.

구익부인은 급기야 '요모'로까지 불렸습니다. 구익자가 성군인 '요'라는 얘기였습니다. 요가 황제가 되지 않고 누가 과연 황제가 되겠습니까? 이것은 무제가 태자를 바꾸려는 생각을 가지고 있다는 걸 암시하는 걸까요? 무제는 이때 태자를 폐위시키려는 생각을 가지고 있었을까요?

저는 가능성이 크지 않았다고 생각합니다. 황실에서는 모자가 때로는 총애를 받거나 때로는 천덕꾸러기가 되는 것은 모두 서로 끈끈하게 연결돼 있는 경우가 많습니다. 그렇게 따져 본다면, 위황후는 총애를 잃은 지 몇 년이 되었고, 구익부인은 이제 막 황제의 은혜를 입고 있는 중이었습니다. 무제의 마음이 어린 아들에게 기울 수 있긴 하지만, 그래도 이지적으로 생각해보면 무제는 결코 태자를 폐위시킬 생각은 하지 않았다고 볼 수 있습니다.

우선 무제는 태자를 크게 나쁘게 보지 않았습니다. 은근하고 인자하면서도 후덕하다고 생각하며, 한나라의 가업을 능히 이어받을 것이라고 생각했습니다. 비록 태자가 무제와 정견, 성격, 스타일 등에서 모두 달랐다고 해도 말이지요. 더구나 무제는 말년에 자신의 주위 이민족에 대한 정벌이 국가와 백성에게 적지 않게 피해를 주었다고 생각했습니다. 태자가 자신과는 완전히 달라 자신의 실정을 보충해줄 수 있다고 생각했다는 말입니다.

구익자가 막 태어났을 때(태시 3년, 기원전 94년) 무제는 기본적으로 그가 후계자로 적당한지에 대해 생각조차 하지 않았습니다. 그가 구익부인을 사랑한다고 해서 그 아들을 태자로 세우려 했다면 그건 진짜 무단武斷한 행동이라고 해야겠지요. 그는 황후 위자부 외에도 많은 여자를 총애했고 그중 몇 명은 황자까지 낳았습니다. 그럼에도 태자의 지위는 흔들리지 않았습니다. 무제로서는 국가의 미래를 신중하게 생각하지 않을 수 없었던 겁니다. 무제가 적어도 이때는 아직 태자를 바꾸려는 생각을 하지 않았다는 것은 분명합니다.

무제는 일찍이 구익자가 자신을 많이 닮았다고 말한 적이 있습니다. 유방이 조왕 유여의에게 느꼈던 감정을 그도 느낀 듯합니다. 그러나 무제가 자신의 마음에 있는 말을 토로한 것은 태자 유거가 반란을 일으켜 피살된 다음이었습니다. 『한서』 「외척전」의 다음과 같은 기록을 보면 정말 그렇습니다.

'나중 태자가 반란을 일으켜 피살되었다. 그러나 연왕燕王 단旦과 광릉왕廣陵王 서胥는 과실이 많았다. 총애하던 왕부인이 낳은 제회왕齊懷王과 이부인의 아들 창읍애왕昌邑哀王은 모두 일찍 세상을 떠났다. 반면 구익자는 대여섯 살에 지나지 않았으나 신체가 건장하고 총명했다. 무제가 늘 '짐을 닮았다'라고 말했다. 또 태어날 때 이상한 일이 많았다는 것을 알고 매우 총애했다. 마음으로는 태자로 세우고 싶다고 생각했다. 하지만 아들과 그 어머니가 모두 어려 나라를 문란하게 할 것을 우려했다. 그래

서 오랫동안 망설였다.'

아무려나 태자와 무제의 관계는 요모문의 일로 인해 위험한 시기로 들어갔습니다. 이때 하늘의 뜻이었는지 잇따라 사건들이 발생합니다.

정화 원년(기원전 92년)이었습니다. 이때 무제는 64세로 옛사람들의 말대로라면 대단한 고령입니다. 무제의 이전 황제들, 이를테면 고조(기원전 256년~195년), 문제(기원전 202년~157년), 경제(기원전 188년~141년) 등을 보면 그렇게 말할 만했습니다. 각각 무제보다 적은 62세, 46세, 48세까지만 살았으니까요. 더구나 이때 무제는 무척 몸이 쇠약해져 있었습니다. 병도 많았고, 게다가 각종 사건 사고도 많아 대단히 힘들었습니다. 성격도 당연히 민감해져 매일 누가 자신을 저주하지 않는지, 자신의 장수 계획을 파괴하려고 하지 않는지 의심했습니다.

정화 원년 말이었습니다. 무제는 검을 지닌 남자 한 명이 용화문龍華門으로 들어오는 것을 목격했습니다. 그는 즉각 남자를 잡으라고 명했으나 남자는 검을 버리고 도망갔습니다. 무제는 화가 나 궁문의 수비를 담당하던 관리를 그 자리에서 주살해버립니다. 11월에는 직접 장안 부근의 기병들을 동원해 상림원을 샅샅이 수색하는 해프닝도 벌였습니다. 이어 장안의 모든 성문을 닫은 채 수도 전역에 걸쳐 계엄을 선포했습니다. 계엄은 무려 1개월이나 이어졌지요.

마치 비바람을 몰고 올 것만 같았던 이 일들은 아니나 다를까 드디어 '무고의 화'를 초래합니다. 끔찍한 사건의 서막이었던 겁니다. 더욱 잔인하고 피비린내 나는 살육 사건은 서서히 막을 올릴 준비를 하고 있었습니다. 장안의 수많은 사람들의 목숨을 빼앗은 이 끔찍한 사건은 과연 어떻게 일어난 것일까요? 나아가 어떤 찜찜한 결말로 이어졌을까요?

치세의 어두운 그림자, 무고의 화

한 사람은 이간질에 관한 한 타의 추종을 불허하는 총신입니다. 다른 한 사람은 서생의 비분강개를 참지 못하는 태자입니다. 마지막 사람은 잔에 비친 활조차 뱀으로 믿는 의심 많은 무제였습니다. 이들이 바로 수만 명의 억울한 목숨을 앗아간 끔찍한 사건이자 천 년에 한 번 나올까 말까 한 비극을 잉태시킨 주인공이었습니다. 그렇습니다. 그건 분명 무고의 화, 억울한 사건임이 분명했습니다.

그러면 도대체 왜 위황후, 황태자, 황태손은 잇따라 비명에 죽어야 했을까요? 어쩔 수 없는 천재天災일까요, 아니면 사람으로 인한 재앙, 즉 인화人禍일까요? 도대체 무엇이 인간을 그토록 터무니없이 만들었을까요? 무고 사건은 도저히 떨쳐버릴 수 없는 무제 치세 시기의 어두운 그림자였습니다.

무제가 맞닥뜨린 첫 번째의 무고 사건은 그의 총애를 독차지하기 위해 금옥장교라는 말을 낳은 주인공인 진아교 황후가 무당 초복에게 사주해 일으킨 것이었습니다. 초복은 그녀의 뜻에 따라 오동나무로 인형을 만든 다음 위자부를 비롯한 총비들의 이름을 적어 넣고 밤낮으로 저주를 퍼부었습니다. 총비들이 병이 나서 아들을 낳지 못하게 해달라고 하늘에 빌었고, 총애를 얻지 못한 채 죽으라고 저주했습니다. 사건 자체를 입에만 올려도 얼굴색이 변하고 들으면 간담이 떨리는 이른바 '무고'였습니다.

물론 진아교가 빌고 빌었어도 위자부는 꽃다운 얼굴의 공주를 낳았습니다. 당연히 사건의 전모는 백일하에 드러났지요. 결국 무당 초복은 살해되고 진아교는 폐위 처분을 받았습니다.

이른바 무고는 일반인에게는 공포와 괴로움만 불러일으켰을 뿐입니다. 그러나 청년 무제에게 진아교의 무고는 제대로 날아온 펀치였습니다. 그는 그걸 새로운 사랑을 찾은 다음 새로운 황후를 세우는 핑계로 이용했으니까요.

무고, 무제의 아킬레스건

만년의 무제는 갈수록 체질이 약해졌고 몸도 갈수록 왜소해졌습니다. 무고의 마귀는 그의 마음에서 계속 용솟음쳐 나중에는 먹고 자는 것도 편하지 않았습니다. 밤마다 '누가 나를 무고로 저주하는 것이 아닌가?' 하는 생각마저 들었지요.

비극의 막은 서서히 오르기 시작해, 무제는 주위 사람들부터 손봐주기로 결정합니다.

제일 처음의 가상의 적은 전공이 탁월했던 공손오의 가족이었습니다. 원래 공손오와 위청은 어릴 적부터 친구였습니다. 사막의 전쟁터를 함께 누빈 형제와 같은 사이였고, 위청이 전횡을 일삼던 진아교 모녀에 의해 감옥에 갇혔을 때 구해준 사람도 바로 그였습니다. 그러나 의협심이 남달랐던 공손오는 태시 원년(기원전 96년) 봄 정월에 무고를 일삼았다는 부인의 혐의에 연루돼 멸족을 당합니다.

두 번째 가상의 적은 또 다른 공손 선생이었습니다. 바로 흉노와의 전쟁에서 혁혁한 공훈을 세운 명장인 공손하였습니다. 그는 그 공로로 태자의 공부를 가르치는 태자사인太子舍人이 되었고, 또 태복에 봉해지기도 했습니다. 황제의 모든 수레를 책임지는 이른바 어가대 대장이 된 겁니다. 더구나 그는 황후 위자부의 언니인 위군유의 남편이기도 했으니, 무제와는 동서 사이로 총애가 대단할 수밖에 없었습니다.

그는 수차례 흉노 토벌 전쟁에 참전하여 두 차례 후에 봉해지기도 했습니다. 그러나 그가 가장 인구에 회자되는 이유는 승상으로 임명되었다는 사실과 관계가 있습니다. 태복 2년(기원전 103년) 무제는 공손하를 승상으로 임명했습니다.

그러나 그는 전혀 기쁘지 않았습니다. 이미 무수히 많은 동료가 승상에 임명된 다음 죽임을 당한 사실을 모르지 않았던 겁니다. 그는 한 마디로 승상의 자리를 받는 것은 사신을 환영하는 것이라고 생각했습니다. 승상이 되면 단 하루도 편하게 살 수가 없을 거라고 비관적으로 판단한 거지요. 그러고는 언젠가 자신의 목숨도 잃게 될 것이라고 판단했습니다. 그래서 그는 승상의 인수(印綬, 관인官印과 이를 묶는 끈)를 받기를 거절했습니다. 땅에 머리를 조아리면서 통곡도 하는 등 주위 사람들이 다 처연하게 여겼을 정도였습니다. 하지만 무제는 개의치 않고 소매를 휘날리면서 가버렸습니다. 그러니 공손하로서는 무제의 뜻을 받들 수밖에요.

이처럼 간이 작고 겁 많은 승상이 도대체 어떻게 악독한 무고에 연루됐을까요? 횡액은 그의 아들 공손경성公孫敬聲으로 인해 비롯되었습니다. 공손경성은 아버지가 승상에 오르자 즉각 태복에 임명되었습니다. 부자가 나란히 공경의 자리에 올랐으니 일시적이나마 기염을 토한 겁니다. 문제는 공손경성이 아버지와는 판이하게 다른 사람이었다는 사실입니다. 그는 머리 나쁘고 용감한 관리의 전형이었습니다. 게다가 교만하고 사치하기까지 하며 심지어 법조차 눈에 보이지 않았습니다. 정화 원년(기원전 92년)에는 북군의 군비 1,900만 전을 횡령해 감옥에 갇힌 것도 다 그 때문이었습니다.

우리는 앞에서 북군이 수도 장안 직할의 전략 예비대라는 사실을 이미 살펴보았습니다. 장안에는 북군 외에도 성 남쪽에 남군이 있었습니다. 이 남군은 대내황궁(大內皇宮, 황제가 거처하는 궁궐 일원)의 수비를 담당했는데 이를테면 좋은 보직이었습니다. 반면 북군은 장안과 수도권의 안전을 책임지는, 다시 말해 남군에 비하면 찬밥 신세라고 할 수밖에 없었습니다. 그래서 병사들의 월급도 지급하지 못하는 경우가 많았습니다. 무제와 강충이 온갖 계략을 다 짜내 군비를 대량으로 조달했던 것은 다 이유가 있습니다. 그런데 그 소중한 군비를 일거에 그가 달랑 털어먹었으니 어찌 무제가 분노하지 않겠습니까? 공손경성의 신세는 바야흐로 바람 앞의 촛불 신세가 되었습니다.

공손하는 아들을 굉장히 사랑했습니다. 그래서 그랬을까요. 궁하면 통한다고 그는 기가 막힌 아이디어를 하나 짜냈습니다. 현상 수배범인 주안세朱安世를 체포하는 조건으로 아들의 죄를 사면받는 것이었습니다. 그리고 그는 정말 주안세를 체포했습니다. 하지만 주안세는 구세주가 아니었습니다. 오히려 폭탄 같은 존재였지요. 왜냐하면 그가 궁궐 내외와 내로라하는 권문세가 자제들의 온갖 비리를 다 알고 있었으니까요. 공손하는 그를 즉각 죽이려고 했습니다. 그때 주안세는 이렇게 외치면서 앙천대소했습니다.

"승상, 승상과 승상의 가족에게 엄청난 횡액이 닥쳐오고 있소!"

그랬습니다. 그는 공손하의 집안과 함께 자폭하는 길을 택했습니다. 주안세는 옥중에서 바로 무제에게 글을 올렸습니다. 그는 우선 공손경성과 위자부의 딸인 양석陽石공주가 사통했다는 사실을 폭로했습니다. 또 무제가 감천궁에 갔다 돌아올 때 그를 저주하는 글을 적은 나무인형을 그 길가에 묻었다고 주장했습니다. 다시 무고 사건이 터진 겁니다!

이미 연로하고 쇠약해진 무제는 더 이상 괴력난신怪力亂神의 자극을 견디지 못했습니다. 그야말로 급속도로 허물어진 거죠. 정화 2년 봄(기원전 91년) 공손하 부자는 옥중에서 사망했습니다. 이어 온 일족도 참수되었습니다.

4월에는 황후 위자부의 딸 제읍諸邑공주와 양석공주, 대장군 위청의 큰아들인 장평후長平侯 위항 역시 사건에 휘말려 들어가 하나같이 죽음을 면치 못했습니다. 같은 무고 사건이었으나 그걸 보는 눈은 처지에 따라 달랐습니다. 애매하게 유탄을 맞은 사람에게 무고는 어느 날 갑자기 찾아온 횡액이었습니다. 비탄의 한숨을 쉬지 않을 수 없었지요. 그러나 교활하기가 이를 데 없는 강충에게 무고는 최고의 기회였습니다. 그는 무고 사건이 출세로 가는 문을 찾은 것이라고 생각했는데, 그가 그렇게 적극적으로 생각한 데에는 몇 가지 이유가 있습니다.

우선 무고는 무제에게는 아킬레스건이었습니다. 어느 화창한 날, 무제는 졸다가 나무인형 수천 개가 손에 막대기를 들고 자신을 공격하는 꿈을 꿨습니다. 악몽에 놀란 그는 이때부터 몸이 옛날 같지 않다고 느껴졌는데, 정신이 혼란하고 기억력이 쇠퇴한 느낌이었습니다. 이때 무제는 이미 활시위에도 놀라는 새가 되어 있었습니다.

위황후 가족까지 무고에 연루되자 강충은 더욱 날뛰었습니다. 무고는 공손하 가족 외에도 위황후의 가족에게까지 큰 상처를 입혀 두 공주와 장평후까지 연루돼 세상을 떠났습니다. 그건 위황후와 태자의 세력이 크게 쇠퇴했다는 뜻이나 다름 없습니다.

동시에 무고는 쉽게 모함하게 만든다는 장점이 있었습니다. 무제는 확실히 일세를 풍미한 뛰어난 군주였지만, 멍청한 짓도 적잖게 했으니 당시 법적으로는 억울한 죄가 적지 않았습니다. 예컨대 복비腹誹라는 것이 그랬습니다. 법을 집행하는 곳에서 "네가 입으로는 말을 하지 않았으나 마음속으로는 그렇게 생각하고 있다는 사실을 알고 있다. 때문에 너를 죽일 수 있다"고 말하면 정말 방법이 없었습니다. 무고 역시 마찬가지였습니다. "너는 땅에 저주를 퍼붓는 나무인형을 묻었다"라고 말하면서 무제에게 까발리면 벗어날 방법이 없었습니다. 그게 진짜 땅에서 파낸 것인지 미리 준비한 것인지 누가 알겠습니까?

강충은 수차례에 걸쳐 법이라는 몽둥이를 휘둘렀습니다. 혹독하게 무제의 주변 친인척을 단속했고, 무제가 좋아할 온갖 일을 다 하면서 아부했습니다. 그의 그런 행동은 어쩌면 당연한 것이었는지도 모릅니다. 그는 무제의 수명이 얼마 남지 않았다는 사실을 분명히 간파했고 점점 불안해지기 시작했던 겁니다. 사실 그게 당연하지요. 하루아침에 태자가 등극하게 되면 그 자신이 죽임을 당하지 말라는 보장이 없었으니까요. 그래서 그는 끝까지 가기로 결정합니다.

급기야 완전히 노쇠해진 무제에게 극약처방을 내밀어야겠다는 생각까지 합니다. 그것은 태자 유거에게 무고했다는 죄를 뒤집어씌우는 것이었습니다. 무제에게 골육상잔의 아픔을 강요하겠다고 작정한 겁니다. 하기야 그로서는 태자가 낙마하면 베개를 높이 하고 잘 수 있을 테니 그렇게 결정한 것이 당연한지도 모릅니다.

무제는 말년에 더욱 미신에 몰두했습니다. 방술에 뛰어난 도사들을 극진히 예우한 것도 다 그래서였고, 자연스럽게 장안에는 도사와 무당이 갈수록 많아졌습니다. 그들은 당연히 사악한 말로 대중을 현혹했습니다. 심지어 일부 여자 무당은 궁중의 궁녀와 긴밀하게 내왕했습니다. 그때마다 그녀들은 "자신이 사는 곳에 작은 나무인형을 묻고 제때 제사를 지내면 모든 화를 피할 수 있다"라고 소리 높여 외쳤습니다. 적지 않은 궁녀가 그 말을 곧이곧대로 믿으며 동시에 그대로 따랐습니다. 그러나 궁녀들은 서로 시기와 원한 관계로 얽혀 있는 사이이기 때문에 서로서로 상대방이 무제를 저주한다고 고발해댔습니다. 무제는 그때마다 대로해 후궁의 궁녀와 조정의 관리를 대규모로 주살했으니, 아마 죽은 자만 수백여 명에 이를 것입니다.

위씨 집안은 희생자들이 많기는 했으나 이때에는 얽혀 들어가지 않았습니다. 황후와 태자의 이름은 오르내리지 않았으니 강충은 목적을 달성하지 못했습니다. 그러자 그는 무제를 이렇게 꼬드깁니다.

"폐하는 과거에 아주 건장한 몸을 자랑했습니다. 그러나 지금은 병이 잘 드는 쇠약한 몸으로 전락했습니다. 이건 누군가가 나무인형을 묻어놓고 폐하를 저주하기 때문입니다. 고목나무 같은 몸이 회춘하기를 원하시면 나무인형들을 파내고 저주한 자들을 몽땅 살해해야 합니다."

무제는 그 말을 듣기 무섭게 강충을 '무고의 옥獄'의 책임자로 임명합니다. 강충은 그야말로 날개를 달게 되었습니다. 바로 이민족 출신의 무당을 대동하고 장안의 사방을 돌아다니면서 사람들을 잡아들였습니다. 가혹한 형벌을 가한 것은 두말할 필요도 없습니다. '무고의 옥'은 급기야 전국 각지로 퍼져 나가게 되니 다시 수만 명이 목숨을 바치지 않으면 안 되었습니다.

참언의 독이 부자를 싸우게 하다

한나라의 전 강토에 백색 공포가 난무하자 강충은 때가 왔다고 생각했습니다. 바로 마지막 강력한 펀치를 내밀었습니다. 은밀하게 이민족 무당에게 "궁중에 무고의 기운이 있다"라는 말을 무제에게 하도록 시킨 겁니다. 무제는 깜짝 놀랐습니다. 즉각 강충과 환관 소문, 안도후按道侯 한열韓說, 어사 장공章贛 등 네 명을 한 조로 하는 강력 수사팀을 꾸린 다음 궁으로 들어와 수사하도록 했습니다.

강충은 우선 총애를 잃고 있었던 비빈들의 숙소를 파헤쳤습니다. 나중에는 황후, 태자의 궁전까지 손길을 뻗쳤지요. 당연히 아무리 샅샅이 파헤쳐도 증거는 하나도 나오지 않았습니다. 심지어 침대를 놓은 곳까지 파헤쳤습니다. 그러나 강충은 한바탕 땅을 파헤치고 조사를 진행한 다음 큰 소리로 이렇게 외쳤습니다.

"태자궁에서 오동나무 인형이 무수하게 많이 발견되었다. 게다가 역모를 하겠다는 글을 비단에다 썼다. 즉각 황상에게 보고해야 한다."

태자는 두려워 떨 수밖에 없었습니다. 이때 무제는 여전히 감천궁에서 피서를 즐기고 있었습니다. 목숨이 경각에 달린 태자는 소부少傅 석덕石德과 상의하게 되었는데, 그때 석덕은 태자에게 먼저 강수를 써야 한다고 적극 권고했습니다. 거병해서 강충을 사로잡자는 의미였습니다. 석덕은 심지어 이렇게 엄포를 놓습니다.

"지금으로서는 누구도 이 나무인형들이 무당이 미리 몰래 묻어놓은 것인지, 원래 궁중에 묻혀 있던 것인지 알 수 없습니다. 우선 폐하의 거짓 명령을 내려 강충 등을 사로잡아 혹독하게 심문을 해야 합니다. 그들의 간교한 음모를 밝혀내야 합니다. 그렇지 않으면 억울한 누명을 도저히 벗을 길이 없습니다. 더구나 황제께서는 지금 감천궁에서 요양하고 계시니 살아 계신지 돌아 가셨는지 알 길이 없습니다. 강충 등이 다시 간교를 부려 태자를 모함하면 어떻게 하시겠습니까? 진시황의 아들 부소扶蘇의 전철을 다시 밟으시겠습니까?"

태자는 그럼에도 결정을 내리지 못했습니다. 그저 감천궁으로 직접 찾아가 부황에게 사죄해야겠다는 생각만 했습니다. 하지만 강충은 아무 거리낌 없이 그를 거의 연금 상태로 몰아갔습니다. 몸을 빼지 못하게 한 거지요.

태자는 이처럼 막다른 골목으로 내몰리자 드디어 모험하기로 최종 결심합니다. 정화 2년(기원전 91년) 7월, 태자는 일단의 수하 무사들을 무제의 사신으로 가장시켜 강충 일당을 체포하러 보냈습니다. 안도후 한열은 미리 눈치를 채고 무제의 가짜 명령을 받들지 않았습니다. 그는 곧 무사들에게 피살되었지요. 강충 역시 사로잡혔습니다. 어사 장공과 황문 소문은 그 와중에도 몸을 피해 감천궁으로 도피했습니다. 무사들은 강충을 태자 앞으로 끌고 갔습니다. 태자는 다음과 같이 강충을 다그칩니다.

"이 조나라 도적놈아, 과거 조왕 유팽조 부자를 이간한 것으로도 모자랐다는 말이냐? 어찌 지금 다시 나와 부황을 이간질시킨다는 말인가!"

태자는 말을 끝내기가 무섭게 강충을 처형했습니다. 또 이민족 무당은 상림원에서 불을 질러 죽였습니다. 그리고 태자는 후속 조치로 절장節杖을 지닌 수하를 미앙궁으로 보내 어머니 위자부에게 죄를 청했습니다. 위자부는 그 위기의 순간에 아들을 구하기로 용단을 내렸습니다. 아무리 한나라 강산의 죄인이 되고 사랑하는 무제의 역신이 된다 해도 다시는 제 자식을 악독한 무고로 잃고 싶지 않았던 겁니다. 그녀는 궁중의 모든 거마를 징발한 다음 무기고의 문을 열었습니다. 또 장락궁의 모든 무사를 집합시켜서 적극적으로 태자를 지원하고 나선 겁니다.

한편 함께 도망을 친 소문과 장공은 감천궁에 도착하자마자 무제에게 태자가 모반했다고 고발합니다. 무제는 한참 동안 침묵을 지키다 이렇게 말합니다.

"태자는 아마도 두려웠을 것이다. 게다가 강충을 너무나 미워했다. 그래서 어리석은 일을 저질렀을지도 모른다."

그래도 아들을 위한 변명은 해주었습니다. 이어서 그는 자신을 보러 오라는 말을 전하기 위해 태자에게 측근의 환관을 보냈습니다. 그러나 환관은 태자가 자신을 죽일지도 모른다는 두려움에 밖에서만 돌다가 돌아와 버렸습니다. 당연히 그는 태자에 대해 좋게 말할 까닭이 없지요. 결국 이런 거짓말까지 했습니다.

"태자는 진짜 반란을 일으켰습니다. 소신을 죽이려고까지 했습니다. 소신은 겨우 탈출했습니다!"

무제는 대로했습니다. 그러고는 부자의 정을 진짜 끊겠다고 결심하고 맙니다.

무제는 총명한 사람이었습니다. 그 총명함으로 일세를 풍미했던 그인데, 왜 당시엔 태자가 정말 모반했다고 의심 없이 판단한 것일까요?

우선 총신 강충의 존재를 들어야겠습니다. 총감독인 강충이 없었다면 무제 부자의 비극은 기본적으로 무대에 오를 수가 없었습니다. 무제가 강충을 너무나도 신임했던 겁니다. 더구나 한때 강호에서 이리저리 휩쓸려 다니던 강충은 더 이상 '꺼지지 않는 들판의 불' 같은 잡초가 아니었습니다. 온실 속의 독화毒花였지요. 억울한 일을 당하는 것이나 한직에 밀려나는 것을 전혀 견디지 못했습니다. 그는 심지어 이렇게 생각했습니다.

'지금 내가 태자를 죽이지 못하면, 무제가 세상을 떠나는 날 나는 반드시 죽는다.'

결론적으로 강충이 태자를 박해한 것은 오히려 내심이 몹시 허약한 탓 아닐까요?

태자가 총애를 잃은 것 역시 이유로 부족함이 없습니다. 태자가 총애를 잃지 않았다면 무제 부자의 비극은 아마도 원동력을 잃고 말았을 겁니다. 여기에 태자의 어머니 위자부가 나이가 들어 총애를 잃은 불행까지 겹친 데다가 태자와 무제는 정견이 일치하지 않았습니다. 부자의 관계는 이미 극도로 위험한 단계에 이르렀지요. 이렇게 됐으니 눈을 감고 귀를 막은 노인 황제가 태자를 더 이상 애지중지하는 것은 불가능했습니다. 그 결과 엄청난 판단 착오를 저질렀을 뿐 아니라 그 처리도 더 가혹해졌습니다.

측근들이 거짓말을 일삼은 사실도 거론해야 합니다. 무제가 파견한 환관이 정말 태자를 만나 그의 의도를 설명했다면 상황은 달라질 수 있었습니다. 태자가 부황에게 직접 진상을 설명할 기회를 가졌다면 비극은 피할 수 있었을 겁니다. 실제로 "태자가 반란을 일으켰다"라는 말을 들었을 때 무제가 보인 첫 반응은 "태자가 병이 위중하니 어의를 보내야 한다"라는 말이었습니다. 그는 아버지로서 태자에 대해 '아들은 절대로 법을 어기거나 하늘에 부끄러울 일을 할 사람이 아니다'라는 기본적인 판단을 하고 있었을 겁니다.

하지만 애석하게도 무제가 태자에게 보낸 환관은 간이 무척이나 작았거나, 어떻게 보면 간이 너무 컸던 건 아닐까 싶습니다. 간이 작았다는 것은 태자를 만나 무제의 뜻을 전달할 용기가 없었다는 것이고, 간이 컸다는 것은 함부로 태자가 반란을 일으켰다고 거짓말을 지어냈다는 얘기입니다.

장안에서는 유언비어가 난무했습니다. 승상 유굴모劉屈氂는 태자가 모반했다는 얘기를 전해 듣고는 황급히 성 밖으로 도망을 쳤습니다. 그는 그 과정에서 승상의 대인大印을 잃어버리기도 했지요. 수하의 장사長史에게 말을 타고 감천궁으로 가서 무제에게 보고하라는 명령을 내린 것이 신기할 정도였습니다.

원래 세 사람이 모이면 호랑이가 나타났다는 거짓말을 할 수 있습니다. 그런데 네 번째 사람까지 태자가 모반했다고 통보를 했으니 결국 어떻게 됐겠습니까? 거짓말이 진실이 된 겁니다. 후세 사람들은 이 '무고의 화'에 대해 무제가 너무 냉혹하고 인정머리 없었다고 원망합니다. 그러나 누가 과연 아들이 모반했다는 사실을 듣고 분노하는 늙고 병든 아버지의 마음을 이해할 수 있을까요! 아무튼 무제는 승상이 보낸 장사에게 이렇게 묻습니다.

"승상은 이 일을 어떻게 처리하려고 하는가?"

장사는 이렇게 대답합니다.

"승상은 이미 소문을 봉쇄했습니다. 그러나 감히 반란을 진압할 생각은 하지 못했습니다."

무제는 대로해서 이렇게 고함을 칩니다.

"사태가 이 지경이 됐는데도 승상은 여전히 체면과 품위만 따지는가! 유교에서 강조하는 우아함을 따지면 어찌 주공周公과 비교될 수가 있겠는가! 주공은 반란을 일으킨 동생 관숙管叔과 채숙蔡叔을 토벌했다. 그러나 승상은 반란을 좌시하고 처리할 생각도 하지 않고 있지 않은가?"

무제는 병든 몸도 돌아보지 않고 감천궁에서 장안으로 돌아왔습니다. 이어 친히 반란 진압을 진두지휘할 장안의 서쪽으로 향했습니다. 또 장안 인근 각 현의 병사를 전부 징발하라고 조서를 내렸고, 각 지역의 녹봉 2,000석 이하의 관리들은 승상의 통솔을 받도록 했습니다. 무제는 반란을 진압할 병사를 모두 모은 자리에서 자신의 확고한 의지를 밝힙니다.

"누구라도 전력을 다해 역적을 생포하거나 죽이면 짐이 큰 상을 내리겠다!"

그는 "우거牛車를 동원해 진을 연결하고 성문을 견고하게 닫아라. 한 놈의 반란군도 살려 보내지 말라!"고 지시하면서 작전 진영까지 직접 기획했습니다. 그리고 무제는 진압군의 진영이 제대로 갖춰지자 즉각 이렇게 비장하게 선포합니다.

"태자 유거는 더 이상 내 아들이 아니다. 한나라의 적이다!"

그렇다면 태자는 어떻게 대응하고 있었을까요? 그는 우선 백관들에게 이렇게 말하면서 병력 동원의 합법성을 강조했습니다.

"황상은 병환이 깊어 감천궁에서 거의 연금 상태에 있다. 변고가 일어났는지도 모른다. 그러나 간신 강충은 이미 반란을 일으켰다."

그는 또 무제의 거짓 명령을 전달해 장안의 죄수들을 석방시킨 다음 무기를 나누어주었습니다. 승상의 군대에 저항할 그들은 소부 석덕과 태자의 측근 문객인 장광張光이 지휘하게 되었습니다. 이뿐만이 아니었습니다. 태자는 절장을 휴대한 사신을 장수長水와 선곡宣曲에 주둔하고 있던 호족胡族의 기병군단에 보내 그들까지 동원하려고 했던 겁니다. 그러나 그는 무제의 시랑이 그들에게 달려가 "태자의 절장은 진짜가 아니다. 그의 명령을 들으면 안 된다"고 말할 줄은 꿈에도 생각하지 못했습니다. 원래 한나라의 절장은 순적색이었는데, 태자의 사자가 휴대한 것도 이 적색이었기 때문입니다. 그러나 무제는 위조를 방지하기 위해 그 위에다 황색의 끈을 달아놓았으니, 결국 태자의 사자는 즉각 참수되고 말았지요. 호족 기병군단의 창끝은 졸지에 태자의 군대를 향하게 되었습니다.

초조해진 태자는 당시 북군의 호군사자護軍使者로 있던 사마천의 친구 임안을 떠올렸습니다. 즉각 그에게 북군의 정예 병력을 보내 지원해달라고 간절하게 요청했습니다. 그러나 임안은 부자의 이전투구에 뛰어들고 싶은 생각이 별로 없었습니다.

사실 임안은 상당히 난처했습니다. 태자를 도왔다가 실패하면 그 이후 벌어질 상황은 분명했습니다. 같은 반란군으로 몰려 사형될 것이 뻔했고, 또 돕지 않으면 태자가 억울하게 죽은 다음 명예가 회복되면 죽음을 면치 못할 가능성이 높았습니다. 관료로서의 부침이라는 것은 원래 자신의 마음대로 되지 않는 법입니다. 그 속에 들어가 본 사람만이 그 쓴맛과 단맛을 알게 되지요.

고심 끝에 내린 임안의 선택은, 태자가 보낸 절장은 받되 출병은 하지 않는 것이었습니다. 그러나 무제는 나중에 그의 고충을 헤아리지 않고 그가 양다리를 걸쳤다고 판단했습니다. 조정에 두 마음을 가지고 있었다고 판단한 겁니다. 그는 결국 죽음을 면치 못했습니다.

태자는 정규군이 움직이지 않자 도리 없이 민병을 모집했습니다. 장안의 백성은 강충이 일으킨 '무고의 화'에 너나 할 것 없이 큰 피해를 입은 사람들이었습니다. 그런 상황에서 태자가 강충을 죽였다는 소리를 듣게 되니 당연히 태자의 어려움을 도우려고 모였습니다. 태자는 그런 병력으로 승상의 정규군 대군과 맞섰습니다. 전투는 무려 닷새 동안이나 벌어져 그 과정에서 5만여 명이 희생되었고 장안은 완전히 피바다로 변했습니다. 시체가 들을 가득 메울 정도였지요.

태자를 돕기 위해 창을 든 장안의 백성은 나중에 무제가 반포한 포고령을 들었습니다. 그제야 그들은 비로소 태자가 반란을 일으켰다는 사실을 알게 되지요. 창을 내려놓고 흩어진 것은 당연한 귀결이었습니다.

태자가 거병에 실패한 것은 너무나도 당연했습니다. 무엇보다 태자의 수중에는 병권이 없었으니까요.

우리는 양측의 전투를 바라만 보고 있던 임안을 떠올릴 수 있습니다. 그는 일찍이 위청의 부하로 활약했음에도 상황을 수수방관만 했습니다. 태자가 병권을 쥐고 있었다면 그는 칼을 빼들고 돕지 않았을까요? 아니었다고 말하기가 어렵습니다.

무제가 친히 반란을 평정한 것도 태자의 실패와 직결됩니다. 무제는 비록 나이가 많고 병든 몸이었으나 전체 정국을 장악하는 능력이 태자와는 비교가 되지 않았습니다. 바로 이 때문에 장안의 백성은 태자가 "반란을 일으켰다"라고 무제가 선포하자 더 이상 그를 돕지 않았습니다. 그러니 그의 패배는 필연적일 수밖에요.

거병에 실패한 태자에게 다행히도 도망칠 수 있는 기회가 생겼습니다. 그날 밤 성문을 지키는 숙직 담당 고위관료는 사직(司直, 승상을 도와 문무백관의 불법을 사찰하는 관직)인 전인田仁이었습니다. 당연히 성문을 지키던 병사들은 모두 그의 명령만 기다렸지만 막상 그는 아무 말도 하지 않았습니다. 결국 시간이 흘러 성문이 열리자 태자는 두 아들을 안은 채 말을 몰고 성을 떠났습니다. 전인은 태자에게 살 길을 열어주면 자신이 죽음으로 내몰릴 것이라는 사실을 모르지 않았습니다. 과연 얼마 후 승상 유굴모가 나타나 전인의 목을 베려고 하자 그때 어사대부 폭승지가 이렇게 유굴모를 말립니다.

"전인은 녹봉 2,000석을 받는 고위관리입니다. 그를 죽이려면 황상에게 먼저 주청을 올려야 합니다. 어찌 함부로 죽일 수가 있겠습니까? 고충이 있었을 겁니다."

아마도 전인은 무제가 아들을 죽인 다음 후회할 것을 우려했을 겁니다. 마찬가지로 폭승지도 승상이 무고하게 전인을 죽였다가 후에 추궁을 당할 것을 우려했습니다. 하기야 국외자의 입장에서 볼 때, 부자가 서로 싸우는 것은 둘 다 망하는 것일 수밖에 없으니까요. 그러나 무제는 전혀 그렇지 않았습니다. 폭승지가 자신의 입장을 오만하게 주장했다고 욕하면서 그를 하옥시켰습니다. 폭승지는 옥중에서 그만 자살하고 맙니다.

반란은 평정됐으나 살육은 멈추지 않았습니다. 전인은 결국 죽임을 당했고, 임안은 허리가 잘려 죽는 형벌을 당했습니다. 그는 특히 생전에 친한 친구였던 사마천에게 옥중에서 몇 번이나 편지를 썼습니다. 무제 앞에서 '현명한 인재를 추천'해 사형을 면하게 해달라고 부탁하려고 했던 겁니다. 그러나 사마천은 회답이 없었습니다. 그러다 죽기 직전 그는 사마천의 편지를 받게 되는데 그 내용은 다음과 같았습니다.

'지금 소경(少卿, 임안의 호)께서는 불미스런 죄를 지은 지 한 달이 지났습니다. 곧 겨울도 돌아옵니다. 그러나 저는 황상을 따라 또 옹雍 땅으로 가지 않으면 안 됩니다. 저는 혹시라도 소경께서 갑자기 세상을 떠나지 않을까 매우 근심이 됩니다. 그러면 저는 소경에게 저의 억울함을 토로할 길이 없게 됩니다. 또 소경의 혼백 역시 한을 품고 구천을 떠돌 겁니다.'

구구절절이 피눈물 나는 내용이었습니다. 서로를 아끼는 정이 넘치는 편지 아닙니까? 2천 년 전의 군자의 사귐, 생사를 초월하는 우정이 확연하게 드러나지요.

태자로 인한 피해는 임안만 입은 것이 아니었습니다. 태자의 문객 중에서도 적지 않은 이들이 태자궁에 빈번히 출입했다는 이유로 주살당했습니다. 또 태자를 따라 거병한 이들 역시 모반죄로 일족이 멸문지화를 당했습니다. 태자에 의해 협박을 당해 거병한 보통 병사도 불이익을 감수하지 않으면 안 되었는데, 바로 변경 지대인 돈황군敦煌郡의 수비대로 모조리 보내졌습니다.

황후 위자부에게도 무제와의 인연을 끊는 날이 다가왔습니다. 우선 무제가 측근을 미앙궁으로 보내 황후의 인수印綬를 몰수하라고 명했습니다. 위자부는 그 말을 듣자 즉각 궁전의 대들보에 목을 매 자살하고 말지요.

생사가 엇갈려 바둑을 두지 못하다

반란을 일으키고 도망을 간 아들에 대한 무제의 노여움은 수많은 피를 보고서도 식지 않았습니다. 따라서 군신들은 전전긍긍해야만 했습니다.

이런 분위기 때문인지 바로 호관(壺關, 지금의 산시성 후관현)의 삼로(三老, 교화를 관장하는 직위)인 영호무令狐茂가 죽음을 무릅쓰고 무제에게 글을 올렸습니다. 그는 그 글에서 다섯 가지를 강조했습니다.

우선 황태자와 무제의 부자 관계는 지극히 친밀한 관계이기 때문에 세상의 다른 어떤 것과도 비교할 수 없다는 사실을 강조했습니다. 또 빌빌거리는 건달로 있다가 출세한 강충이 무제의 명령을 빙자해 태자를 박해했다고 주장했습니다. 뿐만 아니라 태자가 강충의 박해를 받으면서도 부황과 원활하게 소통하지 못한 것에 대해서도 언급했는데, 다시 말해 참다못해 거병하여 강충을 죽였으나 결국은 패해 도망갔다는 사연을 적어놓았지요. 아들이 아버지의 병력을 훔쳐 스스로 살 길을 찾았다고도 했습니다. 나쁜 뜻은 없다는 얘기인거죠. 마지막으로 영호무는 빨리 추격병을 거둬들이라고 권했습니다. 그래야 태자가 장기적인 도망자 생활을 하지 않을 수 있다고 주장했습니다.

영호무의 주장은 두 가지로 집약될 수 있습니다. 하나는 태자가 거병해 강충을 살해한 데 대한 인식이었습니다. 다른 하나는 무제에게 빨리 태자에 대한 추격을 중지하라고 부탁하는 것이었습니다. 모두가 인정과 사리에 합당한 말이었고, 진정이 넘쳤습니다.

영호무는 무제 말년에 당당하게 옳은 말을 한 몇 안 되는 사람 중 한 명입니다. 모든 사람들이 마음속에는 있지만 입으로는 내뱉지 못한 솔직한 말을 한 사람이지요. 당시 조정의 문무백관 중에서 태자가 억울한 누명을 뒤집어쓴 사실을 모르는 사람은 없었습니다. 그러나 누구 하나 감히 나서서 말하는 사람이 없었으니, 영호무로서는 엄청난 모험을 한 셈입니다.

무제는 영호무의 글을 보고 크게 깨달았습니다. 하지만 공개적으로 태자를 사면한다고 말하고 싶진 않았습니다. 갑자기 기존 입장을 변경한다는 것은 어려운 일이었으니까요. 군주는 군주다워야 하고 신하는 신하다워야 한다, 아버지는 아버지다워야 하고 아들은 아들다워야 한다는 말이 있습니다. 그런데 아버지로서 먼저 잘못을 인정할 수 있겠습니까?

그러나 무제가 사면하는 시간을 늦출수록 태자의 위험은 더욱 커졌습니다. 역사는 기본적으로 어느 개인이 우물거린다고 해서 발전 과정을 멈추지 않습니다. 무제가 마음을 정하지 못하고 망설이고 있을 때 비보가 날아들었습니다. 태자가 자살했다는 비보였습니다.

태자는 원래 호현(湖縣, 지금의 허난성 링바오현靈寶縣 서북쪽)으로 도망을 가 어느 민가에 숨었습니다. 집 주인은 가난했지만 대단히 착한 사람이었는지 자신의 신발을 팔아 그를 접대했을 정도입니다. 어느 날 태자는 불현듯 돈을 많이 번 것으로 소문난 호현 출신의 옛 친구를 떠올렸습니다. 그가 자신을 도와준다면 은인의 부담을 덜어줄 수 있을 것이라는 소박한 생각을 한 겁니다.

그러나 누가 알았을까요? 그의 소식을 전하러 간 사람이 그만 현지의 관청 사람들에게 행적을 들켜버리고 말았습니다. 8월 어느 날이었지요. 관청에서 보낸 병사들이 태자를 생포하려고 포위했습니다. 태자는 도저히 달아날 수 없음을 절감했습니다. 그는 즉각 문을 닫고 목을 매 자살하고 말았습니다. 그를 숨겨준 집 주인은 끝까지 의리를 지키고자 그를 보호하기 위해 병사들과 격투를 벌이다 그만 피살되고 말았습니다. 태자의 두 아들도 이때 모두 불행을 당했지요.

당시 산양현山陽縣 출신인 장부창張富昌이라는 남자는 일개 병사에 불과했습니다. 그는 태자가 목을 매자 바로 문을 발로 차 열었습니다. 이어 신안령사新安令史 이수李壽가 쏜살같이 방으로 뛰어 들어가 태자를 끌어내려 구하려 했습니다. 그러나 태자는 이미 절명한 상태였습니다. 무제는 태자를 구하지는 못했으나 두 사람의 행동에 대단히 감격해하며 나중에 둘을 각각 후로 봉했습니다.

자신의 안전을 바라는 무제의 마음은 '무고'라는 먹구름 아래에서는 일반 백성과 하나 다를 바 없었습니다. 그러나 그는 육체적으로는 국가의 역량을 총동원해 자신의 아들을 포함한 어떤 잠재적인 적도 물리칠 수 있는 사람이었습니다. 그 점에서는 확실히 일반 백성과 크게 다르지요. 하지만 사랑하는 아들을 죽인 실수는 정말로 통절하기 짝이 없습니다.

유거가 세상을 떠남으로써 다시 태자의 자리를 두고 새로운 각축전이 벌어집니다. 무제는 이 어려운 난제에 어떻게 대응할까요?

생애 최후의 사명

무고의 화가 일어난 이후 무제는 세 가지 어려운 문제에 봉착했습니다. 하나는 태자의 모반 사건과 관련한 원만한 뒤처리였고, 두 번째는 그로 인해 영향을 받을 수밖에 없었던 내정内政을 어떻게 잘 조정하느냐 하는 것이었지요. 세 번째 난제는 모두가 연결되는 것이었습니다. 자칫 잘못하다가는 전체가 일거에 혼란에 봉착하지 말라는 법이 없었습니다. 무제는 아들을 잃은 고통, 결과적으로 아들을 살해한 데 따른 회한을 어떻게 극복하고 생애 최후의 사명을 완성했을까요?

꿈에서 비로소 깨어나다

여태자(선제宣帝 즉위 후 유거의 시호를 '여'라고 했음. 이 때문에 역사에서는 그를 여태자라고 함) 사후, 무제는 철저하게 '무고의 옥'에 대해 조사했습니다. 수많았던 검거, 잇따른 저주와 피비린내 나는 사건과 관계된 음산한 공포, 깜짝 놀랄 소문 등은 하나씩 추적하자 거의 다 거짓이었습니다. 무제의 후회로 인한 고통은 억울한 사건들이 많아질수록 더욱 커져만 갔습니다. 더구나 태자는 너무나도 억울했습니다. 결코 모반할 뜻이 없었던 겁니다! 무제는 아들의 사건을 재평가해 억울함을 풀어주고 싶었습니다. 그러나 대책이 보이지 않았습니다.

그러던 정화 3년(기원전 90년) 9월에 고침랑(高寢郞, 유방의 능을 관리하는 관리) 전천추田千秋가 태자의 억울함을 호소하기 위해 긴급 상소를 올렸습니다. 전천추가 올린 상소의 내용은 간단히 딱 세 가지였습니다.

첫 번째는 아들이 아버지의 군대를 도용한 것은 기껏해야 한 대 때릴 정도의 잘못이라는 내용이었습니다. 두 번째는 황제의 아들이 과오로 사람을 죽인 게 무슨 죄에 해당하는가 하는 내용입니다. 마지막은 자신의 꿈에 웬 백발의 노인이 나타나 자신에게 그렇게 말하라고 시켰다는 것이었습니다.

무제의 말년에 맨 처음 의롭게 견해를 올린 사람은 영호무로, 그는 죽음을 두려워하지 않고 태자를 사면해야 한다고 주장했습니다. 그 다음이 바로 이 황제의 능을 지키는 미관말직의 전천추였습니다. 그렇다면 정치의 중심에서 멀리 떨어진 사람들만이 사건의 진상을 똑바로 볼 수 있었을까요? 물론 아닙니다. 하지만 바른 말을 하는 사람이 없다는 것은 바른 말을 듣고자 하는 사람이 없다는 사실을 뜻합니다. 말년에 이르자 무제는 마치 그의 몸처럼 마음도 눈에 띄게 쇠약해져 남의 말 듣기를 참으로 귀찮게 여겼습니다.

그러나 전천추의 말에는 분명한 메시지가 있었습니다. 아들이 아버지의 군대를 도용한 것은 죄가 아니다, 태자가 사람을 잘못 살해한 것은 죄가 아니다, 이것은 신인神人의 뜻이다…… 대략 그런 메시지였습니다. 전천추의 목숨을 날려버릴지도 모를 위험을 무릅쓴 그 모험적인 말은 완전히 당의정이었습니다. 유익했을 뿐 아니라 무제의 귀에도 거슬리지 않았던 거지요.

특히 "신은 이렇게 말하라고 한 백발의 노인을 꿈에서 보았습니다"라는 말은 더욱 그러한 특징을 보여줍니다. 원래 무제는 신선이나 방술을 좋아하는 군주가 아닙니까. 그렇다면 이 신인의 출현은 예사로운 일이 아니었습니다. 전천추는 고조 유방의 능을 관리하는 관원이었으니 유추해보면 그가 꿈에서 본 기인은 의심할 것도 없이 유방이 아닐까요? 동시에 전천추는 평민의 마음으로 제왕의 일을 보았습니다. 태자가 모반한 것을 담담하게 아들이 아버지의 군대를 잠시 도용한 것이라고 말하며, 이는 그저 볼기 한 대 맞을 짓을 했다는 것으로 결론짓습니다.

이제 대책이 갑작스레 많아진 것이 아니겠습니까! 무제는 전천추의 주장을 읽은 다음 즉각 그를 불렀습니다. 그러고는 이렇게 말합니다.

"부자지간의 일은 다른 사람이 정말 끼어들기 힘들다. 그럼에도 그대는 그 속의 곡절을 아는 것 같다. 또 고조의 신령은 나에게 그렇게 말하라고 그대에게 명령했다. 때문에 그대는 나를 보좌해야 한다."

이후 전천추는 정으로 사람을 헤아리는 면모 때문에 빠르게 무제의 신임을 얻었습니다.

무제는 내친김에 세 가지 결정도 내렸습니다. 우선 전천추를 대홍로(大鴻臚, 제후국과 소수민족 문제 담당 고위관리)에 임명했습니다. 그리고 강충의 일족을 완전히 주살합니다. 무제의 감천궁으로 달려와 태자가 반란을 일으켰다고 알린 환관 소문도 불태워 죽일 뿐 아니라, 태자를 자살하게 만든 후 각종의 상을 받은 이들 역시 주살합니다. 마지막으로 사자궁思子宮과 망사대望思臺를 지으라고 명합니다.

전천추의 상서는 이로써 정식으로 여태자를 재평가하는 역사의 서막을 열었습니다. 무제는 후회막급인 자기 심정을 태자가 승상과의 싸움에서 패한 장안에 사자궁을 세우는 것으로 달랬습니다. 또 태자가 도망가서 자살한 호현에는 아버지에게 돌아오려 했다는 의미의 누대인 '귀래망사지대歸來望思之臺'도 세웠습니다.

그러나 세상 사람들이 모두 안타까움을 느꼈을 정도로 뒤늦은 감이 보입니다. 세상에서 제일 귀한 것은 도대체 무엇일까요? 이미 잃어버린 것이나 영원히 얻지 못하는 게 아닐까요? 40년 전 당당한 영웅의 풍모가 넘쳤던 무제는 큰아들 유거를 얻고 그야말로 미칠 듯 기뻐했습니다. 뭇 신에게 제사를 지내고 전국에 대 사면령을 내렸습니다. 마치 귀중한 보배를 얻은 듯했지요. 그러나 장안의 서쪽에서 진압군을 지휘했을 때 그는 성문을 굳게 닫고 단 한 명도 살려 보내지 말라고 분노를 터뜨렸습니다. 또 그가 보낸 승상의 정규군이 막다른 골목에 몰린 태자의 평민 부대를 만났을 때는 봉화가 하늘로 치솟았습니다. 피가 바다를 이루었습니다. 자존심 때문에 그가 결정을 내리지 못하고 망설일 때는 어땠나요? 태자를 체포하러 나선 병사들이 태자가 마지막으로 몸을 숨긴 가난한 어느 백성의 집 주위를 겹겹이 에워쌌습니다······.

한때의 보배는 풀이 되어버렸습니다. 그것도 잡초가 되었지요. 그가 급하게 제거하려고 하자 정말 눈 깜짝할 사이에 사라져버리고 말았습니다. 그는 언젠가는 후회할 것이라는 걸 몰랐을까요. 이에 대해서는 후세에 많은 사람들이 한숨을 토해내면서 적지 않은 명문을 남겼습니다. 이중 당나라 문인들이 지은 네 편의 「망사대」를 감상해보겠습니다.

먼저 호증胡曾의 작품입니다.

태자가 원한을 품고 가서 돌아오지 않으니,
높은 곳을 바라보고 망사대를 헛되이 쌓았구나.

지금 무제의 혼이 사라진 곳에는,
비감한 바람만 나무 위에 부는도다.

이산보李山甫의 작품 역시 구구절절 가슴을 저리게 만듭니다.

어리석은 황제 아버지는 죽어 돌아오지 않으니,
넓은 평지에는 높은 대를 쌓았구나.
아홉 층이나 되는 누런 흙은 도대체 무슨 물건인가,
날려 사라지는 곳을 향해 원한이 오는구나.

왕준汪遵은 무제의 한심한 작태를 여지없이 비판하기도 했습니다.

국가를 걱정하지 않고 간신에게 맡기니,
살과 뼈가 뒤섞여 전혀 생면부지의 사람이 되고 말았어라,
무고의 일은 그 원한을 씻기 어려우니,
구 층을 헛되이 쌓아 무슨 필요가 있으랴.

정환고鄭還古의 비분강개도 만만치 않았습니다.

참언은 능히 골육을 분리시킬 수 있고,
간신의 마음은 예측하기 어려우니 슬프구나.
강충의 유골을 공연히 파내,
먼지를 날리면서 망사대에 제사를 지낸들 무엇하리.

온힘을 다해 개혁에 나서다

아들을 잃은 비통함으로 급기야 무제는 자신의 일생을 돌아보게 되었습니다. 정화 4년(기원전 89년) 그는 거정(鉅定, 지금의 산둥성 광라오현廣饒縣 북쪽)을 시찰했습니다. 그것도 그냥 시찰한 것이 아니라 직접 밭을 갈면서 말이죠. 농업을 중시한다는 확실한 입장을 보인 겁니다. 또 돌아오는 길에는 태산에 제사를 지내고 천지에 가르침을 구했습니다. 이때 그는 군신들에게 이렇게 약속했습니다.

"짐은 황제 자리를 이은 이후 황당하고 미친 짓을 무척이나 많이 했다. 그로 인해 천하의 창생들을 고생시켰다. 후회막급이다. 앞으로는 백성을 피곤하게 하고 재산에 손해가 나게 하는 일은 일률적으로 폐지하겠다."

무제의 목숨은 태자 사건에 대한 재평가를 할 때 이미 카운트다운에 들어갔다고 하겠습니다. 따라서 그가 직접 밭을 갈고 자아비판을 한 것은 국책에 대한 중대한 조정을 진행하겠다는 신호라고 해도 과언이 아니었습니다.

이 신호를 가장 먼저 이해한 사람은 말할 것도 없이 누구보다도 감이 뛰어난 전천추였습니다. 이해 3월 그는 상서를 올려 이렇게 대대적인 개혁을 건의합니다.

"신선에 관한 일을 말하는 방사들이 너무나도 많을 뿐 아니라 특별한 효과도 없습니다. 소신은 그들을 파면하고 쫓아버리기를 바랍니다."

무제는 고개를 끄덕였습니다. 즉각 자칭 신선과 방사라고 자처한 인사들을 해산시켰습니다. 이후 그는 군신을 대할 때마다 한숨을 내쉬면서 이렇게 말하곤 했습니다.

"과거 나는 매우 우둔하여 방사들에게 사기를 당했다. 천하에 어디 신선이 있을 수 있다는 말인가. 모두 말도 안 되는 소리다! 음식을 절제하고 단약(丹藥, 도교에서 이른바 불사약으로 일컬어지는 선약仙藥. 연금술로 만 듦)을 복용하는 것은 그저 병들지 않는 데 조금 도움이 될 뿐이다."

얼마 뒤인 6월, 무제는 전천추를 승상으로 임명하고 더불어 그를 부민 후富民侯로 봉했습니다. 전천추의 출현은 거의 기적이라고 해도 좋았습니다. 그의 출현은 무제의 무지몽매하고도 허약한 말년에 적지 않은 광채를 더해주었고, 더구나 그는 회한에 몸부림치는 무제의 심리에 부응해 태자를 복권시켰습니다. 또 무제가 방사들을 해산시키는 중대한 조치까지 시행토록 만들었지요.

그는 무제 때에 많이 등용된 유가의 선비 출신이 아니었습니다. 특별한 정치적 소양도 없었으니, 그런 비바람 몰아치는 특수한 시대가 아니었다면 고조의 영혼을 벗 삼아 평생을 늙어갔을지도 모릅니다. 하지만 '재능'은 절대적인 것이 아닙니다. 천시(天時, 하늘의 때)와 지리(地利, 지리적 이점)가 맞으면 '재능'도 저절로 생겨나는 법이지요. 고조의 능을 지키던 이 평범한 노인은 태자를 복권시킨 선구자만이 아니었습니다. 무제가 말년에 자아비판을 하도록 만든 전환점을 제공해준 사람이었습니다. 그건 무제가 집행했던 오랫동안의 정책이 조정기에 들어간다는 사실을 뜻하기도 했습니다.

전천추는 이후 무제 말년에 가장 빨리 발탁되고 가장 신임받는 승상이 되었습니다. 나아가 무제 시대 13명의 승상 중 가장 마지막 승상이기도 했습니다.

정화 4년(기원전 89년) 수속도위搜粟都尉로 있던 상홍양桑弘羊 등은 무제에게 특별한 건의를 했습니다. 병력을 서역의 윤대(지금의 신장위구르자치구 룬타이현輪臺縣)에 보내 둔간수변(屯墾戍邊, 군부대가 국경 일선에서 둔간을 갈면서 국경 수비에 나서는 것을 의미함)에 나설 것을 제안한 겁니다. 상홍양은 무제가 가장 신임하는 재정 대신으로서, 그가 무엇을 제안하면 무제는 일단 중요하게 생각하고 받아들였습니다. 그러나 이때 무제는 그의 건의를 받아들이지 않았을 뿐 아니라 이를 기화로 조서 하나를 내렸습니다. 이 조서는 윤대의 둔간과 관련해 나온 것이었으므로 역사에서는 「윤대죄기조」라 불립니다.

'죄기조'는 무제가 자신의 잘못을 인정하는 조서였습니다. 다시 말해 무제의 자아비판인 셈이지요. 주요 내용은 네 가지입니다.

첫째, 윤대의 둔간수변을 허락하지 않는다.

둘째, 자신의 즉위 이후 실시한 허다한 정책이 백성에게 고통을 준 것에 대해 내심으로 매우 후회한다.

셋째, 향후 백성에게 부담을 주는 정책은 엄금하겠다.

넷째, 생산력을 회복하는 각종 조치를 실시하겠다.

이 조서는 중국 역사상 황제가 한 최초의 자아비판이었습니다. 당연히 한나라뿐 아니라 전체 중국 역사에 지대한 영향을 미쳤습니다.

무제는 실제 그의 조서대로 이때부터 더 이상 출병하지 않았고, 오로지 온 정열을 다 기울여 국가의 건설에만 매진했습니다. 국가를 발전시키는 데에만 눈을 돌린 겁니다. 따라서 「윤대죄기조」의 반포는 무제 말년의 정책에 근본적인 전환이 발생했다는 사실을 의미했습니다. 거의 매년 쉬지 않고 이어졌던 정벌 전쟁을 중지하고 정책의 중심을 농업 생산 발전에 둔다는 것을 뜻했습니다. 더불어 백성의 부담을 줄이고 백성의 전체적인 역량을 끌어올리겠다는 의지이기도 했습니다. 다시 말해 백성을 해치고 백성의 재산을 낭비하는 일은 일절 하지 않겠다는 의지였습니다.

이 정치적인 개혁은 당연히 위기 국면으로 치닫던 당시의 정세를 만회하는 데에 큰 도움이 되었습니다. 무제가 "진나라를 망하게 한 것 같은 잘못은 있었으나 진나라를 망하게 한 것과 같은 실책은 없었다"라는 평가를 듣는 것은 아마도 이런 이유 때문인 듯합니다.

최고 권력자의 '죄기조' 전통은 사실 아주 오래전부터 중국에 있었습니다. 『좌전』 가운데 「장공십일년莊公十一年」의 기록을 보면 알 수 있습니다.

'우禹와 탕湯은 자신의 죄를 질책했다. 그들의 발전은 누구도 막지 못할 정도로 신속했다. 반면 걸桀과 주紂는 다른 사람을 죄가 있다고 질책했다. 그들의 멸망은 눈 깜짝할 정도로 신속했다.'

그러나 지금 우와 탕이 자신의 죄를 어떻게 질책했는지에 대한 기록은 보존되어 있지 않습니다. 문헌 기록으로는 무제가 '죄기조'로 자신을 비판한 최초의 황제가 되는 겁니다. 유아독존의 황제였던 무제의 말 한마디의 무게는 실로 억만금과 같았습니다. 그런 사람이 의연하게 천하를 상대로 자신의 '덕'에 과오가 있었다고 고백했습니다. '재능'에도 실책이 있었다는 사실을 숨기지 않았습니다. 너무나도 후회스럽다는 가슴 저 깊숙한 말까지 했습니다.

따라서 「윤대죄기조」는 담담한 비극의 분위기가 물씬 풍깁니다. 물론 봉건 통치 시대의 '죄기조'는 종종 인심을 얻기 위한 수단으로 쓰이기도 했습니다. 선량한 보통 사람들은 그 비극에 마음이 움직여 감동하고는 했으니까요. 하지만 아무리 그렇더라도 자신의 죄를 비판한다는 것, 더구나 자신의 과실을 세상의 여론으로 삼는다는 것은 큰 지혜이고 용기 아니겠습니까.

주변을 정리해 탁고할 사람을 얻다

무제는 원봉 5년(기원전 106년)에 벌인 흉노와의 전쟁에서 이부인의 큰 오빠 이광리를 중용했습니다. 이에 대해 어떤 청나라의 인사는 다음과 같은 명언을 남겼습니다.

"무제 당시 대장 세 사람은 모두 내부 인척에서 나왔다."

세 대장은 다름 아닌 위청과 곽거병, 이광리입니다. 이중 이광리의 관운이 하늘을 뚫을 기세를 보인 것은 그 자신의 하드웨어가 대단히 좋았기 때문입니다. 여동생인 이부인은 무제가 가장 총애했던 여자였으니까요. 그러나 그는 소프트웨어는 형편없었습니다. 위청이나 곽거병의 군사적 능력에 한참 못 미쳤으니까요.

정화 3년(기원전 90년) 흉노가 대대적으로 침략해왔습니다. 이사장군 이광리는 이때 다른 두 장군과 함께 대장군으로서 출정했습니다. 이 출병 직전에 그는 누군가와 대화를 나눴습니다. 그건 그를 불귀의 객으로 만드는 대화였습니다.

그가 출정하기 전에 대화를 나눈 상대는 바로 승상 유굴모였습니다. 석별의 정을 나누는 사사로운 대화였으나 내용은 대단했습니다. 창읍왕을 태자로 세울 수 있도록 그가 유굴모에게 도움을 요청한 대화였으니까요. 창읍왕은 이부인의 아들이자 이광리의 외조카였습니다. 또 승상은 이광리와 사돈관계였지요. 영욕이 서로 연결될 수밖에 없는, 한 배를 탄 관계였습니다. 당시 태자의 자리는 여태자 유거가 세상을 떠난 이후 공석이 되어 있었으므로 다시 조정 내외의 초미의 관심사로 떠올랐던 겁니다. 창읍왕이 태자가 될 수 있다면 이광리나 유굴모는 어떻게 될까요? 당연히 모두 수혜자가 될 수밖에 없습니다. 그래서 두 사람이 은밀히 모의한 것이지요.

그러나 누가 예상했을까요? 옆에 있던 누군가가 두 사람의 대화를 엿들었습니다. 즉각 고발 조치되었지요. 대신들이 사사롭게 태자를 책봉하는 문제를 입에 올리는 것은 말할 것도 없이 대역부도의 죄에 해당했습니다. 무제는 조사를 명했고, 그 결과 승상 유굴모와 부인이 무고의 일을 저지른 것이 탄로 났습니다. 두 사람은 곧바로 처형되었고, 이어 이광리의 부인도 체포되었습니다.

이광리는 전선에서 소식을 들었습니다. 그에게는 살아남는 방법이 딱 한 가지 있었는데, 공을 세워 죄를 사면받는 것이 유일한 길이었습니다. 그래서 그는 병력을 이끌고 무모하게 적진을 향해 돌격했습니다. 그러나 예상치 못한 전략적 실책과 내부의 내홍으로 패하고 말았습니다. 그의 선택은 항복이었지요.

이때 휘황찬란한 한나라 황궁의 용상 위에는 눈이 어두침침한 늙은 황제가 앉아 있었습니다. 게다가 태자의 자리는 텅하니 비어 있었으니, 과연 이 상황은 무슨 유혹을 불러일으킬까요? 설명이 필요할까요? 창읍왕은 외삼촌 이광리의 부추김에 의해 자의가 아닌 타의로 태자의 자리를 향해 돌진했습니다. 그러다 그만 날개가 꺾여버리고 말았습니다.

창읍왕이 억울한 경우였다면 연왕 단은 단순 무식했습니다. 그는 무제 후원 원년(기원전 88년)에 갑자기 상서를 올려 아버지인 무제의 옆을 지키는 시위가 되고 싶다고 했습니다. 무제가 어떤 사람입니까? 늙긴 했어도 총명한 사람이었습니다. 어떻게 아들의 유치한 연극을 눈치 채지 못하겠습니까? 그는 대로해서 상서를 올린 사자를 바로 참살했습니다. 이어 연왕이 지명수배범을 숨겨주었다는 과거의 죄까지 물어 봉지에서 세 개 현의 땅을 삭감했습니다. 연왕은 몽매에도 잊지 못하던 꿈을 제대로 펼치지도 못한 채 오히려 큰 손해만 보고 말았습니다.

'황제의 자리는 돌고 도는 거야. 내년에는 나한테 오겠지.'

연왕은 아마 이 정도로 단순하게 생각했던 모양입니다. 눈은 높았지만 수단은 형편없었습니다. 천하라는 것이 뭡니까? 무엇이 황권일까요? 다시 한 번 생각해보길…… 태자 유거는 어떻게 죽었나요?

"내가 너한테 주면 너는 가질 수 있다. 그러나 내가 너한테 주지 않으면 너는 빼앗을 수 없다!"

연왕은 그 불후의 진리를 깨달아야 했습니다. 그럼에도 그는 어리석은 행동과 멍청한 생각을 했습니다. 똑똑하지 못했던 거죠. 게다가 너무나 급해서 참지도 못했고, 그렇다고 지혜롭지도 못했습니다. 자청해서 황궁으로 들어가려 했겠지만 그건 대역부도에 다름 아니었으니, 연왕의 이 행동은 결국 두고두고 천하의 웃음거리가 되었습니다.

그렇다면 다음은 누가 있었을까요? 연왕의 동생인 광릉왕 서가 있었습니다. 그러나 그는 평소에 교만하고 포악했습니다. 법이라고는 전혀 모르던 그였으니 연왕과 마찬가지로 무제의 눈에 들 리가 만무했지요.

무제는 암담했습니다. 그나마 위안이 된 것은 어린 아들인 유불릉과 그의 어머니 구익부인이 있다는 사실이었습니다. 더구나 유불릉은 몸이 건장하고 머리가 좋았으니 무제가 그를 무척이나 사랑한 것도 당연합니다. 게다가 그를 태자로 세우고 싶어 했으니까요. 그러나 유불릉은 아이였습니다. 아무리 훌륭해도 그건 치명적 약점이었습니다. 더구나 무제는 세상을 등질 날이 얼마 남지 않은 사람이니, 어느 날 갑자기 세상을 떠나면 유불릉은 즉시 즉위해야만 합니다. 그토록 어린 그가 어떻게 천하를 장악하겠습니까?

그 상황을 생각해봅시다. 무제는 몇 년 동안이나 태자 생활을 했을까요? 일곱 살부터 열여섯 살까지 무려 9년이었습니다. 그 때문에 아무 물정 모르는 아이에서 은혜와 위엄을 두루 보여주는 천자로 성장할 수 있었습니다. 그러나 유불릉은 그런 충분한 성장기를 보내는 것이 기본적으로 불가능했습니다. 태자로 책봉하려면 반드시 그를 보좌해줄 훌륭한 인재를 찾아야 했습니다. 무제는 이미 늙어버려 더 이상은 재주를 드러낼 수 없었습니다. 해선이나 동조정변의 조치 역시 더 이상 실시할 수 없었습니다. 그는 더욱 심사숙고해야 했습니다. 그의 뇌리에는 주변의 대신들이 하나씩 떠올랐고, 그는 그들을 몇 번이나 서로 비교해보았습니다.

드디어 그의 눈앞이 번쩍 뜨였습니다. 곽광霍光이 눈에 들어온 겁니다. 곽광이라면 대임을 맡을 수 있다는 생각이 들자, 무제는 대단히 정중하게 그림 한 폭을 보냈습니다. 어떤 그림이었을까요? 삼촌인 주공周公이 조카 성왕成王을 업고 제후들을 만나는 그림이었습니다.

주 무왕이 임종할 때 성왕은 무척 어렸습니다. 그래서 무왕은 아들을 동생인 주공 희단姬旦에게 부탁했습니다. 그렇다면 무제가 곽광에게 그림을 보낸 뜻은 분명했습니다. 곽광에게 주공처럼 어린 황제 유불릉을 보좌해달라는 것이었지요. 곽광은 당연히 황공해 했습니다. 하지만 무제의 뜻을 알겠다는 입장을 표명하지는 않았습니다.

후원 2년(기원전 87년) 무제의 병이 위급해지자 곽광은 울면서 무제에게 이렇게 묻습니다.

"폐하가 세상을 떠나시면 누가 대통을 이어야 합니까?"

무제는 이렇게 대답합니다.

"그대는 아직까지 내가 보낸 그 그림의 의미를 진짜 모른다는 말인가? 짐의 어린 아들 유불릉을 세우게. 그대가 주공이 되라는 말이다."

곽광이 이때 무제의 말을 듣고서야 깨달은 것은 아니었습니다. 그저 자신이 무제보다 총명하다는 사실을 드러내고 싶지 않아 멍청한 척했을 뿐이었지요. 그는 연신 머리를 바닥에 부딪치면서 이렇게 말합니다.

"소신은 김일제(金日磾, 흉노 휴도왕休屠王의 아들로 한나라에 투항한 인물)보다 더 적합한 인물이 아닙니다."

그 말을 들은 김일제가 바로 이렇게 사양합니다.

"소신은 한나라 출신이 아닙니다. 역시 곽광이 더 적합합니다."

후원 2년(기원전 87년) 정월, 무제는 어린 아들 유불릉을 황태자로 삼는다고 하조를 내립니다. 또 곽광, 김일제, 상관걸上官桀, 상홍양, 전천추 다섯 사람을 보정輔政대신으로 임명합니다.

그런 뒤 무제는 하조를 내린 지 사흘 만에 세상을 떠났습니다.

사마광은 일찍이 『자치통감』에서 무제를 혹독하게 비판했습니다.

'사치스럽게 하고 싶은 것은 다 했다. 형벌은 복잡하게 만들었고 세금도 많이 거둬들였다. 안으로는 궁실을 사치스럽게 장식했을 뿐 아니라 밖으로는 사방의 이민족에 대한 공격을 일삼았다. 미신에 혹해 믿은 것도 모자라 순유巡遊도 시도 때도 없이 실시했다. 그로 인해 백성이 피폐해져 사방에서 도적이 들끓었다. 진시황과 다른 점이 거의 하나도 없었다.'

사마광은 무제의 행동이 진시황과 하나도 차이가 없다고 인식했습니다. 그러나 무제는 진시황과는 분명히 달랐습니다. 진시황이 저지른 것 같은 잘못은 있었으나 진시황이 불러온 화는 초래하지 않았으니까요. 원인이 도대체 뭐였을까요? 사마광은 이에 대해 비교적 이렇게 긍정적으로 평가합니다.

'상과 벌을 분명하게 했다. 늙어서 마음을 고쳐먹었다. 탁고를 할 사람 역시 찾았다. 이게 바로 그가 진시황과 같은 잘못을 저질렀어도 진시황처럼 망하는 화를 부르지 않은 원인이다.'

사마광은 '상과 벌을 분명하게 했다. 늙어서 마음을 고쳐먹었다. 탁고를 할 사람 역시 찾았다'라고 인식하고 있었습니다. 이게 바로 무제가 진시황의 전철을 밟지 않을 수 있었던 원인, 사마광이 분석한 세 가지 원인이었습니다.

실제로 무제는 상과 벌을 너무나도 분명히 했습니다. 특히 무고 사건이 일어났을 때 그랬지요. 무엇보다 우선 황태자와 황태손을 죽였고, 심지어 태자의 절장을 받은 다음 아무런 행동을 취하지 않았던 임안조차 죽였습니다. 태자를 위해 성문을 여는 것을 묵인한 전인 역시 살아남지 못했습니다. 태자의 사건을 다시 조사해 처리했을 때는 반대로 태자를 무고하고 자살에 이르도록 만든 자를 전부 처치했습니다. 전천추는 바로 이때 상서를 올려 발탁된 다음 승상, 부민후에까지 이르렀습니다.

'상과 벌을 분명히 했다'는 사마광의 평가는 아마 무제에게도 칭찬할 만한 가치가 있다는 사실을 말하는 것으로 보입니다. 물론 무제가 말년에 가장 잘한 일이 '늙어서 마음을 고쳐먹었다'와 '탁고를 할 사람을 찾았다'라는 두 가지 기록에서 찾을 수 있었던 것 같습니다.

'늙어서 마음을 고쳐먹었다'라는 기록은 다른 것이 아니라 「윤대죄기조」를 강령으로 하여 각종 폐정을 개혁한 것을 의미했습니다. 이를테면 오랜 전쟁 상태에 있던 비정상적인 국면이나 정책을 정상으로 돌아가도록 조정했다는 의미입니다. 백성이 휴양생식을 하도록 만들어주었으니, 궁극적으로 사회적 모순을 완화해 국가의 안정을 꾀하도록 했다는 결론이 가능하겠습니다.

'탁고를 할 사람을 찾았다'라는 기록 역시 크게 다르지 않습니다. 유불릉을 보좌할 곽광을 비롯한 다섯 사람을 찾았다는 사실을 의미했습니다. 무제 말년의 눈에 띄는 업적이라고 해도 괜찮겠지요.

무제는 물론 어린 아들 유불릉을 태자로 세우면서 두 가지 난제에 부딪히기는 했습니다.

첫 번째는 유불릉에게 두 명의 형이 있다는 사실이었습니다. 무제의 아들은 모두 여섯 명으로, 장남 유거를 비롯해 유굉劉閎, 유단, 유서, 유박劉髆, 유불릉 등입니다. 이중 장자 유거는 일곱 살 때 태자로 봉해졌다가 나중에 무고의 화로 사실상 살해되었습니다. 둘째 아들 유굉은 제왕으로 봉해진 지 8년 만에 요절했고, 창읍왕 유박 역시 무제가 병이 들기 전에 사망했습니다. 그의 세 아들과 딸 한 명도 살해되었습니다. 유일하게 남은 아들은 적장손인 유순劉洵이었습니다.

유불릉은 어린 아들이었습니다. 무제가 황태자로 책봉했을 때 그에게는 형이 두 사람 더 있었으니, 연왕 단과 광릉왕 서였습니다. 그러나 두 사람은 몹시 오만했고 법을 무시한 채 천지를 모르고 날뛰었습니다. 무제가 그런 불초한 아들에게 한나라를 물려줄 까닭이 없습니다. 그러나 그들의 못된 성질로 미뤄보면 무제가 세상을 떠난 후에 골치 아픈 일을 만들어내지 않을까요? 무제는 그 점을 고려하지 않을 수 없었습니다.

두 번째가 유불릉의 어머니인 구익부인이 여전히 건재하다는 사실이었습니다. 저소손이 보전한 『사기』「외척세가」에 의하면 무제는 유불릉을 태자로 책봉하기로 확정한 다음 구익부인을 제거하기로 결정한 것으로 되어 있습니다.

무제는 왜 구익부인을 제거해야 했을까요? 무제는 자신이 이에 대해 직접 해명을 하기도 했습니다.

구익부인이 세상을 떠난 지 얼마 안 된 어느 날입니다. 무제는 무료한 나머지 주위의 시종들에게 이렇게 묻습니다.

"너희는 짐이 구익부인을 죽인 것에 대해 어떻게 생각하느냐?"

그러자 한 시위가 대범하게 정말 이렇게 물었습니다.

"지금 막 구익부인의 아들을 태자로 책봉했는데 왜 부인을 죽이셔야 했나요?"

무제는 이렇게 설명했습니다.

"너희 평범한 사람들은 잘 모른다. 역사적으로 국가의 내부 혼란은 종종 황제가 어리고 어머니가 젊을 때 일어났다. 젊은 태후가 홀로 깊은 궁중에 있으면 외롭고 사치하게 된다. 게다가 음란한 일까지 일어나는 법이지. 문제는 그때에 그걸 통제할 사람이 없다는 거지. 과부 황태후가 되어 있기 때문이야. 너희는 여후의 일을 들어보지 못했느냐?"

구익부인뿐이 아닙니다. 무제 말년에는 모든 비빈이 예외 없이 다 그런 횡액을 당했습니다. 아들이든 딸이든 무제의 자식을 낳은 죄였습니다. 다름 아닌 '어미를 죽여야 아들을 살릴 수 있다'는 원칙이었습니다. 그건 무고한 구익부인에게는 무척이나 잔인한 일이었지만 무덤에 들어갈 준비를 하고 있었던 무제에게는 화를 미연에 방지한다는 의미가 있었습니다.

솔직히 말해 한나라의 황제들에게 여후의 사례는 도저히 떨쳐버리기 어려운 악몽이었으니까요. 더구나 구익부인은 너무나 젊었습니다. 유불릉을 태자로 책봉했을 때 고작 20여 세였는데, 그런 젊은 황태후가 과부로 생을 마친다는 것은 누가 보더라도 본성에 반하는 것이었습니다. 추문이 잇따라 사단이 일어날 것이라는 예측은 너무나도 분명합니다.

무제의 사람을 보는 눈은 세상이 모두 인정해야 할 수준이었습니다. 그는 '무고의 화' 때 엄청난 잘못을 저질렀고 그 잘못을 통해 적지 않은 교훈을 얻었습니다. 그의 그런 눈에 비친 유불릉의 형들은 너무나 오만하고 난폭했습니다. 법도 무시할 정도였으니 절대로 황태자로 세울 수 없었습니다. 따라서 그는 어린 아들 유불릉을 선택할 수밖에 없었습니다. 정말 현명한 판단이었지요.

무제는 구익부인을 제거한 이유를 단 하나만 말했을 뿐입니다. 또 다른 이유 하나는 말하지 않았습니다. 그는 곽광이 태자를 보좌할 수 있도록 하려고 구익부인을 제거한 것입니다. 이를테면 장애물을 깨끗하게 청소한 겁니다.

그러면 무제는 왜 곽광을 수석 고명顧命대신으로 임명했을까요? 곽광은 곽거병의 이복동생이었습니다. 열아홉 살에 궁에 들어가 20여 년 동안 일하면서 아무런 잘못도 하지 않았습니다. 감히 그 조심스러움을 비교할 만한 사람이 없었지요. 그러나 곽광은 신하였지 군주가 아니었습니다. 그를 위해 순조로운 정치 환경을 만들어줘야 했으나, 구익부인이 살아 있으면 곽광의 집정 능력은 떨어질 가능성이 높았습니다. 그녀는 유불릉의 어머니였습니다. 아들이 즉위하면 황태후의 지위와 권위는 황제보다는 아래겠지만 고명대신 곽광보다는 위일 수밖에 없었습니다. 무제가 세상을 떠나면 그녀가 정치의 중심부에 서게 되지 않겠습니까.

구익부인이 정치에 간섭하게 되면 어린 황제 대신 전권을 장악하게 될 곽광은 그녀와 정적이 되어야 했습니다. 설사 구익부인이 간섭하지 않더라도 곽광에 반대하는 세력이 구익부인과 연합할 가능성이 있었습니다. 태후의 깃발을 내세워 궁중에서 장난을 치지 않으리라는 보장이 없지요. 어떤 상황이 나타나도 모두 곽광을 속수무책으로 만들 수 있었으니, 그가 한 발 한 발 내딛는 것을 불가능하게 할 수 있었습니다.

나중의 역사는 증명합니다. 무제가 구익부인을 주살한 것은 잔혹한 일이지만 한나라 정권을 유지하기 위해서는 필연적인 선택이었다는 것을.

무제는 자신의 70년 인생길을 끝냈습니다. 아무리 말해도 쉽게 끝내지 못할 화제들을 남겨놓고요. 그는 문무에서 공히 업적을 남긴 군주라 해도 좋습니다. 그렇지 않다면 공연히 군사를 일으켜 이민족 정벌 전쟁을 벌인 군주라고 해야 할까요? 웅재대략의 군주이기도 했습니다. 그게 아니면 업적 세우기를 좋아하는 군주라고 해야 할까요? 일세를 풍미한 뛰어난 군주로 보아도 좋습니다. 그게 아니면 피를 좋아한 마왕이었을까요?

2,000여 년 동안 그에 대한 평가는 분분했습니다. 그런데도 일치된 견해가 없었으니 도대체 그는 어떤 사람이었을까요?

关于窦婴伪造诏书，从逻辑上看决无可能。

屯地粮食充足。

汲黯批评汉武帝对匈奴

促进了汉朝和西域相互了解。

汲黯扩

汉武帝看到汲黯的鲠直

汉武帝看到汲黯的鲠直和忠诚。

汉武帝看到了汲黯的原则性。

作为从军近半个世纪的宿将，李广有没有封侯的主观条件？

"独尊儒术"导致文化专制。

政治才干。

王美人想借此

8부

중국 시스템의 완성자, 한무제

关于窦婴伪造诏书，从逻辑上看决无可能。

以儒饰法。

关于不存档，从逻辑上讲，我认为也不

汉匈关系的转折点。

窦婴伪造诏书，

由于栗姬的不理智，反而给王美人的胜出制造了空档。

李广难封，是不是机遇未到？

作战方略的转折点。

智勇神射之才。

她的存在转移了窦太后的注意力。

阻止汉景帝封匈奴降将。

阻止汉景帝封王信为侯。

阻止汉景帝废立太子。

书，从逻辑上讲，我认为也不可能。

这是第二个幸运，得子。

迅速明朗化。

阻止汉景帝封匈奴降将。

천추의 공과

휘황한 한나라, 위풍당당한 조정, 번득이는 무기와 천리마, 아리따운 비빈들은 모두 잊어야 할 추억이 되었습니다. 무제의 신비하고 복잡한 일생은 그 파란만장한 종말을 고했습니다. 죽은 자는 말이 없습니다. 그러나 남은 사람들은 쉬지 않고 그를 평가했습니다. 칭찬하는 사람도 많았고 비난하는 사람 역시 많았습니다. 송나라의 사마광은 『자치통감』에서 그를 혹독하게 비판했던 반면, 현대 사가인 젠보잔翦伯贊은 대단히 복잡 미묘하게 평가했습니다. 그의 평가는 이렇습니다.

'그는 비교적 활발하고 천진난만했다. 감정을 중시한 인물이었다. ……검을 쓸 때는 사랑할 때처럼 했고 사랑을 할 때는 검을 쓰듯 했다.'

그러면 당대의 태사공 사마천은 바로 직속상사였던 그의 공과와 시비를 어떻게 평가했을까요? 또 우리는 지금 사마천의 칭송과 비난을 어떻게 봐야 하는 걸까요?

영원히 남을 무공

무제는 중국의 영토를 광활하게 넓혔습니다.

진시황은 6국을 통일하고 진나라를 세웠습니다. 역사상 처음으로 중국을 통일한 것입니다. 그러나 진 제국의 영토는 한무제 시대의 2분의 1에 불과했습니다. 무제는 흉노와의 전쟁을 무려 44년간이나 했으니, 이런 엄청난 무공은 중국 역대 제왕 중에서 사례가 없습니다.

무제는 건원 원년(기원전 140년)에 제위에 올랐습니다. 당시는 흉노의 기세가 대단했을 때이고, 서역은 그저 신비하고 헤아리기 어려운 존재였습니다. 무제는 아버지나 할아버지의 '화친 외교'를 도저히 받아들일 수 없었습니다. 성질을 꾹꾹 눌러 참으면서 여자나 보석으로 단기간의 평화를 얻는 것을 참을 수가 없었습니다. 그에게는 재력과 인력이 있었지만, 오랫동안의 전쟁을 벌일 영웅적인 기개와 야심도 있었습니다. 결국 그는 정복했고 영토를 넓혔습니다.

무제는 즉위한 다음해인 건원 2년(기원전 139년) 장건을 선발해 월지에 사신으로 보냈습니다. 그게 흉노에게 반격을 가하는 전략적 동맹으로 연결되기를 희망했고, 더불어 흉노의 생존 공간을 압박하기를, 그래서 흉노에 대한 전략적 포위가 되기를 기대했습니다. 겨우 열일곱 살 나이의 제왕에게 이처럼 뛰어난 안목이 있다는 것은 놀라운 일입니다. 역대 왕조에서 과연 누가 비교될 수 있을까요? 장건은 서역으로 달려가 천고에 길이 남을 실크로드를 열었습니다. 동서 경제와 문화의 교류를 촉진한 결과를 가져왔지요. 이를 통해 중원 한족 정권의 역량은 오늘날의 신장 서쪽으로 확대될 수 있었습니다.

그는 즉위한 지 8년째인 원광 2년(기원전 133년)에 처음으로 흉노를 정벌할 생각을 했습니다. 그러나 이 전쟁에서 그는 이기지 못했습니다. 마읍의 전투에서 결정적으로 패한 것입니다. 그러나 순간의 실패는 24세에 불과했던 군주의 정벌 전쟁에 대한 호방한 기상에 전혀 영향을 주지 않았습니다. 오히려 그가 의연하게 한나라가 거의 70년을 실시해온 화친정책을 깨는 계기가 되었습니다. 전력을 다해 흉노를 정벌하게 된 겁니다! 평화체제를 전쟁체제로 바꿔 조상들의 제도를 포기하고 현실적인 제도를 도입한 거지요. 칭송과 비난이 엇갈리기는 하나 그동안의 용기와 박력은 충분히 사람들에게 감탄을 자아내게 할 만했습니다.

그는 일찍이 현명한 인재를 발굴하기 위해 내린 「구무재이등조求茂材異等詔」에서 이렇게 말했습니다.

'무릇 뛰어난 업적은 뛰어난 인재여야만 이룰 수 있다.'

이 득의양양하고 간절한 정이 느껴지는 조서는 소통의 『문선』에 수록되어 있는 것으로서, 무려 2,000여 년 동안이나 영웅과 지사가 읊조렸던 명문입니다. 당시 그는 이 조서를 통해 천하의 인재를 널리 구했습니다. 지금 그의 일생의 공과를 돌아보니 이 말이야말로 그를 가장 잘 나타내는 말이 아닌가 싶습니다. 무제가 대단한 업적을 이룬 것은 그가 비상한 사람이었기 때문입니다.

『사기』의 「위장군표기열전」은 무제가 일찍이 곽거병에게 손자병법과 오자병법을 배우라고 했다는 기록을 남기고 있습니다. 곽거병은 무제의 말대로 배우지는 않았습니다만 이 기록은 무제가 병법에 정통했다는 사실을 보여줍니다. 그것이 그가 탁월한 군사전략가가 되는 기초였던 듯합니다. 사람들은 무제 통치 시기의 군사 상황이나 전쟁에 대해 언급하면 흔히 위청이나 곽거병, 이광 등을 떠올릴 뿐, 이들의 배후 장군에 대해서는 별로 주의를 기울이지 않습니다. 알렉산더나 시저, 나폴레옹과도 비견될 만한 그는 조정의 꼭대기에 앉아 있었던 무제였습니다.

당시 무제는 조상들의 전략을 수정해 흉노와 전쟁을 벌이려 했습니다.

이때 한안국과 급암 등의 원로대신과 공손홍, 주보언 등의 신진 대신은 하나같이 반대 입장을 분분히 개진했습니다. 찬성하는 대신은 거의 없다시피 했습니다. 더구나 처음의 전쟁에서는 별 전과도 없이 돌아왔습니다.

그럼에도 젊은 총사령관은 꿈쩍도 하지 않았습니다. 이후 흉노와의 이른바 3대 전투인 하남의 전투, 막남의 전투, 막북의 전투는 모두 그의 지휘 아래서 이루어졌습니다. 그는 장군을 선발하고 병력을 배치하는 전체 전투를 기획했고, 구체적인 병력 동원 시간이나 전투 지점, 병력 배치, 공격 방향 등에 대한 지휘도 자신이 직접 했습니다. 단 한 치의 오차도 없이 말이지요.

그는 이때 동시에 동방과 남방, 동남방, 동북방 쪽으로도 칼끝을 겨눴습니다. 한나라의 세력은 이로써 오늘날의 중앙아시아, 서남의 윈난, 구이저우, 쓰촨까지 확대되었습니다. 동북으로는 헤이룽장黑龍江, 지린吉林, 랴오닝遼寧까지 넓어졌고, 남방의 하이난과 푸젠福建 역시 세력 범위에 들어왔습니다. 한마디로 현대 중국 판도의 기본 프레임이 이때 짜여진 겁니다. 또 진정한 의미에서 대국으로 우뚝 섰다고 할 수 있습니다.

그러나 44년에 걸친 장기적인 정벌 전쟁으로 백성은 피곤할 대로 피곤했으며 재정 또한 고갈시키는 결과를 낳았습니다. 때문에 사마천도 무제의 군사 외교 전략에 대한 기술에서는 대단한 모순을 보였다고 생각됩니다. 『사기』 중 「흉노열전」은 중국 역사상 최초의 소수민족 역사이지만, 그러나 사마천은 흉노에게 '전'을 만들어줌으로써 흉노를 중국의 일부로 생각했습니다. 그는 대 흉노 전쟁의 성질에 대한 입장도 분명히 밝혔는데, 그건 '중국민족 간 내부의 비극이었다. 전쟁은 쌍방으로 하여금 엄청난 대가를 치르게 했다'라는 것이었습니다.

당시의 한 제국에는 통일적인 다민족 국가의 개념이 있을 턱이 없습니다. 그럼에도 두 민족이 걸었어야 할 가장 최선의 길은 평화공존이었겠지요. 하지만 애석하게도 무제 시대에 들어와 화친 정책은 용도폐기의 길을 걸었습니다. 흉노에 대해 무력을 쓰지 않으면 안 되었으니까요. 사마천은 이에 대해서는 어느 정도 이해했습니다만, 그는 전선이 갈수록 확대되고 무제가 사람을 잘못 쓰게 되자 대단히 마음 아파했습니다.

무제가 잘못 쓴 사람은 이부인의 오빠인 이광리였습니다. 무제는 이부인의 환심을 사기 위해 그를 이사장군으로 임명한 다음 기병 6,000명을 포함한 수만 명의 병력을 줘 대완을 정벌하게 했습니다. 그는 그러나 명마들만 아꼈지 전투에서는 아무 공도 세우지 못했고, 그 결과 2년간의 전투에서 전체 병력의 80퍼센트를 잃고 맙니다. 그처럼 경솔했으니 어찌 사람의 목숨을 파리처럼 여기지 않았다고 하겠습니까.

시간은 상처를 어루만지는 좋은 약입니다. 평화의 시대에는 또 사람들의 마음이 안정되기도 하지요. 우리로서도 당시 전쟁이 가져다준 찢어지는 고통을 알 방법이 없습니다. 아마 그 때문에 지금의 평가는 감정적이기보다는 훨씬 더 이성적이겠지요. 그러나 사마천은 2,000여 년 전에 세상의 백성과 함께 했습니다. 직접 집들이 폐허로 변하는 것을 목격했고, 친구나 친지가 저승으로 가는 것을 참고 봐야 했습니다.

사마천은 한 시대를 평가하는 사관의 양심으로 전쟁의 참화에 눈과 귀를 열어야 했습니다. 무제가 일으킨 연이은 정벌 전쟁으로 백성이 도탄에 빠진 데에 대해 비판하지 않을 수 없었습니다.

천고의 문치

무제는 유가의 학설로 중국의 사상 문화를 통일한 황제였습니다.

국토를 통일하는 것은 쉽습니다. 그러나 인심을 얻는 것은 어렵습니다.

진시황이나 무제는 그 오묘함을 이해한 사람으로서, 진시황이 분서갱유를 일으킨 것이나 무제가 '독존유술'의 정책을 편 것은 그걸 잘 말해줍니다.

무제는 두태후가 세상을 떠나기 전에 암암리에 오경박사를 설립했습니다. 유학을 받들기 위한 기초 작업을 벌인 겁니다. 이어 기다렸다는 듯 현명할 뿐 아니라 품행 방정하고 직언을 잘하는 인재들을 발탁하는 정책을 폈습니다. 그래서 홀로 외롭게 책만 읽던 동중서라는 서생이 「천인삼책」이라는 정책을 들고 나와 세상에 우뚝 설 수 있었습니다. 이때부터 일반 백성을 근본으로 하는 유학은 국가공인 사상이 되어 정치와 황권 등과 긴밀하게 연결되었습니다.

무제는 유학 사상에 입각해 태학과 향학을 세우고 거현擧賢제도를 도입했습니다. 중국의 독특한 문관제도를 구축한 겁니다. 원래 진나라 때부터 한나라 초기에 이르기까지의 인재 선발 제도는 군공작軍功爵 제도였습니다. 그러나 무제 시대에 들어와 점차 찰거제와 징벽제로 바뀌어 이를 통해 인재 결핍 문제도 근본적으로 해결할 수 있었습니다.

문제와 경제는 도교를 숭상했습니다. 아무 일도 하지 않으면서 통치한다는 이른바 수공이치垂拱而治에 입각해 정치를 폈던 데 반해, 무제는 조상들과는 완전히 반대로 임했지요. 유학 숭상을 통해 관리들을 단속하고, 또 법가에 입각해 탐관오리를 엄하게 징벌했습니다. 왕도와 패도 정치를 뒤섞어 사용했습니다. 그러나 그중에서도 유학을 숭상해 교육을 진흥시킨 정책이 후세에 가장 큰 영향을 미쳤습니다. 이 조치가 없었다면 유가 학설이 어떻게 '교敎'가 되었겠습니까? 이 조치가 없었다면 중국 문명이 계속 존속할 수 있었을까요? 이 조치가 없었다면 '배운 다음에 여력이 남으면 관리가 된다'라는 인생관이 어떻게 구현되었겠습니까?

그러나 후세에 '천인삼책'과 '독존유술'은 엄청난 혹평에 직면하기도 했습니다. 이 비평은 사실 이유가 없는 것은 아니었습니다. 각 분야에 좋지 않은 영향을 미치기도 했으니까요.

우선 유가가 중국 정치에 미친 영향을 보겠습니다.

'독존유술'은 정치를 윤리화시킨 것이었습니다. 또 윤리를 정치화시킨 것이기도 했습니다. 오로지 도덕 지상을 신봉하기도 했고, 그걸 통해 모든 것을 교화할 수 있다고 보았습니다. 한마디로 '독존유술'은 일종의 도덕 자율형 정치를 건설하려는 노력이었습니다. 자율을 중시하고 타율을 경시하는 이런 생각은 사실 강권 지상의 개인 독재를 불러올 수 있었습니다. 중국의 모든 왕조가 이렇게 해서 민주정치의 기회를 눈앞에서 놓쳤습니다. 사실 중국의 봉건사회는 수천 년을 이어져 오면서 시종일관 이른바 '인치'의 늪에서 헤어나지 못했습니다. 사람에 의해 모든 것이 좌우되는 역사적 관성을 벗어나지 못한 것입니다.

유가가 백성의 심리에 미친 영향 역시 만만치 않았습니다.

유가학설은 굳이 송나라와 명나라의 이른바 송명이학宋明理學까지 말할 필요도 없이 극단으로 치달았습니다. 이 학설 아래에서는 군주는 군주다워야 했고 신하는 신하다워야 했습니다. 아버지는 아버지다워야 했고 아들은 아들다워야 했습니다. 또 남편은 남편다워야 했고 부인은 부인다워야 했습니다. 복잡다단한 인간관계 속에서 자신의 도덕적 역할까지 잘 해내야 했던 겁니다. 이런 권력 숭배와 군존민비君尊民卑, 관존민비官尊民卑 등의 노예근성은 당연히 날이 갈수록 더 심각해져 급기야 '구세주'와 '청백리'를 바라는 경향이 더욱 심해졌습니다. 심지어 무능한 군주와 탐관오리를 양산하게 만드는 토양이 되기도 했습니다.

유가는 인재들의 행태에도 영향을 미쳤습니다.

'곤궁할 때는 홀로 선을 행하면서 자신을 수양하고 성공하게 되면 천하를 구한다'라는 유가의 도덕률이 있습니다. 이처럼 유가는 '도덕'이라는 것을 인재를 평가하고 관리를 등용하는 결정적인 조건으로 삼았습니다. 나아가 '정치 참여'를 인생의 가치관을 실현하는 유일한 길이라고 생각했습니다.

그러나 재수 좋게 관리가 되는 사람은 극소수입니다. 훌륭한 군주를 만나 자신의 포부를 펴는 사람 역시 열이면 한둘밖에 안 됩니다. 대부분은 우울하게 인생을 마치게 됩니다. 말이 좋아 '사람을 알아보고 잘 쓴다'라는 말을 할 수 있는 것이지, 대부분은 잘못된 채로 인생을 마치게 됩니다.

무제 시대에 내재적인 유가의 통치사상에 외부적으로 대응한 것이 바로 중앙집권체제였습니다. 이 중앙집권체제를 처음 개창한 황제는 다름 아닌 진시황이었습니다. 그러나 진나라는 단명했을 뿐 아니라 완벽한 형태의 집권 방침을 마련하지 못했습니다. 이게 확실하게 정착된 것은 한나라, 특히 무제 때였습니다. 철저하게 제후왕이라는 분열 세력을 숙청하고 중앙 정권을 공고하게 했습니다.

이에 대해 사마천은 대단히 칭찬했습니다. 「회남형산열전」에서 다음과 같이 말했으니까요.

'회남왕과 형산왕은 골육지간으로 1,000리의 강토를 보유하고 제후로 봉해졌다. 그러나 번신藩臣으로서의 노력을 다해 천자를 돕지 않았다. 오히려 반대로 마음속에 사악한 생각만 가지고 반역을 도모하려고 했다. 아들에게 이어진 다음 망하고 말았다. 모두들 천수를 누리지 못하고 세상 사람들의 웃음거리가 되었다.'

무제는 이어 원정 5년(기원전 112년)에 제후들이 종묘의 제사 보조금을 부족하게 냈다는 이유를 들어 일거에 제후 106명의 작위를 박탈했습니다. 이때에야 비로소 고조가 봉했던 제후왕은 완전히 사라졌습니다.

진나라는 일찍이 군현郡縣제도를 실시했으나 왕이나 번藩을 두지는 않았습니다. 사회정치학적인 의미에서 진정한 봉건체제였다고 할 수 있습니다. 이에 반해 유방은 한나라를 건국한 다음, 처음에는 다른 성의 여러

왕, 나중에는 같은 성의 여러 왕을 봉했습니다. 정치 체제의 발전에서 보면 이건 말할 것도 없는 사회적인 퇴보입니다. 더구나 여후 역시 계속 여씨들을 왕으로 봉하다가 나중에는 결국 이로 인해 큰 화가 일어나기도 했습니다. 경제 때에 이르러서도 크게 달라지지 않았습니다. 오초칠국의 난이 바로 그것입니다.

그러나 무제는 주보언의 건의를 받아들여 추은지책을 반포했습니다. 자제들 모두에게 땅을 나누어주라고 제후왕들에게 명령한 겁니다. 이를 통해 삭번削藩은 자연스럽게 이루어졌습니다. 이어 회남, 형산 두 왕의 반란을 평정한 다음에는 열후 106명의 작위를 박탈했습니다. 무제는 이후부터 비로소 진시황의 군현제도를 국가의 정책으로 추진했습니다. 무제 사후 400여 년 동안 한나라에 외척과 당파 싸움의 화는 있었어도 번진의 화가 없었던 것은 다 까닭이 있었던 겁니다.

물론 이후 진晉나라는 다시 번을 두었습니다. 그래서 팔왕八王의 난이 일어날 수밖에 없었지요. 당나라 초기에는 또 이를 교훈삼아 왕을 봉하기는 했으나 번을 두지는 않았습니다. 하지만 안사安史의 난 이후 숙종은 다시 대대적으로 봉번封藩에 나섰습니다. 급기야 번진 할거의 시대를 초래하고 말았지요. 당나라의 목숨 역시 이로써 다하게 되었습니다. 송나라는 당을 모방해 왕을 봉하기는 했으되 번을 두지는 않았습니다. 송나라 때에는 그래서 번진의 난이 없었습니다.

명나라 태조는 또 달랐습니다. 왕을 봉하고 번지藩地까지 하사했습니다. 연왕燕王 주체朱棣의 정강靖康의 난과 공왕贛王 주진호朱辰濠의 반란은 모두 이로 인해 일어났다고 해도 좋습니다. 명나라의 세종은 특이한 존재였는데, 바로 번왕에서 대통을 이어받았으니까요. 그는 생부를 추증追贈하려다 저 유명한 '대의례大議禮'를 일으키게 되어 급기야는 명나라를 망하게 했습니다. 청나라 역시 전 왕조의 실책을 거울삼아 왕을 봉하기는 했으나 번을 두지는 않았습니다. 또 친왕親王들은 지방이나 변경으로 나가지 못하도록 하는 제도도 만들었습니다. 청나라도 당연히 번의 화는 당하지 않았지요.

이로 보면 고대의 제왕 중 진정으로 국가의 정치체제를 이해하고 그에 따라 나라를 다스린 황제는 진시황, 한무제, 송 태조, 청 성조聖祖 넷뿐인 것 같습니다. 진시황에서 청나라 선통宣統제까지 황제가 무려 200여 명이나 있었지만 말이지요.

그뿐만이 아닙니다. 무제는 중앙집권을 강화하기 위해 다양한 방법을 모색했습니다. 예컨대 혹리를 이용해 권문세족을 공격한 것을 대표적으로 꼽을 수 있습니다. 불법적인 지방의 토호나 조폭, 탐관오리를 공격한 것은 당연히 해야 할 일이었습니다. 그러나 무제의 혹리정치는 너무 극단적으로 흘렀기 때문에 각종 후유증을 양산하기도 했습니다.

혹리 왕온서王溫舒의 경우를 보면 알기 쉽습니다. 그는 천성적으로 피를 좋아하는 혹리였기에 그야말로 살인을 밥 먹듯 즐겼습니다. 한나라 때의 사형제도는 12월까지가 기한이었습니다. 봄이 되면 사람을 죽일 수가 없었지요. 왕온서는 이때 바람을 맞으면서 이렇게 한탄했다고 합니다.

"겨울이 1개월만 더 연장된다면 범인들을 처벌하는 내 일을 완수할 수 있을 텐데."

사마천은 이에 대해 직언을 피하지 않고 이렇게 혹평했습니다.

'살인하기를 좋아하고 사람을 사랑하지 않은 것이 그와 같았다. 그러나 천자는 그에 대해 듣고는 능력이 있다고 말했다. 중위中尉로 승진을 시켰다.'

무제는 살인 마왕을 칭찬했습니다. 게다가 그를 중위로까지 발탁했고요. 더욱 많은 생명을 죽일 수 있는 대권을 준 것입니다. 궁형이라는 횡액을 당해 이미 혹리가 가하는 고통을 너무나도 잘 아는 사마천이 어찌 그

것을 비난하지 않을 수 있겠습니까.

대사농大司農 안이顔異의 횡액 역시 전형적인 혹리에 의한 피해로 볼 수 있습니다. 그에 대한 기록은 『사기』의 「평준서」에 있습니다.

'어떤 사람이 다른 일로 안이를 고발했다. 이 일의 심리는 혹리 장탕에게 맡겨졌다. 안이는 일찍이 어떤 손님과 한담을 나눈 적이 있었는데, 그때 손님은 안이에게 '무슨 법령이든지 처음 반포할 때는 폐단이 있기 마련입니다'라고 말했다. 그 말에 안이는 아무 대답도 하지 않았다. 그저 입을 삐쭉거리면서 비웃었을 뿐이다. 장탕은 이 일을 천자에게 보고하면서 '안이는 구경九卿의 신분입니다. 그러나 법령에 문제가 있다는 사실을 알면서도 조정에 말을 하지 않고 그저 마음속으로 비웃었습니다. 그 죄는 죽어 마땅합니다'라고 말했다. 이후부터 복비腹誹라는 죄명이 생겼다. 공경대부도 모두들 아첨하는 얼굴을 하기 시작했다.'

안이는 혹리 장탕과 생각이 많이 달랐습니다. 장탕이 복비의 죄명을 뒤집어씌워 그를 죽인 것도 다 그래서였습니다. 무엇을 복비라고 하나요? 마음속으로는 의견이 있다는 얘기입니다. 그리고 보니 이것은 1,000여 년 후에 진회가 악비에게 막수유의 죄를 뒤집어씌운 것과 같은 황당하고 섬뜩한 얘기가 아닐까요?

칭송이 반, 비난이 반

무제는 처음으로 '죄기조' 자아비판을 한 황제였습니다. 무제는 정화 4년(기원전 89년)에 다음과 같은 입장을 천하에 선포합니다.

"나는 백성을 고통스럽게 했다. 이후부터는 공연히 전쟁을 일으켜 이민족을 침략하거나 백성을 괴롭히는 일을 하지 않겠다. 백성의 재물에도 더 이상 손해를 끼치지 않겠다."

심지어 그는 후회한다고까지 했습니다. 황제가 자신의 죄를 당당하게 밝히는 것은 쉬운 일이 아닙니다. 실제로 그는 자신의 죄를 밝히고 자신의 실책을 여론화시킨 최초의 황제였습니다. 이후 중국의 황제들은 큰 잘못을 저지르면 공개적으로 '죄기조'를 발표, 자신이 명군이라는 사실을 내외에 과시했습니다.

당연히 봉건시대 집권자의 '죄기조'는 백성의 인심을 사기 위한 수단일 가능성이 높습니다. 하지만 분명히 적극적인 작용을 합니다. 무제는 바로 그런 '죄기조'의 선구자가 되었습니다. 고칠 수 있는 잘못은 고쳤고, 애증 역시 분명히 했습니다. 물론 우리는 이를 통해 한나라의 대표적 패주였던 그의 복잡한 내면세계를 잘 읽을 수 있지요.

그의 그런 성격은 비판에 직면하기도 했습니다. 비판의 칼날을 들이댄 주인공은 직언에 관한 한 타의 추종을 불허하는 급암이었습니다. 평소에는 사랑하는 신하라도 조금의 잘못이 있거나 자신을 속이면 가차 없이 죽이는 모습을 목도하자 이렇게 비판합니다.

"황상은 살인을 너무 많이 하십니다. 평소에 신임을 했던 사람조차 도무지 용서하지 않습니다. 이렇게 하면 천하의 인재들은 모두 살해되고 말 겁니다. 그러면 나중에 누구와 함께 정치를 논하겠습니까?"

이에 무제는 묘하게 웃으며 이렇게 답합니다.

"어찌 세상에 인재가 없겠는가? 그건 주군이 인재를 보는 혜안이 없어 그런 것이오. 인재를 분별하는 능력이 있으면 어찌 인재가 없다고 걱정을 하겠소? 인재라는 것은 또 그릇이오. 재주가 있어도 쓰지 않으면 재주가 없는 것과 마찬가지요. 잘못한 이들을 죽이지 않으면 어찌 정치를 제대로 하겠소?"

이처럼 무제는 인재를 초개처럼 여기기도 했지만, 다른 한편으로는 인재를 극단적으로 사랑하고 아낀 사람이기도 합니다.

원래 봉건 독재체제 아래서 인재를 쓰는 것은 두 가지 범위에서 벗어나지 않습니다. 하나는 자신이 아주 잘 아는 측근을 쓰는 것이고, 다른 하나는 자질과 서열에 따라 등용하는 것입니다. 후자의 경우 막말로 '39가지 단계'를 거치도록 해야 했습니다. 차근차근 위로 올라가게 해야 규범을 혼란스럽게 하지 않을 수 있었습니다. 그러나 무제는 자신의 마음에 드는 말을 하지 않았다고 해서 사람을 내치는 황제는 아니었습니다. 재능이 있으면 등용했으니까요. 예컨대 주보언은 그와 정견이 달랐지만 목마른 사람이 우물을 찾듯 했습니다. 또 그는 '39가지 단계'도 무시하고 파격적으로 인재를 발탁했습니다. 능력이 있었기 때문에 기노 출신인 위청을 파격적으로 등용한 것이지요.

이뿐만이 아닙니다. 무제는 심지어 정통파를 무시하고 비주류 인사를 발탁하기까지 했습니다. 그 대표적인 예가 빛나는 눈 때문에 등용한 동방삭 아닙니까! 그 때문에 졸지에 장엄한 한나라의 조정은 온정과 즐거움이 충만한 휴게실이 될 수 있었고 군주와 신하가 뒤엉켜 놀 수 있었습니다. 그럼에도 그는 음란하지 않았습니다. 원칙을 지켰습니다. 그래서 동방삭의 황당하기만 했던 간언도 칭찬하면서 들을 수 있었지요.

그는 처음 「자허부」를 읽었을 때 완전히 경도되었습니다. 천하의 보배를 얻은 듯했겠지요. 저자인 사마상여를 본 것 같은 모습이었답니다. 나중에는 사마상여에게 글을 쓰는 것에 관한 한 자신과 같은 대우를 받게 해주기도 했습니다. 사람을 볼 줄 알았고 받아들일 줄 알았으며, 게다가 쓸 줄도 알았던 무제였던 것이지요. 그런 황제는 세상에 일찍이 없었고, 그 후에도 보이지 않았습니다. 문인을 썩은 선비 정도로 본 진시황과 한고조와는 완전히 달랐습니다. 당 태종과 청 고종 역시 사람을 알아볼 줄은 알았으나 무제 정도의 아량은 없었습니다.

그러나 무제는 지하에서도 후회할 엄청난 실수를 저지르기도 했습니다. 그중 하나가 중국 역사상 최고로 위대한 사가인 사마천을 거세했다는 것이 아닐까요? 그는 이로 인해 수많은 오해와 논쟁을 불러일으켰습니다. 그래서 피해 당사자인 사마천은 『사기』에서 그에 대한 칭송과 비난을 동시에 했을 겁니다. 반고 역시 마찬가지였습니다. 『한서』의 「무제기」에서는 그의 문치에 대해 대대적으로 찬양했습니다. 다음과 같은 내용입니다.

'무제는 즉위한 다음 멀리 내다봤다. 제자백가를 모두 물리치고 오로지 유교만 숭상하게 했다. 이어 전국에서 우수한 인재를 구해 이들이 공을 세우게 했다. 또 태학을 설립했고 사묘祀廟를 수리하고 세웠다. 정삭 개정, 역법 확정, 음악과 시가의 장법章法을 마련하는 조치에도 나섰다. 봉선封禪을 통해서는 뭇 신들에게 제사를 올렸다. 이외에 주나라 후예들에게는 봉지를 나누어주기도 했다. 무제는 명령과 법제 역시 마련해 그 업적이 찬란했다. 그는 고조, 문제, 경제 등 선조의 사업들과 풍채 있는 위엄도 계승했다. 무제처럼 웅대한 재략이 있는 사람이 '문경지치'의 겸손함과 소박함을 바꾸지 않고 백성을 구제하는 정책을 편다면 『시경』이나 『서경』이 칭찬한 제도는 또 얼마나 무제의 것보다 나을 것인가?'

그러나 반고는 무제의 무공에 대해서는 언급하지 않았습니다. 그것에 대해서는 유보하겠다는 입장이었던 것 같습니다.

사마광의 『자치통감』으로 내려와 살펴봐도 비판과 칭찬은 엇갈립니다. 이에 대해서는 이미 앞에서 자세하게 언급한 바 있지요.

그러면 도대체 왜 무제에 대한 평가는 이처럼 극과 극으로 나뉠까요?

이유는 있습니다. 우선 무제가 대단히 다면적인 인물이라는 사실입니다. 그는 정치가였습니다. 대단한 정치적 두뇌를 가진 사람이었지요. 그러나 그 역시 희로애락을 모두 가지고 있는 보통 사람이었습니다. 또 그는 명석한 군주이기도 했으니, 바로 자신의 역사적 책임을 분명히 인식하고 있었기 때문입니다. 한편 폭군이었다는 사실도 적시하지 않을 수 없습니다. 그야말로 마음 내키는 대로 살생을 일삼았으니까요.

그는 세상을 뒤덮을 만한 공을 세웠습니다. 반면에 백성에게는 거대한 대재난을 가져다주었습니다. 그는 자신이 좋아한 여자들을 총애했습니다. 그러나 너무나도 쉽게 다른 여자들에게 정을 주었을 뿐 아니라 나라를 위한다는 명분으로 가장 총애했던 여자를 가볍게 제거했습니다.

멍청하다는 것도 그의 특징 중 하나였습니다. 전설 속의 보마寶馬를 구하기 위해 수만 명의 생명을 희생시키는 것도 애석해하지 않았습니다. 그에게 가까이 다가갈수록 우리는 그의 여러 가지 대립적인 모습을 통해 그가 어떤 것이 옳고 어떤 것이 그르다는 판단을 쉽게 하지 못했다는 사실을 발견할 수 있습니다. 그 역시 진퇴양난의 순간이나 대단한 결단력을 필요로 할 때 결정을 내리지 못하고 망설였습니다. 심지어 대단히 고통스럽게 생각했습니다. 보통 사람들의 슬픔과 기쁨, 쩨쩨함이나 주판알을 튕기는 계산 속, 불면과 초조의 나날이 그에게도 있었다는 얘기입니다. 과감하게 결단을 내리고 자신감 넘치는 대범한 그의 겉모습에는 우리가 모르는 일종의 당혹스러움, 민감한 마음이 있었다는 말입니다.

종합적으로 말해 그는 일종의 전문배우였습니다. 모든 배역에 대해 자신의 가장 정밀한 해석을 입혀 색깔을 분명히 했으며, 이어 그 역할에 전념했습니다. 아마도 오랜 세월 동안 그의 역할은 요령부득이었다는 말로 표현할 수 있었을지 모릅니다. 심지어는 사람들로 하여금 혐오감을 느끼게 했을지도 모르고요.

그러나 그의 연기는 훌륭했습니다. 그는 그 자신의 '연기'를 해냈습니다. 그러나 관 뚜껑을 닫을 때는 종종 극단적인 말이 나올 수 있듯이, 좋을 때는 '천고에 길이 빛날 위인', 나쁠 때는 '죄상이 이루 다 말하기 어려운 악인'으로 묘사될 수 있는 겁니다. 아무래도 평가가 엇갈리는 것은 어쩔 수 없는 듯합니다.

우리는 한 가지 기준으로만 어떤 사람을 평가해서는 안 됩니다. 인간성은 원래 복잡한 법이니까요. 하물며 봉건시대의 제왕이야 오죽했겠습니까! 아마도 그에 대한 좋은 평가는 인심을 얻기 위한 수단이 원인이 됐을지도 모릅니다. 반면 나쁜 평가는 황권을 지키기 위해 취한 부득이한 조치가 원인으로 작용했을 수도 있습니다. 그도 아니면 야박하고 은혜를 베풀 줄 모르는 그의 천성이 그렇게 만들었을지도 모르지요. 때문에 우리가 그의 몸에서 황제라는 족쇄를 떼어내지 못한다면 그에 대한 평가는 황제와 평범한 사람 사이에서 왔다 갔다 할 수밖에 없습니다.

태자가 되기 전만 해도 천진난만했던 유체는 과연 어떻게 극도로 사랑받고, 또 극도로 증오의 대상이 되는 황제가 됐을까요? 어떻게 그것을 단 한 마디로 말할 수 있을까요? 책 한 권으로 가능할까요?

다음의 시로 맺겠습니다.

하늘의 바람은 호탕하고, 대 사막은 서로 종횡으로 교차하는구나, 금빛 창과 명마의 웅자雄姿여, 수없이 죽고 다쳐, 모두 사라졌구나.

장성의 웅장함이여, 실크로드의 유장함이여, 대부大賦의 빛남이여, 미인의 처량함이여, 모두 사라졌구나.

도도한 변설이여, 종횡으로 난무하는구나, 군주와 신하 서로 귀 기울여도, 천 년을 가야 할 나라는 모두 사라졌구나.

위세는 사해에 떨치고 공이 팔황八荒을 진동하니, 천 년이 지나도 변치 않을 호방한 기개 역시 모두 사라졌구나.

오로지 외로운 별과 쓸쓸한 달만이 남아 새벽의 종과 어스름 저녁의 북을 비추니 푸른 호롱불 밑의 누런 책, 시골의 연극 무대에서 해마다 얘기되고 해마다 한숨을 토해내게 하는구나.

『사기』의 기록을 통해 보는
최초의 한무제 일대기

불후의 역사서로 불리는 『사기』와 관련한 책은 많다. 한국에서도 종류를 헤아리기 어려울 정도로 많이 출판됐다. 그러나 『사기』에 등장하는 인물 개개인을 끄집어낸 다음 그 내용에 입각해 분석한 책은 많지 않다. 아니 이런 책은 중국에서도 상당히 드물다. 『사기』에 나오는 수많은 인물 중 한 명인 한무제의 모든 것을 철저하게 파헤친 이 책은 바로 이런 점에서 무엇보다 상당한 의미가 있다. 또 이 책은 저자인 허난河南대학교 왕리췬王立群 교수가 지난 2006년 1월부터 5월까지 행한 CCTV(중앙방송)의 유명 강의 프로그램인《바이자장탄百家講壇》의 『사기』 시리즈 중 《한무제》 편을 묶어낸 결과물이라는 점에서 여타의 사기 관련 책과 많이 다르다. 전문적인 지식이나 상당한 수준의 교양을 가지고 있지 않아도 충분히 이 해할 수 있는 책이라는 얘기이다.

그렇다고 이 책이 완전히 대중적이라고 할 수는 없다. 아무래도『사기』에 나오는 내용을 기본으로 다루다 보니 중국인들도 상당한 내공이 있어야 해독이 가능한 원문도 많이 등장한다. 한문 해독을 위해 조금 고생은 해야 하는 것이다. 원문 해독이라는 수고를 이겨내면 그 다음부터는 모든 것이 쉽고 재미있게 술술 잘도 읽힌다. 게다가 『사기』는 운율 없는 이소라고 불리는 너무나 문학적인 사서가 아니던가. 책을 읽다 보면 책 전체에서 풍겨 나오는 문학적인 세례를 흠뻑 만끽할 수 있다.

이 책은 총 8부, 35강으로 구성되어 있다. 각각의 부는 무제와 사마천의 관계, 험난했던 무제의 제위 계승 과정, 그가 추진한 혁신 정치, 그의 공과 등의 내용을 다루고 있다. 한마디로 그와 관련한 거의 모든 것을 다루고 있다. 따라서 『사기』의 기록을 통해 보는 최초의 한무제 일대기라고 해도 좋을 듯하다. 또한 한무제와 함께 시대를 풍미한 정치가, 로비스트, 구중궁궐의 외척과 황후, 문장가들의 처세와 인생전략을 배울 수 있다는 점에서 현대인을 위한 훌륭한 지침서가 될 것이다.

이 책은 무려 5개월 동안에 걸친 강연을 정리한 책답게 내용이 방대하다. 그러나 부담을 가질 필요는 없다. 강연이 그렇듯 35개의 강의가 각각 독립적이다. 따로 따로 읽어도 이해하기에 어려움이 없다.

세상에 완벽한 것은 없다. 번역은 더 말할 것이 없다. 완벽하다면 오히려 그게 이상할지 모른다. 그러나 역자는 완벽한 번역을 위해 최선을 다했다. 때문에 혹 나올지 모르는 번역상의 오류가 있다면 독자들의 질정을 기꺼이 감수할 생각이다.

2011년 5월
홍순도, 홍광훈

漢 武 帝 講 義